明德书系
大师传记馆
学术即人生

哈罗德·品特

HAROLD
PINTER

[英]迈克尔·比灵顿（Michael Billington） 著
王娜 余艳 玄涛 译

中国人民大学出版社
·北京·

前　言

　　1992年（也或许是1993年）冬天，费伯出版社问我有没有兴趣写一本关于哈罗德·品特的小书：谈谈他的作品、政治观念，以及两者是如何与其生活关联的。"小书"一词现在看来颇为讽刺。因为在研究和撰写的过程中，我将分析和传记融合在一起，使得该书渐渐变成了目前这样有些冗长的大部头。

　　之所以如此，有几个方面的原因。关于品特的作品，不乏出色的批判性研究（尤其是马丁·艾斯林的研究），但是几乎没有哪种研究试图将品特的作品置于其不断变化的生平背景下进行。人们总是认为他的作品仿佛完全源于想象，几乎与他的私生活无关。然而，对其戏剧探究得越多，我就越觉得它们似乎与品特对自身经历的回忆相关。而在撰写的过程中，导致本书篇幅增加、版式变换的另外一个更加重要的原因在于哈罗德·品特本人态度的变化。虽然他一直谨慎地保护着自己的私生活免遭媒体侵扰，但是在很多情况下，他还是同意和我坐下来，讲述他的过去，特别是他在哈克尼的早年生活。他还让我接触到了他保存完好的剪贴本，明确地告诉我可以随意找他的朋友和同事交谈。他的第二任妻子安东尼娅·弗雷泽对我了解品特的家庭背景给予了极大的帮助，并对她丈夫的性格及其作品提出了深刻的见解。

　　我非常感激品特一家的帮助，但本书不能被看作一部具有权威性的传记。相反，本书从品特的生活背景出发，对其作品进行了高度主观的解读。同时，本书也试图解开一些谜团，并回答与品特的生平和作品相关的一些问题。现代批评中有这样一种趋势，即根据作家的性经历或经济背景对其作品进行阐释，但西里尔·康纳里曾对此进行了抨击。"我仍然认为，"他写道，"人们从作家的支票存根和情书中所了解到的有关其收入和性生活的情况，从他作品的一个段落中同样可以了解到。这种技巧才是做出判断的最可靠的基础。"我比较赞同康纳里的观点，所以本书的主体部分主要关注品特的作品，即他那令人着迷的主题和戏剧手法。但品特在很多方面都被视为谜一样的作家。对此，我尝试提供一个谜底，来揭示品特一部分重要的人生经历是如何为他的主要剧作提供素材的。当然，我也无从解释艺术作品到底是怎样完成的，但是传记里的某些内容有时可以给人以启发。

本书的完成离不开各方人士的大力支持，通过访谈或是通信，他们给我提供了宝贵信息。我很高兴地感谢所有人：安东尼·阿斯特伯里、琼·贝克维尔、迈克尔·贝克维尔、梅尔文·布莱格、芭芭拉·布雷、艾德里安·布赖恩、迈克尔·格德伦、肯尼思·克兰哈姆、艾兰·柯蒂斯、朱蒂·黛西、埃琳·迪斯、保罗·爱丁顿、苏珊·恩格尔、巴里·福斯特、唐纳德·弗里德、迈克尔·戈德斯坦、高恩·格兰杰、西蒙·格雷、肯尼思·黑格、彼得·霍尔、迪莉丝·哈姆莱特、罗纳德·哈伍德、大卫·琼斯、吉尔·约翰逊、艾瑞克·卡汉纳、B. J. 劳尔、大卫·莱维奥、安德鲁·拉维邦德、伊恩·麦克尤恩、克里斯托弗·莫拉汉、阿瑟·米勒、詹妮弗·莫蒂默、埃德娜·奥布赖恩、罗杰·洛伊德·派克、唐纳德·普莱森斯、奥里奥尔·史密斯、盖伊·维森、莫里斯·威尔尼克和亨利·伍尔夫。

还要特别提及其他极其友善地给予我帮助的人们：莎莉·布朗，作为大不列颠图书馆现代文学手稿档案馆馆长，她给我提供了接触品特档案文件的宝贵机会；汉弗莱·卡彭特，她慷慨地将英国广播公司有关品特早年经历的文档的复印本送给了我；弗朗西斯·吉伦，她将每一期《品特评论》都送给了我，对所有研究品特作品的学生而言，这些年刊犹如宝藏，也使我产生了很多思考；卡洛琳·基里，她是本书撰写期间品特的秘书，耐心地回答了我的大量疑问；还有菲欧娜·麦克林，她在第三频道播出了我提供的品特六十岁生日的节目，在某种意义上，也是她让我开始了这次探索之旅。

本书的撰写也离不开品特的许多老朋友和戏剧界同事的相助。他们给我提供了信息，提出了批评性的见解，激发了我的思考。但最终，本书中表达的有关品特作品和其生平的全部观点都完全是我本人的。

目　录

第一章　哈克尼小伙子　　1

第二章　浪漫的爱尔兰　　22

第三章　巴伦的穷困　　40

第四章　早期的演出生活　　59

第五章　等待中的剧作家　　79

第六章　权力博弈　　103

第七章　性政治　　119

第八章　家庭价值　　140

第九章　私人世界　　162

第十章　追忆似水流年　　184

第十一章　品特之道　　201

第十二章　革命状态　　214

第十三章　私人生活　　236

第十四章　往日之声　　254

第十五章　公众事务　　264

第十六章　制定议程　　282

第十七章　聚会礼仪　　296

第十八章　月光之夜　　314

第十九章　节庆时光　　322

第二十章　发展提高　　336

第二十一章　记忆中的男人　　360

后记："让我们保持战斗"　　367

附录：艺术、真相与政治——诺贝尔奖获奖演说　　402

译后记　　413

第一章　哈克尼小伙子

　　夜晚。冬天。在荷兰公园的一个房间里，放满了书籍、手稿和家庭照片。两个男人在交谈。房间居住者是哈罗德·品特，来访者是我。他放松、舒适地安坐在自己最爱的椅子上。我则是他地盘上不可回避的"入侵者"。他倒了一大杯白葡萄酒，笑着回忆起之前有一位访客，错把他放在她面前用以放酒的小凳子当成了椅子，坐在上面摇摇欲坠。我暗暗记住不能犯下同样的错误。然而这也是品特抓住我们想象力的方法，也就是说，即使是一次有关工作的会面也有他的戏剧概念的影子：两个人的任何对话都隐藏着想要获得优势的策略之争。我们在重提他的往事的时候，还谈到了他的记忆力具有意象派特质。他仍然能够十分清晰地回想起年轻时一些重要的生活片段，但是对于确切的日期却总是有些记忆模糊。他的妻子安东尼娅·弗雷泽后来告诉我："哈罗德的记忆根本不是线性的。他的记忆就像是照相机，似乎他正在拍照。偶尔会出现移动的画面：特别清晰生动，但却不一定相互关联。"记忆是贯穿我和品特所有谈话的一个主题。

　　我开始试图去破解品特密码。他是谁？是什么激发了他的创作灵感？为什么他的戏剧如此具有生命力？为什么这些作品远远超越了戏迷们的封闭世界，而成为大众文化的一部分？即使是那些很少去剧场的人也听说过品特式停顿，《新简明牛津英语词典》也收录了"品特式的"一词，含糊地将其解释为："属于或关于英国剧作家哈罗德·品特或其作品，或具有其特征的。"并选取《听者》中的一个例子进一步解释这个词语："每个人谈话时都像是无意中听到的对话一样……他们为此造出了一个词——品特式的。"这个由自己的名字衍生出一个形容词的神秘人物究竟是谁呢？

　　哈罗德·品特于1930年10月10日出生在哈克尼，这里正好是传统伦敦东区的边界地区。他的父亲杰克·品特，原来是一名勤劳的女装裁缝，后来在斯托克纽因顿成立了自己的公司。他的母亲是弗朗西斯（·内·莫斯科维茨）。他们家位于西斯尔维特路 19 号——一幢坚固的三层红砖别墅，远离喧嚣吵闹、交通拥堵的下克莱普顿大街。街角是小克莱普顿池塘——《祭祀冲突》中的一个标志性地点。沿着这条路向前是泰晤士河昏暗的支流——利河。附近是商店和工厂。品特二十岁出头时，撰写过自传体回忆录《仙子女王》，在这部没有出版的作品中，他生动地再现了自己年轻时哈克尼的景象：

> 这里满是奶制品点心铺、意大利咖啡馆、50 先令裁缝店和理发店。婴儿车和东倒西歪的货铺挤满了大街——还有街头小提琴手、鼓手和卖火柴的人。这个区有不少犹太人，闹闹哄哄但也坦诚相见；然而大部分住户是出租车司机和整天在工厂锅炉间备受煎熬的压制工、机械工和剪裁工。财大气粗、"阶层更高"的犹太人住在山上，他们穿着貂皮大衣和美式套装，一副趾高气扬、不可一世的样子。出版商、珠宝商和皮货商则住在大波特兰街上。

品特一家当然不属于上述阶层，他们是世纪之交犹太移民潮中的一分子。这些犹太人先是到达伦敦东区，后散布至哈克尼、伊斯灵顿和斯托克纽因顿这些北伦敦自治市镇。根据历史学家 V. D. 李普曼的研究，截至 1930 年，北伦敦的犹太人已达四万之多。正如所有书中反复提到的，品特的传奇故事有一个不变的点，即品特一家是有西班牙或葡萄牙血统的西班牙系犹太人，来自姓氏为品托、品妥或品塔的家庭，但是似乎没有证据证实这一点。安东尼娅·弗雷泽对系谱学拥有历史学家一般的热情，事实上，她曾在午饭后的一个下午，在荷兰公园与品特的父母交谈，并发现了事情的真相：品特的祖父母中有三个来自波兰，一个来自敖德萨，这样他们就应该是德系而非西班牙系犹太人。他们从东欧带来了对文化的那份残留的热爱、对苦难的记忆和超乎寻常的适应力。

但是，品特父母两边的家庭有明显的不同。父亲家里多是严肃的文化人，而母亲的家人则更为开朗风趣。然而两家人都经历过家庭悲剧。品特的祖父内森于 1870 年生于波兰。1900 年，他在俄罗斯大屠杀的浪潮中独自来到英格兰。之后他又回去寻找妻子和家人。内森最初定居在斯特普尼，后来迁往斯托克纽因顿的阿莫斯特路。他是一个安静的男人，从事服装贸易，尤其擅长经营女装。据品特父母讲述，品特的祖父总是对自己霸道的妻子服软，后者本名为芬妮·巴伦，她才是人们眼中"真正的老板"。芬妮长得漂亮，身材矮小却十分能干，曾经在波兰学过女式剪发。她在斯特普尼经营自己的生意，不喜欢做家务，喜欢听演奏贝多芬和莫扎特曲子的伟大钢琴家亚瑟·施纳贝尔的唱片。品特非常喜欢这位祖母，尽管在 1995 年他告诉安东尼娅·弗雷泽他忘记了祖母的娘家姓是巴伦，但他却将巴伦用作戏剧人物的名字，实际上，在《侏儒》的第一稿中，他就将自传式人物马克的姓氏取为巴伦，这显然不是一种巧合。

温和的内森和强势的芬妮是不可思议的一对，却生活得非常幸福——他们甚至组成了一个有五个子女的大家庭。长女雷切尔于 1897 年生于波兰，去世时膝下无子。二女儿索菲在 1900 年生于英格兰，是一名出色的钢琴家，并嫁给了出租车司机伊西多尔·利普斯坦。家人都知道伊西多尔是个共产主义者，喜欢下棋，并且具有音乐天赋。夫妻俩对音乐的热爱传给了他们的女儿苏。苏的儿子史蒂夫最终成了美国摇滚乐队的吉他手。三儿子杰克，也就是品特的父亲，于 1902 年生于伦敦东区，他有两个妹妹——玛丽和多莉。年轻的品特热爱自己充满音乐氛围的热闹家庭，尤其崇拜姑妈索菲和堂姐苏，但这两人都在 20 世纪 60 年代早期悲惨地自杀了。然而，毫无疑问的是，品特父亲一家人关系亲密，而强势的芬妮对于音乐的热爱也一代接一代地传了下去。

父亲一家人都有艺术细胞，母亲一家人则因其创业天赋和伦敦东区的欢乐精神而得名。品特的外祖父哈瑞·莫斯科维茨生于敖德萨，人们都知道他外表英俊（看起来像斯大林），有商业头脑。大约在 1900 年途经巴黎到达伦敦时，他甚至不太会写自己的名字，也没什么手艺，但是却凭着自己的聪明才智得以谋生。他经过典当行，看一眼橱窗里的裤子，就能自己做一条出来。事实上，在买了一台缝纫机之后，他就开始了自己的服装买卖，像理查德·曼一样做生意，并雇用了六七个旅行推销员。他和第一任妻子在南非相遇，在她去世后，他又娶了生于波兰的罗兹·富兰克林，并生了四个孩子。他们的长女，也就是品特的母亲弗朗西斯，生于 1904 年。正是这个年轻的姑娘教会了她的父亲如何写字，并帮他管账。二儿子本命运悲惨，他的妻子费伊因癌去世，随后本也结束了自己和幼小女儿的生命。（年少时的品特很爱这个小婴儿，她的离去让品特深感悲痛。）三儿子犹大生于 1907 年，他像一头巨大的公牛，强壮无比，因此做了伦敦东区的拳击手，并以乔·曼自称。他是家中的黑马。最小的儿子娄出生于 1918 年，至今健在。

尽管家族史上也出现过一些悲剧，然而莫斯科维茨一家却坚韧不拔，无比乐观。1926 年 6 月 9 日，杰克·品特和弗朗西斯·莫斯科维茨在伦敦东区结婚，婚礼从下午两点一直持续到第二天凌晨两点。婚礼让人筋疲力尽，所以他们不得不推迟伯恩茅斯的蜜月之旅，当晚就住在斯坦福德山。在他们到达伯恩茅斯后，莫斯科维茨的家人甚至有些不必要地追了过去，原因竟是想知道他们为什么没写信回去。即使杰克·品特一开始没有意识到，后来也很快发现婚姻将他带进了一个酷爱社交、亲属众多的大家庭。弗朗西斯的母亲罗兹有三个姐妹，她们共生养了五个孩子，都是家庭大聚会的常客。品特清楚地记得这些表亲"与喜欢钢琴演奏和施纳贝尔唱片的芬妮祖母和索菲姑妈相比，更像是真正的伦敦手摇风琴爱好者"。但是，让年轻的品特印象最深刻的，是黑马犹大舅舅。

"这是个真实的故事，"品特说，"应该是1940年或1941年的事。我从没见过犹大舅舅打拳，但他绝对是个拳击手——是否是职业的，我不知道。但是他在东区打拳，并在我父母位于西斯尔维特路的房子附近的拐角处住过一段时间。当时，我外祖母罗兹在大空袭期间正好和我们住在一起。我们的后花园有莫里森防空掩体和燃烧弹什么的。然而，有一天，犹大消失了。他不是在袭击中死掉了。他只是从他的房间里搬了出去。他走了。我的外祖母和母亲极为震惊。他没有道别，什么也没做。没留下任何解释。七八个月之后，我和外祖母、母亲在克莱普顿池塘边的大街上散步。当时我大约十一岁。突然一辆大垃圾车经过，犹大在上面。他就扒在垃圾车的后面。外祖母和母亲抬头看到了他，我已经目瞪口呆。她们大喊：'犹大！'他看了看我们三个，明确地竖起两根手指，车开走了……从此我们再也没见过他……我一生都在找他，但从来没有找到过。"

品特的孩童时期是在一个大家庭里度过的。在1939年祖父内森去世之前，他那位于阿姆赫斯特路的家里总是举办各种聚会。逾越节——犹太人纪念以色列人从埃及的束缚中解放出来的节日——一直是大日子。年轻的品特参加过象征着死亡天使降临的仪式，仪式之后总会有一段极其夸张的长时间间歇。祖母芬妮也是聚会的活跃分子，尽管这个大家庭像其他家庭一样存在着潜在的紧张关系。杰克·品特的家族信仰正统犹太教，但是弗朗西斯家——莫斯科维茨一家和富兰克林一家——则更加世俗并对宗教持怀疑态度。有一次，当弗朗西斯被问到是否去犹太教会堂时，她坚定地回答："不，只有那些有强烈罪恶感的人才去犹太教会堂。"也有人极为怀疑，关心家事的弗朗西斯从未赞成过芬妮对家庭生活所持的草率态度。然而，总体而言，家庭聚会是开心的、欢快的，有教养、爱音乐的品特一家与热闹、随性、外向的莫斯科维茨一家和富兰克林一家在一起其乐融融。

少年品特显然继承了父母两大家族的特性：品特家族的艺术直觉和莫斯科维茨家族对于宗教的怀疑态度。同样重要的是，作为大家庭的一分子，他也是杰克和弗朗西斯这对富有爱心的犹太夫妇的独生子。他成为父母关注的唯一对象，也很自然地具有独生子的内向气质。他被父母、慈爱的祖父母和外祖父母，以及姑姑舅舅们视为掌上明珠。但是，尽管他六岁就上了克莱普顿池塘附近的小学，却没交到几个得到他认可的同龄朋友。结果之一就是他从很小的时候起就开始进行虚拟的对话。

"我不知道,"品特说,"要是有兄弟姐妹的话我的生活会有何种变化,但是有一点我是肯定的,那就是我八九岁的时候,在后花园里想象着自己有一小群朋友。我们有一棵拱形紫丁香树,后面是一片没人照料的花园。我把那里当成我的家,我和我的隐形朋友在那里会面,他们当然不是兄弟姐妹,但肯定都是男孩子。我完全沉溺在这样的幻想生活中,我们大声说话,在紫丁香树那边聊天。那时还有——显然现在也有——一个洗衣房,就在花园后面,所以我在洗衣机的轰隆声中过幻想生活。"出于孤独,他还产生了想要塑造人物和对话交流的强烈愿望。后花园的意象也在品特的脑海中生根,并反复出现在他的自传体小说《侏儒》中("太阳正落山。紫丁香花儿悬在拱形树上。花园在摇曳")。正是这个花园——品特十几岁的时候,有时会在星空下和学校的朋友躺在那儿——成为他诸多秘密伊甸园中的第一个。这个花园反复出现在品特之后的作品中。

因为品特倾向于独处,他在西斯尔维特路的家对他而言显然成了一个充满关爱、温暖和安全感的世外桃源。那段年少的田园时光被1939年爆发的战争击碎,当时全英国都在进行大疏散,他被迫急急忙忙地离开了他在哈克尼的家。他和二十四个同学——年龄各不相同——一起被送到一座名叫乔治纳西的仿哥特式城堡,这个城堡到处都建有防卫墙。它位于康沃尔海岸线上的凯尔黑,距离梅瓦吉西五英里[①]。城堡的主人是威廉姆斯少校。这次突然疏散对于一个已经习惯于成为父母关爱焦点的孤独、敏感的九岁男孩子产生了巨大的影响。这种影响怎么强调都不为过。露丝·英格里斯在《孩子们的战争》中描述了大疏散给孩子们带来的复杂的心理影响。对一些孩子来说,被迫离开安全的家庭和母亲的关爱是具有创伤性的、令人不安的经历。对于其他一些来自工人阶级家庭的城里孩子来说,第一次接触到农村生活,让他们感到很新奇,大开眼界。对于品特来说,两种影响似乎都很深刻。它们让品特更加自省,同时也让他接触到了渗透其成年生活和工作的声音和影像。

如今,大疏散给品特留下的最主要的记忆就是孤独、困惑、分离和失去——这些也是他所有作品中都会重复出现的主题。这些男孩们睡在城堡庭院中改装过的马厩里,那里的木质床铺极为不舒适。带领他们从哈克尼出来的尼尔森老师爱摆架子,男孩子们都叫他"铁面肥肚的大胖内耐尼",说他"习惯用中指关节戳人的后背"。被迫离家的伤痛又因为来自远方的死亡噩耗而进一步加剧:当品特的一个朋友莫里斯得知自己的父母在伦敦空袭中遇难时,万分震惊。然而据品特所说,远离父母和

[①] 1英里约为1.6公里。——译者注

面对死亡的感觉相差无几。即使能够短暂重逢，也很快又是令人心碎的别离。品特的父母，杰克和弗朗西斯，几乎付不起到康沃尔的火车票钱。就算是到了那里，他们也会情绪激动，含泪惜别。"他们有一次来，"品特回忆说，"离开时去赶公交车，我自己一个人要走很远一段路才能回到住所。但是我一路回到城堡，回头看时，还能看到他们在路边等车的微小身影；我突然又跨过草丛一路跑向他们，飞快地跑过去，当然，他们也向我跑来。"这个画面一直定格在品特的记忆中。

大疏散除了带来了被流放和困惑不解的感觉，还带来了自我了解的痛苦时刻。一次，品特和父母喝茶时，他的母亲很自然地将自己盘子里的一块蛋糕递给他。其他男孩看到后嘲笑了他好几周，说他被彻底惯坏了。在这种被父母过度关怀的情形下，被庇护的品特也第一次意识到《蝇王》中被隔离的男孩子们所展现的残忍是如此的卑劣和具有隐蔽性。"我认为，由于那样的迷失困惑，通常情况下一个人就会变得很下作，准确的字眼是变得令人害怕。我觉得我们因为失去了安全感，都变成了一群可怕的小子。"品特也在经历过热闹的下克莱普顿大街的生活之后，对康沃尔的死气沉沉极为敏感。但是，当品特每天早上步行一英里从马厩走到村庄学校时，路边的杜鹃花、城堡附近的湖泊、无意中发现的森林空地、咆哮的康沃尔海，以及临近的海湾悬崖，都深深地影响着他的想象。他后来的作品，比如《微痛》《风景》《往昔时光》，甚至是《月光》，都充满着这些意象的影子。但是整个疏散经历最影响他的，就是身份和存在感的丧失，他感觉自己好像生活在一个奇怪的中间世界：一个情感上的无人世界。品特说："没有固定的存在感……连存在感都……根本没有。"

疏散时期的康沃尔生活尽管只持续了一年，但还是深刻地影响到了品特少年时期的敏感性，这一点可以在品特成年后经常地，甚至可以说是几近强迫性地频繁回访中得到证实。在快二十岁的时候，他和哈克尼亲密的朋友之一——莫里斯·威尔尼克在康沃尔附近搭便车。他曾带第一任妻子费雯·麦钱特去梅瓦吉西度蜜月，重返他童年时的梦魇之地。后来他和第二任妻子安东尼娅·弗雷泽回到凯尔黑，他们在那里找到了改装过的旧马厩，就连给人留下痛苦记忆的床铺也还在。奥地利作家托马斯·伯恩哈德在其回忆录《收集证据》中提到，我们会从成年生活中被拉回到童年的不幸里，在他本人的极端案例中，那个不幸的童年就发生在图灵根森林一个为心理失调儿童开设的战时儿童之家。

和很多在二战中成长起来的人一样，品特是通过一系列生动的画面来回忆这场战争的：当他讲述过去时，人物、地点和事件在他的想象中鲜活起来。破坏感也是战时经历的一个重要部分。具有讽刺意味的是，他在1940年静坐战中从伦敦被转移出去，又在闪电战最残酷的时期返回伦敦。但在1941年，他又被转移了，这次是和母亲一起被转移到了瑞丁。他和弗朗西斯被安排到瑞丁的一个工人家中生活，这里给他留下了几个重要的记忆。正是在那里，他参加了入学考试——等同于现在的中等教育证书考试——最初他没有通过，但他有主见的父亲质疑了当地的教育权威机构，并认为自己的儿子已经可以勉强通过。"在瑞丁，"品特回忆道，"我还因为整晚点着蜡烛如饥似渴地读书，用坏了眼睛。"这对于一个作家是有一定影响的，之后他受到了失明的折磨——同时意味着身体上的无助和精神上的无力。这个地方也让他想起瑞丁足球俱乐部，尽管这段记忆显然时间不长。品特曾经每周都去看比赛。这和之后他在约克郡临时躲避战争的时候形成了鲜明对比，从那时起，他开始终身支持约克郡板球俱乐部——基于俱乐部在致命的战争中所具有的承载力，其相当强大的性格力量得以证明。在战争快要结束的时候，品特在哈克尼唐斯文法学校获得学习机会。之后他发现又要被转移了，这次是和他的同学们一起被转移到诺福克乡下。乡村花园的意象再次在他敏感的记忆中扎根。他说："就是在那，《微痛》中的景象进入我的脑海。当我在1959年——也就是十五年后——开始写这部戏剧时，我立刻回想起了诺福克的房子的样子。我们是在1944年被送到那里的。那里有个花园，里面种满了花——金银花、旋花等等——都是我从未见过的东西。虽然没有卖火柴的……但是那个开场场景就源自诺福克，从某种程度上说，那里激发了整部戏剧的创作。"

然而，在战争的大部分时间里，品特还是待在伦敦东区，那里也是伦敦爆炸首先波及的地方。战争的神话也带来了一种民间怀旧之情和斯多葛式的乐观，这种乐观在莱昂内尔·巴特的音乐剧《闪电战!》中得到极大颂扬，但在《边缘之外》中却遭到尖锐讽刺。在《边缘之外》中，彼得·库克喋喋不休地讲述在后花园种胡萝卜、品茶是多么令人开心。而对于当时的年轻人来说，根本没有什么值得多愁善感的。另一位初出茅庐的剧作家伯纳德·考布斯比品特年长四岁，住在附近的贝斯那尔格林。在他的回忆录《世界是场婚礼》中，他解释了为什么自己对闪电战时期的生活没有人们所共有的那种怀旧感，因为他的记忆里只有害怕和恐惧。"从那时起，我不再是个孩子了，"他写道，"并且开始与真实的世界面对面。"对于品特来说，其主要的记忆也是每天面临生死考验。

"这对于一个男孩子来说很有冲击感。"品特说道，"时不时会发生猛烈的轰炸。空袭警报一直在响。我实实在在地体验到了一种极端的、危险的生活。我对灯火管制的印象也极为深刻。我们生活在这样一个世界：在冬天五点之后就一片漆黑……地平线上只有零星几点亮光闪烁。我记得在拍伊丽莎白·鲍温的《炎炎日正午》时，片场只有我和导演克里斯托弗·莫拉罕两个人确切知道那到底是怎样的情景。我喜欢他在电影世界里呈现的感觉：在那样的世界里，即使交通灯非常昏暗，手电筒也

7

可以帮助你找到方向。那也是一个性欲旺盛的世界……人们极其渴望性爱。人们真的感觉明天自己的生命就会结束……当然，你还得该干什么就干什么，但是恐惧感肯定仍在。你也会替别人担惊受怕，会听说有人就在邻街死于非命——就是这个词，'死于非命'。还有个叫地雷的鬼东西。还有燃烧弹……有一次袭击时我们都要从房子里撤离出来，我们一开门，就看见那个我跟你说过的著名花园着火了，沿着洗衣房的墙壁一直燃烧，紫丁香树也没能幸免。我们立即被疏散了，尽管我还没来得及拿板球拍。"

对于品特而言，战争给他留下了一系列无法磨灭的记忆、影像和感官印象。它也代表了他从男孩时期到成年早期的迅速转型。从情感上来说，他当时是个不折不扣的爱国主义者——在那个时候他还能是什么呢？但是在信仰方面，他很快表现出了自己顽固的独立性。作为一个教养很好的犹太男孩，他在利桥街的犹太教会堂上课，准备自己的受戒仪式。"我接受了受戒，"他说，"因为我知道不得不做，我没办法掌控。但是到了十三岁就不能再那样了。我永远结束了宗教生活。"这代表了一种独特的理性坚定——受到莫斯科维茨家对宗教持怀疑态度的影响——一个小男孩的坚定不移。在性方面，品特也很早熟。他最早的一次有关感官刺激的回忆就是和邻居家的女孩挤作一团——他大约十二岁，她大约二十几岁——是在一次战争空袭中躲在莫里森的庇护所里时发生的事。差不多过了一年，他疯狂地爱上了一个住在西斯尔维特路的十四岁女孩——这段经历唤起了他对戏剧天生的兴趣。

"我不知道该做什么，"品特回忆道，"我总是看到这个女孩子在街上往返。我不敢和她说话，所以就给她打电话，假装是美国士兵，告诉她我有多仰慕她。我假装美国口音，告诉她我会在具体哪一天哪一刻在斯普林菲尔德公园的大门口等她，那里离我们很近。她会说'我这辈子从没听说过这种事。你怎么这么大胆啊？你是谁来着？'一类的话。无论怎样，我还是到了斯普林菲尔德公园大门口，她也出现了。我记得很清楚，那天下着细雨，她来到公园门口，看见我穿着雨衣可怜兮兮地站在那里，就喊道：'哈罗德·品特！你怎么在这儿？'我说我就是想见她，之后我们保持了大约一年的痛苦关系。"

战争初期，品特被娇惯着、保护着，被一大家子人的爱包围着，但是他在情感上是孤独的。战争末期，品特的祖父内森和外祖母罗兹都去世了。他经历了疏散的痛苦、初恋的折磨、同龄人的残忍、对被炸为乌有的恐惧和东区日常生活的跌宕。所以毫不奇怪，他的成长伴随着不确定感和生存的脆弱无力。但是战争似乎也增强了他的"无意识记忆"能力。这是普洛斯特提出的概念，这个概念是指：如果一个人生活经历中的一个片段突然压制了另一个，或者从潜意识深处出现，他就能够完整地再现过去的经历。所有的创作从某种意义上来讲都是回忆；但是品特的特殊

第一章　哈克尼小伙子

天赋就是抓住这些视觉和其他感官的回忆闪现，并赋予其戏剧意义。极端的战争使每一种经历——康沃尔上空的炮火，伦敦闪电战和 V1、V2 飞弹，灯火管制，暧昧的性，甚至是自然景观和声音——都给人一种高度的紧迫感。正如许多在战争时期长大的孩子一样，品特对生活的悲喜和无常有着强烈的感觉；和所有早期艺术家一样，他也很清楚自己的经历意义何在。

书籍也塑造了品特的想象力。他们家藏书并不多。他的母亲喜欢读阿诺德·本尼特和 A.J. 克罗宁的小说，但是他的父亲——每天早上七点离家，十二个小时后才能回家——几乎没空闲时间读书，也没那么多钱买书。然而品特却开始形成了自己的品位。他十二岁开始写诗，很快就发现了哈克尼公共图书馆给他带来的乐趣，他称其为"生活的源泉"。不需要老师的敦促，他就开始主动地大量阅读：陀思妥耶夫斯基、兰波、伍尔夫、劳伦斯、艾略特、海明威——所有能接触到的书他都看。可以看出，他似乎很快就读完了比格尔斯系列冒险故事和淘气小威廉的故事，并且绕开了许多公认的经典书籍——在他十四岁时父母就送给他一本《莎士比亚选集》——直接跳入了现代主义作品的旋涡之中。这不仅是他自己智力早熟的反映，也是对他所成长的不确定时代的反映。他十五岁的时候买了一本乔伊斯的《尤利西斯》，这让父母有点不安。他说："他们不怎么满意，原因很简单，只因为我的父母听说过本书……他们没有仔细研究过，但是知道这本书有些问题。事实上我的父亲还让我把它从客厅的书架上拿下来。他说他不能让那样的书在我母亲端饭上菜的地方出现。"

如果哈克尼公共图书馆是智慧的宝库，那么哈克尼唐斯文法学校就是品特自我发现的不竭之源。从 1944 年到 1948 年，他在那里不断成长。大部分崭露头角的作家在学校的生活都充满苦恼。尽管品特也会时不时地与固执的老师发生冲突，但他却在哈克尼唐斯文法学校发现了自己真正的潜力。他遇到了一位开明的英语老师，开拓了自己的新视野；还交到了许多一生的挚友，并探索出了自己的才智和运动潜力。如果说品特的青年时代有一个黄金期，那么当数他的少年晚期；如果说他的作品充满了对一些失去的天堂的反映和回忆，那么文法学校的岁月就是他个人的试金石。

这所学校本身就有着卓越的历史。它是由杂货商公司在 19 世纪 70 年代建立的，完全模仿了普鲁士的原型风格。它在 20 世纪早期被移交给当时的伦敦郡委员会管理。到了 20 世纪 40 年代，根据哈克尼人口统计数字，该学校有 50% 以上的犹太学生，并高度重视学习。当时它培养了两位终身贵族、两位大学副校长和两位知名的戏剧家，即品特和史蒂芬·伯考夫。令人心痛的是，由于人才培养标准的降低，在 1995 年，该学校被英国教育就业委员会关闭。但是在品特上学的年代，该学校却激励了——至少在教工之中——一种异乎寻常的个人主义。对品特影响最大的是一位叫乔·布里尔利的英语老师。他是个高大的约克郡人，患过疟疾，在战争中遭遇过鱼雷袭击，习惯在走廊里大声叫喊："奥赛罗的侵占已经结束了！"事实上，布里尔利似乎在哈克尼找到了专长，他将自己对英国诗歌和戏剧的热爱传递给了品特和其他学生。对品特来说，布里尔利是顾问，是导师，也是一生的挚友。品特回忆道："我们开始了长途步行之旅，这个习惯一直持续了好多年，从哈克尼唐斯走到斯普林菲尔德公园，沿着利河，走到利桥街，经过克莱普顿池塘，走过麦尔街到达贝斯那尔格林。"他们散步的时候，会朝着风或过往的无轨电车大声朗诵韦伯斯特的文章。五十年后，品特在获得大卫·科恩英国文学奖时回忆说："那些语言让我眩晕。乔·布里尔利点燃了我的想象力。我永远不会忘记他。"

　　受到布里尔利的激励，品特在英语上大放异彩。他在校刊上发文，还发掘了自己的表演天赋。但也正是在那些岁月里，品特对男性友情所具有的力量产生了一种近乎神圣的信仰——而在此之前他还是一个天生的独行者——这在一定程度上源自学校生活，也在一定程度上源自哈克尼男子俱乐部的社交生活。那时他交的朋友——主要是亨利·伍尔夫、迈克尔（米克）·戈德斯坦和莫里斯（莫伊舍）·威尔尼克——一直占据着他情感生活的重要部分。即使在五十年后，尽管伍尔夫和威尔尼克住在加拿大，戈德斯坦住在澳大利亚，他们还是定期保持联系，从不错过伦敦的重聚。如果说男性的忠诚、竞争对抗和对背叛的恐惧是从品特的《侏儒》开始一直贯穿其作品的一条主线的话，那么其源头就可以追溯到他的青少年时期。品特喜欢女人，享受与她们调情的过程，敬佩她们的坚韧和力量。但是，尤其是在他的早期作品中，女人们通常被视作男性之间纯洁的、柏拉图式的友谊的破坏因素——这也被认为是造成品特失去伊甸园的最重要因素之一。

　　与品特的这些哈克尼伙伴聊天写信的时候，我感觉到让他们走到一起的，是他们对智力活动探索的热爱和共同的讽刺幽默感。他们有些不自觉地自称为"男孩帮"，他们拉帮结伙，亲密无间，被外人嫉妒和怨恨。除了品特、伍尔夫、戈德斯坦和威尔尼克之外，这群好友的主要成员还有罗恩·珀西瓦尔——金发、骄傲、魔性，是小说和戏剧《侏儒》里皮特的原型——和 B. J.（吉米·）劳尔——一个热诚的学者兼音乐家，强烈不满于品特对狄兰·托马斯和 D. H. 劳伦斯的热爱。他们能玩到一起，并不是因为同在一个学校（因为戈德斯坦在附近的雷恩基金学校就读），也不是因为都是犹太人（珀西瓦尔和劳尔都不是犹太人），更不是因为距离近（尽管他们都是哈克尼男子俱乐部的乒乓球爱好者），而是因为他们都热爱探索智慧和辩论观点。"原因就是这些，"品特说，"大家都有独立思考的意识。我们当中没有一个人会毫无疑问地支持任何给定的事实、任何事态或任何思想体系。所有人都不会。所以我们都彼此认可。"

第一章 哈克尼小伙子

完全拒绝接受流传下来的真理——无论是在宗教、政治还是艺术方面——一直是品特的不变的个性。安东尼娅·弗雷泽说:"我觉得除了板球规则外,哈罗德不接受任何事情,这是毫无疑问的。"但是,尽管在文法学校的日子是品特的黄金时代,而且他也一直有着超凡的人格魅力,但他绝对不是这一帮人毫无争议的领导者,因为他们每个人都有自己擅长的领域。从埃兹拉·庞德到乔治·巴克,品特对文学和现代诗了解甚多。他也了解外国电影,会带着所有人一起去帝国理工学院电影协会看布努埃尔的《一条安达鲁狗》,或是去麦尔安德路的人民宫看《太阳升起》或《亚特兰大号》里的让·迦本。戈德斯坦和吉米·劳尔一样,音乐知识非常丰富,会兴高采烈地谈论贝多芬晚期的四重奏曲,有时候会拉着品特去红狮广场的康威大厅参加星期天的音乐会。伍尔夫很喜欢小说,在发现了乔伊斯·卡里的《马嘴》——书中刻画的波希米亚艺术家伽里·吉姆森的形象令人难忘——之后,让大家都去读。交谈和对思想的激情燃烧着、激发着他们。和那些在大部分英国私立学校都能找到的一部分平庸的年轻人相比,他们更像是欧洲咖啡馆里常见的知识分子。他们没什么钱,但这并不重要。正如伍尔夫引用的缪丽尔·斯巴克在《收入微薄的女孩》中所写的话:"就是在战后,所有的好人都是穷人。"在校外的时间,这一帮人会在男孩帮俱乐部碰头,用伍尔夫的话说,会"在哈克尼的街道上闲逛",或是去某个人家里激烈地探讨生命、文学和哲学。"在一次深夜品茶时,"戈德斯坦说,"我记得哈罗德引用了卡迪纳尔·纽曼的话,跟我讲创造对于原住居民是一种巨大的灾难。这句话让我终生难忘。因为对我来说,在我们谈话的表面之下,有一个空洞的、裂开的黑洞,舒伯特——以及后来的贝克特——都对其了如指掌。"如果戈德斯坦没有忘记的话,品特就更不会忘记了。日常存在的表象掩盖着孤独和空虚这一观念贯穿他的作品;即使"一切都是灾难",人们还是要坚强地前行,这种思想实际上已经被《侏儒》中品特的代言人——青年演员马克表达出来。

就是在这时,品特已经开始痴迷于诗歌和小说,并意识到戏剧的力量。乔·布里尔利——当时在这些人中扮演父亲式的角色——拉着他们去东区人民宫和卡姆登镇的贝德福德看唐纳德·沃尔菲特表演莎士比亚戏剧。1947年,他还带他们去了西边的公爵夫人剧院看迈克尔·本瑟尔出品、玛格丽特·罗林斯和罗伯特·赫尔普曼主演的《白色恶魔》。伍尔夫说:"普通生活似乎变得异常无聊,但对于二十出头的我们而言,这就是生活的力量,它对哈罗德和我们其他人都产生了巨大的影响。"韦伯斯特的诗歌——同样的作品在肯尼思·泰南的笔下成了"浓烈又苦涩,充满警告和无法抑制的阴郁"的作品——给品特的想象力和他早期的诗篇留下了阴暗的印记。品特不仅会和布里尔利在漫步哈克尼时大声朗诵韦伯斯特的诗,而且直到今日我还听到他在一次晚宴的结束词中凭着记忆援引了《马尔菲公爵夫人》中波索拉的挽歌，细品着诗句"他们的生活是错误的大迷雾，他们的死亡是可怕的强风暴"，还开玩笑似的问客人这句诗的出处。当《月光》中的安迪宣称"过去是一团迷雾"时，你仍能感觉到韦伯斯特阴冷的风格对品特语言和思想的影响。

在观看戏剧演出的过程中，品特还发现了表演的乐趣。1947年的某一天，布里尔利在班级宣布要组织大家表演《麦克白》，并不容分说地补充道："你，品特，你来演麦克白。"于是，品特就穿着卡其色的现代英国士兵制服演了起来。"我穿上这套制服特别高兴，"品特说，"彩排之后，我还穿着它坐上38路公交车回家喝茶。老太太们冲我微笑。售票员看了看我说：'我都不知道该收你多少钱了。'"除了品特对制服的迷恋外，更加令人惊讶的是他第一次赢得了阿兰·邓特在媒体上的认可。布里尔利请邓特过去，并请他在《新闻纪事》里发表戏剧评论。"总而言之，"邓特写道，"演员吐字清晰，尽管舞台灯光有些昏暗，但主演哈罗德·品特所塑造的麦克白比我近几年所见过的一两个成年职业演员所演的更有说服力、更能让人神经紧张。"这对任何小演员来说都是令人兴奋的赞许。这对品特也意义重大，20世纪60年代中期，他在录制一档艺术节目时，和邓特在电视台演播室相见。邓特有点尴尬，因为他显然对品特早期的戏剧作品没表现过太多的热情。但是据这位紧张的剧评人说，品特让他宽心，并对他说："不要担心那个，邓特先生。你已经给了我做演员时最珍贵的肯定，你的评论仍然被我保存在家里，夹在莎士比亚的书里。"品特在一年后又出演了罗密欧，同样得到欣赏，再次大获好评。据校刊所写，"扑倒在神父的地板上，充满了激情的戏剧效果"。这些都激发了品特想做演员的雄心壮志——学校戏剧表演通常为形成这种壮志营造氛围，同时也似乎让他体会到了意想不到的感受。品特之前从未如此怀疑过自己的异性恋取向，但是在学校演出的时候，和他演对手戏的是金发、漂亮的罗恩·珀西瓦尔，是他的密友，也是他的智力对手。品特将珀西瓦尔描述为一股不可思议的力量。他说："别忘了他是我的麦克白夫人。我倒不是说当时我们相爱了。"品特说话从不随便——在他的回忆中，他和迷人而冷酷的珀西瓦尔的关系中存在着一种强烈的青春期的迷恋元素。

如果说表演激发了品特对剧院的喜爱，那么运动则满足了他强烈的竞争天性。板球将个人技能和团队忠诚结合起来，成为品特最爱的完美竞技运动。他是个相当厉害的击球手。他会在1947年冬天的大清早收听澳大利亚电台解说，和迈克尔·戈德斯坦去伦敦大板球场看本赛季的首场公开赛。板球甚至让品特有了崇拜的偶像——伦恩·哈顿，因为品特战时在约克郡旅居过。他说："在学校里我也是个很好的足球运动员……中前锋……有时会耍赖一下。有一次主场比赛让人难忘……我永远不会忘记……我痛苦地狂吼,已然崩溃。整场比赛都停了……我站了起来踢进一个球。真是丢脸……但是我真正的强项是短跑。真的,我没经过什么训练,但是跑得很快……或许正是因为这个,我和一个大约十二岁时交的朋友巴瑞·苏普莱断了联系。我十六岁的时候在 220 码比赛中赢了他,打破了学校纪录。他训练很刻苦,技巧也很漂亮,而我没有任何风格。我凭着蛮力赢了他……我们已经有五十年没有说过话了。他事业有成,去了剑桥大学读硕士。但是我们在那场比赛后就再也合不来了,我觉得他一直没原谅我。"对自己的重要经历向来记得清楚的品特同样也从未忘记这件事。但是,和品特的运动技能同样重要的,是学校的运动场在下埃德蒙顿——在这里,《生日晚会》中的斯坦利举办了自己的音乐会("那晚,他们都来了。每个人都来了"),这正是他作为音乐会钢琴家短暂时光中的璀璨时刻。

品特曾是个有些孤独内向的孩子,但在文法学校却大放异彩——哈克尼唐斯就是他的大学。像一个试探自己耐力的大学新生一样,他喜欢夜聊,乐于展现自己在表演和运动方面的极高天赋,还积极参与到知识生活当中。他在校刊写关于詹姆斯·乔伊斯的书评,探讨"《尤利西斯》中的潜意识屏障"。他用一种青年特有的笃定语气写道:"这部巨著,描述了一个都柏林人一天的生活,在二十世纪文学界的地位极高。"他反对文学辩论社团关于"成立欧洲的合众国是防止战争的必经之路"的议题,之后支持"战争是不可避免的"这一观点,由此看来,他并非对政治漠不关心。他还对电影制作抱有兴趣,谈论过"法国电影中的现实主义和后现实主义",并认为"电影作为一种艺术形式,比戏剧更有未来"。他也毫不畏惧地将自己的发现与他人分享。他通常会在星期一早晨飞奔到教室,敦促所有人去读一读他刚看过的《卡拉马佐夫兄弟》或《审判》。他的密友 B. J. 劳尔回忆道:"他有一种傲气,对所有事物都有自己的看法,也不怕说出来。他很喜欢笼统地归纳概括文学和生活。但是必须说,哈罗德的确向我们介绍了许多伟大的作家,尤其是卡夫卡和后来的贝克特。"

品特的那种笃定源于父母的宠爱——他是一个被溺爱的独生子。杰克和弗朗西斯是非常情绪化的人,据品特讲,这对父母经常吵架。如果他不去剪头发,父亲会对他吼上几天;如果他收拾碗筷慢了或是洗鞋子慢了,父亲就会暴跳如雷。但这些都基于对他的强烈的爱和怜惜。品特满怀感情地回忆起一个瞬间,那就是在他十四岁时,有一天很晚的时候,他在厨房里满眼泪水地写情诗。父亲看见后,并没有赶他回房间,而是鼓励他继续写作。他们家也一直很欢迎品特的朋友去玩。在一个炎热的夜晚,几个好友在花园里露宿,就在紫丁香树下,罗恩·珀西瓦尔唱着《第十二夜》中的"走开,死亡"和"当我还是个小小男孩"。

尤其是写作,会被给予极大的尊重。品特回忆起后来的一个故事,这个故事很好地反映出伦敦东区犹太人的生活教化、他情感记忆的清晰，以及他从戏剧的角度看待自己经历的能力。

品特说："这其实是有关亨利（·伍尔夫）和他父母的故事。他们住在霍默顿的一间小公寓里。他母亲是个小巧的犹太女人，真正完美的家庭主妇。她总是在洗洗擦擦。一切都很整洁。亨利的父亲认为自己是个学者或者政治家。他从没上过一天班，只是在家里或是在公共图书馆里坐着读报……那时候人们去别人家里，总是要敲门。当时还没有电话。我们没有电话。人们不知道电话是啥，也买不起。西斯尔维特路的邻居家有电话，但他们是富人。我有一天晚上去亨利家敲门找他。他的父亲开了门，我问：'亨利在家吗？'他回答：'不在，但他可能一会儿回来，你要进来等等吗？'我想可以等几分钟，并说：'你有一张纸或笔吗？'一张纸，没错。伍尔夫先生问：'拿来做什么？'我说：'想写点东西。'他说：'你要写东西？'我说：'是的。'他说：'好的——给他一张纸。'他把纸给了我，我在那里坐了十到十五分钟写诗。偶尔我想起他们，抬头看看。他们很高兴，因为他们有爱好写作的欧洲人传统。亨利的父亲了解《圣经》。他也是个很厉害的《塔木德经》研究者。这个故事的重点在于他们知道自己儿子的朋友真的在写作，感到很高兴。"正如彼得·霍尔常说的，想要了解作家的作品，你必须去听他们怎么交谈——品特讲这个故事时使用的停顿、重复、节奏，正好也可以在他的戏剧中发现。

除了对写作、艺术、电影、音乐和哲学有着共同的喜爱外，哈克尼男孩帮也有一种男性的排异性。只有一个女性——詹妮弗·莫蒂默有幸被他们接受。事实上，她成了《侏儒》中弗吉尼亚的原型，也是品特和罗恩·珀西瓦尔激烈竞争的异性目标。据亨利·伍尔夫说，他们当中的人可以交女友，谈恋爱，但是对于这个小帮派的忠诚恐怕会取代他们和异性的关系。有一天晚上，品特和伍尔夫、威尔尼克沿着下克莱普顿大街走，他们在商量去不去喝茶。品特其实当天晚上有个秘密约会，他承认自己已经有约。他说："另两个人就那么盯着我，眼神带着嘲讽和愤怒，好像在说：'如果你就这么理解生活的话，那祝你好运，小子。'其实都是玩，真的。"事实上，品特在性方面喜欢冒险，这引来很多有点嫉妒的粗俗贬低。莫里斯·威尔尼克曾说，如果他想去参加化装舞会的话，只要把 youga（意第绪语的"阴茎"）像汽油泵一样挂在肩膀上就行了。即使只是玩笑而已，这句话也隐含了一种强烈的群体伦理观。正如品特有一天所发现的，一旦违反了这种不成文的规定，就会受到严厉的惩罚。这一点有助于解释他一直为背叛所困扰的心理源头。

这个群体具有防卫性的忠诚，这源于思想的紧密相连和共同的贫穷状态，同时也受到了战后伦敦东区法西斯主义复兴的影响。这更像是一种重复，而不是新现象。

第一章 哈克尼小伙子

任何在东区成长并了解其历史的人都知道紧张的社会局势和种族关系问题经常相伴出现。20世纪20年代,《哈克尼公报》严词谴责"三万犹太人和其他少数族裔"的存在使哈克尼地区成为"类似中东的地方",致使当地人丧失了饭碗和体面的住房。种族偏见也在对奥斯瓦尔德·莫斯利的英国法西斯分子联盟的支持中找到出口。该联盟在1934年将反对盎格鲁-犹太民族纳入正式的政党政策之中。还要记得,尽管东区人在1936年走上街头,阻止莫斯利的黑衣党成员在犹太区进行嚣张的示威,但是一年之后,在伦敦郡委员会选举中,法西斯获得的投票占贝斯那尔格林总票数的23%、莱姆豪斯总票数的19%和肖尔迪奇总票数的14%。当然,人们开战是为了结束所有诸如此类的事情,但是在战后,东区的反犹太运动却和之前一样盛行。莫里斯·贝克曼在《43团》——书名来源于1946年由43名抗击新莫斯利分子的退伍军人所成立的组织——中生动地描绘了当时的丑陋景象。贝克曼指出,当43团成立时,在伦敦有14个被确认的法西斯组织在街头、学校和礼堂活动。法西斯书店和辩论社团也如野草般在各地兴起。名为《哥特涟漪》《英国觉醒》《英国挑衅》的报纸和杂志在各个地铁站出售。贝克曼写道:"在哈克尼,如果有来自圣乔治的人站在椅子上大喊'纳粹用毒气杀死犹太人是正确的',那将是一种不可原谅的、极为邪恶的挑衅。但是他有权利这样说。如果有犹太人听到后表示抗议,那他就会以扰乱和平罪被逮捕。这就是内政大臣舒特·艾德从不改变的法律。"

几乎不可避免的是,品特和他的朋友们都被卷入了对抗流动法西斯团伙的活动中。戈德斯坦回忆说:"理得利路发生过一起典型事件。我们决定去参加一个英国国家党(或者当时被称为其他什么党)的一个会议,当时吉米·劳尔胳膊下夹了一本书(很可能是波德莱尔写的),突然他被人指着并被指控为共产党。吉米高举起书喊道:'凭什么——就因为我读书吗?'当然,我们认为这很有趣。我们离开那里时身后跟着一群暴徒。我和哈罗德跟着其他人——亨利、莫伊舍和吉米——跟了几码[①]远。前面的人已经在拐角处转弯走进达尔斯顿小巷,这时有人将一个大洋葱砸到我和哈罗德刚刚经过的银行的墙壁上。我拽着哈罗德的胳膊赶紧去追赶其他人,但是他甩开我,转过身面向暴徒。我跑向其他人,大喊哈罗德有麻烦了。当我们回去找他时,已经有大约六个人围着他了。有些人手拿自行车链子,另一些人拎着打碎的牛奶瓶。吉米挤进去和哈罗德站在一起。真是勇敢。正在那时,有辆无轨公交车在拐弯时减下速度,我们都设法挤了进去。但当时的情形真的很糟。"

暴乱即使不经常出现,也是大环境的一部分。品特有一种娴熟的技能,即言语

[①] 1码约为0.9米。——译者注

规避，这对他的早期剧作很有用。他总是想起他们一伙人在当地铁路桥下玩耍，还会出现这样的对话："你还好吗？""是的，我还好。""那就好，不是吗？"查尔斯·马洛维茨曾称之为"原始的威胁场景中产生的品特式对话"。然而，尽管暴力和威胁是品特青年时代晚期社会背景的一部分，但是如果认为他仅仅是把这一环境原封不动地搬进自己的早期作品中，就太肤浅了。这的确是一个因素，但绝不是他早期写作中所涉及的存在的不确定性和所有社会关系背后潜藏的恐惧深渊的唯一来源。其他素材来源包括大疏散、闪电战、儿时的孤独和他广泛的阅读，包括陀思妥耶夫斯基和卡夫卡。事实上，他的同龄人虽然承认战后法西斯主义的威胁，但却弱化了其长期影响力。迈克尔·戈德斯坦说："确实有反法西斯主义的暗流存在，但怎么说它也只是在表层影响着我们……当然，确实时不时有人提及，但是我个人看不出来它如何极大地影响到了品特的作品。仅仅是生存带给我们的恐惧和威胁就已经足够了。"亨利·伍尔夫也同意他的说法："这些暴力是可见的，但与此同时，它又是不重要的。它是个烦心事，是一种威胁，同时也非常不公平，在一场反对这类事情的战争之后，还是有人去殴打犹太人。但主要还是一种偶尔有些危险的滋扰行为。"

品特擅长通过言语规避或身体反击来保护自己，也避免直接参与政治。一天晚上，在哈克尼男子俱乐部一起打乒乓球的朱利·克纳品斯基（"我现在还能看见他，"品特说，"是个气色不太好的帅哥"）建议他们加入43团，但是品特礼貌地回绝了。战后反犹威胁对品特的真正影响并不仅仅是给了他一种威胁感，更多的是让他对任何形式的不正义都形成了一种本能的憎恨。从父亲因为儿子没有通过入学考试而质疑官方这件事来看，这是一种遗传的品质，这种品质已经在年轻的品特身上得到了有力的发展。品特十五岁的时候，在文法学校受到了一个姓吉的理科老师的体罚，之后他在教室外示威要求见校长，投诉自己遭受的不公正待遇。即使是今天，令品特对20世纪40年代哈克尼的法西斯恐吓行为感到愤怒的，更多的仍是明显的政治不公，而非身体遭到威胁。"一切都是那么奇怪，具有讽刺意味。"品特说，"因为那是在崇尚言论自由的工党政府的统治下发生的……我是说我们耗了整整六年时间，牺牲了上百万人民，才打败了纳粹。但是政府仍允许那些法西斯组织在伦敦东区集会、打人……打犹太老人等。这样的社会存在突出的矛盾。"正是在那段时期，品特开始讥讽那些政客和政府的虚伪。

让人觉得矛盾的是，尽管暴力行为暗流涌动，青春时期情绪起伏，战后几年却是品特个人发展的黄金时期。他结交了终生的好友，学会了质疑现有的教条，广泛地阅读；另外，通过表演、写作、打板球、踢足球和短跑，他还探索了自己性情中内向和外向的一面。品特说他经常忧郁，但是认识他的人都说他富有活力、长相英

第一章　哈克尼小伙子

俊、智慧非凡。直到今天，他还保留着哈克尼男孩帮的一张照片，这张充满青春梦想的照片在他书房的墙上熠熠生辉。正如所有经历过战争的孩子一样，他对死亡极为敏感。他似乎在艰苦的战后阶段经历了自我发现的旅程；人们没办法不发现，他所有的作品都充满了对一个安全的过去的渴望，这源自他对哈克尼伙伴们固如钢铁般的友情的回忆。尽管作为艺术家，品特显然在不断改变发展，但是年少时光形成了他富有创造性的想象力的源泉。

你可能会想，既然他如此热爱精神生活和体育运动，那么他肯定会从哈克尼唐斯文法学校直接升入大学。但是，正如英国著名建筑师彼得·库克建筑画中出现的、曾经好像还做过高级法院法官的公园长椅哲学家一样，品特的拉丁语也不好。事实上，他在1948年毕业时，也考虑过牛津或剑桥，还上了一周的拉丁语速成班，但是他意识到自己实在没有耐心去学。就他作为剧作家的发展而言，这样其实也挺好，因为牛津的学位课程常常约束和限制了一种独特的戏剧视野（但也有一些明显的例外，如戴维·黑尔、霍华德·布伦顿和约翰·麦格拉斯）——它鼓励的是批判性思维而不是创造性能力。后来自然而然从事教育事业的B.J.劳尔怀疑品特能否很好地适应学术生活的各种纪律。他说："除了乔·布里尔利之外，他不是很在乎其他老师的话。我记得学校让我们写一篇个人随笔，哈罗德写的是《大学教育的价值》——是对牛津生活的一种疯狂印象，那里全是梦幻尖塔、洒满阳光的四方院子和大腿雪白的女同学……我总是能记起那些雪白的大腿。"事实上，这听起来就像是对牛津生活逼真的描绘。

品特并没有追求那种梦想——他得到了乔·布里尔利的鼓励，还有校园麦克白和罗密欧的光环伴随着他——转而决定去高尔街的皇家戏剧艺术学院学习表演。在那久远的时期，家庭贫穷但是才能突出的年轻人仍然可以得到当地政府提供的补助金去学习表演艺术。R.D.史密斯是英国广播公司的广播剧制片人，也是伦敦郡委员会的顾问。经他推荐，品特得到了去戏剧学校学习的补助金。1948年秋天，他来到皇家戏剧艺术学院学习，但是这是他一生中最不开心、似乎也最没有作为的时期。皇家戏剧艺术学院当时在肯尼斯·巴尔内斯的良好领导下，仍享有精修学校的盛誉；大约十年之后，以阿尔伯特·芬尼、彼得·奥图尔和汤姆·康特奈为代表的新一代工人阶级的崛起，改变了整个学校和英国表演的特点。爽朗、知识丰富、喜欢打破惯例的品特是哈克尼的才俊，但他为战后皇家戏剧艺术学院的社会等级意识、狭隘造作的表演和电车路线般固定僵化的纪律所排斥。正如他在《仙子女王》中清楚地提到的，他的心仍然在伦敦东区：

在表演学校的时候,我并没有和好友失去联系。无论如何我都受不了那里。全是基佬和男妓,在楼上楼下,穿吊带袜的美人,宝贝儿和甜心儿,"铺子"和浮华。老师也基本上都是垃圾。第一个教我们表演的老太婆像个巫婆,教我们表演动作、跳跃、做鬼脸,她一脸恶相,头发散乱,就像一个在邪恶、魔幻的篝火旁跳舞的中世纪农民一样,看着就让人难受。我很讨厌她,她报告说我没礼貌,举止粗俗,又爱捣乱。过了一阵子我就请假,基本不去了,最后假装精神崩溃,再也不去了。之后,用莫伊舍的话说,我像个风骚男子一样的生活开始了;每天从咖啡馆游荡到图书馆,再到哈克尼帝国剧院的大理石宫,然后再荡回来。

尽管品特一直反对皇家戏剧艺术学院固有的戏剧风格,但是事实上,他还是遇到了几个志同道合的人,特别是詹姆斯·格劳特、瑞秋·罗伯茨和弗朗西斯·海兰。他们一起帮助组织了伦敦教堂的短暂巡演,合唱了 T. S. 艾略特《岩石》中的曲目。然而大多数时间品特都会逃学,过着极端的双重生活。每天早晨他都会离开家,让人认为他是去高尔街,但实际上他是去了街尽头的哈克尼公共图书馆,或者是在街上闲逛,等着亨利·伍尔夫和莫里斯·威尔尼克。这种状态一直持续到最后一年他从学校毕业。夏天的时候,他会去罗德体育场看板球比赛。"我父母从未发现,"他说,"因为我每天晚上回家后就会说'我演的霍雷肖不错'之类的话。"但是如今引人注意的是,不是社会的不安全,而是他的自信——或者说,至少是内心的坚信——让他能够一直在这样的欺骗中生活。品特对于伦敦地形的透彻了解和对无家可归者的同情成为他后期戏剧的素材,很显然,这要归功于他一年到头在大街上的游荡生活。同样值得关注的是,他显然不愿意剪断将他与哈克尼的挚友以及赋予他生命的公共图书馆紧密相连的纽带。哈克尼不仅是家,也是避难所、隐居处、东区伊甸园,品特不愿意被迫离开。然而,将品特和他的出生地绑在一起的,与其说是恐惧,不如说是陪伴和对所有牢固权威与生俱来的怀疑——对学术、宗教,以及事实已证明了的,对军事权威的怀疑。1948 年 10 月,和所有十八岁的年轻男性一样,品特收到了兵役征召函。没有片刻的犹豫,他出于良心而拒服兵役。这是品特在青年时期所做的最重大的决定;做出这个决定,出于他本能的政治信念,也因为他预感到自己终生都会坚信,个人应该有权利凭着良心而拒绝国家要求。

在当时的背景下,这也是一个特别勇敢的举动。在 1948 年夏天,冷战已经达到危机边缘。6 月 23 日,苏联封闭了通往柏林的道路和铁路,试图将西方同盟国——美国、英国和法国——逼出它们的三个城区。柏林封锁一直持续到 1949 年春天,食

第一章　哈克尼小伙子

物和燃料援助被空运到西部区域，让那里的人不致忍饥挨饿、被迫投降。二战结束三年后，有那么一段时间，似乎第三次世界大战即将爆发。针对苏联的核反击也并不被视为空洞的威胁。1948年7月，第一架美国B29s轰炸机抵达东英格兰，美国开始在英国领土上部署核武器，这将持续40余年。美国驻英国大使卢·道格拉斯发电报给美国政府，汇报说温斯顿·丘吉尔——当时的保守党党首——"认为现在正是时候告诉苏联，如果他们不从柏林撤出，放弃东德，并从波兰前线撤出，那么我们将会把这些城市夷为平地"。就连工党的政治良心安奈林·贝文也敦促同盟国调遣坦克通过德国东部来支持空运物资到柏林，以缓解西柏林被社会主义国家控制的状况。

正是在这样令人不安的环境下，品特出现在了两个军事法庭，被卷入了两项民事审判。据他现在所回忆的，当时的情形既高度严肃，又如低俗的闹剧一般。但是出于良心而拒服兵役对品特的一生影响重大，原因有几个：它让品特第一次真正与父母决裂；让他第一次体验到在个人决定和服从社会中进行果断的选择；也让他对卡夫卡式的作品中的官僚主义产生终身怀疑。简单来说，这是他第一次自觉的政治举动。

这个决定让他的父母不知所措，极为惊讶。他们料想着他会参军，认为这是理所当然的事。他们甚至还不公平地责怪亨利·伍尔夫怂恿品特。（一向好客的杰克·品特说："如果亨利·伍尔夫来我家，我就宰了他。"）他们还询问了乔·布里尔利。品特说："你看，大部分出于良心而拒服兵役的人有牧师和拉比帮他们说话，可我没有。我拒绝躲到宗教的庇护伞下。他们唯一能找的就是乔。我不会忘记有一天下午他来到我家，我父亲说：'你能不能劝劝这小子？他这样会进监狱的。他疯了。'我记得乔·布里尔利的回答是：'不。如果他想进监狱，那完全是他自己的事。我不会劝他一句。我明白他为什么这么做，尽管我认为这是不对的事。'这番话精彩极了。我觉得印象深刻。他的意思是，这完全是我的责任。"

品特首先把征召函退了回去。1949年，他被传唤到军事法庭去解释自己的决定。他究竟是怎么解释的呢？"我大体就是说最近的战争已经残害了上百万人。我强调说世界上粮食短缺，再发动一场战争就意味着又会有上百万人挨饿。我也提出了质疑：既然我们刚刚经历了这场该死的战争，那么再准备另一场战争有什么意义？我们要去打谁？为什么？我很坚决。这就是我第一次上法庭。但是之后他们给我的说法让我非常生气。一个法官写道，一旦发生战争，我不会保护自己的妹妹。我由于一些言论而被记录在案，但是我根本没说过也不相信那些话。因为多年来我的观点一直没有改变：如果我处于看到自己假定的妹妹被侮辱的情境，我会尽我所能保护她。这完全是对事实的扭曲，也确实是一种官僚机构腐化的早期例子。"

第一次裁决结束，在随后的上诉中，品特被允许带一名证人来为他的正直作证；这是一次机会，老师、牧师或者权威人士可以解释品特所做决定的道德基础。品特无所顾忌地带了他在哈克尼的朋友，和他一样年仅十八岁的莫里斯·威尔尼克。品特说："我记得的，仿佛就在昨天。我甚至还记得裁决地点就在大坎伯兰广场。莫伊舍站起身对那些上校和少将说：'听着，我比你们了解哈罗德。他是个心口如一的人。他不虚伪。他并不是想逃避参军。我已经入伍，大约一个月后就走。我并不反对参军，但他反对。我很严肃地看待参军，他也同样很严肃地看待不去参军。'当他坐下时，我靠过去说：'你害死我了，威尔尼克。'当然，他确实如此。他们就说了句：'上诉驳回。'那天下午当我们从大坎伯兰广场走出来时——那是个美好的夏日午后——我说：'好吧，就这样，威尔尼克。你去你的军队，我进我的监狱。'"就这样，1949 年夏天，他们俩搭便车去康沃尔附近度假了一周，为世界上没有一个人知道他们在哪儿而感到窃喜。他们旅行到了圣艾夫斯和梅瓦吉西附近，华兹华斯笔下的监狱阴影第一次开始笼罩这个正在成长的男孩。

回到伦敦后，品特又收到了征召函，被要求参加体检。当时——卡夫卡笔下约瑟夫·K. 的影子又闪现在他的脑海——有医务官员问他："你接受参军体检吗？"他的回答——不出所料——是"不"。之后品特被逮捕，被带到治安法庭拘留。就连在那儿，事态的严重性也被闹剧抵消了。品特回忆说："我发现牢房里还有另一个家伙。我对他说：'你为什么进来？'他说：'我用锤子抢了我家娘们儿。你呢？'我不能说我是出于良心而拒服兵役，就开始编一些荒唐至极的故事。"那之后，治安推事问他，是选择接受法庭判决还是请求陪审团审案。他选择了前者，被罚了 50 英镑。这在当时是一大笔钱，但是他的父亲立刻交了钱。他现在已经原谅了执拗的儿子。几个月之后，品特和同一个治安推事又重复了一遍整个过程，这次他父亲又缴了 75 英镑罚款。如果不是"出于良心而拒服兵役委员会"近期赢得了一项法庭协议，终止了卡夫卡式的循环，整个过程可能会无休止地重复下去——被审判、进监狱、被释放、被要求体检、再进监狱。品特很幸运，两次都遇到了少见的仁慈的治安推事，而且事实上他们已经决定不再进行第三次审判。

正如品特自己所说，出于良心而拒服兵役是一个孤独的决定。被强迫屈服的压力是巨大的。尽管他在哈克尼的朋友全心全意地支持他，但他们中的大多数还是和威尔尼克一样，服从了有序但无意义的兵役安排，去了皇家炮兵；伍尔夫去了皇家空军。品特仍然坚持自己的想法，遵从良心，拒绝躲到和平主义或宗教教义的便利的庇护所里。整个故事也推翻了这样的论说，那就是品特面对政治现实觉醒得较晚，或是他在 20 世纪 80 年代才突然有了敢于质疑的良知。他一直都是遵从内心的局外人；回顾过去，他将出于良心而拒服兵役一事视为生命中第一次重大的政治决定。"我觉得有些蹊跷，"他说，"这些体系是如何运转的——这些政治体系。我没法用更好听的话形容它了。我真的觉得蹊跷。非常蹊跷。我觉得我不想和那有任何关系。知道吗，我们过去常常称军服为'狗屎套装'。我记得我那时说过：'战争结束后，我不会为任何人穿上狗屎套装。'我觉得自己不会屈服于这种病态的体系。"

那种不服从的倔强性格是品特灵魂的印记。从某种程度上讲，那是他儿时和青少年时代经历的高潮：后花园幻想的独处，大疏散的孤独，较早且决绝地拒绝犹太教，组建自己的文学名流群，对战后法西斯主义复苏的非正义性的认识，甚至是整个班级都共有的对皇家戏剧艺术学院风气的厌恶。从早年开始，所发生的一切都表明，品特有着独立精神。虽然他和性情相投的哈克尼伙伴们在一起很快乐，但是随着这些老朋友相继入伍或上大学，各自分飞，他开始面临一个艰难的问题。他知道自己有表演和创作诗歌的天赋；但是在离开戏剧学校、险些进监狱、见证了他私人伊甸园的破碎之后，他的青年生活到底将如何继续呢？

第二章　浪漫的爱尔兰

老朋友们都已展翅远飞，品特却在位于哈克尼的家中又待了几年——从1949年到1951年。这之后，他加入阿纽·麦克马斯特在爱尔兰的巡演剧团，开始了表演工作。但是，他并没有被家庭束缚的感觉。品特自认为有点像哈克尼的哈姆雷特——他甚至偏爱黑色的衣服——并在《仙子女王》中写道："出于良心而拒服兵役的我，没有银铛入狱，却将自己看作无限空间的主宰者；作为一名演员，我登上了舞台。"那段时间，品特大量地阅读、写作、访友，给剧团导演和英国广播公司制片人不停地写信，重新回到戏剧学校上课，并且经历了一段令人心碎的爱情。表面上看来，那是一段骚动不安的穷苦日子，品特所处的状况与《无人之境》中的斯普纳没什么两样，他们的日子都是由小杂志，甚至小额支票和酒吧里的白日梦组成的。然而，他好像在不知不觉中通过以下方式学习着剧本创作的技巧：一是磨炼自己的观察天赋，二是获得演员工作，三是检验自己在诗歌、散文诗以及最后的自传体小说方面的文学才能。这看起来像是一段过渡时期，实际上，品特——和所有年轻作家一样——在吸收各方面影响的同时也逐渐发现了自己独特的声音。

G.K. 切斯特顿曾经写道："在每个艺术家的心灵深处，都有某种类似于建筑模式或者类型的东西。它就像是艺术家梦中的风景，像是他想要创造或漫游其中的某种世界，像是生长在他自己的神秘星球上的、奇异的动植物。"尽管这听起来颇有些浪漫的理想主义色彩，但是品特自己的神秘星球却是一个坑坑洼洼的天堂，最终为性欲之蛇和支配欲望所摧毁。令人震惊的是，在他现存的最早作品——1949年在家中写的一首名为《库鲁斯》的散文诗中，这种梦的风景被如此清晰地呈现出来，并以某种形状或形式在他后来的大部分作品中得以延续。《库鲁斯》迅速将我们带入品特的世界，一个在现在看起来显得极为令人熟悉的世界：一间房子、一个空间、一场领地之争、两个男人和一个女人之间的三角冲突以及权力的逆转。这些意象到底来自何处？简单说来，品特对于地盘的敏锐感知来源于战后在哈克尼所遭受的法西斯暴徒的威胁。我猜想这和下面这一事实有着更多的关联，即品特和朋友们在父母的家里都有自己的房间，而这些房间同时也是私人庇护所、辩论室和矛盾发生的地方。更重要的是，这里还是友谊宣言与外部的情感纽带发生正面冲突的地方。如果你二十出头还住在家中，那么你一定已经树立了私人空间意识，或是担心不受欢迎的入侵。迈克尔·戈德斯坦给我讲了一个故事，正好表明了那时他们是多么有领地意识：一天晚上，戈德斯坦正在家里工作，近期刚刚陷入爱河的品特突然闯进他的房间，开始朗诵莎剧《特洛伊勒斯与克芮丝德》里的一篇演讲，剧中男主角在演讲中悲叹着自己情感上的无力。戈德斯坦刚刚开始谈恋爱，他觉得品特是在针对他的缺点进行说教。他感到十分受伤，生气地让品特离开。这是一件小事，两人之间的隔阂很快就消除了，但它却提醒我们：主人会把房间作为私人的避风港，闯入者总是会试图对这个空间施加他或她的意愿，以及友谊有时会遭受性关系的破坏。这些后来都成了品特作品的经典主题。

这些思想萦绕在《库鲁斯》中：一个非常微妙的、具有暗示性的诗歌对话，不仅涉及地盘的转移，而且涉及通过冷热图像表达出来的对房间及其主人的控制。整首诗由三个完全平衡的部分组成。在第一部分，叙述者——在独处中获得尊严并感到安全的房间主人——同意朋友库鲁斯进入房间。他邀请库鲁斯走到炉火旁。很快，不仅房间里的寒冷，还有他的整个生活，都受到了库鲁斯的严厉批评："这根本不能称之为火，这只是房间中光与影的另一个方面。它不再致力于规定的活动。它不会离开它自己，因为它缺少成长所必需的注意力和洞察力。而你生活在对两者的逃避中。"迅速压制住房间原有的主人后，库鲁斯寻求房间主人的同意，将一个披着披肩的女孩儿带了进去，并进一步和她爬上了房间主人的床。这时，房间主人就沦为了一个被动无能的偷窥者："我把外套照在灯上，看着天花板俯冲向地板。接着整个房间都移向壁炉里的火焰。我挪动了一下凳子，坐在火焰旁。"

在第二部分，库鲁斯已经完全占有了房间，并实施绝对的统治：

> 如果热，窗户是关着的；如果冷，窗户是开着的。如果是夜晚，窗帘被拉开；如果是白天，窗帘被拉上。为什么要拉上？为什么要拉开？

> 我有自己的夜晚，
> 　库鲁斯说。

我有自己的白天。

库鲁斯不仅控制了房间及其主人，还试图对整个自然界施加影响——由他决定是白天还是黑夜、是冷还是热。这时，那个女孩儿开始夺取主动权。她违抗库鲁斯的命令，擅自邀主人搬回到他自己的房间里，并要他帮忙将窗帘拉上。到第三部分，库鲁斯"已经改变了"，披着披肩的房间主人也远离炉火，蜷在一旁。那个女孩儿则完全控制了房间和其中的两个男人，她随意拉上或是拉开窗帘。除了权力状况被彻底改变了之外，似乎一切都回到了原点。在被剥夺了身份和自己珍惜的独处后，房间主人如今打量着这个壁炉旁的女孩儿。"天花板俯冲向地板。你还没有换掉灯上的外套，我说。"

对此你会有几种解读：这一切可能发生在叙述者、库鲁斯和女孩儿三个人不同的房间里。它也可能只是一场梦，梦中男人幻想着噩梦般的占有。但将它看作一场关于地盘争夺和心理挫败的微型剧最合理。令人惊讶的是，十八岁的品特能够以如此具体的戏剧和视觉方式思考，并绘制出自己独特的领域。品特的观点都在那儿了：我们建构了自己伊甸园式的孤独；我们将毁灭自己的入侵者迎进家门；女性不仅能彻底改变男性之间的力量平衡，还能最终成为发号施令者。从形式上看，这篇作品也惊人的成熟，令我想到希区柯克那些环形拍摄的镜头之一——来自《夺魂索》的熟悉画面——以360度的视角拍摄整个房间，最后，房间的摆设可能看起来一样，但人物之间的关系却有了全新的意义。然而，尽管这部作品的创作技巧令人信服，作品中的情景却从未远离品特自己的世界，尤其是库鲁斯对房间主人的失败所做出的毁灭性批判就像壁炉里的火焰一样，越来越烈。此类事情在哈克尼是司空见惯的。品特曾经告诉我，有一天，因伤退役的亨利·伍尔夫和罗恩·珀西瓦尔一起路过哈克尼医院时，后者转向前者，说："现在看看这儿，伍尔夫，自从你离开皇家空军后就没有任何知识进步。"对此，无助的亨利只能回答："是吗？"这种直率是很伤人的，也是《库鲁斯》所凸显的。虽然品特将会在1967年的电视剧《地下室》中发展其戏剧结构和主题，但令人惊叹的是，他幸存下来的第一部作品就呈现了这么多他所痴迷的概念。

如果说《库鲁斯》证明了品特对现实的看法从一开始就界定清晰的话，那么他在那一时期创作的大部分诗歌都表明他受到了迪伦·托马斯的强烈影响。当《早期诗歌十首》——一部偶然被人们重新发现的作品——由格雷维尔出版社在1992年出版后，大卫·维尔米尔就正确地指出：这些早期诗歌并非酝酿品特戏剧的种子，而是"一种在完全不同的藤蔓上结出的果实"。事实上，诗集中的大部分作品都是品特的悉心之作，用词考究，使用头韵，意味着作者醉心于语言却尚未完全掌握它。然而，偶尔也会有一行字跳出来，以其引人共鸣的朴实吸引读者。以《黎明时分的王宫》为例，在一连串密集的令人费解的意象（"十一月圣马丁节的鼬鼠""在噩梦中，抓住了情人的大腿""眼睛啃着树篱的外衣"）之后，诗歌的最后一行（"现在我们听见了沉默的悲伤"）却具有预言性和雄辩性。但是品特早期的诗歌大多使用令人费解的语言技巧，似乎只是为了给读者留下深刻印象，而不是将读者带入到体验中。

一个明显的例外是品特在1950年8月出版的《伦敦诗刊》上首次发表的两首诗。诗刊是当时顶尖的诗歌杂志，由迪伦·托马斯、安东尼·迪肯斯、科尔德里克·莱斯以及第一主编——锡兰作家坦比穆图于1939年共同创立。刊发的这两首诗署名为哈罗德·平塔，用这个名字主要是因为品特的一位姑姑——不顾一切事实——坚信他们家来自葡萄牙的一个名门望族——平塔家族。然而仅一件事就冲淡了品特获得认可的喜悦之情：由于一个印刷工的失误，这两首诗在出版时有几节被互换了位置。这对任何作家而言都是一种痛苦，而对天生一丝不苟的品特来说，更是人间地狱。但是这两首诗仍反映出他与前一年相比取得的巨大进步。他曾在圣诞节时短暂参与过切斯特菲尔德默剧团的一个哑剧，从中获得灵感并创作了《在中部的新年》。这首诗生动活泼地再现了节日高潮时人头攒动的露天酒吧的场景，充满了爱德华·巴拉的一幅画作中体现出的粼光闪闪的欲望。尽管品特的诗歌仍然多处押头韵，但它们却被用来创作出一系列令人难忘的画面：

> 黑黑小小的螃蟹女，眼睛
> 细长，口齿不清，爪子伸进盈箱溢篓的罐子。

在这个花哨艳俗、充斥着色情的米德兰兹酒吧里，人们甚至想知道能否在"紧紧夹住/穿着红色衬衫的男孩，愤怒地，敲打着他的笼子"这样的诗句中瞥见品特本人的身影。可以肯定的是，品特初次发表文学作品让他的父母很高兴，他们决定让他们最富有的亲戚知道这件事。

"我们的亲戚中只有一个人似乎很富有，"品特回忆道，"那就是做生意的科尔曼叔祖父。他在家总是穿着毛毡拖鞋，戴着便帽，是一位谦恭有礼的绅士。我的父亲建议我下次和叔祖父一起喝茶时把刊登在《伦敦诗刊》上的诗拿给叔祖父看看。尽管有些顾虑，但我还是同意了。我的诗名为《在中部的新年》，讲的是一个年轻演员在轮演剧团的流浪生活。这首诗深受迪伦·托马斯的影响。它包含以下几句：

> 这是阳光、火药和鲜血，我
> 跨坐在这里，总是放逐在惠特布雷德啤酒镇，
> 或者类似的地方。

"当科尔曼叔祖父读这首诗时，我和父亲安静地坐在房间里。他读到那几句时停了下来，越过杂志看着我们，说道：'目前惠特布雷德的股票行情很好。听我的建议准没错。'"

另外一首发表在《伦敦诗刊》同一期上的诗歌是《吊灯和影子》，其开头来自《马尔菲公爵夫人》中的一句话（"我借着猫头鹰夜灯去猎獾：这是一个黑暗行动"），从中可以看出品特对詹姆斯一世时期颓废文学的痴迷、对画面进行浓缩的天赋以及对古词的喜爱（体现在"deliverate""stomacher"等古英语词汇的运用上）。这也说明品特完全相信约翰·韦伯斯特的剧本和诺亚·韦伯斯特编撰的字典。同样，这首诗有一种不可否认的令人难忘的朦胧力量。

> 包裹在这个外壳里，这块皱巴巴的马赛克，
> 樟脑与蔷薇扼杀了岁月，
> 而我，一个来自疯狂星球的疯子，
> 和麻风病人一起发了疯似的奔跑着，
> 将上帝带进烟囱，
> 一只迟来的蝗虫，
> 把人类的牧场，洗劫一空。

这两首被发表的诗歌，前者向读者展示了作家那双善于观察却冷酷无情的眼睛，后者则叫人领略了他巴洛克式的想象力，而两首诗都表明了品特的语言模仿能力。然而与那首非凡的、当时尚未被发现的《库鲁斯》相比，这两首诗并未发出品特自己独特的声音。

在探索自己的文学声音的同时，品特也试图通过不停地写信来探索自己的表演之声。在 R. D. 史密斯有益的建议下，他给英国广播公司电台专题部和戏剧部的所有高层写信——唐纳德·麦克维尼、道格拉斯·克莱夫顿、特伦斯·蒂勒、约翰·阿洛特和弗兰克·霍瑟。他们不仅是广播电台的传奇人物，而且经常出现在他们自己的午餐档节目中。然而没有人给品特提供演艺或诗歌朗诵方面的帮助。其中有些人的秘书显然不太称职。阿洛特在回信中称呼他为"亲爱的品特女士"，而霍瑟则称呼

他为"亲爱的佩特先生"。直到 1950 年年末,品特才最终挤进了英国广播公司广播大厦。当时他出现在为史密斯制作的一系列节目中——《聚焦足球赌注》和《聚焦图书馆》。这两档节目都使他挣到了 3 几尼,以及 111 先令 12 便士的重播费。他还在《亨利八世》中扮演了小角色阿伯加文尼,这使他的出演费升至 9 几尼,重播费是 414 先令 12 便士。这表明,无论生活发生多么大的改变,英国广播公司支付的费用基本相同。作为一个有教养的男孩,品特礼貌地给史密斯写了一封信:"谢谢您让我出演《亨利八世》中的角色,希望您觉得我的表演是令人满意的。我听了一下录音,对我而言,我的声音听起来都难以辨认了。"凭着自己以往的成绩,品特又得到了专题部的试镜机会。试镜报告表明英国广播公司始终没有搞清品特的名字,当时称他为赫伯特·平达。但是这个称呼还算好听。报告以对品特的模糊观察结束:"英国皇家戏剧艺术学院、伦敦人、温和安静"。1951 年年初之后,更多临时工作随之而来,这其中包括一个难得的机会,即为电台专题节目《庞奇先生走过去》做解说。这个节目是丹尼斯·米切尔——后来他成了一位杰出的电视纪录片制作人——在曼彻斯特制作的。

此时的品特正处于一种奇怪的境地:身无分文,住在家里,作为诗人和电台小演员只取得了一点点进展。因为坚信自己有做演员的天赋,他认为最好是重新回到戏剧学院。这次他去了中央演讲和戏剧学院,从 1951 年的 1 月到 7 月,品特在那里度过了两个学期。如果说和皇家戏剧艺术学院相比,这所学院的氛围更让品特感到适宜的话,有一部分原因是他遇见了一些鼓舞人心的老师,尤其是西塞莉·贝里和史蒂芬·约瑟夫,前者后来成了皇家莎士比亚剧团的主唱和一位国际大师,后者紧接着在斯托克和斯卡伯勒创办了具有开拓性的圆形剧院。在中央学院,品特还结识了同学巴里·福斯特,他和品特一样,对生活、爱情和诗歌充满了兴趣。

福斯特回忆道,那时的中央学院处处都有稚嫩的年轻人和周围郡县海军上将十八岁的女儿们。在那样的环境里,品特自然就像灯塔一样闪耀发光。"哈罗德,"福斯特说道,"好像远远领先于其他任何人,他那时就写了很多诗歌。他的诗很难理解,除非你能读懂他的意思。非常复杂且强烈的意象。你可以在一英里之外就感觉到他的才能。除此之外,他是那么英俊潇洒,还拥有一副深沉、低沉、洪亮的嗓子,这在二十岁时是不同寻常的。他是绝妙的好伙伴。我们彻夜饮酒,直到把钱用光,然后一同去位于弗利特大街上的黑白牛奶酒吧,那里还产生过一幅著名的素描画。我曾收到过他的一封信,在信中他回忆起当时坐在他对面的人一直在捻弄自己的头发,头屑和头发不时掉在哈罗德的汤里。作为一名学生,品特相当勤奋。期末的时候,我们会上演一些简写版的戏剧。我记得有一次演的是《仲夏夜之梦》,哈罗德演波顿，我演拉山德。他全身心地投入其中，这和史蒂芬的启发性指导有很大关联，史蒂芬是一位极其聪明、颇有天赋的人。"实际上，约瑟夫变成了那些有影响力的、父亲般的人物之一，他突然出现在品特的早年生活中。当约瑟夫要求学生写一篇关于戏剧史的论文时，品特提出他想研究詹姆斯一世时期那千疮百孔的状况。为此，品特竭尽所能、不遗余力。"那么你这样写了，是吗？"约瑟夫问道。"是的。"品特回答。"好，希望你能坚持下去。"约瑟夫以一种品特至今仍然记得的温暖鼓励的语气说道。1959年，约瑟夫邀请品特执导了《生日晚会》的第二次专业制作，戏剧在斯卡伯勒剧场上演，由他的另一名学生艾伦·艾克伯恩担任主角。

这一时期品特的性格具有双重性，而且这种双重性从未完全消失。据福斯特所说，品特是个好伙伴，是个酒量大且十分慷慨的人。然而如果你研究他这一时期的作品，就会发现其中充满了焦虑，仿佛末日即将来临。那时的品特，尽管只有二十岁，但已然很好地适应了生活的苦难与艰辛，决心用一种反叛的斯多葛主义战胜生活。他在1951年创作的诗歌之一《我要摘下我那顶可怕的帽子》就表达了这种心境。全诗充满了狂野的、奇诡的绝望和恶魔附身的暗示。这首诗也成为品特的名作之一。诗的开头写道：

我穿着紧身衣在太阳下摇摆，
在一个无人的时代里，在一个充满敌意的停顿中。
春天掷出了他绿色的锚。

诗歌马上给人一种疯狂、禁锢和异化的印象。品特在未来的很多日子里都会为"在一个无人的时代里，在一个充满敌意的停顿中"这一概念所束缚。但这首诗也立即对主体受压制的活力和自然世界的冷漠做出对比。接着，诗歌继续探讨这一思想——一个狂言乱语、近乎疯狂的英雄受到社会压力，最后却摆出一副得意扬扬的蔑视神气：

所有的幽灵都要纠缠我，所有的恶魔都要喝我的血，
就算要咽下邪恶的毒药，就算肋骨被刺穿，
我也要摘下我那顶可怕的帽子。

对生活的恐怖和社会禁锢倾向的认识，为决不屈服于它们的决心所抵消——这首诗的基调也同样在他写于1951年的诗歌《仙子女王》中反复出现。这首诗不是作

为个人信条或哲学声明而写的。诗歌的名字取自品特小时候和朋友们唱的一首淫秽歌曲。这首诗是一部自传体回忆录，充满了对地方和人物杜米埃式的描写。但这首诗却比任何东西都更能说明品特早期的态度。他以一个冷漠的局外人和顽固的不服从者的形象出现，即使这个世界将乘着手推车走向地狱，他也决定坚持自己思想的自由和独立。这一时期，品特在哈克尼的同龄人大都已经卷入了现实社会，威尔尼克在军队里，珀西瓦尔成了城里的大人物，劳尔正在为当教师而学习。但品特仍然——在很大程度上，直到今天他仍然——是一个好斗的不合群的人。创作《仙子女王》时品特才二十岁，那时的他与1993年那个接受《暂停》杂志采访时成熟的特立独行者并没有太大的不同。他在被采访时说道："你知道的，没有人可以解雇我，因为我没有工作。因此，我将一如既往，想说什么就说什么。"

这部回忆录写的是别人，然而，品特却最清楚地展现了自己，这一点尤其体现在他对罗恩·珀西瓦尔的刻画中：

> 罗恩身材苗条，金发碧眼，头顶一簇卷曲的金发。他的脸好像被雕刻过，苍白而英俊。他是一个极具爆发性的、独特的人，相信一个人能够也应该冲破一切，经历最沉闷、最不愉快的折磨。即使最后十分之一的灵魂完成了被迫要做的事情，他也要把灵魂的十分之九祭献在十字架上。是被钉子刺穿的，他说。虽然我充分明白他的意思，但我却不能认同。我不明白用大便洗澡对一个人的健康有什么意义。对一个完全活着的人而言，时时刻刻都想窒息而亡。阳光只会把皮肤弄脏，雨点"像无数碎玻璃"一样落下。在分分秒秒、时时刻刻、一天又一天的流逝中所产生的意识有时类似于疯子疯狂的占有和启示，而在这之下隐藏着如石头般深邃的寂静。痛苦存在的范围远远大于社会所造成的痛苦。社会造成的痛苦始于狭隘的现实主义的强加——证券交易、法西斯分子、劳工部、大选，所有这些对我而言，如果放置在一定的视角，都应该从格列佛的高度来看待。天哪，有人告诉我，被工会流氓用棍棒击打或被枪杀的事情确实存在，根本不需要从这个方面去孕育苦难，直到自己爱上苦难，而后又自作多情、自怨自艾。因为总是局限在一个世界，一个层面，我意识到生活在一个无法言说的维度中，这些现象也不过是沧海一粟——却往往会推翻伟大的事物。如果我的脑壳注定要被一个蠢人或被掉落的烟囱顶帽砸碎，那就是命该如此。"随时准备着就是了，无所谓了。"

这不仅是一段生动的散文，同时也显示，品特在二十岁时就对自我和世界有了惊人的清晰认知。他不赞成珀西瓦尔的自虐观点，即你必须忍受无尽的痛苦才能看到真相。他也不认为一个人应该被日常现实压迫，或任由自己屈服于苦难。一个人必须承认生活是艰辛的。"对一个完全活着的人而言，时时刻刻都想窒息而亡"这句话完全就像是贝克特说的，但那时的品特还没听过他的名字，更别提读他的作品了。同时，一个人必须用坚忍和从容优雅的态度来超越生活所安排的残酷和意外的不幸。这是一种相当成熟的哲学观念，是佛教、《哈姆雷特》和马可·奥列里乌斯思想的混合，但重点在于，这却是品特自己从生活经验和阅读中提炼而来的。尽管这种观念听上去与政治无关，但它只是基于这样一种信念，即有一个比现代政客们与生俱来的权力争斗所表达的更高的真理（1951 年正值大选）。可能会有一点年轻人的装腔作势，但是当品特谈到时间流动下的"如石头般深邃的寂静"或人类存在的"无法言说的维度"时，他在描绘构成他作品永久背景的梦中景观。

在某种程度上，这部回忆录记录了哈克尼伊甸园的失落以及随之而来的人们的流散。还有一点值得补充的是，这本书非常有趣——亨利·伍尔夫"是我认识的人中最有天赋的，他能欣赏真正的好东西"——而且充满了尖锐的自我批评。品特回忆起罗恩·珀西瓦尔对他的评价：罗恩"指责我操控生活，而他却在生活里操劳"。这样说一定很伤人，因为这句话出现在了《侏儒》和《归家》这两部作品中。这意味着品特是一个有点超然的观察者，他凌驾于生活之上，而非完全沉浸其中。这也许有些道理——这难道不是任何作家的自然立场吗？但是品特曾经——显然现在仍然是——和别人一样容易受伤。有一天晚上，当我和他聊到吉米·劳尔时，我就看到了这一点。劳尔现在是一位退休教师，我前不久才遇到过他，但品特已有二十多年没见过他了。品特对劳尔的思念，对某一特定时刻的精确回忆，以及他赋予过去戏剧性意义的能力，都是显而易见的。

"到 1951 年夏天的时候，"品特说，"我已经受够了戏剧学院。那时我遇见了迪莉丝·哈姆莱特，她是老维克戏剧学院的学生，我俩曾有过一段痛不欲生的恋情。我记得那天正和吉米·劳尔在他位于厄尔斯考特区科莱恩莫斯的公寓里。他的父母是酒店老板，有点小钱。不管怎么说，50 年代那会儿能在厄尔斯考特有一套公寓可是件非常了不起的事儿。一天我去他家找他。他突然说道：'关于迪莉丝——'我说：'怎么了？'他问道：'唔，你知道她最近一直在和那个瑞典人，或是芬兰人交往吗？''嗯，我听说过他。'我回答。他接着说：'嗯，她嫁给他了。'我记得当时我的咖啡杯就掉了……我俩就坐在那里。那应该是一个下午。我们沉默地坐了一会儿……最后他说：'我在想，我们走路去汤恩比馆吧。'那可是很长的一段路……那里有音乐会，他想去看看……我说：'我和你一起。'我们穿过伦敦，走了两个小时，路上一

第二章　浪漫的爱尔兰

言不发。我们看了音乐会。我们听了音乐会。我们参加了音乐会。这就是我所记得的和吉米的事。"生活——甚至连掉在地上的咖啡杯——似乎都呈现出品特戏剧的轮廓。

事实上，品特与迪莉丝·哈姆莱特的恋情不仅是他早期情感生活的重要组成部分，还于二十年后在他的一部重要作品中留下了决定性的印记。她自己对这段关系的回忆是清楚、准确、充满深情的。"那时，"她说，"是1950年2月，我记得我和一位女性朋友一起住在切尔西沃波尔街的一个房间里。我的朋友去了瑞士，要在那里一个月，同时我也因演员罗杰·斯诺登的推荐去伦敦北部的联合剧院上夜校。班上有个来自哈克尼的叫雪莉的犹太女孩儿，她在家里不开心，我就邀请她来和我一起住一段时间。一周后，她对我说：'有几个人你得去见见。'于是她就带来了哈罗德、吉米·劳尔和所有哈克尼的那帮朋友。当时的我还带着点中产阶级淑女气质，矜持、端庄，而且我也从未见过如此热情且精力充沛的人。我记得当他们都在说话的时候，我坐在煤气表上，完全被吸引了。最后男孩儿们都走了，哈罗德却留了下来，继续聊到深夜。他错过了最后一趟公交车，所以只得留下过夜。但一切都很单纯：他睡一张床，我和雪莉睡另一张床。第二天早上我和他一起赶公交车——他要坐22路公交车回哈克尼——他仍然在滔滔不绝地跟我谈迪伦·托马斯、乔伊斯和叶芝。我从未遇见过他这样的人。我脑海中总是浮现出哈罗德身穿深蓝色外套，怒气冲冲地走在大街上，一副与世界为敌的样子。但他的确对生活怀有怒意，这股怒意激发他去做事，去取得成就。"

迪莉丝·哈姆莱特与品特开始热恋，感情一直持续到当年10月份。其间，他带她去看布努埃尔导演的《一条安达鲁狗》，去伦敦大象城堡区看沃尔菲特演的《李尔王》，去哈默史密斯抒情剧院看阿努伊的《离别之时》。品特还送了她一本兰波的《地狱一季》，这本书她一直都珍藏着。他们甚至跑到了科茨沃尔德去度周末，在旅馆登记簿上签名为"品特先生和品特太太"——在20世纪50年代，这可是件不被允许的大胆的事儿。但是在哈姆莱特看来，这段恋情也有剑拔弩张的时候。她回忆到在联合剧院的派对上，当她和另外一位男演员跳舞时品特怒火中烧的样子。她还获得了由米歇尔·圣·丹尼斯、乔治·迪瓦恩和格伦·贝姆·肖共同管理的老维克戏剧学院的奖学金。她劝品特和她一起去面试，但品特却没被录取。"后来我才从米歇尔·圣·丹尼斯那儿得知，"她说，"之所以结果如此，是因为这所学校在很大程度上是按集体原则办学的，而他们认为哈罗德太个人主义了。我也十分固执，而品特有很强的占有欲。我们一度打算在一个公寓里同居，可我却临阵退缩了。我还记得有一次问他，如果我突然想和其他人出去玩，是否可以，他斩钉截铁地说'不行'。

那一刻，我知道我们该结束了。几周后，我在一个圣诞节派对上遇见了卡斯帕·弗雷德，他在老维克戏剧学院学习制作。不到八周，我们就结婚了。我想，由于年轻时的残忍，我给哈罗德带去了极大的痛苦——但有些事情只有自己后来受了伤，才能明白过来。但是，他是一个很有爱心、充满快乐的人。在那之后，我有十五年没见过他，直到我自己的婚姻破裂了。但现在我们仍然是好朋友。无论什么时候见面，都是快乐时刻。"

与迪莉丝·哈姆莱特分手后，品特深受重创。这段回忆挥之不去——他怀念在20世纪50年代去过的那些伦敦酒吧和派对，甚至让《往昔时光》中弥漫着对这段感情的精确回忆。但年轻时，人都可以熬过心碎的日子，在中央学院修完了课程之后，品特面临着谋生的问题了。1951年7月，品特又写信给自己在英国广播公司工作的良师益友——R. D. 史密斯，寻求建议和联系。史密斯在回复中建议品特联系伯明翰剧团的道格拉斯·希尔和另外两个经纪人，但没有任何结果。不过在8月28日，兴高采烈的品特给史密斯写了回信，告诉他自己看到了《舞台》的招聘广告，找到了一份好工作。"下个月我将要，"他写道，"和剧团一起去爱尔兰开始为期六个月的莎剧巡演。爱尔兰人阿纽·麦克马斯特是演员兼经理。其中，我将扮演霍雷肖、巴萨尼奥以及《奥赛罗》中的卡西奥。我会继续和你联系。"这将是一场持续两年、时断时续的巡演的开始，这段经历从根本上影响了品特的戏剧观念。

麦克马斯特——那时六十岁——是19世纪演员兼经理这一传统的少有的继承者。虽然他在《在剧院里谁是谁》里声称自己于1895年出生在莫纳亨郡，但实际上他于1891年出生在伯肯黑德的市郊。尽管他总说他的父亲是一位阿尔斯特长老会教徒，从事航海工作，但实际上他的父亲是一个装卸工。但麦克马斯特的一生都充满了浪漫。二十岁时他就离开了位于默西赛德郡的家，进入伦敦新剧院的弗雷德和茱莉亚·尼尔森·特瑞公司。当时，他痴迷于比尔博姆·特里的戏剧，迫切地观赏了他在王宫的戏剧演出。在情感上，当1913年他看了彼得·潘公司三位年轻演员在约克公爵剧院的表演后，就被深深迷住了。一位是"双腿修长、面孔机敏有趣的男孩儿"诺埃尔·考沃德大师。第二位是有着棕色大眼睛的卷发男孩儿阿尔弗雷德·威尔莫尔大师（后来他改名为迈克尔·麦克利亚莫瓦）。第三位是阿尔弗雷德的姐姐马乔里，她也是其监护人。克里斯托夫·费茨·西蒙在为麦克利亚莫瓦和希尔顿·爱德华兹所写的传记《男孩儿们》中猜测，当时麦克马斯特有可能同时爱上了阿尔弗雷德和马乔里。他最后幸福地娶了后者，两人育有一儿一女。

麦克马斯特不仅是麦克利亚莫瓦在戏剧方面的良师益友，还是一名出色的古典戏剧演员。1933年他在埃文河畔的斯特拉福扮演的科里奥兰纳斯一直被认为是那一代人最杰出的表演。但是在爱尔兰，他才是无可争议的莎士比亚戏剧之王。他延续了19世纪伟大的巡演传统，带着自己的剧团在大大小小的城镇演出。演员克里斯托夫·卡森观看过他后来的大量作品。据卡森说，麦克马斯特可以漫不经心地表演一场戏的三分之二，然后突然给人一个令人眩目的启示——特别是俄狄浦斯那一场，在高潮阶段，"他的表演太精彩了，你会记得的，比奥利维尔演得更好"。麦克马斯特也是那种充满魅力的人物，他的身边总是围绕着戏剧界的传奇人物。有这样一个故事：在他的一次旅行中，他经常称爱尔兰人为"乡巴佬"，当他在一个不知名的乡村小镇走下火车，用夸张的戏剧腔调询问"亲爱的朋友，这是何处？"时，当地火车站站长恰巧是一个莎剧迷，用同样的腔调回答："这里是伊利里亚，女士。"

1951年品特和麦克马斯特一起工作时，后者已经不再是戏剧舞台的耀眼新星，但仍然是伟大传统的活纽带，根据品特对他所扮演的奥赛罗的生动描述，他仍然能够"死在角色的中心"。那时品特在戏剧方面的经验仅限于前一年冬天在切斯特菲尔德默剧团参演的《迪克·惠亭顿》，所以在麦克马斯特公司的生活既让他大开眼界，又增长了其戏剧知识。让他有点意外的是，在威尔斯登交汇站的灰色区域试镜后，他居然被预定扮演一系列莎士比亚戏剧角色，报酬是一周6英镑——在爱尔兰，这可是一大笔钱，毕竟当时花25先令就可以找到住处。他们花两周时间排练了六部莎剧，接着就上路去了斯基柏林、特拉利、邓多克、斯莱戈、巴里纳、巴利香侬、阿斯隆和马林加。有时，他们还会去较大的场馆演出，比如皇家剧院、沃特福德剧院、歌剧院和科克剧院，品特记得那儿的后台有一个酒吧，因此可以趁演出间隙去那儿匆匆喝上一杯。

品特从麦克马斯特身上学到了什么呢？从他1966年饱含深情的、准确的回忆录看来——那时麦克马斯特已经去世四年了——品特非常钦佩他性格洒脱、风趣幽默、不多愁善感，而且强烈地反对清教主义。这是一个天生的局外人对另外一个天生的局外人所表达的敬意。尽管这一时期的品特更像一位诗人而非剧作家，却从麦克马斯特那里学习了至关重要的戏剧课。他亲眼看见了麦克马斯特表现出来的力量、控制力，以及他作为一个演员所具备的抓住时机、影响观众的能力。从表演伊阿古到年长一点的奥赛罗，品特见识了麦克马斯特如何吸引了那批难以驾驭的观众，并使他们屈服于自己的意志。在回忆录中，品特还提到了在利默里克的圣帕特里克之夜的一场特别演出中，麦克马斯特如何逐渐征服了演出场地那些醉醺醺的、闹哄哄的人们。在上半场时，演员们几乎连自己的声音都听不清，品特写道：

> 幕间休息时，我和麦克走下台，气喘吁吁。"别担心，"麦克说，"别担心。"休息过后，他就开始行动了。当我们走上台表演"伊阿古，光着身子睡在床上，

还会不起邪念！"这场戏时（他那魁梧的身体佝偻着，声音低沉嘶哑），观众顿时就安静下来，他很快进入角色。他把这出戏当作自己的，把这个地方当作自己的。当他演到"这是月亮的错误；她比以往更接近大地，使人疯狂"时（"疯狂"这个词好像突然开始烧灼，丑陋，令人震惊），观众们都安静了下来，清醒起来。我恭喜了麦克。"还不差，是吧。"他说道。岂止是不差，你得知道，连戈弗雷·特尔都达不到这种程度。

这不仅是伟大的批评，也是语言和个性惊人的戏剧力量的证明。品特，作为一个剧作家，从来没有遇到过醉醺醺的观众——事实上，更多的时候，他面对的是极其虔诚的观众——但是那一刻的重要性，以及那种用一个孤立的词就使观众保持沉默的能力，一定已经深深地沉入了他的潜意识。尽管在很多方面，品特都在对戏剧创作进行革新，但他也从过去受益多多。

麦克马斯特的矛盾之处在于，虽然作为远道而来的表演界的大树，他知道爱尔兰观众都是冲着他的戏去的，但他也可能出奇的无私。1952 年，在品特的推荐下，巴里·福斯特从中央演讲和戏剧学院毕业后就直接进入了麦克马斯特的剧团。巴里回忆道："与沃尔菲特不同，麦克希望我们好好发展。他想让球快而低地过网，这样他就能投篮了。他也乐于接受建议。比如，我和哈罗德劝他把英格兰的演出场景放回到《麦克白》中，我们惊讶地发现戏中没有。麦克说：'哦不，亲爱的，他们都是冲着我的戏来的。'我们劝道：'那个场景里有一小段休息，你可以把你的脚抬起来，如果你仔细想想，这会让戏剧更有意义。'于是麦克说：'那行吧。'我和哈罗德在剧中分别扮演麦珂德弗和马尔康，我们会在上午的常规排练前请假，有时是下午晚些时候，一起忙活英格兰那个场景。我们自己导演并参与了戏的演出。对我们所有人而言，那是一个奇妙的发酵和收获颇多的时期。"

品特也同意这一点。"在爱尔兰时，"他在《麦克》中写道，"虽然不是一直都处于黄金时期，但有时是；总的来说，1950 年（实际上是 1951 年至 1953 年）对我和其他人而言是一个黄金时期。"一开始，他从一个伟大的演员那里学习演技，并从演小角色逐渐过渡到演更重要的角色。在《奥赛罗》中，他从扮演卡西奥开始，后来扮演伊阿古。（"非常不错，就是略显浮夸。"福斯特评价说。）品特甚至还在周四午后场扮演过哈姆雷特。他在几天内掌握了剧本，不过他在生活中已经为这个角色彩排了好几年。麦克马斯特在剧中扮演的是掘墓人，他从侧面警惕地注视着品特。"你觉得如何？"品特后来问道。"非常棒，"麦克马斯特回答，"但是下次记得对你母亲要更好点儿。"品特后来又转向阿加莎·克里斯蒂的《十个小印第安人》和《陌生人之爱》——鉴于他后来对戏剧难解之处的把握,这是很重要的。品特还在王尔德的三部戏剧中扮演了主角,其中包括《不可儿戏》。"我们从来没有,"一位当地的评论家说,"听到过王尔德那些不合理的台词被麦克斯·埃特林格(饰阿尔杰农·蒙克里夫)和哈罗德·品特(饰杰克·沃辛,JP)演绎得如此合理。"休假期间,品特就在剧团和伦敦两边跑。从1951年到1953年,他跟着麦克马斯特的剧团工作了五个演出季。如果说那是黄金岁月,那么不仅是因为他在那段时间结交了新朋友——包括帕特里克·麦基和肯尼思·黑格——也不仅是因为流浪生活的狂热刺激,而且是因为爱尔兰对他的爱情生活和文学发展所产生的影响。

随着角色的不断丰富,品特渐渐发现自己要与一位名叫波琳·弗拉纳根的女演员演对手戏。她是一位年轻的爱尔兰美女,出身于公民意识强烈的家庭(她的父母都当过斯莱戈的市长)。她的声音富有魅力,举止优雅。在剧中,如果他是巴萨尼奥,她就是波西亚;如果他是温德米尔勋爵,她就是欧琳太太;如果他是杰克·沃辛,她就是格温德林。那一时期的照片里不是他们两人的合影就是他俩和一群人的合照——有在克莱尔郡海边的,有在布拉尼城堡的一块岩石上的,还有在白雪皑皑的基尔肯尼的一辆汽车旁摆姿势的,那里看起来像是俄罗斯民族的一个小镇。品特和弗拉纳根一起巡演、琢磨台词、表演戏剧、阅读诗歌。"他简直对叶芝入了迷,"她回想道,"在我看来,叶芝有着极高的影响力。哈罗德给我介绍了一些叶芝晚期更加难懂的诗歌,这些诗我不熟悉,比如一首关于拴在狗尾巴上的锡罐的诗。他还读艾略特,大声地朗诵《荒原》。你可以想象一下他读这句诗的样子:'当丽尔的男人被遣散的时候……晚安,女士们,晚安,亲爱的女士们……'"

不出所料,他们坠入爱河,但这段感情远不仅仅是剧团在巡演路上不可避免地发生的那种一时之欢。(就像戏剧界一直流传的笑话:"哈姆雷特和奥菲莉亚上床了吗?""在我们剧团,总会这样。")剧团休假期间,品特就带着波琳去伦敦见自己的父母和朋友。她还记得莫伊舍、吉米和米克,记得某天下午,他们一起在公园打板球的场景。她和品特分享着伦敦生活的快乐。"哈罗德,"她写道,"喜欢伦敦,喜欢住在那里——喜欢那儿的公园、电影院、小餐馆……他带我看了一些在爱尔兰从未看过的电影……我们看了布努埃尔的《被遗忘的人们》,我记得那部电影里有一个盲人——不是你平常见到的那种盲人,而是一个挥舞着棍棒的可恶的人……"这是一个特别深刻的记忆,因为布努埃尔的这部关于三个住在墨西哥城郊区的男孩的电影,不仅讲述了被遗弃的孩子,还有盲人乞丐、施虐的弱者、挥舞棍棒的恶霸——所有这些形象都在品特后来的作品中重现。事实上,品特十几岁时就看过布努埃尔的一些早期超现实主义经典,例如《一条安达鲁狗》和《黄金时代》。这是对品特作品最明显的影响之一。这二位都有能力将梦想具体化，都怀疑权威，都善于记录低俗的生活而不会公开发表道德评价。此外，他们还颇具黑色的讽刺幽默。与品特相比，布努埃尔更明显是一个无政府主义者，但两人都对戏剧结构有着根深蒂固的关注。特吕福对这位伟大的西班牙籍电影制作人的评价同样适用于品特："布努埃尔是一个乐观的悲观主义者，他不绝望，只是对世事充满怀疑……他怀疑的对象不仅包括那些他发现在社交游戏中玩儿得滴水不漏的人，也包括那些活在芸芸众生口中的人。"

除了去拜访马克斯兄弟和布努埃尔，波琳还认识了品特的父母："他们非常安静、骄傲、热情、谦逊。"她尤其记得弗朗西斯·品特的厨艺和对他们的关心，弗朗西斯总是确保冰箱里能有一只鸡给这对年轻、易饿的情侣吃。很显然，品特和波琳的关系亲密。事实上他们还考虑过结婚，但品特的母亲尽管热情好客，却对自己的儿子要娶一个爱尔兰天主教女孩儿的想法深感忧虑。可能她同时也在担心他们的经济前景，这点倒是可以理解的。品特询问自己在哈克尼的老友迈克尔·戈德斯坦该怎么办，对方建议他一定要非常慎重地对待。因为在战后的哈克尼，犹太男孩儿和非犹太姑娘结婚仍然只是特例，而不是普遍情况。最后，品特和波琳还是分道扬镳了。但品特难得的品质之一是，他总是与旧情人保持友好关系——事实上，1976年，他还安排弗拉纳根参与了他在百老汇导演的《天真烂漫》。即使到了今天，爱尔兰对他们两人而言都是一段美好的回忆。

爱尔兰、叶芝以及与波琳的感情都对他的文学情感产生了强烈的影响。它们确实改变了他的诗歌。正如叶芝的作品从早期的前拉斐尔派修饰风格逐渐转变为朴素的抒情风格一样，品特自己的诗歌也经历了深刻的转变。在20世纪40年代末期，品特的诗歌华丽、过度雕琢，自觉地模仿迪伦·托马斯的写作风格。但他在1951年至1953年期间创作的诗歌不仅更加直接、清晰，而且有一种受伤的情感和失落感。你最后听到的是真正的情感之音。有时，他的诗歌仅仅是对爱尔兰地形的一种描述，比如在《从莫赫断崖上看到的阿伦群岛》（1951）一诗中，他就绝妙地捕捉到了从康尼马拉地区最高处的石头上看到的这些石岛的荒凉和宏伟：

  阿伦群岛犹如三条巨鲸
  在阳光的炙烤下拱起圆峰
  任凭大海滔天巨浪 咆哮如雷
  依旧百折不挠 努力博弈

然而，《早期诗歌十首》中最引人注目的发现就是那首名叫《插曲》（1951）的诗句对话。它讲述了一个三角恋的解构，在某种程度上预示着《风景》和《背叛》的戏剧世界：有一个不知名的、明显被抛弃的演讲者；一个强有力的对手被赋予了"他"的声音和身份；一个沉默而神秘的女人，她是他们斗争的对象。品特巧妙地捕捉到了占有的脆弱和爱的强迫性（"我踩着他们的影子，陌生人和女人，在她好奇的梦里安排着季节"）。但这首诗最不寻常的特点是，正是这场斗争的暂时胜利者发起了一场激烈的冗长抗议，反对被他击败的对手：

他：
你确实同她进行了交易，
与她交往。
你确实在她离开之时用灰
盖住了火焰。
你确实进入了，
我得不到回应的地方。
你确实冒险了，
在我曾是陌生人的地方。

从创作生涯早期开始，品特就将两性关系看作男人的战场，到头来那里根本没有真正的赢家或输家，因为他们渴求的对象一直是神秘的、难以捉摸的、不可知的。随着品特对女人的了解的加深，他在后期的作品中对这种立场有了新的定义。然而，在《插曲》中有一个原型模式，这种模式以各种形式反复出现在品特的诸多戏剧中。

但品特在爱尔兰时期的诗歌也比他以前写的任何东西都更能体现情感的解放。他倾向于乡村而不是城市，抒情而不是意象，经常用凯尔特神话作为私人情感的载体。一个经典的例子是一首简单地被命名为《诗》（1953）的诗歌，其开头写道：

一天早上我和我唯一的妻子，
走出沙丘去往夏季集市，
去买一扇窗户和一条白色的披肩，
我们翻过巨石和洒满阳光的小山。
但是一个陌生人却告诉我们集市已经结束，
我和我唯一的妻子只好返回。

诗的末尾三节又写道：

> 这一年变成了一个清晨的日出。
> 我和我唯一的妻子，
> 走出沙丘去往夏季集市，
> 去卖一支蜡烛和一条黑色的披肩。
> 我们在洒满阳光的小山分道扬镳，
> 她沉默了，我向更遥远的西方走去。

我们好像进入了叶芝和辛格的世界——一个属于农民、披肩和夏日集市的世界——除此之外，我们甚至还隐隐约约地看到了《茵尼斯弗利岛》的影子，因为这首诗也采用了首尾呼应的创作方式。然而，这首描写在四季轮回中失去真爱的诗歌，也带着个人悲伤的气息，仿佛品特正在通过一种标准的爱尔兰诗歌形式表达自己对激情短暂的感受。

"浪漫的爱尔兰已经不复存在，"叶芝在《1913年9月》中写道，"它已经和奥利里一起埋入土里。"但是，撇去感性因素，爱尔兰在很多方面都深深影响了品特。它已经成为他充满想象的景观，渗透在从《生日晚会》到《背叛》的多部戏剧中。正如1994年哈利·怀特教授在都柏林大门剧院举办品特戏剧节之际所写的："品特借鉴了他在爱尔兰的经验，或者本质上从两个方面描绘了爱尔兰：爱尔兰象征着过去，是浪漫或怀旧回忆的载体，也是暴力威胁的体现和编码。"但最重要的是，爱尔兰对于20世纪50年代初期的品特而言，是一个充满发现的地方。那里的小镇、村庄和不断变化着的风景都让他无比欢欣。作为一个诗人，他获得了了解自己感情的新途径：一部分是通过爱情的沉重打击，一部分是通过阅读叶芝。作为一个演员兼剧作家，他受到了各种各样的影响：不仅是麦克马斯特对观众的权威控制，还有个别剧作家的实用技巧。他将莎士比亚、索福克勒斯、王尔德的剧本与阿加莎·克里斯蒂的侦探小说以及普利斯特列的道德惊悚剧《探长来访》交错在一起——这也是麦克马斯特所倡导的理念的一部分。在品特在爱尔兰的最后一个演出季，一个特别的剧本似乎抓住了他的想象力，那就是帕特里克·汉密尔顿的《夺魂索》。在这部心理惊悚片中，两名牛津大学本科生出于逞能和虚荣心杀死了一个同时代的人，并把尸体藏在了舞台上的箱子里。品特扮演的是盛气凌人、恃强欺弱的布兰登，帕特里克·麦基扮演的则是歇斯底里、紧张不安的格莱尼洛。从某种程度上说，他们就是戈德伯格和麦卡恩的原型。品特写信给他的英国朋友说，这是一部伟大的天才之作。他在写给巴里·福斯特的信中宣称:"多么微妙!多么沉默!"

然而,品特最大的发现是一名作家,他将影响品特的文学创作并成为他的私密好友。"有一天,我偶然,完全是偶然,遇到了一本由大卫·马库斯编辑的杂志《诗歌爱尔兰》,我在其中发现了贝克特的《瓦特》节选。我被这篇小说震撼,但因为杂志社的电话怎么打都打不通,我没能联系上这位大卫·马库斯,也没弄清贝克特究竟是谁。回到伦敦后,我发现没有一家图书馆和书店听说过贝克特。最后我去了威斯敏斯特图书馆,请他们帮我翻找记录,他们才找到了一本书,一本自1938年就一直躺在巴特西储备图书馆的书,它就是《墨非》。几周后,我终于拿到了它,用手捏了捏,它现在还被保存着……我突然觉得他的作品是在穿过一面镜子走进世界的另一端,那是真实的世界。我似乎要面对的是一位生活在内心深处的作家。这本书也很有趣。我从来忘不了自己一读贝克特的书就会会心一笑。但让我印象深刻的是这个世界的快速发展。这是贝克特自己的世界,但也有很多与我们实际上共享的世界相关的东西。"

有趣的是,品特抓住了贝克特创造他自己独特而又被普遍认可的世界的能力。因为从品特本人以出于良心而拒服兵役者的身份接受了审判——从那时起他一直坚持做的事——到他离开在爱尔兰的演出之旅这四年里所做的恰恰就是描绘出他自己的世界。在《库鲁斯》《插曲》《仙子女王》中,他描写了一个充斥着地盘之战、消耗力量的性冲突和深刻的社会衰败的世界。在回忆录中,在等待亨利·伍尔夫的一个夜晚,他对伦敦的街道有一种近乎布莱克式的想象:"马车把伊特鲁利亚人的傲慢带到火边。在月亮上打碎的碟子和水仙花。有些是原子弹和氢弹的呕吐物。"在他二十出头的时候,品特已经创造了他自己的私人景观。他甚至还形成了一种轻松活泼的坚忍主义风格,用以抵御世界的恐怖。同时,他对外界的影响保持开放的态度。巴里·福斯特说:"当时哈罗德的惊人之处,不仅在于他有文学天赋,还在于他有一种艺术敏感性。从他谈论其他作家的方式就可以明显看出这一点。"品特的好品味对了解他至关重要。因为与他自己的梦境相结合的是一个兼收并蓄的艺术万神殿,其中包括莎士比亚、叶芝、贝克特、帕特里克·汉密尔顿和布努埃尔的电影,是他们之间的碰撞最终造就了品特创作的主体。在经历了五个提高创作技能的演出季之后,品特决定在1953年退出麦克马斯特的剧团。他又一次成为一个靠打零工谋生的演员,同时也是一个拥有自己黑暗神秘作品的作家。

第三章　巴伦的穷困

从1953年到1956年这接下来的三年里,品特过着不寻常的双重生活。一方面,他是一个有抱负的演员,工作不稳定的他四处奔波努力巡演,不断地给那些潜在的雇主发送信件。另一方面,私下里他又是一名作家,写诗歌和短剧,还利用每一个空闲时刻,在一沓练习本上写自传体小说。作为演员,品特经常对自己的表演工作感到厌烦。当他在爱尔兰的老朋友亨利·伍尔夫写信给他,说他也想从事表演时,品特回信说:"你为什么想进剧院这个狗屁地方?这个狗屁职业!你几乎遇不到几个你想一起喝上一杯的人。当然了,这也可能是好事。这可能意味着成袋的金子和钻石,但也可能是成袋的其他东西。"话虽如此,品特——以一贯的大度之风——还是帮助伍尔夫在麦克马斯特的剧团找了份工作。多年来他跟着剧团四处演出,扮演英国刑事调查员、疯狂杀手和家庭律师这样的角色使他的艺术灵魂几乎无法得到满足,但他同时也吸收了大量潜在的舞台表演技巧以及制造悬念的手法。品特过着演员和作家这两种生活,而其中一种生活不断地影响着另一种生活。的确,两名最优秀的英国戏剧家——品特和奥斯本——能够在20世纪50年代后期脱颖而出,都是每周单调却颇具教育意义的剧目轮演所造就的,这一点绝非偶然。

据巴里·福斯特说,当年他和品特——在爱尔兰的酒吧里喝了几品脱的吉尼斯黑啤酒——都梦想着成为知名的经典戏剧演员,能在斯特拉福和老维克剧院中做主演。他不无遗憾地指出,但两个人都没能实现这个梦想。讽刺的是,如果品特在1953年真的在斯特拉福实现了梦想,他会发现剧团里有两个演员——唐纳德·普莱森斯和罗伯特·肖——的生活和工作会跟他自己的有着决定性的交汇。实际上,他在1952年12月去唐纳德·沃尔菲特的剧团参加了试镜,剧团正打算于1953年年初在位于哈默史密斯的国王剧院举办为期三个月的戏剧季,其间将上演八部戏剧。罗纳德·哈伍德，一名不久前刚从南非回来的年轻演员，回忆起他也到伦敦奥德维奇的华尔道夫酒店进行了同样的试镜。"我在等我的试镜或是面试，"哈伍德说，"我记得看见一个特别激动的小伙子蹦蹦跳跳地下了楼，然后对等着他的一个红头发漂亮女孩说：'我被录用了，我被录用了。'这就是我第一次见到哈罗德的场景。我的第一印象是他长得特别帅，还有着很强的舞台表现力和特别强劲、响亮的声音。"对品特来说，离开麦克马斯特的剧团直接加入沃尔菲特的古典剧团，就像从爱尔兰的煎锅跳入了英国的火炉。沃尔菲特和麦克马斯特是最后两个演员兼任剧团经理的伟大人物。两人都于20世纪30年代在斯特拉福的时候开始成名。两人都居无定所，各自带着轻便易携的莎士比亚剧本在国内外巡演，并且两人都是以家长制的方式来经营剧团。但不同的是，麦克马斯特是仁慈的管理者，能欣然接受和剧团成员之间的"小摩擦"；而沃尔菲特则是老派的独裁者，剧团对他的管理方式愤愤不平。他并没有因为其剧团中配角演员的素质或是他对他们的慷慨而成为最有名的人。"每一个演员是啥样，"詹姆斯·阿盖特曾经这样写沃尔菲特，"看其剧团就知道了。"这是在暗示沃尔菲特的剧团并不是最好的。在麦克马斯特金字塔式的剧团管理结构下，演员有极大的自由和发展空间。但沃尔菲特的剧团并不是那样。品特很快也发现，他不屈服的精神跟剧团经理压制性的导演风格发生了冲突。在戏剧季的第一出戏《皆大欢喜》中，品特扮演了无足轻重的杰奎斯。他要在接近剧终的时候上台，说出那句千古流传的台词："让我跟观众说两句，我是老罗兰爵士的二儿子。"在带妆彩排的时候，当品特试探性地从舞台侧翼出场时，沃尔菲特从剧院前排的座位上跳了起来："错了，错了，错了，错了，完全是胡说。这一刻是属于你的，加大力度，有些派头。下台重来。"第二次出场迎来的是一阵更加激烈的辱骂。到了第三次和第四次出场时，在沃尔菲特开口前，品特略施小计，在第二句台词中间就停了下来，没按剧本所写，提早退下舞台。他再次在侧翼等着，然后第五次出场时，没有被打断而念完了台词。这把沃尔菲特气得哑口无言，而品特则学到了关于生存策略的重要一课。

正如罗纳德·哈伍德在他那部出色的沃尔菲特传记中所指出的，家长制是演员兼剧团经理体制的核心："配角演员必须遵守家族的规则，而其中第一条就是不论台上台下，都要给予'父亲'适当的尊重。"但品特的标志是桀骜不驯，他拒绝表现出这种不加质疑的孝顺和服从。有一次，他被叫去参加一个周日的慈善日间演出，但他拒绝了，因为他在开演前几天才接到通知。显然这使沃尔菲特感到不快，因为品特是唯一一个没有到场的剧团成员。"人们不了解哈罗德，"哈伍德说，"他一直都是一样的，并不是名誉使他变得活跃、有侵略性或是反权威的。他一直都这样。他对沃尔菲特态度很坚定。我记得我被安排在《驯悍记》里扮演一个说话结巴的裁缝；

哈罗德向沃尔菲特抱怨这样的安排，说这是在嘲弄残疾人。"

虽然品特不愿意向沃尔菲特卑躬屈膝，但他并不否认沃尔菲特是个伟大的演员，有能力掌控每一个瞬间，甚至可以使沉默也发挥最大的表现力。青年评论家肯尼思·泰南在评价沃尔菲特在哈默史密斯戏剧季扮演的李尔王时，也指出了他同样的特质。"最精彩的一幕，"他写道，"就是他因康华尔公爵的残忍而怒火爆发后的一阵沉默。'告诉那个暴脾气公爵——'他开口，然后在怒火爆发的中间戛然停住，青筋暴出，他拼命使自己能够在情绪的那块小岩石上站稳，不致疯癫失控。"品特每天晚上都在舞台上，得以从更好的位置观察沃尔菲特如何使沉默变得令人兴奋，他回忆起，在《俄狄浦斯在科罗诺斯》快结束时，有这样极特别的一段。他说："沃尔菲特站在舞台上的一个小高台上，所有的灯光都打在他身上……他站在那儿，背对着观众，披着斗篷。这时，站在前台的演员念完了台词，我们都知道，由于剧情需要，沃尔菲特或者说是俄狄浦斯要转过身来说话。他迟迟没有转身，直到把人等得肚子都要真的颤抖了，然后，'唰'的一声，斗篷甩了起来。没人能做得像他这么响，我是这么觉得的。这样一个瞬间所蕴含的野蛮和力量是超乎寻常的。"品特自己在室内表演的戏剧风格表面上看同戏剧界主要的大腕们——如沃尔菲特和麦克马斯特，他曾经师从二人——的风格有所不同。但是，作为一个作家，他却从他们两人那里学到了如何通过沉默或手势来营造瞬间最大限度的紧张气氛。在品特的戏剧中，把一个杯子从桌子的一边挪到另一边，或是简单地跷起或放下二郎腿的动作，都发挥了和沃尔菲特的斗篷同等的作用。

果不其然，由于品特的质疑精神，他和沃尔菲特的合同没有续签。接下来，从1953年春天到1954年夏天，是品特一生中最漫长、最惨淡、总是处于失业状态的时期，其间他只短暂地回到麦克马斯特的剧团一段时间，参加了在斯威士考特兹区使馆上演的一部名叫《母亲》的戏剧演出，以及一场为弗雷德里克·布拉德姆举办的广播剧演出。既然哈罗德·品特这个名字并没有给他带来演艺事业的成功，他于是在1954年决定使用大卫·巴伦作为艺名。但即使是这个决定也没有立刻使他转运，并且没有得到共同的认可。"我觉得你把名字从哈罗德·品特改成大卫·巴伦简直是疯了，"R.D.史密斯在一封信里这样写道，"这是一个什么名字啊！我猜你肯定有什么原因。"事实上，品特似乎并没有什么更深刻的动机，不过是想给自己一个崭新的开始。尽管没什么剧团给他打电话，但是作为巴伦的这一年也不是完全虚掷的，他得以继续创作他关于哈克尼的小说。

正如大部分没戏接的演员，他也做过各式各样的杂活：看门人，洗碗工，上门的推销员，在国家自由俱乐部做侍者（在那儿他还一时兴起，跟一名俱乐部成员聊起了诗歌），在牛津街做小商贩、铲雪工——这后来启发他写出了《归家》里著名的一段——甚至还做过位于夏令十字路口的埃斯托尼亚舞厅的保镖。对于一个作家来说，没有哪段生活经历是浪费的。如果说品特的早期戏剧和习作显示出其对粗俗的伦敦亚文化极其熟悉，对流浪汉、穷困潦倒的人和被社会抛弃的人充满同情的话，这大部分源自他打零工的时期。他并没有真的睡在大街上（事实上他还住在西斯尔维特路），但他似乎本能地跟违法分子有一种联系。比如说，一个下午，他正在埃斯托尼亚舞厅检票，一个家伙热切地把一张 5 英镑的钞票塞到了他的手里。

"这时，"品特说，"我抬头看了看他，他看了看我，然后我看了看钞票，他也看了看钞票。接着他就进了舞厅。我一头雾水，但还是将钞票放入口袋。第二天警察带着那个男人的照片来询问是否有人在前一天下午见过他。他们过来问我，我真不知道该说见过还是没有见过。但在最后一秒，我做出了决定，从逻辑上来讲我应该回答见过，因为要不是这样，那个男的就不会把钱塞给我以提醒我他的存在了。所以我对警察说：'绝对的，见过，他昨天下午来过，我见过他。''他在这里待了多久？''一下午，'我说，'他在这儿一直待到六点。'那是下午舞会的时间。他们一点也不喜欢这个回答——很明显那个男人直接进来之后从后门出去了——但事情就是这样了，让人吓得有些汗津津的。"

正如在品特的一部戏剧中，人物的行为虽然很明确，但从未得到解释，因为我们不能准确地知道那个男人究竟犯了什么罪。这正如艾伦·布里恩对《生日晚会》的评价：这是一部没有结局的希区柯克的电影。如果这则逸事说明人生充满了没有确定的结局，那么这同时也证明，品特在任何时候，都天然地跟无权无势的人们站在统一战线，反对任何形式的权威。有一个例子更清晰地说明了这一点。品特，即大卫·巴伦，终于结束了"工作荒"的状态。因为在 1954 年 6 月，他与惠特比斯帕巡演剧团签了约，得到了一个先在阿加莎·克里斯蒂的《寓所谜案》，接着在菲利普·金参与写作的一部脸谱式闹剧《我们聚集在这里》中扮演主角的机会。虽然剧院经理并不是知名的宾基·波蒙，那里也不是西区，但对于一个极其穷困潦倒的年轻演员来讲，这却是个至关重要的、急需的工作机会。可是结果呢？品特与一个年轻的舞台总监助理有了一段风流韵事，女孩的房东把她在外面待到很晚之事报告给了剧院经理——一个当地的屠夫，他解雇了女孩，并拒绝再次雇用她。品特马上很仗义地提出辞职以示抗议，即使连买票的钱也没有，他还是坐了下一班火车从惠特比回到了伦敦。当他在国王十字车站遇到了警察的时候，他想起了前雇主说过的一句一直在他耳边回荡的话："你永远不要再在剧院工作了！"这让人想知道，十年后这个人有没有去看过《归家》，这部戏剧就描绘了一个曾经做过屠夫的恃强凌弱、满嘴脏话、最终被羞辱的形象。

即使是就短期而言，这个惠特比的屠夫也是个糟糕的预言家。因为就在那个夏天，品特在 L. 杜·加达尔·皮奇的喜剧《马！马！》的一场巡回演出中找到了一个工作。不可否认的是，这不能算个正经工作：他要操纵假马的耳朵，使它看上去像是活的、能够"说话"。而在一次表演中由于没能让马"说话"，他差点被解雇。事实上，正是这场巡演，在伊斯特本的这样一个怪诞的、伪狄更斯式的工作，给品特留下了深刻的记忆。这些储存在品特的记忆里，后来触发他创作了《生日晚会》。虽然品特这段时间过的是奇特的双重生活——他好像是当地环岛上一位富有诗意的知识分子，或者说更像是被迫出现在电影《查理的姑姑》中的卡夫卡——但他每天都能学到现实中剧院的实用技巧：什么有效果、什么没有效果，如何逗观众笑、如何使他们不笑，如何通过出其不意的进场或是在恰好的时间使用帷幕制造效果。

戴维·T. 汤普森在他宝贵的著作《品特——一位演员戏剧家》中，详细列出了品特在"巴伦"时期的所有演出：1954 年冬季戏剧季，品特在亨德士菲特剧团工作，1955 年 2 月至 12 月在科尔切斯特剧团工作了较长时间，1956 年 3 月至 9 月在巴里·奥布莱恩位于伯恩茅斯的宫廷剧院，1956 年 10 月至 1957 年 3 月在位于伯明翰的亚历山大剧院、位于沃辛的康诺特剧院、位于帕马格林的提梅特剧院以及位于托基的博威年剧院演出。品特擅长扮演大坏蛋以及传统的主角。虽然想象品特坐在那儿，拿着笔记本，记下所有将来用到的点子的情景有些怪诞，但剧目轮演生活很显然使他在潜意识中熟悉了剧作家创作技艺和知识。品特将要成为那种少有的人物：一位非常熟悉舞台表演手法的革命性的戏剧诗人。尽管非常具有讽刺意味的是，他出演的那些戏剧最终注定要被他颠覆，但他仍然保持着对它们的戏剧原理的认识。当德国导演彼得·扎迪克于 1995 年指导柏林剧团上演《月光》的时候，他饶有兴致地评价道："这就像是贝克特和阿加莎·克里斯蒂混在了一起。"值得注意的是，品特读到《墨非》和《瓦特》后不久，就分别出演了克里斯蒂的《控方证人》（科尔切斯特，1955 年 11 月）、《悬崖山庄奇案》（伯恩茅斯，1956 年 4 月）、《空谷幽魂》（伯恩茅斯，1956 年 6 月），并在由沃斯珀、克里斯蒂共同编剧的惊悚剧《陌生人之爱》中扮演了精神失常的杀手——这部戏被重演过无数次。汤普森致力于寻找当时的保留剧目与品特后期作品之间的联系。他举证说，比如，在罗纳德·米勒的《等待吉莉安》（科尔切斯特，1955 年 3 月）中，一辆汽车的前照灯在全黑的房间里来回扫射，就像在搜寻罪犯；而在玛丽·海利·贝尔的《不速之客》（科尔切斯特，1955 年 4 月）中，有一场至关重要的审问情景，一个出逃的精神病人，背对观众站着，而其他人物都在猛烈地交替盘问他。品特曾在轮演的时候演过这场戏。相似的手法出现在《生日晚会》中。但是这与其说证明了品特是在有意识地模仿，不如说他一直在关注着在舞台上什么才有效，能觉察到灯光和角色群是如何加强戏剧效果的。正如大卫·埃德加在《圣灵降临》中论证的那样，一个国家是所有侵略过它的人的总和，那么，不可避免地，一个演员兼作家则是一个移动记忆库，里面储存着所有他演过的剧目。但光有记忆是没用的，如果没有原创性，那么不过是陈腔滥调的简单重复。

在品特剧目轮演生涯期间，跟他最亲密的人们证实了他既是一个一丝不苟的演员又是一个隐蔽的作家的双重身份。1955年，吉尔·约翰逊跟品特在科尔切斯特的时候成了知己，她回忆了当时的日程安排有多么紧张。"你的一周，"她说，"会在周二开始。根据法语的演出脚本，你要把剧移到上午。周二下午你要学习第一幕，晚上要表演上一部剧。周三上午彩排第一幕，下午学第二幕。周四上午彩排第二幕，然后在日间演出和晚间演出之间的空隙里要学第三幕。周五上午彩排第三幕，下午的时候把整部戏过一遍。周六上午要把整部戏再过一遍，然后还要完成日间和晚间的演出。周日你就要开始读下一部戏的剧本了。周一下午是带妆彩排，晚上正式演出，然后这样周而复始。"

这是一个永无尽头的体系，很难催生内心的探索或知识层面的痛苦思考。这就是为什么，即使已经是一个非常细致的导演，品特仍然一直怀疑理论化的东西是不是太多了。这样的一个体系，也是在全英国上下七十四个每周演出的剧团里盛行的制度。但是不论它的缺陷有多明显——比如老一套表演的再现和对剧本的随意剪接——它对于年轻演员而言都是个绝佳的训练场，要比今天立刻投入肥皂剧演出好得多，虽然后者同样有快速转换的情节，却没有和现场观众进行必不可少的互动。惊人的是，大卫·巴伦这个演员并没有遮盖住哈罗德·品特这个作家的光辉，而是——根据吉尔·约翰逊的记忆——两者得以共存。"在那时，"她说，"他在写诗，写散文，也就是后来的《检查》《黑与白》和小说《侏儒》。大家都知道他有极高的天赋，但我从来没料到他会做剧作家。原因很简单，因为他当时没写任何剧本。我也在想他的作品是否会有点难懂。他写一首诗，我会说：'真棒——但写的是什么意思呢？'但即使是那个时候，这种话你也很少对哈罗德说。他会说：'我不知道——你告诉我是什么意思。'"

然而当品特在科尔切斯特忙着扮演各种浪漫或者邪恶的阴郁角色时——在《佐治亚故事》中，他扮演了一名美国奴隶主；在《海鸥飞过索兰托》中，他是邪恶的海军军士；在《俏女怀春》中，他是迷人的绅士——英国戏剧正濒临巨大的震动，而这场震动最终会使阁楼喜剧、服务性闹剧和伦敦周边各郡的惊悚剧中令人宽慰的确定性化为乌有。6月底，当科尔切斯特的戏剧季结束后，整个剧团撤到了伦敦德里的斯图尔特港，在那里的市政厅做一个短期的表演活动。品特、吉尔和来加入他们的迈克尔·戈德斯坦，听说了伦敦传来的激动人心的消息，决定把这趟旅行变成夏日假期。"我记得，"她说，"我们当时在爱尔兰，听说彼得·霍尔要在伦敦艺术剧院导演《等待戈多》。品特给彼得·霍尔写了封信，说他非常感兴趣——我有印象，还是我帮他打出来的信件。我们实际上还拿到了法文剧本《等待戈多》，然后我们一路上就在翻译它。我们一从爱尔兰回来，就急匆匆地去看已经转演到标准剧院的这部戏。我永远无法忘记当时的场景，剧终时，剧院前排座位上一个男人站了起来——我们当时坐在剧院走廊里的廉价座位上——大喊道：'散场前，我就想说一句话：这是我看过的最垃圾的戏。我知道你们也都这么想。'结果每个人都开始起哄或是喝倒彩。"作为在英国为数不多的贝克特迷，这种场面令品特深感震惊。

那个在斯图尔特港度过的夏天，那个品特第一次听说《等待戈多》的夏天，在各个方面都如诗如画般美好：金色的天气，海边的日子。甚至有一次，品特跨越国境线，去了一个小酒吧。那里的人们还记得品特当时跟麦克马斯特一起巡演的日子，这让品特十分高兴。抛开其大卫·巴伦的身份，品特又可以跟戈德斯坦一起谈论艺术和文学，正像他们在哈克尼长期喜欢做的那样。其中一次谈话给戈德斯坦留下了深刻的印象。那是在一个明媚的早晨，他们沿着斯图尔特港的悬崖散步，戈德斯坦谈到作曲家亚纳切克试图在他的音乐里捕捉到他的母语捷克语的节奏和声调的变化——这一点尤其体现在他的弦乐四重奏《亲密信件》中。"我想知道，"戈德斯坦回忆道，"为什么没人想着反过来做。当然了，这是个愚蠢的想法，但我又想到贝多芬在他的交响乐中把沉默作为一种表现手法，是如此的有力。沉默的效果如此之好，以至于贝多芬终身都在持续使用这一手法。简直就像是他发明了这个手法。毫无疑问，其他作曲家在他之前也用过这种手法，但没有一个能有如此效果。我不知道这番话对哈罗德有没有影响，因为当时远远早于他开始写戏剧的时候。但无论如何，我们会把自己所思大声说出来，而且总是以这种方式对彼此产生影响。"鉴于品特的好记性，这番话无疑储存在他的脑海中。但是谁能知道品特以沉默作为艺术手法的想法是从哪里来的呢？是源自和麦克马斯特及沃尔菲特一起工作的经历，还是源自他在剧团惊悚剧里的演出，抑或是源自他与戈德斯坦的谈话和《等待戈多》观看经历的奇怪组合？或许是所有这些混合的结果。我有一次直接问品特什么时候第一次意识到停顿的巨大戏剧张力。他轻轻眨了眨眼，告诉我是从观看沉默大师杰克·本尼 1952 年在伦敦派拉迪姆剧院的表演中学到的。

说完之后他稍稍一顿。

爱尔兰田园诗般的插曲一结束，品特又回到了科尔切斯特，投入到剧团每周乏味的工作当中。接着，在 1956 年 3 月，品特回到了伯恩茅斯的宫廷剧院工作。这个剧团是由海边的企业家巴里·奥布莱恩和迈克尔·汉密尔顿经营的，他们在尚克林和赖德还举办了类似的戏剧季。总制片和剧团经理都是由一个叫作盖伊·维森的人担任的。他一见面就喜欢上了品特，并且在之后的岁月里，一直是品特忠实的朋友。"我总是非常同情那些演员，"维森说，"因为当他们新加入一个现有的剧团时，白天的时间要用来彩排。因此，我带品特去看了那周的戏剧，然后我们离开，一起玩桥牌，两个人处得很好。作为一个演员，他很正直并且很有爆发力。但我对他的主要印象是在阿加莎·克里斯蒂的波洛系列惊悚剧里，他扮演的那个傻乎乎的、吸烟斗的黑斯廷斯上校——他老是搞不清状况。他非常有趣。他不轻易出演角色，在剧团里也是一个非常孤独的人。但当他将故事《检查》递给我，并露出他当时所有的奇怪的、害羞温顺的笑容时，我才在那时意识到他藏而不露的才华。我觉得故事很迷人，但从未想到后来他会为剧院写剧本。"

维森在剧团里的另一个好朋友是一个名叫费雯·麦钱特的年轻女演员。她比品特大一岁零三个月，戏剧经验也要丰富得多。她于 1929 年出生于艾达汤姆森的中产阶级家庭，在曼彻斯特的波利教会学校读书。她也曾用过一个艺名。她称自己为"费雯"是因为她崇拜费雯·丽；称自己为"麦钱特"是因为她有一个哥哥在英国商船队（Merchant Navy）服役，而她很爱他。她第一次登台是在彼得堡演《简·爱》里的阿黛尔，那时她只有十四岁。她曾在多个西区音乐剧中演出，当品特在哈默史密斯国王剧院的时候，她同样参加了沃尔菲特的戏剧季表演。据罗兰·哈德伍德所言，在哈默史密斯的时候，两个人并没有擦出火花：品特大部分时间在跟同事艾伦·欧文一起畅饮。但是费雯不同，她已经在诺丁汉，在哈利·汉森的剧团做了两年，并且在帕马格林的剧团也做了一个戏剧季。当她到伯恩茅斯的时候，她已经是公认的轮演剧目的领衔女主角了。她是个闷骚型的性感女人，多才多艺，学东西很快，总而言之，是专业戏剧演员的典型代表。维森已经在滨海西崖指导过她。那时候他一接到通知就要完成《我是一部照相机》的制片工作。在这部剧里，费雯扮演的是萨利·鲍尔斯。她给他留下了极为深刻的印象，于是他和她签约，请她参加伯恩茅斯戏剧季的演出。在戏剧季的第二部制作中，她演简·爱，而品特演阴沉的罗切斯特。说两人是一见钟情固然很美好——在这样的情况下，甚至可以说是再见钟情——但维森记得，事实并不是这样。"进入戏剧季大概六个星期之后，"维森回忆说，"费雯敲我的门说：'他要留在剧团里吗？'——她说的是哈罗德。'是的，'我说，'因为我一见面就很喜欢他。'她说：'好吧，如果他不走，我走。我跟他没法一起演戏。'然后她果真离开了。"然而，就是在这一点上，故事变得有些扑朔迷离起来。维森的版本是费雯后来被劝回来演出考沃德的《南海泡沫》，在这部剧里，她的偶像费雯·丽取得了极大的成功，而且在这场戏里，她和她不受尊敬的同事仅有一段短暂的戏。唯一的问题是，我无法找到在伯恩茅斯的戏剧季中关于这部戏剧的任何记录，虽然一年以后品特夫妇确实在托基演过这部戏。不过维森这个好心肠的、对品特和费雯都非常忠诚的人，坚持他的说法是真实可信的。

可以确定的是，品特和费雯的确是在伯恩茅斯的戏剧季里相爱的。并且，他们在合同一到期之后，就于1956年9月14日结了婚。讽刺的是，伯恩茅斯正是杰克和弗朗西斯·品特度蜜月的地方，但是他们结婚的消息对于品特的家人来讲却是一个巨大的打击。之前他们虽然欢迎波琳·弗拉纳根到家里来，但也建议他们的儿子不要娶一个爱尔兰天主教姑娘回家。现在呢，没有任何征兆的，品特宣布他要跟一个非犹太女孩费雯·麦钱特结婚。品特本人只是说："我娶了她，就这样，真的。我在登记处做了预约。但是我忽略了一件事，而这件事费雯不知道，那就是那天正巧是赎罪日（是赎罪的日子，也是犹太人一年中最隆重的宗教斋戒日）。我打电话告诉我的父母我要结婚的消息，这使他们相当不安和沮丧：我不仅选择了这种违背信仰的婚姻，而且正好选在赎罪日这一天结婚。对我的父母而言，这好像是一种侮辱。但是事情真的就是这样……我不得不承受一切。"品特很快驳斥了这样一种观点：把一个非犹太妻子引入家庭这件事成为《归家》的源头。但同时他承认在这部戏中，有"他自己观察所得，也在一定程度上由他人的经验构成"。品特家族内部在品特娶了一个非犹太女孩这一问题上的矛盾明显——杰克和弗朗西斯自然没有参加婚礼——这肯定已经烙在了他创造性的记忆中。从未来来看，还有一件同等重要的事，那就是费雯·麦钱特在剧团中的地位比她丈夫的要高。她是一名剧团女主演，而他——大卫·巴伦——在一般的演员里算好的，擅长扮演邪恶的暴徒和刑事侦缉队调查员。费雯也是一名特别值得信赖的、严肃的、热爱表演的剧团专业演员。根据维森的说法，她"蔑视一切智力上的东西"。品特则明显对这个"狗屁职业"持有摇摆的态度。他把自己的大部分精力投入创作有些晦涩的诗歌、随笔以及第一部不着边际的小说。但是借用汤姆·斯托帕德的《戏谑》中亨利·卡尔谈起列宁时所用的句式——他那时还不是哈罗德·品特呢。两人初识的时候，品特还是一个在剧团里苦苦奋斗的年轻演员，而之后无论哈罗德多么出名、多么享誉世界，她仍然总是叫他"大卫"，这一点有着重要意义：这是对他们结婚之时两人悬殊地位的一个永久的、有时会有些伤痛的提示。

品特自己承认两人之间的差距："当我们初遇时，她是明星。她真的是。她是剧团的明星。"他也指出，他们的婚姻和所有婚姻一样，既有极其美好的时光和欢笑，同时也有冲突和紧张。这两者之间的区别在两首诗歌中被表现得淋漓尽致，很有意义的是这两首诗歌都可以追溯到1956年。诗歌《日光》充满了感官的狂欢和愉悦：

> 我把一把花瓣撒在你的胸上
> 日光晒伤了你，你躺着，被花瓣击中了。
> 你的肌肤也有了红晕，你的头
> 四下转动着，花朵散落在你身上。

与之对比，《闹钟的错误》则是以一个女人之口，宣称性行为（暗示婚姻）既是一宗交易也是一场角力，而男性拥有身体上的权力——这未必是品特在这一问题上的权威注解，但它确是一场自我的剖白，并含蓄地表达了女权主义态度。

> 如果我的眼睛引诱了他
> 一笔交易做成了。
> 如果我的嘴抚慰了他
> 我就是他的新娘。
>
> 如果我的手阻止了他
> 他就对我的关怀置之不理。
> 如果我承认享受了他
> 交易就变得赤裸裸了。

然而，就职业而言，费雯在这笔交易中仍然处于有利位置。两人在康沃尔郡度过了一个短暂的蜜月，那地方离品特在战时的疏散场所很近，之后他们去了托基，在那里，两人在每周剧团里又做了半年。整个戏剧季她都是主演。而品特既演小角色、配角，也在克里斯蒂的《蛛网》、卡吉尔和比勒的《召唤凯蒂》（这部剧最近在西区被迈克尔·格德伦重新搬上了舞台，也是系列电影《继续前行》的主要故事来源），以及拉提根的《分离的桌子》这几部戏中担任主角。与当时的潮流不相符合的是，品特很欣赏拉提根，从他身上学到了戏剧里低调陈述的爆炸性威力。但是回顾品特在每周剧团中的这么长时间——从1955年2月加入科尔切斯特，到1957年3月离开托基——值得关注的是这段时间既有其深刻的隐藏意义，同时也偏离了他的终极关怀。作为大卫·巴伦，他学到了大量的关于戏剧结构和框架的知识，以及戏剧效果的技巧；同时，作为秘而不宣的作家哈罗德·品特，他正在圈划自己的私人领域，而这片领域，最终将推翻剧团惊悚剧以及令人舒适却平庸的法国橱窗喜剧的机械成规。正如狄更斯在他的系列通俗小说中使用制造悬念的手法，并将其与超现实喜剧视野相结合那样，品特也吸收了轮演剧目的排练手法，并把它们运用于自己独特的领域。

从他的作品可以看出，品特在不断对自己的领域进行扩展和定义。这些作品都是他在扮演追求者、坏蛋、各种级别的警察中挤出时间写成的。《黑与白》（1954—1955）是一篇忧郁而精彩的独白，后来被改写成了一篇滑稽短剧，故事的地点是一个咖啡馆，这是他和福斯特在学生时代经常光顾的地方。我们甚至可以察觉到，一个人是怎么把头发扯下来，使之掉到另一个人的汤中的。但是品特把他的观察变成了重新想象出来的现实，他创造了一个充满了孤独、腐败、对黑暗极度恐惧的世界。正是这种恐惧感驱使女性讲话者——一个上了年纪的租客——每周六次，从大理石拱门搭乘通宵巴士去咖啡馆寻找暂时的慰藉。你会感到，狄更斯会认同这位喋喋不休的老妇人，她把内心独白变成了一种对话的形式；而生活不过是令人麻木的夜间仪式这一观点，则有点贝克特的色彩。但品特自己独有的一点是，他捕捉到了孤独是漫无边际的、自相矛盾的：“我从没去过水坝边。我确实曾经去过一次。”或是：“在《黑与白》中，天气总是暖意融融，有时冷风飕飕。”外面的世界充满了难以调和的敌意，这是品特独特的标志性观点。对于那个老妇人，货车是神秘的，警察是犯罪嫌疑人，而拉客的妓女是不可言说的恐怖的证据：“那个人让我不适。穿着皮大衣来的。他们会给你注射药物。她说，这全是白厅的人。他们都研究好了，她说，他们能让你屏住呼吸，然后在你耳朵里注射药物。"这样的一个世界，在当时，可能除了约翰·韦恩的《匆匆忙忙》之外，没有人在任何一部英文戏剧或小说中记录过。更惊人的是，品特既没有同情也没有蔑视这位孤独的"夜猫子"——他只是简单地把这个人呈现出来。

如果说品特着迷于孤独者的偏执，那么他也同样着迷于强势入侵者的力量，特别是体现在痴迷而神秘的库鲁斯身上。他首先在以他命名的对话体作品中出场，再次出场是在诗歌《任务》（1954）和短篇小说《检查》（1955）中——两者都证实了品特的观点，即人类关系是一场对支配权和控制权的追逐，其中权力平衡是可以逆转的。在诗歌中，库鲁斯再次被视作新来的人，叙述者为他"关闭了开放的夜，量身打造了这房间"。在《检查》中，则更加详细地描述了权力实现的过程。说话者把一个叫库鲁斯的人召唤到他的房间里，进行了一系列仪式化的、结构经过精心设计的对话，或者说检查。在这场正式谈话中，说话者给了库鲁斯准确的沉默的时间。

第三章　巴伦的穷困

谈话和沉默的准确时间都被用粉笔记录在黑板上。但是规定的沉默时间越来越多地伴有难以预料的沉默："虽然规定沉默的时间和长度由我决定，曾是我的负担；而现在却随着他的指令进行，变成了他的负担。"不仅通过沉默的长短，还通过沉默的"强烈程度"，库鲁斯实现了对说话者的支配。逐渐地，库鲁斯可以按自己的意愿开始沉默，而房屋的物理属性——原本是为了干扰他——现在完全受他支配了。

> 当库鲁斯提到壁炉里没生火时，我不得不承认这一点。而当他提到屋子里有高脚凳时，我也一样要承认。当他把黑板移走时，我没有指责。当他拉上了窗帘时，我没有反对。因为我们现在是在库鲁斯的房间里。

正如品特在1966年接受《巴黎评论》的访谈中所承认的，这是一个典型的品特式场景。他承认支配和服从是他剧作中反复出现的主题，并这样解释道：

> 我在很久之前写了一篇名为《检查》的短篇小说。而我对于暴力的观点就是从那里发展而来的。这篇小说准确地描写了两个人在一个房间内进行的意义不明的争斗。这里面的问题就是谁在什么时间成为支配者、他们是怎么成为支配者的、使用了什么工具来实现支配，以及他们是如何设法破坏另一个人的支配的。威胁一直都在：这跟处于最高位或是试图达到这个位置有关。那就是吸引我写影视剧本《仆人》的原因。那是在讲别人的故事，你懂的。这种程度的暴力，我不会称之为权位之战。这是非常普遍的、日常的事情。

品特对这个故事的描述，听上去像是一个私人生活或是家庭生活的隐喻。在一定程度上的确如此，但这也有非同寻常的政治意义。首先，这个故事不同于《库鲁斯》或《任务》的原因是：在这个故事里，说话者自己试图把意愿强加在新来者的身上，其中存在强迫的成分——"难道库鲁斯不是被迫参加检查的吗？"——之前的版本没有这句话。说话者还利用他对这个房间的占有，比如通过说"壁炉里没生火"，来使库鲁斯措手不及。并且他还采用了训练有素的审问者惯用的猫捉老鼠的策略："我的目的是避免显出屈从的样子。我相信这是类似的检查中普遍的策略。"如果库鲁斯最终占了上风，那就是通过沉默和不可预测性这一标准的受害者策略实现的。我并不是在暗示品特有意识地写了一部政治寓言，但他写这本书的动力，所有受压迫的社会中的人们都能很容易理解。把沉默作为控制的武器也是品特作品中另一个反复出现的主题。同时我看到一条无形的线将库鲁斯拒不服从的沉默同《最后一杯酒》和《山地语言》里囚犯用来挑战甚至使审问者紧张不安所用的颠覆性的沉默连接起来。库鲁斯以一种他们永远无法做到的方式推翻了现状。但，从一开始，品特就对政治力量以及沉默带来的痛苦保持了警觉。

只有当你读到《侏儒》的时候，品特的早期作品、后来的作品以及他本人的个性和哲学，这一切才清晰起来：《侏儒》很明显是一部自传体小说，整个20世纪50年代前期他都在写这本书，1960年的时候他试着把它改编成戏剧，1990年才最终出版。整本书写得棒极了，正如汤姆·斯托帕德唯一一次冒险写的小说《马尔奎斯特勋爵和月亮先生》一样，这本书为理解品特后期的戏剧主题提供了宝贵的指导。但还不止这些。通过对不顾一切地背叛男性友谊的刻画，它还试图对品特童年时失去的哈克尼伊甸园的最终毁灭加以解释。很明显那是一段黄金时期——跟他戏剧中的很多人物一样——品特也花了很多时间，试图拼起对过去的回忆。他不仅同哈克尼的伙伴保持联系，还在他的书房里保存了一幅照片，上面是他哈克尼的老朋友，照片纪念了他们充满青春希望的那一刹那。他有一次引用了普罗斯特的诗句，对我说："真正的天堂是我们已经失去了的天堂。"

《侏儒》是品特所写的作品中最贴近真实人物和真实事件的。故事背景主要在哈克尼，小说常常会提到那里的克莱普顿池塘、天鹅咖啡馆、铁路桥、公交线路，甚至还有紫丁香拱门，那是品特家花园的一大特色。主导这个故事的四个人物在真实生活中都有他们的原型。马克·吉尔伯特，是一个稍显自大的年轻演员，据说有葡萄牙血统，在哈德斯菲尔德剧团（1954年11月品特在那里演出过）工作了一段时间后刚回来。毫无疑问，他是品特不加批判的自画像。皮特·考克斯，骄傲自大而又非常聪明，目前在城里的一家公司工作。该人物基本源自罗恩·珀西瓦尔，他是与品特对立的朋友，是哈克尼帮中最带有恶魔色彩的人物。用亨利·伍尔夫的话说，"他的骄傲自负使路西法都显得谦卑、寒酸"。莱恩·维斯坦恩在尤斯顿车站当搬运工。他被脑子里幻想出来的侏儒困扰，最终把他们从脑子里驱逐了出去。他是热爱音乐的迈克尔·戈德斯坦的翻版。三个年轻人——是亲密的朋友，他们从一个房间转到另一个房间，讨论艺术、宗教和哲学——正一路磕磕绊绊地迈入成人经验的世界中。

促使他们关系发生变化的催化剂，是一个叫作维吉尼亚的颇具魅力的学校教师。这个人物是根据詹妮弗·莫蒂默来塑造的。她是唯一一个永远被哈克尼帮接受的女性。维吉尼亚是皮特的女朋友，当皮特抛弃了她的时候，马克立即和她上了床。在这个过程中，马克才知道，尽管他很享受与皮特的那种近乎色情的智力伙伴关系，但实际上皮特却认为他是个傻瓜——这个发现导致两个男人激烈的决战和不可挽回的诀别，这也间接驱逐了困扰莱恩的幻想中的侏儒。

詹妮弗·莫蒂默——现在是一个有三个已成年子女的自由摄影师——当然记得自己生命中的那段黄金时期。"我认识哈罗德，"她说，"当他十四岁的时候，我遇到了他和哈克尼帮的其他人。作为一个团体，他们极其团结、十分忠诚，被大家极其仰慕。人们在门口尖叫着想要加入……男的女的都有。罗恩·珀西瓦尔是我的男朋友，所以我跟着他们，听他们谈话。如果说我受过教育，那就是在哈克尼的咖啡馆里坐着听他们聊天。他们无时无刻不在谈论和引用莎士比亚。《侏儒》无疑还原了当时的场景，连罗恩因为我胆敢引用《哈姆雷特》而向我扔了本书的那一幕也是……我可能在很多方面都起到了催化剂的作用，但真正的争斗是因为作为一个人，哈罗德要强大得多，而罗恩非常抗拒这一点，因为他想成为老大。哈罗德没有去争取领导地位，却因为其真正的兴趣、仁爱和才华而成了他们的头头。他的父母一定对他很好，因为他从未、从未真正怀疑过自己。"

这本书在很多层面都很出色，它的情感驱动力来自在品特的作品中占据绝对中心位置的两样事物。一个是记忆，这种记忆可能是真实的，也可能是对过去某个时期的幻想，那时一切似乎都是安全的、固定的、确定的。品特很爱女人，但你能感受到他早年的情感支柱是炙热的男性友谊这一想法。而这本书以及他后来大部分作品的另外一个创作动力则是负罪感，尤其是因背叛而产生的负罪感。从那种意义上来说，《侏儒》远远不是一本自我辩解的著作。在最后决一胜负的那一幕——以一位自然的戏剧家的客观笔触写出的——马克（品特）指责皮特（珀西瓦尔）背叛了一个真正朋友的职责，朋友就应当像是"你派出去代表自己的大使一样"。皮特，尽管他虚荣地自命虔诚，但当马克攻击他的正直时，他会击中马克的痛处来反击："你把你的友谊当作工具来猛烈攻击我。接着又溜走了，并睡了维吉尼亚。"哈克尼版本的亚瑟王圆桌骑士故事，基于纯洁友谊的圣杯，就这样一下子破碎了。为了避免这看起来像浪漫的夸张，我们有必要引用品特自己在广播电台第四频道《万花筒》节目中对造成极其严重后果的性背叛行为的描述。

> 我突然想起了发生在我身上的一件事——不是书中的马克，而是现实生活中的我。我有一群朋友，这本书实际上将他们纳入其中。我……我该怎么说？……在一个夏天的晚上，我带着我朋友的一位女友去利河边走了走。我不该那么做的，你知道。自然，这件事被发现了。一天我被两个人约上——我知道这听上去像《生日晚会》中的情节，但我碰巧认识这些人，他们都是非常亲密的朋友——他们说："哈罗德，我们去散个步。"我们坐上了巴士……沉

默……死一般的沉默……我们到了维多利亚公园。那是东伦敦的一个大公园，在去贝斯那尔格林的路上。他们跟我一起，沉默地直接走到公园中央，然后转身离开，把我留在了那里。看着他们走开，我感到万分悲凉。我实在想不出比这更严厉的惩罚了。他们什么也不需要说，实际上也没有说。这是我的耻辱，而我意识到我背叛了所有人……不仅背叛了一个朋友，而且背叛了友谊的理念，这是他们无法容忍的。我想从那时候起我一直未能从那件事中走出来。

品特带着自嘲的笑声在广播里说完了最后一句话，但是我一下子想起了品特后来的一位朋友琼·贝克维尔的话："他对自己生命的意义一清二楚。这就是为什么他不需要做更多的事情，而只需要走到地铁旁——这对他来说充满了意义。"但这件逸事以及对品特高度的自我意识的显示却真正具有启发性。它显示了沉默的戏剧性力量，并展示了人生经历的模棱两可和神秘性。对一个外部的旁观者，或是路过维多利亚公园的行人来说，那两个人——实际上，是亨利·伍尔夫和吉米·劳尔——的行为是无法解释的，然而对他们三个参与者来说却有着深刻的个人意义。最重要的是，哈克尼帮把一种近乎神圣的价值观附加到友谊的原则上。当皮特向维吉尼亚描述马克和莱恩的过错，强调团体虔诚的责任感时，这种信念在《侏儒》中被界定得非常清楚。"事实上，他并不确定他们是否可以被认为形成了某种教派。他们几乎没有一致的教旨和方向，但他们有共同的立场，有一个框架。在最好的时期，他们形成了一个整体，用他的话来说，这个整体可以被称为教会。他们三个人为了共同的利益而联合起来，并且对他们的联盟抱有信心。"的确，皮特更进了一步，他以一种施恩的态度告诉维吉尼亚，只要她给他正面的好处，他就有更多的东西提供给这个特别的圣三位一体。

但品特既是一个理想主义者，也是一个现实主义者。他知道在任何三角关系里都充满了内部政治。皮特和马克有着激烈的、好斗的、强烈的友谊。莱恩是个神秘的角色，两个人都向他倾吐秘密，而两个人又都给他建议。莱恩似乎是超然的、孤独的、不谙世事又没有方向的，但他也比其他人更善于调整。在他的幻想中挥之不去的侏儒——在大段的乔伊斯式的内心独白中——可能是精神分裂症的表现，也可能是私密的伊甸园堕落的显性表现。当品特在 1960 年指导这部作品的舞台剧版本，并向演员解释他们的作用时，这似乎是他自己的诠释："莱恩幻想出来的侏儒们是他自己、皮特和马克之间关系的真相。他看到了一个野蛮的、掠夺性的、恶心的世界，而这就是他看到的真相。皮特和马克如此愚蠢地终结他们的友谊一事就是证明。"小说最后的一丝希望之光在于，侏儒的负担在莱恩身上解除了——马克和皮特之间友谊的破裂使他变得纯洁、纯净，也更加强大。同样重要的是，品特对私人关系的政治意识预示了他后来的作品主题。亨利·伍尔夫完全抓住了这一点："我曾经对品特说，莱恩使两个更加强大的人彼此针锋相对，以实现自己的目的，这真是太有趣了。我接着说：'就像《往昔时光》里那样。'哈罗德回答说：'我想说的正是这样。'但是，你仔细想想，这非常惊人地就像凯特在剧中利用迪利和安娜来对抗对方并取得胜利一样。"

事实上，《侏儒》是品特戏剧想象的母体——这部小说充满了与他后来的作品相呼应的思想。一个就是房间的重要性。不仅大部分的动作都发生在地下室、厨房和卧室里，而且对每一个角色来讲，他们所居住的空间也有着不同的意义。对于皮特，房间主要是一个静止的建筑。对于马克，房间是一种占有的象征和一个自我定义的场所。对于维吉尼亚，房间是一个不断变化的环境，取决于一个人的视角。对于莱恩，房间有着几种意义：既是一个私人避难所和隐居地（"我有我的猫，我有我的毯子，我有我的土地，这是一个王国，这里没有背叛，这里没有信任"），也是有着自己生命的地方（他说，房间在某一刻，"可以根据自己的意愿改变形状"）。小说中的房间可能没有太多变换的景象，但每个人都对房间有自己的看法。

詹妮弗·莫蒂默证明了这一切都是绝对准确的："房间正是这群人讨论的话题。他们可以拿起桌子上比如一个杯子那么普通的东西，到晚上结束的时候就把它改变了。他们把所有这些新的意象和想法赋予一个日常用品或一个普通房间。我突然意识到，最好之处是你不必接受你所看到的。除了你看待的方式之外，一切都真的不重要……但是作为个体来讲，他们也极其挑剔、敏感，因此让人几乎不敢说什么。对话通常会这样进行：'你想再要一杯茶吗？''你这是什么意思？''你想再要一杯茶吗？''可是我一杯都没喝过，不是吗？'"当她重复这段虚拟的对话时，对话就呈现出了品特戏剧的自然节奏。

事实上，《侏儒》在很大程度上是一部关于语言的小说。皮特、马克和莱恩用一种快速的私人速记式交谈，里面充满了搞笑的名字、巧妙的双关语、来自莎士比亚作品的引语、怪诞的不合逻辑的推理以及讽刺性的陈词滥调。这样的交流通常是华而不实的、有趣的、快速的，这表明品特是一个天生的对话作家。比如，马克骄傲地向莱恩炫耀一套新衣服时，他们就用了犹太音乐厅双人表演中用的连珠炮式的对话形式：

——这是什么，一件衣服？你的康乃馨呢？
——你觉得如何？（马克问。）

莱恩摸了摸翻领，拉开夹克，朝里看。
——这不是块破布。（他说。）
——这衣服臀部那里有拉链。
——臀部有拉链？干什么用的？
——代替扣子。方便。
——方便？我应该说确实方便。
——裤腿没有卷边。
——我看到了。为什么不买卷边的？
——不卷边的更利索。
——当然不卷边的更利索。

书中一页又一页充满了这样的对话——有时甚至是精确的短语——这些将会在他后期的戏剧中出现。皮特指责马克是一个寄生虫式的观察者和放荡的男子，他"在操纵生活而不是生活于其中"。皮特既呼应了《仙子女王》中的人物形象，又为《归家》中的人物形象埋下了伏笔。当皮特发现维吉尼亚身着浴袍时，他怀疑她和自己的一个朋友有染，这个朋友可能是个放荡之人。他的质问中也充满了迪利式的狂怒："她用肥皂涂你的腋窝了吗？"但关键是，主角们活泼、独特的语言既证明了他们之间的情谊，也捍卫了他们不被外部世界侵占；是对皮特在针线街偶遇的老校友或他的官僚上司林德先生使用的那种死气沉沉的、乏味的语言的对抗。弗朗西斯·吉伦甚至看到了贯穿《侏儒》和《山地语言》的脉络。在《山地语言》中，国家把一切都按名字分类，否认模糊不清，禁止山地人使用他们自己的语言。正如吉伦指出的那样，当个体对自己私有语言的信心被摧毁时，他们已经成为组织的一部分了，"因为他们别无他法，只能用组织的语言来表达自己"。

然而，《侏儒》的最大魅力在于它包含了品特自己美学信念的种子。莱恩、皮特和马克一直都在谈论艺术——这跟他们现实生活中的原型完全一样。虽然三个男人在艺术的功能和艺术家扮演的角色等问题上有着千差万别的看法，但你能感到品特从他们每个人身上取其所需。

比如说，在第六章，莱恩和皮特围绕巴赫进行了疯狂的、半严肃半戏谑的讨论。有趣的是，这恰巧是品特在 1990 年为国家大剧院的一个舞台表演所挑选的片段。"巴赫是谁？"皮特问，"他想干什么？"莱恩——正好一直在给他的猫拉一首无人伴奏的巴赫小提琴奏鸣曲——不轻信他人。"巴赫？"莱恩说，"容易。关于巴赫的唯一一点是，他认为他的音乐是通过他而不是从他身上流淌出来的。从 A 经过巴赫到了

C。其他就没什么可说的了。"事实上，他还说了很多，比如巴赫不关心诸如谋杀、屠杀和地震这样的大事："你总有地方腾给他……你可以把他放在你后面的口袋里。"直到今天，巴赫仍是品特最喜爱的作曲家。这不仅是因为巴赫作品的形式具有被提炼后的纯粹，还因为品特似乎也认为艺术家是自己灵感的媒介。品特自己后期的戏剧几乎全部源自灵感忽现的意象的启发。大卫·莱维奥导演过其中的两部戏剧，他很有洞见地评论道："我认为当他创作剧本的时候，在他的潜意识和纸张之间，总是有一个未受控制的、开放的渠道。当他完成创作之后，这扇门就以某种方式合上了，他对作品本身就有些陌生了。"

这部小说同时还探讨了形式和内容之间的关系。皮特也许是个古怪的客户，认为自己是个神，可以超越凡人爱与绝望的日常轮回，但他关于写作的看法却充满了诙谐的智慧。在第十二章中，所有角色都坐在一个夏日花园（很明显是品特家的花园）里。莱恩说，他在寻找一种有效的方法：像胡桃夹子那样不浪费地敲开坚果。但皮特指出，胡桃夹子偶尔会引起摩擦。"这完全，"他继续道，"跟艺术品一样。每一件艺术作品的微小元素都应该用以剥开坚果壳，或者帮助形成一股能剥开最后一颗坚果的力量。你知道我的意思吗？每一种思想都必须具有严格性和简洁性，而表达思想的意象，如果你愿意，必须与思想完全一致……如果有任何的多余的热量或摩擦，如果有任何的浪费，你就失败了，你必须重新开始了。"事实上，这是 T. S. 艾略特"客观对应物"这一思想的变体，他在关于《哈姆雷特》的一篇文章中如此定义：你必须找到一组物体或一种情况，这是一种特定情感的精确公式。但品特——通过皮特之口——把这个想法表达得比艾略特更进一步，更加具体，更加简洁有力。皮特的观察也是品特没有说出来的信条，因为品特的整个职业生涯就是在最初的想法和最终的表达之间寻找完美的比例。这就是当人们称他为诗人时，他们的旨意所在。

当皮特和马克卷入了一场在小酒馆里的激烈辩论时，艾略特的"客观对应物"的理念在第二十三章关于莎士比亚和道德的辩论——这要比你在大多数学术研讨会上可能经历的辩论好得多——中再次出现。皮特关于奥赛罗、麦克白和李尔王的观点，重复了艾略特对哈姆雷特的看法，那就是："他们的感觉超出了事实。"他们试图超越传统道德，而传统道德只不过是一种符合特定情况需要的便利，但不可避免的是这种便利要受到其标准的评判。"这些老家伙们所犯的错误是，"皮特说，"他们试图战胜一个他们仍然是其中一部分的机器，不管他们喜欢与否。这机器，如果你喜欢，是道德，是大多数人的标准。在我看来，莎士比亚在为人类和机器辩护。"

皮特认为自己高于传统道德，他用折磨人的逻辑进行辩论，而马克则用一种诗意的隐喻做了回答。作为一个热爱吟游诗人的演员，莎士比亚是如此的多维、矛盾和大胆，以至于无法为传统道德所束缚。他问道："当你考虑到他同时向多少个方向出发时，如何运用道德判断？难道他的烦恼还不够多吗？看看他做了什么。他遇见自己回来了，他跪了下来，他忘记了漂流，他自己逃走了，他重拾几何学，他进入了死胡同，他尝到了自己种下的苦果，而他几乎以失掉所有人的帮助而告终。但是伙计，织物是不会断的。拧紧了的绳索也永远都比平铺拉伸时更结实。他继续做生意，就是那样，如果他开始做道德判断，他就会像其他人一样破产。"

这真是一番精彩的印象派文学批评。马克对莎士比亚的回应是，他有能力剖析人类而不陷入简单的道德判断，有能力在不打破固有结构的情况下操纵戏剧形式。每个人都在写卡夫卡、乔伊斯、艾略特和贝克特对品特的影响——这是有道理的——但是除了弗朗西斯·吉伦之外，没有几个人写到莎士比亚对品特思想的广泛影响。品特非常珍视《莎士比亚戏剧集》，在学校里演过莎剧，也和麦克马斯特、沃尔菲特一起演过莎剧。他从莎士比亚那里吸收得最多的就是莎士比亚拒绝把不妥协的个体编入法典或是进行归类，而且他不以抽象的戒律来评判人们——正如皮特在《侏儒》中所说的，莎士比亚"没有拿这种观点来衡量一个人，也没有就结果给出热门建议"。品特也不这样。在品特极为少有的关于戏剧的声明中，他总是否认从"任何抽象的想法或理论"着手（布里斯托尔，1962）或是"为他的角色制定蓝本"，并严格按照蓝本进行（汉堡，1970）。他是一个既务实又听凭直觉的作家。在私下里，他也明确表示，他作品中的人物是由原始需求驱动的，而不是在道德平衡中权衡。1965 年，在《归家》首演的那个夜晚之后，他写信给盖伊·维森，用一句意味深长的话总结了他的很多作品："我觉得自己对任何一个角色的批评都不比其他角色多。我对他们中的许多人又爱又恨。"

然而，《侏儒》的伟大之处在于它在很多层面上都能发挥作用。它非常准确地记录了品特和他睿智的伙伴在战后哈克尼的生活。正如詹妮弗·莫蒂默说的那样："这部小说应该被列入学校的教学大纲。因为它精准地捕捉到了 20 世纪 40 年代末到 50 年代初伦敦生活的感觉。对我们所有人而言，那都是一个萌芽时期。"小说概述了支配品特整个写作生涯的美学原则。同时，小说汇集了将要成为品特永久的戏剧风景的许多关注点：友谊，背叛，支配，服从，性关系的竞争，空间侵略，对安全的、天堂般的过去的梦想，以及对现在和未来不安全的暂时存在的恐惧。到 1956 年，由于他将下列元素融合在一起，他的理想世界业已成型：哈克尼时期的友谊，打零工的人生经历，参加剧目轮演时期的生活，以及对布努埃尔、贝克特和莎士比亚等各种外来影响的吸收。很明显，他现在需要的是某个事件将他推向不可回避的命运——创作戏剧这一无比艰巨的事业。

第四章　早期的演出生活

事实上，正是昆廷·克里斯普在电影《裸体公仆》中不朽的形象——一位外表艳丽，有着棕红色头发的公开同性恋者——在不经意间激发品特创作了第一部戏剧《房间》。品特的每次创作都始于一个隐藏在记忆中的意象，这一意象获得戏剧性的共鸣后逐渐演变为一部戏剧——这在其晚期创作阶段经常发生。这与拍立得相机的即时捕捉截然不同，记忆的底片被储存起来并在品特由想象构成的暗室里慢慢发展。品特记得1955年他还在科尔切斯特的时候，被剧团的一位女演员带到切尔西的一栋大房子里参加星期天晚上的派对。那天晚上，这位女演员将他引荐给了在楼上的一个男人。"她敲了敲门，开门的是一个头发颜色极其特别的小个子男人；他光着脚，穿着非常时髦的衣服……他将我们迎了进去，给了我们一杯茶，并且一起讨论了哲学、玄学、文学、天气、陶器和纺织品。这个小个子男人手舞足蹈地为另一个男人切面包、抹黄油、倒茶、煎培根和鸡蛋，而后者在整个会面期间沉默不语……我们大约待了半个小时就离开了，我向这位女士询问小个子男人的名字，她说他叫昆廷·克里斯普。"

一位沉默的高个子和他细心体贴、喋喋不休的帮手——这个情景让品特印象深刻。这也许会勾起他对斯坦贝克的小说《人鼠之间》中两个人物莱尼和乔治的模糊回忆。这部作品是品特一生中最喜爱的美国小说之一，它明确地使用亚瑟王传奇式的语言，将男性之间的友谊看成带有骑士追寻味道的小型圣杯的寻找之旅。但是品特并没有马上冲回家写下他的感想。一年之后的1956年的秋天，当时担任布里斯托尔大学"绿色空间社团"团长的奥里奥尔·史密斯希望在某个晚上上演一场独幕剧，当时该大学刚刚成立了戏剧系。她向亨利·伍尔夫寻求建议，他在美国留学后正在布里斯托尔攻读研究生。伍尔夫说他有一位朋友是轮演剧目的演员，可能会有剧本。

品特跟他说过自己打算写一部以房间里那两个男人的形象为基础的戏剧。伍尔夫给品特写了信，但品特当时刚刚新婚，正在托基参加戏剧季的演出。他回信说，他不可能在六个月内交出任何东西来。但事实上，很快剧本便寄过来了。1956年11月，品特花了四个下午和夜晚来创作这部戏剧，当时他正在托基的帕维廉剧院出演拉提根的《鸳鸯谱》。《房间》，剧如其名，最终由布里斯托尔大学戏剧系于1957年5月在改装过的壁球馆中上演，这部戏由伍尔夫本人制作，因此每一笔费用都省掉了。"品特的第一部作品，"伍尔夫说，"花费了四先令六便士。本不该花那么多钱的。我已经告诉过舞台监督，我们没有钱，所以不到最后的表演就不要给伯特真的培根和鸡蛋。我为这部剧做的预算本来是一先令九便士，但是她却用了四先令六便士。但是这部剧的演出非常成功，既惊险又有趣。"

不用说，这部完成的戏剧与昆廷·克里斯普以及他的密友毫无关系，但是戏剧利用了品特在切尔西的房子里看到的同样引人注目的画面，并赋予其戏剧张力。戏剧发生在一间有摇椅、煤气炉和水槽的起居室里。一位老妇人罗丝正在为一个男人——伯特——煎培根和鸡蛋，泡茶，切面包并抹黄油，那个男人则奇怪地坐在桌边读报纸，他的沉默令人畏惧。品特立即就激发了大家的好奇心。为什么伯特这么沉默？为什么罗丝说个不停？她在恐惧什么？为什么她如此喋喋不休地提到室内很温暖，封闭性很好，可以抵御外面的黑暗寒冷？为什么她如此关注潮湿、恐怖的地下室？"我不知道现在是谁住在下面，"她说，"不管是谁，都有很大危险。他们也许是外国人。"在他首部戏剧登场的十分钟内，品特就已经划出了他自己特有的领域。

戏剧的活力也源自一个主题，一个将要成为品特自己特有领域的主题：一个焦虑的隐居者与外部世界的要求和压力的对抗。事实上，罗丝被埋葬般的隐居生活受到了无休止的干扰。首先是基德先生，这个表面上的房东，令人感到滑稽可笑，因为他似乎对自己的现在、过去、出租房的情况，甚至他的出身都不太清楚。（"我想我妈妈是个犹太人。是的，要是我知道她是个犹太人，我不会太惊讶。她没有生很多孩子。"）基德先生走后，伯特也离开了，他在如北极般寒冷的夜晚开着小货车去做事。罗丝的空间被不停地入侵。一对年轻的新婚夫妇，桑兹先生和桑兹太太，突然出现在罗丝房间门口，他们已经去过黑暗、神秘的地下室，一个隐藏在那里的看不见的人告诉他们还有一间空房。当发现那间空房竟然就是罗丝的房间时，罗丝的恐惧、我们的恐惧都立刻增加了。接着基德先生又回来了——他整个周末都在等着抓住罗丝独处的机会——告诉她有一个人藏在地下室里，非常想见她。憔悴的罗丝同意见一见这个真诚的恳求者，最后却发现那是一个名叫赖利的黑人瞎子。在遭受了罗丝的谩骂和侮辱之后，赖利告诉她，自己给她带了一个口信儿。"你的父亲希望你回家。"赖利说。随后他更加直接地、重复地对罗丝说"回家，赛尔"——罗丝一开始否认这个名字，之后却默认了。但是当罗丝轻柔地抚摸赖利的眼睛、头和鬓角时，到目前为止一直沉默的伯特却回来了，这部戏剧发展到激烈的高潮。伯特拉开窗帘，用极富侵略性的色情词汇描述他的货车行程，踢翻了赖利坐的椅子，一边大叫着"无赖"，一边打他，把他打倒在地，并且把他的头往煤气炉上撞了几下。罗丝捂着自己的眼睛，大叫："看不见了。我看不见。我看不见。"暗场。落幕。

这一切暗示什么？所有这一切告诉我们品特戏剧性想象的本质是什么？尽管这部戏剧现在已经很少上演了，但对于它的解释却是无止境的。伍尔夫的那个原始版本强调的是戏剧的幽默，他将赖利看作一个带来解放信息的神秘的魔术师。其他人则将赖利看作为罗丝而献身的基督形象，或者是我们不情愿地让他跨过门槛的死亡象征。显然，品特在四天内匆匆忙忙写完的这部戏剧只是打开了一条通往他潜意识的通道，而他并没有打算写一则寓言。但是，正如荣格1935年在塔维斯托克诊所进行的一次演讲（塞缪尔·贝克特也听了这次演讲）中解释的一样，一位作家不可避免地会将其情结和碎片式的人格戏剧化：

> 当他创造一个舞台上的形象，或者诗歌、戏剧、小说中的人物时，他认为这只是他想象的产物；但是那些人物却在以某些秘密的方式塑造他们自身。所有的小说家或作家都会否认这些人物拥有心理学意义，但是事实上你我都知道他们是有心理学意义的。因此，当你在研究一位作家创作的人物时，你就能读取这位作家的思想。

那么从《房间》中我们能读出品特怎样的思想呢？显然，这部戏剧是由他观察到的形象触发的，并且详述了他早期散文对话中的思想。但是这部作品的魅力就在于它在无意识中将自传、文学和社会主题融合在一起：在某种程度上，这部戏剧讲述了家庭的种种要求，如果你愿意，也可以理解为传统的家庭神明对那些想要逃避其控制的人的要求。赖利一共说了六次"家"。他五次将罗丝叫作"赛尔"（是萨拉的简称吗？马丁·艾斯林问）。所有这些都表明罗丝隐藏了她的过去，并且用一个假名字在生活。当她似乎就要屈从于赖利急切的讨好时，伯特回家了，在混杂着性别和种族的愤怒中，伯特将赖利打得体无完肤。

我自己最开始的假设是这部戏剧给品特的经历提供了一种隐喻。写这部戏剧时，他和费雯·麦钱特才新婚六个星期，也是在这段时期，他被称为大卫·巴伦，他的妻子也这样称呼他。由于跟犹太信仰之外的女性结婚，曾经与父母关系非常亲密的品特也在家中引起了一阵"不安"（他的原话）。他不可避免地要离开他在西斯尔维特路的房子，这是他二十五年来第一次离开父母的家。在我看来，《房间》就是他对自己婚姻所造成的情感错位的内疚感的投射，以及他对家庭、传统和过去的固有要求永远不会那么容易被搁置于一边的恐惧——这是他不断回归的主题。但是品特本人——在他为数不多的一次解释中——对那种解读方式进行了反驳。"我总是能看见赖利，"他说，"作为一个信使、一个潜在的救赎者，他试图将罗丝从牢笼式的房间和受到伯特束缚的生活中解救出来。他邀请她回到她的精神家园；这就是为什么在伯特回家时他会受到毒打。但是，于我而言，赖利一直都是一个救赎者的形象，我在之后导演这部由费雯和一位名叫托马斯·巴普蒂斯特的黑人演员出演的戏剧时，也是将他当作一个救赎者。"

无论你如何解读，《房间》都是一部高度个人化的作品，品特在书中描写了身份的丧失，这种身份的丧失来自对过去和现在的模糊描述。但是他也描述了从外部世界撤离的风险，以及将一个房间变成堡垒在情感上造成的危害。此外，他还令人信服地使用了《侏儒》中莱恩的记忆——莱恩是以他的朋友迈克尔·戈德斯坦为原型塑造的——莱恩将他的房间转化为嵌在"两个陌生人之间"的"小牢笼"和"小隔间"，这象征了他精神上的部分崩溃。尽管哈克尼帮非常快乐，但是他们中的许多人都生活在危险的边缘。即使是委托品特写《房间》的亨利·伍尔夫也曾将自己锁在父母的房子中一个星期，而拒绝冒险走出去。品特了解被束缚在一个坚果壳般的房子里会导致的一切危险，即使当事人认为自己是无限空间中的国王。

《房间》之所以引人入胜，准确地说是因为它在无意识中反映了品特内心深处所关注的许多东西。其中之一就是贝克特的小说《墨非》，品特在三年前就已经如饥似渴地阅读过这本小说，并且极力推荐给所有的朋友们。贝克特笔下的主人公墨非与其创造者一样，是一个固执己见的人，住在伦敦西布朗普顿的一栋废弃的大楼里，只有在脱下衣服、将自己蜷缩在摇椅中、进入一种恍惚的状态时，他才能找到一种舒适感。最后，他被他的女朋友西莉亚强制要求去工作，但最终却被关进了精神病院。在那里，他变得嫉妒心极强，甚至模仿那些病人逃避外部世界的行为。事实上，墨非对医院希望让病人恢复到重归外部世界的目的非常反感，"作为一个理性的人，他的经验迫使他将精神病医生们称之为放逐的地方叫作避难所；迫使他认为那些病人们不是被放逐到福利系统之外，而是从一个巨大的失败中逃离出来了"。

品特没有完全接受墨非的哲学（贝克特可能也没有），但是在《房间》以及他的许多早期作品中，《墨非》这部小说都留下了明显的印记。在《房间》这部剧中，摇椅是一个重要的视觉象征，与贝克特的主人公一样，罗丝在摇椅中也能得到禁闭所

第四章　早期的演出生活

带来的片刻满足。（"如果他们问你，伯特，就说我对自己待的地方感到非常满意。我们这儿非常安静，一切都好。你在这儿很快活。从外面回来，楼也不高。我们不受打扰，没人打扰我们。"）而且，尽管品特在这部以及其他戏剧中表明，没人能逃脱其作为社会一员的责任，但是他也非常深刻地理解那种想要逃离的冲动；就像贝克特笔下的墨非所说的："我不属于大世界，我只属于小世界。"事实上，他的许多佳作都是在探讨孤独和社会之间的紧张关系。

然而，《房间》这部戏剧很少被注意到的一个方面是它的社会准确性，尤其是它对封闭的孤立主义和偏执的仇外心理的刻画，这在20世纪50年代后期成为英国生活的一个特征，并从那时起发展到可怕的地步。罗丝为"我们过我们自己的日子"而骄傲，害怕地下室中有可能住着"外国人"，对她避难所的入侵者表现出歇斯底里的仇恨（"你不光是个无赖，"她对赖利说，"而且是个瞎了眼的无赖。你怎么来的就怎么回去吧！"）。伯特发现他家有一个陌生黑人后的第一反应就是将其暴打一顿。品特并不是在有意识地进行一种政治性的陈述，但他确实注意到了当时某些悬而未决的事情。他亲身经历了20世纪30年代和40年代发生在哈克尼的种族歧视。在20世纪50年代，正如肯尼斯·O.摩根在谈到奥斯瓦尔德·莫斯利爵士在政治上的重新崛起时所写的那样："黑人现在已经取代犹太人成为优等民族雅利安人的威胁。"这十年见证了联邦移民数量的飙升，这些移民不仅来自西印度群岛，还有许多来自印度、巴基斯坦和西非。1958年，海尔什姆男爵估计"有色"人种数量达到180 000人，同年，种族关系紧张事件突然在诺丁山爆发。品特显然没有明确论述种族关系，但是他用本能的准确性明确表达了一种当地人的偏见，即他们将外来者看作天生的潜在罪犯。人们很容易忘记，在1965年颁布《种族关系法》之前，在出租屋窗户前面竖一个写着"不租给黑人或爱尔兰人"的牌子不算一种犯罪行为。

服从于他的本能，品特创作的第一部戏剧《房间》是非常令人信服的，这部戏剧下意识地将自传、心理和社会的主题交织在一起。戏剧对白也证明了他的听觉异常准确。在哈克尼，认识他的每一个人，尤其是詹妮弗·莫蒂默，都证明了一个事实，即品特是一个非常好的聆听者——和你在一起，他会集中全部注意力去聆听。他也从一开始就理解对话很少根据问答的逻辑进行，而通常更像是一段被打断的私人独白。这就是他在后期的戏剧中完善和发展的一种技巧，但是在《房间》中，品特已经捕捉到了日常言语中所包含的滑稽且无关紧要的琐碎。在某一时刻，罗丝询问基德先生这栋房子有几层楼。这是一个非常奇怪的问题，但是房东首先避开了这个问题："很多层楼。（他笑。）啊，我们过去有很多层。"然后他解释了过去他是如何胜任各种事情的，例如数楼层，当他妹妹还活着的时候，她就像他们的母亲——

他们的母亲可能是犹太人，也可能不是。但是罗丝固执地坚持她执着的询问：

罗丝：基德先生，你妹妹怎么样？
基德：她怎么样？
罗丝：她有孩子吗？
基德：是的，她长得像我的老母亲，我想。当然，个子更高。
罗丝：那么，她什么时候去世的，你妹妹？
基德：是的，对了，就是从她死后，我停止了数楼层。她总是把东西收拾得整整齐齐。我给了她不少帮助。她很感谢，直到她临终前。她经常对我说，她是多么感谢所有的这一切——一件件的小事——我为她所做的。然后她就死了。我比她年长。是的，我比她年长。她有一间可爱的闺房。一间美丽的闺房。
罗丝：她是怎么死的？
基德：谁？
罗丝：你妹妹。

这就是真正的品特戏剧：陷入对过去事物的回忆；通俗语言被用作出奇制胜的战术，对黄金记忆进行入侵；以及最重要的是，对话往往沿着平行线进行，不会汇合。

然而，当品特1957年5月在布里斯托尔看到《房间》最终上演，听到他自己写的对白时，他的第一感觉并非快乐，而是一种神经紧张、膀胱发胀的感觉。"我在整个演出的过程中都非常想小便，"他回忆道，"最终我冲出去，在自行车棚后面小便了。"但更重要的是，他相信他自己的戏剧直觉。他创作《房间》的时候处于创造性思维迸发的白热化阶段。"我从顶端开始创作，"他回忆，"在某一个时刻，有人敲门，有人进来了，而我完全不知道他是谁、他要做什么或者他会说什么。我让这种思绪继续流淌，让事件继续发生，然后发现那个人说了话，他就是房东。随后来了两位来访者，我真的不知道他们来的真正目的，他们想要什么，但是他们只是整个氛围中不可或缺的一部分。"但是这种安排起了作用，并且非常有意义。品特承认他变得非常兴奋，"通过这种方式，形象可以以戏剧的形式清晰地在舞台上呈现"。一个人注意到的不会是词汇语言，而是人物形象；这一点非常重要，因为品特后来几乎所有的戏剧都是受一个储存的视觉记忆的触发而创作的。

这部戏剧也给观众和演员们留下了深刻的印象。《布里斯托尔晚报》的评论家有先见之明地评论道："整部戏剧充满了罕见的活力，加上丰富的经验和更简洁的语言，人们感到品特先生作为剧作家会有一定的影响力。"苏珊·恩格尔（罗丝的扮演者）、亨利·伍尔夫（基德先生的扮演者及导演）和奥里奥尔·史密斯（桑兹太太的扮演者）都觉得他们参演了一部非同寻常的戏剧。"我们接受了它的怪异性，"史密斯说，"而且，事实上我们不打算理解发生的每件事情。但是它让我们能够表演如此丰富的对白，以至于我们非常相信这部戏剧的素材。就像去某人家中待一天，无意中听到一些正在进行的奇怪的对话。你不必知道关系的每一个细节，从而去感受到气氛。但是，最大的惊喜就是品特本人的到来。我原来猜想他是一种有点邋遢的宅男形象。但是我见到的真人却穿着潇洒的细条纹西装，并且——我确定——还戴着一顶帽子。"说到帽子，有一点让人难以置信，那就是品特即使在最穷困潦倒的时候，也总会为自己衣着的讲究而感到自豪。

他在人生的这个阶段仍然极度贫困。1957 年，费雯在一家轮演剧目巡回演出的公司中找到了一些工作；品特离开托基之后，想办法找到了一份在滑稽剧《亲爱的查尔斯》中表演的工作。这部巡回演出的戏剧黯淡无光，但由于品特的贫困，他得到了这个对他将来的职业产生决定性影响的机会。在这次令人畏惧的旅行中，布里斯托尔竞技场是其中的一个目的地。由于钱很紧张，品特便打电话给苏珊·恩格尔——她当时还是戏剧系的学生——她非常好心地将其公寓中的一张空床提供给了品特。品特这样描述这个故事："一天晚上，演出完后我回到公寓，直接上床睡觉。大约在午夜时分，我被苏珊叫醒。她告诉我当时布里斯托尔老维克剧团正在上演的一部戏剧的作者约翰·豪突然来访，并且从伦敦带来了他的文学代理人，他们要在临睡前一起喝一杯。她认为我应该会有兴趣见见这位代理人。我拒绝了，并且说我很疲惫，但是她极力坚持。我穿了一件睡衣就去了厨房。吉米·瓦克斯正在厨房。他告诉我，他听说过《房间》，并且建议我和苏珊朗读这部戏剧中的一个场景。因此，大约在 1957 年 7 月，在苏珊的厨房里，瓦克斯对我进行了面试。他在我们阅读这部戏剧时开怀大笑，并且让我给他寄一份剧本。来访者离开后，苏珊非常高兴，我又回到床上去了。"

一个星期以后，吉米·瓦克斯——牛津大学新学院法学专业的尖子生、欧洲英国占领军的前法官、1946 年以来的高级经纪人——写信给品特，提出自己想当品特的经纪人。这样，在友情和相互尊重的基础之上，他们两人就开始了这种经纪人与作者的关系，并一直持续到 1983 年吉米·瓦克斯去世。（然而，这种关系也是保留了延续性的，因为品特之后的经纪人是朱蒂·黛西，她在成立自己的公司之前和瓦克斯一起接受了五年的培训。）瓦克斯似乎立刻就《房间》这部剧展开了积极的行动。这部剧当时还在英国广播公司电台剧本部的手中，这是 1957 年 5 月，布里斯托尔的一位制片人帕特里克·德罗姆古尔送过去的。这部戏剧似乎引起了大家的兴趣，而不是热情。后来与品特就普鲁斯特的电影进行了密切合作的芭芭拉·布雷（当时是有声戏剧的脚本编辑），于1957年7月25日写信给瓦克斯，信中谈到她认为在广播上播出这部戏剧不是一个"切合实际的提议"，但是也表达了对品特今后创作的兴趣。她在给德罗姆古尔的一份内部备忘录中详述了这一点："我觉得对话展现了不同寻常的技巧，但是作者却没有煞费苦心地想要读者理解他潜在的意图。这给人一种自负的感觉，这种自负与戏剧结局之前的确定和喜剧感之间存在强烈的冲突。"品特自己在12月份给R. D. 史密斯写信，并且附上了这部戏剧的副本，他建议，即使这部戏剧因过于视觉化而不能在广播上播出，它也可以作为实验剧在电视上播出。

尽管遭到了英国广播公司的拒绝，但是《房间》还是很快成了品特的名片。1957年12月30日，它在当年在布里斯托尔大学举行的"全英学生戏剧节"中重演。事实上，这是一部由戏剧系和布里斯托尔老维克剧院联合制作的新戏剧，导演是该院的院长邓肯·罗斯——这让亨利·伍尔夫懊恼不已。"他的版本，"伍尔夫说，"一点也不幽默。这是品特戏剧传统的开始，他以一种敬畏之情来表现这部作品，因此你不会想笑。"但是，这个戏剧节最大的好处就在于它是由《星期日泰晤士报》赞助的，而且在那段更加易于管理的时期，该报纸的首席戏剧评论家哈罗德·霍布森也出席了这次活动。霍布森是一位极具影响力且非常有特质的评论家——他的评论往往会产生令人炫目的效果——他靠着自己对戏剧的直觉进行评论。他是一位虔诚的基督教徒、一位好斗的伦理学者，他有强烈的戏剧意识，能够扭转人们的期望，他经常声称，这是因为他在牛津大学读了修昔底德在《伯罗奔尼撒战争史》中对雅典远征军击败叙拉古的叙述。霍布森已经为《等待戈多》和《愤怒的回顾》辩护过。在首次接触到《房间》时，他似乎有过类似的转变经历。他在《星期日泰晤士报》的评论中不仅提到了贝克特、尤内斯库和亨利·詹姆斯，还声称："这部戏剧让人们对自己的立场深感不安，并且一度怀疑地球令人安慰的坚固性。"更实际的是，他的专栏还向英国舞台剧公司和伦敦艺术剧院的导演们推荐了这部戏剧，让他们在周日午餐前注意到了这部戏剧。而品特当时和身怀六甲的费雯居住在诺丁山门的一个公寓里，并且在为位于帕尔默斯格林的私密剧院的弗雷德·特里普公司出演R. F. 戴德菲尔德的《蠕虫的视野》。这是上天的旨意：他的天赋首次得到批评界的重要认可。尽管霍布森感人的号召似乎并没有激发皇家宫廷剧院和艺术剧团导演们的兴趣，但是却让一位说话轻声细语的27岁商业制片人迈克尔·格德伦注意到了品特。1956年，他制作上演了《召唤凯蒂》，这是他在伦敦西区的首次亮相。没必要为他在摄政街狭窄的办公地点感到羞耻，格德伦很快于1958年1月在稍微华丽一点的斯特兰皇宫酒店的鸡尾酒吧中安排了与品特和瓦克斯的会面。

第四章　早期的演出生活

他告诉他们，他与大卫·霍尔合作，预定了在哈默史密斯剧院开展戏剧季演出活动，现在急于寻找一些新剧本，问他们能否给他提供剧本。很快，他就收到了一部名为《晚会》的戏剧——后来很快更名为《生日晚会》——这是品特1957年在出演《家庭医生》期间，在当地的化妆间和剧院里利用空闲时间创作完成的。"我立刻就觉得，"格德伦说，"这是一部出色的戏剧。后来发现其晦涩难懂，令我无法理解：当你现在来看这部剧，你会不知所措，不能理解为什么它会如此令人困惑。"在三个月内，格德伦就让一流的演员阵容和迅速崛起的青年导演彼得·伍德将这部戏剧搬上了舞台。结果，当然，它成了戏剧史上最有名的失败演出之一。

　　这部戏剧的演出对品特而言意味着一切。在整个这段时间里，他是一个生活拮据的临时演员，渴望能够收支相抵。《家庭医生》的巡回演出结束后，他与德里克·索尔伯格的亚历山大戏剧剧目轮演公司签订了一个四幕剧的演出协议，在伯明翰（1957年7月至10月）进行了演出。之后又去了帕尔默斯格林的私密剧院（1957年12月至1958年3月），在这里，他结束了《愤怒的回顾》中克里夫的角色扮演。4月，他得到了一份在皇家宫廷剧院给N.F. 辛普森的两部戏剧以及《乔治·狄龙的墓志铭》当替补演员的工作。现在他手上必须有现金，因为1958年1月29日，费雯生了一个儿子——丹尼尔。对她而言，分娩是一段困难且伤痛的时期；这段经历最终让她决定再也不生孩子了。痛苦的分娩似乎还不够，品特一家那时还住在诺丁山门的一间阴暗的地下室里。"那看起来就像一个贫民窟，"品特回忆，"我们免费住在那儿，作为交换，费雯要帮他们洗衣服，而我要烧锅炉——实际上，我们就是看门人。我记得有一间糟透了的石头厨房，水会顺着墙壁滴下来。在那里似乎不可能抚养一个婴儿，我记得我曾和亨利·伍尔夫一起在诺丁山门那儿喝了一杯，不知道费雯出院后，我和她到底该怎么办。其实，我在奇斯威克大道上找到了一套位于一楼的极好的两居室，但是我没有100英镑或者同等价值的东西作为押金。因此，我出乎意料地给制片人丽塔·巴肯写了一封信，她是费雯的超级崇拜者，我告诉她我们的绝望困境，然后她给我们寄了一些钱，而且纯粹是当作礼物送给我们的。这是一种非常惊人的慷慨行为并且真的改变了我们的生活。"迈克尔·格德伦也拿出50英镑买了《生日晚会》的期权。这些钱使他们得以拒绝位于伯明翰的亚历山大戏剧剧目轮演公司提供的双份工作，在那里，春季演出季的报酬是每周17英镑。事实上，是品特建议费雯留在伦敦的，他要进行即将到来的创作。"但是她，"他说，"没法把这当作一件具体的事情，这对她而言不过是一个梦。但是，我很坚持，我们还是留在了伦敦……事实上，要是我们去伯明翰会做得更好，但是我们没有，我的人生开始改变了。"

　　品特正确地意识到他的事业正处在抉择的关键时刻。在创作《房间》的时候，他就已经发现了他的真正职业，那就是让个人的梦想以公开的形式展现——这是剧作家的主要工作。1957 年的夏天，他继续以相当快的速度连续写作，他写的一部三幕剧和一个小短篇名字都叫《送菜升降机》。但是，《生日晚会》是如何源于品特的深层想象的呢？它的灵感来源又是什么呢？和品特通常所做的那样，这部戏剧来源于一个深深根植在他记忆中的形象。就像奥利维尔会将他观察到的举止习惯和说话方式积累起来以便未来使用，品特会让一个初始的形象在他的记忆和想象中慢慢发展。既然这样，就要回溯到 1954 年的夏天，那时他有些不怎么体面地在 L. 杜·加达尔·皮奇的《马！马！》中操纵马的头。这个巡回剧团的表演开始于伊斯特本，当时品特还没有固定的居所。在一个下着雨的星期天的晚上，当他在一个酒吧里喝酒时，他和一位说话言简意赅的陌生人聊了起来：

"他说：'我可以带你去一些出租房，但是确切地说我不建议住在那儿。'我没有地方可去，便说：'我不在乎它们是啥样的。'我去了这些出租房，简而言之，那里有一位非常高大的女房东和一位非常瘦小的男房东。除了这位独居的房客，那里没有其他人，那些出租房真的非常脏，整栋房屋都很脏，我习惯于……我和在酒吧碰到的这个男人一起睡在阁楼里……我们共享这个阁楼，我的床旁边有个被支起来的沙发……你知道我想表达的意思……我看着沙发，发现不断有头发和灰尘从上面落下。有一天，我问那个男人：'你在这儿干什么？'他回答：'额，我过去是……我是一个钢琴家。我过去在这里的表演会上演奏钢琴，然后我放弃了。'我问：'你从哪里来？你会弹钢琴吗？'他说：'噢，我过去在伦敦演出，是的。但是我放弃了。'……那个女人是一个非常贪婪的人，总是弄乱他的头发，挠他的痒痒，还骂他，绝对不让他有一点清闲的时间。当我问他为什么要待在这儿的时候，他说：'我无处可去。'那一句话深深地印在了我的脑海中，三年后，这个形象依然清晰……我就想到了有两个人要来抓他……"

孤独的房客、贪婪的女房东、沉寂的男房东——这些人物，最终成了斯坦利、梅格和皮蒂，听起来就像唐纳德·麦克吉尔海滨明信片中的人物。但是解读《生日晚会》的第一把钥匙，就是要牢记它是根植于当时的大众文化的。回忆一下很有必要：在伊斯特本的经历和将其转变成戏剧的这段时间里，品特出演了超过六十部戏剧，其中大多数都是在地方剧目轮演中上演的粗制滥造的戏剧。在他的所有作品中，这部作品最明显地具有当时的惊悚片和喜剧的印记；就像海边的一长块岩石，它一直都在诉说着自己的"轮演剧目"。有点疯狂的逃亡者、奉行干涉主义的权威人物、说着陈词滥调的工人阶级——这些角色就是 20 世纪 50 年代戏剧中的主要元素。结构也是非常的传统。总共有三幕，每一幕都有三道坚固的"幕布"：在第一幕中，斯坦利用残酷的暴行击打梅格送给他当作生日礼物的小鼓；在第二幕中，咯咯笑着的斯坦利被充满威胁性的戈德伯格和麦卡恩在黑暗中按在墙上；在第三幕中，斯坦利被神秘的来访者挟持并带走之后，除了梅格陷入了少女的幻想之外，一切都恢复了常态。如果这部戏剧在伯恩茅斯或托基的海边轮演的话，我打赌观众会非常喜欢。

然而，品特还学习了大众文化的其他方面。那个背叛者躲避其所背叛的歹徒是典型的好莱坞情节；这种情节出现在罗伯特·西奥德梅克1946年的电影《杀人者》中，这部电影是海明威1926年的一篇短篇小说的蹩脚版本，品特却很喜欢。此外，我每次读到戈德伯格和麦卡恩用机关枪似的交互对白对斯坦利进行审问时，我都会想到20世纪50年代的智力竞赛节目，节目中横行霸道的迈克尔·迈尔斯强制要求参赛者在六十秒钟内，在不说"对"和"错"的情况下尽可能多地回答问题。罗纳德·诺尔斯表达的一种想法困扰了我很多年，他认为20世纪50年代在音乐厅和广播中很出名的朱厄尔和沃里斯这一对喜剧演出搭档就是戈德伯格和麦卡恩的原型。本·沃里斯打扮时髦、西装笔挺、头发油亮，总是扮演欺凌他人的配角；吉米·朱厄尔，焦虑不安，总是扮演滑稽的替罪羊角色。他们俩的搭档演出就是对控制与服从的经典性研究：在一部至今仍然萦绕于我心头的短剧中，沃里斯扮演了一位过于热情的推销员，为了展示一支钢笔能在水下写字的神奇属性，他将朱厄尔塞入了一个立着的罐子中。非常有趣的是，他们两个人——尤其是朱厄尔——都成了非常优秀的直男演员，他们本应该是《生日晚会》的理想演员。

然而，这部戏剧的魅力在于品特不仅从流行戏剧中提取原料，还赋予其政治共鸣。最简单地说，这部戏剧表现了一位隐居的固执的主人公如何被迫遵从世俗社会的外部压力。在整个20世纪，剧作家们写过很多戏剧——萧伯纳的《圣女贞德》、布莱希特的《伽利略传》、米勒的《萨勒姆的女巫》——这些戏剧都将个人意识与僵化了的宗教教义和国家教条对立起来。正是在那样一个时期，品特进行着戏剧创作，奥斯本的《卖艺人》当时正在皇家宫廷剧院上演——这部剧也表现了一位深陷困境的失败艺术家最终不得不面对要移民到加拿大的现实，而那里被认为是一个墨守成规的地狱。尽管《生日晚会》只是悠久的戏剧传统的一部分，并且在某些方面源自《房间》的创作，特别是在反对孤独和反对社会这一点上，但与其之前的戏剧相比，品特赋予了这一问题无限丰富的政治和哲学复杂性。

1958年3月30日，就在预演开始前，品特给这部戏剧的导演彼得·伍德写了一封信，他在信中义正词严地拒绝增加额外的台词，来对斯坦利逃离世界去一个昏暗的海边公寓的动机进行解释或辩护："斯坦利没有认识到其唯一有效的辩护就是——他就是他——因此他当然永远也不能将这一点表达清楚。"但是品特和平时相比，更接近于对这部完成了的作品提供解释：

> 我们一致认为：统治集团、组织、专制者、社会和宗教的恶魔们会对组织中那些放弃了对自己和他人的责任（又是这个词）的成员进行责难和改变。（顺便问一句，你对自杀行为有什么样的看法？）然而，为了我的钱，他确实有一种骨气——他为生活而战。这种战斗持续不了太久。他的核心是一个妄想的泥潭，他的头脑是一个脆弱的保险丝盒，他在他们的指控的重压下崩溃了——这种指控是由几个世纪以来"传统"的肮脏的束缚所构成的。

这正好让我们发现了问题的核心。这不仅仅是一部有关一位可怜的受害者被洗脑后融入社会的戏剧。这是一部关于需要以最大的活力来抵制死气沉沉的思想和过去传统的束缚的戏剧。如果你仔细阅读这部戏剧，你就会注意到品特是如何强化那个住在伊斯特本的寓所中"无处可去"的男人的原始形象的。品特笔下的斯坦利·韦伯——顺便提一句，这很明显是一个犹太名字——是一个通过幻想、虚张声势、暴力和自己的权力游戏来支撑自己不稳定的自我意识的人。他一开始对待梅格是粗暴的、戏弄的和挑逗的——如果说她内心住着伊俄卡斯忒，那他就是俄狄浦斯的一个放荡不羁的化身。但是，一旦她揭开命中注定的、会使心绪改变的真相——"我要去给两位绅士买点东西回来"——他就会面临被逼到角落的动物一样的危险境遇。他通过吹嘘一次欧洲的巡回演奏会来感染那位放荡的女性。他以陌生男人们将用一辆汽车来绑架梅格的故事来恐吓她，从而将自己的恐惧投射到她身上。当他第一次独自碰到麦卡恩的时候，他试图通过回忆一段他们共同的过去（梅登黑德、富勒茶馆、布茨图书馆）并借用爱国主义（"我非常熟悉爱尔兰。我有许多朋友在那儿。我喜欢那个国家，我欣赏和信任那儿的人……我认为他们的警察非常好"）将麦卡恩争取过来。审讯刚开始的时候，他拒绝服从戈德伯格让他坐下的命令，但是结束的时候他踢了戈德伯格的肚子。而且，在派对陷入恐慌的时候，他还试图勒死梅格，强暴露露。这些几乎都不是一个苟安的受害者该有的行为。尽管斯坦利最终被带走的时候脸刮得很干净，穿着西装，带着白色领圈，表面上看起来被驯服了，但是他的反抗精神最终也永远不会被镇压。当他被问及如何看待在一个完整的外部世界中能够"成为某人或者崩溃"的前途时，他不再四肢无力地沉默着，而是发出了最令人恐惧的喊声：

（斯坦利集中注意力，他张开嘴，企图说话，但是没有成功，话噎在嗓子里。）

斯坦利：呜一嘎……呜一嘎……咦一啊一嘎……（喘气）咔……咔……

（他们注视着他。他长长地吸了一口气，身体为之颤抖。他集中注意力。）

戈德伯格：好了，斯坦利小伙子，你怎么看，嗯？

（他们注视他。他集中注意力。他的头往下低，下巴碰到胸前，他蜷缩着。）

斯坦利：呜一嘎……呜一嘎嘎……

你可能会说，为了社会和政治的一致性，这个戴着破碎的眼镜、舌头残缺不全甚至被完全扯掉的男人被剥夺了观看和说话的权利。我怀疑品特所表现出的是人类精神中有一种抵制完全服从的勇气。

在某种程度上，这是一个天生的反抗者写的一部关于积极反抗的戏剧——品特1988年在与梅尔·加索进行的一次公开交流中确认过这一点。谈到他自己拒绝过彼得·伍德对他解释清楚该剧的信息的要求后，品特继续说：

咱们私下说，这部戏剧表现了狗杂种们……宗教势力是如何毁了我们的生活。但是谁会在戏剧中这么说呢？那是不可能的。我对彼得·伍德说，他是否想要皮蒂，那位老男人，像合唱团一样去表演？皮蒂说的所有话都是我写过的最重要的台词之一。当斯坦利被带走的时候，皮蒂说："斯坦利，别让他们告诉你做什么。"我他妈一辈子都在按照这句话生活。现在更是如此。

这部戏剧的自传意义已经再清楚不过了：品特认同斯坦利和皮蒂对戈德伯格和麦卡恩所代表的犹太教和天主教进行的积极和消极抵抗。品特知道他正在谈论什么——他自己在13岁时放弃了犹太信仰；在爱尔兰，他遭遇了天主教严格的道德规制，部分原因是他与波琳·弗拉纳根经常发生令人沮丧的性关系。从某种意义上说，戈德伯格和麦卡恩决定性地代表了两大专制的西方宗教。在审讯这一场景中，问题从来就不是随意提出的。戈德伯格攻击斯坦利背弃了妻子、母亲和祖先（"韦伯！你为什么改了名字？"）。事实上，他反复强调最后一点："你罪行累累。""你承认有这么一种外力，它对你负责，为你受难吗？""你最后一次祈祷是什么时候？""你最后一次祈祷是什么时候？"同时，麦卡恩指责斯坦利是天主教道德和爱尔兰民族主义的背叛者："爱尔兰怎么样？""你不配穿这身衣服。""什么是阿尔比派异端？""谁是神圣的奥列弗·普伦基特？"品特下意识地将正统宗教给他自己造成的精神压力倾注到那个场景的创作中。

然而，让《生日晚会》具有政治和哲学复杂性的是对戈德伯格和麦卡恩他们自己就是受害者的感知。他们代表的不仅是西方最专制的宗教，还是两种受迫害最深重的种族。随着戏剧的推进，这两个角色之间的关系逐渐土崩瓦解，使本剧的高潮比人们通常所认为的更加模棱两可。戈德伯格，最开始传递的是虚情假意的温暖和犹太传统的力量，但是最终被揭露出是一个意志薄弱而受组织统治的人："循规蹈矩。循规蹈矩，麦卡恩，你就不会走错路。"这个一开始为了减轻同伴的紧张感说"秘密在于呼吸。接受我的忠告"的男人被迫依赖他同伴的呼吸而得以继续。那个承诺完成这个任务"对于你或是我，都没有过分的压力"的男人被证明是大错特错的。一开始表现出哲学确定性的戈德伯格没能完整地表达出他最终的想法：

> 你会发现——我说的都是真话。
> 因为我相信那种活法……（茫然。）……
> 因为我相信那种活法……（绝望。）……
> 因为我相信那种活法……（失落。）……

之所以说麦卡恩的崩溃没有那么特殊，是因为他从一开始就表现出紧张恐惧和一种不稳定的稳定性，这种不稳定的稳定性表现为他因为极度恐惧而将一张报纸均匀地撕成五条。但是最后，经过在卧室对难以制服的斯坦利进行镇压的一晚之后，精神错乱的麦卡恩也成了一个崩溃者，他冷冷地说："我不想再上去了。"萨姆·曼德斯于1994年在英国国家剧院导演这部戏剧时，他才华横溢地展现了戈德伯格和麦卡恩因受到表面上无用的皮蒂带给他们的威胁而惊恐万分、汗流浃背。《生日晚会》不仅仅是一部关于一个好斗的隐居者的意志被两个权威人物摧毁的戏剧，它是一部更为复杂的作品，讲述的是一位肆无忌惮的反叛者对坚持正统和传统实际上所存在的不安全感——这是品特在20世纪80年代更为公开的政治剧中追求的一个主题。

通过戈德伯格这个角色，品特也显示了他自己对于整个犹太人身份问题的复杂态度，揭露了他对过去盲目的、不假思索的屈从的动摇。戈德伯格所描绘的叔叔对其抚慰人心的爱本质上是空洞的，他对麦卡恩宣扬的那种对先辈的"尊敬"表明了祖先崇拜可以达到何等痴狂的程度。尽管品特是讽刺犹太传统的，但是他也把戈德伯格刻画成了一个被吓坏了的，甚至被围困的人。从某种意义上说，这是品特自身矛盾心理的一个反映。他排斥犹太传统，与他身为犹太复国主义者的父亲就当时以色列的政策展开争论，然而同时，他也一直深深地意识到——他怎么可能成为别的什么人呢？——犹太人的苦难史。《生日晚会》创作期间的一个故事很好地说明了这一点。品特匆匆走进了斯隆广场地铁站旁边的一个酒吧，打算安静地喝上一杯。酒吧里一位衣着考究的男士突然对他旁边的人说："希特勒做得还不够狠。这就是问题所在。"品特点了半品脱酒，与其他人争论希特勒应该做什么。

"在我有机会做出任何总结之前，另外一个男人，那位衣着考究的男士的谈话对象说：'这真是废话连篇。'因此我不由自主地说：'是的，全是胡说八道。'我非常、非常清晰地记得这些话。20世纪50年代，在斯隆广场地铁站酒吧里的那些画面从未离开过我。这个人转向我，说道：'我猜你自己就是一个肮脏的犹太人。'因此我说：'你知道，你真不应该对我或任何其他人说那样的话。你别再这么说了。'他说：'不，回答我的问题。'我说：'再说一次。'他说：'你希望我再说一次吗？'他又说了一次：'你是个肮脏的犹太人。'因此我揍了他。我记得那一瞬间，他脸色煞白。他后退倒在吧台上，然后血就从他的脸颊上渗出来了。他也打了我，因此我开始躲避。我突然冲向了他，场面真的很难看。事实上，最后我被拉离了他。然后警察就来了，我们都被带到了站长的办公室，那个男人说他受到了攻击。另外一个男人说我受到了侮辱。警官让前一个男人回家并说：'你到处传播那种言论，你肯定是会遇到麻烦的。'然后那个男人来到我身边问：'你是犹太人吗？'我说：'是的。'他说：'好吧，我能理解你为什么要打我了，但是你为什么要打这么狠呢？'……我之所以这么狠地揍他是因为他不仅侮辱了我，也侮辱了很多其他人。他侮辱了那些已经死去的人，那些遭受苦难的人。在我进入那家酒吧的时候，我没想到会发生这样的事情，但是事情确实发生了，我对他的愤怒来自我生命的某一部分，我没有有意识地去分析或思考过这一点。"

这个故事在很多方面与《生日晚会》息息相关。它表明在20世纪50年代反犹运动仍然非常普遍。他表现了品特本人是如何本能地抵抗任何形式的压迫。但最重要的是，它展现了品特如何能够将他个人对犹太人苦难的确认与他对犹太传统的公开批判分离开来。他排斥戈德伯格所代表的一切；然而，由于这个角色最终成了自己的信仰的囚徒，并充满了不安全感，品特还是充满同情地刻画了他。事实上，《生日晚会》中最令人震惊的，就是戈德伯格的多维度性：他既是恶棍，也是受害者；他象征着响彻整个20世纪欧洲历史的敲门声，也是所有种族群体中受迫害最严重的种族中的一员。他还表达了品特对于传承犹太传统的复杂态度，并且展示了剧作家是如何同时既喜爱又厌恶一个角色的。

《生日晚会》既是一部民粹主义惊悚片，又是一部关于迫切的反抗需求的深刻的政治戏剧。但是，从另外一个较少被注意到的层面来看，它是一部关于过去的时光的私人的、令人着迷的戏剧；是一部关于某个消失的世界的戏剧，这个世界要么是真实的，要么是理想化的，剧中除了一个角色之外，其他角色都可以从其中轻易地逃离。我怀疑这是品特在有意为之，而引人注目的是，他是如何几乎在每一次采访中都能抓住他自己生活中的某些具有借鉴意义的瞬间的。同样值得注意的一点是，他个人经历的方方面面是如何充盈于剧中人物的回忆之中的。从一开始，品特戏剧的决定性品质与其说是恐惧和威胁——尽管毋庸置疑，它们是存在的——不如说是对失落的伊甸园的向往，是对不确定的、乌烟瘴气的现实的逃避。

对于斯坦利而言，他的黄金时期显然就是他在下埃德蒙顿举行音乐会的时候：这是品特在下意识地映射他自己在文法学校的运动场上取得胜利的辉煌时刻。戈德伯格几乎所有的话语都充满了对田园牧歌似的"黄金时期"的回忆，这也不可思议地与品特自己的经历相呼应："当我还是小伙子的时候，我常常在星期五和一个姑娘沿着水渠散步，她住在我家路那头。一个美丽的女孩。她的声音是多么美妙啊！我用名誉担保，就像夜莺一样。美好？纯洁？她就是一个美德的化身。不管怎样，我想在她的脸颊上轻轻地吻一下——我从来没有冒昧过——我们那个年代的人不像现在的年轻人。我们知道尊重的意义。因此，我只是想给她一个轻吻，然后赶快回家。"戈德伯格的话语也许充满了虚假的情绪，但是也让品特回忆起了水渠边那次失败的求爱，以及他和同伴们是如何在哈克尼的街道上"转悠"的。

对品特而言，回忆既是私人的，也是容易感染他人的。生日晚会上最奇怪的组合就是孩子气的梅格和残忍的麦卡恩坐在一起喝酒。当梅格隐退到一个关于幸福家庭的封闭的想象世界中时，他被笼罩在凯尔特人的迷雾中，这意味着爱尔兰共和军帮派的男性团结。

> 麦卡恩：我知道一个地方。罗斯克雷。诺兰大妈酒吧。
> 梅格：我小的时候，我房间里有一盏夜灯。
> 麦卡恩：有一回，我和伙伴们在那里待了一夜。通宵达旦地唱歌喝酒。
> 梅格：我的保姆总是和我坐在一起，给我唱歌。
> 麦卡恩：早晨还有一盘油炸糕点。现在我在哪儿呢？

罗斯克雷对品特本人有着非常强烈的情感意义。品特后来向我透露，在跟着麦克马斯特进行巡回演出的时候，他就是在那里的一间酒吧里与公司一位叫乔·诺兰的业务经理进行了一次奇异的会面——这一插曲在《温室》中有所反映。但是在《生日晚会》中，当麦卡恩在全力歌唱"哦，伊甸园已经消失不见，他们说，但我仍然知道它在哪里"时，品特对于罗斯克雷的记忆就已经融入了麦卡恩的爱尔兰浪漫主义之中。麦卡恩对爱尔兰的那首赞歌也激发了风流的邻居露露的回忆。她对戈德

第四章 早期的演出生活

伯格说："你绝对是我最爱的人的形象。"值得注意的是，这部戏剧中从来不回忆的角色只有皮蒂——他是一个清醒的旁观者，他独自试图在斯坦利有需求的时候施以援手。但是，品特在哈克尼度过的青春时光构成了他的黄金时期，对这段时光的记忆永远伴随着他，因此他非常理解我们是如何使用真实或浪漫化的过去，来给不稳定的现在提供一种支持的。这是他一贯的主题，这个主题赋予了戏剧紧凑感和神韵，没了它，戏剧仅是一种呼声，要求挑战沾满狗屎的传统的束缚。品特戏剧中的过去，既是一种历史的诅咒，也是一种情感的慰藉。

出于对这部戏剧的强烈信念，迈克尔·格德伦于1958年4月对这部戏剧进行了排练。5月份在哈默史密斯的抒情剧院上演之前，这部剧在剑桥、伍尔弗汉普顿和牛津进行了一次短期的巡回表演。但是，从品特3月份写信给彼得·伍德拒绝对斯坦利的动机进行说明的事件来看，很明显，从一开始作家和导演就不意气相投。"从气质上来看，"格德伦说，"哈罗德和彼得完全不一样。彼得有着学者型的傲慢态度。哈罗德会勤奋地记笔记，彼得就会这样说，'这是已出版版本的序言，对吗？'这让还没有出版作品并且身为勤奋型演员的品特非常气馁。他们两人之间存在着那种冷淡。尽管我们有相当强大的演员阵容，包括理查德·皮尔逊、比亚特丽克斯·莱曼和约翰·斯拉特。我们在剑桥演出了，但这又让他们之间的关系变得困难了。因为彼得旧地重游，回去拜访了达迪耶·赖兰兹和约翰·巴顿等所有的朋友们，他们针对这部戏剧发表了自己的见解并且疏远了哈罗德，我猜测。"

尽管如此，我们有充分的理由认为，他们可能会成为赢家。在艺术剧院进行了第一个晚上的表演之后，《剑桥每日新闻》报道："昨天的首次公演受到了热烈欢迎，这表明观众们非常欣赏这次冒险，尽管他们对其困惑不解。"观看了这次演出的剑桥大学本科生，包括班巴·盖斯科恩、约翰·泰德曼（之后他成为英国广播公司广播剧的负责人）和约翰·德拉蒙德（之后他成为第三电台的主管和逍遥音乐节的总监），他们都立即就识别出了英国戏剧中这一重要的新声音。对他们所有人而言，这部戏剧就像奥斯本的《愤怒的回顾》一样具有里程碑意义。在伍尔弗汉普顿大学——虽然有一位老派的剧场经理以约翰·斯拉特的名义观看了这部戏剧，认为这部剧是一部嬉闹的喜剧——观众的反应同样非常热烈。当时《快星报》的戏剧评论家肖恩·戴-刘易斯称这部戏剧为"这是大剧院好多个月以来带给我们的最引人入胜的经历"。在巡回演出的第三个星期，牛津的评论家就直奔主题。在《牛津邮报》上，戈德伯格和麦卡恩被比作海明威《杀人者》中的恶棍和艾略特《鸡尾酒会》中的保护者。《牛津时报》也同时评论说："它精彩、令人困惑、怪诞——简直充满了卡夫卡式的幽默。"

这几乎是品特获得的最敏锐的关注和最积极响应的观众了。当这部戏剧于5月19日在哈默史密斯的抒情剧院上演的时候，包括很多哈克尼的老朋友在内的观众都认为有充分乐观的理由；但是第二天早上，当品特打开报纸的时候，迎接他的却是一片不理解的哀号，这是20世纪50年代伦敦一夜成名的评论家们根据传统为这位天才的到来准备的沉重一击。《曼彻斯特卫报》上隐秘地署名为"M. W. W."的人在总结了情节之后，评论说："所有的意思只有品特本人知道，因为他的戏剧人物们说话毫无逻辑、莫名其妙，像疯子般地胡言乱语。"《每日电讯报》的W. A. 达林顿报道说，其中一个人物就是一个沮丧的躺椅服务员，还体贴地补充："好吧，我可以给他一句鼓励的话。他可能是个戏剧评论家，注定要坐着看完这样的戏剧。"在《财经时报》里，德里克·格兰杰——后来成为一位成功的电视制片人——疲倦地评价："哈罗德·品特的第一部戏剧源于贝克特和尤内斯库的随意疯狂的一派，在该流派繁荣之前，人们不得不在令人目瞪口呆的沮丧中经历恐惧。"在《标准晚报》的一个副标题下面写着"对不起，品特先生，你就是不够有趣"。困惑不解的弥尔顿·舒尔曼指出："这两个陌生人是谁，蒙蒂是谁，他们要去哪里，这些问题大概只有品特先生清楚地了解，但是他当然不会将此泄露给我。"

这些新闻不仅仅是糟糕的，它们简直就是灾难性的。在长达48小时的时间里，品特陷入了一种深深的沮丧之中，直到费雯很实际地指出，他之前当演员时也获得过极坏的评价。但是，剧院中的一切都变得非常阴沉。第一晚之后的早晨，和皇家剧院的布莱顿一起经营着抒情剧院的J. 巴克斯特·萨莫维尔对迈克尔·格德伦和他的拍档大卫·霍尔说："看看这些评论！你们现在深深地陷在了困境中，我已经在等着这部传说中的恐怖戏剧来我的剧院进行表演了。"他帮助两位年轻的制片人摆脱了困境，否则他们必须支付整整一个月的开销和工资。他同意他们的看法，这部戏剧要在周六晚上进行表演——迈克尔·格德伦至今都为这个决定深感后悔。"我真的犯了个大错，"他说，"原因就是哈罗德·霍布森已经表明了他对品特作品的支持，但是第一晚的公演他又没来，这就是他反复无常的标志。如果他来了的话，作为霍布森和伦敦西区的经理们之间的桥梁的经纪人佩吉·拉姆塞就会给他打电话，询问他的想法。事实上，哈罗德来观看了周四的日场演出，其余的都成了历史。"

在随后的安息日那天，霍布森在《星期日泰晤士报》上给出了现代批评中最富诗意的赞美之一。事实上，他的评论是极其敏锐的，它忽视了该剧的政治共鸣，抓住了其对难以捉摸的詹姆斯式恐怖的掌控，从而为之后的大多数品特评论设定了一个基调。

第四章　早期的演出生活

　　它在空气中呼吸着。没人能看见它，但是每次打开门它都会进入房间。你的过去中存在一些能够牢牢掌控你的东西——是什么东西不重要——就算你逃到世界的尽头，躲在最不起眼的小镇上最隐蔽的房子中，某一天仍有可能会出现两个人，他们在找你，而你无法逃脱。也会有人在找他们。到处都是恐惧。

　　在那个决定命运的周四的日场演出中，霍布森也像品特一样抓住了处处都有的恐惧。品特自己也突然决定进去，看看事情进展得怎么样。"我迟到了几分钟，"品特回忆道，"幕布已经升起来了。我顺着楼梯跑向嘉宾席。一位女引座员拦下了我。'您要去哪儿？'她问。'去嘉宾席，'我说，'我是作者。'在我的回忆中，她的眼睛模糊了。'噢，您就是作者吗？'她说，'噢，可怜的人。是这样的，嘉宾席已经关了，但是您为什么不进去呢，进去坐下来，亲爱的，如果您想的话，就去吧。'我走进了空空如也的嘉宾席，向下看了看那些长座椅。只有六个人在观看表演，我不得不说，这场表演好像没能擦出太多火花。我现在还保留着那周售票处的存根。周四的日场演出总共进账了两英镑六先令。"

　　为什么《生日晚会》会得到如此毁灭性的评论？是因为戏剧本身，制作，还是评论家们与生俱来的缺乏远见？事后看来，我怀疑问题出在大多数伦敦评论家身上，除了直觉敏锐的霍布森，他们仍然生活在这样一个世界里——期望戏剧能够为明确的问题提供理性的解决方案。当1956年5月，《愤怒的回顾》在皇家宫廷剧院的演出取得了巨大的突破之后，我们天真地以为英国戏剧界在一夜之间发生了改变，对新理念和新形式态度开放。事实上，如果你查看一下1958年早期的戏单，你就会发现伦敦西区中占主导地位的仍然是特伦斯·拉提根、埃姆林·威廉姆斯和N.C.亨特创作的音乐剧、喜剧、滑稽剧和其他非常传统的戏剧，这些戏剧依赖于巧妙解决的情况。任何试图打破这种模式的戏剧都会被仪式性地扼杀，比如2月份在皇家宫廷剧院上演的安·杰利科的无政府主义戏剧《我的疯狂母亲的运动》。那时的评论家们表现得就像是在一个日益非理性的世界中维护理性的最后堡垒。《泰晤士报》称品特的作品是"令人困惑的超现实主义"，德里克·格兰杰评论说是"疯狂的、令人厌烦的、不合逻辑的喋喋不休"，然而，《生日晚会》发生在一栋真实的寄宿公寓中，在演出中唯一的"疯狂"就是那个男人积极抵制传统社会紧身衣般的束缚、限制。

　　然而，制片本身可能就发出了错误的信号。不带一丝愤怒地回顾这件事，品特现在承认，这部戏剧给导演制造了各种各样的问题。他说："这是这部戏剧第一次被搬上舞台。它与其他戏剧不太一样。它与贝克特的戏剧当然不同。这出戏把看似自然主义的谈话与高度程式化的结构混在一起。我想问题在于，彼得使用了怪诞的风格和哑剧的形式。舞台的背景（由哈金森·司各特设计）完全就是一场灾难。这是一个在任何人的脑海里或房屋中都绝不会存在的巨大音乐厅。我知道这个舞台背景不对，当我对此提出质疑时，彼得说：'南海岸边一路都是这样的音乐厅。'我问：'是吗？'我绝对从来没有看到过一个。我受到了极大的讽刺！不论怎样，这部戏剧自然主义的基调——这是极其重要的一点——也没有表现出来，因此观众会觉得进入了某种无人之境或在观看神话故事。"

品特对于演出的评论是非常实际并且具有启迪作用的。他认为《生日晚会》是这样的一部作品，其巨大的隐含意义来源于被观察的现实；或者，就像欧文·沃德尔曾经做出的出色评价：一间平庸的客厅对现代历史的恐惧打开大门，但是这种现实和高度想象的融合在1958年还很难被把握，那时人们倾向于通过社会准确性或荒谬的创造性来评判戏剧。品特的戏剧——具有政治共鸣的惊悚剧——简直无法归类，在某种程度上，他也为此付出了代价。但是回顾过去，《生日晚会》这出戏彻底失败的事实可能并不像它最初出现时那么糟糕。这一过激的反应让这部戏剧轰动一时，受到了激烈的批评抵制，也强化了品特自己的反抗精神。这部戏剧上演两天之后，事实上，也就是在5月21日，他将那部受英国广播公司委托创作的广播剧修改后的副本寄给了在广播大楼工作的唐纳德·麦克维尼。无可否认，这封信以一个苍白的、反省式的评论作为结尾："您知道，这部戏剧是一次惨败。还有什么呢？那些云，它们形态各异。还有各种各样的鸟儿。它们飞来，栖息在窗沿上，索要食物。这一幕非常动人。"但是，说完品特自己将离开小镇几个星期后，这封信剩下的部分充满了对改写剧本的关心以及要保持联系的承诺。这是一封给仍然对未来充满信仰的人写的信。斯坦利·韦伯可能已经痛苦地被迫"适应"并"融入"了传统社会，但是哈罗德·品特绝不会让他们告诉自己该怎么做。

第五章　等待中的剧作家

　　显然，人们对品特第一部主要戏剧的扫兴评论令他感到震惊。然而，他不会因此被击倒。在《生日晚会》失败后不久，他便给女演员苏珊·恩格尔寄了一张明信片，上面挑衅般地写道："我还没完蛋呢！"从他的处女作首次上演到他下一部三幕剧《看门人》初次公演的这两年时间里，他在创作上非常活跃，也越来越被认为是一位前途无量的作家。品特经常一贫如洗，但是在1958年5月到1960年4月间，他却做了许多事情。他的创作事业被极具影响力的激进戏剧杂志《安可》接受，该杂志认为他饱受当权派批判的折磨。《生日晚会》很快便恢复演出了。《送菜升降机》也在德国进行了首演。品特写了一部新的政治戏剧《温室》，并将创作技能运用于广播和电视创作，成了为柯登创作滑稽短剧的作家。他也继续作为大卫·巴伦进行演出。曾和他一起于1958年9月出现在里士满剧院的戏剧《其他事项》中的艾兰·柯蒂斯回忆道："他是一个一丝不苟的专业演员，在舞台表演方面很有权威。看看他在那部作品中的照片，你会看到一个轮廓分明、有着坚定有力的下巴的人物。但是剧团里的演员们都非常尊敬他，因为他确实写了一部戏剧。他已经秘密地做了我们大多数人希望自己能做的事情。"

　　品特在这一时期的创作表现了他在对形式进行实验的同时追求自己的个人视野。他在不同的媒体工作，但总是有完整统一的目的；他常常会探讨墨守成规的社会主张和拒绝妥协的个人需求之间的冲突关系。从某种意义上说，这就是约翰·奥斯本在20世纪50年代末的英国戏剧中创造的模式——体现在吉米·波特和阿奇·赖斯身上的与资产阶级传统格格不入的异类英雄。阿诺德·威斯克创作了一部著名的三部曲——现在人们记住它主要是因为《根》——戏剧的悲观结论是，在一个对人类手足情怀充满着不可逆转的敌意的世界里，个人理想主义常常被浪费掉。但是对于这一点，奥斯本是拜伦式的浪漫主义者，威斯克是幻想破灭的社会主义者，而品特从怀疑质问的角度进行了写作。他是一个天生的局外人，什么都不相信；他拒绝以黑白分明的方式看待生活，即认为社会自然而然是邪恶的，而孤独公民在本质上都是英雄。这是他 1960 年在接受英国广播公司世界服务采访时强调的一点："在当代戏剧中，我们经常会看到一个邪恶的社会和英勇的个人。很多人都这样来评判《生日晚会》。但并非如此。这两种事物——人与社会的关系——两者都存在，并相互成就。没有个人，社会就不会存在，两者相互依存，不存在英雄和恶棍的区别。"显然，品特渴望的是一种将个人的自由和允许任何社会运作的人性化的结构相结合的方式。

从一开始，品特就打破了我们人为划分的"个人"和"政治"戏剧的界限。因为他早期创作的人物大多住在禁闭的房间里，而且品特本人最初也并没有参加集会、政治事业和抗议游行，人们便错误地认为他对政治毫不关心。但是《房间》和《生日晚会》的主题显然是关于个人需求和社会整合的压力之间的紧张关系。而且，随着品特事业的发展，他越来越多地将私人生活视为充满入侵、撤退、征服和欺骗的权力政治形式。相反，当他后来公然涉及国家机器时，他用个人权力和无能为力来描述它。简单来说，婚姻对于品特而言就是一种高度政治化的状态，就像施虐者和受害者之间常常会获得某种程度的婚姻亲密关系一样。埃瑞克·本特利在一篇经典的文章中指出，许多被人们宽泛地打上"政治"标签的戏剧最好被称为"社会戏剧"。本特利写道："将'政治'一词限定在涉及权力结构问题的作品中更加明智。"而政治恰恰贯穿了品特的全部作品。

这种个人性与政治性天衣无缝的融合明显地体现在品特早期的一部戏剧作品《送菜升降机》中。此剧由品特在 1957 年创作，但是直到 1959 年才在法兰克福首演。戏剧简短、凄凉、有趣，情节涉及两个杀手班和格斯，他们在位于伯明翰的地下室中等待着按照合同去杀人。双关的标题蕴含了好几层意义。显然，它是指给这两个吵吵闹闹的持枪歹徒送来越来越多奇怪的食物订单的老式升降机；但是，它也可以用来指代格斯，他为任务的性质所困扰，没有意识到他就是被选中的目标；或者实际上它还能用来指代班，他对更高级别的权威的完全服从迫使他要除掉工作伙伴，从而暴露了他自身的脆弱。这就是品特创作的特点：其戏剧有一种隐喻性的开放性。你可以将它理解为一部荒诞派喜剧——类似于在伯明翰上演的《等待戈多》——讲述了两个男人在一个毫无意义和目的的宇宙中消磨时光。你也可以把它看作对将人当作玩物的古怪且残忍的上帝的抗议——甚至那十二根被神秘地推到门下的火柴也被赋予了宗教意义。但是如果把它看作一部关于权力动态和伙伴关系本质的戏剧，它就更具意义了。班和格斯都是某些看不见的权威的受害者，也是夫妻争吵、考验、谈论往事和追忆旧时光的替代物。值得注意的是，品特在哈克尼的一位老朋友 B. J. 劳尔很快就明白了《生日晚会》和《送菜升降机》的重要性。他给品特写信，将它们解释为关于权力和迫害的政治戏剧。劳尔记得，品特立即给他回了信，说他的评论是正确的。

《送菜升降机》的有趣之处在于，品特通过音乐厅的滑稽对白和都市惊悚片的不连贯的节奏，传达了政治恐怖的理念：哈克尼帝国与海明威的《杀人者》交相辉映。他还微妙地暗示我们正在观看一种即将破裂的关系。班表达了对日益升级的公共暴力的厌恶，同时喜欢木制品和模型船。然而，这样一个资产阶级好公民却是一个契约杀手；格斯总是抱怨卫生间的水箱、没有窗户的房间、脏兮兮的床单，他唠叨不休，紧张兮兮，不停盘问。品特也传达出一种隐隐的不安。首先，戏剧显示那天早上，班突然莫名其妙地将车停在了马路中间。接着当班拒绝了格斯提出的第二天去看足球赛的建议时（如果他们还在伯明翰就去看维拉队，如果他们回到伦敦就去看马刺队），他的回答不仅令人不安，而且不合逻辑，因为他说"他们都在外地比赛"。最令人震惊的是突然出现了一个装着十二根火柴的信封，信封被塞在门下面。用宗教对其进行解释似乎有些牵强。这告诉我们，既然我们已经知道格斯自己的火柴盒是空的，那么这两个杀手显然正在被严密地监视着，不论这两人在房间的什么位置，总有一个看不见的第三方存在。这是一个具有明显政治隐喻的点，但是它也同样适用于品特后期戏剧的性背叛。

然而品特通过使用语义上的吹毛求疵加剧了这种不安，这是音乐厅喜剧的一个标准部分。所有伟大的舞台剧和电影中的双重角色——杰威尔和沃瑞斯、阿伯特和科斯特洛——都陷入了一种言语上的烦恼，在这种烦恼中，恃强凌弱的"男性"配角发出指令，而这些指令受到了更注重文字感受的"女性"搭档的质疑。有一次，班让格斯去把水壶点上。

格斯：点什么？
班：水壶。
格斯：你是说煤气。
班：谁说的。
格斯：你说的。
班（眯起眼睛）：你说什么，我说的是煤气？
格斯：嗯，你就是这个意思，对不对？煤气。

班（有力地）：要是我说了去点水壶，我的意思就是去点水壶。

格斯：水壶怎么点呢？

班：那是一种修辞手法！点水壶。那是一种修辞手法！

这种滑稽的卖弄学问正好与西德·菲尔德的出色表演相呼应——讽刺的是他是伯明翰的一位喜剧演员——他有一个著名的短剧，他在其中扮演了一个绿党的新手，当他被杰里·德斯蒙德的职业高尔夫球手威吓时，他会恼怒地喊道："当我说'慢退'时，我指的不是'慢慢地回来'，而是'慢退'。"在另一个时刻，恃强凌弱的职业高尔夫球手会告诉倒霉的西德躲在球后面，西德会徒劳无功地抗议："但是球在后面。"但是，在音乐厅上演的短剧中，这种语义上的补充是有其理由的，在品特的作品中，它成为权力结构的重要组成部分。在这里，当格斯固执地坚持说"点水壶"时，他突然发现恼怒的班竟然采用了正确的用法。

戏剧中的一切都在为一个必然的结局铺路：正如《侏儒》中的皮特所说的那样，这个形象与这个想法是完全一致的。送菜升降机发出越来越不可能完成的命令，这不但在视觉上很滑稽，也是一种操纵性权威的隐喻。对于通话管发出的指令，格斯越来越多地质疑，而班则认真地服从。这是一种古老的双簧表演手法，一方照搬指令，而另一方却微妙地误解该指令。即使是这样的手法，也表现出险恶的一面。他们两人一致认为受害者会进来。他会把门关上。格斯会藏在门后。受害者会看到班。他不会看到格斯。

班：他不知道你在那儿。

格斯：他不知道你在那儿。

班：他不知道你在那儿。

格斯：他不知道我在那儿。

班：我拿出我的枪。

格斯：你拿出你的枪。

这可能是杰威尔和沃瑞斯在《丛林里的宝贝》中按照常规扮演强盗，只不过品特让班省略了指示格斯掏出他的枪的那句台词，使这种对话式的交流显得模棱两可。当格斯从舞台右侧的门进去时，这种意义就显现出来——右侧的门是为预定的受害者标出来的——他的枪和枪套被剥了下来，显然他就是班的刺杀目标。

这是一部近乎完美的戏剧，讲述了伙伴关系崩溃时人的暴躁，以及权威者分而治之的策略。格斯是一个质疑既定体系的人，最终为寻求意义所摧毁。班是那种盲目服从命令，从而将自己置于危险境地的人。（如果该体系可以任意处置他的伙伴，那么为什么不能处置他呢？）这与荒诞主义的死胡同相去甚远，因为荒诞主义假定我们生活在一个无法解释的宇宙中。但是它不仅仅是一个充满悬念的诙谐戏剧。品特已经抛弃了犹太人的信仰，他拒绝服兵役并且公然反抗军事当局。他正在写一部具有强烈政治色彩的戏剧，讲述的是在反抗者与循规蹈矩者的较量中，一个等级社会如何使两者都处于自己的支配之下。同时，这还是一部关于背叛的破坏性的非常个人化的戏剧。

在回顾《送菜升降机》和《生日晚会》等早期戏剧时，品特现在说："他们正在表达一些可以被称为'政治'的事情。"与此同时，他已经——而且仍然一直——敏锐地意识到尘世的幸福是多么的脆弱，从婴儿时期开始就萦绕在我们心头的恐惧是多么的可怕。1958年夏天，品特从他的第一部失败之作中恢复过来，在英国广播公司的委托下写了一部剧作——这部剧作从最初的《共同之处》逐渐演变成了《微痛》——并且努力养活他的妻子和六个月大的宝宝丹尼尔。当时他们住在奇斯威克大道上的一间小公寓里，经济贫困，生活困难。但是品特在1993年"都柏林国际作家节"的一次公开采访中告诉我一个故事，这个故事既与那个时代有关，也展现了他意识到的生活不稳定性。我曾经说过，品特所有的戏剧都有一个共同的元素，就是对过去的记忆，或者说是对安全的过去的渴望，即使那只不过是一个虚构的梦。

品特：你的意思是，我的作品是对安全的过去进行的一种回忆或反映吗？你知道普鲁斯特说过什么吗？

比灵顿：普鲁斯特说过什么？

品特：他说，"真正的天堂是我们失去的天堂"。我觉得这句话含义颇深。

比灵顿：你同意这种说法吗？

品特：我并不完全赞同这种说法。事实上，我们现在肯定不在天堂。没有人能把我们的生活状态描述为天堂，因此如果有天堂，那也是以前的事情了，或者存在于另一种联想中、另一种土壤里、另一片领土上。我想，在某种程度上，天堂就是童年，但我相当怀疑这也不是事实。因为童年无疑充满了极度的恐惧和焦虑……人是无法忘记这一点的，真的。我准确地记得当我……这是真实的故事……我有一个儿子，丹尼尔，他现在已经长大成人。当他非常非常小的时候，我有一天晚上醒来……这是35年前的事了，但是我无法忘怀……我发现自己在流泪。我的第一任妻子费雯问我："你到底是怎么了？"丹尼尔，当时才大约六个月大，睡在房间的一张小床上。我不知道发生了什么事，也不知道如何解释。但是半小时后我意识到发生了什么，那就是我无法忍受丹尼尔将要面对的生活。我知道他在这里玩得很开心，在这一刻安静地睡着了……他其实是一个非常热情的孩子，我当时就知道这一点，但是我实际上还是向前看，心想："天呐，这个婴儿将要面临什么啊？"

这是一种非常感人且亲密的坦白。丹尼尔在牛津大学表现出杰出的学术才能，并且很早就有了做诗人的天赋，之后他的日子却过得很艰难。这一事实使人们对他的了解更加深刻。他现在在剑桥郡的乡下过着隐居的生活，靠他父亲的支持度日，但实际上与父亲很疏离——这个事实有助于阐释《月光》。但是品特从这个故事中得出的结论是，我们生活中的许多幸福时刻都需要通过意识到我们周围世界存在的痛苦和苦难来进行平衡。正如品特继续说的那样，"保护和维持平衡"是困难的，而且他对这样做的人持怀疑态度："他们有一种我无法理解的温和。也许是对于某些事态的顺从，我个人认为这是无限痛苦的，而且在某种程度上，是无法忍受的。"

品特说话的时候，既是一个愤怒的公民，对我们对于全球残酷行为的漠不关心感到愤怒，也是一个忧心忡忡的父亲，他回忆起自己对儿子未来、现在和过去的担忧，甚至在他说话的时候，政治的和个人的似乎都融合在一起了。这对任何想要理解品特的人来说都至关重要：过去一直活在他的心中，他有一种罕见的能力，可以给个人的记忆赋予更加广泛的意义。这种抓住嵌入了特定时刻的普遍意义的能力是一种天赋，对神秘记忆的敏感度也解释了他作为一个剧作家为何会拒绝提供轻率的解决方案，或抢先获得观众的体验——我们现在认为这是理所应当的，但是这在20世纪50年代末的英国戏剧界并不常见。事实上，1958年夏天，当他还在《微痛》的创作过程中挣扎时，他第一次坐下来写了一篇文章解释他的戏剧信条。这篇文章发表在10月份的《剑桥大学杂志》上，读起来特别发人深省。

文章向学生观众——尤其是剑桥大学的学生——致敬，他们一下子就看懂了《生日晚会》。它完全否定了尤内斯库对其作品的影响；当时，品特读过或是看过的唯一一部尤内斯库的作品就是《新房客》。文章承认，戏剧的张力和活力来源于一个独自在房间的人接受了访客的到来。但是这篇文章最重要的一方面是品特否认了哲学确定性的可能性，抛弃了剧作家一直以来背负的向读者提供安慰性解决方案的历史义务。

> 真实和虚幻之间没有明显的区别，真实和虚假之间也没有明显的区别。事

第五章 等待中的剧作家

物不一定非要是真的或者假的不可——它可以既是真的，也是假的。我认为，验证已经发生或正在发生的事情几乎不会出错的这种假设是不准确的。一个在舞台上的人物，尽管他既不能够就其过去的经历、现在的行为和将来的愿景提供令人信服的论据或信息，也不能对其行为动机进行全面的分析，但他就像能惊人地完成所有这些事情的人一样，是正当、合理且值得关注的。经历越深刻，表达就越不清晰……在我看来，给一个不断演变的、强迫性的戏剧人物贴上明确的道德标签，是肤浅的、无礼的、不诚实的。当这一切发生的时候，它就不是戏剧，而是一个填字游戏。观众们拿着报纸，这出戏填补了空白，每个人都很快乐，但观众和戏剧之间没有冲突、没有参与，什么也没有被揭露出来。我们出剧院的时候跟我们进去的时候一样，没有任何收获。

对这篇文章的前半部分，关于经验的相对性，皮兰德娄几乎没有不同意的地方。但是皮兰德娄将它演变成了一种失败主义的形而上学，最终导致他对法西斯主义的怀旧。他曾经写道："我对生活变化的感觉是如此深刻，对于无法抓住任何确定的、固定的、明确的、真实的东西是如此苦恼，以至于我几乎绝望地坚守着我内心最主要、最基本的情感。"品特与之形成了鲜明的对比，他利用验证的不确定性来探索人类行为的矛盾性，并主张积极抵制社会正统观念的必要性。在一个充满不确定性的世界里，谁有权利告诉我们该干什么呢？

然而，品特这篇文章的后半部分，即关于观众和戏剧之间需要冲突的部分，最能说明问题。显然，纵观历史，剧作家们都把挑战、干扰和扰乱观众视为他们的职责。易卜生在《玩偶之家》中质疑了这种观念，即我们的最高义务是遵从社会制度，如婚姻制度，而不是实现自我。奥凯西面对爱尔兰人的爱国主义，不断地表现出修辞上的感伤情调。布莱希特在《大胆妈妈和她的孩子们》中颠覆了英勇生存的理想。许多伟大的戏剧都是对观众的挑战。但是使品特的方法从根本上与众不同甚至带有革命性的，是他相信戏剧的意义应该从不断演变的人物形象中显露出来，剧作家们应该在纵横的字谜中留下一些未解开的线索。美国作家保罗·奥斯特在《饥饿的艺术》中写道："在所有的著作中，我试图做的一件事，就是在散文中为读者留下足够的空间，让他们能够栖居其中。因为我终于相信是读者而不是作者写了这本书。"同样，品特认为，是观众完成了这部戏。根据结构主义批评，在最极端的情况下抛弃作者的观点，这似乎并不是特别异端的行为。但是当你回忆一下，戏剧一直都在传记的细节、固定的结论和重要的演讲上做文章时，你就会意识到品特革命性突破的本质。这并不排斥剧作家有强烈的政治信念或描述自己的私人风景。但是品特通过摈弃无所不知的作者的概念并将道德责任转移给观众，早在 1958 年就开始了对戏剧体验的整个性质的改变。

对于一位敢于质疑可证实的确定性、相信受众有能力决定作品"意义"的作家来说，广播剧显然是最快乐的媒介；在注重家庭隐私的情况下，广播剧通常面向独个听众播出，因此肯定需要听众创造性的参与。但是品特非常幸运地赶上了广播剧的黄金时代，当时像唐纳德·麦克维尼这样的英国广播公司制片人和像芭芭拉·布雷这样的剧本编辑——她后来成为一位杰出的制片人和翻译家——都在积极鼓励创新。"瓦尔·吉尔古德，当时英国广播公司戏剧部的负责人，"芭芭拉·布雷回忆说，"只热衷于萨默塞特·毛姆和诺埃尔·考沃德。他对《旋涡》之外的任何事情都一窍不通。但是我们有权任命哈罗德作为作家，他是我们出资帮助的年轻作家之一。《生日晚会》失败后，我们帮助哈罗德维系生活。他还是一个天生的广播剧作家。与许多在战争中长大的人一样，那是他们唯一的剧院。人们都是非常专业的听众。"

然而，虽然品特很快就喜欢上了电台，但并不是电台的每个人都很快喜欢上了品特。1958 年 7 月，当他提交了一部 30 分钟的剧本《共同之处》时，部门之间便因此争论不休，还产生了一大堆备忘录。在芭芭拉·布雷和年轻制片人迈克尔·贝克维尔的支持下，唐纳德·麦克维尼将该剧本作为英国广播公司广播电台第三套节目的一个自然片段进行播出。但是第三套节目的负责人在麦克维尼热情洋溢的备忘录后面附加了一张令人费解的手写便条，嘲笑品特的作品引用了贝克特（"他是一位非常了不起的文学艺术家，而品特不是"），并且总结道："就我个人而言，我完全不相信品特有能力为舞台或电台写出一部好剧，我知道 H. D.（戏剧部主管瓦尔·吉尔古德）对他的评价并不高。"这场争议被上报给了有声广播的副总监 R. D. A. 马里奥特，他站在了进步的一边。在一份长长的理由充分的备忘录中，他提到了 N. F. 辛普森的两部戏剧最近都被第三套节目拒用的事实。他认为，伦敦地区之外的听众应该有机会听到那些正处于批评辩论的风口浪尖的作家创作的戏剧。

> 当然，在对待任何当代作品时，接收其在我们节目播出并不意味着我们有发现一部文学精品的信念，而仅仅只是相信听众对于有机会做出自己的决定会很感兴趣。由于我们在媒体中的垄断地位，我们显然有责任在做出选择时谨遵天主教教义。

最终，《共同之处》并没有被播出。据品特自己回忆，1958 年 7 月他被委托创作的这部剧后来被改编为一部长达 60 分钟的广播剧，稿费是 85 几尼——这就是《微痛》。这部戏在一年后播出，同样引发了广播电台内部旧派和新派之间的争论，但它仍然是一部引人入胜的作品——品特的作品首次进入了资产阶级领域，证明他有能力将婚姻看作政治战场。它还充分利用了电台含糊不清的可能性。巴纳巴斯是剧中三个角色之一，他是一个完全沉默的卖火柴的老人，《广播时报》曾开玩笑地说，他将由大卫·巴伦扮演。在剧情推进的过程中，巴纳巴斯被邀请到爱德华的家中。爱德华是一个神经紧张的乡下人，也是神学和哲学散文作家，他似乎奇怪地受到了门口这个臭老头的威胁。在戏剧的结尾，巴纳巴斯和爱德华已经调换了位置：前者被爱德华的妻子弗洛拉压抑在性爱中，并被赋予了管理房子和花园的权利；而后者则沦为低声下气的性无能者，最后被妻子递上了火柴托盘。当这部戏剧后来被电视转播并在舞台上被表演时——效果非常好——它成了对地盘侵占和心理位移更明显的研究。在电台节目中，有人觉得有戏弄的可能性，卖火柴的人可能只是一个幻想中的人物——代表了爱德华潜意识里的恐惧、内疚和不安，以及弗洛拉对性和母性满足的强烈需求。

《微痛》是品特住在奇斯威克时的一个夏天创作的。当时品特过得捉襟见肘，但是灵感来源于他对大疏散期间诺福克庄园鲜花盛开场景的生动回忆——这出戏之所以成功，是因为它的隐喻意义源于精确的社会观察。从一开始，品特就认为爱德华和弗洛拉的婚姻状态有问题。它与《房间》和《生日晚会》的开场形成了鲜明的对比，后两部戏剧都是在一个下层社会的环境中展开的，主人公都是一个被动或沉默的人，都有一位令人窒息的忠诚妻子给他们端上早餐。在《微痛》中，故事背景设定在一个优雅的乡村花园里，伴随着紧张感，一天的生活开始了：

> 可以看到弗洛拉和爱德华坐在早餐桌旁。爱德华正在看报纸。
> 弗洛拉：今天早上你注意到金银花了吗？
> 爱德华：什么？
> 弗洛拉：金银花。
> 爱德华：金银花？在哪里？

正如1987年在新维克剧院扮演爱德华的巴里·福斯特所指出的那样："这可能只是一个简单的问题，也可能表达了他在看报纸时被打断的极度愤怒。"在人物的第一次交流中，你就已经基本可以了解这段婚姻的历史。品特本想另写一段对话，但直到作品完成，他都在反复斟酌这一段。这段对话揭示了婚姻内部的紧张关系。当爱德华和弗洛拉就应该采取什么策略杀死一只在果酱罐周围嗡嗡叫着的黄蜂而争论不休时，这种紧张气氛很好地延续了下来。品特用一个看似微不足道的事件来描绘爱德华在诱捕外来生物并建立对他妻子的霸凌统治时的报复性喜悦。爱德华首先确保黄蜂在果酱罐里，然后拧下陶器的盖子。他让弗洛拉把黄蜂放在水池里淹死；她反对说它会"咬人"，而且它正试图从勺子洞里爬出来。爱德华——黄蜂的主宰——决定亲自参与杀戮行为。

  爱德华：用勺子把它拿出来，然后在盘子里压扁。
  弗洛拉：它会飞走的。它会咬人。
  爱德华：如果你不停止说那个词，我就离开这张桌子。
  弗洛拉：但是黄蜂确实会咬人。
  爱德华：它们不咬人。它们叮人。蛇……才会咬人。
  弗洛拉：那么马蝇呢？
  （停顿。）
  爱德华（自言自语）：马蝇真恶心。

  最后，爱德华把滚烫的开水倒进勺子洞里，把黄蜂弄瞎并杀死。
  品特非常精准地确定了该剧的主题，并且为接下来发生的一切进行了心理铺垫。爱德华对会蜇人的黄蜂的反应是进行诱捕、控制和去除——这恰恰就是随着剧情的发展，他试图对卖火柴的人所做的事情。对爱德华而言，杀死黄蜂也象征着试图完全掌控他所处的环境。并不令人意外的是，当他的人格最终在那个满头大汗、半聋半哑的卖火柴的人面前崩溃时，他怀念起之前的一段时光："我可以把开水倒进勺子洞里，是的，很容易，没有困难，我抓得很牢，我的命令已经确立，我的生命得到了诠释……"黄蜂的排泄物也表现了爱德华和弗洛拉之间的重要分歧，前者只有在自己掌控周围环境时才会获得安全感，后者的名字则代表了花之女神，她开篇的几句话就隐含着其对自然的愉快的好奇。事实上，她对黄蜂被压扁的反应是"多么可怕的经历"，而爱德华的反应则是"多么美好的一天"。在该剧开场的前十分钟，品特就确立了支配性的主题：婚姻不协调、家庭不和睦，男性用咆哮掩盖了强烈的不安全感，而女性的同情心则显示出强烈的自我意识。
  此后发生的一切都是从开头的场景有机地发展起来的。你可以像路易斯·戈登那样争辩：品特早期所有戏剧的主旨，都是一个房间的主人将自己最深的恐惧投射到一个入侵的陌生人身上。对于赖利、戈德伯格、麦卡恩和卖火柴的人，她认为，"他们充当着屏幕，借助他们，剧中人物使自己的非理性得以外化"，品特的入侵者

"在某种意义上，是他引导人物暴露真实身份的技巧"。但这也消除了这几部戏剧之间的细微差别——尤其是，《微痛》对资产阶级的婚姻进行了毁灭性的批判，而且探索了男性和女性在面对未知威胁时的不同反应。

这正是关键所在。品特指出，爱德华对卖火柴的人的反应——这个卖火柴的人表现着爱德华极其否定的贫穷和堕落的世界——是一种掩盖了致命恐怖的殖民掠夺。爱德华试图让卖火柴的人适应他的价值观，结果既滑稽又令人毛骨悚然。任何一个熟悉英国阶层体系的人都会立刻识别出那种居高临下的腔调。"我也在做生意，"爱德华对这个可怜的流浪汉说，并且行使了好客的权利，询问道，"好了，在这位好心的女士叫我们吃早饭之前，你能和我喝一杯开胃酒吗？"这不禁让我想起了约翰·莫蒂默的故事，这位高等法院法官在面对一个被控犯有轻微盗窃罪的肮脏的、令人作呕的、酗酒的老流浪汉时，判了他缓刑，并严正警告他不要再喝酒："晚饭前连最小杯的干雪利酒都不要喝。"但是，让这部剧充满戏剧活力的是，爱德华的阳刚之气变成了慌张和恐惧。有一次，他把卖火柴的人和一个叫卡文迪什的乡下板球运动员联系在一起，卡文迪什守住了三柱门，并打出了7号球；但爱德华若有所思地说，也许你不打板球：

> 也许你从未见过卡文迪什，也从未打过板球。我越看你，就越觉得你不像板球运动员。那些日子你住在哪里？该死，我有权知道你的一些事情。你在我那该死的房子里，在我的地盘上，喝我的酒，吃我的鸭子。现在你已经吃饱了，坐着像个驼峰，一堆发霉的东西。在我的房间。我的窝里。我记……（他突然停止。）
>
> （停顿。）
>
> 你觉得好笑吗？你是在笑吗？

这是资产阶级同化迅速退化为强烈愤怒的一个生动例证。它还促成了该剧的最后一幕，在这一幕中，爱德华退回到对过去的怀旧幻想中（"我在豪威尔斯是短跑第一名。"他愤愤不平地说），过去的一切都是固定的、稳定的、确定的；最后，他几乎有些嫉妒卖火柴的人取代了他在世上的地位，他自愿接受了卖火柴的人的托盘。整部剧没有明确的道德标签，但品特清楚地暗示，男性对于控制和秩序的资产阶级理想是建立在最薄弱的道德基础之上的。

相比之下，弗洛拉——与品特笔下的许多女性一样——有一种本能的温暖和性热情，这种热情超越了男性对地位和权力的关注。总的来说，品特笔下的女性比男性要好得多。正如他在哈克尼的前女友詹妮弗·莫蒂默所说:"哈罗德的奇妙之处在于,他认为女性比她们本身更强大。他赋予了她们一种她们大多数人都没有的权力和慷慨。他可能把她们浪漫化了。但是我认为他有一种永远不会消失的孩子般的快乐。女性也包含其中——他不会对她们产生任何不好的想法。"这在这部戏中是千真万确的。对爱德华来说,卖火柴的人代表着一种威胁;对于弗洛拉来说,这个人则体现了她被否定的性欲和母性。很明显,弗洛拉在看到那个老流浪汉后,性欲被激起。在她与流浪汉的私下会面中,她将这场会面与幻想中一个贪婪的偷猎者的邂逅联系在一起,她一边抱怨他身上的气味,一边诱惑地敦促他"告诉我关于爱的一切",并保证在他临终前"可以玩一些小玩具"。就像《生日晚会》中的斯坦利之于梅格,斯坦利成了梅格的代理情人和儿子。你可能会觉得,弗洛拉像爱德华一样都在利用那个卖火柴的人,但品特却煞费苦心地指出他们两人之间的区别:弗洛拉乐于接受未知事物,而爱德华则热衷于对其进行分类、殖民和控制。正如罗伯特·库什曼曾经指出的那样,卖火柴的人远非"最懒惰的象征",他其实是一种戏剧性的催化剂,揭示了男性和女性原则之间的差异,突出了潜藏在资产阶级婚姻和田园理想中的心理不稳定性和未表达的渴望。

1958年9月,品特完成了这部剧本,并把它寄给了英国广播公司的芭芭拉·布雷;经过一些微小的修改和一系列内部备忘录后,它被安排在第三套节目播出。但引人注目的是,大多数资深制片人似乎对此剧有非常教条的看法——品特成了英国广播公司内部讨论的一个活跃话题。资深制片人阿奇·坎贝尔在1959年3月25日的一份备忘录中为波黑的保守派阵营辩护:"从任何标准来看,这部作品都不能被视为一部戏剧。即使从对话的角度来看,它的象征意义——如果真的存在的话——也很模糊。如果这个剧本只是想成为另一篇关于'追忆似水年华'主题的文章,那么它的含义就有点令人反感了。"与此相反,布莱恩·伊泽德(1959年4月13日)意识到该剧的现实根源:"人们在早餐桌上确实会这样说,一旦最初的认可障碍被打破,人们就会把自己的担忧发泄在别人身上。"查尔斯·勒弗克斯(1959年3月23日)直言不讳地指出:"这是一部幽闭、恐怖的作品,它发展了自己内部的紧张氛围,充满了突然的性格揭露,最终在恐怖中结束。"D. G. 布里森——特写部的助理主管——巧妙地写了一份长达一页的备忘录,备忘录中引用了尤内斯库、易卜生、麦尔维尔,并指出对于弗洛拉,卖火柴的人代表了她丈夫未能为她做到的一切事情。他赞扬这部作品是"一部有创意且完整的作品",并极力推荐人们接受它。尽管这部戏剧在杂志《听众》中只得到了伊恩·罗杰的勉强接受——他声称"对话中再多的精彩也弥补不了清晰情节的缺失"——但是它最终于1959年7月29日在第三套节目播出了，由莫里斯·德纳姆和费雯·麦钱特主演。

到戏剧上演的时候，品特已经能够承受批评的言论了。实际上他并没有过着优渥的生活，而是已经完成了两部新剧（《温室》和《一夜外出》）的创作，并且为两部讽刺剧写过广受赞誉的短剧，还在伦敦的塔楼剧院见证了《生日晚会》的复演。事实上，这是品特最多产的时期之一。他的第一次彻底失败似乎不仅鼓舞了他要取得成功的钢铁般的决心，而且释放了他的创造力。然而，正如《温室》中引人入胜的传奇故事所展示的那样，他进行了深刻的自我批判。1958 年 11 月，品特向芭芭拉·布雷提交了一份详细的概要。（他在附信中写道："我肯定会着手去做这件事，但我迫切需要一点钱，这样才能给我时间去做这件事。"）在他早期的作品中，他遵循了自己的想象；但是，英国广播公司档案馆里保存的摘要提供了对《温室》中的逐个场景的分解，以及一篇介绍《温室》的主题和目的的开篇陈述——这个过程对于品特而言似乎常常是限制，而不是解放他的想象力。他写道：

> 这部戏以一个心理研究中心为背景，该机构的一个部门正在进行测试，以便确定神经系统对各种刺激的反应。为了科学的利益，这些测试的对象是从志愿者中抽取的，他们的服务按小时进行计费。这部戏剧将表现这个特殊部门（医生和她的助手——也是女性）对作为其推论基础的人体实验对象的漠不关心。它将证明，当献身于狂热主义的信徒们进行科学调查时，可能导致过激行为。

下面的场景分解对已声明的主题进行了一个简略的处理。在第一幕中，一位女医生和她的助手迎接了一位充满疑虑的实验对象。在第二幕中，一名男子被安置在隔音的房间里，他的手腕上绑着电钩子，头上戴着耳机。当他在接受令人伤脑筋的测试时，两位女士正在漫不经心地讨论着她们在该机构的年度舞会上将穿什么衣服。第三幕不断地在食堂里女人们闲聊和隔音室里实验对象回答一系列录音问题之间切换。第四幕引入了一个新的志愿者：一位把这些科学实验看作一种放松方式的老妇人，她和第一位实验对象（那名男子）挤在一个小房间里，接受了节奏紧张的询问。最后，第五幕展示了老妇人通过下午的审问，在离开时恢复了精神。与此同时，那名男子——现在已经精神崩溃、口齿不清——被带回到原来的房间，等待进一步的检查，而两位女士则兴高采烈地去参加舞会。他被留在寒冷的孤独中，只有寂静的回声。

品特的创作一直持续到 1958 年冬天，其中的部分想法在最终的、完整的舞台版本中被呈现，但是从概要中你就可以看出它为何不被做成 60 分钟的广播剧：它太工整、太轻巧、太有组织了，似乎品特正是在利用他巴洛克式的想象力来阐述一个预先确定的论题。这个机构有着它自己狂野、邪恶、不受控制的生活——这是最终版本的核心——在这里却被简化为年度舞会这种平淡的象征。事实上，在最终版本中，《温室》是一部诡异的预言剧，讲述了一个神秘、官僚、荒唐的国家机构旨在"治愈"社会异议的故事。"它必须被创作出来。"品特意味深长地说。但他最终把它压在最底下的抽屉里，直到 1980 年才搬上舞台，唯一的原因是，在《生日晚会》被无情地拒绝后，他觉得它几乎没有机会了。"别忘了，"他说，"20 世纪 50 年代末，伦敦仍由一家主打安全牌的商业剧院主宰。"

今天，这部戏剧作为一部政治三部曲的一部分流传了下来，另外两部包括《生日晚会》和《送菜升降机》，它们都在以不同的方式处理个人所受的压迫。而且，就像品特的常用手法一样，它们的根源在于个人经历和不可磨灭的记忆。

"1954 年，我去了伦敦的莫斯里医院，"品特回忆道，"作为人体实验对象。他们会给实验对象 10 先令左右的钱，而我急需这笔钱。我看到一则真诚的广告就去了。这一切似乎都是光明正大的。护士和医生都穿着白大褂。他们先测量了我的血压。非常好。我被安置在一间有电极的房间里。他们说：'就在那儿坐一会儿，放松一下。'我不知道会发生什么。突然，耳机里传来一种最可怕的声音，我差点跳出屋顶。我感觉我的心在狂跳……砰！噪音持续了几秒钟后就被关掉了。医生笑着走了进来，说：'哦，那可真让你吃了一惊，是吗？'我说：'确实如此。'他们说：'非常感谢。'没有像剧中那样的审问，但却给我留下了深刻的印象。我无法忘记那次经历。我浑身发抖。如果他们开始问我问题，我就会处于如此脆弱的境地。后来我问他们这是怎么回事，他们说他们正在测试反应水平。这让我非常迷惑。他们到底要给谁做这种电击治疗？无论如何，《温室》是由那次经历开启的。我非常清楚地意识到自己会被用来做实验，并且感到相当无能为力。"

然而，品特再一次深刻地意识到自己生命的意义：一个决定性的时刻潜藏着戏剧潜力和政治共鸣。当然，最后的剧本与莫斯里医院无关。《温室》实际上是一部黑色闹剧，在一个国营的"疗养院"里，弥漫着疯狂、偏执、欲望和怀疑，看不见的囚犯被编码并受到虐待，工作人员受到非人的对待，他们被剥夺身份，最后被屠杀。有趣的是，它预测了乔·奥顿的《管家看到了什么？》将在十年后问世，这本书同样以精神病院为背景，暗示了理智与疯狂，甚至男性与女性之间的划分是完全独断的。但品特的剧本更微妙，也更具有政治敏锐性。如果说奥顿表现了对人类制度和价值的一种任意的蔑视，那么品特这部戏的全部意义就在于自然法则遭到了违背。品特并不仅仅只是说我们都疯了；相反，他暗示在培养完全符合既定期望的令人满意的模范公民时，国家是既得利益者。他的温室正是斯坦利·韦伯可能被"整合"和"矫正"的地方。

然而，品特最关注的是工作人员。由于被隔离和禁闭，他们成了他们本应操作的官僚机器的受害者。病人的身份是通过数字而不是名字来确定的，工作人员都有单音节的名字，这表明他们也为机构牺牲了一部分身份。该机构由路特管理，这位脾气暴躁的前上校的权威在我们眼前分崩离析。他的下属包括：吉布斯，他脸型瘦削，为人龌龊，根本上是个背信弃义的中尉；卡茨小姐，路特和吉布斯共同的情妇，她在灰色制服的男性气质和淘气的女性气质之间转换；勒什，公然愤世嫉俗的工作人员；兰姆，是最新招募的职员，他因为安全疏忽而遭到无情的拷问，这是品特自己作为实验对象的经历的噩梦般的延伸。甚至连我们在最后一幕中见到的门卫塔布和部长罗布也都是同一个单一性官场的一部分。

故事的主线是路特决心找出谁应该为 6457 号病人的死亡负责，以及是谁让圣诞节那天刚生完孩子的 6459 号病人怀孕了。显而易见，路特就是那个新生儿的父亲，而在最后，几乎所有的医护人员都被病人杀害，他也被吉布斯控告为杀人凶手。但是，这并不是一部迪伦马特式的惊悚故事——其中调查者讽刺地揭露了自己的罪行——而是一场道德和政治闹剧，讲述了任何严密的官僚机构都是如何因无视自然法则而从内部开始腐败的。

从路特和吉布斯就前者办公桌日记里的日期冲突而争吵不休的开场场景中，我们可以看出，死亡在这个温室环境中不是一种自然行为，而是一种管理失误。它还违背了这里的"治疗"精神，因为这个地方的功能是通过调整来"帮助"那些顽固的不肯墨守成规者适应社会的要求。因此就有了"万圣节的盛宴、五月的舞蹈、十月的复兴、老男孩和女孩的晚餐和社交"。因此路特在描述这些病人时也用了委婉的语言："毕竟，他们不是罪犯。他们只是需要帮助的人，我们试图以这样或那样的方式，极尽我们的谨慎之心和判断之能，帮助他们重新获得信心，对自己的信心、对他人的信心、对……世界的信心。"这正是权威社会为利用精神病院对持不同政见者进行改造这一行为辩护时所用的哄骗之辞。

在这个秩序灵活多变的世界里，不夸张地说，出生也是一种错误——品特用致命的讽刺来说明这一点。在与吉布斯的第二次会面中，路特详细地描述了那位生了孩子的病人的身体特征："身材小巧？""脸相当性感？""她走路的时候扭来扭去？""是的，她会扭来扭去。她的左边屁股在扭。""还喜欢吃太妃糖……在她能弄到糖的时候。"他自己总是被牵扯到每一个问题和陈述中，最终以一个响亮的非结束语结束:"不,我想我不了解她"——一个经典的音乐剧院技巧。但是当路特说只要你遵守规定就可以和病人性交时,他的无情就显露出来了:"永远不要光着屁股干,一定要提交一份报告。"当吉布斯问他该怎么处理孩子,路特干脆利落地反驳说"把它除掉"时,任何人的丝丝微笑都会在嘴唇上冻结。1993年,我曾在东安格利亚大学听到品特朗读这个特别的场景,我回想起了那个特别的时刻穿过大厅时的震撼。这是应该的,因为该剧表明,任何用漫不经心的蔑视态度对待出生和死亡的组织——就像对待单纯的官僚主义错误一样——都会从内部被腐蚀。

《温室》所探讨的问题——比如精神上的粗俗和国家权力反复无常的任意性——都再次出现在了三十年后的《山地语言》中(这足以说明,认为品特在其晚年才关注政治的人是目光短浅的),但是品特早期的戏剧创作更单纯,有一种冲撞的能量和令人眩晕的势头,这是你在他后期的作品中找不到的。品特描绘了一个噩梦般的机构,但他也以击中它的邪恶荒谬为乐。这一点在高潮迭起的第一幕场景中达到了狂热的程度,这是品特根据自己的经验推断出来的。倒霉的兰姆被带到了屠宰场,这个屠宰场以隔音控制室的形式存在着,他却天真地以为自己将要升职。尽管他的手腕上绑着电极,头上戴着耳机,但他仍然没有细想。当一股电流通过他的身体后,他被以一种残忍的、滑稽的方式审问——事实上,这成了讽刺短剧的来源,同时也表明了他的无能为力:

> 卡茨:你是处男吗?
>
> 兰姆:什么?
>
> 卡茨:你是处男吗?
>
> 兰姆:哦,我说,那太尴尬了。我是说,在一位女士面前。
>
> 卡茨:你是处男吗?
>
> 兰姆:是的,我是。我不会隐瞒的。
>
> 卡茨:你一直都是处男吗?
>
> 兰姆:哦,是的。一直都是。
>
> 卡茨:从一开始?
>
> 兰姆:一开始?哦,是的,从一开始就是。

这个审讯场面滑稽且恐怖,在结构上至关重要。它强调了从众就是这个游戏的玩法:在某一刻,吉布斯曾经问过这样一个问题:"你有没有想过要加入这样一群人,他们都有共同的设想,都遵守共同的原则?"它还显示出审问双方,即提问者和受害者都受到了这个过程的腐蚀。兰姆乞求回答更多的问题,他仿佛沉溺在让人自我表露的毒品之中,而卡茨小姐则被隔音控制室唤醒了性欲。在第二幕中,品特明确地展示了她是如何将酷刑的高潮狂热转移到她自己的私人生活之中。她用乔伊斯式的语言节奏,痴迷地告诉吉布斯:"你对时机的感觉很好,你知道什么时候问题必须停止,那些问题,你必须开始问我问题,其他问题,我必须开始问你问题,这是提问的时间,提问的时间,提问的时间,永远,永远,永远。"这出戏的最后一幕也与审讯场面相呼应。当病人从这种凶残之下逃离后,就像在詹姆士一世时期诞生的某个悲剧中所发生的一样,出现了门锁的转动声、锁链的咔嚓声和门咣当作响的声音,在吉布斯和部长罗布利用白厅平淡无奇的陈词滥调将大屠杀掩盖在地毯之下,并下定决心要继续之前的运作后,品特又将场景切回到了隔音控制室,显示的画面是精神恍惚的兰姆正盯着前方:他像《樱桃园》里的菲尔斯一样,成为一个被遗忘的人物,一个专制政权疏忽、残酷的有力象征。

《温室》是品特最好的作品之一:它探讨了官僚主义的腐败、政府的讳莫如深、语言和经验的脱节等问题,也表现了品特敏锐的政治触角。戏剧创作于1958年冬天,表明其在多年前就预示了苏联把精神病院当作安置社会上持不同政见者的场所,预示了美国人对中美洲政治犯进行虐待,英国当局在贝尔法斯特迷宫监狱H区使用严厉审讯和拘留方法,以及英国被官方拘留的囚犯越来越多的死亡。品特从自己内心不安的瞬间开始,看到了它的普遍含义,其结果并不是政治上的偏执。这是一个寓言,讲述了当个人的权利服从于不负责任的国家权力时会发生什么。如果这部戏剧刚写完就被制作出来,品特就不会被认定为一个"停顿大师"或"威胁喜剧的倡导者",而是一位具有强烈政治良知的剧作家。

事实上,这部作品被压在最下面的一个抽屉里,而品特还处于一个等待中的剧作家的境地:他的第一部主要作品受到了严重抨击,但他已经在接受批判性的重新评估了。欧文·沃德尔在1958年9月或10月出版的进步戏剧观众的"圣经"《安可》中发表了一篇极具影响力的文章,他将四个很有前途的新兴作家——品特、N. F. 辛普森、奈杰尔·丹尼斯和大卫·坎普顿——联系到了一起,并创造了"威胁喜剧"这一词组,该词组多年来一直成为品特戏剧的标签。这篇文章引起了品特的指导者史蒂芬·约瑟夫的共鸣,他邀请品特为在斯卡伯勒实验剧场进行的《生日晚会》的第一场复演进行指导,还邀请他为1959年1月在伯明翰和莱斯特进行的巡演进行指导。演员阵容中不仅包括演员兼编剧大卫·坎普顿和大卫·萨顿(他最终成为迈克尔·格德伦的副制片人),还包括一位轮廓分明的20岁演员艾伦·艾克伯恩,他在片中饰演斯坦利。艾克伯恩曾这样写品特:

当他到达斯卡伯勒时，他处于一种虽然说不上沮丧，但防御感很强的状态。我们大概有三个星期的排练时间。我记得我问过品特关于我所表演的角色。他从哪里来？他要去哪里？关于他，你能告诉我什么让我更了解他？哈罗德只是说："管好你自己的事。注意力集中在剧本上。"

这并不是唐突或粗鲁的行为——艾克伯恩证明了品特是一个非常好的人——而是对文本自身所能表达的意义的绝对自信：他相信线索都包含在字里行间。这也反映了品特自己的写作过程：依靠阿根廷作家博尔赫斯称之为"自发梦想"的创作灵感，他和其他人一样，对自己笔下的人物来自何方没有更多的概念。这个规则并不适用于品特的所有作品，但肯定适用于《生日晚会》，这就是为什么他总是回避关于人物的过去和未来的问题。大卫·琼斯——后来成为品特最好的导演兼译员之一——1959年5月在伊斯灵顿的业余的塔楼剧院参加该剧在伦敦的首次复演并扮演麦卡恩的角色时，也有过同样的经历。像艾克伯恩，琼斯也发现，他出于演员的本能对这个角色的出身提出问题，却碰壁了。琼斯回忆道："我对哈罗德说：'在麦卡恩来到寄宿处之前，告诉我他从哪里来。'哈罗德说：'你这是什么意思？'我说：'麦卡恩的背景是什么？'他说：'我他妈的不知道。麦卡恩走进那扇门后，我对他的一切都了解了——当他在门外时我对他一无所知。'我扬起眉毛。他说：'生活就是这样。你在聚会上遇到人。你会知道他们进来之前做了什么吗？你对他们的唯一了解就在这个房间里。'我从小就接触到了布拉德利对莎士比亚的看法，他认为戏剧能让你深入了解人物性格。如果人物像现实生活中那样神秘或无法解释，那么戏剧就会更有趣，这种想法对我来说相当新鲜。"

品特断然拒绝提供老套的解释，这一点在他为1959年夏天在伦敦上演的两场讽刺剧所写的短剧——7月在哈默史密斯的抒情剧院上演的《由此及彼》、9月在阿波罗剧院上演的由迈克尔·格雷伦担任制片人的《八个里亚尔》——中得到了明显的体现。在《边缘之外》出现之前，讽刺剧往往分为两种：一种是炫目的，似乎总是在灯光昏暗的巴黎夜总会外表演阿巴契舞曲；另一种则是更私密的，专门在精致的内部场地进行表演。但在彼得·库克等作家的影响下，讽刺剧的形式发生了微妙的变化。他完成了《八个里亚尔》的大部分创作，并且倾向于对人类行为的非理性和不合理进行神秘的研究。的确，库克是出身于外交世家的剑桥毕业生，而品特是哈克尼裁缝家的儿子，尽管他们背景各异，但我一直觉得他们在艺术上是亲兄弟。

品特这些短剧的引人注目之处在于，它们研究了和戏剧相同的主题：人类作为动物的奇异与孤独、记忆的主观性、使用语言作为支配的武器或保持联系的手段。

它们不是让品特挣点小钱的微不足道的作品，而是品特天赋的延伸。正如他本人在 1959 年 11 月接受《泰晤士报》访问时所说的那样：

> 在这两者［讽刺短剧和戏剧］中，我都是主要对人感兴趣……在许多英国戏剧中，我发现自己对作者像幽灵一样笼罩在人物上方，在每个阶段都告诉他们应该怎么想这种方式感到反感。我要尽可能地将评论的机会留给观众，让他们决定角色和场景是有趣的还是悲伤的。

你可以从《黑与白》中看到这一点。这部戏剧由他 1954 年创作的一篇散文而来，由贝里尔·里德和希拉·汉考克在哈默史密斯的抒情剧院进行表演。在这部作品中，两个被遗弃的女性试图通过谈论一些与面包、汤、公交路线、有威胁性的陌生人和爱管闲事的警察有关的无关紧要的陈词滥调来避免孤独。你也可以从《招呼站》中看到这一点，其中一位在公交车站的女人把站在她旁边的男人假装的轻蔑变成了仇外的长篇大论：这明显预示了品特脑海中正在酝酿的戏剧《看门人》的形成。但这种体裁的短小杰作——最初看到的是《八个里亚尔》——是《最后一个走》。戏剧背景是一个通宵营业的咖啡摊位。酒吧的招待员倚在柜台上，一个卖报纸的老人端着一杯茶站在那里，他们断断续续的闲谈既流露出深沉的孤独，又十分有趣。大卫·洛奇从结构主义视角对这部短剧进行了精辟细致的解读，展示了马林诺夫斯基所谓的"客套话"——语言的主要功能是保持对话者之间的联系，而非传达信息——是如何在回声、对称和重复中变得富有诗意的。正如有时人们的对话所显示的，品特使用的是正常的讲话节奏，并没有居高临下的意味。从这两人之间断断续续、充满停顿的对话中，你听到的是恐惧：害怕成为最后一个回家的人，害怕成为打断细细的对话思绪的人，害怕死亡。当卖报纸的老人说他十点左右去维多利亚看看能否找到乔治的时候，记忆的偏好也起了作用：

酒吧招待员：谁是乔治？
男人：乔治……就是一个名字。
酒吧招待员：噢。
（停顿。）
你找到他了吗？
男人：没。没有，我联系不上他。我找不到他。
酒吧招待员：他现在不怎么样，是吗？

（停顿。）

男人：你最后一次见到他是什么时候？

酒吧招待员：噢，我好多年没见过他了。

男人：没有，我也没有。

（停顿。）

酒吧招待员：他以前关节炎很严重。

男人：关节炎吗？

酒吧招待员：是的。

男人：他从没有遭受过太大的痛苦。

（停顿。）

酒吧招待员：受了很大的苦。

（停顿。）

男人：当我认识他的时候。

（停顿。）

酒吧招待员：我想他一定已经离开了那个地方。

对我来说，这就像《亨利四世》第二部分中浅显而沉默地讨论牲畜价格一样微妙：既有趣又悲伤。它展示了两个男人使用语言的目的，与其说是为了交流，不如说是为了维系脆弱的人际交往。他们偏离了乔治这个话题（他们想到的是同一个乔治还是不同的两个乔治？）正是因为这可能会破坏他们之间不稳定的联系。品特对说话的节奏也有一种不可思议的感觉：你的，我的，他自己的。在"没。没有，我联系不上他。我找不到他"这句台词中，最后一个动词是一种拖延时间的方式，也是一种让说话人显得高贵的尝试：这也是我们一直在做的事情。这部短剧是一个杰出的缩影，它显示了品特对人的强烈兴趣，他的耳朵对日常用语中隐藏的诗意有着完美的敏锐感知，而且他准备好了向观众展示戏剧性的证据，而不是已经预料到的结局。

品特在广受欢迎的讽刺剧形式的作品中所表现出的技巧，展现了一个有趣的悖论：他有一种持续不断的能力，能够超越那些解释性的批评家，接触到听众。在这个时期，品特在广播、电视和戏剧领域获得了越来越多的立足之地，但观众的欣赏往往伴随着批评的困惑。1960年1月，汉普斯特德戏剧俱乐部大胆地将由品特本人执导的《房间》与詹姆斯·鲁斯-埃文斯导演的《送菜升降机》配在一起演。"晦涩"一词再次被批评家们随意地滥用。真正具有挑战性的评论来自《旁观者》的艾伦·

布里恩。在敏锐地将这些剧本视作"对被操纵的警告，以及从半独立的监狱偷偷发出来的呼吁暗号"后，布里恩接着说："现在我想知道我们为什么被困住了。生物学吗？社会吗？神学吗？我想知道如何反击。剧作家的任务是理解和观察。品特先生现在必须开始回答他自己的问题了。"品特曾因持续性的神秘主义而受到攻击，但后来也因其明显的政治性而受到了同样的批评。无论如何，这些作品都非常受欢迎，并于1960年3月在皇家剧院上演，费雯·麦钱特再次扮演了罗丝，年轻的迈克尔·凯恩饰演桑兹先生。

然而，品特继续招致说教性的批评。1960年2月，阿诺德·威斯克在《犹太人记事报》上写了一篇关于《生日晚会》的文章，他声称："真正的不足是品特在错误的背景下使用了正确的角色。这一切都应该发生在犹太人的背景下……说戈德伯格是普遍存在的是不够的——人们只有在他们自己的背景中才是普遍存在的。"品特一直在努力表明，几个世纪以来被肮脏的传统压迫不仅仅只是犹太人关心的问题，在同一篇论文中，品特在接受布雷恩·格兰维尔采访时激烈回应了威斯克提出的观点："在任何时候，无论如何，我都不认为自己是一个犹太作家，只是我碰巧是一个进行写作的犹太人。"他补充说，《生日晚会》并没有针对犹太社会展开具体批评，"但如果你想评判我对社会的态度，那么，看在上帝的分上，别把犹太社会排除在外"。

与这部戏剧1960年3月22日在独立电视台上映获得的巨大成功相比，关于它的犹太起源和所谓晦涩的争论似乎有些神秘。这次的播出是由于品特的作品得到了彼得·威尔斯的完全信任，他曾是好莱坞演员，后来成为丽的呼声公司的戏剧部主管，是包括后来的乔·奥顿在内的新作家们的伟大拥护者。时至今日，品特仍记得他与威尔斯的第一次特殊邂逅。"我被叫到他在丽的呼声公司的办公室。我知道他在哈默史密斯的抒情剧院里看到了我的短剧，还收到了一份《生日晚会》的剧本副本，但仅此而已。我被一个秘书领进了他的办公室。威尔斯穿着一身深色衣服站在窗边，他转身对我说：'你怎么敢这样？'我说我不明白他的意思。'你怎么敢这样？'他又说了一次，'我看过你那该死的剧本，我已经四个晚上没合眼了。好吧，我想我们最好把它演出来。你想让谁来导演呢？'作为一位电视新人，我不知道该说什么，但从那以后，他成了我很好的私人朋友。事实上，奇怪且讽刺的是，彼得在20世纪90年代初去世后，他那套昂贵的西装被卖给了一个戏装店——卡洛·曼齐的店子。1995年，我去为《温室》的一场演出试衣，我看了一眼自己挑选的一套特别精致的粗花呢西装外套，里面有彼得的名字。"

正是由于威尔斯的信任，《生日晚会》得以被搬上银幕。1960年，这部由琼·肯普-韦尔奇出色执导的具有历史意义的电影吸引了1 100万观众观看，并获得了热情洋溢的好评。《每日镜报》以隐喻而又准确的方式表达："这是一出刺激神经末梢的戏剧。"《每日先驱报》大肆宣扬"曾经失败的演出如今大获成功"。作为1 100万观众中的一员，我记得这出戏就像一枚手榴弹扔进了一个人的起居室：这是一场可怕的、扣人心弦的、噩梦般的入侵，导演从斯坦利的角度，在隐约可见的镜头中看到了戈德伯格和麦卡恩的质问表情。第二天，一部原本让泰南、舒尔曼、达林顿和其他一些人感到困惑的戏剧成了街头巷尾谈论的话题。这是品特的剧作第一次通过挖掘深层的恐惧，绕过批判性的分析，直接与集体潜意识对话。

《一夜外出》也经历了相似的情况。品特最初在1959年夏天把它改编成了电视剧。后来，受英国广播公司电台的委托，它被改编为专为第三套节目制作的一个长达60分钟的剧本（收费95几尼）。然后，吉米•瓦克斯把它卖给了美国广播公司电视台的扶手椅剧院，条件是他们要在广播节目播出之后再进行演出。这是一个小问题，但很重要的一点是，这个平民主义的商业频道比英国广播公司旗下墨守成规的电视剧部门更迅速地发现了品特的潜力。1959年8月，唐纳德•麦克维尼（戏剧、音响部的助理总监）给迈克尔•巴利（戏剧、电视部总监）寄了一份《送菜升降机》的剧本副本，并附言如下："这是挑衅性的哈罗德•品特的独幕剧。在我看来，对电视播出而言，它似乎有很强的视觉可能性，但我认为您可能会觉得它对您的观众来说太晦涩了。如果您觉得有机会安排的话，我对制作工作非常感兴趣。"忧郁且毫无冒险精神的迈克尔•巴利隐晦地回答道："是的——我觉得太晦涩难懂了。"

在这个阶段，英国广播公司广播电台和商业电视台是品特最伟大的拥护者。在1960年3月1日第三套节目中播出的《一夜外出》中，巴里•福斯特饰演的主角——一位办公室文员——对他唠叨的母亲和一个温文尔雅的妓女进行了激烈的反抗。4月24日，它是美国广播公司扶手椅剧院上映的影片之一，由汤姆•贝尔领衔主演。在这两个版本中，品特都扮演了男主角的一个同事，而费雯则扮演了沉稳的妓女——别的不说，他们都需要钱。但有趣的是，评论界和大众的反应存在着巨大差异。《观察家》的保罗•费里斯对电台版本嗤之以鼻，认为"它缺少以某种方式干扰听者的最后的也是唯一真正的价值"——这是广播剧的新标准；在同一篇报道中，莫里斯•理查德森提到了电视制作的版本"给人的印象是一套把戏，是一个芭蕾舞场景，而不是一出戏"。然而，英国广播公司的观众调查显示，电台版本的欣赏指数为65，这被认为相当高。一位女听众评论说："听了这部剧后，我发誓再也不唠叨我的丈夫或儿子了。"这表明戏剧有一种出人意料的实用性功能。在电视上，它在一周内收视率前十排行榜中拔得头筹，甚至超过了流行节目《伦敦帕拉丁剧院周日之夜》的人气。具有讽刺意味的是，一款名为《敲钟》的非常吸引人的恐怖游戏，却被一部主人公威胁要用一只钟打死他母亲的戏剧挤到了排行榜第二位。

老实说，《一夜外出》并不是一部特别难以理解或神秘的戏剧。它的语气比品特以前写的任何内容都要真实。它表现的是叙事上的惊喜。它的结构是一个相当传统的三幕剧。在第一幕，28岁的阿尔伯特·斯托克斯出发去见他的同事们，准备去参加办公室聚会，却差一点被他占有欲极强的母亲说服留在家里。在第二幕，他去参加聚会，被诬告猥亵了一个年轻女孩，并与一名恃强凌弱的同事打了一架。回到家后，显然他绞尽脑汁地想弄死等待他的母亲。在第三幕，他被一个妓女抓住，当听到她的声音里有他母亲唠叨的回声时，他无法自控地实施了暴力。当他回到家时，却发现原以为已经死了的母亲正夹杂着恶意的责备和令人窒息的挂念等着他。

品特显然挖掘出了一种令人熟悉的男性恐惧：这种恐惧来自专制的母亲对儿子自我认同的威胁，以及性能力强的女人对男人的性能力的挑战。同样明显的是《生日晚会》中的强烈回响，包括斯坦利对母亲般的梅格爆发出的敌意——他差一点把她勒死——以及他对在性方面很傲慢的露露进行强奸的企图。这是一部关于男性能力不足如何演变成愤怒和无能的暴力的戏剧。但这背后似乎没有个人压力：这是弗洛伊德对大众市场的影响，而不是作者从自己的内心中抒发出来的东西（品特本人与自己的母亲关系基本融洽，也似乎很少被与女孩相处的困难压得喘不过气来）。《一夜外出》这出戏只有在第三幕才能达到高潮。你会觉得品特的想象力突然被两个孤独者——阿尔伯特和那个妓女——的相遇点燃了，他们用一堵伪装的墙来掩藏内心深处的孤独，为获得暂时的优势地位而斗争。品特的作品在权力受到威胁的时候达到高潮，他可以探索客厅里的政治，这真是令人惊讶。

在这个扣人心弦的场景中，品特还展示了语言是如何伪装未被明确表达的需求和恐惧的。阿尔伯特假装成一名电影导演助理，试图掩饰自己对性的恐慌和对性无能的恐惧。妓女假装表面上的文雅，试图隐藏她选择职业时的孤独和愧疚：她抗议阿尔伯特的咒骂，谈论晚饭前喝一杯雪利酒，还不停提到女儿在赫里福德一所寄宿学校的照片——可悲的是，这张照片里竟然是她自己年轻时的样子。这是一部经典的戏剧作品，品特表达了他对双方的同情：孤独的妓女和迷恋母亲的处男。甚至连阿尔伯特最后一次试图占据统治地位——强迫女孩穿上他的鞋子，朝她的方向抛去半克朗，并喊着"给自己在马戏团买个座位"——也只是为了强调他对性的恐惧。虽然品特否认他在创作女性角色时有意识地联想到了费雯，但是很难相信他没有在作品中展现她复杂性格的某些方面，特别是她脆弱的情感与镇静的外表的奇怪结合。当时认识她的人们描绘了一幅令人着迷的矛盾画面。奥里奥尔·史密斯既参与了在汉普斯特德上演的《房间》，也参与了电台版的《一夜外出》。他说道："我觉得她是个很没有安全感的人。她看起来很脆弱。我记得她在扮演50岁的罗丝的时候抱怨总是要去扮演角色，从来没有被要求去做任何有魅力的事情。"苏珊·恩格尔是该剧在布里斯托尔首演时罗丝的最初扮演者，她总是这样回忆费雯："非常安静、非常笔挺，仿佛她在有意识地模仿20世纪50年代《时尚》杂志上像芭芭拉·戈伦那样优雅的模特。"当然，正是这种个人的不安全感和任性的温文尔雅的结合，推动了《一夜外出》中那个角色的发展。

然而，不同寻常的是品特本人在《生日晚会》彻底失败后的两年里的经历。在那段时间里，他迅速恢复状态，创作了《微痛》《温室》《一夜外出》，以及一批令人欣赏的讽刺短剧。他见证了他的第一部主要戏剧被批判性地重新评价，之后首先在这些地区重新上演，然后在伦敦业余戏剧爱好者中变得受欢迎（1959年，在位于伊灵的奎斯特斯剧院中，斯坦利由彼得·维兰扮演，他认为这个角色对一些有抱负的剧作家很有吸引力），最后被搬上电视荧幕。他设法——部分通过在戏剧轮演公司一直持续到1959年夏末之前的表演——挣到钱养家糊口。通过努力工作和坚韧的决心，他证明了自己是决不会沉默的。他还在面对社会从众性和国家压迫时，培养了对个人权利的坚定信念。他甚至设法写了一部新剧。他不知道的是，1960年4月24日，当《一夜外出》在周日晚间的电视上转播时，他还差三天就会从"他是一位前途无量的作家但作品非常晦涩难懂"的阴影中挣脱出来，并且发现他的整个生活和事业完全发生了改变。就像拜伦一样，一觉醒来，他发现自己出名了。

第六章　权力博弈

使品特迅速在激动人心的领域获得商业成功并享誉全国的作品，当然是《看门人》。这部戏剧于 1960 年 4 月 27 日在伦敦艺术剧院上演，一个月以后又在伦敦公爵夫人剧院重演，一共表演了 444 场。然而该剧在之后仍然具有生命力，让四处游荡的戴维斯、大脑受损的阿斯顿、敏捷而富有开创精神的米克成了半神话式的人物。它在世界上每一个戏剧之都都上演过，经常在伦敦重演，被拍成电影，进行电视转播，并受到各种可能的诠释。这部戏剧在英国国家剧院全部由黑人演员出演，在卡迪夫的谢尔曼剧院全部由女性出演。我甚至在克拉约瓦的罗马尼亚国家剧院看到这部戏被赤裸裸地作为宗教象征上演。在戏剧开始的时候，伴随着巴赫 B 小调弥撒曲，像基督一样的阿斯顿正在为戴维斯洗脚。然而品特最广为流传的戏剧起源于奇斯威克大道 373 号的特定生活环境。这部戏剧并不是对经历的记录，但其中的三个人物都有他们的生活经历。戏剧是由一闪而过的画面激发的——这再一次证明了，与《生日晚会》和《温室》一样，品特能够在引人注目的一瞬间内看到潜藏的戏剧意义。

品特之前从未详细谈论过该剧的起源，在很大程度上是因为这成了他和费雯之间痛苦冲突的导火索。"当时我们，"他解释道，"住在奇斯威克一楼的公寓里，那里有几间非常干净的房间，还带有一间浴室和一间厨房。一个小伙子拥有这栋房子——事实上他是一位建筑工人，和米克一样有一辆自己的货车，我几乎从来没见过他。我对他的唯一印象是，他动作迅速地上下楼，当他回来和离开时，货车发出……呜呜……的声音。他的兄弟也住在这栋房子里，他是个杂工……他的管理要比阿斯顿成功得多，但是他非常内向，非常神秘，数年前他在精神病院接受某种电击治疗……我想是 ECT……不管怎样，有一天晚上他确实带回了一个流浪汉。我称他为流浪汉，但实际上他只是一个在那儿待了三四周的无家可归的老人。只有偶尔在楼梯上遇到他时我才会和他说会儿话……我只能在那儿碰见他。我从未邀请过他喝杯茶，但我偶尔会瞥见他在其他人的房间里……他一点也不像戴维斯那样能言善辩，但是他肯定……显得对自己的境遇不那么满意……这样一幅画面让我久久不能忘怀：房间的门开着，两个人站在房间内的不同地方做着不同的事情……这个流浪汉在包里翻来翻去，另一个男人看着窗外，一言不发……那一刹那时间静止，给我留下了非常强烈的印象。"

战后最经久不衰的戏剧之一就来自那一瞬间的画面，但是正如品特所言，有一点是清楚的：他表现出对阿斯顿和戴维斯人物原型本能的同情。正如他所说，米克是他创造的三个角色中最纯粹的人物。然而对于流浪汉，他有一种同病相怜的感觉。"在他被赶出去后，"品特说，"有一天我在奇斯威克的交叉路口遇到了他。我们聊了聊，我问他过得怎么样。我没有提到当时我已经在写的戏剧，因为他可能都不知道戏剧是什么……这听起来有点高人一等，其实连我都不知道戏剧是什么。我想让你记住，那时我的生活就是用我那台旧打字机打字——丹尼尔在我脚边爬来爬去——还要时常去劳工介绍所，在大街上一个名为罗宾汉和小约翰的小店里喝半品脱啤酒。那时我的生活非常窘迫……非常……我完全失业了。因此在某种程度上，我非常接近这位老流浪汉的世界。"

带有一丝诗意的自由——1959年秋天，当品特创作剧本的时候，他已经在第三套节目中播出了《微痛》，并开始从广播剧中获得固定的佣金——的确，当时品特的生活相当拮据，因此对流浪汉抱有一种自然的同情。在英国皇家戏剧艺术学院逃学期间，他在伦敦到处闲逛，做过各种各样的零工。甚至在那之前，在他的自传体散文《仙子女王》中，他记录了他和哈克尼的好友是如何与流浪汉交往的。

> 我们散步的时候总会遇到一位英俊的、名叫查理的老流浪汉。他睡在奥尔德盖特的一处房子里，整天都漫无目的地游荡。很少有人与他接触，他因为困苦而变得虚弱。他似乎打算在哈克尼定居下来，我们经常帮助他。这是我们对于他在这个地方表现出来的绅士风度能够给予的最少的回报了。

戴维斯并没有表现出"绅士风度"，但是至少引文表明，品特一直以来对流浪汉的关注不是假的。

更为重要的是品特对阿斯顿这一人物原型的感情。据演员肯尼思·克兰哈姆说，这个人物原型的真名叫作奥斯丁。"我记得，"品特说，"我设法在伦敦以外的某个地方找到了一份工作，不得不离开一个月。当我回到家，这位阿斯顿的人物原型在楼梯上遇见我，说：'我有个惊喜要给你。'他给我看一本刚到的全新电话簿，上面写着'H. 品特——剧作家'。我之前曾告诉他，作为演员，一部电话对费雯和我来说非常有用——即使可能没人打电话给你——于是他就出去买了一部电话，特意装在楼梯那儿。他这么做只是因为他也知道我是从事写作的，他因此特别自豪……我将告诉你为什么我之前从不谈论这事儿，因为费雯一直以来都对我在剧中创造了阿斯顿这个角色感到沮丧。她觉得在某种程度上我背叛了他，但我却无法理解这一点。我说：'我怎么可能背叛他？我是站在他这一边的啊。我很喜欢他。我非常同情他。'但费雯很固执——如果这是一个恰当的词语的话——她永远也看不到这一点。因此我从未公开谈起过，从未提及过这部戏剧的来源。我不想让问题复杂化，令她更心烦……"

盖伊·维森是费雯一生的朋友，他确认说："费雯一直都很厌恶《看门人》。"讽刺的是，正是这部戏剧使她和品特获得了渴求的经济保障。但或许可以谅解费雯，因为这部戏剧始终在提醒他们，艺术家在创作中需要调动个人经历，包括她本人的经历。这部戏剧既是他们物质享受的源头，也是他们婚姻冲突的源头，因为她对现已成名的丈夫产生了致命的依赖。但是品特对该剧起源的描述在很多方面都颇有启发性。首先，很明显这部戏剧比他以前写的任何内容都更加贴近可感知到的现实，唐纳德·普莱森斯确认了这一点，他就是让人难以忘记的戴维斯这个角色的人物原型。"我总是在哈罗德排练后送他，"他告诉我，"回到他位于奇斯威克大道的公寓里。这是故事真实发生的地方。一天晚上，当我把车停在公寓外时，我突然想起一些事情：我以前曾经去过那里。有一位印度摄影师在那里给我拍过照片。他的妻子非常美丽。我突然意识到他们就是戴维斯所抱怨的'黑人'，他们生活在原本真实的世界的另一边。"

品特与这部戏剧起源相关的故事也在一定程度上解释了他创作过程中的奥秘。他从一个画面开始，普鲁斯特式地将瞬间记忆定格在时间里，但是他让画面渐渐演变成能够让他自己持续痴迷的内容。你可以看出为何品特一直拒绝对该剧做出寓言式的解释，他只声称戏剧涉及"一个有关三个特殊人物的特殊情况"。但是无论哪部戏剧，如果它有一定的品质，就会超越创造它的原始冲动。歌德曾这样说起戏剧："一出戏剧应具有象征意义，也就是说，每一个动作本身都必须有意义，并且能够指向潜藏在它背后的更重要的内容。莫里哀的《伪君子》就是一个很好的例子。"《看门人》亦是如此。显然，这是一部与三个个体和一个将房间作为逃离外部世界的临时避难所的想法相关的特殊戏剧。但这也是一部关于家庭内部的权力本质以及我们将结成不断变化的联盟作为生存策略的一部分的戏剧，一部关于支撑着我们度过每一天的白日梦和保护性幻想的戏剧，一部关于我们如何把语言用作支配、逃避或进行策略性谈判的武器的戏剧。显然，我们对任何艺术作品都会带有先入为主的看法，我也不会排斥他人宗教意义上的、形而上学的或者弗洛伊德式的解读。然而，《看门人》对我而言首先是这样一部戏剧：它彻底打破了对私下里的品特和公开的品特的人为区分。同时，这部戏剧在国内的地位相当之高，他表现了面对入侵者时兄弟情谊的不屈力量，用约翰·格罗斯一句精彩的话来说："这是一部政治性很强的戏剧，因为生活的基本景象就是一场永不停止的斗争。"最终，这两种思想变得密不可分。

除去对这部戏剧的固有看法，人们还能够发现些什么呢？正如品特常常做的那样，一开始会出现一个引人注目的形象，一个传达着戏剧大部分意义的形象。我们第一眼就看见一个满是垃圾的房间——割草机、购物手推车、手提箱、箱子、旧报纸、佛像，以及无数个小玩意儿——这些告诉我们不管是谁住在那儿，一定很孤独、执拗，生活杂乱无章，甚至还有一点心不在焉。接着我们看见了一位身穿皮夹克的人（米克）在依次检查每一样物品，随后盯着挂在天花板上的水桶静静地坐了三十秒，当他听到楼梯有声响时，悄悄地溜了出去。在这个阶段，我们无法得知他是谁。我们不知道他是这间房子的主人还是房东的兄弟，但是他的沉默、对房屋里的物品的冷静评估，以及他对床位的占有，都暗示出他对这个空间有所有权。但在听到声音后迅速离开的行为也暗示了他偷偷摸摸、神秘莫测。阿斯顿第一次出现时，穿着破旧的深蓝色细条纹西服加上套头衫；而戴维斯则穿着破旧的棕色外套、马甲、背心，没穿衬衫和凉鞋：这些也显示了他们相对应的地位。

品特立刻将戴维斯塑造成一个爱抱怨的形象。戴维斯十分依赖慷慨好客的阿斯顿：这个老人显然一副流浪汉的样子，渴望温暖和庇护，但是他知道这样会让他处于从属地位。"坐下"是阿斯顿说的第一句话，这在戏剧开头听起来无伤大雅。虽然这是善意的姿态，却令戴维斯处在了劣势的地位，而且戴维斯自己也知道这一点。他的即时反应是进攻和防守的结合："坐下？哈……我还没有好好坐下来过……我还没有好好坐下来……好吧，我不能告诉你……"阿斯顿两次邀请戴维斯坐下，戴维斯都拒绝了。相反，戴维斯因为波兰人、希腊人和黑人在他曾经工作的小餐厅里抢了他的座位，以及一个苏格兰蠢货命令他把一桶垃圾带走而感到愤怒，气愤地在房间里走来走去。谁坐下谁站着，这看起来可能是无关紧要的问题，但对于品特而言，这却是争夺权力时关键的一部分。在《房间》里，新来访者之间紧张的婚姻关系通过桑兹太太对其丈夫的指责表现出来："你在坐着！"随之而来的是一句防御性的反驳："谁坐着？"更加有名的场面是《生日晚会》中戈德伯格命令斯坦利坐下，后者

第六章　权力博弈

却反抗拒绝了，这成为操纵地位的关键的一部分。在《看门人》里，阿斯顿坐着卷香烟，并在拨弄着电烤面包炉的插头——这一动作贯穿在他的整场戏中——与此同时，戴维斯在屋子里摇摇晃晃，骂骂咧咧，这些告诉我们主人对地盘的所有权已经处在威胁之中。

权力就是主题：支配或是被支配。品特意识到这与史诗般的规模无关，而与竞争者所面临的风险有关。克里斯托夫·马洛的《帖木儿大帝》讲述的是如何征服广袤的王国，而《看门人》却是一个关于伦敦西区一个房间里的三个男人的故事。但和马洛笔下辉煌却又单调的征服世界的冒险故事相比，后者对权力的理解更加深刻。品特抓住的是人生就是为了利益而进行的一系列谈判，在这个过程中，一切都变成了戏剧：甚至连一双鞋，在这里都具有护身符般的意义。戴维斯首先向阿斯顿抛出话题："我想给你说，伙计，你有没有多余的鞋？"突然毫无逻辑地从陈述句转为疑问句，从咄咄逼人的断言转为真诚的请求，即使这一句话也显示出戴维斯内心的困惑：在控制与依赖之间进行持久的拉锯战。他对去卢顿修道院寻找免费的鞋子，而那里的修道士却让他"滚开"的详细描述显示出他天性好斗。当阿斯顿给了他一双非常体面的皮鞋时，戴维斯以无依无靠的人特有的老鼠一样的狡猾劲儿，仍然扭转了形势，使之对自己有利。

戴维斯：这双鞋不错。（他费力地在房间里走着。）这鞋挺结实的，很好。是的，样式不错。这种皮子很结实，对吧？非常结实。那天，有个家伙非要把山羊皮鞋子卖给我，我才不穿那种皮子呢。考虑穿鞋的话，山羊皮比不了皮革鞋子。山羊皮容易变质、起皱，穿五分钟就一辈子都是脏的。它比不上皮革的。是的。这是一双好鞋。

阿斯顿：很好。

（戴维斯晃了晃脚。）

戴维斯：可是不合脚。

阿斯顿：哦？

戴维斯：不合脚，我的脚太宽了。

阿斯顿：唔。

戴维斯：鞋太尖了，你看。

阿斯顿：唉。

戴维斯：穿上它，用不了一礼拜，我就会变瘸的。我的意思是，我穿的那些鞋子，它们不怎么好看，但至少挺舒适的；不怎么值钱，但不伤脚。（他脱下鞋子，还给了阿斯顿。）不过还是谢谢你，先生。

阿斯顿：我看看还能给你找双别的鞋子不。

戴维斯：但愿能。我不能老是这个样子。不能四处流浪了。你看，我还得再走走，想法安顿下来。

阿斯顿：你打算去哪儿？

戴维斯：哦，我有一些想法。我在等着天气转好。

（停顿。）

阿斯顿（注意着烤面包机）：你……你愿意睡在这里吗？

任何一个想知道品特为何是一流剧作家的人，都只需要研究一下在这场看起来没有伤害的交流中的微妙操纵。首先戴维斯在穿鞋子这件事上建立了他的权威，随后他把道德愧疚感推到阿斯顿身上，好像在责备阿斯顿给了他一双可能会让他腿瘸的鞋子。在将阿斯顿置于不利地位后，戴维斯进一步利用阿斯顿仁慈善良的天性，看似安慰实则奴役他——当他大声说"但愿能"时，有一种奇妙的优越感。通过确立能否完成计划取决于能否穿上坚固结实的鞋子，戴维斯又在谈判中争取了地位，结果阿斯顿实际上没有其他选择，只能给他提供一张床。显然，对于一双露出脚趾头的凉鞋吹毛求疵，就像是杰明街上的一位公爵遗孀要求鞋子精确、完美地合脚一样，这有些滑稽，但戴维斯有意识地通过拒绝接受鞋子来获取战略上的优势。当自行其是的戴维斯从阿斯顿的床下摸出同样的鞋子，欣赏地小声说"这双鞋子不错，就是有一点尖"的时候，这一点再次被确定。品特用高超的戏剧技巧展示了霸权之争如何并非依赖于宏观世界的规模，而取决于个体的利害关系。事实上，没有任何一场生意像这场鞋子生意。

戏剧的这一情节也突出了戴维斯擅长运用短期战术，但他的整体战略意识薄弱。他当下的目标很清晰，就是尽一切可能从阿斯顿那里获得免费的床铺和牛奶。他的长期目标——去锡德卡普拿回自己的文件——不过是自我欺骗。但随着情节发展，一系列的因素阻碍着他：提供给他的看门人的工作暴露了他做出承诺时的恐慌，从忠于阿斯顿到忠于米克的致命转变，以及他严重低估了兄弟之间的感情纽带。被排斥在家庭关系网之外的他完全无法理解兄弟互相保护这一概念，这也部分解释了为何在第一幕结束时，随着米克的归来，整个权力平衡发生了变化。从那以后，显而易见，米克一直在试探戴维斯，给他设陷阱，寻求机会暴露他的真实个性好让阿斯顿主动赶他走。米克在进行长期的政治权力博弈，试图以一种看起来不野蛮的方式保护自己的哥哥免受剥削。

实际上，米克机警、狡猾、聪明。他以几种方式控制戴维斯：蛮力，纯粹的语言专业知识，用伊莱克斯电器吓唬他，给他各种各样的诱饵让他天真地吞下去。戴维斯对生存有着动物般的本能，米克则因兄弟情谊设计了总体计划。

> 米克：如果你有个哥哥，你也会推着他往前走，你也想看到他自力更生。你不能让他闲着，否则他只会害了他自己。这就是我想说的。
> 戴维斯：对。
> 米克：但他就是不想开始认真工作。
> 戴维斯：他不喜欢干活儿。
> 米克：怕干活儿。
> 戴维斯：听起来就像我。
> 米克：你碰到过这种类型的人，对吧？
> 戴维斯：我？我知道那种人。

很明显，米克以男人之间的交流口吻一直在怂恿戴维斯，给他提供一个残酷的自我镜像，设下圈套，诱使他暗示阿斯顿有点可笑（"你不要太吹毛求疵吧"），并在给戴维斯提供一个看门人的工作后猛地收紧圈套。阿斯顿——从某种意义上来说他照顾着戴维斯，就像米克照顾着阿斯顿一样——显然出于同情和需要同伴的需求，向戴维斯提出了同样的帮助；而米克这样做却是其策略计划的一部分，目的是暴露戴维斯不断变化的背叛行为。从这时起，戴维斯的命运就注定了。他把自己的命运交给了米克，并与他的救世主阿斯顿断绝了关系（"他不是我的朋友"）。他威胁阿斯顿要把他送回曾经禁闭他的那家精神病院，并拿起刀指向他。在与看起来更强壮的弟弟结盟后，戴维斯过分高估了自己的能力，最终暴露出自己是一个狡猾的寄生虫。他遭到惩罚，被驱逐出这个暂时的伊甸园。米克的成功在于使用欺诈的政治策略引导戴维斯暴露出恶意及轻蔑，结果正是阿斯顿主动让他离开。

品特将对家庭关系的现实主义研究和对权力的微观研究结合起来，但是阿斯顿在这一切中所扮演的角色需要明确界定。就像品特对在1980年出演该角色的肯尼思·克兰哈姆所说的那样，他是"一位绅士"。品特也不反对克兰哈姆坚信阿斯顿可能有一些守旧的宗教见解：起初，在对待戴维斯时，阿斯顿表现出其仁慈善良的灵魂。但仅仅把他看作纯洁无瑕的基督教象征是有误导性的。仔细听听在第二幕结束时他对自己监禁经历的长篇大论，你会注意到他也是一个积极的反抗者。他被关在精神病院里，常常试图逃跑。在被告知电击疗法会帮助他"像其他人一样生活"

后——这是品特戏剧中最主要的恐惧——他花了五个小时的时间锯病房窗户上的栅栏。他并没有被动地等待着被钳子夹住头,他背靠墙站着,将一个医生放倒在地,还勒住了另一个医生的喉咙。阿斯顿,无论外表有多么绅士,他的内心都被粗暴的不公平折磨:"我经常想回去,找到那个给我动手术的家伙。"即使他需要弟弟的保护,他仍然有能力采取积极的行动。当戴维斯做出致命的政治误判,选择与米克站在一边,并唤起了阿斯顿内心最大的恐惧("他们会把钳子再次夹到你的头上,伙计!")时,阿斯顿加快了对这个流浪汉的驱逐,而米克只是确认并完成了这个过程。事实上,这部戏剧的关键时刻之一就是当戴维斯已被明确要求离开后,阿斯顿回来了:"阿斯顿走进来。他关上门,走进房间,面对着米克。他们俩对视着。两人都微微一笑。"品特表明兄弟俩不仅相互了解,还都了解了戴维斯这个人的本性,戴维斯最后只能无能为力地哀求留下来。当戴维斯祈求再给他一次机会时,阿斯顿一动不动,站在窗前背对着他。这一幕几乎是品特在奇斯威克大道透过那扇打开的门所瞥见的画面的再现。

　　就像所有一流的现实主义戏剧一样,《看门人》显然对隐喻性的解读持开放态度。肯尼思·泰南在《观察者》中提出了一种可能,即这两兄弟可能是精神分裂症人格的两个部分,也可能米克代表超我,阿斯顿代表自我,流浪汉代表本我。马丁·艾斯林承认这部戏剧在现实中有坚实的基础,并有趣地暗示戴维斯可能代表了父亲的角色,他的两个儿子被迫要驱逐和拒绝他。特伦斯·拉提根在第一次观看该剧时曾对品特暗示,这三个人物分别代表了圣父、圣子和圣灵,品特一如既往礼貌地听着。其他人则把戴维斯解读为酒神狄俄尼索斯、流离失所的犹太人、在任何戏剧里都有的诱惑者。但是这种猜测越详尽,他们就越远离戏剧本质,因为他们拒绝探究戏剧到底蕴含了什么:这是对家庭政治的精准研究,一个幕后操纵者被一个更加机智、智慧的对手操纵;是对坚不可摧的兄弟情谊的探讨;是一部有关阁楼的悲剧,我们的同情最终转回戴维斯,他成了北环路上的李尔王。

　　然而,这部戏剧也涉及现代戏剧伟大的主题之一,这个主题困扰着易卜生、契诃夫、皮兰德娄、威廉姆斯,特别体现在奥尼尔的《送冰人来了》当中,即尝试通过保护性的幻象让我们逃避白日的现实。戴维斯没有固定的住所、身份、可以核实的姓名,甚至没有贵重的物品。他是一个悲喜剧人物,要根据当下的需要重塑自我。"我一直都用最好的盘子吃饭。"这是一句不太可能的断言,因为他对妻子所谓的肮脏生活有着强烈的记忆。当阿斯顿回忆在咖啡厅里有个女人把手放在他的手上,并且问他是否愿意让她看一看他的身体时,想要胜过他的戴维斯说"她们也这么跟我说过"。当米克暗示戴维斯可能服过兵役甚至在殖民地待过时,戴维斯强调道:"我是在过那里。我是首批去那里的人之一。"戴维斯通过当下的必要性及他人的暗示来定义自己。他认为只要去锡德卡普取回自己的文件就能确认自己的身份的想法或许是最大的幻觉，虽然在现实中有此根源。品特在哈克尼的老朋友莫里斯·威尔尼克回忆说："毫无疑问，哈罗德拥有作家的敏锐听觉，他收集我们每一个人说的单词和短语。他还去听当地人聊天。《看门人》里的锡德卡普这个地方来源于下述事实：那是一个皇家炮兵基地，我作为国家军人曾经在那里服役；作为所有许可证和记录的出处，该地带有近乎神秘的特质，成为品特创作的来源。"对英国人来说，锡德卡普这个地名带有一点点滑稽的弦外之音，暗含对郊区的尊重。对戴维斯来说，那个地方是肯特人的理想之地，可以解决他所有的问题，包括他无法确认的身份，不确定的过去、现在和未来。

阿斯顿，这个无用的杂工在戏剧中花费大量的时间试图修好同一个电插头，他的生活也由幻想支撑着：他确信自己能改变花园的一片荒芜，建个小木屋，再去装饰他弟弟的房子的上面部分。他耐心地跟戴维斯解释：

> 一旦我在外面搭好棚子……我就可以进一步考虑一下这间公寓的问题，你看。也许我很快就能做出一两件东西。（他走到窗前。）你看，我可以用我的双手工作。这是我能够做的事情。以前我从不知道自己能做到这个，但是现在我能够自己动手做各种各样的活儿。你知道的，手工的活儿。等我把外面的棚子搭好……我就有工作间了，你看。我……可以做一点木工活儿，从简单的木工活儿开始。用好木头……干活儿。

阿斯顿与你在奥尼尔的作品中看到的海边流浪汉一样，对幻想充满渴望，但是他并没有通过喝酒来寻求慰藉。更令人沮丧的是，阿斯顿并不能修好烤面包机，更别提搭建棚子或者是装修公寓了。

尽管米克善于操纵，反应机敏，但他也靠无法实现的梦想支撑着。他梦想着把垃圾遍地的阁楼变为花园洋房式的顶层公寓，厨房里铺着青绿色的和紫铜色的仿羊皮方形漆布，卧室里摆放着桃花心木和红木家具。这纯粹是米蒂式的白日梦。当米克最后把佛像扔向煤气炉时，在我看来，这与其说是对戴维斯父亲形象的象征性破坏，不如说是一种被压抑的愤怒的发泄，因为他知道自己的梦想无法实现了。就像米克知道戴维斯是个靠乞讨为生的流浪汉，从早到晚都臭烘烘的，他也意识到自己只能一直是伦敦西区的一个牛仔，一个无足轻重的建筑工，还带着一个脑部受创的哥哥。

然而，让这些白日梦更刺激的是，每个人物都可以看穿其他人的伪装，但仍然拼命地抓住自己的幻象。当阿斯顿带着憧憬说要清理杂草丛生的花园来搭建一个棚子时，是戴维斯残酷而切实际地指出："你需要一个拖拉机，伙计。"而戴维斯自己独特的生活谎言也被米克无情地揭穿了："你一直滔滔不绝地说你在锡德卡普的文件，那又怎样呢？我又没瞧见你去锡德卡普把它们拿回来。"甚至连阿斯顿也足够精明，他粉碎了戴维斯最后一丝可悲的梦想，即继续留在那里，帮助他在花园里搭建棚子。他直率地拒绝说"你发出的声音太大了"。这是这部戏剧最大的反讽：当我们拼命地固守自己的幻想时，我们却用语言的大刀刺穿别人的幻想。

然而，该剧最主要的特点在于品特的戏剧语言。其语言不像是一个纯粹的艺术技巧或是招摇的语言技巧的一部分，因为它不可以从人物性格或情景中割离出来。即使是他们更为平淡无奇的个人描述——戴维斯回忆起为寻找鞋子而去了卢顿修道院，阿斯顿痛苦地回忆他遭到的监禁，米克详细地描述了他的康兰式阁楼——也有语言节奏和语调上的差异，反映了说话人的思考过程及戏剧情景。和其之前的戏剧作品相比，品特在这里更多地展示出语言如何被用作持续的战斗策略：它是一种潜在的支配工具，一种为保住个人的位置而采取的防御姿态，一种为掩盖真相而采取的逃避手段。易卜生曾说："做诗人主要要去观察。"品特看到，我们所用的语言很少没有隐藏的意图，它是为了夺取优势而进行的一场无止境的谈判或是情感伪装的一部分。这与这一时期令人厌烦的批评废话"交流失败"毫无关系。1960年，品特在接受英国广播公司广播电台的肯尼思·泰南的采访时说："我感觉不是不能沟通，而是刻意回避沟通。人与人之间的交流变得如此可怕，以致人们不想交流，而只想保持闲谈，一直在说其他事情，而不是谈论双方关系的根源。"

然而，品特在《看门人》里特别进步的一点是显示出我们更愿意对谈话的动机而非内容做出反应，总是再三揣摩其他人的意图。阿斯顿与戴维斯之间的一次交流完美地证明了这一点：

　　阿斯顿：你说你的名字叫什么？
　　戴维斯：我的假名是伯纳德·詹金斯。
　　阿斯顿：不，你的另一个名字是？
　　戴维斯：戴维斯。麦克·戴维斯。
　　阿斯顿：你是威尔士人吧？
　　戴维斯：嗯？
　　阿斯顿：你是威尔士人？

第六章　权力博弈

（停顿。）

戴维斯：嗯，我一直四处游荡，你知道的……我的意思是……我四处游荡……

阿斯顿：你在哪儿出生的？

戴维斯（面色阴沉）：你什么意思？

阿斯顿：你在哪儿出生的？

戴维斯：我出生在……呃……哦，要让你回顾过去，这有点儿难……你懂我的意思是……回顾……真叫人受不了……有些东西记不清了……就好像……你知道……

这段对话很精彩，非常有趣，也令人深感不安。阿斯顿的问题表面上看十分天真，但是它们源于对人际交往的渴求——"在戏剧一开始，"品特告诉肯尼思·克兰哈姆，"阿斯顿已经十年没跟人说过话了"——他想要留住这位刚在他家里住了一夜的神秘而暴躁的客人。作为流浪汉，毫无疑问戴维斯曾遭到包括警察、咖啡馆老板在内的每个人的骚扰和打扰，因此他把每一个问题都看作潜在的威胁。面对每一次询问，他都逃避、躲闪、支支吾吾，似乎无法分辨问题是来自当局的打探还是出于人们单纯的好奇。同时，他透露自己已经流浪有些年头了，他的身份因而模糊不清了，在被问到出生地时，他只能语无伦次地胡言乱语。这并不是说阿斯顿和戴维斯无法沟通。品特想表达的是，他们在不同的轨道上行驶：一个非常渴求沟通，而另一个却通过言语上的假装和防御性的退缩避免沟通。这种顾左右而言他的战术具有一种革命性的本质，佩内洛普·吉里亚特是唯一一个抓住了这一点的评论家。她写了1964年的电影版《看门人》。可能因为她嫁给了戏剧家约翰·奥斯本，她自己也在写电影剧本及短篇故事，所以她能够准确地明白品特的意思：

人们常常这样说话，不是回答说话内容的意思，而是回答他们能够猜测到的动机。这是一个如此简单和富有同情心的观察，以至于很难想象这么多的作家倘若长时间没有这种观察，他们是如何创作对话的。除非你的角色是耶稣会士，在回答问题时给出一个合乎逻辑的答案，实际上这是一种非常程式化的写法。也正因为如此，这种方式使得萧伯纳的戏剧表面上看起来好像没有同情心。然而，这是大多数戏剧家的写作方式，即使他们想写得逼真。这就好像几千年来我们一直在画有两只眼睛的人的侧脸，而就在这一刻，我们注意到实际上只有一只眼睛可以被看到。在过去，对大多数人来说，如果"你在哪儿出生的？"

后面跟着一句"你什么意思",这种回答会被认为是纯粹的胡言乱语。而这个浑身臭烘烘的、谄媚的老人这样回答,是因为他认为阿斯顿的弟弟给他在杂物间里安排一张床铺是要暗中控制他。如果他能去锡德卡普拿回他的文件,那么一切都会迎刃而解。

"富有同情心的"是对这种观察的具有洞察力的描述。这与肯尼思·泰南对原创剧作的反应正好相反。他这样描述他对这出戏剧的浓厚兴趣:"一次又一次,品特丝毫不差地把底层阶级人们对话的模糊性、重复性的愚蠢表现出来。人们因读懂了它而大笑,但此时的笑声已经带有势利的味道。"这在1960年可能是真的,但事后来看,让人们印象深刻的是,只有深深地意识到人类的不安全感的戏剧家才会把对话看作逃避或自我保护的方式,或是获得策略性优势的手段。品特经常被看作一个超然的、善于讽刺的观察者,但事实上他的戏剧显示出对一无所有的人们超乎寻常的同情。他也给你留下了一个终生孤独的人物的永恒形象。在《看门人》里,戴维斯和阿斯顿显然就是这样。米克曾用伦敦行政区的冗长演说来迷惑戴维斯:"你知道吧,信不信由你,你和我在肖尔迪奇认识的一个家伙长得有点像。其实他住在奥尔德盖特。当时我和一个堂弟住在卡姆登镇。那个家伙曾在芬斯伯里公园里有个货摊,就在公交汽车站旁边……"这不是简单的即兴重复。米克打败了戴维斯唯一的王牌,让他明白无论这个道德败坏的老流浪汉有多了解伦敦的街道和郊区,米克都比他更了解这些。在谈论这座城市时,他们互相兜着圈子,对话击中了戴维斯困境的核心:他是一个没有固定身份或者固定住处的人。但是品特也会让你察觉到,专注于伦敦交通细节的米克也被一种古怪的孤独笼罩着。即使是这种充满权力感的语言也透露出了说话者的脆弱。

《看门人》是一部朴素的杰作,是一部举世认可的有关权力操控、兄弟情谊、精神孤立、作为谈判工具或掩饰形式的语言的戏剧。在1960年,没有人能够预见到这出戏剧最终会轰动世界并成为当代经典。当时迈克尔·格德伦同意上演这部戏剧,但是没有奢望这部作品会取得商业成功:"我记得在《生日晚会》演出之后,我对哈罗德说过我打算在伦敦西区推出他的下一部戏而且不会把它搞砸。后来,《看门人》来了,我却食言了,我告诉哈罗德我只能设法让这部戏在艺术中心上演,那里很小,只有330个座位。让我惊讶的是,他同意了。但是他确实说过他想让导演过他广播剧的唐纳德·麦克维尼来导演这部戏。我尽我所能把这出戏制作好,因为这是我欠哈罗德的,但是在那时,我所有的希望都寄托在一部名为《点金术》的音乐剧上,它由朱利安·莫尔和詹姆斯·吉尔伯特主演,米诺斯·沃洛纳基斯导演,休·卡森设计。这部剧于一周后在皮卡迪利大街上演。结果它完全变成了一场灾难,让我损失了将近 20 000 英镑。如果我当时手里没有《看门人》,仅仅花费 1 166 英镑使之在艺术中心上演,那么我可能已经破产了。"

虽然《看门人》救了格德伦一命,但他并不拥有该剧的所有权。在《生日晚会》失败后,品特的经纪人吉米·瓦克斯找到了美国的出品人兼绅士慈善家罗杰·L. 史蒂文斯,并达成一笔交易:史蒂文斯支付给品特 1 000 英镑换取其后三部戏剧的所有权。这就是为什么尽管《归家》和《往昔时光》最终在皇家莎士比亚剧团上演,但是它们仍然是史蒂文斯的财产。然而,格德伦依旧是《看门人》的制片人,和往常一样,他饱含深情地进行制作——他和唐纳德·普莱森斯、艾伦·贝茨、彼得·伍德索普一起制作——随后让导演和演员继续发挥。在对剧本的参透和同样多的分析的基础上,排练持续了三个星期。"我第一次看到排练,"格德伦说,"是技术性的排练。麦克维尼非常沉默寡言。我是出了名的爱长时间停顿。哈罗德也相当沉默。对每个人来说,这都是一段未知的旅程。艾伦·贝茨抱怨说麦克维尼没有在排练时给他提示,但他保证会在'技术性'排练之后有所改变,因为管理人员参与进来了。整场排练开始了。排练结束后,艾伦走到舞台边,有些焦虑地问道:'咋样?'唐纳德只给他竖了竖大拇指。这就是提示。"

因为普莱森斯是奇斯威克人,所以他更加幸运,每天晚上他在排练结束后就开车送品特回家,常常问他一连串有关戏剧和角色的问题。几年后,普莱森斯声称品特曾说戴维斯最终遭到驱逐,这应该让人感到宽慰。而现在品特强烈否认这一点,他明白人们对戴维斯的态度会在晚上发生微妙的变化:在前两幕具有操纵性的人物到头来成了自取灭亡的可悲的被放逐者。事实上,普莱森斯把自己对这个人物本能的同情带到了表演中。"我特别喜欢演戴维斯,"他告诉我,"因为我总是对流浪汉很感兴趣。他们似乎对承担责任持保留态度,这也许是刻意的,也许像戴维斯一样,他们有其他事情缠身。整体来说,他们非常以自我为中心。不管怎样,生活多少亏欠了他们。我谈的不是无家可归的人——这不是必需条件,而是那些人的丑态。然而,戴维斯敏锐聪明,但这种敏锐却来源于他对其他人的想法所抱有的憎恨,也因为他总觉得其他人想欺骗他。"

《看门人》于 1960 年 4 月 27 日晚第一次上演,在同一周,由奥森·威尔斯制作、劳伦斯·奥利维尔主演的尤内斯库的《犀牛》在皇家宫廷剧院上演。事实上,品特这部戏剧的首演让宫廷剧院推出的本应享有更高声望的戏剧相形见绌,媒体——除了少数几家媒体——都表示了敏锐的欣赏之情,这是《生日晚会》上演后不曾拥有过的。格德伦觉得人们可能集体意识到了对品特早期作品的不公正对待。有趣的是,最受欢迎的报纸发出了最响亮的欢呼声。《每日先驱报》第二天早晨报道说："如潮水般的欢呼声，演员谢幕 12 次。随后，灯光亮起，全场的观众都站起来为坐在剧院里笑容满面的作家鼓掌。"《新闻纪事报》直接宣称："这是伦敦最好的戏剧。"伯纳德·列文在《每日快报》上评价道，"这场来得太迟的戏剧"让人想起了"卡夫卡的令人恐惧的世界，在那个世界里，敌人是全能的、看不见的、无情的，最重要的是变幻莫测的"。T. C. 沃斯利在《金融时报》上将品特与贝克特进行比较后，非常敏锐地评论道："品特的想象力始于一无所有和与世隔绝的人们。点燃他想象力的正是那些与世界仅有一线相连的人们。"

这出戏剧立刻大获成功，并于 5 月 30 日转到公爵夫人剧院上演。不可避免的是，戏剧也引发了多重的批评、抵制。有一种现象是，当一部戏剧在日报及周报上获得赞誉时，月刊和专业杂志就会用更加怀疑的态度来审视它。欧文·沃德尔在《安可》的六月刊里发表文章说，尽管他总体上欣赏这部戏剧，但对阿斯顿的咏叹调表示反对，因为这相当于给这个角色写了一部传记。"在其他地方，语言的戏剧创造了自己的世界，无意中发展为传记的细节。"阿斯顿的长篇大论也是戏剧家同行约翰·阿尔丁在 7 月份出版的《新剧场杂志》上发表的一篇极富智慧的文章中分析的一个关键点。他说可能会在酒吧里听到这个戏剧中的故事，或者由威利斯·霍尔或泰德·威利斯将其改编为电视剧。

> 有趣的是，品特先生的作品实际上是如此接近这样一种写作方式。但是，他留下的空白角落从来没有被连接起来。他故意让所有人物的过去，甚至是当下，变得模糊不清。这种模糊从未变得如此不清晰，以致我们完全被弄糊涂了。他们的不一致绝不是矛盾的。我们永远不可能完整地看到他们。他们在瞬间被清晰地看到，然后好像消失了。因此哥哥有关他脑部手术的描述是非常具体、详细的。但这是真的吗？如果是，为何品特没写那种严肃的社会戏剧来谴责精神病院普遍的残酷现象？如果不是，为何这一部分占据了文本——第二幕的高潮的关键位置？

阿尔丁不知道的是，品特已经在《温室》里表现过严肃的社会问题。他可能没有欣赏到的一点是，对品特来说，真相的暂时性和经历的不可验证性就是他对社会的看法的一部分。奈杰尔·丹尼斯在《邂逅》里的批评更为严厉。他认为这部戏剧模仿了《等待戈多》，没有自己的特点——"躺在角落里的幻想，看不见的希望"——这种模仿使原著生动起来。

第六章　权力博弈

事实上，沙夫茨伯里大街时代的剧作家要比与品特同时期的剧作家更加欣赏这出戏剧。特伦斯·拉提根——T.C.沃斯利的密友——很喜欢《看门人》，在其中发现了各种各样的宗教象征主义。诺埃尔·考沃德在他的日记里承认，他怀着害怕与恐惧来看这部剧："从表面上看，《看门人》是我在剧院里看到的最讨厌的东西——肮脏悲惨、不断重复、缺乏动作等等——但不知怎的，它总能抓住你的心……除了它以某种形式发生以外，什么也没有发生。这出戏常常很精彩，和其他人写的很不一样。"拉提根和考沃德或许是想对品特与生俱来的戏剧时间安排和完美的形式感做出回应——有些矛盾地，这使得品特似乎更接近他的前辈而非他的同辈作家，他们经常让结构从属于新的戏剧主题。虽然佳构剧主导者允许出版该剧，但它也面临被商业剧以自己的方式吞噬的严重危险。换句话说，该剧可能被变成一部关于一群引人发笑的流浪汉的流行喜剧。《星期日泰晤士报》的文学编辑雷昂那多·罗素于1960年7月在该报发表了一封公开信，呼吁人们注意观众的麻木及他们一阵阵的"欢快的、持续的、用来迎接这部戏剧的笑声。对我而言，这完全是不加判断的笑声"。品特在一周后回复，他辩解说观众通过笑声使人类生存的悲惨事实合理化。"就我来讲，《看门人》在某种程度上是有趣的。超过这一点，它就不再有趣，而正是因为这一点我才会写作。"真正的问题在于，长期运行的体系不可避免地对表演者和观众产生粗鄙的影响。在12月中旬的一个星期四早上，我去看这部戏，我只能说从技术上看它是正确的，但多少有点像是在模仿一部伟大的原著。

将戏剧重演或者放入保留剧目中是让戏剧保持新鲜感的唯一方式。这出戏在开演一年后大获成功，品特自己花了四周的时间来扮演米克。"艾伦，"唐纳德·普莱森斯回忆说，"当时要去出演《微风轻哨》，突然品特说：'我来演米克。'他其实一直都渴望演这个角色。他表演得非常棒。在与我一起演出的所有扮演米克的演员中——大概有五个演员——他是最令人感到害怕的，是迄今为止最令人恐惧的。起码到现在为止是这样的。他曾经每晚都会吓着我，但我喜欢这样。艾伦没有这么可怕，但艾伦特有的那种恶意的轻描淡写让他的表演变得更加微妙。"的确，《卫报》如此报道品特的表演："他表演出色，时间把握精准，迫使观众对不祥的、以爆炸效果来打断行动的沉默忍耐到极点。"但品特一直都特别擅长表演他创作的那些人物——比如《归家》中的莱尼，这个角色有一种尖锐、略显狡猾、令人生畏的特质。

到目前为止，《看门人》大获成功。这部戏在欧洲各地上演（阿姆斯特丹、杜塞尔多夫、汉诺威、埃森、比勒费尔德），在南非特别受欢迎（在开普敦，奈杰尔·霍桑出色地表演了阿斯顿这个角色），百老汇也不可避免地在向它招手。在家乡英国，尽管批评家弥尔顿·舒尔曼有一些习惯性的抱怨，但该剧还是拿下了1960年伦敦晚间标准戏剧奖的最佳戏剧奖。该剧只在巴黎第一次巡演时失败了：根据 1961 年 1 月《费加罗报》的报道，该剧"把不幸教条化，把饥饿上升到英雄主义，在无聊中美化肮脏和琐碎"。但在其他地方，戴维斯、阿斯顿、米克正成为现代戏剧神秘的一部分。品特以三个特别的人物开始戏剧，看着它发展为一部关于权力、白日梦及政治关系的，能引人共鸣的戏剧。德国剧作家弗里德里希·赫贝尔有点夸张地说："在戏剧中，所有角色都不应该表达自己的思想；在一部戏剧里，所有角色的讲话都来自这种思想。"换言之，戏剧应该始于一个有经历的形象而不是始于一套预先设定的观念或对社会的分析；思想应该在人物的相互作用中流露出来，而不是把人物作为思想的载体。你不能将这种规则套用在历史上每一位作家的身上，但它却肯定适用于品特。《看门人》的故事开始于他某天在奇斯威克大道 373 号的楼梯上停留时瞥见的一种含义丰富的空间关系。由此诞生了一部戏剧，它成功地展示了一部具有个人色彩的戏剧如何可以探索权力的动态变化，以及一部根植于地方的、具体的作品如何可以实现普遍的应用价值。

第七章　性政治

《看门人》的成功改变了品特的生活，给他带来了广泛的赞誉、银行的储蓄和创作自由。事实上，他专门为剧院创作的下一部作品《归家》五年后才首次公演，但在 1960 年到 1965 年期间，他几乎没闲着。他为电视、电影和广播写了大量作品，把为其他媒体创作的作品搬上了舞台，在百老汇首次以作家身份亮相，导演了自己的作品，并且获得了无数奖项。经历过多年的艰难困苦后，品特获得了成功的慰藉。这点首先表现在 1960 年夏天，他和家人从奇斯威克大道搬迁到位于裴园里的法尔米德球场。"这几乎与米克的梦想遥相呼应，"唐纳德·普莱森斯回忆道，"因为那是一幢相当新的郊区公寓，家具都是全新的。哈罗德还买了一辆汽车，尽管他不会开车。〔其实，是费雯会开。〕他具备了一个成功的银行经理的所有特征，同时也是一位非凡而才华横溢的剧作家。"1963 年，品特和家人再次搬迁，这次搬到了一幢位于沃辛市安姆布鲁斯 14 号的摄政时期的弓形房子。"只要十分钟……不对，只要走七分钟就能到海边。"品特以其特有的精准回忆道。然而银行里的钱掩盖不了某种社交的不安全感。1994 年，在唐纳德·普莱森斯离世前不久，他十分动容地回忆起在《看门人》上演后，品特带着费雯和丹尼尔去了伊斯特本的一家豪华宾馆。"有天晚上他给我打电话，"普莱森斯说，"问我应该给领班服务员多少小费。你现在再想想，这很有意思。"

名声也给品特带来了无数的采访请求。在《看门人》上演后，品特出现在英国广播公司各种各样的国内和国际广播节目中，如《今日》《今晚之镇》《伦敦每日电讯》《今日人物》《伦敦回声：对约翰·韦恩的采访》《评论家》《谈戏剧》。那种认为品特是一个脾气乖戾、与世隔绝、不愿意谈论自己作品的象牙塔式的艺术家的想法有些荒诞。他很少讨论他的戏剧的意义——也许曾经谈论过——但他常常出人意料地愿意讨论围绕其创作的环境或背后的原则。确实如此，1962年，他去参加了在布里斯托尔举办的全国学生戏剧节——是《房间》在那里上演的仅仅四年之后——并做了一次被所有的品特分析者视为权威的演讲。演讲十分成功，相当直率坦诚，其中许多内容基于品特1958年在《剑桥大学杂志》上发表的文章。然而，品特在演讲开头就提醒人们不要让演讲陷入明确断言的危险之中，因此将其当作一成不变的美学信条是不明智的。

品特谈论他的创作方式时强调了在特定的背景下开始人物塑造的重要性、以抽象的理论或寓意作为开头的不可取性、核实过去的不可能性、发出训诫或预言的危险性。然而，最具有启发性的部分是强调让人物拥有自身内在的动力，同时能够与戏剧强大的整体结构取得微妙的平衡。"我认为会发生双重的事情，"品特说，"你安排，然后你去倾听，跟随你通过角色留给自己的线索。有时你能找到平衡，形象可以自由地产生形象，同时你也可以把视线集中在人物沉默和隐藏的地方。在沉默中，他们对我而言最清晰。"

这篇演讲中表达的一些观点，尤其是品特对涉及当代问题或提供"警告、训诫、告诫、意识形态规劝、道德判断、已内附解决方案的特定问题"的戏剧的不信任，多年后已经有所改变。虽然品特写过的戏剧从未提供过让人舒适的、包装精美的解决方案，但他仍然继续在剧本中涉及明确的政治问题，并鲜明地攻击西方民主的道德伪善。1993年在都柏林和我谈话时，他也对邦德和布伦顿被边缘化感到惋惜。随后，他开始狂热地崇拜萨拉·凯恩轰动一时的作品《摧毁》。然而，他认为剧本创作是一个双重过程的观点似乎是一个永恒的真理。一方面，剧作家要给人物足够的空间，让其以特有的、不可预见的方式成长；另一方面，剧作家对于戏剧节奏及结构要有直觉的把握。当角色到达一个由情节需要而不是他们自己的内在冲动决定的目的地时，剧作家的戏剧创作往往是造作的。当戏剧人物在关口把剧作家引开，决定他们自己的旅程时，剧作家才能够得到好的作品——《看门人》即是见证。实际上，品特自己在1961年《新戏剧杂志》上的一篇文章里就透露过：

> 在《看门人》结束时，房间里只有两个人，其中一个人必须以这样一种方式离开，旨在产生一种完全分离和结局的感觉。我原以为这出戏的结局一定是一个人死在另一个人手里。但后来我意识到，当我写到结尾的时候，角色们已经按自己的意志发展成形，再也不可能这样做了。

品特在布里斯托尔的演讲里说得很清楚，戏剧并非一篇散文或对抽象理论的论证。在品特看来，戏剧通常来源于一幅富有含义的画面、一段无意听到的评论和一次生活经历。品特的戏剧与他自己传记的关联比评论家们所允许的要紧密得多，这也形成了令人好奇的问题：他为何在20世纪60年代创作了一系列戏剧——包括《夜校》《收集证据》《情人》，以及巅峰之作《归家》——这些戏剧涉及女性心理的二元性和力量，这与男性在性和情感上的不安全感形成了对比。品特并没有提前设计主题；但相同的主题在一部又一部戏剧里接连出现，特别是女性比男性更容易在性自我和社会自我之间进行调和这一主题。同样引人注目的是，这段时间品特戏剧的所有主要角色都由妻子费雯出演。截至1960年春天，费雯已出演了《房间》中的罗丝、《微痛》中的弗洛拉，以及《一夜外出》中的那个女孩儿。在《看门人》后——她非常憎恶这部剧——她继续出演《夜校》中的莎莉、《收集证据》中的斯特拉、《情人》中的莎拉、《茶会》中的温迪和《归家》中的露丝。既然这些角色有如此多的共通之处——尤其是，她们都是外表文雅、内心火热的混合体——你不禁想知道品特有多想安抚费雯，他对女性的观点有多少受到妻子作为演员和普通人的双重身份的影响，他潜意识里有多想通过戏剧探索自己紧张的婚姻关系。极具讽刺意义的是，当品特为费雯创作最生动的一些角色时，他俩的婚姻也开始了漫长、缓慢、痛苦的解体。在他通过《看门人》改变了自己的生活后，情况就完全不同了，事实上，1962年，品特开始了一段认真的婚外恋，这段关系持续了7年，并最终在《背叛》中结出创造性的果实。对品特夫妻而言，这是一段婚姻极度紧张的时期。也是在这段时间里，品特从起初抗议传统和顺从带来的令人窒息的力量转为开始探索性政治；甚至在《收集证据》和电影《仆人》里，转变到探索三角恋欲望的本质——在三角恋情中，两个男人在希望占有同一个女人的欲望中，表现出潜在的同性恋冲动。

品特否认他曾在自己的桌前坐下，根据费雯的性格，为她量身塑造角色。"我并非有意如此，"品特说，"但我想我还是做了很多这样的事情，不管是不是有意为之。当然，在《收集证据》、《情人》、《茶会》和《归家》里，费雯好像都走进了角色中。她表演起来总是如鱼得水。这是毋庸置疑的。但是——这点很奇怪——在我写剧本时我从未想到她。我发誓我说的是真的。在剧本写出来之后，看起来像是为她量身打造的，但当我写作时，我从未想到她。露丝这个角色不是费雯。她就是露丝本人。"

人们接受品特的观点：他并没有坐下来——不像约翰·奥斯本在《目前》中所做的——以讨好妻子为目的，为她写一个精彩绝伦的角色。但是否有一种可能，从某种程度上讲，品特的想象力并非由他自1956年就与之结婚的那个女人激发？埃德娜·奥布赖恩是品特的一个老朋友，作为一个小说家，她明白虚构与现实之间的关系。她相信品特笔下的女性都为费雯的形象所遮蔽吗？"我宁可用'激发'而非'遮蔽'来形容，"她说，"是激发，因为几乎不可能不把费雯这个人——妻子、情人、情妇——与有血有肉、腿部还特别好看的舞台形象联系起来。我认为特别是在《收集证据》、《情人》和《茶会》那些戏剧中，几乎不可能不想到费雯，因为品特就是创作者，是剧作家，但灵感一定来自费雯。济慈的一首诗中有一行关于他深爱的芬妮·布朗的精彩诗句——他瞧见她坐在马车里通过沃克斯豪尔大桥，于是他写道：'你那脱下手套的双手深深吸引了我。'对哈罗德来说亦是如此：无论好坏，他都被费雯吸引，她恰好是他的妻子，也在他创作的戏剧中进行了——出色的——表演。因此我认为费雯的地位毫无疑问就在那里。"

显然，费雯有点具有品特笔下人物的两面性。她是那个以费雯·丽为榜样的朴实无华的曼彻斯特女孩儿；一个养成了一种老式风格和礼仪，却身材迷人的女人；一位对知识的追求表现出强烈蔑视的时髦剧作家的妻子。有趣的是，你接触的每一个人都对费雯·麦钱特有不同的"看法"。一些人认为，她害羞且脆弱；另一些人却觉得，她高傲自大并善于操纵别人。"我总是认为哈罗德的成功冲昏了她的头脑。"品特的一个老朋友这样说。但在任何情况下都支持费雯的盖伊·维森回忆道："哈罗德特别喜欢费雯，非常希望她能够独立自主地生活下去，但她很难逃离哈罗德的妻子这一身份……她对一切知识都不屑一顾，并展现得淋漓尽致。哈罗德感兴趣的东西她几乎都不喜欢，甚至包括板球。记得有一次哈罗德邀我去苏比顿画一幅他参加板球比赛的画。费雯带我去看球赛，让我得以画画，然后，她相当招摇地坐着，把周日的报纸放在她面前，这样她就不用看球赛了。"

琼·贝克维尔证实了费雯的两面性。"当他们初次见面时，费雯是公司的明星演员，哈罗德则是爱慕者。后来，理所当然地，哈罗德的戏剧让他成了英雄。费雯心里想：'我才不会进入那个领域，参加那种思想上的哗众取宠。'她当然很聪明。与此同时，她对在化妆间里读《花边新闻》十分重视。我认为在婚姻里，她把无知当作一种挑战，好像在说：'你可以给别人留下深刻印象，但不要认为可以作用于我。'"然而琼·贝克维尔也敏锐地暗示，费雯表演的角色在某种程度上也是品特个人的秘密性幻想的化身。"费雯，"她说，"总是出演那些角色，并以哈罗德想要的方式去表演，也就是60年代特有的性感——穿长筒袜的腿和高跟鞋——但它被一层温文尔雅的外表掩盖，似乎外在的行为可以掩盖其内在的性欲。哈罗德特别擅长那样描写，尤其是在《往昔时光》里，当迪利和安娜讨论凯特的睡衣、浴缸和她身上的肥皂泡时。大家都清楚，穿戴整齐围坐在房间里的人们实际上都是性动物。我认为哈罗德出于敏锐的感触，把这看作挑起欲望的极佳手段。"

第七章 性政治

平心而论，品特对女性两面性的着迷由来已久。《库鲁斯》的女主人公将掩盖的沉默与神秘的可能性结合在一起，《侏儒》里的维吉尼亚既是一位受人尊敬的女老师，也是一位在索霍区与所谓的妓女们厮混的性感女郎。然而，在20世纪60年代的戏剧里，品特似乎越来越为女性的矛盾本性和她们同时存在于两个维度的能力所困扰。最明显的例子之一就是《夜校》，一部在1960年7月27日由丽的呼声公司播出的电视剧，品特最初从自己的戏剧选集里拿掉了这部剧，因为它太呆板，太过"品特式"。但即使这只是品特写的一部短小剧作，它仍然特别具有揭露性，女主角莎莉是一位受人尊敬的体育教师，同时也在夜总会兼职做女招待。我们之所以知道这些，是因为她魅惑了一个被恰如其分地命名为沃利的惯犯和小伪造犯的身心。从监狱出来后，沃利发现那位教师莎莉占据了他在姑妈家里原有的房间。与此同时，他被一张夜总会照片里的女孩儿深深地吸引。沉浸在自己天真的浪漫主义里，沃利不能——或者不会——辨认出这个令他爱慕的教师和那个理想化的夜总会女郎是一个人，同一个人。其实，是姑妈好色的房东索尔多先生发现了莎莉的双重生活，被发现后，莎莉就永远消失在了黑夜中。

品特并非以批评的、道德的或沙文主义的眼光看待莎莉的双重生活。他的语气更多的是一种好奇，好奇女性如何达到男性明显无法达到的平衡。索尔多是个扯谎的老色鬼，沃利是个可悲的幻想者，他把女性要么看成梦中情人，要么视为性对象。但通过莎莉，品特暗示，女性在外表的端庄与内心的火热之间取得了平衡。正是这项特质让品特笔下的女性人物——用埃德娜·奥布赖恩的话来说——显得"圆滑"或者说"难以琢磨"，但是这也使她们能够控制住男性。教师莎莉围着沃利，先不停地对自己占用了沃利的空间表示歉意，接着表示坚决不去楼下留宿（"噢，我不信任那些东西，你呢？我的意思是这张床这么好"），最终提出轮流使用房间。即使是当被奴役的沃利要求莎莉交叉和张开双腿时——犹如《侏儒》中的场景：马克让维吉尼亚把裙子提到膝盖以上——你也能感受到是她在掌控局面。同样地，在学校和夜店拥有双重身份的莎莉不是什么顺从的荡妇，而是一个对夜总会的客人和拉皮条的老板都保持冷静轻蔑的女人。品特的观点是——正如他的标题所清楚暗示的那样——白天和晚上的莎莉并不是双重人格的象征，而是复杂个性的重叠，这种复杂个性让她可以毫不费力地支配无助的男性。

马丁·艾斯林声称："对女性心理双重性的感知是品特最没有成效的思考之一。"但我却认为这是品特20世纪60年代统一的主题之一，也是他痴迷于性政治的一部分。品特似乎在通过戏剧这个公共媒介探索费雯的私人生活的各个方面。艾斯林也表示，像《夜校》这样的作品，非常有趣、十分专业，是一场更大的俄狄浦斯情结之战的一部分，这场战争贯穿了其早期戏剧，并在《归家》中得以爆发。"在《夜校》里，"艾斯林写道，"儿子（沃尔特）在与父亲（索尔多）争夺一个女孩儿，这个女孩儿半是老师（母亲），半是夜总会女招待（妓女）。"也许是这样的。然而，该剧的真正意义并非典型的男性斗争，而是莎莉完全拒绝被沃利、索尔多、夜总会的客人及夜总会老板占有或把控（"总有一天我要踢他的私处"）。如果说这预示着《归家》——以及日后的《往昔时光》及《背叛》——的形成的话，是因为它涉及女性渴求有待获得的独立以及选择如何生活的权利的方式。与其说这是一场弗洛伊德式的战争，不如说这是一场性幻想和女权主义者声明的混合。

当然，独立的代价可能是情感上的孤独——这是品特为电视台写的下一部原创作品《收集证据》的重点主题之一。在商业电视台定期推出主要作家的一次性播放的剧目的太平时期，该剧于1961年5月11日由丽的呼声公司播出。你能想象这样一部看似"难懂"且看不到警察和追车场面的剧本，会让今天的网络控制人员陷入多大的恐慌吗？然而撇开该剧难以琢磨这点，《收集证据》确实很引人入胜。这也是品特最受误解的作品之一。人们总是认为它讨论了真相的不可核实性：比尔是否与斯特拉在利兹的宾馆睡觉了？事实上，这部剧关注的完全是另外一堆事情：人们出于利己的目的操纵"真相"的方式，三角欲望里潜在的同性恋，女性成功的不可认知性。《夜校》里的莎莉为了维持她的双重生活而消失了；《收集证据》里的斯特拉特别冷静地保持胜利姿态，直到最后仍然保护着她的斯芬克斯之谜般的秘密。

品特向我们呈现了两对因性欲望和专门从事服装业而联系在一起的伴侣。一方面，我们看到了人到中年的同性恋者哈利和他那位身处工薪阶层的保护对象比尔，他们在贝尔格莱维亚区有一幢舒适的房子；另一方面，我们也看到了詹姆斯、他的妻子及商业合作伙伴斯特拉，他们住在附近切尔西的一栋公寓里。詹姆斯是一名暴怒的丈夫，强行进入贝尔格莱维亚区的房子，指控比尔一周前在利兹一家宾馆的房间里引诱了斯特拉。据他称，他有妻子提供的确切证据。在詹姆斯从阴险的比尔那里得到了发生在利兹宾馆的事情的其他版本后，占有欲强的哈利扭转局势，前去拜访斯特拉，斯特拉则声称她丈夫捏造了整个离奇的故事。这不是哈利回家发现他的情人在詹姆斯向他扔了一把刀后手受了轻伤时说的话——哈利声称斯特拉承认是她自己编造了整件事情。为了安抚各方，比尔公开的说法是，他与斯特拉的确在利兹见面了，但只是坐在宾馆的休息室里讨论了如果去斯特拉的房间会发生什么。最后，詹姆斯回家把话转述给斯特拉，悲哀地问："这就是真相……对吗？"在已出版的版本里，品特对此的舞台说明告诉我们："斯特拉看着他，没肯定也没否认。她的表情友好，富有同情心。"

第七章　性政治

那么在利兹到底发生了什么？通奸？投机性的调情？还是整个事件都是为了他们的家庭，由斯特拉编造并且得到了比尔支持的操控性幻想？很显然，部分乐趣源于我们永远无从知晓准确的真相。有几位批评家把该剧与皮兰德娄 1916 年的杰作《是这样，如果你们以为如此》进行对比——后者也围绕着一个无法解决的难题展开：戴着神秘面纱的波扎夫人的身份。就像她母亲仍然相信的那样，她是她丈夫的第一任妻子？抑或是她丈夫自己声称的，是他的第二任妻子？但在皮兰德娄与品特之间有一个关键的不同之处。皮兰德娄的重点在于隐私是重要的：观众和镇上那些爱打探的人一样，并没有那么关心事情的真相。当埃里克·本特利在导演这出戏的时候，他曾经碰到过一位来自康涅狄格的女佣，用她的话来说："我猜这只是在说，不要管别人的事。"然而，品特的戏剧却不是关于隐私，甚至也不是关于真相的主观性。斯特拉和比尔清楚地知道在利兹发生了什么——或者没发生什么。然而两个人都出于战术的目的操纵了真相：就斯特拉而言，是为了控制她的丈夫；就比尔而言，是为了对占有欲强、傲慢自大的哈利进行报复。

这部剧也关乎性的模棱两可的本质，尤其讲述了两个男人如何因为渴望得到同一个女人而走到一起。品特一直对男性的亲密与同性恋本能之间细微的分界线很感兴趣。在《侏儒》里，有一段内容精彩地描述了皮特与马克醉醺醺地从晚会上回来。皮特帮马克脱完衣服，马克就穿着衬衫爬进了被窝。这一段内容在一次含义模糊的对话中逐渐结束了：

——皮特！
——嗯。
——这毫无疑问。
——一点也没有，皮特说。

你可以用多种方式诠释这段话；但不可否认的是，皮特和马克在思想和社交方面都很亲密，他们都与维吉尼亚睡过觉这个事实进一步加强了这种亲密关系。迈克尔·戈德斯坦与品特保持了五十年的友谊，其间通信不断，他曾深深地思考过这段友谊的背后是否存在潜意识的同性恋冲动。他对此进行过怀疑。但任何一个像品特这样热情投入男性友谊的聪明人都必然会在某个时刻自问：这种男性情谊是否具有同性恋的意味。很有趣的是，品特时隔多年再次回到勒内·吉拉德称之为"三角欲望"的主题，即两个人被占有同一个女人的欲望连接在一起。这个主题曾出现在《侏儒》《收集证据》《背叛》，以及电影《仆人》里——品特在完成《收集证据》后不久，于 1961 年 7 月完成了电影《仆人》的剧本初稿。两者间的相似之处令人着迷。在电影里，主人（托尼）与仆人（巴雷特）和同一个女人（薇拉）睡过，在一定程度上，主仆二人通过此举获得了交融的亲密关系，而这导致了一场假的男性婚姻。在电视剧里，詹姆斯（丈夫）与比尔（情人）也和同一个女人（斯特拉）上了床，戏剧冲突大多来自引诱者对丈夫的吸引。剧中的每件事都指向一个事实，即詹姆斯已远不止是一位受伤的丈夫——其实他完全被比尔迷住了。

在早期的场景里，詹姆斯缠绕不休地给比尔打电话，他离开门阶时还被哈利看到了，很明显这里有性竞争的味道。当詹姆斯与比尔终于面对面时，除了单纯地想知道在利兹发生了什么事，这次偶遇还有更多的意义。"你这家伙长得不赖。"詹姆斯这样评论比尔。他继续以令人怀疑的精确描述，重现了他妻子声称被引诱的每一个细节。他向比尔发起冲击，使他跌倒在一个坐垫上，从而确立了自己的身体优势。回家后，詹姆斯假装和斯特拉的情人很亲密来嘲弄她，并将斯特拉的情人与老友霍金斯相比——在品特笔下你总能找到的忠诚朋友——他最后说道："不，说实在的，我想我应该感谢你，而不是别的。结婚两年后，尽管是碰巧，你却为我打开了一个全新的世界。"这话也许是策略性的，也可能暗示了詹姆斯愿意进入同性恋的环境中。

詹姆斯与比尔的第二场相遇强烈暗示了后一种可能。有一次，两人站在镜子前，表面上是在比较身高。詹姆斯走到镜子左侧，看着比尔的倒影（"我认为镜子不具有欺骗性"）——这个场景诡异地和《仆人》里的场景呼应，在电影里，我们看到主人与仆人亲密地在一起，凝视彼此的倒影。詹姆斯随后挑战比尔，要进行一次模拟决斗，两人拿着水果和干酪切刀，最终他把刀子扔向比尔的脸——在《仆人》里也有类似的情节，托尼和巴雷特在中心楼梯处玩球，这象征着两人的权力斗争，最终以巴雷特的鼻子被狠狠地打了一下结束。我们可以进一步推进两者的相似性，认为詹姆斯与比尔的日益亲密威胁了哈利的占有欲，就像托尼和巴雷特之间的亲密关系把前者的未婚妻和淫乱的薇拉都排除在外一样。甚至连剧名——就像品特经常这样做的——都充满了模棱两可性。剧名可以指收集衣物，可以指哈利喜欢把人当作社会标本来收集，也可以指与斯特拉相比，他们彼此之间有更多共同点的男性的集合，因为斯特拉大部分时间都在独自听查理·帕克的唱片，或者和她的小猫玩耍。

在某种程度上，斯特拉是胜利的一方。毕竟整个事情都是她发起的，是她告诉詹姆斯在利兹一家宾馆 165 号房间里的性遭遇，破坏了哈利和比尔的关系，暴露了丈夫在性方面的不安全感，最终把丈夫像一条鱼一样卷进去。她知道真相，但他不知道。与此同时，斯特拉的胜利得不偿失。她为詹姆斯打开了"一个全新的世界"；

第七章　性政治

男性亲密关系的世界。在测试丈夫的性取向时，她发现了权力的代价是孤独。这一点在电视上不容易呈现，因为镜头不可避免地会被切换到动作发生的地方。然而在该剧第一次——由彼得·霍尔和品特本人——在1962年的奥德维奇被搬上舞台时，人们总能意识到斯特拉的存在——谜一般地、孤独地、隐隐约约地掌控局面，而男人们则沉浸在他们的私人战争游戏里。品特戏剧的许多意义都通过动作的编排产生——他从语言和视觉方面进行思考。在舞台上，斯特拉的主要形象是冷静的、操纵性的独立存在。

《收集证据》在奥德维奇的演出对品特而言在很多方面都是个转折点。该剧不仅将他带入一家大型的享受补贴的公司——皇家莎士比亚剧团——的怀抱，还见证了他与彼得·霍尔不间断地持续了二十一年的工作关系的开始。在1983年《彼得·霍尔的日记》（以下简称《日记》）出版后，霍尔被品特指控背叛，两人的关系从而中断了，直到1990年霍尔重新排演了《归家》后，他们的关系才得以恢复。对两人来说，这都是一段绝对至关重要的合作关系。品特找到了这样一位导演，他给自己的作品带来了一种高度清晰的品质、一种精准的台词乐感、一种对激情的感知，以及隐藏在被控制的社会面具之下的个人情节剧。而对于霍尔而言，他找到了一位在世的作家，能完成并证明皇家莎士比亚剧团所宣称的目标，即将同等程度的文本严密性带给经典作品及当代作品。

现在回首这段关系时，霍尔说："我不得不说，无论是对是错，除了品特，在我的一生中，我从未和任何一位戏剧家这样工作过，我本能地知道他想表达什么，想要什么。在我们关系最好的那些年里，我们俩完全理解彼此。我从作为作家的他身上学到许多，我想他也从身为导演的我身上有诸多发现……我们是同龄人。我是个乡村孩子，他是伦敦人。但我们出现在历史的同一时刻。我们都经历了理查德·霍格特时期为我们的青春期打开了窗户的那段时光。我上了大学，他去了戏剧学院。但我们都对舞台剧如此着迷。我们也对文学非常着迷。我们都是独生子，有很多相似之处。我们是非常不同的人，但接受的教育有相似之处。我一开始就从他的作品感觉到：就是这样。"

事实上，在共同执导《收集证据》之前，他们就认识了——霍尔曾被邀请执导《生日晚会》和《看门人》，但每次他都有别的行程安排。他也曾在1960年皇家莎士比亚剧团创立之初，就试图让品特参与公司的工作——这形成了很有趣的启示。

"我的一个核心信念是，"霍尔说，"和一位在世的剧作家相处的最重要的一点就是倾听他的谈话：他说话的语气和节奏。通过倾听，我已学会如何与贝克特、品特、艾克伯恩沟通。哈罗德说话绝对精准。他也是一位最富有同情心、善良、慷慨、风趣的人，但他脾气也最暴躁、不理性。但是，哈罗德的精确性已无法形容。大衣的裁剪、衣领的合适程度、房间的温度、马提尼酒的混合搭配都很重要。我认为个中原因在于他能意识到无政府主义、混乱、暴力、生活的无序在不断逼近并且需要被控制住。我记得多年前的一件事。应该是在1960年前后，我刚到斯特拉福接手工作，试图让哈罗德为我们写点东西。那天特别热。我记得哈罗德乘火车到了斯特拉福——经由利明顿温泉镇——在我们谈话前他需要冲个凉，换件衬衫。我记得我当时想：'这是怎么回事？'仅仅因为哈罗德在英国铁路上经历了一段脏兮兮的、汗流浃背的旅程，需要好好整理一下，我们就不得不四处给他找个可以冲凉换衣服的地方。完事之后他充满活力、干干净净的，状态很好，我们可以开始谈谈戏剧了。这都是同一件事情的一部分：对精确的关注。这就是为何哈罗德会打个电话说：'第37页，拿掉那个停顿。'一点儿都不荒唐。"

对精确的关注在舞台剧版的《收集证据》里显而易见。詹姆斯的扮演者肯尼思·黑格记得品特给哈利的扮演者迈克尔·霍尔迪恩写过一张留言条，后来这张留言条成了传奇。"迈克尔，"品特一度说，"我写的是点、点、点，而你给我的是点、点。"这听起来有点荒唐。但霍尔迪恩一点也不感到困惑，而是出于直觉抓住了品特的要点：长时间的停顿和短时间的停顿是完全不同的，品特戏剧的大部分意义在于音乐节奏和舞台画面。举个明显的例子。在哈利与斯特拉见面回来后，一句台词里的停顿，就像"她承认……是她编造了整个故事"是绝对关键的。两个点的停顿意味着哈利站起来思考，几乎是即兴地回避事实；三个点的停顿暗示了这是一个有预谋的谎言，目的是诱捕比尔，驱逐詹姆斯，并顺便证明这正是一个女人会做的事情。

《收集证据》于1961年在电视上播出，于1962年6月在奥德维奇开演——与斯特林堡的《玩火》一起连演——均广受好评。1962年11月，当这部剧在百老汇外的樱桃巷剧院上演时，人们对这部作品的分析更加明智，就在一年前，《看门人》在百老汇连续成功上演了5个月。然而，当时品特在各个方面都很受欢迎。彼得·霍尔想让他成为皇家莎士比亚剧团不可或缺的一部分。当时他正与约瑟夫·罗西合作电影《仆人》，电影将于1963年1月开拍。另一部电影——《看门人》——已经于1962年12月开始在哈克尼进行外景拍摄了。这部电影是在一群令人印象深刻的娱乐圈名人的资金支持下开始拍摄的，他们包括诺埃尔·考沃德、理查德·伯顿、伊丽莎白·泰勒、彼得·塞勒斯、彼得·霍尔和莱斯利·卡伦。品特还在为英国广播公司电台工作，手里还有一部为丽的呼声公司的琼·肯普-韦尔奇写好的新电视剧《情人》。短时间里，品特从艰难度日的演员兼作家变成了一个被所有媒体和显要人物追捧的公众人物。然而他并未完全摆脱所有的不安全感。《收集证据》在伦敦排演期

第七章 性政治

间，约翰·盖尔在《观察家》上发表了一篇富有洞察力的文章：

> 品特，有一头浓密的黑发，戴着一副闪闪发光的眼镜，穿着深色西装和擦得很亮的皮鞋，外表比人们通过他的作品所想象的形象要结实得多。乍一看，你可能认为他是一个喜欢在酒吧里讨论跑车的人……正是当他摘下墨镜在手上转了一圈后，你才注意到他那双黑眼睛和那张敏感的脸，看上去好像有心事。

与此同时，罗纳德·赛尔在英国漫画杂志《笨拙》里以诙谐的笔调对品特进行了描绘。他把品特想象成一只戴着眼镜的毛茸茸的动物，蜷缩在地板上，一只耳朵竖着。奇怪的是，他正在听一个大腹便便、戴着布帽、穿着背心、抽着烟斗的人的胡言乱语——有些预言性的，这个人就像《归家》里的马克斯。

用现在的术语来讲，品特当时"炙手可热"。1963年3月，品特的戏剧《情人》首次播出后，带来了特别的兴奋——不仅体现在票房上——被莫里斯·理查德森准确捕捉并呈现在《观察家》上。理查德森想象了伦敦周围各郡狂热的人们对于品特对性之神秘的最新探索所做出的各种反应。

> 品特作品首演的那个晚上令市郊居民紧张不已。你可以听到电线在紧张的争论声中嗡嗡作响。"完全是废话。""乔，你这个讨厌鬼！你怎能这么说！我们都爱它！""你开车的时候很紧张，是吧？我们得阻止沃利叔叔打电话来说品特应该被马鞭打。""精神分裂症的直白宣传，就是这样。还想把我们都绕晕了。"

你可以想象有这样的对话，因为《情人》——这部绝对的佳作——是用英语创作的有关性的最直白、最具有揭示性的戏剧之一。这也有力地提醒我们，20世纪60年代的自由主义环境允许人们戏剧化地描述私人性行为的私密细节。"性交，"菲利普·拉金不无反讽地提醒我们，"始于1963年。"但甚至在那之前，各种新的自由就正在被探索。1962年，皇家剧院上演的约翰·奥斯本的《以假乱真》展现了一对关系密切的夫妇从恋衣癖和施虐受虐游戏中获得性快感。但奥斯本从未揭露笔下人物性游戏以外的生活，也未用乱伦把问题复杂化。品特在《情人》里为人物设定了含蓄的社会背景，并强调了他们幻想游戏的正常性——而非异常性。更重要的是，这个剧从《夜校》及《收集证据》里获得灵感，暗示在性方面，女人可以比男人更好地应对自己的双重性，并拥有更强的平衡感和平衡性。品特不仅把任何婚姻中至关重要的色情游戏和性幻想戏剧化，还表明了自己是个本能的女性主义先锋。

《情人》是一部非常具有欺骗性的戏剧。它以社会喜剧开始，进入对既能维持婚姻也能导致精神崩溃的迷信幻象的探索，并最终实现了现实与幻想之间的和解。但是首先，正是人物的举止方式和他们的所作所为之间的反差引人入迷。背景很明确：夏季。温莎附近一幢独立的房子。莎拉穿着一件端庄的礼服。她的丈夫理查德正要出发去城里待一天。他亲吻了妻子的脸颊。她笑了。

理查德（亲切地）：你的情人今天来吗？
莎拉：嗯。
理查德：几点？
莎拉：3点。
理查德：你们会出去……还是待在家里？
莎拉：噢……我想我们会待在家里。
理查德：我还以为你会想去看那个展览。
莎拉：我的确想……但我想我今天最好和他待在一起。
理查德：嗯……我想我必须离开了。

品特戏剧的开头总是很棒，这次也不例外。在礼貌的对话背后隐含着令人紧张的客气。我们立刻知道，情人的到来是一种习惯性的事情，理查德的好奇令人起疑，但莎拉的计划并未动摇。就我们所知道的，在这个舞台上，情人是第三方，我们正见证着一场不同寻常的复杂的婚姻调节。然而，焦虑浮现出来了：当回到家里的理查德表露出被戴绿帽的痛苦时，我们发现莎拉仍然穿着下午的那双高跟鞋；当被质问自己的风流韵事时，理查德回答说他没有情妇，只有一个妓女。甚至在品特带来最主要的惊喜之前，他就已经确定了该剧的一个关键主题：男性如何区别对待有尊严的婚姻和随意的、残忍的性行为，女性如何需要在丈夫和情人之间找到某种情感上的连续性。

一方面，理查德将自己的女人描绘得就像性爱的加油站一样——"她们在检查汽油和水时快速喝完了一杯可可"——很显然他为负罪感和焦虑所折磨；另一方面，莎拉热情地说起下午来的男人，并希望能保持现状——"因为我认为一切都平衡得很好，理查德"。

到目前为止，大多数人已经猜到理查德本人就是那个午后情人，但品特巧妙地实现了他的震撼效果。一位吝啬的作家可能会把理查德伪装成一位西班牙裔加马乔人或让莎拉穿上索霍风格的制服；在这里，色情源于情人的手指在邦戈鼓上的相互

第七章　性政治

作用。角色扮演也很轻松。当他（现已改名为马克斯）从热切的保护者转为贪婪的引诱者时，她（意味深长地，还保留着莎拉的名字）从嘲弄人的迷人女性转为腼腆的受害者。幻想游戏甚至在茶几下达到了高潮——茶几是英国中产阶级生活的坚实象征。

但品特的观点是，理查德——这个处在精神崩溃边缘的男人——正因自己的双重性而陷入精神分裂的内疚状态。最后，他在城里度过一天后回到家，宣布妻子必须停止自己的堕落生活，她的情人从此要被驱逐出去；但是莎拉通过接受休克疗法和宣布她下午接待了一大批情人而挽救了局面。理查德没有采用马克斯的角色，而是滑进了他们的一个常规的诱惑者-受害者游戏，莎拉欣然回应。这次她——不是他——爬到桌子下面，把他拖到地板上，提出要换衣服。他三次催促她换衣服，最后称她为"你这个可爱的婊子"。

品特以高超的技巧，展示了特定阶层和类型的英国男人如何出于心理需要，把女人分成优雅的伴侣和有市场的妓女。奇怪的是，这让我想起了戈德史密斯的《屈身求爱》，里面的马洛和同一阶层的女性在一起时结巴、忧虑，和被他当作旅馆老板的女儿在一起时，却获得了性解放。但品特的结论是，女性的理智战胜了男性的负罪感。品特笔下的莎拉也屈尊去征服理查德，并将他从中产阶级的焦虑和紧张的危机中拯救了出来；最后达成了一个完美的和解，下午的幻想生活侵入了晚上体面的资产阶级生活。这是一部人道的、乐观的戏剧。品特在剧中批评了男性的焦虑，同时赞美了英国女性已经实现了双重性，她认识到性欲和爱是相容的，幻觉和幻想在规范的性生活中占有重要地位。

很显然，这是品特自己的诠释。我们之所以知道这些，是因为在1963年9月，当《情人》与《侏儒》在艺术剧院连场上演时，盖伊·维森不仅担任了副导演，还记下了详细的排练日记。这是一份至关重要的文件，它比我们拥有的任何东西都更能让我们对品特的导演方法有更深入的了解：日记显示，品特令人吃惊地愿意去讨论他的人物的传记背景，他偶尔猜测作者可能是什么意思，他同情演员，并且对被打断不耐烦。它也向我们生动地描绘了品特的婚姻，那时他的婚姻已开始破裂。整个演出安排的进展进一步加剧了婚姻的紧张。1963年1月，品特已经邀请维森——他和费雯共同的来自伯恩茅斯的老友——来导演在伦敦上演的《情人》，但在7月，迈克尔·格德伦——作为制片人介入，决定将这部电视版的独幕剧与已经在广播中播出的《侏儒》的广播版相结合——写信给维森，请他考虑让品特担任联合导演。品特非常重视对老朋友的忠诚，他因食言而感到羞愧；而费雯则对维森的待遇感到非常愤怒。维森机智地解决了这一难题，主动提出在两边都担任副导演。"哈罗德的反应,"他在日记里写道,"很迅速,也很高兴,但费雯极其不赞同整个倒霉的事,她感觉自己看不到出路。"她想退出,但最终还是同意出演莎拉——出色的表演,就像她曾在电视上表演的一样出色。然而从第一天早上开始,她在举止上就有些和她的导演丈夫作对。品特给两位演员讲了鼓舞士气的话,要他们守时,杜绝浪费时间和利己主义。接着他开始删减和重写。"我很好奇,"维森写道,"这些都被详细地讨论过了——甚至连偶尔的停顿也被删除了。偶尔我瞥一眼费雯,她面色平静——对于偶尔的调整,哪怕是最轻微的轻蔑的微笑,也会在排练时自动改正过来。"

1963年8月19日,排练在蒙克街的波特卡利斯剧院正式开始了。第一周,品特和维森一起在上午导演《情人》,下午导演《侏儒》。第二周,维森独自导演前者,品特导演后者。第三周,再互换。最后一周,快要到首演前夜,他们又一起工作。一切都很有条理,很实际。但维森的日记里令人吃惊的是,品特愿意在不侵犯作者权利的情况下探索《情人》中理查德和莎拉的传记性过去,这与他拒绝回答艾伦·艾克伯恩和大卫·琼斯提出的关于斯坦利的问题形成了对比。

第一天早上,品特简单地谈了谈人物:

> 他们参加狩猎舞会,打高尔夫球。从最完整的字面意义而言,这两者都是复杂的。他们受到社会的赞赏——是一对非常好的夫妇。他们热衷于社会生活,这让他们的生活充满活力。莎拉是村委会的一员,或类似的人物——但她不是戏剧协会的成员。她结婚前好像是个私人秘书。虽然他们是否在婚前都是处男处女还值得怀疑,但他们之间并没有太多的性放纵……性生活通常以玩笑开始。有一天,或许,他回家看见车库里的一些旧衣服就换上了——他想捉弄一下他的老伴。"你的丈夫在家吗?"他在她应门铃时问道。"不在。"她顽皮地说。"我能进来吗?我早就想认识你了。"她放他进来,被从未有过的强烈兴奋燃烧着。他们好像在地毯上做了爱……孩子们?这是一个只有在战争中才会被提到的话题。他们要么还不能有孩子,要么是他们的生活方式不适合要孩子。这一点剧作家并没告诉我们。

品特并没有像无所不知的作者那样导演戏剧;他更多地像一位客观的探索者,试图通过文本中的暗示来阐明一种关系。但是,像其他优秀的导演一样,他提供了宝贵的指导方针:

> 戏剧开场,理查德就变得疲惫不堪。他发觉这场游戏让自己筋疲力尽——

我的意思是每周两到三次。他害怕失去作为一个丈夫的身份。她对情人游戏的享受一直延续到夜晚，他已经吃不消了。他有自己的生活，但就婚姻而言，他又在哪呢？莎拉，从她自己的角度来讲，在这一切里找到了平衡。她的丈夫对她而言是存在的，但她不明白是什么促使他改变了。简单来说，这是一个男人试图打破一种模式的故事。他围着她转来转去。关键的是，事实证明她更强大。最后，她仅凭简单的方式就激发了他的性冲动，从而扭转了局面。看起来好像是他的成功突然变成了她的。情人仍然会在晚上过来。

品特把这出戏解释得既清楚又合乎逻辑，但在第一天，费雯就表现出了明显的防御反智主义。她插嘴道："所有关于这部剧的评论都让我陷入了困境。当然剧里有许多喜剧元素吧？但所有这些分析都暗示我们不能把它演成喜剧。"对此，品特小心回应道："如果按照实情来演，这就是喜剧。没必要过度解释台词。"但两天后，在他们讨论拍手鼓和抓手鼓的问题时，他们紧张的婚姻关系就浮现出来。维森记录道：

> 出于某些原因，费雯不太愿意讲述在电视演出时发生了什么。随后她说她认为品特不想以同样的方式把它搬上舞台。品特说："当然，但为何不呢？我真不理解你。"因此，费雯十分尴尬，她带着我们完成一套动作——她的手指像蜘蛛一样一点点爬到品特的指关节上抓痒痒。这让我大笑。我试着缓和一下突然变得有点紧张的局面。

关于《情人》的问题是，费雯曾经演过里面的角色，现在又是她丈夫执导。而《侏儒》出现了不同的难题：这部作品的自传起源，令人困惑的象征，在戏剧里奇怪地被删掉的人物维吉尼亚——而她在小说里的存在加剧了皮特和马克之间的对立。但是读维森的日记，让人印象深刻的是品特对那些略感困惑的演员的同情：扮演莱恩的约翰·赫特，扮演皮特的菲利普·邦德，以及扮演马克的迈克尔·福利斯特。品特谈及了——他好像对作者的意图很清楚——友谊是这出戏的主题。他以非常男性化的术语解释了皮特和马克彼此小心戒备的本质，暗示侏儒明确的象征意义：对莱恩而言，侏儒象征着野蛮掠夺的世界，他认为这是他自己、皮特和马克之间关系的真相。然而谈到每天的排练时，品特又很实际。当约翰·赫特担心观众可能发现莱恩的性格转变过于模糊这一点时，品特简单地说："去他妈的观众，让他自己直接去理解。戏剧就该直来直去。"后来，赫特又担心让莱恩表现得过于内向，品特告诉他，他需要有一种角色的孤独感——"虽然不是黑暗的拉斯科尔尼夫式的孤独"。赫特立刻就明白了。或许是在向演员谈起文本中的音乐元素时，品特给出了最实用的建议。这些建议应该被世界各地的品特戏剧的导演牢记于心，并以充满激情的文字记录下来：

这不是一个经常出现的问题，它不是这个意思——它的意思是——但是强调这个词和它的意思就会变得清楚。如果你特别强调某一行台词——在节奏之内——它的意义将变得明显。先听声音，这样意义就会由此变得清楚了。半个小时的辩论可能比一个清晰的句子更令人困惑。音乐和节奏——它们必须是你的向导。

排练进行得很顺利，除了和费雯之间潜在的紧张关系外——一起工作似乎加剧了他们婚姻生活的艰难情况。第二周周末，《情人》的排练结束后，品特和费雯一起，沐浴着8月的阳光，在米尔班克花园里散步。品特说他很欣赏刚刚的表演。维森的日记继续写道：

自从彩排开始，他们的关系就时好时坏。我第一次开始警觉起来，因为我之前没发现两人都有多么愤怒。回到公寓，喝杯茶，继续刚才的话题——我试着解释我认为她是如何看待品特的名声与她的事业的。这一切都如此突然——如果她的成功能够与品特的成功不分上下的话，我相信这种局面永远不会发生。

维森对双方都很同情，并说出了一个令人不安的事实：品特突如其来的世界声誉和费雯作为一名颇有成就的女演员所拥有的当地声望之间的差距越来越大。费雯在很多方面都是品特的缪斯；但他写的角色越展露她优雅的性感，她的名声就越依赖于他的创作才能。这好像是个无法逃脱的悖论。

在这次连场上演后的几年，迈克尔·格德伦与品特的合作关系淡了下来，他也感到这主要是因为费雯。"她，"他说，"相当怀疑我。有一件小事我一直记在脑海里。哈罗德在沃辛买了幢特别大的房子，离康诺特剧院不远，他曾在那家剧院扮演过大卫·巴伦。有一天我恰巧在沃辛遇见了肯尼思·威廉斯。我们一起去看剧，突然瞧见费雯向我们走来。事实上，当时我们就站在她的房子外，她可以随口客套一下：'要进来看看吗？毕竟你们在我们搬家时帮了点忙。'但她并没有。当时我就想：'也许我在那儿并没有盟友。'无论如何，《情人》上演期间，她如日中天。"维森在日记里提到舞台剧组人员一直很难相处。他还回忆起排练的最后一周，品特——一

第七章　性政治

辈子都憎恨外来的噪声——被艺术剧院上面的餐厅传出的嘈杂声干扰。品特威胁说要取消排练、彩排甚至首演，除非这事儿被解决了。格德伦的办公室打电话给艺术剧院的餐饮经理，才平息各方。

但结果，9月18日开始的连场表演特别成功。《情人》以其形式优雅被高度赞扬：《卫报》的菲利普·霍普-华莱士将它比作亨利·贝克的《巴黎人》、莫纳的《卫兵》和莫扎特的《女人心》。尽管《侏儒》让一些人迷惑不解，《观察家》的班巴·盖斯科恩却敏锐地看到它蕴含着品特成功戏剧的种子。这场冒险平安返航。读维森的日记得到的持久印象是品特是一位非常有条理、细致和机智的导演：他的机智在于，他在任何有用的地方都使用他对文本的专业知识，而不让人觉得他是带着石板从西奈山下来的。唯一让人伤心的是，《情人》在颂扬女性的姿态及婚姻的乐趣和灵活性的同时，也伴随着私人关系的不和谐，这场连演标志着一段时期里品特与格德伦合作关系的结束。"有一天，"格德伦回忆说，"哈罗德说，'我想请你来吃午饭'——这从来就不是个好兆头。我们在哈罗兹附近的骑士桥的一家餐厅吃午饭。哈罗德坚持买单，并且说：'我想我找到了我梦想中的导演。他碰巧是彼得·霍尔，也正巧不在商业剧院工作。'这对我是个打击，但我又能说什么呢？彼得执导哈罗德戏剧非常出色。后来，我和哈罗德开启了一段新的制片人与导演关系。"

从职业角度讲，这是品特的黄金期。各路媒体都争相邀请他。他的作品被越来越巧妙地分析。剑桥杂志《格兰塔》秋季版刊登了大学生迈克尔·帕尼顿写的一篇优秀文章，文章将品特与契诃夫进行平行比较（"品特作品的核心，和契诃夫的一样，是关于表达形式与表达内容之间的波动关系——这是喜剧的来源，也是丰富情感暗示的源泉"）。同样，在1963年，品特的作品获奖无数。《情人》的电视剧版获得了意大利电视剧奖，以及英国电视制片人和导演协会颁发的一系列奖项——后者的颁奖典礼恰巧在肯尼迪遇刺当晚举行。《看门人》的电影版在柏林电影节及爱丁堡电影节获得了奖项。同年11月，约瑟夫·罗西的电影《仆人》在开映时就好评如潮。

《仆人》是品特断断续续跟了很长时间的一个项目，可以一直追溯到1960年4月27日，当时罗西在电视上看完《一夜外出》后，给品特递了一张溢满钦佩之情的纸条："这出戏的激烈和内在真相，既令人恐惧，又净化人心。"那时，罗西正酝酿着把罗宾·毛姆一部薄薄的68页的中篇小说《仆人》搬上银幕，他感觉品特会是理想的编剧。事实上，导演迈克尔·安德森抢在罗西之前获得了这部作品的电影版权，1961年，他亲自委托品特编写剧本。安德森无法得到资金支持，罗西抢购了改编权，与品特密切合作，编写新剧本，电影在1963年年初开始制作。罗西和品特的合作关系将证明一个建立在相互同情基础上的完美的创造性结合：他们的合作关系对影院的重要性不亚于霍尔-品特的合作关系对剧院的重要性。和品特一样，罗西——一位遭到流放的、曾经被列入黑名单的美国导演——对社会的不公平有着被抑制的愤怒。同样和品特一样，罗西天生对空间、房间及物品对居住者的影响有着超强的感知力。但《仆人》也在品特的作品里占据着至关重要的地位。对品特来说，编剧从来都不是仅仅为了赚钱而从事的临时工作。虽然他的银幕作品大多改编自小说，但它们总是源于一种强烈的使命感，并总是追求他戏剧中固有的主题。《仆人》就是一个经典例子。它是品特在完成《收集证据》后不久写的，是对《收集证据》中家庭权力政治及性的模棱两可的本质的关注的延伸。

当你阅读罗宾·毛姆王尔德式的令人感到惊悚的中篇小说时，你就会意识到品特是多么巧妙地提炼出了小说的中心主题——主人被仆人占有——并将其提炼成自己独有的东西。显然，原著和剧本之间有一些主要的不同之处。毛姆的故事以战后的伦敦为背景，由理查德·默顿叙述，当他看到他在沙漠战争中的老战友托尼被他那油滑的、恶魔般的男仆巴雷特操纵并最终毁灭时，他记录下了自己的内疚感和对阶级的反感。品特将这个故事的时间更新到了20世纪60年代，并立即消除了作者批评的声音——实际上，在他所有的剧本中，出于原则，他都摒弃了第一人称叙述者。但关键的区别在于，毛姆把每件事情都阐述得过于清楚，而品特则采用了更微妙的阴影和半色调的表现方式。比如在小说里，托尼的女朋友莎莉·格兰特毫不含糊地向惊恐的叙述者说明了这个问题：

"我在失去托尼。"
"因为另一个女人？"
"不，是另一个男人。"
我盯着她。她喝了一小口鸡尾酒。
"我把他输给了巴雷特。"她说。

毛姆的对话简洁而富有戏剧性，但几乎过于直白地呈现了形势。毛姆也把巴雷特看作一个墨菲斯特式的恶魔，并用"油滑的""像蛇一样的"等形容词对其进行描述。通常，当叙述者出乎意料地出现在托尼的家里，发现巴雷特和他假定的侄女薇拉在主人的卧室里做爱时，仆人在大基诺剧院那夸张的语言描述之下就成了："他又长又瘦的身体在月光下是绿色的，很恐怖。"在剧情的高潮处，叙述者设法穿过黄色浓雾，做最后的努力把托尼从巴雷特的魔爪下解救出来，他把可怕的真相告诉了他的老朋友：

第七章 性政治

"难道你没看到每次他都从内部摧毁受害人吗？他通过满足他们特殊的弱点，帮助他们摧毁自己。对薇拉而言，她的弱点是性欲；对她父亲而言，是贪婪。就你而言，当你明显地热爱舒适生活时，你的弱点就开始显现。我认为即使是现在，你的弱点也没有超出对舒适生活的热爱。不是吗，托尼？"

他盯着我，目光憔悴。

"现在可不止这些了，"他说，"你知道的。"

不可否认，毛姆的小说具有力量和戏剧性——的确如此，1958年他自己把小说改编成了舞台剧，随后在1966年进行了修改，1995年在伯明翰剧场上演。然而，它体现了维多利亚时代的情感特点：充满了对一个富人被其无产阶级仆人统治和腐化的道德反感。

就像原著一样，品特的剧本是关于一个掠夺性的仆人通过利用主人婴儿般的依赖和性方面的矛盾心理导致了主人的堕落。这就好像巴里那令人钦佩的克莱顿从一个无所不知的帮手变成了吸血的寄生虫。但对毛姆表达明确的地方，品特则进行了省略。毛姆把故事看作现代道德剧，讲述了托尼的"善良"天使——他的女友莎莉和他的老朋友理查德——与"邪恶"的巴雷特争夺他的灵魂；品特则更着迷于在共同堕落状态下被绑在一起的两个男人间日益亲密的关系。甚至连托尼忧心忡忡的未婚妻（在电影中叫苏珊）和巴雷特之间的竞争也在微妙的经济环境中完成。在电影里有一个经典的晚宴场景：苏珊指着巴雷特戴的过于时髦的白色棉手套，想要贬低巴雷特。"这是意大利的，小姐。在意大利都用它。"巴雷特说。"谁用？"苏珊尖刻地问道。

品特-罗西的这部电影在一定程度上是关于性作为获得权力的工具的——这个主题总在品特这个时期的剧作里出现。电影里的同性恋元素虽然很强烈，但被处理得没有了你在阅读原著时会有的令人脸红的兴奋。事实上，这几乎是下意识地形成的。有一幕很明显，在一个电话亭里，巴雷特给他的假侄女薇拉打电话。一群女孩在外面咯咯地笑着，迫不及待地想要打电话，她们聚在一起，其中一人的裙子被风吹了起来。在品特的剧本中，我们看到"巴雷特茫然地观察着这一切"；罗西更进一步，让德克·博加德把手心贴在窗户上，以抹去这令人不快的一幕。后来，有一个场景是在苏荷区的一个餐馆里，品特用一段偷听到的女同性恋者和她的年轻伴侣之间的对话来反驳苏珊挽回托尼的企图。在切尔西的酒吧这一场景里，被解雇的巴雷特被托尼天真地重新雇了回来，他有点鬼鬼祟祟，像一个在猎艳的同性恋者。

毛姆的小说充满了对主人被无产者仆人毁灭的震惊和恐惧——这甚至可以看作

艾德礼的战后社会主义对英国阶级制度的影响的政治寓言。品特的戏剧更多地对交接的隐秘过程，以及托尼和巴雷特互相利用对方弱点的方式感兴趣。品特笔下的托尼是一个米蒂式的幻想家，他模糊地参与了开发巴西丛林的白日梦计划；他的巴雷特也不是工人阶级的魔鬼，而是一个谨小慎微的、被虚伪和伪装包裹的中下层人物。在电影的后半部分，品特展示了他们内在的亲密关系如何导致了他们之前的角色被逐渐侵蚀。在一次烛光晚餐中，他们建立了一种男性间的亲密关系，这种关系唤起了两人对军队的怀旧记忆。当巴雷特已经把薇拉赶出屋外，喂托尼喝了他的鸦片酊时，他逐渐承担起的主人/仆人、妻子/情人的双重角色被加强。他哭着说："你不会比我更好的，你知道的。你想要什么？一个在屋子里跑来跑去的老太婆在破晓时分叫你起床，告诉你该怎么办？"在品特的笔下，这不仅仅是一个关于仆人取代主人的故事；这是一个对于相互堕落和性力量的反作用性的研究。即使在最后的狂欢场景中，当巴雷特似乎在为托尼拉皮条时，你也会感觉到装饰房间的闪亮格子只不过是墙壁装饰的一种形式："明晚弄好它，并把约翰带来。"这是巴雷特临别时和其中一个女人说的一句重要的话。这里充满了悲伤、满足和懒散的气氛。但巴雷特不只是一个邪恶的诱惑者或是像奥登的《浪子的历程》里的尼克·沙多那样耸人听闻的魔鬼，他也从开场时一本正经、衣冠楚楚的形象——像他的雨伞一样紧紧地卷着——变成了一个略显邋遢的荡妇。巴雷特既是造成他主人堕落的工具，也是一场苍白的、封闭的、与外界极度隔绝的同性婚姻里的"女性"伴侣。

这一点为理查德·麦克唐纳绝妙的设计所强化，用佩内洛普·吉里亚特的话来说，"设计让房子本身看起来几乎都是邪恶的"：早期场景的质朴洁白与后来场景中由花瓶里的几根枯枝和野柳所引起的混乱形成了对比。如果说詹姆斯·福克斯抓住了托尼的粗心大意、乏味无趣，那么德克·博加德饰演的巴雷特则是他最好的银幕表演之一。他成功地引起了人们对这位矛盾的入侵者一定程度的同情，尤其是在他仍然戴着一张冷漠的面具，而温迪·克雷格饰演的苏珊往他脸上吹烟圈，或者无礼地问他"你用除臭剂吗？"等场景中。然而，博加德对拍摄期间的主要回忆之一是品特对文本准确性的绝对关注。"我记得，"博加德说，"有一天哈罗德来到了片场，我加了点台词，因为当时我必须相当快地上楼梯，在还有三阶楼梯才能爬到楼顶时，我的台词就说完了。我就不得不编了一段冗长的台词，比如：'是谁照看的你？谁来做饭？谁给你洗裤子？'这些台词使我有时间爬上楼顶，但台词明显不是哈罗德写的。不管怎样，他听了我说的内容，考虑了一下，像反刍的牛一样咀嚼了一下，接着说：'好吧，你可以这么用。'但那种加台词的情况特别少，因为在电影界你找不到像他这种水准的作家。你就是找不到能写出那种对话的人。"

然而《仆人》的最终成功源于品特与罗西才华的无缝结合。影片中的每一个镜头，从巴雷特赤裸着从主人的卧室里大胆出现的剪影，到托尼被关在楼梯板条的栅栏后面的颓废形象，都与毛姆小说中那种令人毛骨悚然的绿光形成对比。品特的剧本也首次证明了他有能力吸收其他作家的叙事理念，并把它变成自己世界的延伸。当时，评论家们很快就意识到了这一点。英国《金融时报》的大卫·罗宾逊将这部电影与《微痛》中的"一个男仆控制主人"联系起来。约翰·罗素·泰勒在《泰晤士报》上指出："巴雷特、托尼和他的未婚妻组成的三角关系中的权力平衡与《看门人》没有太大的区别，而且这个阴谋的目的是消除那个古怪的人（无论被证明是谁），以便另外两人能够和平相处。"不过，这部电影也是品特在20世纪60年代痴迷于性的多种结合的证明之一——《夜校》、《收集证据》及《情人》也可以作为证明。在探讨了女性在婚姻中的顺应力和在现实与幻想之间的兼容性之后，他在这里向我们展示了一场微妙的权力游戏，结局是两个迷失的、彼此依赖的男人被绑在一起，显然他们将永远生活在相互呼应的孤独中。

第八章　家庭价值

就像《仆人》所展示的，房间和房子在品特笔下都有自己的个性。在他的生活里也是如此，因为他总能精确地回忆出是在哪里写的那些特别的作品。他把《生日晚会》和中部地区脏乱的更衣室联系到了一起。正是在奇斯威克拥挤的房间里，在身边还有一个吵闹的小孩子的情况下，他写了《微痛》《温室》《看门人》，以及《仆人》的初稿。在位于裘园的现代公寓里（据他讲，"公寓里至少有两间体面的房间和一个小花园"），他写下了有着更宽敞背景的戏剧，如《收集证据》和《情人》。接着，他于1963年搬到了位于沃辛市的具有摄政时期风格的房子里，在那里他为哥伦比亚电影公司创作了电影剧本《爱撒谎的人》，并为皇家莎士比亚剧团创作了《归家》。1964年年底，品特举家搬迁到位于摄政公园的汉诺威露台后（"一幢特别大的房子，"品特说，"是你一生中见过的最大的房子。它在第六层。厨房很好。我们以前常在厨房里闲待着"），他在那里为欧洲广播联盟写了《茶会》。很容易看出，品特对空间和地位的不断获得与其笔下人物身份的逐渐显赫有一定的关联。当然，除了品特经常强调的一点——富裕并不能阻止一个人内心的恶魔——还有一个具有讽刺意味的事实是，这部以爱恨交加的视角描绘了哈克尼家族丛林游戏的戏剧《归家》就是在沃辛那个安静的、舒适的、带着暮气的环境里创作的。想到这里有点奇怪，仅仅七十年前，就在此处，王尔德在某次家庭度假时写了《不可儿戏》，这部作品用理查德·艾尔曼的话来讲，"构建了一道完美的护墙，绕过了作者内心的不安和焦虑"。

对品特而言，《归家》永远和沃辛以及哈克尼唐斯文法学校的英语老师联系在一起。"我曾经，"他说，"脑海里有过非常强烈的印象，我的老师乔·布里尔利坐在我的大房间里……这是一幢相当漂亮的房子，正面是弓形的，在沃辛唯一真正吸引人的地方……在离康诺特剧院特别近的一条名为安姆布鲁斯的街道上。这是一条摄政时期的街道，道路另一边有自己的前花园。不管怎样，乔·布里尔利来到沃辛，读了《归家》，我当时在房间另一头读别的东西。剧本我只有一份。我永远都不会忘记他读完剧本后，把它摔到地上，从前门走了出去。有四十五分钟我都没看到他，他当时去海边了。后来他回来了，我们谈了谈。他是如此强烈地受到剧本的感染，以至于要去吹吹海风。"布里尔利激烈的反应敏锐地预示了该剧在伦敦及其他各地上演时自然生发的影响。

对品特来说，20 世纪 60 年代中期是一段高产期，虽然他在舞台和银幕间穿梭，这段时期的三部主要作品的质量也参差不齐，但其作品仍然具有非凡的想象力。就像海边的一块岩石，它通过以不同的方式探讨了父权制的恫吓、男性的虚荣心和女性的执拗这些主题而完全诠释了品特。《爱撒谎的人》虽然有瑕疵，但充满了对男性根本无法理解女性的需求与渴望的失望。《茶会》写在《归家》之后，但在它之前上演，戏剧展示了男性对权力、金钱和地位的执着并不能保护他们免于内心的恐惧。《归家》本身一部分是关于一个女性入侵者对一个厌恶女性、压迫男性的家庭的破坏性影响。品特的作品不是随笔——它们不做陈述或提出观点——但就像这三部作品所展示的，他内置了一个狗屁探测器，能探测到男性的愚笨和伪善，以及对女性韧性的无限迷恋。

即使在繁忙的创作期间，品特也和外部世界保持着活跃的联系。1964 年 3 月，迈克尔·贝克维尔为英国广播公司的第三套节目导演了九部自己的作品，品特在《最后一个走》里面扮演了一个酒吧招待，杰弗里·贝尔顿扮演了卖报纸者。这个版本伴随着三到七秒钟的沉默，背景音乐十分诡异。品特也与皇家莎士比亚剧团关系紧密。1964 年 7 月，他导演了第一场在伦敦奥德维奇剧院重新上演的《生日晚会》，尽管他自己承认，这部戏剧对他来讲不算特别成功。彼得·伍德起初的出品突然转向了怪诞风格。"我的作品，"品特说，"则把它推了回来，但可能推得太远了，走向了写实主义风格。但我需要跟除了帕特·麦基之外的皇家莎士比亚剧团现有的演员合作——帕特·麦基扮演麦卡恩，是剧组里最有力的成员，也是我把他引荐到公司的。"班巴·盖斯科恩曾是原创戏剧《生日聚会》在剑桥大学的传播者，现为《观察家》的戏剧批评家，他认同品特对自己作品的结论："六年前，《生日晚会》是希罗尼穆斯·博斯的风格，这次则是霍尔曼·亨特的风格。"但品特对彼得·霍尔和皇家莎士比亚剧团始终保持绝对忠诚。当剧团被自己的行政委员会成员起诉，被荒唐地指控上演不雅戏剧如《马拉/萨德》和《夜晚来临前》时，品特写了一封表示支持的信件给霍尔，称"皇家莎士比亚剧团跨越全世界——我必须说明这点——就像巨人一样"。

同月，当《生日晚会》在奥德维奇重新上演时，由品特根据佩内洛普·莫蒂默的同名小说改编的电影《爱撒谎的人》在伦敦的影院上映，导演为杰克·克莱顿。这部电影从未达到《仆人》的经典地位，也不能像《仆人》一样经久不衰，个中原因不难看出。莫蒂默夫人1962年出版的以第一人称叙述的小说原著与一个女人存在的绝望有关：这个有着六个孩子的女人与一个成功但不可救药的不忠诚的剧作家的婚姻正在解体。出于痛苦和愤怒，这本书被创作出来。当时，这本书被普遍认为具有自传性质——有多少自传的成分，这一点在三十年后莫蒂默夫人的回忆录《亦关于时间》出版后变得令人震惊的清晰。这两本书都提到了女主人公的剧作家丈夫有着大量的婚外情。当他使最近的一个情妇怀孕时，他怂恿妻子做绝育手术，甚至——在激烈的婚姻争吵中——问她："你怎么不去死？"真相比小说更离奇；在这种情况下，两者几乎是等同的。但当你站在小说叙述者的立场把她搬到银幕上，你就会在主观和客观视角之间不安地游移不定。即使想试着表现中立，故事仍然以她的视角来塑造。

这是个反复出现的技术问题：如何把以第一人称讲述的小说搬上银幕。品特的直觉一直是要去掉这种人称的叙述。"在其他电影里我看到许多，"他说，"特别是法国电影，人物从未停止讲话，通过语言直白地讲述。比如他们说，'那天我觉得特别热'，然后你就看到某个人看起来特别热。我发现许多诸如此类的赘述。"然而，《爱撒谎的人》的问题在于，女主人公相信除了孩子的母亲之外，她没有其他身份。这个观点是如此的根深蒂固以至于很难冷静地看待她的处境，很难把这么主观的一本书拍成一部客观叙述的电影。

除此之外，不得不说《爱撒谎的人》是以严肃态度对待女性特有问题的首批战后英国电影之一。改编小说的过程对品特而言也很宝贵——出于直觉的女性主义经常被看作女性浪漫的副产品——因为它迫使他探索女性心理。品特是一个如此好的作家，以至于他不会进行道德说教或者暗示女主人公乔的所有问题都源于她的丈夫杰克，但他强化了小说核心的反讽：乔周围的女人滔滔不绝地谈论乔的丈夫对创作的敏感性，而与此同时乔却不得不面对他道德冷漠的事实。为此目的，品特建立起各种内在的语言上的共鸣。一个名为菲尔波特的懒散房客（玛吉·史密斯演得真好）赞扬杰克·阿米蒂奇，告诉乔"但是，他的理解如此出众"。一个不贞的女演员贝思·康威后来告诉乔："他有如此出众的理解，如此……敏捷……你知道是一种启发人心的理解。"当然，两个女人都和杰克睡过；但品特强调的一点是杰克处处施予的同情却很少延伸到他妻子身上，他麻木地对医生说："她只想坐在角落里生孩子。"

这是一部有瑕疵的电影。安妮·班克罗夫特在哈罗德百货公司的食品大厅里彻底崩溃——这一幕非常有名，暗示出一种高人一等的绝望，就好像这里的崩溃天生就比在伯肯黑德·西夫韦百货的神经崩溃更悲惨一样。但是品特的剧本很好地表现了杰克完全不理解妻子为何一定要生育，以及贝思·康威那个戴绿帽子的丈夫得知妻子怀着杰克的孩子时复杂、扭曲的愤怒情绪。在充斥着让人作呕的辱骂的那幕著名场景里，康威打电话告诉乔："我要从她身上碾出黏液。我要看着她自己慢慢渗出自己的黏液。直到她死。她会像我一样恨那个孩子。我要看着她在杰克·阿米蒂奇下流的污渍里流血至死。"这是真正的品特：赋予语言策略性和诗意的力量来传递受伤男性纠结的愤怒。电影也展示了品特如何在时间上试验，在过去和现在之间来去自如。在许多方面，对品特而言这是他改编的一部奇怪的电影，不仅因为他有冷静的客观的才能，也因为他自己的困境正好和杰克·阿米蒂奇的相反，因为他渴望妻子生更多孩子，为多年后能够主导一个庞大的世袭家庭而高兴。然而，正是通过创作传统上被视为"女性电影"的作品，品特被迫扩大了他的想象范围。在创作了一系列膝下无子的女主人公后，最终他不得不面对母亲们的欢乐和悲伤。

《茶会》是品特的下一部作品，也更贴近家庭。这是品特第一次直接从英国广播公司电视台获得委托任务。一个充满活力的加拿大人西德尼·纽曼刚从商业电视台转职过来，给安静的、老派的戏剧部门注入了活力。1965 年春天我在那儿短暂地工作了一段时间，我非常清楚地记得纽曼穿的耀眼的格子外套，他对"躁动的当代性"的信仰，以及对周三戏剧演出的传教士般的热情。但是英国广播公司也属于欧洲广播联盟，联盟的宗旨之一就是实时转播著名的独幕剧。品特跟在特伦斯·拉提根和弗利兹·霍奇沃德之后，被要求填补自认为是"世界上最大的剧院"的空缺。虽然不是容易接受委托的人，但品特还是拿出了《茶会》，该剧是对他在 1963 年写的一个短篇故事的扩展，故事还在 1964 年的第三套节目中广播过。该剧随后在 1965 年 3 月 25 日转到英国上演，一周内足迹就遍布 12 个欧洲国家。品特自己则说："在我看来，原故事更成功。"虽然这是实话，但电视转播也并非不重要，因为这既是对品特自己主观恐惧的投射，也是对当代资本主义的批评。

短篇故事的优点在于紧凑、明快、诗意：故事以第一人称讲述了一个令人心寒的故事，叙述者的视力每况愈下，象征着他陷入了偏执的幻想之中（视力的下降和失明这样的隐喻从《房间》开始就频繁出现在品特的作品里）。开始的表达是"我的视力下降了"，接着讲述了一个男人的故事，他拥有成功和安全的所有外在标志——妻子、儿子、爱好、好工作、开朗活泼的秘书——但却被自己内心黑暗的想象折磨。他看见重影，被儿子的沉默折磨，相信他的生意伙伴兼自己的内弟与自己的秘书暗度陈仓。这种恐惧在一首美妙的、断断续续的、印象派的、弗洛伊德式的散文诗里表现出来：

> 我的眼睛盯着钥匙孔，我听到了他们做爱时发出的吱吱声。凹槽很暗，只能听到衣服被撕扯着从鼓架上滑落的声音、他们享受极乐时发出的嘶嘶声和拍打声。我感觉房间压在我的头上，我的头压在铜门上挤出了褶皱，我不敢转动讨厌的把手，害怕听见我的秘书在我搭档的怀里百般扭动身体时发出的疯狂的尖叫声和摩擦声。

渐渐地，主人公陷入了一种疯狂的状态，眼睛上缠着的绷带给了他身体上的安慰，但也让他看到了一场办公室茶会的噩梦画面，在孩子们的眼皮底下，他的搭档剥去了他的妻子和秘书的衣服，茶会达到了高潮。故事的语言紧凑有力，品特带你进入这个男人的大脑，从而传达出完全崩溃的感觉。这就是该故事的力量所在。

把故事改成电视剧不容易，可以从品特手稿库的两份完全不同的草稿里推断出很多信息。第一份草稿以主人公起始，一位名叫西森的爱干净的工程师，在几近崩溃的边缘让医生检查他的眼睛，接着画面闪回到西森成功的巅峰时刻，那时他的眼睛还没感到疲劳，精神也没开始崩溃。品特在另一张纸上甚至分毫不差地数出了有几幕场景，估算了约莫有哪些内容。这份欺骗性的、费时较长的第一份草稿由更成功的第二份草稿——非常接近定稿的版本——接上，这个版本严格地保留了时间顺序，并展示了后来改名为迪森的主人公精神逐渐崩溃的过程。

短篇故事《茶会》深入探讨了精神崩溃，电视剧《茶会》更清晰地展示了一个人通过否认从前的自我，把自己从所处的阶层里拉出来，于是从前的自我现在开始展开报复。迪森是个白手起家的富人——他的办公室有一个展柜，装满了洗脸盆、抽水马桶和坐浴盆——为自己和第二任妻子戴安娜以及她弟弟韦利之间的地位和阶级的差异所困扰。迪森流露出资本家的傲慢，但他缺乏安全感、与世隔绝、没有朋友、充满矛盾。当他带着他的内弟做生意时，有一次他强调了自己缺乏人情的伟大之处："我们之间唯一的联系就是对讲机，除非我要亲自见某个人，而这种情况又很少。"下一分钟他又充满了父亲般的友善："我总把它当作自己的事情，要以尽可能最直接的方式和我的职员及生意伙伴沟通。"这是一部关于一个男人失去特定身份的戏剧，其象征是迅速恶化的视力和无法控制的色情幻想。

声称迪森就是品特很可笑。同时，品特的戏剧总是受到其个人经历和回忆的触发。他写该剧的背景也值得回味。当时他不仅有钱，还刚刚搬到位于摄政公园的大房子里，也能意识到他自己和费雯的日益疏离。回忆往昔时他告诉我："我认为她对我们最终发现了自我的生活感到不适。她确实不适应——我在这方面也一样——丰富的社交生活。我们打小就不太适应社交生活。我们在汉诺威露台度过了一段奇怪的日子。除了在剧院工作,我们过着令人难以置信的隐秘生活。《归家》上演时我们举办了一场盛大的派对,设计规模约 200 人,但实际上我们就看到了很少的一些人……人们从不敲我们的门。我们也从来不需要开那该死的门。没有人来,除了那些预约的人。"唐纳德·普莱森斯是为数不多的几个人之一,他对那幢房子也有特别清晰的记忆:"那是一幢特别漂亮的纳什住宅,所有浴室都有金色水龙头,还有一个用来冲马桶的脚踏板,这样你就不需要用手去碰链条或塞子了。"《茶会》中的迪森就夸耀过这个东西,让他的秘书很惊讶:

温迪:脚踏板?
迪森:不是拉链条或用塞子。是脚踏板。
温迪:噢。好棒。
迪森:它们日益流行了,确实如此。

一个脚踏板并不能自动让品特成为传记中的水管工,但作为作家,他太注重自己生活的意义,以至于忽略了向上层社会流动的危害,也没能意识到财富像蚕茧一样包裹住了自己。的确,这是他后来在《无人之境》里探索的主题,在剧中,作家赫斯特因习以为常的富足而逐渐与现实隔绝。在《茶会》里,品特总能尖锐地分析自我,他似乎能挖掘自己内心的某种恐惧,即物质财富可能成为精神堕落的根源。

然而,《茶会》也对当代资本主义进行了辛辣的讽刺——观众比许多批评家更能明白这一点。后者似乎对查理斯·加洛特的版本表现出的视觉反讽视而不见,加洛特用威尔斯式的跟踪镜头对这家坐浴盆制造商广阔的贵族领地进行了全方位的拍摄。要辩证地讨论该剧的主题,就必须求助于持共产主义立场的《每日工人报》。该报的电视剧批评家首先给出了赞扬。斯图亚特·道格拉斯是一位自由写作者,他随后加入,控诉品特支持现状:"资产阶级的任务是尽可能长久地保持他们的生活方式。任何一个人,只要能让大量的人相信这种模式已经形成,而他们又无力改变它,那么人们就欢迎他加入现有的知识犬儒主义者的行列。"但这引发了 4 月 9 日的一封有争议的读者来信,来信认为戏剧明确带有政治含义:

真是一幅阶级分层的画面!没有必要写好几页的理论层面的对话。第二天早晨我在火车里跟一位工人谈话,他在一瞬间就明白了主题。"生活啊,"他说,

"他（迪森）因为害怕失去而不能享受一场乒乓球比赛。他对他的老母亲和父亲无话可说。因为害怕自己的所思所想，他无法面对一个优秀的人物。"以利益为目的的生活对每个人都是如此。

品特并非兜售马克思主义思想的作家，但火车上的那个家伙——他把人们带回到一个失落的时代，那时一部重要的电视剧是大众文化的一部分——比许多批评家更接近真相，批评家的评论通常都是"兴奋的、拜物主义的狂闹"和"自我夸耀式的满足"。《茶会》也探讨了商业伦理的缺乏和否认阶级基础的危险。的确，每个动作都证实了迪森说的充满反讽的真相："没有什么比满足于活在自己内心的人更无趣或可悲的了。"但品特也——就像原故事表现的——与迪森有共鸣，认为权力和金钱无法保护人们免受个人幻觉和令人震惊的罪恶感的侵害。《茶会》可能不是品特最深刻或复杂的戏剧，但它让个人困扰和政治评论达到了风格化的统一。

当然，欧洲数百万的观众看了这部电视剧。但十周之后，随着《归家》于1965年6月3日在奥德维奇剧院开演，品特进一步宣称要成为人们眼中英国在世的一流的戏剧家。对于新剧来说，这是令人兴奋的一年，许多领头作家都在向外拓展：奥斯本的《我心目中的爱国者》在奥匈帝国衰亡的日子里呈现了一个同性恋形象，使张伯伦勋爵大为恼火；爱德华·邦德的《得救》探讨了社会暴力的根基，把婴儿被石头砸死的场面搬上舞台；彼得·谢弗的《黑色喜剧》令人眼花缭乱地颠倒了光明与黑暗的可能性。所有这些戏剧都进入了现代保留剧目行列，但没有一个像《归家》那样地位牢固：在戏剧画面中，家庭生活赤裸裸的暴力和原始的女性力量令人震惊、不安，似乎与集体的潜意识建立了直接的联系。即使在今天，此剧也没有失去让人惊讶的能力。我听说，1994年在阿特里尔剧院，一位年轻的巴黎观众——在一次还算可以的演出里——看到露丝决定抛弃泰迪和她的孩子们并加入他在哈克尼家庭的内部丛林时，他惊讶得直喘气。《归家》根植于特定的当地环境，但似乎能引起世界各地观众的共鸣。

人们已经从每个可能的角度分析了这部戏剧：社会学的、心理学的、动物行为学的和语言学的。从1965年开始，也有人坚定地尝试着把它看作一部特别的犹太家庭剧，但它到底来源于哪儿，是真实生活还是品特想象力的黑暗幽深之处？答案似乎是两者的结合。品特根据自己对伦敦东区的了解，提取了人物性格和家庭背景，但在通过品特档案馆追踪该剧的发展的过程中，你也可以看到它是如何从性不和谐的形象中有机地发展起来的。

在我问彼得·霍尔他是否认为品特的作品着迷于过去时，他意外地跟我透露了

第八章　家庭价值

其中一个人物的线索。"品特有个特别有意思的地方，"霍尔说，"作为男人和作家都是如此。他会说，'这是我 15 岁时写的一首诗'，或者'那个人教过我'，或者'这是我以前的一个朋友，我们一起在哈克尼游乐场跑来跑去'。过去的人和事几乎都充满神秘。我记得在拍摄《归家》时，他带我去哈克尼的一条街道，因为我想拍泰迪和露丝一起进出租车的外景。他带我来到一条两边都是维多利亚时期的大房子的街道，说：'我们就去叫人过来。'他按了门铃，一位老人出来——我跟你发誓——他穿着橡胶底帆布鞋，戴着布帽。他说：'哈罗德，我的孩子，你最近怎么样？进来吧。'我们进去，哈罗德说：'莫伊舍怎么样？'老人说他过得不错，莫伊舍应该是在蒙特利尔大学的一位英文教授，也是哈罗德在哈克尼时一个青年时期的朋友。我认为当时我处在了某种奇怪的时空穿越里。我想：舞台上的保罗·罗杰斯如何能穿着橡胶底帆布鞋、戴着布帽？我不记得哈罗德曾暗示过这点。"

品特自己对这个事件记得很清晰，承认马克斯的原型来自真实生活。同时，他焦虑地指出，他并没有打算将《归家》作为一部本土化的犹太家庭剧。他说："那个老人的形象——也就是莫伊舍·威尔尼克的父亲——可能是某种人物来源。我不太了解他。那时我们不讨论自己的父母。但莫伊舍父亲戴着布帽、穿着橡胶底帆布鞋的形象我一直记着。我知道他是个特别威权的人物，特别顽固的老家伙。这是我对他的印象，但除此之外就没有什么了。《归家》并非发生在那幢房子里。也没有别的来源。如果你看电影里的镜头，可以看到有关老人和街道本身的场景，我也是以这种方式看到的。这才是故事发生的地方。就在那个区。毕竟，这部剧扎根于伦敦东区。虽然《犹太人记事报》攻击我不承认这部剧是关于一个犹太家庭的——我仍然不承认这一点——但我的确瞧见了端倪。那时候一个犹太人把一个非犹太姑娘带回家是件挺可怕的事。后来我听说我在学校认识的一两个人这么做过。他们的家庭就当他们死了。我不是否认多少有这种事情在萌芽。为何要否认呢？但我一直觉得这不是关于犹太社会的戏剧。事实上，它在各种语言和社区中都有意义，而不仅是在偏僻的犹太社区。叙述继续。"

实际上，出于对朋友的考虑以及对彼此约定长期保持沉默的尊重，这部剧远比品特承认的更贴近现实生活。当我写信给在加拿大的莫里斯（莫伊舍）·威尔尼克，问他马克斯是否以他的父亲为原型时，他的回复很清楚，并解释了整个情况：

我在 1956 年结婚，并立即离开，开始在加拿大的生活。我从未告诉父亲我结婚了，后来十年即使我去了英国几次也一直保守着这个秘密。哈罗德认为我这样做并不明智，除了我自己，亨利、乔·布里尔利和我的妻子都这么想。他们都因为尊重我的意愿而没提。后来我及时加入了那些认为我的行为很荒谬的人的行列,在1964年带着全家去了英格兰,我的父亲见到了儿媳和孙子孙女们。我无须告诉你这是我生命里难忘的时刻之一。为何我当时会选择走一条现在看来错误的路呢?我认为简单来说,这是为了避免让我父亲受伤。四十年前,在外地结婚这种事情背负着并不轻的负担。我的父亲绝不是一个偏执的人,当然我也没活在害怕他不开心的恐惧里。就像了解他的人那样,哈罗德会对此置之一笑。

莫里斯·威尔尼克接着谈到,他有一个叔叔是出租车司机——而不是私人司机——"有点自由精神,但因为暴力反应而名声不太好",他还有一大堆丰富多彩的故事。品特也了解他的父亲和他的叔叔。但他随后补充说他的父亲从未穿过橡胶底帆布鞋:"关于彼得·霍尔的回忆就是这些了。"

有一点很清晰:莫里斯·威尔尼克的处境——来自伦敦东区的犹太人娶了一位非犹太女孩儿,移民到加拿大,其婚姻对家庭保密——就像品特戏剧想象的跳板。威尔尼克在1964年的"归家"与剧本的写作撞到了一起。品特的确给老友寄去了初稿,坦率地承认他根据原故事做了发挥。迈克尔·戈德斯坦在谈话里也声称马克斯对于莫里斯·威尔尼克的父亲来讲是个"已死的按铃人",并回忆说莫里斯是三个儿子中的一个,他们的关系与剧中所描绘的并无不同。但戈德斯坦补充说他自己就有个兄弟,像剧里的乔伊一样,正在受训成为一名拳击手。人们也无法忘记在品特的家庭里就有个拳击手犹大舅舅,但这些都没有使这部剧成为一部特别的犹太戏剧。它暗示的是《归家》在一定程度上是由一个特定的家庭情景引发的,而且比人们所承认的更接近于可观察到的现实。没有哪一点让这部剧有特别的犹太意味。

同时,就像你在品特的戏剧档案中所看到的,戏剧也源于他的想象。该剧并未以马克斯的形象或难以驾驭的家庭起始,而是以用铅笔写在几张画有横线的纸上的对话片段开始。对话人物被称为A(男人)和B(女人)。我们不知道他们是谁,也不清楚他俩是否已结婚。我们对他们的背景一无所知。我们能推断的就是A很焦虑,负担过大,B表现出不安但思想独立。他们说话的节奏显然似乎不同步:

A:你为何打哈欠?
B:我没有。
(停顿。)
A:你累了吗?
B:没。

第八章　家庭价值

这段话透露出 B（那个女人）急于出去呼吸新鲜空气，A（那个男人）则不想。他们的对话简洁扼要，甚至有点《私密人生》的意味：

B：天气咋样？

A：夜空晴朗。金星在上升。

B：金星？

A：在上升。

B：你怎么知道的？

A：我看到的。

值得注意的是，这部戏剧源于男性-女性关系的不和谐，女人急于维护自由——这就是关系正在发展中的露丝与泰迪的情形。

这段神秘的片段逐渐发展成长达六页的概要，其中 A 变得越来越强势（他问"谁是我的甜心呀？"），B 依旧更加烦躁、不安。但第三个人物 C 的出现增加了性方面的紧张和口头威胁。戏剧背景并不清晰，但我们从对话里得知 A 是个警察，他把自己的新娘（B）带到一栋房子里，房子的主人是个在逃罪犯（C）。没有暗示表明两人是兄弟。否则，我们就大概知道这是已完结的剧里泰迪、露丝和莱尼的第一次会面。让人讶异的是，莱尼似乎完全根据品特的想象出现。C 形容猥琐、充满攻击性、故作姿态。他像一个过分自信的人在闲扯，发表了两通演讲：一个是关于在码头和一个有梅毒的妓女的碰面，另一个是关于一次扫雪时痛打了一个老女人。在最终版本里，这些地方只稍有修改，但个中差异却耐人寻味。比如，C 关于在码头遇到妓女的独自描述通过以下对话结束：

B：你怎么知道她得病了？

C：嗯，这个问题很尖锐。嗯，你就是能知道。

和最终版本相比：

露丝：你如何知道她得病了？

莱尼：我怎么知道的？

　（停顿。）

　我肯定她得病了。

在早期版本里，C的声音孱弱、模棱两可。在戏剧中，莱尼的回答既强调了他试图通过语言重建现实，也突出了露丝揭露真相的能力。但真正的戏剧冲击在于C已知道A和B刚从威尼斯度蜜月回来，他突然问道："你们是否介意三个人睡一张床？"暗示C早就和A有亲密关系，也很高兴把这层关系延伸到他妻子（B）身上。甚至有段更露骨的，A指责C用完了一整罐的扑面粉，随后安慰B（妻子）说："没有任何同性恋的意思。"显然，品特在努力发展各种各样的想象可能性。但从一开始就很清楚的一点是，他被一种婚姻的想法困扰，这种婚姻受到自身内部的紧张关系和第三方外部操纵的威胁。

品特将草稿发展成了后来《归家》的初稿。在这个阶段，它还只是一部黑色的、令人不快的单幕喜剧，关于一个非常好斗的男性家长（沃利），他的弟弟（山姆）和三个儿子（莱尼、乔伊和泰迪），泰迪娶了一个名叫苏珊的女人。一切都如此简短、有力、震惊、激烈。在剧本开头，乔伊在家里的楼梯上竭力——或者说试图——和苏珊撇清关系。他们的出现让我们意识到家庭内部存在着矛盾。沃利对山姆很粗鲁。莱尼嫉妒泰迪。泰迪对苏珊非常傲慢。苏珊展开报复，和丈夫的家庭达成了性交易，同意作为一个高级妓女和他们同住。已完成的第二幕的核心内容都在这里，但在舞台上，一切都是那么粗鲁、直接，对泰迪和苏珊的归家没有任何解释，也没提到他们在美国的校园生活，没有暗示泰迪下一步有何举动。这个版本最重要的一个方面是品特把地点放在伦敦东区，根据沃利在首页的开场白，他似乎是个犹太人：

> 我过去常和一个名叫博克威兹的男人厮混。我叫他博基。博基，你今晚去哪里啊？西区？咱俩一同去，放倒几个妓女。我身上还有伤疤。博基和我常常一起去那里，他们称我们为可怕的双胞胎。他有六英尺高。但即使是他家人也叫他博基。那个老男人当然也是博克威兹家的人。他们都是博克威兹家的。但他是唯一一个被叫博基的。

尽管品特在页边空白处的柏克威兹旁边写上了麦克格雷戈，但很显然这个人物最初的设定也是犹太人。

直到第二稿中，品特才把所有想法放到了一起：忧虑不安的归家，我们在早期草稿里发现的不稳定的婚姻，无情的性交易——最后一点正是第一稿的核心。突然之间终稿开始成型。有趣的是，在你研究品特数不清的删改时，他更改了每一个能让读者预先做出判断的地方。当他们刚到家时，泰迪对苏珊（或者他常叫的苏）摆出一副高高在上的姿态，这在一开始显得更加露骨。

第八章　家庭价值

　　泰迪：甜心，你最好先上床去。谁是我的甜心呀？我的小甜心。你不担心任何事，对吧？
　　苏珊：不担心。
　　泰迪：全都交给我。

　　在沃利成为马克斯后，他的粗鲁也表现得愈发明显。有一次，他问苏珊她的三个孩子是公猪还是母猪。当她回答是"公猪"时，他回应道："你是一头有三个公猪崽的母猪。"莱尼在第二稿里是个送奶工人，而不是职业皮条客，他取笑山姆叔叔说"这个男人就是个不折不扣的单身汉"。苏珊在乔伊在地板上翻滚后，告诉他"把唱机关掉"，还打了他一耳光。不同寻常的是品特的想象力在删改过程中所经历的旅程。最开始，他用几张纸的篇幅探索有保护意识、负担过重的男人和思想独立的女人之间的关系。随着每个版本的改进，品特加入社会背景，建立了家庭背景的详细资料，让女人逐渐变得更加强悍，更加坚决。你不仅能看到品特是如何思考的，还能得到戏剧中心主题的关键线索。

　　但围绕《归家》的所有讨论都不得不承认一个容易被忽视的事实：品特对他所创造的世界充满想象的喜悦。这一点在品特1965年写给盖伊·维森的一封信中被发现，当时他的老朋友已经看到了剧本。维森欣赏剧作，但他提到了奥尼尔，从品特信里的口气来看，这触动了他的痛处。

　　你说，你最近读过奥尼尔的任何一部作品吗？我是没有，但你不会说，在我写自己的作品之前要先读其他剧作家的作品吧？我处理剧中的家庭时，可能的确用到了奥尼尔用过的按门铃，但我无须在写作前先温习他的作品。事实上，我好多年都没想到他了。

　　品特继续喋喋不休地指出保罗·罗杰斯要出演马克斯，这次官方的戏剧审查者即张伯伦勋爵的审查时间比平时的长了三倍。随后他在附言中补充说："顺便说说，仔细思考后，我对每一个人物都同等挑剔。*我热爱也厌恶他们的命运。*"斜体字是我说的，不是品特说的，但是该评论特别重要。除非你明白品特从记录家庭可恶的非道德行为中获得的创作乐趣以及他拒绝做出评判的态度，否则你永远无法理解这部戏剧。

　　《归家》也因缺乏传统的道德框架而让人震惊。它也反映了品特对笔下人物爱恨交加的情感，但这不可避免地表现了一定的价值观。情节本身足够清晰。伯纳德·

杜克尔尽可能地做出中立的评价，他说："男性家庭里的几个成员争权夺势，为赢得他们中的唯一一个女人的青睐而耍花招。"但这种行为代表了什么？你可以从弗雷泽的《金枝》的仪式里看出来："品特把古老的牺牲仪式及生育女神与征服者的结合戏剧化。"（维拉·M. 吉吉）你可以用罗伯特·阿德利在《地域法则》一书中探讨的那种动物行为学上的战斗来解释它："我们所看到的是一场仪式化的比赛，在这场比赛中，在一个懦弱的旁观者的监视下，性欲和对领土的渴望这两种本能决一雌雄。"（欧文·沃德尔）或者你可以把它看作存在于可观察的现实和弗洛伊德式的梦境双重层面上的一出戏剧："从儿子的角度看，《归家》是所有俄狄浦斯愿望在梦境里的实现，母亲的性征服，父亲的极度耻辱。"（马丁·艾斯林）

所有这些分析都有道理，我同意艾斯林的观点：就像大多优秀戏剧一样，戏剧同时在两个层面上进行。在现实层面，这是对一群不顾一切的哈克尼掠夺者的宗族行为的精准社会研究。但在隐喻层面，艾斯林认为这是儿子的俄狄浦斯情结的实现，我认为这是女性对男性专制的挑战，也是对将女性分为母亲和妓女的挑战。从这个角度看，该剧展示了难以捉摸的露丝从荒芜的婚姻、枯燥无味的学术圈逃离到一个她能够控制社会、性及经济的地方。艾斯林的解读依赖于把露丝看成完全被动的人这一观点。其实，就像彼得·霍尔1965年和1990年的制作所展示的，戏剧多处表现出露丝流露着一种有趣的、操纵欲很强的优越感。从这个角度说，《归家》对我来讲不仅是以下戏剧——《微痛》《夜校》《收集证据》《情人》——的延伸，还是根本的推进。这些戏剧里女人挑战父权，也暴露了男性的脆弱。这也形成了一种在明确的女权主义戏剧中并不少见的模式。比如，在吉莎·索尔比的《卢瑟福和儿子》(1912) 里，家庭暴君被削弱，妻子打发丈夫去收拾行李，头脑冷静地基于合理的经济原则达成了一项交易。索尔比笔下的女主人公可能因为需要保证儿子的未来而如此，与性权力无关，但其根本动力是相同的。所有一流戏剧都提供神话般的满足感，《归家》更多诉诸女性在男性权力结构上的胜利而非俄狄浦斯愿望的实现。品特在1967年接受美国批评家亨利·休斯的采访时表达得最为清晰：

> 如果这场婚姻是幸福的，那么这一切都不会发生。但露丝不想和丈夫一起回美国，那么她到底想干什么？她被这个家庭有意地误解和利用了，但她最后拿着鞭子回来对着他们。她说："如果你想玩这个游戏，我可以和你玩得一样好。"她没有变成娼妓。戏剧结束时，她获得了某种程度的自由。她可以随心所欲，但是否去希腊街这点并不确定。但即使她想回去，在她看来自己也不会变成娼妓。

第八章 家庭价值

简而言之，露丝是这个沉迷于权力、位置和地位的家庭的变革代理人；她也从一开始就处于对女性的奇怪的、尖锐的矛盾情绪里。在1965年面向演员的开幕致辞里，彼得·霍尔谈到了这种全部是男性的特殊氛围："丛林竞争、毁灭性、不适合女性的社会、对女性的仇恨这些充斥着整个社会。"但与其说是纯粹的厌女仇恨，不如说是由于被剥夺而带来的一触即发的忧虑。马克斯总是回忆起已故的妻子杰西："虽然有的时候，看见她那张烂如醉泥的脸让我很难受，但是她并不是那种贱货。"他还回忆起他在赛马场上的日子，那时他对马的评价和对女人的评价一样高。小母马比小公马更不可靠，但他总知道如何分辨出一匹好母马。"我会站在它面前，直盯着它的眼睛，这是一种催眠术，看进它的眼睛深处，我就能知道它有没有耐力。"人们很容易把这看作老男人的幻想而不予理会，但马克斯后来直视露丝的眼睛，很快做出了评估，最终只有他认识到她不是个有耐性的人，而且可能利用他们而非被他们利用。马克斯因其矛盾性而成为戏剧中被塑造得非常出色的人物：他的粗鲁与狡猾、下流与失落感。他试着把周围的男性女性化来贬低他们——把莱尼和泰迪称为"婊子"，把山姆称为"窝囊废"——唾弃儿子们强加在他身上的母性角色（在第二稿里，品特把"发现自己是个仆人"改为"发现自己是位母亲"）。然而，他还活在对杰西的回忆中，杰西在这一分钟是被理想化的圣人，下一分钟就成了"荡妇"。

品特显示戏剧里的每个男人都在性事方面一团糟。莱尼利用女人当皮条客，就像青春期的孩子对母亲的某种报复一样。莱尼残忍而又独自充满感情地描述了他如何用脚重重地踢那个在码头上敢于和他搭讪的染上了梅毒的妓女。关于这种残酷描述的一个不同寻常的事实是，这种记忆——无论是真是假——都充满了作为孩子的愤怒。莱尼谈到找到了那个女子的司机、她所坚持拥有的自由，以及他想要杀死她的欲望。"别担心那个司机，"他告诉露丝，"司机永远不会说的。他是家里的一个老朋友。"很难不去想职业司机山姆叔叔带着坐在他的车子后面的杰西在城里兜风——麦克格雷戈声称在这辆车里占有了她——很难不下结论说莱尼对不忠的母亲寻求报复性的胜利。甚至连莱尼讲的老太太请她帮忙搬她的铁轧布机的故事，最后也以无端的暴力收场。他讲完这些故事后不久，露丝挑衅地叫他莱纳德。

莱尼：请别这么叫我。
露丝：为何不？
莱尼：这是我母亲给我起的名字。

被作为子女的憎恨驱使——可能也是出于失去母爱——莱尼把与女人的所有关

系都变成了商业剥削或感情暴力。

对于既是一个愚钝的破坏专家，也是一个失败的拳击手的乔伊来说，生活更简单些，因为女性似乎只被作为性满足的一个来源。"他玩的姑娘，"莱尼告诉泰迪，"比你吃的奶油蛋糕还多。"甚至归来的泰迪也基本把妻子当成自己居高临下的对象。即使是归来的泰迪，尽管他在学术上很有造诣，但在很大程度上也把他的妻子当作他开明资助的幸运接受者。对《玩偶之家》的托伐·海尔茂来说，第一个儿子是男妓，第二个儿子是没脑子的色鬼，第三个儿子是个校园恶霸。

所有这些都给马克斯对儿子们的观察增添了一种讽刺意味："他们生活的每一点道德准则都是由他们的母亲传授给他们的。"对于马克斯的弟弟山姆，他表现出那种完全忽视性的老派的勇敢。但品特刻画的是在一个完全没有女性的家庭里，男人们在性的理想化和丑化之间撕扯，他们把女性看作圣人或罪人、圣母或骚货、母亲或妓女。

不管是有意的还是无意的，品特都暴露了将女性分为母亲或妓女的独断和感性。一方面，贯穿全剧的是马克斯对露丝说的男性眼中理想的妻子："我求了两个儿子多年，让他们找一个有资历的好女孩儿，这样生活才有意义。"另一方面，总有人把女人归类为性对象和妓女。但品特问的是：这些类别能否在同一个女人身上共存？这是否打破了所有传统的男性设想，并带给女人新的权力和权威？《归家》比品特以前的作品更激进，因为两个处于核心的女人——已故的杰西和仍在世的露丝——超越了男性的定义：她们既是母亲，也是性对象。《微痛》里的弗洛拉、《收集证据》里的斯特拉和《情人》里的莎拉，都以不同的方式代表了性自由和性权力，但很明显没有一个人有孩子。然而，杰西和露丝都有三个孩子，还都是男孩儿。同样，根据我们在杰西和露丝身上看到的，她们都有强烈的力比多。让戏剧具有颠覆性的是这种思想：被认为是固定的母亲和妓女的身份其实是弹性的、变化的，两种身份也是完全兼容的。

不可避免地，人们对《归家》的第一反应几乎都是深感震惊。露丝如何能被说服抛弃她的家和家人，允许她的掠夺性的婆家人把她当作母亲的替代品和伦敦红灯区的妓女？丈夫泰迪怎能袖手旁观，让这一切发生呢？但你越看或越读这部戏剧，你就越明白露丝非但不是倒霉的受害者，反而是个狡猾的操纵者，泰迪不是悲摧的被戴了绿帽子的人，而是心肠很硬的旁观者。这部戏剧是一个关于露丝胜利和最终掌权的故事。

泰迪：……我是否应该去看看我的房间还在那里不？

露丝：它又不会跑。
泰迪：它是不会跑，我意思是看看我的床是否还在那里。

虽然是泰迪回家了，但似乎是露丝在声明对地盘的主权。她占有了父亲的椅子——在电影版本里，费雯·麦钱特以一种几乎是撩人的占有神情看了它很长时间。她拒绝坐下——在品特的戏剧里这总是一种独立的标志——她在房间里慢慢地踱着步。她想出去呼吸一下新鲜空气。虽然是些小举动，但都是双方关系中权力平衡转移的迹象。佩内洛普·吉里亚特在《观察家》中回顾奥德维奇剧院的制作时，犀利地指出了一点。他说，这部剧的重点不在于情节。

这表现在暴力的人们获得微小优势后心理上的摇摆。一个洗餐具的人比坐在扶手椅上的人更有优势，后者认为自己能从每一片啜饮的茶叶中听到怨恨。已婚夫妇中熬夜的要比先睡的更有优势。只要父亲能让孩子们想起他们自己的生日而不是忆起父亲的去世，他就比孩子们更占优势。

关键的一点是每次碰面，露丝都获得了战略性的优势——不仅是对泰迪，也是对莱尼。这一点在她夜间散步回来时两人第一次暗流汹涌的见面里表现了出来：

莱尼：晚上好。
露丝：早上，我想是。
莱尼：你说得对。

把莱尼反讽意味的寒暄弱化后，露丝继续进行现场游戏。她对莱尼的问题回答得很简洁，拒绝接受他恶语相向的侮辱，也不愿被他的性花招激怒（"如果我握住你的手，你不会介意吧？"），这些都促使他自我表露。他大谈码头边的妓女，用生殖器来指涉吊杆和桁杆，并谈到持续不断的暴力，很明显是为了给人留下印象；实际上，这反而暴露了他假装一副大男子气概，以及他的恋母情结。甚至在露丝问莱尼如何知道自己遇到的妓女已染病的关键时刻，"我肯定她得病了"这句话也表明他企图把武断的分类当作已被证实的事实（这是剧中所有男人的通病）。露丝强迫他承认，这证实了一位女性主义批评家德波拉·A. 萨宾的观点：她在剧中是一种破坏性的力量。

在那个著名的桥段里，戏剧达到了高潮：莱尼试图把椅子旁边的那杯水从露丝手里拿过来。

> 莱尼：把杯子给我。
> 露丝：不给。
> （停顿。）
> 莱尼：那么我抢了。
> 露丝：如果你要抢走杯子……我就要抢你。
> （停顿。）
> 莱尼：我把杯子拿走，你不要碰我，怎么样？
> 露丝：为什么我不能碰你呢？

这不仅仅是一场露丝显然赢了的意志之战。它显示品特有能力赋予一个戏剧性的时刻以力量，并令人产生共鸣：它其实是沃尔菲特在《俄狄浦斯王》里穿着斗篷缓慢转身的翻版。露丝正在剥夺莱尼的能力，揭穿他能对女性施暴的谎言。在那之前，我们都只看到莱尼的表面，认为他是个擅长操控的小恶棍。然而无情的露丝揭露了他对女性性行为的恐惧。当她邀请他坐在她的腿上，让他的头向后仰，把杯子里的东西倒进他的喉咙时，她从两个方面挑战他：作为性感的女人和作为母亲的替身。她喝光杯中的水，上了楼。他对着楼梯上的身影大声喊道："那是干什么？有什么想法吗？"这个场景随之结束。露丝不仅让莱尼信心全无，还确认我们现在应以另一种眼光看待他过分自信的傲慢。

露丝几乎全程都很冷静、镇定、平静。有时她通过沉默来控制，甚至在到家的第二天早晨，马克斯叫她"娼妇""肮脏的娼妓""臭烘烘的染了梅毒的荡妇"，她也没说什么，好像是对这种过分夸张的指责感到可笑的轻蔑。当她说话时，总会产生破坏性的影响。在第二幕中，观众见证了她的这种方式。饭后，当莱尼试图拉着泰迪谈论哲学时，她立刻把探究从形而上学层面转移到物质层面：

> 看着我。我……移动我的腿。就是这样。但我穿着……内衣……它和我一起移动……它……吸引了你的注意力。也许你没有理解。这个动作很简单。就是一条腿……在移动。我的嘴唇在移动。为什么你不停止……观察这个动作？

露丝巧妙地加入男性主导的讨论中，并暴露了其荒谬性。虽然品特明确说露丝并不是费雯，但人们还是忍不住猜测他潜意识里在多大程度上利用了他妻子被证实的身体吸引力和挑衅性的反智主义。

品特确实在做的是——在我看来，他有意识地——为露丝放弃她作为妻子和母亲的生活这一惊人的决定做小心的铺垫。品特在一定程度上是通过使用对立的意象来实现的。对泰迪而言，在美国的生活意味着"泳池""游泳""日光"；而对露丝来说，则是"岩石""沙子""虫子"，这表达了艾略特式的干燥和干旱。但也正是泰迪暗示的美国生活让露丝进入顺从的、辅助的小妻子的角色。"我们回去之后，你可以帮我备课。我喜欢这样。"他对她说。这显示泰迪完全忽视了一个事实：几分钟前，露丝像刀子一样刺穿了男性之间哲学对话的虚荣。泰迪温和的家长式作风也完全是《玩偶之家》中表现出来的样子。"你喜欢威尼斯，对吧？它很可爱，对吗？你度过了愉快的一周。我是说……我带你去了那儿。我能说意大利语呢。"露丝对这种让人窒息的居高临下的口气是这样回应的："但如果我在意大利攻防战爆发时是名护士，我早就在意大利了。"这既是在宣告独立，也是在有意识地回应早些时候莱尼的评论，他暗示了露丝情感忠诚转变的程度。

但马克斯是对的吗？露丝是个妓女吗？比如她在沙发上和乔伊亲吻拥抱？在接受亨利·休斯的采访时，品特明确否认这代表她就是个娼妓（"最受尊敬的女人也会这么做"）。在戏剧环境里，很明显这就是结束完全控制的一种方式。是露丝突然停止了拥吻，声称"我想吃点东西"；是她蛮不讲理地要一杯威士忌；是她发出了命令。露丝利用自己的性来获取权力和地盘；舞台指示语也写道"露丝在房间里走来走去"，好像在宣称拥有新发现的领地。甚至在楼上的卧室里和乔伊度过了几个小时，她也拒绝给他性高潮，这不仅证明了她在戏弄取笑，也证明了她善于利用性作为控制的武器。

对我而言，这也是戏剧最后一幕的重点：露丝同意和接纳她的家庭一起生活，很显然要作为妓女来谋生。男人们以最下流的方式谈论这个主意——他们告诉泰迪一些客座教授想要"找个漂亮文静的女人搞搞"，他有这种条件，应该给他们提供"内部消息"——而在露丝看来，这些都是回避的委婉说法。但是她打断了男人们的屁话，开始发号施令：她要求拥有三个房间、一间浴室、一个私人保姆和全套服装。她像经验丰富的律师那样说："在我们完成合同之前，雇佣的协议与条款的所有方面都必须清楚明了，使我们双方彼此满意。"她得到了所有想要的。只有惯于评价小母马的马克斯敏锐地感觉到了这一点，他说道："她会利用我们，她会利用我们，我告诉你们！我能感觉到！你们要打赌吗？"

甚至像德波拉·萨宾这样富有同情心的批评家也说，我们不得不抵制"这种自以为是的结局：露丝现在在家里施加权力"。但为何是自以为是的呢？当然，这就是已发生的事情。萨宾说，最后一幕暗示了男性控制权从泰迪那里转移到了莱尼那里，但事实果真如此吗？最终，露丝坐在了马克斯的椅子上；她曾在一开始就羡慕地看着这把椅子，很显然这是家庭权力的所在地。她让乔伊拜倒在她脚下，让他还在渴求却得不到性满足。马克斯在最后时刻患了轻度中风，成了一个无能的乞求者，乞求一个吻。的确，最后的舞台指示语写道"莱尼站着，看着"。这可以被认为他仍然是个操纵狂。但看起来更说得通的是，这也可以意味着他永远都是一个局外人。我们已经看到莱尼在性挑战中被露丝打败了，并且在她的商业未来上完全被击败了。最后，他身体上的隔离暗示了他注定是个无助的窥淫者。根据品特对1994年巴黎阿特利尔剧院演出的反应，这似乎是他的观点。"看到最后我真的相当沮丧。后来我们都在舞台上了喝了几杯。我唯一说的一点是，我不明白这个结尾：莱尼来见露丝，当时露丝坐着，他把手放在她身上。如果你把手放在一个人的肩膀上，就意味着你拥有他们，你对他们拥有权力。但莱尼在她面前没有任何权力。女演员说：'他难道不是我的皮条客？'我说：'他的确想，但这时他还不是。'我觉得这真是个很糟糕的错误。"这直接出自作家之口。这就是为何我反驳马丁·艾斯林的观点，他认为该剧是俄狄浦斯情结得到满足的一种形式。他同时认为莱尼想要杀了父亲、找到母亲的替身的欲望得到了满足，因为露丝在他的掌控之中。是露丝回到家中，是她摆脱了让人窒息的丈夫，是她选择了哈克尼相对肮脏的生活而非美国学术圈枯燥乏味的洁净生活，也是她调和了原本不兼容的母亲和妓女的角色。品特的所有戏剧都不直接下论断，但通过戏剧动作和结束时的画面得到的推断是露丝最终获得了新的自由，女性——通过意志和性权威的力量——可以得到权力。正如佩内洛普·吉里亚特所写的："露丝看待自己的身体就像一个房东看待街角地盘一般。一旦她明显受到性剥削，她就有了优势，因为她拥有这份资产。"

我认为《归家》是一部含蓄的女性主义戏剧。这不是唯一的解读方法。然而，它符合品特戏剧中女性角色的发展，符合作品的物理意象，也符合我记忆中连续不断的阐释。然而，尽管对我们许多人来说这是品特的杰作，但让人吃惊的是，正是彼得·霍尔的极力促成才保证了这部戏剧在皇家莎士比亚剧团上演；彼得·布鲁克、约翰·巴顿、米歇尔·圣·丹尼斯、克利福德·威廉和特雷弗·纳恩都认为它不适合在奥德维奇剧院上演。刚加入皇家莎士比亚剧团的副导演大卫·琼斯回忆说："我们召开了一个智囊团会议，讨论了用古典戏剧统领现代戏剧的整个理论。我们讨论了一个周末，说：'我们到底想要哪种现代戏剧？'按常规逻辑，每个人都说既然这是个大剧团，也是古典剧剧团，那么我们需要布莱希特式的戏剧或伊丽莎白一世时期那种规模的戏剧。《归家》就这么来了，这是一部紧张的东区家庭戏剧。会议结束

第八章　家庭价值

时，大多数人投票表示我们对这剧激赏不已，但这不是我们应该上演的。彼得·霍尔登记了投票结果，并说：'我还是要这么做。'这都要归功于他。"此举让人们不仅对彼得·霍尔心存感激，而且对皇家莎士比亚剧团在电影还没有普及的日子里致力于在奥德维奇剧院这样的大型公共场所上演新戏剧这一事实感激不尽。

和品特的每一部新戏剧一样，《归家》的排练充满危险、探索性，也令人兴奋。保罗·罗杰斯（马克斯）接受约翰·拉尔的采访时和彼得·霍尔在自传里都对此有最生动的描述。罗杰斯把他的一系列发现记录了下来：乔伊不是马克斯的儿子，是麦克格雷戈和杰西的孩子；在一定程度上，这也是一部关于爱的戏剧；家庭规则之一是，没有人应该表现出会真正地被打击；戏剧的整体力量在于，到最后也没必要非得有人被打败不可。霍尔也证实，自己曾经举行了一个有关点和停顿的排练，以标记出品特文本中精准的音符。

> 最长的一段间断写着沉默——人物何时开始以不同的状态表现沉默；下一个写着停顿，是个危机点，充满了没有说出的意思；最短的有三个点，这是一种简单的犹豫。演员需要明白为何会有这些区别。他们有点恼火，但最终还是接受了一个事实：没说出口的话往往和说出口的一样有力。间断代表了演员的情感历程，有时这是令人惊讶的转变。

然而，当该剧在奥德维奇剧院开演之前进行地方短期巡演时，几乎没有迹象表明它会取得巨大的成功。在加的夫市，许多观众愤怒地跺着脚走出了剧院。本尼迪克特·南丁格尔回忆自己曾试图在当地一家旅馆的休息室里连夜写一篇评论，那里挤满了争吵不休和劝解的戏迷们。布赖顿市有着全英国最保守的一些观众，戏剧在那里的反响也很糟糕。甚至该剧于6月3日在奥德维奇剧院开演时，几乎没有人立即承认它的经典地位——品特所有的戏剧基本上都需要一段时间才能获得批评界的认可。欧文·沃德尔在《泰晤士报》中没有表达赞赏，他说这出戏第二幕演得很糟，部分原因是品特将真实的和想象的传记混合在了一起。菲利普·霍普-华莱士在《卫报》中争论道——这不是第一次了——品特反转了戏剧通常的乐趣，因为观众坐在那里，完全不知道发生了什么，而演员们则交换着"可怜的微笑和默契的点头"。哈罗德·霍布森甚至在《星期日泰晤士报》表达他因为"戏中完全没有任何道德评论"而不安。只有佩内洛普·吉里亚特在《观察家》中抓住了事件的历史性本质："哈罗德·品特的《归家》的开演带来了一个欢乐的夜晚。除了看到一部现代戏剧以我们为莎士比亚所做的最好的风格来创作的经验之外，它还展现了一个完全掌握自己才华的人的激动人心的场面。"

然而重点在于有多少人声称这部剧成为自己世界的一部分。一位31岁的股票经纪人在皇家莎士比亚剧团内部刊物的问卷调查上这样写道:"这部剧是关于一个向上流动的社会中的教育问题。"乔·奥顿后来在日记里吐露,没有《消遣司隆先生》,《归家》就不可能被创作出来。前者的结局是一对兄妹同意共同分享男主人公的性恩惠。奥顿下结论说,司隆源于他的想法,但品特这部剧的第二幕却不是真实的。("我相信,哈罗德永远不会和任何人共享性爱。但我会。")但是对该剧的思想擅自进行解读最明显的是犹太评论家。蒙塔格·哈尔特里赫特在《苏格兰人》中明确地把这部剧看作一个贫民区寓言,剧中的人物"无望获得外部帮助,只得彼此毁灭"。一个来自哈克尼的前校友巴里·萨普尔在《犹太人记事报》上写了篇评论,直到今天,它也让品特坐立不安。对萨普尔而言,这部戏剧很明确是东区犹太人生活的写照;戏剧揭露了社区人的伪善,他们攻击娶非犹太女孩儿的男人,但同时自己却觊觎他们钟情的对象。萨普尔还说,品特的参考点带有自传性质:

> 一部品特戏剧实际上就是一间巨大的回音室。声音的唯一来源就是戏剧家自己生活故事的无趣细节,但几乎所有的声音都被放大、扭曲到奇异的状态,有时还夹杂着令人震惊的混合声音。《归家》和品特的其他作品一样,但表现程度大大提高了,它的确就是哈罗德·品特自己的归家。

萨普尔既是对的又是错的。我认为品特的观点是,把《归家》看作一部特殊的犹太戏剧缩小了戏剧的范围——在非犹太人社会,这点的确没错。但在萨普尔大致的观察中有一些道理,即品特参考的点是带有自传性质的,随后又被赋予更大的意义。他所有早期主要的戏剧——《生日晚会》《温室》《看门人》《归家》——都或多或少出自个人经历。但剧作家的天才在于理解存在于特定时刻的普遍意义。这是区分真正的艺术家和纯粹的事件记录人的地方,即融入同时超越他或她的个人经历的能力。举个明显的例子,61岁的易卜生完全被18岁的维也纳女孩儿艾米莉·巴达克迷倒,1889年夏季,他在意大利遇见了她。三年后,易卜生坐下来写了《建筑大师》,他忆起了这次经历,但把它转变成了更宏大的研究:年轻人危险的吸引力、名声和成功伴随的空洞和绝望。所有的艺术都有起点,在通常情况下,它与个人回忆有关。然而正是在想象力超越记忆的时刻产生了一个普遍的隐喻。品特亦是如此,他既拥有真正艺术家的绝佳记忆力,也有让想象力创造性地发挥出来的天赋。就像他自己在1962年向布里斯托尔的学生发表演讲时所讲的,处在一定的情况下,"一个画面可以自由地生成其他的画面"。

不是所有人——即使是品特最亲近的朋友——都赞同这确实在《归家》里发生了。琼·贝克维尔发现自己很厌恶该剧的残酷和邪恶。"这个女人是怎么被塑造的呢?"她问道,"即使她远胜于男人,我也觉得同样恶心。她是获得了独立——但是付出了怎样的代价啊?"西蒙·格雷也告诉我,他认为女孩儿为家庭所利用(或者反之?)只是走出戏剧僵局的一种方式。"该剧的生命力,"他说,"在于马克斯和家庭的混乱。我认为哈罗德突然觉得:我应该结束这一切了。露丝仅仅是个提供便利的角色。她使这出戏成为我们关注的焦点。但有时,一个谜是连作者也无法解决的。露丝并非属于性幻想,她是戏剧家的幻想。她把哈罗德从困境中解救出来。你没有足够了解她,也不相信她会嫁给一个英国学者。"但英国学者就没娶过妓女吗?"除非他们特别幸运。"他回答道。

与此相反的是,我记得伟大的德国导演彼得·斯坦告诉我,他碰巧在1965年夏天在伦敦看了《归家》,这次经历对他后来的职业生涯产生了巨大影响。"我突然看到,"他说,"采用诙谐而理智的对话、精心安排完美的演员,以及在工作中使用舞台设备的可能性。"我表示赞同:这部剧在当时和后来都是品特的杰作。很明显,它以品特对哈克尼生活的回忆及婚姻不和谐的片段对话开始,但把那些回忆变成了场景,以一种令人厌恶的魅力重现了残酷的亲密关系和具有日常操纵性的家庭生活。通过露丝,品特想呈现给我们的不是一个空洞的密码或一个没有意义的摆设,而是一个积极的、意志坚强的女性形象,她既暴露了男性中心主义的虚荣,又完成了颠覆权力结构、改变局面的必要的戏剧性壮举。

第九章　私人世界

《归家》之后接着应该做些什么呢？品特不是那种认为自己必须利用成功的机会，匆忙写另一部戏剧的作家。事实上，他也不需要这么做。随着《归家》在巴黎（由皮埃尔·布拉瑟出演）、柏林（由伯恩哈德·米内蒂出演）、日内瓦、哥德堡、慕尼黑、不来梅港、阿姆斯特丹、哥本哈根、赫尔辛基、斯德哥尔摩和悉尼等地的上演，该戏迅速受到世界各地观众的欢迎。彼得·霍尔制作的《归家》在奥德维奇剧院轮演了十八个月之后，于1967年1月被搬上了百老汇的舞台。在那里演出获得成功，打消了管理层的紧张情绪，回击了沃尔特·科尔在《纽约时报》中表现出来的冷淡态度。在去波士顿的外地巡演中，有一个传奇时刻，当一些观众愤怒地跺脚离开后，制作人亚历山大·科恩请品特"修改第二幕"。他这句话选错了对象，据彼得·霍尔回忆："哈罗德摘下眼镜，双眼明亮有神地说道：'你到底有什么想法？'那是为数不多的几次，我看到一位百老汇的制作人被问得无以言对，后来科恩再也没有提到过这个话题。"

除了科尔之外，一位坚定的天主教徒似乎也对戏剧缺乏明显的道德框架而烦恼不安。相比在伦敦，这部戏在纽约得到了更加巧妙的分析。《新闻周刊》的理查德·吉尔曼风趣地引用了《卡拉马佐夫兄弟》，哈罗德·科尔曼在《国家》上直面品特假定的冰冷语气。

> 起初，人们倾向于认为他要么是邪恶无情的，要么是没有信念的。但是，实则不然。只有有着强烈道德感的先知或者狂热分子，才会如此谴责。而品特描述的就是我们当下的全部：我们拒绝发出警告、大声疾呼、恳求、谴责或追究责任。因为我们不允许自己公开地"偏袒"某一方，我们只会咧着嘴笑，或

第九章 私人世界

者紧闭嘴巴,以至于很难分辨我们是在开玩笑还是在压抑疼痛。这种伪装是一种为冰川般的讽刺所掩盖的恐怖。

这一点很好地证明了品特在残酷喜剧的外表下隐藏汹涌情感的能力。

就在写完《归家》的几年后,品特一如既往地忙碌着。他撰写电影剧本,在电视台工作,自导自演戏剧(1969年在沃特福德饰演莱尼),还创作了《沉默》和《风景》。然而他却与张伯伦勋爵发生了冲突,张伯伦勋爵就像一条受伤的蛇,在他作为戏剧审查官的死亡宝座上挣扎。但是很显然,《归家》标志着品特职业生涯的一个重要转折点。1965年以后,舞台剧即使影响没有削弱,规模也变小了。它们也慢慢地转向孤独、分离、将人与人隔离开来的距离、记忆的主观性等主题。为什么会变成这样呢?我猜测既有技术方面的原因,也有个人方面的原因。在1957年到1965年这一段非常紧张的创作时期,品特写了四部戏剧、九部短小一点的作品和两个电影剧本。他已经定义了自己独特的世界:一个与权力、领地、支配和屈从、反抗权威、私人关系中的政治、女性的魔力和神秘有关的世界。他还详尽地挖掘了自己的背景。在对自己在哈克尼的青年时代、漂泊的戏剧生活、海滨别墅、伦敦西区的公寓、发生在东区家里的冲突摩擦这些记忆进行了深入的挖掘之后,他不可避免地到达了某种分水岭。品特不仅挖掘了他的过去,还对自然主义的工具——一切出入口——表现得越来越不耐烦,他想把戏剧性的情景缩减到它的绝对本质。就像贝克特曾经观察到的:"艺术家唯一可能的发展就是要认识到深度,艺术倾向不是扩张而是收缩。"

品特对孤独和分离的日益关注反映了他自身处境的变化。在《看门人》成功后,他以惊人的速度,从一贫如洗转变为生活富裕舒适。尽管他从来没有忘记过他的老朋友,但是1964年搬迁到摄政公园的汉诺威露台似乎产生了一种非同寻常的隔离效果。正如品特自己所说,他和费雯天生都不擅长社交娱乐,那些拜访过他们新房子的客人,没有一个人把那里看成一个充满集体温暖的地方。事实上,他们持久的印象是房子给人一种幽闭恐怖的壮丽之感。安东尼娅·弗雷泽回忆道:"那是我去过的最宏伟的房子,我曾经去过那里,那儿绝对一片寂静。如果不是我亲眼看过,我想我是不会理解《无人之境》的。每个房间都充满可怕的寂静。"另一位来访者记得,因为这套房子的结构太复杂了,品特不得不从六楼的书房里通过对讲机与人交流。他回忆道,他与品特的一次正式聊天被丹尼尔打断了,他拿着一瓶白葡萄酒走上楼,用尖锐讽刺的口吻说:"我是个哑巴侍者。"1968年,品特本人罕见地接受了《标准晚报》的凯瑟琳·泰南进行的一次个人采访,他在采访中证实了这奢华孤独的景象:

> 我是一个病态的年轻人，但是我十分享受和另外的五个男孩一起相处。我知道他们明白我在说些什么，这是一种莫大的安慰。无情的相互对峙。在那五个人中有两个成了我最亲密的朋友。其他的像罗伯特·肖和唐纳德·普莱森斯那样的朋友都是搞戏剧的。但是我过着一种相当封闭的生活。我经常坐在厨房里和我的妻子聊很多。作为家人，我们关系很紧张。除了特殊的邀请之外，人们是不会来的。也没有人直接按了门铃就进来的。

很显然，在创作完《归家》后的那段时期，品特的家庭生活变得越来越紧张，越来越封闭。在汉诺威露台修道院般辉煌壮观的房子里，他和费雯的婚姻进一步恶化了。当他在1968年让佩琪·阿什克罗夫特出演《风景》中的女性角色时，他们的关系到了一个危机阶段。品特是一位慈爱的父亲，也很担心丹尼尔，那时丹尼尔在圣彼得堡的男校读书，但是已经表现出了孤僻倾向。品特想让儿子去贝德尔斯寄宿学校，仅仅是为了让他结交一些朋友，但是丹尼尔拒绝了。考虑到所有这些因素，1965年以后品特为什么转变了作品的基调和风格就变得更容易理解了。一方面，他知道随着《归家》的成功，他已经到达了某种美学的最高点——就如他所说的，他"再也无法和一群打开门进进出出的人待在房间里了"。但是，考虑到品特高度的自我意识，他很难对自己和费雯之间日益加深的隔阂，以及摄政公园里奇异、孤独且冷漠的家庭生活无动于衷。

事实上，品特在《归家》大获成功后经历了一段低谷期。他发现自己在一张纸片上草草写下零零碎碎的东西：什么也没有发生，什么也没有流动。然而，受制作人伊万·福克斯韦尔的委托为《谍海群英会》写电影剧本后，他忙得不可开交。这是艾利斯顿·特雷弗以亚当·霍尔为笔名写的第一部小说，原名为《柏林备忘录》。这部电影是20世纪60年代间谍电影风潮的一部分，这一风潮还包括伊恩·弗莱明的《俄罗斯之恋》、约翰·勒卡雷的《柏林谍影》和莱恩·德顿的《柏林葬礼》。在其他人的手中，这可能会变成一部常规的电影：一个特工被派到柏林去揭露一个新的纳粹运动的基地，并以当地一名教师英奇为切入点，证实她与该纳粹集团的关系。但是在严格遵循这一类型的传统的同时，它也成了一部经典的品特电影——一部关注行动的模糊性、女性的韧性和神秘性，以及抵抗任何形式的独裁主义的必要性的电影。在改编他人作品的过程中，品特不断地显露出自己的执念。

品特在把小说搬上银幕的过程中，做了许多重要的改变。和往常一样，电影以第一人称讲述故事。亚当·霍尔笔下的奎勒是一名资深的英国卧底特工，他曾试图释放纳粹德国集中营里的囚犯，当下正在柏林清除纳粹残余势力。在影片中，他是

第九章　私人世界

一个过去信息不详、前途不明的美国人（令人钦佩的乔治·西加尔），对他现在的英国间谍头目抱着怀疑的敌视态度。更重要的是，在书中他被描绘成"大胆、勇敢、机智、无情、对酷刑和服用诱供的药物后的审问无动于衷"；而在品特的版本里，他不太像邦德式的超人，而更像是一个固执的专业人士，决心按照自己的方式行事。

品特让主人公更加人性化，同时也删去了书中蹩脚的象征。在故事的一个关键部分，奎勒让自己落入了由贵族奥托巴赫（由马克斯·冯·西多饰演）领导的新纳粹的手中。他在服用药物的情况下接受审讯。品特笔下的奎勒对诱供的药物带来的麻木影响远远不是无动于衷的，但是他在一开始就通过讽刺的幽默来转移审讯者的问题。当他们要求知道他的身份的时候，他恶作剧般地挑衅他们，声称他的姓氏是卡内蒂——卡内蒂是一位以反独裁闻名的意大利作家——他母亲的娘家姓是奥雷利。当他服用药物时，奎勒通过专注于墙上的一幅裸体画来稳定自己的情绪。在小说中，这幅画是纳粹虚伪的粗俗、露骨的象征。品特通常会去掉这种不必要的强调说明，并在镜头脚本中简单地告诉我们，奎勒关注的是"远处墙上的一幅油画，一个裸体的金发女郎，斜倚在椅子上"。正如波琳·凯尔曾写过的那样："品特的艺术就是精简的艺术。"

事实上，品特剧本的创作技巧在于，它展示了奎勒被夹在新纳粹分子阴险的平庸和英国间谍头子操纵的冷漠之间的无人区：双方都用面具来掩盖他们的真实感情。在德国方面，关键人物是教师英奇，她不仅代表着传统的爱情利益，而且代表着新纳粹主义的微笑和两面派的嘴脸。在整部电影中，我们始终不能确定英奇（由神秘莫测的森塔·伯格饰演）是出于相互的性吸引，还是因为她想让奎勒中立化，而将他引向纳粹的秘密藏身处。即使是在奥托巴赫抓住了奎勒和英奇并且试图恐吓前者，说他将释放女孩以交换有关柏林控制地点信息的时候，我们仍然不确定她的确切身份。她是支持奎勒还是反对他？只有当奎勒逃跑了，纳粹基地被突袭，并没有发现所谓的俘虏英奇时，我们才意识到真相：她是这次行动的一部分。在精彩的最后一幕——具有品特戏剧的典型特征，因为每一行都充满了意义——奎勒在英奇的课堂上再次见到她。她知道他知道了真相，他也知道她知道他知道了真相。奎勒一度建议英奇把事情变得简单一点，她回答说："不，我有我自己的工作要做，我必须做，我想去做。"到那时，很明显她的使命就是向德国未来几代的孩子们灌输思想。在最后一个生动的镜头中，她呼唤着她的学生，他们热切地围在她周围。品特剧本的指示语告诉我们："他们热切地和她交谈。她倾听着，微笑着。"这个场景仍在继续。

这部电影用一种类型的情节表达了一个政治观点：战后德国回归正常状态掩盖了仍未得到满足的控制幻想。但是品特——远远不止霍尔——也强调了西方民主国家对人类情感的掩饰的漠视。尤其是品特经常用食物的消费作为一种道德空白的隐喻。他向我们展示两个白厅间谍头目在一次俱乐部午餐会上，冷静地布置着危险的柏林任务。波尔（由艾列克·吉尼斯饰演）是柏林控制中心的领导，他在1936年的奥林匹克体育场愉快地大嚼三明治时给奎勒下达了命令。他们下一次会面是在一家咖啡馆里，奎勒描述了他对新纳粹基地最初的渗透情况，而波尔则享受着咖啡和蛋糕。他们的对话有一种品特式的特征：

奎勒：遇到了一个叫奥托巴赫的男人。
波尔：嗯。
奎勒：你认识他吗？
波尔：事实上，我们从未见过。
奎勒：在我们谈话结束的时候，他命令他们杀了我。
波尔：他们这样做了吗？
（停顿。）
奎勒：没有。
波尔：奇怪了。

这部电影的结局十分具有代表性，波尔从蛋糕上取下一个葡萄干，并把它作为奎勒在两个敌对力量之间的位置的象征。然后，他把葡萄干放进嘴里吃了。鉴于品特在20世纪80年代和90年代对美国外交政策的强烈谴责，英奇在描述新纳粹统治的梦想时，有一种奇怪的预言性的交流。奎勒以一种欺骗性的讽刺语调回答："好吧，听着，我认为那里基本上没有任何问题。我的意思是我们相信在美国也是一样的。我相信我们的国家应该变得强大。我不是说统治谁——我的意思是我们不想统治任何人——但我想说的是变得强大。是的，我就想这么说。"品特于1965年写下这段话。1994年，在写给《纽约书评》的一封信中，他进一步阐述了这一观点，信中将希特勒和斯大林引发的大屠杀与美国外交政策产生的实际后果相提并论。尽管《谍海群英会》是在20世纪60年代的背景下创作的，但让人印象深刻的是，品特有能力看到西方民主国家在打击新纳粹主义的邪恶的同时，对个体也暗藏着同样的冷淡和漠不关心。迈克尔·安德森是这部电影的导演，而品特是真正的主创导演。

品特的电影剧本是对原著的一次极大改进。事实上，马克·奥本在《品特评论》中辩称，亚当·霍尔随后出版的奎勒系列图书由于受到电影剧本的影响而变得更加紧凑、更加尖锐了。在其中一本名为《克格勃》（1989）的书中，作者甚至通过将一

第九章　私人世界

段对话描述为"品特式的，充满了所有无法言说的内容"，有意识地向改编者致敬。但一个普遍的事实是，品特为电影所做的工作远不止是用一种方式或是利用他的才能，来填补戏剧之间的时间。他的电影剧本本身就是艺术作品。它们是语言经济的典范，尽管都是对现存小说的改编，但却表现出强烈的个人愿景。在用电影术语重新思考一个故事的过程中，他们经常会改进原来的人物刻画或结构上的一些薄弱之处。

在完成《谍海群英会》的创作以后，品特在1965年的夏天迅速开始了下一部剧本的创作，即将尼古拉斯·莫斯利的小说《车祸》改编成电影，电影由乔·洛西执导。最初，萨姆·斯皮格尔买了莫斯利这本书的版权，但是洛西和品特意识到这位美国大亨想要在整部电影中留下自己的印记，于是说服他以3万美元和一定比例的利润放弃了版权。最终，这部电影由西德尼·博克斯的伦敦独立制片公司制作，该公司投入了15万英镑，并得到了国家电影融资公司的相应投资。由此可以衡量出品特作为一名电影编剧的声望越来越高。1963年，他因为改编《仆人》得到了3 000英镑的报酬，而原作者罗宾·毛姆得到了11 500英镑的报酬；改编《车祸》，他总共得到了2万英镑的报酬，而尼古拉斯·莫斯利只获得了2 700英镑的版权费。

和这本书一样，电影讲述了一个复杂的情色关系网，背景是牛津的一个夏日。但是品特并没有破坏原著的结构，而是做了几处根本性的改变。电影一开始，在牛津哲学系教授斯蒂芬·杰维斯的家附近发生了一场打滑的车祸。车上的一名乘客——一位贵族学生威廉，正在去看斯蒂芬的路上——死了。司机——一位名叫安娜的美丽迷人的奥地利公主——被斯蒂芬从车祸中救了出来。斯蒂芬把她带回家，让她冷静下来，故意不告诉警察当时她也在车里。然后影片闪回到过去，我们发现三位男主角是如何灾难性地与安娜缠在一起的。斯蒂芬本人——已婚并育有两个孩子，他意识到自己日益衰老——不仅是她的导师，而且毫无结果地爱上了她。他发现查理——一个世故的电视节目主持人，同时也是他最好的朋友和黑暗对手——一直与神秘的安娜有着秘密恋情。同时威廉——一个相貌英俊、勇敢无邪的年轻人——就在车祸发生的前几天，已经秘密地和安娜订婚了。电影结束时，镜头又回到了当下，我们看到斯蒂芬在车祸发生后和受伤的安娜做爱，然后才把她偷偷地送回学校。第二天早上，他和查理——查理不知道昨天晚上发生的事情的全部经过——去安娜的房间看她，却发现她要永远地离开牛津了。查理感到困惑和沮丧。而已经实现了自己性幻想的斯蒂芬在道德上是有罪的。影片的最后一幕完成了电影的环形结构，我们看到斯蒂芬在他的车里扮演着一个有家室的男人，但在配乐中我们听到了车祸声的回响，这将永远困扰他的生活。

品特对莫斯利的小说做出的最基本的改编是,他抛弃了斯蒂芬第一人称的叙述视角,把以自我为中心的观察者转变为客观化的主人公。显然,品特和洛西讨论过一种想法,即通过一系列的心理活动的闪回,以斯蒂芬的视角来讲述整个故事。这种想法很快就被放弃了。"几乎每个心理活动的闪回,"品特在1965年7月给洛西的信中写道,"在我改编的时候,对我而言,都是不必要的。它们过于直白,甚至是粗糙的。我认为这些闪回没有存在的空间。最终我决定全力以赴并且不用它们来讲述整个故事……原则上,我试图集中精力,严格评估发生的事情并且保持客观。"

"严格评估"是非常正确的。在书中,我们会不可避免地同情斯蒂芬。在电影中,演技精湛的德克·博加德扮演的斯蒂芬,成了典型的品特式的缺乏安全感的男性形象。作为一位哲学家,他总是提出问题而不给出答案。作为一个充满野心的老头子,他处处被查理胜过。滑稽的是,在一个场景中,当他去采访查理的电视制作人时,却被品特自己带着报复的兴致扮演的野蛮同伴给欺骗了。作为一个男人,他的通奸行为有些不光彩——在电话亭里给一个老情人打电话之前,他的手指游移不定地颤抖着——他隐藏他的性欲;品特描绘了一个美丽的场景,在一艘平底船上,斯蒂芬被安娜倾斜的身体曲线,甚至腋窝的绒毛激起了性欲。莫斯利主观上创造的斯蒂芬,对学术博弈造成的人类混乱感到崩溃;品特客观呈现的主人公则是一个牛津学究式的人物,他隐藏在模糊的哲学背后,被迫——就像往常一样,虽然是偶然的——与现实世界打交道。

品特做出的最具争议的改动在于,他让斯蒂芬在车祸后与安娜上床,将查理排除在道德考量之外。在小说中,斯蒂芬和安娜并没有身体上的接触,但是品特对原著的巨大改变从逻辑上是符合将斯蒂芬客观化的决定的。斯蒂芬强暴了受伤的安娜——当他的妻子还在医院分娩的时候——这进一步证明了他的软弱,而不是他的强大。他把查理排除在任何关于伪证的讨论之外,意味着将来只有他一个人要承担道德上的罪责。在某种意义上,品特歪曲了原著的内容,但同时也让这部作品戏剧色彩更加强烈。

重要的是,品特自己的道德良知是由需要做出根本性改变而激发出来的。他和莫斯利非常友好地共进午餐时,一起讨论了这个故事的某些基本问题("女孩安娜是个受害者还是个婊子?"他们认为两者皆是)。完成剧本后,品特把剧本寄给莫斯利,并附了一封信,要求他看完剧本后再读。大卫·考特在他写的洛西传记中将其看作一封道歉信。事实上,对我而言,这显示出品特非常在意同行作家的感受,他需要解释他做出改变的确切动机。

第九章　私人世界

我必须告诉你，我努力完全按照你设计的结局开始创作，事实上，我按照这种思路已经写完了初稿。但是有点不对劲，当然这完全是我的错，可能是我准备得不够充分，但是斯蒂芬和查理之间长时间的辩论就戏剧性而言根本没效果，没有说服力，也无法继续下去。小说太不同了。你有更多的空间。戏剧结构有其独特的要求。这些是不可避免的。不管怎样，整个想法在我心里越强烈，我就越坚定一个事实，并使之在最终变得清晰——也就是说，斯蒂芬，最终，必须在最后独自一人与安娜共谋，或者说，对我而言是这样的。对于和我进行过许多次长时间讨论的洛西而言也是这样的。这似乎是顺理成章的，似乎是合乎逻辑的。戏剧性的是，这样更加精练、紧凑，并通过缩小焦点而加大了强度。或者我们是这样感觉的。所以查理发现自己盯着一堵空墙。斯蒂芬必须，将必须，独自一人带着自己的酒瓶，不管酒瓶里面装的是什么……很明显，当你的作品传到我的手上时，观点会有一定的转变。我非常希望改变不要太多，但有一点是不可避免的，因为我们是两个不同的男人，两个不同的作家。我愿意什么都不"歪曲"——既然我那么喜欢这本书，我就不能这么做——但是，是的，确实发生了变化。然而真的有变化吗?! 我们曾经讨论过结尾时斯蒂芬的道德态度到底是"正确的"还是"不正确的"。但是这些都是术语。我并没有打算用术语来进行改编，也不想站在裁判的立场上。我想把它看成是正在发生的、已经发生了的事情。我们之间的理解可能发生了转变，那就是你认为结局是乐观的，而我并没有这样的感觉。尽管我不觉得结局是乐观的，但我也不觉得它是悲观的。有些事情已经发生了，有些事情将永远存在于所有的层面上。

这是一封诚恳而又富有启示意义的信：这说明品特虽然内心饱受煎熬，但是他仍然认定要做正确的事；还有他的重要信念，即角色应该由他们的行为来定义，而不是由作者来判断。（正如1888年契诃夫在一封信中所写的那样：艺术家不应该评判他笔下的人物或他们所说的话，而应该做一个公正的旁观者。）但是从某种意义上来说，品特对莫斯利的小说进行的最大的改变就是提升了对话的质量。在莫斯利的原著中，对话是轻快的、尖锐的、不连贯的，中间还常常夹杂着斯蒂芬那有点令人厌倦的、自由联想的内心想法。但就像品特最好的戏剧一样，在他的版本中，每一句台词都有一定的战略目的——赢得或让出一寸土地。没有什么是毫无目的可言的。这在故事的后半部分体现得最为明显。斯蒂芬刚刚在伦敦和教务长的女儿发生关系之后，回到家中却发现查理正和安娜睡在一起。随后，他就去岳母家探望自己怀孕的妻子。在小说中，这个场景发生在卧室里，那些潜意识中象征内疚的景象闪现在斯蒂芬的脑海里：悬崖峭壁，一匹匹的马，冷杉树林中的风。在银幕上，这个场景是田园牧歌般的——一幢漂亮的房子，修剪整齐的草坪，在潺潺的流水边的两把椅子。斯蒂芬谎称他醉醺醺地回到家中的原因，当他说出有关查理的真相时，被缩减的对白无情而简洁。

> 斯蒂芬：哦，我和弗朗西斯卡吃了晚饭。你记得吗？你记得弗朗西斯卡吗？
> 罗莎琳德：记得。
> 斯蒂芬：给她打过电话，你知道。会面相当愉快。
> 罗莎琳德：他和她睡在一起，是吗？
> 斯蒂芬：谁？
> 罗莎琳德：查理和安娜。
> 斯蒂芬：肯定是啊。
> 罗莎琳德：多么可悲啊！
> 斯蒂芬：你什么意思？
> 罗莎琳德：可怜的笨老头。
> 斯蒂芬：他不老。
> 罗莎琳德：愚蠢的笨蛋。

典型的品特风格：每一句台词都充满了在战斗中处于优势的意味，特别是由博加德和费雯·麦钱特主演的时候。博加德关于他仅仅只是给弗朗西斯卡打了个电话的声明充满了空洞的回避。接下来的停顿时间之长，足以让罗莎琳德意识到其谎言是对她智商的侮辱。罗莎琳德的下一句话"睡在一起，是吗？"是带有算计的谋略：这句话既适用于查理和安娜，也可以影射斯蒂芬和弗朗西斯卡，因为博加德在这时把头微微地转动了一下。接下来罗莎琳德说的每一句话，表面上指的是查理，实际上是在暗中诋毁她的丈夫。"可怜的笨老头"这句话特别伤人。在整部电影中，斯蒂芬总是为年龄感到烦恼：为自己的年龄，为查理的年龄。在他当着安娜的面从平底船上掉进查威尔河之后，他对威廉大喊道："我老了，难道你不知道吗？我老了！"在他发现查理从盥洗室的窗户爬进他家的时候，他直截了当地告诉他："你有点老了，不适合这么做了。"罗莎琳德反复念叨查理的年纪，也是在间接地羞辱斯蒂芬。她那句"愚蠢的笨蛋"则是对愚蠢的中年人的欲望的简洁的贬低。在任何一段品特式的对话中，都有责任方和受害方：这两种角色通常会在中途转换，但是在这里，罗莎琳德最终戳破了斯蒂芬。小说中同样的场景聚焦于斯蒂芬内心的自责，但在这

第九章 私人世界

里，他被悄然摧毁。

对话的战略之争在《车祸》中得到了呼应，该作品不断强调运动和竞赛。撑平底船可能只是一种消遣而不是一种运动，但是却以斯蒂芬掉入水中感到羞辱而告终。周末的一场网球赛上，查理在发球时把球打到安娜的背上，暴露出他的幼稚、粗鲁和带有占有欲的亲密，以及年轻威廉的力量。但是作为隐喻的体育运动在电影最后两个关键性的并行场景中才真正出现了。最初，斯蒂芬在威廉的强迫（"你必须得玩，只有老人才会在旁边看"）下，周末在一个乡村别墅玩了一个将室内橄榄球和伊顿墙球混合在一起的古老的竞赛。这个背景——实际上是赛昂宫，饰有纹章图案的屋顶、铺着瓷砖的地板，还有真人大小的阿波罗贝尔维德宫里面的复制品——表达了贵族的理想；竞赛本身就是一个凶残的仪式（"众人围攻……肠子内脏都快被挤出来了"是品特的生动描述），最终以斯蒂芬残忍地用膝盖撞击威廉的脸，让后者失去塞满填充物的球而结束。这一场景（不是小说中的）在各种层面都很精彩：象征着一定年龄的人对年轻人的报复，以及上层社会青少年的残暴。品特把镜头直接切到莫德林高塔阴影下的牛津板球场。这种色调的对比十分鲜明：我们从邪恶的、混乱的围攻式的抢球场面转向了克制的、有序的板球场的暴力场面。现在，个人的角色也逆转了：威廉是一个时尚的击打球手，斯蒂芬则是一个在午后穿着长袍、带着太阳伞的旁观者——他也是一个性旁观者，因为就是在这太阳伞的阴影下，安娜第一次告诉他自己要和威廉结婚了。这对斯蒂芬的浪漫梦想，以及查理的婚外情而言是一种生硬的结局。品特——就像他和洛西拍过的所有其他电影一样——使用竞赛不仅仅是为了给动作一个特定的背景。运动成了一种展示人物、探讨人物之间权力转变的客观方式。你只需要看看品特在自己的板球队遭到进攻时，不停地关注边界线的样子（我曾经听到他喊着"打要害，伙计们！"），就会意识到对他而言，运动不是什么好笑的事。

《车祸》，不论以什么标准来评价，都称得上是一部奇妙的电影。没有一句台词是无用的，每一次的相遇都充满了意义。这种环形结构意味着，在整个故事中，汽车碰撞的声音不仅萦绕在人们的想象中，而且为人物之间的性游戏增添了一种残酷的讽刺。我唯一感到美中不足的是，职业责任很少会影响到感情危机。牛津和其他所有的大学一样，是一个授课、辅导（在书中，斯蒂芬有 18 名学生，他每周和他们见面一个小时）和行政管理都会掺杂个人感情的地方。这方面被揭示了出来。而洛西的指向，尽管十分巧妙，却提供了一个浪漫的、梦想的尖塔，小说《祖莱卡·多布森》中对大学的观点也是如此。我肯定不会记得有人在辅导课上递给我一杯干雪莉酒。

171

然而，令人沮丧的是，一部如此出色的电影从未超越艺术的圈子。约翰·罗素·泰勒在《泰晤士报》上，代表伦敦大多数批评家写道："哈罗德·品特不是改编作品，而是在重新创作，他用一段精心剪裁、精简的对话和一个缩减到最基本要素的动作，取代了莫斯利先生创作的有关迪伦·托马西的一段段的自由联想。"唯一的相反的声音来自《星期日电讯报》的罗伯特·鲁滨逊，他写道："洛西负责拍电影，品特负责写剧本，尽管品特的对话很朴实，但仍然使其具有巨大的吸引力。他的文字精细，高度精雕细琢，并带有文学习语。在《车祸》中，这似乎远远超过它充当电影台词的分量。"这在两方面是奇怪的相反意见。仔细研究剧本就会发现，虽然品特显然是在斟酌文字，但是他也会从电影画面角度思考。可以看一下平底船上几乎无言的那一幕场景。从鲁滨逊的评论来看，你可能会认为品特在用某种规范的语言写作。事实上，重要的是隐藏在平淡无奇的对话表面下的潜台词，因此类似斯蒂芬邀请安娜时说的一句话——"你愿意在星期日来我家吃午饭吗？"——就充满了意义。

如果说有评论家明白品特在电影中所表达的一个关键点，即女人对男人具有诱人的破坏力，那就是佩内洛普·吉里亚特。她在《生活》杂志中写到了这一点。由纯洁美丽的杰奎琳·萨沙饰演的安娜，有点天真无邪，也有点像上流社会的露露：吉里亚特雄辩地抓住了这一点。她写道："在品特的作品中，那些看起来好像是男性痛苦对象的沉默女性，往往是最强大的对手。"品特在他的剪贴簿上用彩笔把这句话标出来，仿佛它承载着特殊的意义。吉里亚特继续写道：

> 《车祸》围绕他们中的一个极其粗心大意的女孩展开。她是奥地利大学一个精神麻木的大学生。她的未婚夫在一场车祸中丧命，而她却一反常态地从遭遇车祸之后的车里爬了出来，并且造成了其他五个人的连环车祸，但是她丝毫没有留下任何情感上的伤痕。很显然，受到原始的缺乏想象力和昏昏欲睡的贪婪的保护，她将在一生中造成和忍受灾难。这些让她把三个男人同时爱上她的事实解释为她应得的而不是一种责任。

吉里亚特比电影中的品特要爱挑剔、爱评判得多，但是她对于女性角色沉默力量的论述却一针见血。然而，尽管这部电影大受好评，还拿到了一系列电影节的奖项——包括1967年的戛纳国际电影节评审团大奖——但却是一场票房灾难，部分原因是伦敦内外的发行都很糟糕。我记得在肯辛顿区的剧院看到过这部电影是以两片连演的形式放映的。大卫·考特记录了一张来自伦敦独立制片公司截止到1968年5

月 31 日的版税报表，上面显示该电影英国收入毛利润为 43 010 英镑，海外收入毛利润为 95 153 英镑；而预算是 272 811 英镑。《车祸》从经济上来说可能是失败的，但是却证明了品特在银幕故事讲述方面具有绝对的掌控能力，也证明了他有能力将改编他人的作品转变为一种创新性和批判性的行为。

正如《车祸》所证明的那样，品特在电影中使用了他在戏剧中磨炼和完善的技巧：特别是意识到了潜台词，以及暗藏在日常对话中的梦想与欲望的重要性。但是，品特的银幕工作也反馈在他的舞台剧中。20 世纪 60 年代，他越来越多地涉足电影和电视行业，这使他意识到了，可以用照相机处理幻想、记忆、时间的快速转换以及认知的主观性，特别是可以反映人物个体视角与外在现实之间的反差。直到《归家》上映，甚至包括其在内，他的舞台剧仍然主要来源于他的戏剧轮演；1965 年之后的作品——包括《风景》《沉默》《往昔时光》《无人之境》《背叛》——则更加明显地受到了他的影视经验的影响。他试图以戏剧的形式来表现一些与詹姆斯·乔伊斯和弗吉尼亚·伍尔夫在小说中所完成的非常相似的东西，即使用在戏剧上等同于内心独白的形式。

一部诞生于这一过渡时期的作品是《地下室》，这部作品于 1967 年 2 月在英国广播公司电视台播出，也是在这个月，电影院上映了《车祸》。事实上，年份表有一点误导人。《地下室》是 1963 年构思的，那时美国出版商格罗夫出版社提出了一个在理论上听起来很诱人但是在实践中却很少奏效的想法：一个由三部分组成的电影项目——一种荒诞派电影，具体而言，即由贝克特、尤内斯库和品特的新作品组成的荒诞电影。但是这个想法从来没有真正得到落实。事实上，贝克特《电影》的贡献就是给巴斯特·基顿提供了他最后饰演的角色之一。尽管如此，1965 年这部电影在纽约电影节上演时仍然遭到一片嘘声，在伦敦也没有收到更好的反响（"我个人认为《电影》是一堆陈词滥调。"迪莉丝·鲍威尔在《星期日泰晤士报》中写道）。尤内斯库的剧本《煮老的鸡蛋》至今还没有被触碰过。品特的《公寓》一直被搁置着，直到他为了电视台进行了重写，并更名为《地下室》。这不是他的主要作品之一，但是从三个方面来说，它是很有意义的。它显示了品特对房间控制这一最早主题的执着修改，表明品特在内部幻想和外部现实之间的轻松转换，同时也非常有趣地证明了品特是如何将生活经历转化为艺术的——没有什么是浪费的。

《地下室》带我们回到了《库鲁斯》和《检查》的世界。一个房间的主人，以家具、从属物、安全撤离为基础建构自己的身份，但却发现他的空间被一个老朋友占据、入侵了，而这个朋友的女性伙伴会对他们之间的关系产生破坏性的影响。这次房间的主人叫劳尔（品特在哈克尼的一个老朋友的名字），他坐在地下室阅读波斯人的爱情手册；新来的人（在电视制作中由品特扮演）叫斯托特，他带来了一位叫简的年轻女孩，最初他一直让她在外面淋着雨等着。劳尔邀请他们两个都进来：他们开始脱衣服、做爱，也不因为劳尔在场而感到尴尬。接下来是现实与幻想交织的场景，揭示出劳尔对斯托特极度的妒忌和敌意，以及占有简的强烈欲望。两个男人之间的紧张关系一触即发——在劳尔的脑海里发生——他们拿着打碎了的牛奶瓶互相对峙，准备打架，而简则冷静地准备了两杯咖啡，暗示着她将端着咖啡走向胜利者。然后，品特把镜头切到了唱机上的一张唱片，重新播放了开场的一幕，只是这次有些不同的是，劳尔看起来更加凶狠有力，他和简一起在门外的雨中站着，等着虚弱的、几乎有些无能的斯托特同意他们进屋。

在我看来，这仿佛是对品特关于房间、领地、男性竞争和女性催化剂这些早期主题的一种回归：实际上这有点过时，但几乎可以说是品特式的。如果说工作是有进展的，那么主要体现在技术层面上，因为它显示出品特利用摄影机的自由，探索客观现实与劳尔迅速发展的幻想之间的鲜明对比。劳尔的房间首先被改造成一个摆满浅色斯堪的纳维亚风格家具的地方，然后变成了一个新文艺复兴时期的奢华梦想之地，最终变成了一个赤裸裸的战场。专家克里斯托弗·C. 哈德金斯对该剧做出了权威性的分析，准确地表明了劳尔越来越依赖米蒂式的幻想世界。

> 自相矛盾的是，劳尔幻想自己成为斯托特恰恰表明他彻底被打败了，并失去了他的房子。从劳尔以前的行为中，我们可以看出他永远也不会有足够的勇气去面对那种大雨。用 R. D. 莱恩的话来说，和《生日晚会》中的斯坦利一样，劳尔是一个受害者，一开始就害怕被另外一个个性更强的人吞噬。但是，他适应了这种自我吞噬，几乎鼓励了这种行为。更全面地面对危险经历的勇气，是这部电视剧对这种令人恐惧的投降所隐含的另一种选择或"回应"。

我认为这是对的——这部戏剧与拥抱生活和拒绝被取代的需要有关——它再次显示出品特抓住个人生活经历中的一瞬间，并赋予其戏剧意义的能力。剧中早期的一个真实场景证明了，当斯托特和劳尔晚上在牧场上竞赛时，他所使用的花招：

> 室外。野外。晚上。冬天。
> 斯托特和劳尔。简穿过田野的一百码处，拿着一条围巾。
> 劳尔（大喊）：把围巾举起来。你丢下来的时候，我们就开始跑。
> （她举起了围巾。

第九章 私人世界

劳尔搓了搓手，斯托特看着他。）

斯托特：你确定想这么做？

劳尔：我当然确定。

简：各就各位！

（斯托特和劳尔各就各位。）

预备！

（他们预备开始。

简丢下围巾。）

开始！

（劳尔跑了起来。斯托特一动不动。

劳尔跑得很快，回头找斯托特；他失去了平衡，踉跄一下，跌倒了，下巴磕到了地上。

他躺在地上，回头看着斯托特。）

劳尔：你为什么不跑？

唐纳德·普莱森斯非常清晰地回忆起这一幕确切的来源："这一切都发生在1961年的纽黑文，正值百老汇上演《看门人》之前。那时是8月底，95华氏度的天气。哈罗德、我还有罗伯特·肖——那时他已经接下了阿斯顿的角色——常常在每天晚上演出结束后外出。我们会去酒吧，然后在餐馆吃火腿和鸡蛋。我们把这个特殊的餐馆当作海明威《杀人者》中的餐馆。《杀人者》是品特和我们所有人都喜欢的一个故事。我们甚至可以一句一句地重复其中的台词。不管怎样，有一天晚上我们外出的时候，罗伯特突然要和哈罗德进行一百码的赛跑。罗伯特对运动总是很认真，但是当然哈罗德是当时学校里的跑步冠军。我觉得罗伯特是不知道这一点的，他相当确信自己会赢。我就是那个拿着手帕负责喊开始的人。总之，哈罗德像一个被电击的兔子一般从起点跑走，而罗伯特只是震惊地一动不动地站着。我问他为什么不跑，他只是说：'哦，去他的——我只是不想跑给他看罢了。'"品特证明了这个故事的真实性："'肖没有跑，是我在跑。跑到一半我因为失去平衡而摔倒了。我说了一句："我的对手在哪儿呢？"肖说道："我只是不想打败你，你这个混蛋。"我却有不同的看法，我认为是因为他知道自己会跑输所以才没有跑。事实的真相我们永远也不会知道。"

这似乎只是在纽黑文因为深夜饮酒引发的一件小事，但是这进一步证明了品特拥有很好的记忆力，能够看清自己生命的意义。这也为《地下室》的创作提供了素材，因为它展示了一个拒绝参与的人——现实中的肖和剧中的斯托特——是如何通过不参加比赛而获得战术上的优势的。事实上，这是剧中的关键场景，因为这导致了劳尔驱逐斯托特和将幻想与现实相结合的尝试是徒劳的。虽然品特和肖仍然是亲密的朋友——他们甚至和唐纳德·普莱森斯一起成立了一家名为"温室制作"的公司，打算在1967年推出《玻璃厅中的男人》——但人们仍然可以感觉到这是被竞争对手遮蔽的友谊。正如品特所说的，生活是一场无休止的地位争夺战。

在20世纪60年代末，品特自己的生活处于一种奇怪的错位中：他频繁地活跃于戏剧、电影、电视、广播等公共领域，但是也越来越意识到他的婚姻正在不可改变地破裂。他唯一的慰藉是当时正在和一位知名的电视台记者搞外遇，但是即使是这段恋情，也在二人交往十年后和平地结束了。用品特的话来说，取而代之的是一系列"断断续续的性关系"。

品特沉浸在工作中，以此来保护自己免受内心孤独与个人不快乐的影响。比如，从他1967年的日记中就可以看出他相当繁忙，多次往返于大西洋两岸。1月，他在纽约参加了百老汇《归家》的首演，2月观看了《车祸》和《地下室》两部作品的放映。5月，他因为《归家》获得了托尼奖的最佳戏剧奖而返回百老汇。7月，他观看了作品《玻璃厅中的男人》在伦敦圣马丁剧院的首演。随后，品特和费雯去了埃文河畔的斯特拉福，在那里，费雯参与了一部制作拙劣的苏格兰戏剧，为彼得·霍尔扮演了麦克白夫人。事实上，正是在沃里克郡的乡村深处，品特才开始静下心创作《风景》。10月，他返回百老汇参加了《生日晚会》在布斯剧院的开演。

品特对作品的要求日益变高。同时，其创作也变得越发困难：也许这就能解释，为什么品特在接受以审查为目的的采访和缺乏洞察力的批判时表现得越来越不耐烦。事实上，我和品特的第一次邂逅，发生在《玻璃厅中的男人》首演结束后的那个夜晚。当晚，我在电视直播中采访了他和罗伯特·肖。肖的戏剧是一部严肃的道德惊悚剧，通过对一位伪装成集中营警卫的纽约大亨的审判，作品提出了一个问题，即杀害犹太人的德国人是否应该被赦免。这部戏剧提出了重要的问题，但却在一夜之间被评论界傲慢地贬低了。虽然我没有写什么与这部剧相关的东西，但是作为《时代周刊》剧评人欧文·沃德尔的助手，我因为与其相关联而被认为是有罪的，我还记得我深陷于肖和品特这两大有影响力的人物充满敌意的夹攻中，却没有能力应付。在经历了一次糟糕的采访后，肖和品特从我这里抢走了沃德尔的电话，这样他们就可以打电话狠狠地臭骂他一顿。谢天谢地，幸运的是温和的欧文当时不在家。

同年10月，《生日晚会》受到百老汇评论家的好评。尤其是《新闻周刊》绝顶聪明的杰克·克罗尔看出了艾略特的《肌肉萎缩》对品特的影响，因为该剧中也有仪式化的对白和对致命恐惧的激发。但是正如威廉·戈德曼在他的《季节》一书中有趣

第九章　私人世界

地记录的那样，这部剧让看日场戏的女士们感到烦恼和困惑（"这品特是怎么回事？为什么这样？"）。戈德曼记录了品特的回应：

> 观众不能够接受舞台上发生的事情是个大麻烦。总的来说，人们过分强调演的都是什么意思。戏剧是关于人们在舞台上做什么的。否则，你大可以把海报贴在舞台上，不是吗？这个场景是关于……下个场景是关于……我不是社会学家，我只是一名作家。我不把事物概念化。以前从不，今后也很少会……
>
> 总想着这是什么意思呢——令人感到遗憾。我正在写一部戏剧［《风景》］；这是我三年来写的第一部戏剧，对我意义非凡。我为舞台写的东西越来越少了。随着年龄的增长，写作变得越来越难，至少对我来说是这样。最近，我找到了一些我在1950年创作的诗歌，我感到十分震惊，那时的我自由、充满活力，完全不流于形式。我再也不能像那样去写作了。我现在37岁，却感觉好像已经80岁了。

品特的创作焦虑在那次采访中表现出来。他与美国和观众之间的暧昧关系也是如此。显然他为作品能在美国受到认可而开心。实际上，在斯蒂芬·桑德海姆的音乐剧《公司》（1970）里，有一首名为《午餐女士》的歌曲把"一场日场戏，一场品特的戏剧"列为他们自命不凡的时髦追求，这也是对品特在纽约的声名的一种衡量。但是，自从20世纪70年代末以来，品特对美国的外交政策和国内虚伪的批评越来越尖锐。然而，早在1968年10月，当他在百老汇指导《玻璃厅中的男人》的制作时，他就接受了《新闻周刊》极具揭露性的采访。那时，他对美国的暧昧态度就已经显露出来了。1968年，芝加哥召开了臭名昭著的民主党大会，市长戴利召集国民警卫队——以最残酷的手段——镇压抗议的学生、和平主义者和新左派知识分子。同时，这也是一个审美革命的时期，文本的神圣性以及演员与观众之间的稳定关系也正在受到诸如"生活剧院"、"开放剧院"和"拉玛剧院"等戏剧团体的挑战。有趣的是，品特将艺术上的严谨和政治自由结合在一起；你可以粗略地说，在审美上，品特是右倾的，而在政治上，品特是左倾的。品特自豪地展示了一个黑皮箱，里面有一个便携式"酒吧"——小冰桶、玻璃杯和酒。同时，他对纽约前卫剧院发起了一场猛烈的攻击。"去年，"他说道，"我到美国的地方剧院看山姆·谢泼德的戏剧《游客》。就在演出中途，一位演员突然离开舞台冲上过道，邀请观众摸摸他的肌肉。我感到十分愤怒。我看着这个演员在剧院走来走去，突然间，我觉得脊背发凉，因为我知道他最后会过来找我。果然，他走了过来。我能做的就是给他一个相当扫兴的眼神。"

最后他垂下眼睛继续往前走。这种剧场培养了宣传者，他们宣称爱、自由与开放。但是这只是空话。他们太爱自己了。"他深闷了一口酒，喃喃地说道："而我不爱我自己。"

　　显然，品特深恶痛绝的是这些美学大腕们的虚伪。他对臭名昭著的芝加哥大会的反应也带有双重思考的性质，正如诺曼·梅勒令人难忘地写到的那样："在一个像梅尔维尔笔下的直冲入海的白鲸似的国家面前，民主党仿佛一分为二。"作为一个局外人，品特的反应是震惊和恐惧。"我确实在电视上看了一点民主党大会的情况，"他说，"我简直不敢相信，如果这就是美国的民主进程，我觉得……你还记得来自夏威夷的代表所做的主题演讲吗？他的结语是这样的：'对有些人来说，aloha 意味着你好，对有些人来说，aloha 意味着再见，而对我来说，aloha 意味着我爱你。'因为他爱他们，所以每个人都开始为他欢呼，外面的街道上充斥着暴力行动和催泪瓦斯。"从民主党大会的间接经历中，我们可以看出品特对美国政治双重标准的失望。

　　回到国内，品特也对英国特有的虚伪形式心生烦恼：那就是张伯伦勋爵对剧院行使审查权。1967 年秋天，品特完成了他的新剧《风景》。他本打算让彼得·霍尔在奥德维奇剧院导演此剧，但是张伯伦勋爵和科博尔德勋爵却在对"去他妈的"和"混蛋"这种表达挑毛病。根据 1968 年 9 月出台的已经成为法律的《戏剧法案》，他们的任意审查权将被终止。张伯伦勋爵拒绝授予《风景》演出许可证。品特也同样固执，拒绝修改剧本。他只需要等着张伯伦勋爵下台。1968 年 2 月，他写信给彼得·霍尔说："一切都是公平的，包括那个王八蛋张伯伦勋爵。我是否可以认为您仍然觉得 12 月是可行的日期呢？"一周后，他写信给皇家莎士比亚剧团的主席乔治·法默爵士，感谢他亲自出面干预科博尔德勋爵，但是他坚持使用"bugger"这个词："整件事是多么幼稚啊，因为一个词拦着我们不能进行公开表演，这是多么遗憾啊。"在这场风波中，由盖伊·维森、埃里克·波特和佩琪·阿什克罗夫特共同执导的《风景》于 1968 年 4 月 25 日在不受审查的英国广播公司第三套节目进行播放。最终，品特还写了一部配套的戏剧《沉默》，这两部戏于 1969 年 7 月在奥德维奇剧院连场演出。你可能会觉得品特被整得有点惨。

　　《沉默》和《风景》代表了品特创作方向的转变。戏剧提供了交叉的独白，而不是真正意义上的语言交流，不考虑信息的吸收和表达，这些独白是对分离和孤独的浓缩的诗意召唤。品特似乎在寻求一种更简单、直接的戏剧形式。从技术层面来说，他受到了贝克特《戏剧》的影响——三个角色分别葬在一模一样的骨灰盒里——以及他自己发现了摄影机传达内心独白的能力。在情感上，他受到了自己生活环境的影响：他认识到幸福的婚姻正在逐渐变成遥远的回忆。一对夫妇在分开的时候，甚至开始交替创造不同的过去,这一想法出现在戏剧《夜》的一小段对话中,但该对话却被奇怪地忽略了。1969年4月,《夜》作为名为《混合双打》的八部戏剧选集中的一部,在喜剧剧院首次上演。它在时间和主题上都与奥德维奇的连场演出重合,而且很重要的一点是,该剧由费雯·麦钱特与奈杰尔·斯托克合作出演。

总的来说,它让人想起了《吉吉》里面勒纳和洛伊的老歌——《我记得很清楚》,赫米奥妮·金戈尔德与莫里斯·切瓦利埃在这首歌中用他们过去的性爱经历来交换彼此竞争的回忆。但是在这极端感伤的音乐中,品特引入了苦艾酒的酸味:他暗示夫妻不仅对过去有着不同的回忆,而且男性和女性的记忆有着根本的区别。他为我们呈现了一对40岁的已婚夫妇坐在咖啡店旁边的场景。男人回忆起他们第一次在桥上散步的场景,女人则记起她在广阔的田野里靠在栏杆上。在男人的版本中,他站在她的背后抚摸她的乳房;而在女人的版本中,她背靠栏杆,凝视着他的眼睛。他声称解开了她的上衣;她说衣服合上了以抵抗寒冷。他们能够达成一致的就是他们结婚了,有了孩子,都沉浸在对过去的回忆中。可以想象,他们记得的是不同的伴侣。但是对于我来说,这部剧淡淡的辛酸在于这对结婚多年的夫妇以不同的方式重建了过去:男人的记忆里都是腰、乳房、松开的胸罩和诱惑的实用策略,而女人记得的是眼睛、温柔的询问、对爱情的柔情表白。这部戏剧呼应了品特毕生对记忆的执着迷恋,但是它也和《风景》有关系——特别是表现出男性和女性的感知能力天生就有差别,以及在长期同居后发现,两个人的生活可以建立在毫无共同之处的基础上。《夜》用以小见大的方式处理了多年来一直萦绕在品特心头的主题。

然而,令人吃惊的是,品特的两部戏剧《风景》和《沉默》在奥德维奇剧院同场上演三个月后出现了质的差距。这两部戏剧都涉及相似的主题:孤独、分离、爱的短暂性以及记忆的偏好。但是《沉默》——品特唯一一部没有喜剧成分的戏剧——因其非线性结构,显得有点晦涩难懂,令人费解。《风景》整个剧本都让人觉得非常模糊,但在视觉上却有着格兰特·伍德画作般的简洁,同时与华兹华斯的诗歌形成共鸣。《沉默》自首映以来就再也没有在英国上演过,后来《风景》却被重新发掘,并且大放异彩。

不论一出戏剧的内容有多么丰富,都必须立即产生影响。《沉默》的问题就在于它需要反复阅读或者观看才能够理解其结构和主题。一切似乎都以"三"为原则而建立。舞台指示语明确写着:"三个区域,每个区域各有一把椅子。"人物角色有三个:拉姆齐是一位富有哲学气息的绅士型的农民;贝茨比他年龄小一点,是一位粗暴的农村工人;坐在他们中间的爱伦,显然在年轻的时候受到了两个男人的爱慕。这出戏似乎也存在于三个不同的时期:沉思的现在、最近的过去和很久以前两人与爱伦愉快相处的时期。给人留下持久印象的是，人们被封锁在自己的记忆中，混合着辛酸和坚韧之情，回忆着失去的爱。

　　这部戏的结构就像一首诗。它通过语言的回声、有意识的重复、押韵的记忆来运作。拉姆齐在开头和结尾都说了这样的一句话："我和穿着一件灰色上衣的女孩一起走着。"贝茨在开始和结束的时候都说了："搭公交车到市里去。人流滚滚。市场灯火通明。"爱伦被一起喝酒的同伴缠着回忆她年轻时的经历，她先是告诉同伴："我的青春在别的地方，很远的地方。"最后，她终于坦白说她已经结婚了："当然，我还记得那场婚礼。"这就是她在剧中重复的那句话。但是需要时间——和耐心——才能把人物可能会发生的事情拼接在一块儿。拉姆齐——足足比爱伦大15岁——在爱伦还是个小女孩的时候就认识她，并且和她有过一段短暂的恋情，但是也鼓励她去寻找一个更加年轻的爱人。贝茨大概是拉姆齐的雇工，他也爱上了爱伦并把她带到城里，表面上看他娶了她，但是他们的关系已经破碎了。我们推测，爱伦狂热地爱上了拉姆齐，但是被他拒绝了，于是她屈从了贝茨的求婚，现在依靠她的回忆生活——就像他们所做的一样。

　　然而，尽管人们总是会不可避免地为那些沉浸在记忆中的人物感到伤感，但是这个结构本身没有什么戏剧性。时间安排很难弄清，人物间的社会差异也难以通过足够明确的措辞进行区分，而且缺乏人物生活的具体细节。大卫·琼斯还记得，作为皇家莎士比亚剧团的副导演，他被彼得·霍尔派去随时跟着品特，以便了解他对于选角的最初想法。"彼得派我来了解哈罗德的要求是什么。当我问这个女孩子的年龄多大时，哈罗德回答说：'剧本好像也不是十分清楚。很难明确断定这个女人的年龄，她可能是25岁，也可能是35岁。'当问哈罗德对爱伦是否有魅力、是金发还是黑发有什么看法的时候，他仍然回答：'就这一点剧本没有讲很多。'直到最后，哈罗德也没有说出他期望的女主角的年龄和类型是什么样的。很难找到他对这三个角色的想法。就像斯芬克斯一样，他拒绝提出一个圆滑的，容易破解这两部戏剧的公式。"最终，《沉默》的选角相当成功，他们分别是安东尼·贝特、诺曼·罗德威和弗朗西斯·库卡。但我主要记得的是约翰·博利美丽的设计：镜子一般的地板和倾斜的墙壁错落有致地反射出演员们的倒影，就如同在水中流动一般。

　　《风景》也向我们展示了一个强有力的形象；但是，就像戏剧本身一样，它更尖锐、更清晰、更明确。我们在一幢乡村房屋的厨房里。这里有两个角色：贝丝坐在离桌子左边稍远的扶手椅上，达夫坐在桌子右边的一把椅子上。根据舞台指示语："达夫通常在说贝丝，但似乎也听不见她说话。贝丝从来不看达夫，似乎也听不见他说话。两个人物都很放松，一点儿也不僵硬。"你可以用外语看这部戏并且能立刻领

第九章　私人世界

会其中的许多意义：一个女人沉浸在无法穿透的回忆中，而男人越来越迫切地想要与她交流。这两个人的亲密和分离——正如贝克特在《俄亥俄即兴》中写的那样："在一起分享很多，彼此却依旧孤独"——也就立即显而易见了。

但是这部戏剧讲的是什么呢？我们了解到达夫和贝丝曾为一位早已离开的雇主赛克斯做过司机、杂工和管家。他们现在住在他那所废弃了的房子里。贝丝曾经学过绘画，现在却退隐到对自己私人的内心风景的创作中：她全神贯注地回忆着她在海滩上的黄金日子，在那里她想和无限温柔的情人生一个孩子。达夫试图吸引她的注意力，用他自己的故事刺穿她的色情幻想（她却充耳不闻）：他谈到了遛狗、酒吧里的奇遇、专业的酒窖管理员的技术、在和赛克斯一次北上的旅行中对贝丝的背叛，以及后来他在大厅的石头地板上对贝丝的强奸。同为剧作家的罗纳德·哈伍德挑出达夫关于啤酒呼吸技巧的那番话（"给酒桶大塞子装导管。用锤子把导管打进大塞子中间"），作为品特天赋的一个经典例子。品特有一种能够让看上去不相关的事情"看起来像是中心的一部分"的天赋。哈伍德指出，品特研究了这一主题并且对其进行了改造。

然而在《风景》中，品特却以优美生动的笔触描写了身体上的亲密接触和情感上的分离：这是一部关于男人试图与妻子交流，而妻子却精心策划，甚至复仇性地退居到私人世界中的戏剧。身体上的亲密感是通过舞台画面建立起来的——这就是为什么我认为约翰·博利在奥德维奇剧院的场景布置是错误的。他通过一条贯穿舞台表面的断层线，将达夫和贝丝分开，就好像发生了一场小地震一样。

他们之间的距离是由他们似乎听不见对方的方式来显示的；更重要的是，是由他们使用的语言来显示的。达夫的用词粗鲁而强硬。在散步时，他看到了"狗屎，鸭屎……各种各样的屎"。在酒吧里，他遇到了一个好斗的酒鬼，"有人弄错了，这个家伙说，有人拿这个酒杯当尿壶"。他在强暴妻子的时候发出了十分生硬、刺耳、响亮的声音："我将在狗的面前占有你，像一个男人那样，在大厅里，在石头地板上，敲着锣，小心不要让剪刀或者顶针弄到你的屁股上……"其中关键的一个短语就是"像一个男人那样"：这暗示了达夫对男性自信的粗鄙看法。但是这出戏剧的魔力在于，达夫的粗俗和贝丝的抒情之间不断的听觉上的对位。当达夫说到小便、尿壶和泥坑的时候，贝丝说的都是柔和的辅音和流畅的言辞："我突然站起来。我走到海边，走进海里。我没有游泳。我不会游泳。我让海浪拍打着我。我在海水中休息。海浪非常轻柔，细腻。海浪抚摸着我的颈背。"但这不仅仅是简单的语言对比。好像贝丝不怎么听达夫说话，故意用狂喜的挑衅性语言反抗他的粗鲁。他对强奸的描述充满了像"猛干""摇晃""鸣响""钩住"这样的词语，接下来是一阵沉默，随后是贝丝对海边邂逅的高潮的回忆：

> 他压在我身上，往下看着我。他扶着我的肩膀。
> （停顿。）
> 他那么轻柔地抚摸着我的脖子。他那么温柔地亲吻我的脸颊。
> （停顿。）
> 我的手放在他的腰间。
> （停顿。）
> 我身上的沙子是多么舒适。我皮肤上的沙子是那么细腻。
> （停顿。）
> 我眼睛里的天空是那么宁静。潮水的声音是那么舒缓。
> （停顿。）
> 哦，我真正的爱，我说。

这些对白读起来很优美，但是，显然只有在表演中，这部戏剧的真实含义才能够被呈现出来。在彼得·霍尔在奥德维奇剧院制作的版本中——和佩琪·阿什克罗夫特、大卫·沃勒一起制作的——你会觉得贝丝可能是在描述与赛克斯在一起的一段印象深刻、超凡脱俗的经历，也可能是在重温她和达夫早期田园诗歌般的生活。人们回忆起的是在表演中阿什克罗夫特的抒情狂喜和沃勒的直接、直率之间的鲜明对比。但是当品特于1994年5月在都柏林盖特剧院——后来在英国国家大剧院和英国广播公司电视台——重新上演这出戏剧的时候，立即可以清晰地看出，其实贝丝早些时候谈到的都是她的丈夫，并且一直沉浸在幻想中，幻想着能够报复她丈夫所宣称的通奸行为。当这部戏剧由现实中的已婚人士——佩内洛普·威尔顿和伊恩·霍姆出演时，它变成了一出更加难懂、棘手的戏剧，讲的是背叛造成的未愈合的伤口、作为一种报复形式的记忆，以及时间的痛苦过渡。威尔顿——一动不动、冷静、专注、执拗——让贝丝几乎是报复性地选择了躲进过去中。霍姆扮演的达夫成了一个悲剧性的人物。随着时间的流逝，他变得粗野起来，双手紧紧地攥着一个咖啡杯，最后砰的一声把它摔在桌子上，他渴望得到主动与其隔离的妻子的赦免和宽恕。在品特制作的最后一幕里，显然这对夫妇注定永远处于僵化的不可沟通中，这就和贝克特作品中表现的所有内容一样令人不寒而栗。

《风景》是品特写得最好，让人感触最深的戏剧之一；如果不限制它的普遍意义，就不可能不把它看作是由他自己的生活环境触发而成的。1967年，品特在埃文

第九章　私人世界

河畔的斯特拉福的乡下完成了《风景》的大部分内容，那时费雯正出演彼得·霍尔制作的《麦克白》，这也许可以解释一个奇怪的事实，即贝丝和达夫这两个角色的名字都隐含着看不见的前缀"Mac"。更重要的是，品特当时的婚姻已经沦落到了一种共同怨恨的孤独状态。这样的一部戏剧只有对过去的内疚、绝望、不交流和似是而非的记忆有所了解的人才能写出来，而这些记忆与失败的婚姻是分不开的。然而，可悲的讽刺是，《风景》本身的制作导致了婚姻的衰落。在那之前，费雯自然而然地认为她会在丈夫的作品中扮演女主角。然而，品特和彼得·霍尔都希望佩琪·阿什克罗夫特饰演贝丝。这个消息对费雯来说简直是晴天霹雳。品特本人痛苦地回忆道："我想这和我们共同的生活开始衰落有很大的关系。当我创作《风景》，并把它交给佩琪·阿什克罗夫特的时候，费雯非常沮丧，但是我拒绝反悔。就我而言，我非常高兴佩琪愿意出演。因此费雯很沮丧，我也同样很沮丧，因为她永远不会去看这出戏在舞台上的表演了。这标志着从那时起，我们的感情开始变得非常淡薄了。"《风景》是一部感人至深的诗性戏剧，它超越了品特个人生活的特定环境，但它似乎是出于一种无法控制的情感冲动而写成的。我们也许可以把它看作对一段婚姻的反映，这种婚姻由令人厌倦的习惯和对过去的幸福的断断续续的记忆所维持着；也可以把它看作对不可避免的婚姻解体的一种贡献。品特常常被人们认为是冷冰冰的、没有人情味的剧作家。但正如《风景》所明确显示的那样，他就像济慈一样感知着生活中的疼痛和忧伤。

第十章　追忆似水流年

　　《风景》和《沉默》这两部戏让品特和彼得·霍尔的关系更加紧密，它们在奥德维奇的票房也相当成功。但是接下来要写什么呢？到了1970年，这不仅是品特个人所面临的问题，也是他所属的那一代剧作家们所面临的问题。历史事实表明，20世纪的大多数剧作家——除了萧伯纳和艾克伯恩等明显的例外——都有一段至关重要的、长达十到十五年的创作期，在这个时期里他们创作出了自己最好的作品。但到了20世纪70年代初，由诸多迥然不同的个体所组成的、重新定义了战后英国戏剧的新运动似乎开始失去动力。在《苏伊士运河以西》（1971）中，约翰·奥斯本将冲天的怒火转变成了对西方文明现状的哀叹。在《朋友》（1970）一剧中，有一个人物对工人阶级进行了攻击，认为"他们胆小懦弱、一味顺从，他们腐朽堕落、平凡不堪"，在这里，阿诺德·威斯克似乎已经丢失了他那激情洋溢的理想主义。约翰·阿尔丁——以及他的妻子玛格丽特·达西——也逐渐远离了主流戏剧，投身到平民化的社区工作中。事实上，英国戏剧正在迅速地发生变化。一方面，以大卫·黑尔、大卫·埃德加、霍华德·布兰登和特雷弗·格里菲思为首的新一代的新兴剧作家业已形成，他们有着自己激进的政治议程。另一方面，在戏剧理论家阿尔托以及生活剧场等美国公司的同等影响下，出现了一种反文本、无政府实验主义的趋势。20世纪50年代末涌现出来的作家们，在打开了通往未来的各式各样的大门之后，突然开始显得相当孤立。

　　品特也未能幸免于这一问题。他在本性上是同情集体实验的。尽管对权威有一种与生俱来的怀疑，但他并不是那种突然开始着手于意识形态确定性或为变革提供蓝图的作家。在许多方面，他对社会的态度与新一代政治剧作家相差无几。1969年，他的五部短剧由蒙特利尔的电视制片人杰拉尔德·波特顿进行了非常有趣的制作。

在一次采访中,品特介绍了这些短剧的框架;同时,他表示"我对意识形态不感兴趣",他严厉地指责了英国警察,认为他们没有打击战后伦敦的法西斯暴力,并对全球的苦难和死亡表示了强烈的关注。"你不能,"他说,"指望这是一个公正的世界……我不指望世界会变得更好。"但是琼·贝克维尔回忆说,虽然品特与同时代的激进作家有着密切的社会关系,但他也决意保持创作上的距离。"尤其是大卫·默瑟,"她说,"他对哈罗德非常重要。我在20世纪60年代介绍了他俩认识。那时,大卫在迈达谷培育一个新马克思主义的温床,我常常在《深夜阵容》演出结束回家的路上跑过去。我大约在午夜时分到达,大家都会跳起来,每个人都有很多计划:比如,肯尼思·泰南正在谈论接管考文特花园。我那时和哈罗德非常亲近,敢问他为什么不写政治方面的文章。他会说:'等一下。我写的就是我写的。我写我所知道的。我不能按照别人的要求去写政治。'在20世纪60年代,默瑟、威斯克和其他所有人都在抨击这个体系,而哈罗德只是说:'那不是我要做的。'尽管近年来他的作品发生了变化,但他当时写的是人们的心理政治。哈罗德不写世界政治。他写的是个人暴力。"

他的主要问题一度是写作本身:1970年6月,当他被授予德国著名的莎士比亚戏剧奖时,他在汉堡发表了一篇演讲,令人动容地谈到了这一困境。他的获奖感言是他最发人深省的公开演讲之一,谈论了剧作家生命中的风险和回报。当被问及他的戏剧是关于什么的时,他否认了曾经说过的一句著名的即兴言论:"鸡尾酒柜下的黄鼠狼"。他谈到了自己与那位被无休止地分析的公众剧作家之间的疏离:"赞扬和侮辱指向的是一个叫品特的人。我不认识他们正在谈论的那个人。"他详述了自己对理论的不信任,以及要用务实的方案来解决任何戏剧所带来的问题的信念:"若排练是由哲学论述或政治专著组成的,那么帷幕将不会在八点钟拉开。"他对自己的作品进行定义不是通过作品所做的陈述,而是通过作品所创造的人物,以及让人物形象跃然纸上的痛苦:"当我歪曲他们、篡改他们时,我目睹了他们的痛苦,也目睹了他们的蔑视。当我无法迅速接近他们的时候,当他们故意躲避我的时候,当他们躲进阴影里的时候,我就感到痛苦。还有第三种更为罕见的痛苦。这一痛苦发生在正确的语言或正确的行为让他们严重受挫,或使他们停止正常生活的时候。"作为一个作家,品特开始创作时并没有明确的计划,但是后来发现他自己作品的内容是被逼出来的,而不是他自己选择的:"有时候,我意识到脑子中有一种执着。形象、人物,硬要跃然纸上。"这是一种敏锐的自我分析,品特在其中给人的印象是一个能直接连通自己潜意识的渠道,他完全受自己想象冲动的支配:在另一个时代,这可能被轻松地描述为他的缪斯女神,或者柯勒律治写《文学传记》时想要表达的意思:"想象的确是一种从时间和空间的秩序中解放出来的记忆方式。"正是这一点给品特在汉堡的演讲带来了一定的感染力，他在演讲中承认，目前没有任何事情困扰着他的想象力：

> 我觉得讽刺的是，我作为一个作家来到这里接受这个杰出的奖项，而此刻我什么都没有写，什么都写不出来。我不知道为什么。这是一种非常糟糕的感觉，我知道，但我必须说，我最想做的是再次填满空白的一页，去感受那些奇怪的事情的发生，通过指尖发生。当你不能写作时，你会觉得自己被放逐了。

在这次演讲中，品特讲得很清楚。他揭示了其创作令人着迷的本质，阐述了他与角色之间的矛盾关系——这些角色是他塑造出来的，但却获得了他们好斗的自主性，同时他还讲述了在创作无能期所产生的自我放逐感。

品特在汉堡的演讲中明确表示，他没有既定的计划。尽管如此，很有意思的是，人们可以发现他在1968年之后那段时期所创作的作品仍旧表现出富有创意的连贯性。虽然革命梦想的可能性及其随后的失败先后困扰着其他的英国剧作家，品特却越来越专注于时间、记忆、过去和现在的不可分割性。对他来说，这些并不是什么新主题；而是在早期的作品，如《生日晚会》和《微痛》中，他就已经展示了如何通过创建一个理想化的过去——几乎是一个怀旧的天堂——来弥补当下令人烦躁的不满状况，在1968年后的一段时期，他对过去和现在的共存越来越感兴趣。这在一定程度上是由于他接受了不同媒体的委托工作，但即便如此，人们还是会注意到，有些主题是如何从一部作品悄悄渗透到另一部作品中的。在改编《幽情密使》的过程中，他对讲故事的结构可能性进行了实验，这几乎不可避免地促成了《普鲁斯特剧本》的诞生——很遗憾的是，这部作品仍旧未被拍摄出来——他面对的是20世纪所有作品中最伟大的一部，作品涉及非意愿性记忆的力量，以及昔日时光与我们同在的概念。1970年，品特在美人鱼剧院导演了詹姆斯·乔伊斯的《流亡者》，这是一部关于过去的道德规范无所不在的戏剧，之后，品特继续创作《往昔时光》，该剧令人难忘地展示了我们如何创造过去，并将其作为一种心理控制的武器。你可能会说，这其中有很强的意外和偶然因素，但品特在这一时期的工作也有一个不变的模式，正如1971年他在接受《纽约时报》梅尔·加索的采访时承认的那样："我觉得我越来越意识到：生活中有一种始终存在的特质……我越来越觉得过去不是过去，它从来没有过去过。它就是现在。"

这显然是贯穿于品特对 L. P. 哈特利的小说《幽情密使》进行激进改编后的电影

剧本中的主题，鉴于小说著名的开篇句是"过去是一个陌生的国度；在那里，他们的处世方式不同"，这一主题似乎显得有些奇怪。但品特的剧本揭示了隐藏在这句话中的讽刺和模棱两可之处：虽然自 1900 年以来，社会和阶级态度发生了巨大的改变，这是显而易见的事实，但实际上，在我们的情感生活中，现在不断地受到过去的塑造和影响。通过重要的结构变化，品特迫使我们重新思考这部小说到底是关于什么的。但是这并不是说他一开始就对哈特利的作品缺乏虔诚的赞赏。早在 1963 年 10 月，乔·洛西就问过品特是否读过这本书，他回答说："《幽情密使》很棒……相当精彩。但是我不会为它写电影剧本。我不能碰它。小说太令人痛苦了，太完美了，如果你明白我的意思的话。"然而，在 1964 年春天，他确实写了一个剧本初稿，但由于法律上的困难而被搁置。1969 年，他完成了剧本的二次修改，这不仅让他重新思考了整本书的结构，而且使他有机会去探索英国生活的虚伪，去探索外表和现实之间的矛盾。

哈特利的小说结构像三联画：序言、主要故事、结语。故事以第一人称叙述者发现了 1900 年的一本小学生日记开始，这本日记令人兴奋地唤醒了他自己的失望和挫败感，以及本世纪千禧年希望的破灭感（小说出版于 1955 年）。该书大部分是叙述者利奥·科尔斯顿对童年时期诺福克郡的夏天的回忆。他曾经被邀请到一位势利的同学马科斯·莫斯利的乡间别墅度假，在那里他发现自己被马科斯的姐姐玛丽安当作信使墨丘利一样使唤，而玛丽安与当地佃农泰德·伯吉斯有一段秘密恋情。最终，这段恋情以及利奥在其中所扮演的角色被揭露。青春期的困惑、情感上的嫉妒和背叛感导致他暂时崩溃，并摧毁了他成年后爱的能力。在结语部分，他被拉回到诺福克，遇到了年迈的玛丽安，玛丽安劝说他去看望她的孙子——泰德·伯吉斯的非直系后裔——并告诉他她过去那些风流韵事有多美好。于是利奥再次扮演了密使的角色。

这是一本好书：既讲述了一个尚未愈合的情感创伤的故事，也隐喻了 20 世纪人类的天真和经验。（"在我看来，"利奥说，"我剧中的演员是不朽的，他们继承了这个夏天和即将到来的 20 世纪的荣耀。"）但是，这给改编者带来了巨大的麻烦——不仅是第一人称叙述的问题，还有逐渐展示出来的作品所揭示的内容的讽刺性。品特的解决方法既聪明又大胆：消除了过去和现在之间的一切固定区别，使时间平面共存。他给我们提供了一组越来越长、一开始还有些神秘的闪回镜头，展现了年迈的利奥·科尔斯顿重返诺福克的情景。正是通过这一系列的深化视角，我们开始理解发生在那个阳光明媚的童年夏天的事件所造成的破坏。然而品特所做的远不止于此，他还特意在声音和图像之间加入了时间上的分离。现在总是不断地侵扰着过去，因此在玛丽安和年轻的利奥驾着小马车这一田园诗般的镜头中，我们都能听到年迈的叙述者在喃喃自语："你飞得离太阳太近了，被烤焦了。"反之，过去总是存在于现在。在另一镜头中，年迈、干瘪的老利奥被司机领进汽车，但我们听到莫斯利夫人在一个夏日游泳派对上对年轻的利奥说，他可以看着其他人游泳：这有力地提醒了利奥，他一直受到保护，不受生活的影响。这一双重时间方式不仅是一个大胆的电影手段，更激发我们重新思考小说的内容。它提醒我们，虽然在某些方面，过去是一个陌生的国度，因为小说中所展示的爱德华时期的英国似乎为一种陈腐的势利和僵化的阶级差别所包围，但在另一些方面，它在今天留下了不可磨灭的印记。

洛西的传记作家大卫·考特说，品特所采用的预叙未来的方式受到了很多内行人士的批评，尤其是该电影的编辑雷金纳德·贝克。1970年10月28日，贝克在埃尔斯特里的剪辑间给洛西写信说："关于现在的场景，我担心的是，它们现在太缺乏连续性，不可能从中获得任何戏剧性的价值。"该片执行制片人约翰·海曼希望删除那些预叙未来的镜头。与百代公司共同承担制作成本的米高梅公司总裁詹姆斯·奥布里毫不客气地讽刺说，《幽情密使》是"有史以来制作的最伟大的静止电影"。但是，尽管最后的剪辑确实修改了品特关于预叙未来的镜头，但在我看来，它们仍然赋予了这部电影意义和目的。故事中的一切与它所看起来的不太一样。正如我们通过莫斯利家那迷人的外观去探索波琳·凯尔所说的"阳光下的腐烂和腐败"一样，我们也通过迈克尔·雷德格雷夫所饰演的利奥·科尔斯顿那麻木的面部表情和倾斜的肩膀，逐渐发现利奥在少年时期经历的耻辱所造成的影响。如果品特按照哈特利的时间顺序改编——以其序言和结语作为主要故事的首尾——那么这会是一部极具文学性的电影。品特通过让过去和现在共存，既挖掘了电影的可能性，又揭示了故事的意义。这一手法同样也在品特未来的作品中留下了印记。考特认为，《往昔时光》是品特于1970年夏天在诺福克郡的乡村拍摄《幽情密使》时构思出来的。但没有确凿的证据支持这一观点。事实是，这部电影中所出现的过去和现在之间的相关作用显然渗透到了品特的下一部作品中。

不论人们对品特的电影叙事结构表达了怎样的疑问，洛西都坚定而毫不动摇地表示支持。到目前为止，在《仆人》和《车祸》之后，他们已经形成了一种完美的、颇具创造性的默契，这既反映了他们的相似，也反映了他们的不同。他们二人都是天生的局外人，都沉浸在戏剧中，而且都在道义上反对英国的阶级制度，但同时又对其有着一种不太情愿的迷恋，这是他们所有作品中经常出现的一个因素。贯穿《幽情密使》最强有力的线索之一是性欲与上层社会礼仪之间的冲突，这体现在玛丽安（由朱莉·克里斯蒂饰）和母亲（由玛格丽特·莱顿饰）之间那戒备的表情、上扬的眉毛和持续的意志之战上。但品特和洛西也颇为不同，这些不同足以使他们组成一个完美的团队。品特用语简洁，这制衡了洛西的巴洛克倾向，而洛西的视觉风格又放大了品特的精确性——在电影中，一系列垂直俯冲的镜头让我们想起，利奥就像希腊神话中的伊卡洛斯一样，因为飞得离太阳太近而坠落。这部电影是品特与洛西合作的高潮，虽然不是他们的最终项目，但在奖金和利润方面给他们带来了丰厚的回报。1971年5月，这部电影在激烈的竞争中击败了维斯康蒂的《魂断威尼斯》，斩获戛纳电影节大奖（金棕榈奖）。这令《魂断威尼斯》的主演德克·博加德大为失望，维斯康蒂本人也丝毫没有掩饰自己的懊恼，他最后还将卷入一场关于品特下一部剧本的激烈争论之中。同年晚些时候，这部电影还获得了英国评论家的好评，并获得了英国电影电视艺术协会颁发的一系列奖项，包括最佳影片和最佳编剧奖。与《车祸》不同，《幽情密使》在欧洲和美国的票房都取得了巨大成功：这对品特来说是个好消息，他的剧本获得了相当于7.5万英镑的片酬，外加5%的利润。但真正令人振奋的消息是，品特在探讨社会细节、性别困惑和时间流动性的过程中，不仅将哈特利小说中的普鲁斯特特质带了出来，而且为自己未来的发展开辟了一个宽阔的空间。他在《幽情密使》中所做的有关时间的实验将影响他未来的戏剧和电影作品。

品特于1969年完成了这部电影剧本的修改。1970年5月，他在汉堡抱怨说，由于写不出任何新东西，他有一种自我放逐的感觉。但奇怪的是，他在替代性工作上所做的选择都不可逆转地把他引向了一部新剧。1970年，品特依旧出现在公众的视野中。2月，威廉·弗里德金所导演的颇具文学性的电影版《生日晚会》在伦敦上映。4月，彼得·吉尔在纽约林肯中心执导了品特的新作《风景》与《沉默》。9月，詹姆斯·哈默斯坦在伦敦女公爵剧院执导了伦敦的首批舞台剧《茶会》和《地下室》（一般认为，该剧更适合拍成电视剧）。然而，这一年品特最具有影响力的冒险行为之一，是与一家名为"希尔德制片"的新公司合作。大卫·默瑟、克里斯托弗·莫拉汉、吉米·瓦克斯和特伦斯·贝克都是他的同事，其目的是在伦敦西区上演新剧。他们以大卫·默瑟的《弗林特》作为头炮。《弗林特》讲述的是一位雷厉风行的70岁牧师的故事，该剧于当年5月在伦敦标准剧院由莫拉汉执导，并且取得了一定的成功，这在很大程度上要归功于迈克尔·霍尔迪恩异乎寻常的表演。然而，第二次冒险——品特制作的詹姆斯·乔伊斯鲜为人知的戏剧《流亡者》于12月在美人鱼剧场上演——被誉为一个重大的戏剧发现；9个月后，这部作品被纳入皇家莎士比亚剧团的奥德维奇剧目。如果说乔伊斯因此而欠了品特一笔债的话，那么同样可以清楚地看到，品特是乔伊斯的受益者，最重要的是，他继承了乔伊斯对真理的不可验证性和女性灵魂的不可占有性的关注。两位作家在风格和主题上的融合是不同寻常的；而对乔伊斯无人知晓的杰作进行再次创作似乎对作家品特本人有一种解放的作用。

在品特重新发现《流亡者》之前，这部戏剧有一段非常曲折的历史。乔伊斯在

1914 年至 1915 年间写了这部剧作，这距离他创作《都柏林人》和《一个青年艺术家的画像》已经过去了十年，大约在同一时间，他开始创作《尤利西斯》。1919 年，该剧曾在慕尼黑进行过短暂演出，但叶芝拒绝其在都柏林的阿比剧院上演。最初，伦敦舞台协会拒绝该剧在战时演出，之后这部剧最终在 1926 年在摄政剧院举行了英国首演。乔伊斯自己也开始相信萧伯纳最初是以淫秽为由而否决了该剧在伦敦的上演。迈克尔·霍尔罗伊德驳斥了这一说法。他指出，尽管萧伯纳主张删去一些"难以启齿的段落"，但他认为该剧正是舞台协会——该协会致力于推出那些不太可能在商业剧院演出的戏剧——应该去推的作品。但该协会阅读委员会的一名成员最初在他的选票上潦草地写道："让人想起斯特林堡最糟糕的时候。令人厌恶。"

事实上，真正对乔伊斯产生影响的不是斯特林堡，而是易卜生，因为《流亡者》讲述的是一些人物试图摆脱已死的道德规范和对过去的束缚。主人公理查德·罗文（作者的自画像）和他事实婚姻中的妻子伯莎以及他们的孩子在流亡 9 年后回到都柏林。罗文和伯莎打算过一种完全性自由的生活，但过去所有的痴迷、疑虑和恐惧依然存在。在第一幕中，罗伯特·汉德——一名都柏林记者兼罗文的老朋友——出现并向伯莎求欢，邀请她当晚去他的秘密藏身处拜访他；罗文虽然赞成完全性自由的观念，但他要求了解妻子与汉德在一起的每一个细节。在第二幕，罗文自己首先出现在汉德的秘密藏身处，告诉潜在的引诱者，他知道所有的阴谋；当伯莎到来时，他又一次告诉她，她可以自由地做她认为合适的事。第三幕发生在第二天早上罗文家，空气中充满了怀疑。我们不确定伯莎和汉德之间是否已经发生了关系。但是汉德出现了，他宣称自己在连夜写了一篇称赞罗文天才的文章之后，也准备去流亡——尽管事实证明，他只在萨里待了两周。罗文给了妻子自由，却为"一个永远无法治愈的、因怀疑而带来的剥肤之痛"所折磨。伯莎没有泄露有关她的汉德的任何情况，也没有透露前一天晚上到底发生了什么，并将把罗文重新变成她"奇怪的、狂野的情人"。

从主题和结构上看，易卜生的功劳都是可以解释的，因为乔伊斯崇拜这位来自斯基恩的圣人。几乎不可思议的是品特早就发出了先声。罗文要求知道妻子与汉德第一次见面的每一个细节（我仍然能听到约翰·伍德那紧绷的、锤击般的声音不断地重复着，"然后……"），这一幕让人想起《情人》中理查德自我折磨般地探索妻子下午的"通奸"行为。《收集证据》也不断浮现在我的脑海中——首先是因为，关于在汉德的小屋究竟发生了什么，也存在一种精心安排的不确定性；但二者的相似更多体现在那种潜在同性恋的模仿欲望上，在这一欲望的驱动下，两个男人希望占有同一个女人。事实上，当汉德对罗文说起伯莎时，他就已经很清楚地阐明了这一点：

第十章 追忆似水流年

"你爱这个女人。我记得很久以前你告诉我的一切。她是你的,你的作品。这也是我被她吸引的原因。你是那么坚强,你通过她吸引着我。"尽管品特本人极力否认二者有任何直接的因果联系,但改编《流亡者》的经历似乎也渗透了他的艺术想象力。1970年冬天,沉浸在乔伊斯戏剧中的品特开始坐下来创作《往昔时光》。虽然这两部作品明显大相径庭,但都探讨了两个人对第三个人灵魂和身体的争夺,以及获胜的女主人公最终的不可占有性。《流亡者》还给《背叛》播下了种子,这些种子将在多年后发芽,因为正是"情人"罗伯特·汉德觉得丈夫和妻子合谋欺骗了他的求爱。这些都不是有意识的模仿,仅仅证明了乔伊斯和品特之间具有非凡的创作类同性。

品特改编的《流亡者》也证实了这种类同性:这是一段精心刻画的恋情,在悄无声息中进行着,每句话、每一次停顿都被放在显微镜下观察,一个多余的手势都没有,因此,即使是一副手套的移除也被赋予了情感上的意义。正如欧文·沃德尔在《泰晤士报》上所写的,这部作品展现了"一种洞察力,这种洞察力只有当一位具有创造力的艺术家为另外一位具有创造力的艺术家服务时才能表现出来"。品特也证明了自己是一位能够识别演员才能的好导演。正如1964年他将帕特里克·麦基选进《生日晚会》的演员阵容,从而将一位杰出的爱尔兰演员引入了皇家莎士比亚剧团一样,如今在他的帮助下,饰演罗文的约翰·伍德因其表演最终也成了该剧团20世纪70年代的一大明星。无论是一看到威士忌酒瓶就不高兴地退缩,还是对朋友的道德困境冷嘲热讽,伍德所扮演的罗文都在暗示,一个人在苍白的冷漠面具下隐藏着恶魔般的内心。品特的制作理所当然地得到了高度赞扬,它的众多崇拜者之一是迈克尔·格德伦,他因邀请品特执导西蒙·格雷的新剧《巴特利》而结束了他们之间一段时期的轻微疏远。这部新剧定于1971年夏天在伦敦西区上演。

对品特而言,《流亡者》在很多方面都是一部具有里程碑意义的作品;其中一个重要原因是,在改编的过程中,他所经历的由于无法写作而产生的自我放逐感突然消失了。大卫·考特声称,在1970年夏天拍摄《幽情密使》时,品特萌生了创作《往昔时光》的想法。品特本人告诉梅尔·加索,该剧构思于那年冬天的一个下午,当时他正在位于摄政公园的家里看报纸。"我冲到楼上自己的房间。我住在一所很高的房子里。我通常很难到达顶楼。但是,就像闪电一样,我上来了。"加索问促使他离开的想法是什么。"我想这是剧本开头的几句台词。我不知道它们是不是最初的几句。两个人在谈论另一个人。但后来我真的那样去做了。"他甚至在三天之内就大致完成了初稿,然后在接下来的几个月里又修改了一遍。尽管最终的版本节奏紧凑、内容丰富,但它有一种抒情的流畅性和想象的连贯性,这表明它是一个伟大的创造性爆发。就像大多数优秀的戏剧一样,这一过程似乎不可避免地被一个梦指引着;

但我发现，这个梦也根植在品特自己的记忆中。

《往昔时光》的结构确实有些神秘。戏剧在昏暗的灯光下开始，三个人影依稀可见：

> 迪利陷在扶手椅里，不动。
> 凯特蜷缩在沙发上，不动。
> 安娜站在窗前，向外望着。
> 静场。
> 灯光亮起，照着迪利和凯特，他们正在抽烟。
> 安娜仍然站在窗前的昏暗灯光中，不动。

这就好像剧中人物被扔到了时间之外。的确，迪利和妻子凯特关于凯特的老朋友安娜的开场对白直奔主题，很明显安娜随时都可能到来。大约100分钟后，戏剧在一片明亮的灯光中结束，迪利再次瘫坐在扶手椅上，安娜躺在一张长沙发上，凯特则坐在另一张长沙发上。幻觉的框架，人物对彼此的相互矛盾的陈述，对过去遭遇的怪异而不断变化的描述，都引起了评论家们无休止的猜测。安娜是真实存在的，还是仅仅由迪利和凯特想象出来的？凯特和安娜——20年前都曾是秘书，在伦敦同住一套公寓——是两个不同的人物，还是同一位女性的两个方面？这三个人都死了，还是只是重新经历了过去的会面？你可以理解为什么这些问题会出现。与此同时，当你在舞台上看到这出戏的那一刻，你就会意识到它们是多么的无关紧要：这部令人难以忘怀的作品的全部动力来自迪利和安娜为了证明自己对凯特有着更多的了解并最终占有了凯特而进行的较量，也立足于凯特击败精神崩溃的迪利和被征服的安娜而获得的最后的胜利以及对人类生存的基本孤独的暂时记忆。无论这个有关记忆的暂时性或人类生存的孤独本质的行动产生了什么更大的意义，这一戏剧性的行为都证明了罗伯特·汉德在《流亡者》中所说的"所有的生命都是一场征服"。当梅尔·加索提醒品特，纽约的观众必然会对事件的真实性进行争论时，品特简洁地回答说："关于《往昔时光》，我要告诉你一点。事情是会这样发生的。这是常有的事。"

是的，这一点没错，但到底发生了什么呢？奈杰尔·丹尼斯在1971年出版的《纽约书评》上发表了一篇极具破坏性的评论。他在评论中问：整出戏——就像品特其他所有作品一样——仅仅只是演员的一种练习吗？还是说真有什么严肃的事情发生了吗？在我看来，这出戏有两个主要的行为，它们巧妙地交织在一起。在某种程度上，迪利和安娜显然是为了争夺凯特而进行了一场语言、音乐和身体上的较量，而凯特却以胜利者的姿态出现，这在一定程度上源自她那令人心寒的漠不关心。但是该剧也对时间和记忆进行了持续的思考，品特在其中暗示，过去并不比现在或未来更为固定或更加明确。这三个人物根据当时的心理或战术需要创造了过去，当他们这样做的时候，便获得了一个有形的现实。我想起了《不可儿戏》中的一句对白，在剧中劳尔小姐说："记忆，我亲爱的塞西莉，是我们随身携带的日记。"塞西莉回答说："是的，但它通常记录了从未发生过也不可能发生的事情。"品特将这一观点往前推进了一步。他不仅暗示记忆会撒谎，而且正是通过回忆，过去获得了一种虚构的真实性。这似乎是显而易见的，但还有谁能如此有效地将这一想法戏剧化呢？我认为我们必须回到《培尔·金特》的早期场景中去，在那里，正如易卜生笔下主人公所描述的那样，他骑着驯鹿从陡峭的悬崖顶上跳入湖中，这一事件对他来说变得真实；甚至是在《亨利四世》的第一部分中，当福斯塔夫生动地回忆起在加德希尔袭击他的那十一个巴克兰人时，他们在他的想象中栩栩如生。品特的不同之处在于，我们从来都不确定生动的记忆会在什么时候变成自发的创造。

品特在开场白中非常清楚地阐述了基本主题，凯特和迪利甚至在安娜站在半明半暗的舞台上时还在谈论她。甚至在安娜出现之前，她就已经清楚地出现在他们的想象中：

  凯特（沉思地）：黑色的。
  （停顿。）
  迪利：是胖还是瘦？
  凯特：比我丰满。我觉得。
  （停顿。）
  迪利：她那时比你丰满？
  凯特：我想是的。
  迪利：也许她现在不一样了。
  （停顿。）
  她是你最好的朋友吗？
  凯特：哦，这是什么意思？
  迪利：什么？
  凯特：朋友这个词……当你回首……所有往事的时候。
  迪利：你不记得你当时的感受了吗？

（停顿。）

凯特：那是很久以前的事了。

很快，你就会感觉到迪利的焦躁不安、凯特欺骗性的被动、他们对安娜的共同关注、对贯穿全剧的语义的痴迷，而且你还会明白下面这一观点：一个人对过去的记忆总是暂时的，会因为时间悄无声息的流逝而受到影响，因此可以被重塑。甚至在开头的场景中所确立的表面事实后来也被证明是矛盾的。凯特发现她自己没有朋友；后来，她和安娜开始谈论她们的男性朋友。凯特在谈到安娜时还说，"她是个小偷。她过去常偷东西"，包括凯特的内衣；后来，安娜特别强调凯特将自己的内衣借给了她。在一个记忆模糊或主观的世界里，过去可以用来制衡他人：这是该剧的一个关键点。当迪利震惊地发现凯特和安娜曾经住在一起时，品特也让你强烈地感觉到男性被排除在女性的亲密关系之外。当迪利总结说"无论如何，这些事情无关紧要"时，这可能意味着以下几件事情之一：他现在拥有凯特，这些模糊的记忆与安娜即将到来的事实相对照，就显得无关紧要了，或者任何试图恢复过去的努力最终都是徒劳的。

可以确定的是，开场场景决定了品特将要探索的领域。艾伦·休斯和罗伯特·康克林这两位学术评论家都从科学实验的角度描述了该场景：康克林认为迪利和凯特"创造了一个合适的实验室环境，因此弗兰肯斯坦的新娘，即安娜，可以复活"，休斯认为"迪利引导着不情愿的凯特去编造她假想的老朋友"。但是这使得这一幕听起来像是一场精心策划的阴谋，而我怀疑，剧院观众不会这么看。事实上，1985年，当品特本人接替迈克尔·刚本，在剧中扮演迪利时，他以完全不同的方式诠释了这一角色。当时该剧由大卫·琼斯执导，在伦敦上演，是为圣路易斯和洛杉矶的巡演而准备的。琼斯回忆道："很难找到合适的语调。这个场景是关于什么的？迪利有多着急？哈罗德的表演轻快而又不合逻辑，我听到的是诺埃尔·考沃德的声音——他用一种考沃德式的漫不经心来进行表演。你的兴趣被激发，你笑了，而且不会心烦意乱，接着当他后来掉进了黑洞里，你还没有预料到它的到来。我认为哈罗德非常了解这个角色——尤其是那种遭遇挫折后产生的攻击行为，以及生活是如何辜负了他的期待。"

开场场景信息量很大，然而，正如品特所意识到的那样，如果表演得过于自负，就会扼杀这出戏的活力，而这出戏本来是要表现文明的外衣被剥去。这一过程从安娜在台下以一个简单的动作突然出现在迪利和凯特的生活中的那一刻就开始了：不要乱动门和入口。安娜立即意识流般地开始滔滔不绝地详细讲起20年前她和凯特在伦敦的生活："排了一夜的队，下着雨，你还记得吗？我的天啊，阿尔伯特音乐厅，考文特花园，我们吃了什么？回头想想，直到半夜，做我们喜欢的事情，当然，那时我们还年轻，可是精力多么充沛，上午工作，然后去音乐会、歌剧院，去看芭蕾舞，那天晚上，你还没有忘记吧？"在这次长篇大论中，至少发生了两件事。安娜在利用过去，声称先前很了解凯特；但她也——正如史蒂芬·H. 盖尔所指出的那样——把自己脑海中的伦敦生活描述为一种鲜活的记忆，或是一种自发的创造，抑或是二者的结合。正如她所描述的那样，生活对她来说变得真实起来——这是剧中反复出现的一个主题。但这可能与现实毫无关系，这一想法巧妙地体现在1995年林迪·戴维斯在伦敦西区的复演中：当安娜（哈丽特·沃尔特饰演）描述她和凯特经常熬夜阅读叶芝的作品时，凯特（朱莉·克里斯蒂饰演）和迪利（利·劳森饰演）偷偷相视一笑，暗示着他们对这一说法是完全不相信的。

品特在剧中运用了多种技巧来描述迪利和安娜之间的斗争，并表现了记忆的主观性：比如，歌曲和电影丰富了戏剧的结构。安娜和迪利一度对20世纪30年代和40年代的流行标准进行了竞争性的回忆。从某种程度上说，一方面，这是一段略带怀旧的即兴片段；另一方面，这也是一场占有欲很强的竞赛，迪利不断地想要在语言上压制安娜。戏剧的配乐本身也是经过精心挑选的，以加强戏剧基本的记忆主题。其中之一就是埃里克·马什维茨的《这些愚蠢的事情》，它首次出现在1936年的一出时事讽刺剧《在国外传播》中，对此，马什维茨表示，他受到科尔·波特的《你是最棒的》的启发，写了一首目录式的歌词，由"年轻爱情的短暂记忆"组成。事实上，这首歌是普鲁斯特式的流行音乐，因为它展示了过去的一种气味、声音或图像（"嘉宝的微笑和玫瑰的香味"）是如何开启一整套情感体验的。

卡罗尔·里德的《虎胆忠魂》[①]也恰好被选作迪利声称与凯特第一次见面时看的电影。该电影的标题可能指的就是迪利本人：他在这个奇特的三角关系中就是一个不合群者。在影片中，一名爱尔兰革命者在贝尔法斯特一家工厂遭到突袭后被追捕，该电影不仅是战后电影中最伟大的诗性悲剧之一，而且也提醒人们品特在他的作品中是如何使用爱尔兰的：用哈里·怀特的话来说，作为"过去至关重要的比喻"。就像安娜之前对伦敦生活的描述一样，迪利对他和凯特在看电影时相遇的描述也非常详细。但这样就能让其成为事实吗？或者说这些只是出于一时之需而随口编造的？从戏剧性的角度来看，它被安娜从两个方面驳倒了。首先，迪利对罗伯特·牛顿表演的赞叹被安娜的"F.J. 麦考密克也很好"打断——这是品特戏剧中的台词被中断

---

① 又译《不合群者》。——译者注

的经典情况之一，费雯·麦钱特在看到彼得·霍尔的原创作品时曾开怀大笑。安娜还从迪利的故事中推断出一句话，这句话似乎可以作为整部戏剧的题词："有些事情，即使从来没有发生过，你也会记得。有些事情我记得也许从来没有发生过，但当我回忆起它们时，它们就发生了。"每个人都引用第一句话来理解该剧，但安娜的第二句话同样重要：即使是对虚构的过去进行再创造，也可以如此生动，仿佛它们正在发生。正如品特自己对梅尔·加索所说的："那么多都是想象出来的，想象就像现实一样真实。"或者，就像莎士比亚笔下的忒修斯对希波吕忒说的："想象使未知事物的形式具体化。"

品特展示出，记忆可以在不同的层次上运作。它可以提供一个虚构之事，但却呈现出事实才具备的真实，就像安娜描述她与缺乏好奇心的凯特在伦敦过着令人难以置信的艺术生活一样。在回忆过去的过程中，人们也可以创造未来——安娜描述了一个男人在她曾经和凯特一起住过的房间里哭泣，这恰好预示着戏剧的最后结局。在一个一切都无法验证的世界里，记忆也可以成为心理支配的武器：在描述她和凯特一起奔向某个不知名、不熟悉的地区去看《虎胆忠魂》时，安娜对迪利进行了打击，并且为了达到自己的目的而重新编织了过去。

安娜回忆起里德的那部电影后，随之而来的挥之不去的沉寂将剧情推向了另一个层面：迪利看到自己对凯特的所有权受到威胁后，便发起斗争，以重新确立自己的身份。为了达到这一目的，他颇为虚荣地吹嘘起自己的电影制作事业，假装知道安娜在西西里的领地，并将自己包装成一个行走在充斥着商业妓女的世界中的真正艺术家（就像《虎胆忠魂》中牛顿扮演的画家）。"我在西西里有一批很好的工作人员，"他吹嘘说，"一个了不起的摄影师，名叫欧文·舒尔茨。他是这个行业中最棒的。我们相当严肃地看着那些黑衣服的女人。那些穿黑衣服的小老太太。我写了这部电影，还导演了它。我的名字叫奥森·威尔斯。"史蒂芬·H. 盖尔在他那篇非常精辟的文章中，把最后一行台词视为一个转折点。这句台词明显是不真实的，这让我们不禁怀疑其他所有关于过去的说法。我认为这句台词有着完全不同的意义。它是一种滑稽可笑的自夸，表明迪利越来越恐慌，也越来越清楚自己正在竞赛中渐渐落后。再一次沉寂之后，当安娜和凯特转而再现她们在伦敦过去的生活时，不仅证明了《烧毁的诺顿》中艾略特式的论点，即"所有的时间都永恒存在"，而且证明了迪利被排除在女性阴谋般的亲密关系之外。

在第二幕中，场景是卧室，博弈的战线已经画得很清楚了：迪利和安娜现在正在进行剑拔弩张的对峙。手套脱了，冷淡的漫不经心的伪装也渐渐消失了。凯特洗澡时，迪利端上咖啡，开始精确地回忆起自己 20 年前在一家叫作"旅行者"的酒吧遇见安娜的情景，后来在威斯特博伯恩斯路举行的一个派对上，他盯着她的裙子和她白色的大腿。这是真还是假？不论真假，都无法证实了，但有诸多迹象表明，迪利正在根据自己的需求创造过去。他对"旅行者"酒吧里顾客的描述带有一种有意识的讽刺意味："诗人、特技演员、骑师、单口喜剧演员，都是这类货色。"他谈到了凝视着裙子的细节，"你没有拒绝，你发现我的凝视是完全可以接受的"，嘲弄地使用了安娜之前用来描述她对凯特的狂热关注的那个名词。毫不夸张地说，迪利还将安娜贬低到像裙子般廉价的境地中，以此来打压安娜一直将自己标榜成大都市文化狂热分子的做作之态。当迪利以一种挑衅性的顺从姿态暗示安娜可能想用浴巾把凯特擦干时，这场争论变得更加明目张胆。当迪利和安娜再次提起第一幕的歌曲片段时，此时似乎可以听到暗流涌动的恶意，这曾完美地呈现在1993年比尔·亚历山大在伯明翰轮演剧目剧团的制作中，当时蒂姆·皮戈特-史密斯在最后一句台词中极其绝望地喊道："不，不，他们不能从我这里夺走这个！"

该剧现在进入了最后一个阶段：正如大卫·琼斯准确描述的那样，这是"两个女人之间最后的决战"。事实上，凯特越来越多地将自己从精致的懒散中唤醒。在她的第一次长篇大论中，她就表达了她喜欢乡村胜过伦敦——安娜对大都市的赞美诗就到此为止吧。如今正是凯特启动了进入过去时光的开关，而安娜只能乖乖地服从。也正是凯特在迪利正要指责她俩是情人时打断了迪利的话，迪利显然对这两位女士过去的友谊感到不安。正如彼得·霍尔所说："这不是一部关于女同性恋者的戏剧。绝对不是。"如果说这部戏讲的是两个女人利用她们的性亲密关系来让一个男人心烦意乱的话，那么它只能是一部粗俗的情节剧。品特的手法比那要微妙得多。实际上，在他笔下，当安娜破坏了迪利颇有优越感地声称自己拥有的占有权时，凯特继续戴着她那沉默的面具；而一旦迪利被击倒，她就开始彻底摧毁安娜以所有者自居的傲慢。事实上，凯特最后的长篇大论无情地摧毁了安娜：摧毁了她本应不可侵犯的记忆、她在性方面的老练，以及她声称自己已经"找到"凯特这一颇具占有欲的说法。像斯芬克斯一样的凯特直攻要害：她注意到安娜有意识地模仿自己的微笑，模仿自己内心的想法，模仿亲密女性伴侣之间那种令人窒息的影响。但是她将这致命的一击留到了演讲的结尾，描述了她和迪利是如何侵犯了安娜的床，以及她又是如何将自己窗台花箱里的泥土抹在了迪利的脸上：

……他目瞪口呆，抵挡着，用力抵挡着。他不想让我用烂泥弄脏他的脸，不让我玷污他的脸，他不愿意。他提出还是结婚吧，还要换个环境。

（稍微停顿。）

都无所谓。

（停顿。）

有一次他问我，大概就是那次，在他之前，谁在这张床上睡过。我告诉他没有人。根本就没有人。

这是最终场景出现之前凯特最后说的令人心寒的话（这些话既摧毁了安娜的友谊，也摧毁了凯特与迪利的整个婚姻史），最终场景重现了第一幕里描述的卧室场景：啜泣的迪利走近安娜的长沙发，俯看着她，走到门口又转身回来，接着走到凯特的长沙发上，躺在她的腿上，最后走向扶手椅，瘫坐在里面。最后的画面定格在"非常明亮"的灯光下：迪利瘫在扶手椅里，安娜躺在长沙发上，凯特坐在另一张长沙发上。一些评论家认为这象征着回归现实和启蒙，另一些评论家则认为所有的角色都死了。我认为这意味着，尽管凯特在时间层面上取得了胜利，证明了自己最终无法被任何人拥有，但这三个角色都被锁定了，就像其他人一样，陷入了一种冻结的、永久的孤独状态。

然而，就像一首伟大的诗，这部戏剧有多层含义。最不为人所注意的是品特对20世纪40年代末和50年代初的伦敦——他的伦敦——的愉快回忆：酒吧、派对、咖啡馆、电影院，以及这座城市在精明的人们将其变成为旅游者打造的玩具城之前所具有的波希米亚风格。我们从詹妮弗·莫蒂默和波琳·弗拉纳根等品特早期的女友那里得知，品特"热爱伦敦"，在某种程度上，《往昔时光》是对他自己往昔生活的一种再创造。根据迪莉丝·哈姆莱特的说法，情况确实如此。品特和她在1950年有过一段暴风骤雨般的风流韵事，最后她突然把他甩了。她回忆说，品特在1971年给她寄了一份原创戏剧的复印本，附注说："这将敲响警钟。"它确实做到了。警钟声音响亮。"当我读到这个剧本时，"哈姆莱特说，"在我看来，它写的似乎就是1950年我们在伦敦的一切生活环境：我们常去喝酒的位于富勒姆路的女王榆树酒吧，我和另一个女孩合住的位于切尔西的公寓，甚至还有公寓外窗台上的花箱。但也有别的东西。当我的室友远在瑞士时，我和哈罗德开始了一段恋情。她对我有很强的占有欲——尽管这与性无关——所以对哈罗德心怀怨恨。她不喜欢我们在一起，而且在某种程度上也是受她影响，我没有和哈罗德住在一起……我记得还有一次，我们一行人，包括哈罗德，去汉普斯特德市政厅参加舞会，然后回到位于切尔西的公寓。我有一个法国女性朋友和我在一起，她实际上是双性恋，我们不得不睡在同一张床上，这不意味着什么，但我总是记得哈罗德在角落里怒不可遏……讽刺的是，1976年，我却在约克轮演剧目中扮演凯特，我记得导演杰拉尔德·查普曼建议我们即兴表演。我说：'我不需要——事实上我知道很多！'我认为这并不是我的想象，否则哈罗德就不会给我寄那张卡片了。"

品特的生活再一次直接为他的戏剧提供了素材。《往昔时光》也许不是对现实生活的文字记录，但很明显，迪莉丝·哈姆莱特和她的朋友对切尔西的沃波尔街合租的公寓的回忆，以及品特作为被女性同伴憎恨的闯入的第三方的记忆，为戏剧的诸多行为提供了情感背景。在剧中，迪利逐渐从一个温文尔雅的审问者蜕变成了一个粗鲁、野蛮、恐惧的人，通过对这一角色的刻画，该剧也探究了男性缺乏安全感的悲哀以及资产阶级所有权这一概念的脆弱性。将该剧描述为一部"政治"剧可能有点过，但它给人这么一种感觉，即剥去冷酷、怯懦的外衣，揭露争夺所有权时体现出来的那种赤裸裸的丑陋。与约翰·多恩形成对比的是，该剧凭此毫不费力地从特殊情况过渡到普遍规律。它还暗示，每个人都是一个孤岛，尽管我们对彼此做出爱和友谊的必要姿态，但是我们最终都被困在自己的内心深处，生活在一种不可侵犯的孤独之中。在我看来，所有角色都占据了自己的空间这一最终场景的含义是，奥克塔维奥·帕斯在描述艺术家约瑟夫·康奈尔的微型拼贴画时所说的"无限的牢笼"。贯穿戏剧始终的观点是，线性时间是一个人造的概念，我们创造过去是为了回应当下的需要，同时也是为了塑造未来。许多人认为这是品特最好的戏剧。这无疑是他最难以捉摸、最神秘莫测的一部剧；根据特定演员和导演所赋予的拐点，每次观看都会产生新的含义。

彼得·霍尔的首演作品——于1971年7月1日在奥德维奇开幕，让品特获得了其戏剧首演时得到的最好评价——是一场技巧精湛的戏剧，因其视觉控制、对文字和沉默的高超鉴赏力，以及科林·布莱克利饰演的迪利、费雯·麦钱特饰演的安娜和多萝西·图汀饰演的凯特之间的情感平衡而引人注目。（正如布莱克利所说："《往昔时光》是一部关于人生某个特定时期——四十多岁——的戏剧。实际上，每位参与演出的人年龄都差不多。这是你开始重新评估的时候——此时你会静静地站一会儿，回想往昔时光。"）大卫·琼斯在1985年的复演更加粗俗、性感。最鼓舞人心的想法是让丽芙·乌尔曼饰演安娜，因为观众可以察觉到她的斯堪的纳维亚口音，这既诠释了这一角色的语言精准度，也诠释了她那淡淡的局外人气质。1993年，比尔·亚历山大在伯明翰轮演剧目剧团的出色制作，让我们看到了两个女人在肉体上的合谋——埃斯特尔·科勒饰演面带微笑的掠食者安娜，卡罗尔·罗伊尔饰演冷漠得可怕的凯特——同时也展现了蒂姆·皮戈特-史密斯饰演的迪利在光鲜外表下隐藏的野蛮。1994年，凯文·比灵顿制作的都柏林版本——是都柏林大门剧院举办的品特戏剧节的一部分——让英国人迪利（迈克尔·帕尼顿饰）和爱尔兰人安娜及凯特

（奥尔文·福埃尔和凯瑟琳·伯恩饰）对决，从而突出了迪利情感上的孤立感。林迪·戴维斯 1995 年制作的《往昔时光》——一开始在克卢伊德剧院上演，后来又进入温德姆剧院进行表演——中最令人难忘的是朱莉·克里斯蒂饰演的容光焕发、沉静安详的凯特：直到她在最后一幕中露出手来的时候，你才意识到她从一场灾难性的婚姻中沉默地退出了，背后隐藏的是一种悲剧性的孤独。

《往昔时光》是一部不断自我更新的戏剧，部分原因在于它所言与所感之间所具有的非凡张力，部分原因在于它融合了精准的社会观察和象征性意象，还有部分原因在于它在很大程度上取决于演员阵容之间产生的化学反应。这是一部优美、哀伤、迂回曲折的作品，它触动了我们所有人的心弦。但对 1971 年的品特来说，这部戏剧的个人意义在于，在经历了长时间的自我怀疑和创作上的不确定性之后，他再次掌控了自己的才能。他对时间和记忆的专注，自他成为剧作家以来就一直存在，这也不可逆转地把他引向了其整个职业生涯中最令人满意——尽管最终未能实现——的计划之一。

第十一章　品特之道

为将普鲁斯特的作品搬上银幕，品特埋首其中，废寝忘食。这一宏大的项目将占据他整个 1972 年的时间。但在此之前，他还有一个承诺需要兑现，就是在伦敦西区将西蒙·格雷的戏剧《巴特利》拍成电影。一段合作关系就此展开，并一直延伸到了六部戏剧和一部电影中。尽管格雷在自己的影视片《奇妙追击》中对品特的描述有失真实，但他们深厚的友谊延续至今。第一眼看上去，他俩并不搭调。品特严谨细致，做事有条不紊。而格雷却像一个连上课都会迟到的初级讲师，总是一副心不在焉的样子，头发乱糟糟的，肩包里塞满了书和报纸，还永远叼着根点燃的香烟。当然，这也不奇怪，毕竟格雷曾在伦敦的皇后玛丽学院教了二十年英语文学。然而，这两个男人却因为热爱文学、板球和饮酒聚到了一起。如果说品特的戏剧是一种诗性隐喻，那么格雷的作品就是来自学术界和出版业前线的报道，尖刻而诙谐。这种别具一格的差异似乎碰撞出了火花。

根据《奇妙追击和其他故事》的记载，格雷对品特的最初印象是关于去品特家的情景。品特家位于摄政公园，当时"哈罗德躺在躺椅上，身着黑色丝绸衬衫（还有靴子、长裤之类的衣服），乍一看就像一个花花公子，甚至还不如花花公子"。品特一向作风正派，但在这一描述中，他就像是一个一反常态的王尔德式的人物，因此遭到了品特的强烈反对。然而，他俩一拍即合，品特欣然同意执导《巴特利》。《巴特利》是一部研究个体分裂的佳作，讲述了一位大学讲师在一天之内被妻子和与自己同居的同性情人抛弃，并且对学术生活感到失望的故事。有人认为，该角色同约翰·奥斯本创作的《不能接受的证据》中的比尔·梅特兰隐约有关联。对于理解格雷的世界，品特可以说毫不费力。

"这整个所谓的'世界'，"格雷说，"就是一堆垃圾。它是一部有关人的戏剧，而不是有关各种世界的戏剧。说起'世界',哈罗德曾来到麦尔安德路,打量着我的办公室,但很快,他就看出学术性办公室是一个昏暗无趣、死气沉沉的地方。我记得我们后来便去了一家酒吧开会。他说:'你和我是完全不同的作家,这一点我很喜欢。'他指导彩排时,我会坐在一边旁听,他的指导清楚明确、轻松自在。我从他身上所学到的是,导演实际上是一门关乎如何运用常识的学问。任何一个人,只要能够从实际出发去琢磨每句台词的意义,就能做到这一点。以前哈罗德和我每晚都会去酒吧,长时间地讨论当天的工作。你觉得《巴特利》是怎样拍成的?其实就是这样来的。我们的讨论并不涉及形而上的推想,真的只关乎是否多了一句台词的问题。通常,哈罗德思考台词,我琢磨动作,我们的合作天衣无缝。"该剧于1971年夏天在标准剧院开演。尽管当时人们对其褒贬不一,但艾伦·贝茨(扮演一位绝望强硬的乱世英雄)在剧中的表现以及品特的剧本还是得到了人们的普遍赞赏,因此该剧连续一年在伦敦西区上演,为历久弥坚的"品特-格雷"组合开了个好头。

在《巴特利》成功上演之后,又有好几个项目让品特忙得不可开交。1971年秋天,他赶着将爱尔兰作家艾登·希金斯的小说《没落的兰格里什》改编成电影剧本。他很想亲自执导该片,但事实上,该剧本七年后才被大卫·琼斯拍成了一部出色的电视影片。1971年11月,品特回到纽约,对剧本《往昔时光》进行调整,以期在百老汇上演。("我的确把一处沉默改成了停顿。这是一种改写。之前是一段长时间的沉默,现在变成了一个短暂的停顿。")那时,他也在酝酿一部电影,他向梅尔·加索描述说:"这部电影将成为我这辈子遇到的最艰难的任务——一个几乎不可能完成的任务。"他指的是改编《追忆似水年华》。奥尔德斯·赫胥黎曾将这部小说称为"普鲁斯特令人生畏的伟大著作",密德尔顿·莫里则将其称为"一种新的情感"的记录。

将普鲁斯特长达3 300页的鸿篇巨制——或者至少其中的某一部分——改编成电影的想法一直萦绕在法国制片人妮可·斯特凡娜的心头。她曾与弗朗索瓦·特吕弗、勒内·克莱蒙和鲁奇诺·维斯康蒂讨论过将该书部分章节拍成电影的想法;维斯康蒂的编剧甚至还完成了该小说第四卷《所多玛和蛾摩拉》的改编。但这一切都无疾而终。1971年,当《幽情密使》在戛纳电影节斩获"金棕榈"大奖之后,斯特凡娜来找导演洛西和编剧品特合作几乎成为一种必然。事实上,哈特利的小说充满了时间和记忆的起伏变幻,因此对它的改编似乎就变成了为处理普鲁斯特的作品而做的准备。既然他们已积一时之跬步,为何不臻千里之遥程呢?

然而,该小说呈现出来的问题是有目共睹的:小说的长度;风格;交响乐般的结构;第一人称叙事视角下事件的过滤;作品中包罗万象的主题,如童年、记忆、

第十一章　品特之道

时间、爱情、音乐、艺术、睡眠、社会，以及历史上的法国；等等。该小说最忠实的崇拜者之一马丁·特纳尔还曾提到，人们在初次阅读该小说时会产生巨大的困惑。同其他人一样，特纳尔也对这部小说的结构进行过归纳：

> 小说开篇描述的是叙述者在贡布雷的童年回忆，但在第一卷结尾处，作者将大量笔墨放在了斯万与奥黛特·德·克雷西的恋情上，这在叙述者出生以前就已发生；到第三卷时，小说又回过头来描述叙述者对童年的记忆、他与斯万的女儿吉尔伯特的恋情，以及在巴尔贝克海滨度假的情景；也就是在巴尔贝克，叙述者遇到了阿尔贝蒂娜·西蒙内和其他花样少女。小说中有两卷的篇幅是在描写盖尔芒特家族以及马塞尔对公爵夫人的迷恋，另外还有三卷写的是同性恋的世界以及叙述者与阿尔贝蒂娜的恋情。在《所多玛和蛾摩拉》这一部分的结尾，叙述者的注意力主要放在了阿尔贝蒂娜身上。她的去世和他的嫉妒又占据了四卷的篇幅。《追忆似水年华》讲述的是战后社会所发生的变化，以及使得这部作品不同凡响的艺术理论。整个十六卷小说中都贯穿着对晚宴、招待会和日常俗世的详尽描述。最大的困难在于发掘耀眼的社会生活与隐蔽的个人恋情之间的联系，因为这些都隐藏在更为纷繁冗杂的细节当中。

改编普鲁斯特的小说是一项艰巨的任务，要如何开始呢？从哪里入手？品特之前仅仅读过小说的第一卷——《在斯万家这边》。目前他的首要任务就是坐下来，弄清楚小说中错综复杂的关系，然后看看能否找出一种适合电影叙事的结构。刚开始，品特建议邀请芭芭拉·布雷来做顾问，他在20世纪50年代晚期就结识了作为英国广播公司脚本编辑的布雷，后者同时还是一名法国学者兼普鲁斯特研究专家。布雷也见到了洛西，两人相处得还不错，因此他们三人组成了艺术"金三角"，以期攻克将普鲁斯特的作品拍成电影这一看似不可能完成的任务。1972年年初，品特伏案三个月，将自己完全沉浸在C. K. 斯科特-蒙克利夫的英译本中，并且做了海量的笔记。与此同时，他定期与洛西和布雷见面，渐渐地，有个计划开始浮出水面。

"妮可，"芭芭拉·布雷回忆说，"最开始希望我们只改编第一卷里的一个章节'斯万的爱情'，就如她曾同特吕弗商量的那样。但我是个保守派，我对她说：'我们不可能那样做。'我想，也正是因为这样，我们的计划变得很累赘，因为它注定会很长，而且还雄心勃勃。事实上，关于结构的基本想法来自山姆·贝克特。当我跟他讨论时，他说，你真的应该从结尾部分《重现的时光》入手，于是我们就照着他说的去做。如你所知，普鲁斯特先写了第一卷《在斯万家这边》，接着写的是最后一卷

《重现的时光》，然后才是他所说的中间的部分。所以我们想出了这样一个结构：从小说的结尾部分，即从1921年盖尔芒特亲王家的宴会开始，然后回溯到1888年八岁的马塞尔在贡布雷度过的童年时光，即小说的开始部分。"

对品特而言，完全沉浸在普鲁斯特作品中的经历让他有一种归家般的亲切感，因为他所面对的这个作家，对于时间、记忆以及艺术重要性的看法，在很多方面都和他不谋而合。他自己曾说："我觉得就是这样的：有一种归家的感觉。我完全被它吸引，被它吞噬，我越陷越深。我被它完全吞没。它就像一块巨大的、强劲的磁铁。我觉得自己跟它非常亲密，但我也必须同它保持一种客观的关系。二者之间的张力非常有趣。"品特也十分愉快地承认，他们团队的合作能力超群。"我没有打算把普鲁斯特的法语原著全部读完，但对于法国人在干什么我还是有很多问题的，而芭芭拉在小说的风格和整体结构上给了我们相当大的帮助。开场的蒙太奇（连续出现35个镜头之后人物才开口说话）是我的想法。但我记得，乔非常清楚《台夫特风景》是一个视觉切入点。芭芭拉也赞同这一点，她说，斯万在去世之前与马塞尔进行油画的交换绝对是至关重要的。芭芭拉能使我们时刻保持警觉。这次冒险中让人感觉最棒的就是我们三个人都能让彼此保持警觉。我们的团队真是棒极了。"

当你阅读《重现的时光》时，你可能最能体会品特所感受到的那种归家的感觉：这一卷的所有章节几乎都是品特本人艺术信念的呈现。在一段著名的文章里，普鲁斯特总结道："在创作一件艺术品时，我们不可能是自由的。"这就意味着艺术是先我们而存在的；既然它同时具有必然性和隐蔽性，自然就躺在那里等着被发现。这与品特1962年在布里斯托尔对学生进行演讲时提及的观点惊人的相似。品特认为戏剧具有自我推进的性质，人们需要将目光放在"人物保持沉默或隐藏起来的地方"。普鲁斯特还抨击了将艺术视为文学理论或美学理论工具的观点："真正的艺术对于这种声明毫无助益，它于无声之中完成自己的作品……一部满是理论的作品就像是一件物品上还挂着价格标签。"无独有偶，人们又会想起品特1970年曾在汉堡告诉他的听众，他不信任理论，也拒绝做总结性声明。普鲁斯特接着还谈到了与当代所谓的"现实"相比，非意愿性记忆对于作家的重要性：

> 我现在才开始明白，作家想要表达的现实并不存在于物体的表面，而是在深层处；在这里，外观并不重要。对我而言，汤匙敲击盘子发出的叮当声、上了浆挺括的餐巾都体现着这一事实，它们对于我心灵重生所起的作用远远大于人道主义者、爱国主义者、国际主义者或玄学人士的长篇大论。

第十一章　品特之道

尽管品特并不像普鲁斯特那样对外在现实如此鄙视，但当普鲁斯特提及那些缺乏艺术感的人，即"那群在内心深处臣服于现实的人"的时候，他完全明白普鲁斯特在说什么。普鲁斯特常被误导性地描述成精英主义者中的势利眼；但他在这段文章里想要表达的是，艺术家需要思考的仅仅"是呈现在他面前的事实"。所以品特在1962年也发表声明："我所写的东西只对它自己负责，对文本之外的任何东西都不负有责任。"

普鲁斯特用一个精彩的插入语完成了上面那段话，谈到了对文学死亡的猜想以及对电影性质的思考。"当下有些评论家喜欢将小说看作电影上映前的某个环节。这种类比是很荒唐的。没有什么比电影银幕上所呈现的图景离我们真正感知到的事物更远的了。"在普鲁斯特写作的那个年代，电影尚处于萌芽阶段，在他看来，电影中的刻板的图像是按一定顺序推进的，而这与真实记忆的偶发性是直接对立的。然而这就出现了一个悖论。用埃里克·罗德的话说，普鲁斯特记忆中的长篇论述就"穿插着大量来自生理光学、立体视学以及来自幻灯机、万花筒研究领域的比喻"。而且普鲁斯特对非意愿性记忆的偶发性的研究影响了整整一代电影制片人，包括雷奈（尤其体现在《广岛之恋》上）、贝格曼、维斯康蒂和洛西本人。普鲁斯特可能不相信电影，但他本人却即将改变电影对于人类意识以及时间的非连续性的态度。

品特出版的《普鲁斯特剧本》对于了解普鲁斯特对电影的怀疑颇有助益。事实上，在我看来，这是品特最卓越的成就之一：它是一位艺术家向另外一位艺术家表达敬意的行为。首先，它有很多消极的好处。它选取了所有第一人称小说中最著名的那一部，从始至终，都完全没有使用外部叙事。你可以想象，在一个不那么优秀的作家笔下，怎会有如此多让人感觉唐突的画外音，让马塞尔来告诉我们他正在思考和感受的一切。品特忠实于过去，他不允许任何东西夹在观众和事件之间（画外音本质上就是一种无线电装置，用以弥补视觉信息的缺乏）。品特并不打算挤到小说的每一个部分或是角色里面去，但他仍能提炼出它的精华。他甚至不计后果，大胆尝试，直接删去了一个即便是没有读过这部小说的人也会马上联想到普鲁斯特的情节——将"玛德莱娜"小甜饼浸泡在咖啡中。莱奥妮姨妈过去常常用这种点心来招待小马塞尔，它的味道使得贡布雷和马塞尔的整个童年不自觉地从过去涌现出来。但是这一情节的缺失却让人浑然不觉（毕竟，你要怎样在电影里做出"味道"呢？），因为品特使用了其他的视觉和声音效果来表现记忆是无处不在的。

其次，从积极的方面来说，通过品特对电影剧本的介绍可以清楚地看到他对普鲁斯特总的认识，几个干净利落的句子就表明他准确地抓住了小说的脉络："我们认为这部电影应当遵循两条对比鲜明的主线：一条是向前运行的，以叙事为主，走向幻灭；另一条是间歇性的，不断接近真相，直到丢失的时光被寻回，并被永恒地定格在艺术之中。"这准确地把握到了小说的两股势力：一方面，小说记录了 1880 年到 1919 年间法国社会的分崩离析以及马塞尔个人的幡然醒悟；另一方面，它追求着一种不受时间侵蚀和影响的绝对体验。正如品特在简介中所说的："可以说整部小说的内容都包含在最后一卷里。在《重现的时光》中，马塞尔说他现在可以开始写他的书了，但实际上他已经写完了。我们也是刚刚才读到的。不管怎样，这一不同寻常的想法必须用另外一种形式来呈现。我们知道我们绝对不可能超越这部作品，但是我们能够忠实于它吗？"在找到了合适的电影结构之后，品特解释了他和同事是怎样抽离出中心主题的：

> 我们制订了一个工作计划，凭借它，我直接跳到了最难的部分。主题就是时间。在《重现的时光》中，马塞尔已处于不惑之年，他听到了自己童年时期的钟声。于是那个早已忘却的童年突然浮现在他面前，然而，他对于自己作为一个孩子的意识以及他对于那段经历的记忆却比那些经历本身还要来得真实和强烈。

这再一次准确无误地把握到了普鲁斯特思想的精髓。正如贝克特指出的，这本书在很大程度上就是关于"天谴和救赎的双头怪物——时间"的。

品特在电影艺术上的才能——将普鲁斯特的想法用视觉形式呈现出来的能力——清楚地体现在最开始的那 35 个蒙太奇镜头上。品特所做的就是凭印象勾勒出马塞尔生活的方方面面，然后以电影的形式对其进行追忆、探索和编排。第一个镜头是："黄色的屏幕。花园的门铃声。"接着，一系列镜头从我们眼前一扫而过：从火车车厢望见的一排树，透过高高的窗户看见的大海，威尼斯广场上的一扇窗户，巴尔贝克的餐厅，然后是 1921 年中年的马塞尔到盖尔芒特亲王家参加宴会。我们暂时从小说的结尾处入手，但很快品特就引入了听觉和视觉主题——汤匙碰撞盘子的声音，上浆后窸窣作响的餐巾，鞋带松散的靴子（传达出马塞尔对于祖母离世的悲痛之情）——这些还会在整部电影中重复出现。在第 22 个场景中，摄影机镜头又回到那块黄色的屏幕上——这在前面的场景中已经出现过四次——人们此时会发现它是维梅尔的画作《台夫特风景》中黄色墙面的一部分。在小说中，这幅画颇有含义，当时斯万正在写一个关于它的研究报告，他凭借想象塑造了奥黛特，就好像维梅尔塑造了他的艺术品一样；与之类似，马塞尔对阿尔贝蒂娜的爱以及他在脑海中勾勒出的关于所多玛和蛾摩拉上流社会的虚构性图画又反映了马塞尔真实的欲望。一句台词都还没有出现，品特就已经奠定了主导整部电影的声音和形象。

品特剧本的环形结构与小说自身的环形结构巧妙呼应。品特用黄色屏幕和马塞尔参加盖尔芒特亲王家宴会的场景作为开始。400多个镜头过后，电影达到高潮，我们又被带回到一个完全相同的宴会上，在那里，马塞尔发现他认识的所有人都因岁月而改变了模样；也就是在那里，他被介绍给吉尔伯特的女儿，那个他最初在贡布雷就偷偷喜欢的女孩。这些勾起了他对童年时期的一些画面和声音的回忆：教堂的尖顶、河流、贡布雷的屋顶、花园的门铃声。最后，镜头推移到维梅尔画作中那面斑驳的黄色墙壁上，我们听到了马塞尔孤独的画外音："是时候开始了。"当然，这不是直接照搬普鲁斯特的开头和结尾。品特所做的，就是用精湛的技巧找到能与小说那富有音乐性的语言准确对应的视觉效果。埃德蒙·威尔逊曾将小说开篇的第一句话——"在很长一段时间里，我都是早早就躺下了"——描述成一场巨型交响乐的开场和弦曲；而在3 000多页过后，小说又以"时间"一词结尾，那一和弦曲的回音还萦绕耳畔。品特不仅用启示录的形式来做结，让马塞尔意识到只有艺术才能战胜具有吞噬性的时间；而且使电影具有了一种与普鲁斯特律动的语言和谐共生的圆满。

品特还发现，这本小说可以从各种不同的层面进行解读。马塞尔自己就将它看作"一个关于隐形召唤的故事"：追寻重现的时光和真正的生活，这种生活包含着对社会生活、爱情和友谊的否认。但是马塞尔也称其为"另一时期圣西门的备忘录"，从这个角度而言，小说记录了精英贵族的瓦解以及资产阶级对他们的渗透，这主要体现在盖尔芒特亲王与富有但同中产阶级有着千丝万缕联系的凡尔杜兰太太的婚姻上。围绕普鲁斯特阶级态度的争论仍然在激烈进行着。有人将他看作一个彻头彻尾的势利小人，一边偷偷怀念没落的贵族世界，一边又从历史中逃离，退隐到个人的"美学"顿悟中。然而，沃尔特·本雅明却认为普鲁斯特是一名先知，预见到了灾难性的阶级冲突：

> 普鲁斯特描绘了一个无处不在掩盖物质基础的阶级……他并未想过要为它服务。这就是马塞尔·普鲁斯特，他的作品艰涩难懂，他走在了自己所属阶级的前面，而且拒不妥协。除非这一阶级在最后的挣扎中披露自身最为显著的特征，不然普鲁斯特作品的诸多伟大之处仍旧是不可企及或未被发现的。

尽管"最后的挣扎"被无限推后了，但本雅明无疑是正确的。在普鲁斯特的作品中，他对自己所描述的那个世界所持的态度比人们普遍接受的还要强硬和严厉。

"正因为我见到了太多上流社会的种种，"他曾写道，"所以我才知道，真正的无知不是产生于电工之间，而恰巧是在所谓的上流社会。"品特的剧本展现了这种残忍的社会喜剧，这也是小说至关重要的一部分。比如说，小说中有这么一幕：盖尔芒特亲王对斯万即将去世的消息置若罔闻，还指责妻子穿红色礼服和黑色鞋子去参加时尚晚宴是极不入流的。

然而，从另外一个层面上看，普鲁斯特的小说也谈及了爱情的神秘和模糊，揭露了在爱情所营造的无限幻觉背后，除了空虚并无他物。普鲁斯特曾写过一个关键的句子："看似矛盾的是，在实际占有的行为中，占有者往往什么都没有占有。"虽然品特对女人的态度与普鲁斯特截然不同，但这种认为欲望对象在本质上是不可知的观点肯定引起了他的共鸣。但在剧本中，品特还是忠实地抓住了马塞尔与阿尔贝蒂娜恋情中巨大的不确定性。马塞尔是1898年在巴尔贝克散步时第一次看到阿尔贝蒂娜的，当时她与一群女孩子走在一起，背后映衬着波光粼粼的大海。剧本上的指示语写道："各种脸庞、眼睛、色彩、头发交织在一起，一同移动，就好像一个整体的各个部分。"接着整个镜头突然聚焦到阿尔贝蒂娜身上。即便在书中，这也是一个让人怦然心动的时刻。然而，虽然马塞尔迷恋着阿尔贝蒂娜，但他依旧怀疑她经常与朋友安德莉一起背叛他，而且还怀疑声名狼藉的女同性恋演员丽娅和年轻的梵泰蒂尔小姐都是阿尔贝蒂娜的情人。马塞尔一直被怀疑折磨——尤其是在他和阿尔贝蒂娜在巴尔贝克相遇两年后，二人同住在巴黎公寓的时候。同普鲁斯特一样，在阿尔贝蒂娜是否值得信任这一点上，品特任由我们处于一种烦躁未知的状态。即便在最有名的那一幕——阿尔贝蒂娜拒绝让马塞尔靠近自己，据说是因为他身上沾染着她所讨厌的丁香花的香气——中，他也没有告诉我们。然而，除了阿尔贝蒂娜那似是而非的同性恋倾向以外，品特还是忠实地跟随着普鲁斯特，认为我们不可能真正地了解那个我们自以为深爱着的人。

阿尔贝蒂娜在一次骑马事故中丧生，在随后的场景中，我们可以清楚地看到品特非常善于浓缩和突出普鲁斯特的观点。如小说所描述的，马塞尔疯一般地盘问安德莉与阿尔贝蒂娜之间的关系。按照原著的说法，他得到了两个不同的答案：第一个是，安德莉坚定地表示她与阿尔贝蒂娜之间是纯洁的友情；第二个是，她承认她们是情人关系。在小说中，他们之间的对话分散在不同地方，时间间隔很长；但在电影里，品特通过快速交切镜头的方式将这些对话呈现出来。一组对话发生在白天，另一组发生在夜里。在夜晚的场景中，马塞尔和安德莉坐在不同的地方，而且安德莉穿着不同的衣服。镜头交切的目的就是强化那种前后矛盾的感觉。上一幕安德莉还说："我和阿尔贝蒂娜啥都没干过。"下一幕她却又透露出一些间接的证据来证明

第十一章 品特之道

她们之间确有私情:"她真是热情似火。还记得你把钥匙弄丢的那天吗?你还带了丁香花回来。我们差点就被你撞见了。太危险了,我们知道你随时可能回家,但是她很饥渴,难以自持。我佯称她讨厌丁香花的香气,还记得吗?她当时就在门后边,随声附和着,好把你支开,这样你就不会从她身上嗅到我的气味了。"品特采用的镜头交切手法不仅起到了很好的电影效果,而且阐明了普鲁斯特的观点:谎言与真相就在一念之间;马塞尔宁愿安德莉待在自己身边,也不愿阿尔贝蒂娜起死回生;他对阿尔贝蒂娜的记忆已经转变成了新的欲望。还有另外一个经典的例子,表明普鲁斯特和品特之间存在共识:你可以清楚地看到,在《往昔时光》中,迪利对于安娜与凯特之间的关系困惑不已,充满了好奇;而且品特笔下的男人在面对谜一样的女人时,那种惶惶不安的状态无处不在。

虽然品特的剧本精妙绝伦,但很明显它不可能完全抓住普鲁斯特给某个瞬间所赋予的多重含义。举个例子,早些时候的一场晚宴上,由于斯万在场,八岁的马塞尔向母亲索吻遭拒,于是便通过女仆给母亲递了一张写着悄悄话的小纸条。出乎意料的是,他竟因此得到了奖励,母亲答应在他的房间陪他一整个晚上。这一情节被原封不动地搬到了剧本中,上演了扣人心弦却又心酸凄美的一幕。然而,剧本改编者无法传达出的,是它本身那种绵延不绝的回响效果。在小说中,这一幕反映了马塞尔的绝望,因为他知道,如果熬夜不睡的话,他就有可能被送到寄宿学校去。这同时也折射出马塞尔的羞愧,因为斯万目击了他对爱的卑微的渴望,虽然斯万本人后来对奥黛特卑屈的依赖,与马塞尔对自己母亲的感情相比,有过之而无不及。此外,这也表现了马塞尔母亲的残酷,虽然不太情愿,但也算尽职尽责(在小说里,她一拿到马塞尔的纸条,就告诉女仆"别搭理他")。最重要的是,这件事向马塞尔证明,个性是不可捉摸的,原则也不是绝对的,因为他父亲出人意料地允许马塞尔的母亲睡在儿子的房间里。对马塞尔而言,这一经历变成了被他称为"庞然大物"的回忆的一部分:

> 对我而言,这样的时刻是不会再有了。但近来,如果我聚精会神地去听,我就越来越能敏锐地听到哭泣的声音。这种哭泣,如果父亲在场的话,我可以强忍住,只有单独和母亲在一起时,它才会爆发出来。事实上,这哭泣的回音从来就没有消失过,只是因为现如今我周围的生活越来越安静,所以我才又听到了。它就好像是修道院的钟声,被白天街上熙熙攘攘的嘈杂声完全淹没,人们以为钟已经停止了敲击,直到它的声音在万籁俱寂的夜空再次响起。

正如品特所言，没有作品可以超越《追忆似水年华》；但《普鲁斯特剧本》仍然是一部令我震撼的杰作。它抓住了普鲁斯特这部残酷的社会喜剧的精髓。它让人物形象栩栩如生、跃然纸上，尤其是堕落颓废但颇有魅力的夏吕斯男爵一角，更是深入人心。他曾不怀好意地问马塞尔："我是说，一个人到底是怎么变成女同性恋者的呢？换句话说，她们在一起怎么做呢？"它将非意愿性记忆的作用方式呈现在人们面前，而不是用语言对其进行描述。举个例子，在电影接近尾声的时候，马塞尔走向盖尔芒特府邸，结果被绊倒在卵石上，此时他周围的一切突然被忘却了，只剩下他对威尼斯的往日记忆。该电影剧本同样也证实了贝克特的观点："普鲁斯特完全超脱于任何道德考虑。不论是在普鲁斯特的作品中，还是在他的世界里，根本就没有对错之分。"最重要的是，品特抓住了小说的两条发展脉络：一条是走向理想的幻灭，另一条是趋向生活的启示。生命就是一场接连不断的失去，不存在什么现实；然而，普鲁斯特却令人兴奋地发现"时间所彰显的这个概念；虽然岁月匆匆流逝，但它们却从未远离我们"——也正是这一点激发普鲁斯特写出了我们正在阅读的这部鸿篇巨制。

最开始，他们非常希望小说能够被拍成电影。在品特吃透了小说的内容并草拟出一个可行的结构之后，他和乔·洛西以及芭芭拉·布雷于1972年夏天多次前往法国进行考察。他们去了伊利耶、卡布尔和巴黎，将自己融入到普鲁斯特的世界中，并搜寻合适的拍摄地点。"我们不打算在摄影棚里做什么，"芭芭拉·布雷回忆说，"整部电影都要在真实的场景中拍摄。我们还去查看了巴黎附近的豪华府邸，因为普鲁斯特以前非常势利，总是会到这些地方来度周末。由于妮可·斯特凡娜是罗斯柴尔德家族的一员，我们得以出入罗斯柴尔德家族所有的宅第。"他们还讨论过理想的演员阵容：由奥利弗或波伊尔扮演夏吕斯男爵，加尔博扮演瑞典女王，然后用新人来扮演马塞尔和阿尔贝蒂娜。到1972年11月的时候，品特已经完全掌握了小说的内容和基调，并完成了剧本的初稿——该剧本最终从468个镜头压缩成455个镜头。接下来两年多的时间是痛苦的，洛西想尽一切办法，找到所有一线好莱坞电影大腕、他在达特茅斯学院的老同学纳尔逊·洛克菲勒州长，甚至法国总统瓦莱里·吉斯卡尔·德斯坦，向他们寻求支持。但这一切都是徒劳的。有那么一段时间，甚至有传言称他们在与电视制作方做一笔交易，可能会将原有的版本分割成五个50分钟的连续剧：这是品特强烈反对的，因为他的剧本建立在一连串有关视觉和听觉的主题之上，诸多形象都是紧密相连的。芭芭拉·布雷回忆说，妮可·斯特凡娜曾打算采取行动，将洛西赶出这个项目，因为他被公认为美国的票房毒药。当我向品特提起这件事时，他说："从来没人跟我提过这事，跟我说这些也没有什么用。他们是有可能

第十一章 品特之道

跟芭芭拉提过的。之所以没有人跟我说过，是因为我压根儿不会同意。"最终在1982年，仍然拥有这部小说版权的妮可·斯特凡娜将小说的一个章节"斯万的爱情"拍成了电影，由沃尔克·施隆多夫执导，杰瑞米·艾恩斯和阿兰·德龙主演。不论从艺术角度还是从票房上看，它都是个失败的作品，但有着百折不挠的乐观主义精神的芭芭拉·布雷还是这样评价品特创作的版本："总有一天，它会以一种合适的方式被拍成电影的。"然而，多少有点讽刺的是，由于剧本错综复杂、微妙精细的视觉效果，迄今为止，它也仅仅被作为戏剧广播于1995年12月在英国广播公司第三套节目中播出过。当时稿子经过了迈克尔·贝克维尔的巧妙改编，品特自己做的旁白配音，约翰·伍德也出色地塑造了夏吕斯男爵这一角色，而慢慢吞吞、吊儿郎当又散漫不羁的马塞尔被塑造成了一个生性暴怒的"寄生虫"。然而，人们越是仔细地聆听这个广播稿，就越渴望在银幕上看到完整的作品。

然而，该电影剧本在1978年就出版了。品特有些焦虑不安，因为他已经完全预计到了自己将会被《泰晤士文学副刊》和其他报纸杂志上那些保守顽固的普鲁斯特研究专家批评得体无完肤。但事实是，他的改写本几乎获得了举世赞誉。汤姆·米尔恩在电影杂志《视与听》上发表了酸溜溜的评论，称普鲁斯特已经消失，品特的剧本顶多只是"巧妙地保持着原著的芬芳"。但真正让品特感到高兴的是1983年普鲁斯特研究学者乔治·佩因特对他的评论。乔治·佩因特不仅针对普鲁斯特的生平写过两卷经典之作，而且他对《追忆似水年华》这部作品的理解也几乎无人能及。在阅读了品特的剧本后，他给品特写了一封信，言辞雄辩有力：

> 我之前就觉得，这会是个不错的作品，而事实上，它堪称大师之作。普鲁斯特所有的要素都包含其中（不仅是人物和情节，还有关于时间、情愫、音乐、运动与静止、结构的恢宏和张力等形而上的东西），不存在一丁点儿非普鲁斯特式的东西；但更重要的是，一切都像是一件新创造的、独立的艺术品，每一个句子和短语都是真实的，整个剧本也是。其中没有一个词是我想换掉的，添一词则嫌多，减一语则嫌少。读者看完之后，感到震惊不已、神魂颠倒，像疯子一样被感动得流泪和大笑，然而，正是作者在文字背后的感受，才让这些文字活灵活现……除了科克托的《奥尔菲》，我想不出任何能够与这部电影剧本相配的作品，而且没有哪部作品能像它一样阐明《追忆似水年华》里面的因果关系。当然，在无数的普鲁斯特批评家里面，没有哪个能像品特这样打动我，但也有人怀疑，像我这般吹毛求疵到底有没有任何实际作用。

《普鲁斯特剧本》也许并没有获得电影意义上的生命（当然，电影似乎越来越多地瞄准了迟钝的青少年，而且像录制摇滚音乐录影带和商业广告那样，其编辑手法追求的是一种感官震撼的效果，因此，要想在这种传播媒体中获得生命，几乎是不可能的），但对品特本人而言，写作剧本的过程绝对不是白费功夫。正如他在引言中提到的："改编《追忆似水年华》的日子，是我这辈子所有工作中最美好的时光。"首先，全身心地投入到一部文学巨著之中会有一种纯粹的智力上的快感，就像埃德蒙·威尔逊曾写道的："每一件真正的艺术作品都会丰富读者对生命的认知，提高艺术敏感度，并增强其情感文化。"但是对品特而言，致力于普鲁斯特作品的改编既是一段归家之旅，又是一种探索之途。之所以是归家之旅，是因为这一过程明确了或者说澄清了长期以来一直存在于品特意识中的诸多想法：个体自我的多重性、女性的不可征服性、儿时感官印象的清晰性，以及记忆在不同层面的可操作性。品特的作品不仅受到了昔日记忆的启发，而且处处渗透着往日的记忆，但是普鲁斯特的小说不断地向我们展示了意愿性记忆和非意愿性记忆之间的差别。1913年，就在《在斯万家这边》发表之前，普鲁斯特在《时代报》的一篇采访中解释了二者的区别：

　　　　在我看来，意愿性记忆首先是与智力和眼睛有关的，它呈现给我们的仅仅是过去不真实的方方面面；但是，如果在完全不同的情况下，某种气味或味道出人意料地重新唤醒了我们对于昔日的记忆，那么我们就会体会到，这种过去与我们认为我们会记住的过去，以及与意愿性记忆所呈现给我们的过去之间有多么大的差别，这就好像一个油漆工用错了颜色粉刷一样。

　　品特自己对于视觉和知觉印象的记忆强大到令人难以置信，其记忆的运作方式与普鲁斯特非常相似。人们还记得，品特对于诺福克公园里金银花和旋花植物的回忆是怎样激发了他创作《微痛》的灵感。
　　然而，改编普鲁斯特作品的那一年对品特产生了深远的影响。当我问芭芭拉·布雷她如何看待这部作品对改写者的影响时，她的回答很有意思："《追忆似水年华》的主题思想，是艺术对于艺术家有绝对的命令权，我认为这很可能强化了哈罗德自身关于艺术的信仰。随着年龄的增长，你会越来越像你自己，不同的事情都会帮你做到这一点。"对普鲁斯特的作品进行改编，最直接的效果就是激发和鼓舞了品特对时间和记忆的探索，这使他进一步远离了狭隘的、写实性的现实主义。这同时也证实了品特认为艺术具有绝对完整性的观念。然而，品特阅读普鲁斯特的作品时，并不是全盘接受的。虽然他赞同普鲁斯特的观点，认为真正的艺术不需要自我标榜和教条主义，但在某种更深的层次上，他肯定也质疑过真正的艺术是否也应该剥离社会和政治目的。对品特而言，改编普鲁斯特的作品是一次丰富的经历，与此同时，他的电影剧本也是一次改写、一项再创造、一种热爱学术的行为——总之，是一部杰出之作。但是，正如他自己所说的，他也必须保持客观性。品特日后的发展也戏剧性地证明，他很清楚普鲁斯特的这种敏感所具有的局限和力量。

第十二章　革命状态

品特勤勉细致、尽心竭力地改编普鲁斯特作品的这一年可以说是他公众角色和私人生活的分水岭：自从他走出那间属于他的软木贴面房间，一切就都变了样。一开始，他接受了彼得·霍尔的邀请，于1973年加入国家大剧院任副导演。这不仅使他卷入了公司因剧场从老维克搬迁至伦敦泰晤士河南岸而引发的骚乱，而且变成了一项长达十年的承诺。也就是从这时候起，一向反对种族隔离、拥护单方面核裁军的品特开始公开表达自己的政治观点——至少最初是在好友佩琪·阿什克罗夫特的鼓动下这么做的。1973年，他公开反对美国政府涉嫌颠覆智利总统阿连德政权的行为。这是一场军事政变，用埃里克·霍布斯鲍姆的话说，"它使智利具备了20世纪70年代军事政权的典型特征——处决或大屠杀，官方和准官方有计划地折磨罪犯，以及大规模地流放政敌"。对品特而言，这是一个转折点：他转变角色，成了一名政治活动家，但他反对任何违反人权的行为，不论违反者是谁。1974年，他写信给《泰晤士报》，强烈反对监禁苏联战俘弗拉基米尔·布科夫斯基。与此同时，他也卷入了戏剧政治学的纷争之中；尤其值得一提的是，他牵扯进了因鲁奇诺·维斯康蒂导演的《往昔时光》而引起的一次公开的激烈争吵——这可以说是一则罗马丑闻了——此次争吵涉及的核心问题是文本的神圣性和导演的自由度。无独有偶，就在国家大剧院上演品特的戏剧《无人之境》的时候，他的个人生活也陷入了一片混乱。这部剧作是他所有作品中形式最完美、语言最风趣、哲理性观点最消极的剧作之一。长时间以来，品特与妻子费雯·麦钱特的婚姻都是岌岌可危的。1975年年初，品特与传记作家安东尼娅·弗雷泽相遇并相爱，后者是一名保守党议员的妻子和六个孩子的母亲。他们的恋情引起了小报的狂热关注，他俩也遭到了媒体的穷追猛堵。品特非常讨厌自己的私生活被曝光，这使得他没法正常工作。虽然品特婚姻的破裂变

第十二章 革命状态

成了一件糟糕的公众事件,并不可避免地让他产生了愧疚之情,但品特却因此收获了一段幸福美满的恋情;更重要的是,这段恋情将对他的写作产生至关重要的作用。

20世纪70年代早期,混乱和骚动接连不断,但品特对忠诚和友谊的信仰却从未改变。这一点可以从《独白》这部二十分钟短剧的来源及其创作过程得到印证;但奇怪的是,该剧却被人们忽视了。该剧写于《普鲁斯特剧本》之后;在写成之际就直接交给亨利·伍尔夫进行演出,并于1973年4月由克里斯托弗·莫拉汉执导,将其搬上了英国广播公司电视频道。然而即便是做到这个分上,还是让人觉得有点讽刺。该剧就像是送给品特旧友的一份礼物。同时,它描述的是一种典型的品特式情景:男性之间的亲密联系因为求偶竞争而渐渐削弱。剧作的组成要素也保持不变:一间屋子,一个居住者,一名访客,一个移情别恋的女人。有时,就像《库鲁斯》和《地下室》里描述的那样,两个男人仅仅只是对调了角色。在主题方面,品特有时也会煞费苦心地做些改变,比如说在《归家》中,女性就掌握了绝对的权力。但剧作结构却出奇的相似:男性之间的团结一致只是一种柏拉图式的理想状态,最终还是难逃被瓦解的命运。

戏剧《独白》读来让人觉得有些辛酸,因为那名独白者似乎一直在努力唤回过去的美好,试图让时光倒流。他在剧中仅以"男人"出现,既没有名字,也没有确定的身份。我们所能看到的,是他对着一张空椅子讲话,就好像他试图重新抓住自己的过去,从而来证实自己孤独、空虚的现在一样。"我想我会跑到游戏厅去,"他说道,"舒展一下我的大腿。玩玩乒乓球游戏。你呢?"这里用词颇有深意。它暗指了一种机构:可能是一个家、一间收容所,甚至是一座监狱。或者说,这名独白者也可能只是孤独地居住在一间屋子里,幻想着自己的过去(有人回忆说,乒乓球是哈克尼男孩俱乐部的重头戏,品特、伍尔夫和其他人以前经常去玩儿)。接着,独白者开始天马行空,自由联想:将铁护手套扔到地上的比喻让他想起了真的铁护手套、头盔、机车夹克和摩托车。"当然,"这个人提到了他那位缺席的朋友,"没有人能阻止你成为摩托车手,这与你的个性不符,我从来都不清楚你在干什么。"摩托车手?这个词听起来有点怪怪的,像是在暗示此人有些离经叛道。

戏剧《独白》还有些悲怆,这源于下面这一事实:独白者被困在停滞的当下,只能从对过去的生动想象中获取力量。从这个角度而言,它似乎是一部介于品特的早期戏剧和《无人之境》之间的作品。琳达·本-兹薇是为数不多的对这部戏剧进行过深入研究的评论家之一,她曾简单总结过:"品特用简洁的文字描述了一个没有未来的世界,有的只是过往,它通过独白者的语言在当下一遍又一遍地重现。甚至《独白》中动词时态的数量也说明了这一情形:在剧作中,48句用到了过去时,18

215

句是现在时,只有6句是将来时。"另外,品特还将自己以前接触过的文化标识植入剧本,赋予场景鲜活的戏剧生命。独白者的老朋友将他介绍给韦伯斯特和图尔纳。反过来,他让自己的老朋友认识了特里斯坦·查拉、布莱顿、贾科梅蒂、席琳和多斯·帕索斯。他们不是艺术家就是作家,都参加了哈克尼那一伙人举行的文化商贸活动。然而,同品特其他作品中所体现的那样,性成了两个男性朋友之间的障碍。就这部作品而言,造成分裂的源头是他们以前认识的一个黑人女孩。独白者深爱着她的身体,并宣称她爱着自己的灵魂。他带她去诺丁山门的一间公寓会见自己的老朋友,但她很快就将感情转移到了那个狡猾的、像鹰一样的、更为虚无缥缈的朋友身上:"正是你的超然充满了危险。我当然了解这一点,就像了解我的手背一样。那是一张网,我亲爱的黑美人在里面徘徊、摇曳,像黑色的飞蛾一样。她在光里磕磕绊绊,而你就是那束有些阴郁的、没有任何承诺的、致命的光源。"

　　这是一种令人熟悉的模式;但独白者声称,这些都已成为往事:他享受着自由,他的大脑闪烁着智慧的光芒,废话就不多说了。然而,剧本中的每一句话都表明,独白者完全沉迷于过去的时光。为了强调这一点,品特最后还使用了时态的转换,在这种转换中,独白者想象着如果他的朋友有两个黑人孩子将会发生什么事情:

> 我本应该为他们去死的。
> (停顿。)
> 我本应该是他们的叔叔。
> (停顿。)
> 我就是他们的叔叔。
> (停顿。)
> 我是你的孩子的叔叔。
> (停顿。)
> 我将带他们出去,给他们讲笑话。
> (停顿。)
> 我爱你的孩子。

　　这种过去虚拟条件句、将来时态和现在时态之间的转换表明,独白者极其渴望与自己最好的朋友建立一种实实在在的手足情谊。(通过转变时态来达到戏剧性效果的手段,品特日后还会用到;在《最后一杯酒》的结尾处,这一手段的运用产生了更为震撼的效果。)这给《独白》带来了强烈的情感冲击,而且还突出表现了,用本-兹薇的话说,"在进入粗暴易怒的成年期和童年期之前,对爱的渴求,以及对回归到某种伊甸园状态的渴望"。这也再一次表达了品特对失乐园的迷恋;但他也客观清楚地表示,任何试图谈论过去的努力,都要么因含糊其词而黯然失色,要么注定变成贝克特所说的"再次搅动那些烂在心里的话"。

1973年该剧在电视台播出,然而却很少有人注意或理解。导演克里斯托弗·莫拉汉将伍尔夫头像的右脸侧面切成相反的形象,这一手法让人们觉得,剧中人物只不过是与他的另一个自我在对话。亨利·伍尔夫回忆说:"我在电视上表现得不是很好。录制完后,我们一起吃了顿美食。哈罗德说拍得好极了,但我们各自心里都很清楚,效果不是很好。几个月后我在橙树剧院又演出了该剧,这次情况要好很多。有了电视版的经历,哈罗德很清楚该摄像脚本是行不通的,因此问题就在于是继续使用这一脚本还是将其废弃。当时克里斯托弗的原配刚刚入院,而且病得很严重。在这种情况下,哈罗德知道他不可能要求克里斯托弗重新去考虑整个分镜头脚本的问题。出于人道主义考虑,他牺牲了自己的整个剧本。这也极大地提高了他的声誉。"

出于对导演的同情,品特做好了接受《独白》演出失败的准备。然而,当他看到自己的重要剧作要为一种自以为是的阐释做出牺牲时,他的情绪就没那么好了。1973年5月,品特的戏剧《往昔时光》在罗马歌剧院上演。品特与该剧导演鲁奇诺·维斯康蒂——意大利电影、戏剧和歌剧界的一位大神,也是一个脾气任性的贵族——吵得不可开交。最开始,引发争吵的原因是剧院所采用的译本肆意篡改了原著,而品特的意大利经纪人劳拉·德尔·波诺认为这样的译本是"没办法上演的"。但事实上,真正的问题在于维斯康蒂对这部剧进行了粗暴而另类的处理。他将该剧安排在剧场池座中心的拳击场上演。另外,品特剧本中较为有名的沉默时刻不时地被锣声打断;安娜和迪利对于过去事情的抒情性争辩也变成了带钢琴伴奏的饭后歌咏,甚至当迪利打算出门看《虎胆忠魂》时,钢琴师还在演奏。在品特看来,最糟糕的是安娜和凯特之间的关系变成了赤裸裸的同性恋。

第一晚演出结束后,品特的经纪人试图阻止演出,但无济于事。当品特亲自乘飞机飞到罗马观看演出时,眼前的一切让他惊呆了。5月11日,他在罗马召开新闻发布会,逐条陈述了他的反对意见:

> 我从来没有听说过,也没有见到过,哪部戏剧在上演时像这部一样,完全无视作者的创作意图,甚至进行如此重大而且令人震惊的改变,这些改变在我看来完全是拙劣的歪曲。我所写的并不是两个经常相互爱抚的女同性恋者。我

也没有描写过一名女子在舞台上向一个男人裸露自己的场景。在我的剧本里，压根儿没有暗示该男子和该女子在舞台上往那名妻子裸露的乳房上涂脂抹粉的内容。我也没有描写一名男子帮自己的妻子进行自慰的场面。而且，我也没有提到音乐家。剧中人物是唱了歌的，但我没有说他们需要钢琴伴奏，这简直是天方夜谭。上面所提到的这些性爱行为不仅本身粗鄙不堪，而且完全违背了我的创作精神和意图。

可能是受维斯康蒂刚刚中风这一事实的影响，罗马媒体纷纷站到了他们自己备受尊敬的文化偶像这边。主流日报《意大利报章》报道了品特的新闻发布会，其通栏标题为"请不要提性啦，我是个英国人"。但《卫报》的流动性文化记者理查德·鲁德因为之前看过彼得·霍尔排演的版本，将维斯康蒂的版本称为"拙劣的滑稽作品"，而且严厉抨击了华伦天娜·歌蒂丝所扮演的安娜："就好像，维斯康蒂曾告诉过她，在她和那名妻子之间，应该有一种暗流涌动的女同性恋关系，于是她将这视为一种全权授权，滑稽可笑地表现了那种亲昵抚摸、摇尾乞怜和垂涎三尺。"这一版本一直持续到了戏剧演出季结束，但整个争吵的过程不仅给维斯康蒂留下了苦涩的回忆，而且同样让品特感到愤愤不平。然而，约翰·弗朗西斯·莱恩在撰写《剧本和剧作家》时确切地指出了问题的症结所在，即由于作家的极其缺乏，意大利的剧场已经将导演变成了电影台词的作者："那种认为导演只能是将别人的作品搬上舞台的场面调度者的想法完全与他们的本性格格不入。"

品特明显地感觉，他的剧本惨遭鱼肉，为的只是博得罗马人一乐。然而，在争吵的背后，有一个更为重大的问题值得思考：一个导演到底应该被赋予多大的创作自由？就品特而言，如果说他严格审视排演的每个细节，保证舞台演出与剧本没有一点儿出入，那肯定也是不对的。比如说，在以后的几年里，他就同意其剧作《看门人》在卡迪夫的谢尔曼大剧院上演时全部使用女演员，而且认可了罗杰·勃朗松在上演《无人之境》时对结尾所做的更改：空空的威士忌瓶和香槟瓶滚向舞台的脚光灯。但是，如果一名作家看到自己的剧本从根本上被改造，他当然有权抗议。总的来说，我认为对已故作家和在世作家的作品应该有不同的规定。一旦某部戏剧成为经典，它就获得了新生，注定要再次经受各种评判。但是，如果作者还在世的话——也就是说能够向其征求意见——那导演就有义务尊重作者的创作意图。根据现有的证据，品特完全有权指责维斯康蒂企图将微妙隐蔽的《往昔时光》变成类似于《寂寞之井》的软色情刊物。

具有讽刺意味的是，在品特自己看来，导演的职责就是忠实地解读文本。几年前，特雷弗·纳恩曾找到他，问他是否有兴趣为皇家莎士比亚剧团导演莎士比亚的剧作，如果有，愿意导演哪部作品。品特本能地回答说："《奥赛罗》。"纳恩继续询问，他对这出戏的看法是什么，或者说他的视觉理念是什么。但品特回答说，他什么看法也没有，仅仅只是想让文本重现。这事就这样不了了之。但是，1973年2月，当他接受彼得·霍尔的邀请加入国家大剧院时，品特忠实于作者的原则变成了一则信条。他所在小组的成员包括迈克尔·布莱克摩尔、约翰·博利、约翰·戴克斯特、乔纳森·米勒、约翰·施莱辛格，以及即将退休的——尽管不完全是这样——国家大剧院的老板劳伦斯·奥利弗。不论是从奥利弗到霍尔的转变，还是从老维克迁移到泰晤士河南岸的新楼里，这一过渡时期——正如彼得·霍尔在《日记》中记载的——充满了创伤、背叛、放冷箭，以及媒体的敌意。经历这一切后，品特依旧坚定不移地支持彼得·霍尔，并坚持着文本的神圣性和作者的最高权力。

就在彼得·霍尔上任后的第一个戏剧演出季里，品特的观点受到了来自乔纳森·米勒的严峻挑战，后者建议排演一个全男性版的《不可儿戏》。霍尔在他的《日记》中记录了随后的争吵：

> 乔纳森和哈罗德·品特之间存在明显的分歧。品特的立场很清楚：作者是有某种明确的意图的，王尔德的意图并不是女性应该被男性玩弄。但乔纳森再三强调，一旦某个剧本不再新鲜，导演就有权利从任何一个在他看来很重要的角度去解读该剧本。除了自己，他并没有愚弄任何人，而且演出结束后剧本还是那个剧本，没有任何变化。然而，哈罗德认为，人们对逝去的戏剧家所负有的责任要比他们对在世的戏剧家负有的责任更大。

最后，这件事情因为米勒高调离开国家大剧院而不再成为一个问题。但在这一具体事件中，我明白米勒的意思。一旦某部戏剧确立了自己的经典地位，而且多年来该剧的演出次数就像《不可儿戏》一样多，那么这部戏剧就应该接受重新解读；这事实上也可以证明该剧的多重性。另外，如果某位作家离世已近百年，那么我们如何保证自己知道作者的意图呢？难道王尔德就没有可能受到某个布拉克内尔男高音或某个被无意提及的格温德林和塞西莉的观点的撩拨？是不是说全男性版就一定会泄露该剧存在同性恋的弦外之音？而事实上，这部戏的标题一语双关：在维多利亚时期，"诚实"就是"男同性恋者"的一种暗语。品特抗议维斯康蒂将《往昔时光》变成一部女同性恋者之作的做法是对的，但他反对米勒对王尔德剧本所进行的修改就显得有些保护过头了。

然而，米勒和品特是截然不同的两种人。彼得·霍尔还记得，品特会直接打断米勒偏巴洛克式的谈话，单刀直入："你是什么意思？"高恩·格兰杰曾是米勒排演的博马舍戏剧《费加罗的婚礼》中的一员，而且也在国家大剧院参演过品特编排的约翰·霍普金斯作品《近亲远戚》，他也回忆了米勒和品特完全不同的导演手法："乔纳森排演的戏剧就像是一幅巨大的全景图画，在里面，墙面要刷成各种不同的颜色。但哈罗德刚好相反：他注重细节、一丝不苟，而且有能力精准地定位在某件事上。"

品特编排的霍普金斯家庭剧于1974年5月在老维克剧场开演，这是他为彼得·霍尔剧团制作的第一部作品，因其一丝不苟的现实主义表现手法而广获盛赞。这部戏剧讲的是在荒凉郊外举办的一次安息日家庭聚会上，主人突然丢下自己的妻儿、兄弟姐妹和寡母只身离去的故事。他的离开使得家丑外扬，但他为何离去却原因不明，至于他还会不会回来，也无从知晓。在《星期日泰晤士报》上，哈罗德·霍布森敏锐地将该剧与品特认为作者可以自由地在艺术品中留下悬而未解之谜的想法联系在一起。"这种自由最直接的一个证据，"霍布森写道，"体现在安东尼奥尼执导的《奇遇》中，那名女孩突然离奇地失踪了；再就是在《近亲远戚》中，布莱恩·洛依德突然消失在自己位于郊区的家中。"但最重要的区别在于霍普金斯的戏剧几乎满篇都是洋溢着现实主义风格的对话，而且那个家庭是作为一组奇怪的个案史出现的。即使如此，这部用语如此冗长的剧本竟是由一个惜墨如金、删繁就简的大师来导演的，这让我觉得很是讽刺。在这种情况下，品特对作者这种原则性的遵从就显得有些夸张了。

品特对国家大剧院忠心不二，但他也会抽时间从事电影方面的工作。1973年，他导演了自己的第一部电影：将西蒙·格雷的《巴特利》搬上银幕，这是他为短命的美国电影剧院的系列节目而作的；彼得·霍尔也为该系列拍摄了制作精湛的《归家》。品特导演的处女作给人留下了深刻的印象：它既忠实于格雷的剧作，又不完全拘泥于原作，充分展现了主人公在应对日常生活时存在的无力感。开场镜头可谓精彩绝伦：巴特利掐断了那天的第一根香烟，目光呆滞地盯着一罐空空如也的剃须膏，使用破旧的剃须刀时割到了自己的下巴，接着郁郁寡欢地坐上颠簸的地铁去上班。他甚至都还没有开口讲话，我们就知道了这个男人连最简单的日常事务都应付不来。

因受萨姆·斯皮格尔委托，品特在1974年的大部分时间里都在忙着将《最后的大亨》改编成电影剧本。这是一部基于好莱坞权力游戏而创作的小说，作者司各特·菲茨杰拉德于1940年去世，当时该小说还没有完工，也没有进行过任何修改。从技术层面看，品特很好地充实了小说，而且详尽地表现了影视界天才门罗·斯塔尔（以欧文·托尔伯格为创作基础）对一名长相像他亡妻的英裔爱尔兰女孩的迷恋。剧中有个地方处理得非常精彩，品特将好莱坞电影中那种烂俗虚假的恋人分手桥段与现实生活中尴尬的简短对话进行了对照。后者构成了精彩神秘的一幕，充满了拉提根式潜台词的意味：斯塔尔开车载着那个姑娘，突然停住车。〔"斯塔尔：听。凯瑟琳：什么？（停顿。）斯塔尔：没什么。（他们接着往凯瑟琳的家开去，一言不发。）凯瑟琳：你能在这个角落将我放下来吗？"〕然而，当这部明星阵容强大的电影在1977年上映时，却似乎是一场灾难。伊利亚·卡赞在导演这部戏时勤勉有加，但气氛严肃沉重。甚至在拍摄罗伯特·德·尼罗（扮演堕落的斯塔尔）和英格·列保庭（扮演凯瑟琳）之间的大场面戏时，空气中都盘旋着一种虚无感。这就好像是在温布尔登的室外球场看吉米·康纳斯与球童打热身赛一样。唐纳德·普莱森斯在剧中扮演的是一位反对斯塔尔家长制作风的英国酒鬼作家，他回忆说："卡赞追求的是一部在性方面较为裸露的电影，但哈罗德永远都不会这么做。他不需要人们赤裸裸地在地板上打滚。电影并不是很成功，但我很享受拍摄的过程。"

与早期的电影剧本相比，《最后的大亨》带给品特的难题已发生了翻天覆地的变化：如何完成菲茨杰拉德未竟的小说；面对好莱坞那群奸诈贪婪之徒，如何传达出斯塔尔身上所具有的因循守旧的反工会专制特性及其艺术完整性。然而，就在思考这些关于作品改编的技术性问题的时候，品特突然萌发了写个剧本的想法——即使还算不上想法，也可以说是一个画面，一个需要立刻对其进行探索的画面。下面这个例子就非常经典地展示了品特的创造性想象是如何在直觉和超理性的层面发挥作用的。有一天晚上，他一个人出去吃饭，仔细琢磨着剧本的一些问题。在坐出租车回家的路上，他豁然开朗。"我记得，"他说，"当时我正坐在出租车里，我真的好像看到有两个人坐在一个房间里，其中一个正准备倒酒，他问道：'还是喝那么多？'另外一个人回答说：'嗯，是的，请还是倒那么多。'我不知道他们是谁，但我知道倒酒的那个人会把自己的酒递给另外一个人，接着再给自己倒一杯，我也知道故事会从那里继续下去。我追赶着故事。我脑海中有了这样一幅画面：两个人站在房间里，其中一人在倒酒。这是一件非常简单的事情。一点也不复杂。但我被带入其中，而他们对事情的了解比我要多得多。所以我必须搞清楚，我还得继续追随它……这听起来有点故弄玄虚，但事实上，我认为这就是创作——就我而言，即戏剧虚拟——运行的方式。你必须紧紧地跟随你拥有的线索，但最重要的是，你一开始就要抓住线索，找到主题，即一个既定的事实。如果我没有这些东西，我就会像身处大漠一样无助。"

刚提到的这部戏剧就是《无人之境》。通过大英博物馆里存放的品特档案，我们可以看到该剧是如何快速地在品特的想象中成形的。虽然该剧写成后，人们可以对其进行极其细致的分析——事实上人们一直是这样做的，但关键是该剧始于一个短语或一个画面，而不是一种认知上的概念。品特描绘了想象力的入侵和不懈的追求，这让人联想到海伦·加德纳在谈到《四个四重奏》的创作时所说的话："在艾略特先生的脑海里，并没有一个原本可以简单表达的想法，也没有要刻意隐瞒的观点。他的诗作不是来自知识分子的立场或某个真理，而是始于某个地点或时间点，其意义或真理是在写作中产生，在阅读中发现的。"这句话非常适合描述一部充满 T. S. 艾略特风格的戏剧，但若将艾略特的名字换成品特，这段话也一样贴切。

深入到品特档案中，你会发现不少东西。首先，品特明显是想探索一种情绪，而不是表达一种现成的观点。一开始，该剧的备选标题就比品特的其他任何戏剧都要多，它们构成了一个有趣的清单：《清晨之后》《阴影中的脸》《侧目一瞥》《荣誉的坟墓》《幽魂》《溺水》《酒会》《相簿》《公牛的头》《最后一次敬酒》《下班后》《打烊时间》《夜间四重奏》《前一个话题》。显然，有些标题是从写好的稿子里摘取出来的短语，而且它们大多数都带有一种萎靡不振、隐约有些悲观的特征。就像《无人之境》和《终局》一样，它们弥漫着一种荒凉和死亡的气息——它们带有一种终结感，但这种终结感并不能确切地表明我们要对人类状况持一种非常乐观的看法。

这部戏写成后有一个矛盾之处，就是剧中体现出的整体性绝望与局部性活跃：作品用一种雄辩机智的幽默创设了一种悲剧性的场景。这种矛盾从品特最开始在纸片上草草写下的对话片段中就可以看出。很明显，品特对两个酒徒之间的争执很感兴趣。这两个酒徒，一个孤僻内向、沉默寡言，另一个说话拐弯抹角、爱多管闲事。比如说：

A：我见过你妻子吗？

B：当然。

A：你妻子不是那个有着火热的褐色眼睛、常在河北边闲逛、从不去南边冒险、有时还有人看到她乘坐驳船离开巴特西的女人吧？

B：我觉得不是的……不是。

A：坦白地说，我不知道你的否认是否可信，也不知道我是否应该继续怀疑。换个角度来看，我很好奇你是否真的了解你的妻子，你是否可以公正地描述她，你是否真的知道什么叫准确和富有诗意，是否真的记得她，真的爱抚过她，真的了解她，真的想着她，爱慕着她。但是，正是因为这些疑问，而且我也很人情味的啦，所以我再喝一杯，不再……啰唆了。

第十二章 革命状态

这里充满了斯普纳的口吻：质疑、刺探、说话兜圈子。从这里我们也可以看出，过去是无从查证的、神秘缥缈的，它让人产生一种荒唐可笑的感觉：斯普纳对赫斯特妻子的了解甚至比赫斯特自己还多。但值得注意的是，在最后的版本里，品特删去了那些关于赫斯特妻子乘坐驳船离开巴特西的露骨笑话。

初稿中有很多零零散散的对话，而且初稿与最后完成的剧本异常相似。和往常一样，品特最开始只称呼自己笔下的人物为A、B、C和D，他是在写作的过程中为他们命名的，虽然我们后来看到的福斯特此时叫"杰克·李"，而眼下的布里格斯被称为"博尔肖先生"。其他的一些变化非常具有启发作用。在这一版本中，正是A（即斯普纳），而不是B（即赫斯特），很早就提出了那一关键的诗性主题："经历是一个微不足道的东西。要理解的关键事实是无人之境的本质和她谢天谢地的不可抗拒的诅咒：那里没有运动，没有长大变老，永远冰冷、寂静。你认为我说得太过了？你觉得这显然很夸张？"在这一阶段，"无人之境"的概念只是斯普纳提出来的一种文学幻想，必须放到光下仔细审视；直到后来，它才成为统领整部戏剧的一种比喻。另外，品特还没有确定人物最后的舞台动作。在初稿中，赫斯特第一次离场时，是跌跌撞撞地走到门边的，而不是手脚并用地爬到门边的。第二幕开场时，首先出现的是一张巨大的手写便条，上面用大写字母写着"CLOSE CURTAINS SOMEWHERE"（将某处的窗帘拉上）；但在最后的版本里，这变成了具体的动作，这暗示着从声音到动作的巨大转变。但与早期剧本，比如说《归家》的手稿相比，这部戏最后所呈现的世界很明显是在品特的想象中完成的。

问题的关键在于我们该如何解读作品本身。不管其最终意义是什么，戏剧中的事件是非常清楚的。喜欢幽居的富裕文人赫斯特在汉普斯特德的一个酒吧里遇到了斯普纳，一个名不见经传的诗人，同时也是粉笔农场的一名酒馆侍者。赫斯特邀请斯普纳去自己家，那里虽说冷清，但到处都有酒。推动戏剧发展的动力就在于斯普纳企图突破赫斯特用酒精麻痹的防线，打败阴险狡诈的仆人福斯特和布里格斯，并想办法永久地确立他在这间铺着地毯的"陵墓"里的地位。当戏剧接近尾声的时候，似乎斯普纳快被击垮了，其他三人正在联合起来对付他；赫斯特似乎也最终进入了一种虽生犹死的状态，一种精神和肉体上的无人之境。出于私心和怜悯，斯普纳曾尝试将赫斯特从这种无人之境中解救出来。但到了最后，斯普纳还是承认赫斯特如今就在那片孤独、冰冷的荒原之中，戏剧的标题也由此而来：赫斯特最后的呐喊——"我要为此而干杯"——就强调了这一事实。

当然，由于同样出自品特之手，该剧中有很多以前戏剧的影子。斯普纳——本尼迪克特·南丁格尔称其为"带有领土野心的投机分子，寻找机会偷窃的入侵者"——就像是《看门人》中接受过更好教育的戴维斯；福斯特和布里格斯对他的骚扰和虐待与米克对闯入的流浪者的搅扰之间有着某种奇怪的、间接的相似之处。就像《往昔时光》中的安娜和迪利为了获得心理上的优势而竞相交换对于过去的记忆一样，斯普纳进入到赫斯特年轻时对牛津的记忆之中，试图以此来提高自己对这个老酒鬼的影响力。然而，《无人之境》所传递的内容要远远多于品特以前所有戏剧主题的总和。该剧中蕴含着一种崭新的口吻和哲学观点：透过喜剧的表面，我们认识到一个悲惨的事实，即我们所有人都困在自己体内，都在过去和未来、生存和死亡，以及安全和恐惧之间占据着某种模糊的空间。喜剧依然存在。潜藏在成熟表面之下的残忍感也依然存在。但是，从某种意义上讲，《无人之境》是品特对于人类困境最冷峻的描述。

第一印象非常重要。1975年4月，我在老维克剧场第一次观看《无人之境》，当时我的第一反应是该剧是一部有关个人的戏剧。我认为赫斯特和斯普纳投射出了品特内心最黑暗的恐惧。在我看来，赫斯特——这名腰缠万贯、幽居孤僻，且不断地与自己最初的灵感之源隔绝开来的文人——就是品特一不小心就有可能变成的那种梦魇般的艺术家。而斯普纳——那个深受他人记忆困扰的酒吧蹩脚诗人——则是一段遥远的记忆，记录着品特曾经有可能成为那样一个被边缘化的拙劣诗人。这仅仅是一种直觉。二十年后，当我在一次午餐中跟品特提起这些看法的时候，他非常冷漠地咧嘴一笑，说他生活中从来都没有出现过像布里格斯和福斯特那样会尽心尽责地保护他免于外界纷扰的人。虽说不想缩小《无人之境》涉及的范围，但我仍旧觉得这部戏反映了品特自己的焦虑。正如彼得·霍尔所说的，该剧注定探究的是"艺术家的本质"。在与我的交谈中，安东尼娅·弗雷泽曾两次将该剧与品特的个人情况联系在一起。她说，如果不是参观了品特位于汉诺威露台的房子——"完美无瑕，但是带有这种可怕的宁静"——她永远都不可能理解这部戏。还有一次，她指出该剧源自品特个人生活中一段非常不幸的时期，当时他的第一段婚姻走到了穷途末路，与此同时他的很多政治天性遭到了压抑。正如她所说的："《无人之境》是一部非常荒凉的戏剧——不太像出自一个正准备揭竿而起、对世界现状进行抗议的人之手。"

同品特所有最优秀的戏剧一样，《无人之境》虽然源自某种极其个人化的核心焦虑，但同样探讨了一些世界性的问题：品特的梦魇和恐惧变成了我们自己的。1992年，该剧在伦敦阿尔梅达剧院上演，品特自己扮演赫斯特，当时约翰·彼得就在《星期日泰晤士报》中明确指出了该剧具有让人产生幻觉的特质，他的评论比其他任何人的都要写得好：

第十二章 革命状态

　　它（该剧）一直萦绕心头，因为它不仅谈及了无意识，而且是同无意识在交谈。斯普纳不只是一个潦倒的诗人，也是赫斯特的另一面，是他的良心，是唠叨他的提醒者，是他精神资产负债表上那可怜的借方。正因为如此，他俩才能在彼此那里找到自己生命中可以识别的特征。赫斯特是心灵的国王，骄傲自大但又不堪一击；斯普纳是心灵的流亡者，焦虑不安但又坚忍顽强。《无人之境》是对创造性生活的一种解剖，在这种创造性生活中，洋洋自得的成功会永远受到卑鄙可憎的失败的困扰，公开的立场也会永远受到私人的痛楚的缠绕。

　　赫斯特和斯普纳这两个名字的选择本身就强化了他们两人之间那种貌似通过脐带紧密连接在一起的感觉。众所周知，品特剧中的四个人物均是根据1914年以前的著名板球运动员来命名的。人们很少注意到的是，好斗的约克郡投球手乔治·赫斯特和时髦的兰开夏郡击球手R. H. 斯普纳曾经是"玫瑰联赛"上的对手，而且他们的名字不可避免地被人们相提并论。奈维尔·卡德斯在他的《自传》中，曾回忆自己年少时坐在老特拉福德球场的廉价席位上，看到他们兰开夏郡的英雄被约克郡的"野蛮人"猛烈攻击的场景。他的用词给我们留下了很强的画面感："乔治·赫斯特挽起左手袖子，露出粗壮的手臂，随时都准备振臂高挥，将一个崭新的红球砸向雷吉·斯普纳的三柱门，他投出的球就像熊熊燃烧的煤块一样；斯普纳似乎很虚弱，他抡出的球拍几乎没有任何力量，而其他的约克郡队员一拥而上，将他团团围住了。"卡德斯解释说，斯普纳存在明显的弱点，因而是一个情感丰富的击球手："他在麦克拉伦比赛中的表现，具有赫里克诗歌和吉本散文的特色。"而赫斯特则因为其危险性和震慑力而"被赋予了一种幽默天才的味道"。虽然赫斯特和斯普纳来自奔宁山脉的两侧，他们的名字却永远地结合在了一起。最原初的福斯特和布里格斯之间有一种更为奇怪和隐蔽的联系。弗兰克·福斯特曾经是沃里克郡一个风度翩翩的击球手。1915年，他在第一次世界大战的一次摩托车事故中受伤致残，其体育生涯也因此而告终。约翰尼·布里格斯曾是兰开夏郡一个多才多艺的全能手，因为患有癫痫，在他三十岁那年英年早逝。品特曾指出，他戏剧里的人物并不是真的要模仿这些板球运动员（"如果真有其人的话，我笔下的布里格斯会是一个厉害的家伙"），但他们的名字也并不是随意选择的。这些名字不仅让人们回忆起那个因为第一次世界大战（带有不可磨灭的无人之境意象）而终止的黄金时代，而且强调了赫斯特和斯普纳之间的潜在关系。

　　赫斯特和斯普纳之间相互对立而又相互依存的关系为我们理解戏剧《无人之境》的意义和结构提供了非常重要的线索。彼得·霍尔曾在自己的《日记》中坦言，他在导演最初的剧本时,"有一种感觉,我真的知道该剧是关于对立的——天才与庸人的对立,成功与失败的对立,烂醉与清醒的对立,优雅与粗俗的对立,光滑与粗糙的对立,教养与暴力的对立"。读者还可以轻松地在霍尔的单子上列举更多:稳定和多变的对立,过去和现在的对立,记忆和现实的对立,城镇和乡村的对立。然而,这些对立经常是相辅相成的,就好像品特在告诉我们,我们在看到死亡逐渐迫近的同时,也会敏锐地感受到生命的意义和它可能变成的样子。约翰·布什·琼斯在《现代戏剧》的一篇文章中指出,从"彻底的、最终的静止性"这个意义上说,整部戏剧都是关于停滞的:斯普纳没有带来任何变化,人物和局势没有任何发展,主要的语言手段也是不断重复的。如果真是这样的话,那这部剧就只能算作僵化的劣等之作了。但是,该剧的张力和能量恰恰就源自瘫痪和活跃、顺从和反抗之间的不停转换,就像磁铁的两个磁极一样。斯普纳企图在他生命的最后时刻重新融入到赫斯特的创造性想象当中,但他知道我们居住在一片虚无缥缈的土地上,那里被外部的黑暗包围着。这二者之间的冲突赋予了戏剧以动力。也正是因为这种冲突,该剧比明显算得上是其祖先的贝克特的《终局》要更胜一筹。《终局》中的四个人物到死都在消磨时间,时不时说几句台词,他们给人一种萎靡不振的、与世隔绝的感觉。

对立和平行——这是品特戏剧的关键。你可以从开场台词中看到这一点。赫斯特聪颖智慧、玄妙神秘、静止不动,斯普纳衣衫褴褛、夸夸其谈、永不安分。但在这种反差之下,他们又有很多相似之处。"你是不是经常在汉普斯特德一带徘徊?"斯普纳问赫斯特。"告诉我……你是不是经常在杰克·斯特劳的城堡里闲逛?"赫斯特后来盘问斯普纳。赫斯特非常清楚自己的这种终止状态,但在内心深处,他对陪伴所能带来的慰藉有着某种执拗的需求:就好像架子上已经摆好了两个酒杯,所以他邀请斯普纳去自己家。与此同时,斯普纳虽然批判赫斯特酗酒、无能,而且对妻子、村舍和乡村教堂——在那里,人们为处男处女们举行仪式以示崇敬——的记忆毫无说服力,但他也暴露了自己对于友谊同样迫切的需求。他马上变成了赫斯特的另一个自我和潜在救赎者。"可能的话,让我做你的船夫,"斯普纳说,"因为只有当我们谈及河流的时候,我们才会谈论一种幽深湿暗的架构。换句话说,永远都不要鄙视别人的援助,尤其是当援手有着如此罕见的品质的时候。"毫无疑问,斯普纳在这里引经据典,暗指维吉尔的船夫卡戎。在维吉尔的叙事诗《埃涅阿斯纪》中,卡戎给伟大的英雄、男孩和未婚女子提供指引,帮助他们渡过黑暗之河科赛特斯河,这些人"多得就像秋天的落叶"。斯普纳故意重新提及赫斯特说到过的乡村少女。同时,他明显是在主动提出担任赫斯特的卡戎,并将他摆渡到天堂福地。他之所以这样做,既是因为他们都有古典文化的知识,同时也是出于私利和慈善。

第十二章 革命状态

对照和平行——这是整部戏剧的基础。随着福斯特和布里格斯的到来，品特显然就在他们的世界和斯普纳的世界之间制造了一种冲突感。斯普纳故意用一种普鲁弗洛克式的措辞来谈论某个日益衰老的纯文学作家。"我早就知道是这样子，"看到喝得酩酊大醉的赫斯特四肢着地地爬出客厅的时候，斯普纳说，"倒是从门里出去的，只不过是借用肚子和地板。"这里模仿了普鲁弗洛克那忧郁的节奏："我知道那些垂死的声音/随着从更远房间飘出的音乐渐去。"福斯特一进来，马上就变成了另外一种直截了当的、颇接地气的语气："你们在喝什么？天啊，我好渴。你怎么样？我渴得快冒烟了。"斯普纳是衣衫褴褛的伪艺术家，他身上带有微弱的伦敦文化区气息，该文化区也就是人们所熟知的费兹洛维亚艺术区，曾在20世纪四五十年代达到鼎盛时期；而那两个仆人使人想起权力、清醒和暴发户那种近乎残忍的世故，这些暴发户在承袭着陈旧品味的世界里沾沾自喜。（"这是一个丝绸的世界、一个棉织品的世界、一个插花的世界、一个充满了18世纪食谱的世界。这跟焦糖苹果和一包薯片没有任何关系。它是浴室里的牛奶，是布艺的拉铃绳，是一种安排。"在该剧写得最有意思、最漂亮的一段演说中，福斯特这样说。）事实上，斯普纳和两个仆人之间的斗争既是领土的，也是情感的，同时还是语言的。斯普纳想成为赫斯特世界中的一部分，重新融入他的想象，挑战他对麻痹的感知；但两个仆人仅仅想成为赫斯特的文书助理，陪他在寂静的旅途上走向无知觉的状态。

很明显，在整部戏剧中，斯普纳和那两个仆人之间都存在一种孤注一掷的权力之争；但在品特早期的戏剧中，这种斗争本来是很残酷、很清晰的，而现在却更为隐蔽和微妙。在对手之间，甚至也存在着这种平行和相似。斯普纳描述了他在阿姆斯特丹的一次经历——当时，他正坐在运河边的一间咖啡馆里，打算描述他所见到的画面："运河边上，侍者、小孩、渔夫、情人、鱼，在远处的背景里、阴影中，一名男子坐在另一张桌子边。就管它叫《吹哨人》吧。"斯普纳想以此经历来证明自己对欧洲文化的精通；同时以此为武器，达到控制那两个仆人的目的。然而，没过一会儿，福斯特就描述了他在东方的一次经历，当时，"一个浑身散发着恶臭、裸露着睾丸的老流浪汉"将福斯特扔给他的一个硬币扔了回来，结果硬币消失在了稀薄的空气之中。斯普纳认为这是"典型的东方骗局"，便不予理睬。但是，和他所描述的阿姆斯特丹运河场景一样，福斯特的故事也有一种捕捉瞬间动作的意味：这种感觉贯穿在整部戏剧之中，就好像过去是通过一系列快照图像和冻结的瞬间确定的。当赫斯特被告知斯普纳声称是他的朋友时，他这样回复道：

> 我真正的朋友从我的相册里看着我。我曾拥有我的世界。我拥有它。不要

认为它现在已经消失，我就会选择嘲笑它，怀疑它，思考它是否恰当地存在过。我不会这么做。我们是在谈论我的青春，它从来都没有离开过我。没有。它确实存在。它是真实可靠的，里面的人也都是真实可靠的，虽然……是通过光转化而来的，虽然对所有变化的光……都很敏感。"

斯普纳和福斯特是通过时间里被捕捉的瞬间来确定过去的，而赫斯特则是通过照相机所记录的人脸和行动来确定的（类似于艾略特在《东科克尔村》中所说的"与相册为伴的夜晚"）。虽然他们的语言、风格和观点各不相同，但这三个人总是渴望拥有一个安全的、确定的过去，以此来对抗碎片化的、断断续续的现在。因此，这也是一种对立和平行。

《无人之境》之所以如此引人入胜，部分原因就在于它自身所具有的矛盾性：它的阴郁和幽默，它的抒情和欢笑，它对于年龄、死亡、记忆、时间、艺术的思考，以及它那诙谐的语气和对传统技巧的使用。在第一幕结尾，当布里格斯架着醉醺醺的赫斯特走出房间后，福斯特就关了灯，整个房间和斯普纳顿时陷入黑暗，福斯特的冷酷和残忍也因此显露无余。这种简单的效果不仅能让你想起品特在20世纪50年代所出演的那些具有代表性的惊悚老片，而且展示了权力之所在。同之前一些具有代表性的戏剧一样，第二幕发生在第二天早上。一开始就是斯普纳和布里格斯之间的猫鼠大赛。斯普纳一边大快朵颐，享受着香槟和炒鸡蛋早餐，一边装出一副高傲的、漫不经心的样子（"食物？我根本就没有碰过"）。布里格斯说财务顾问没来，因为他发现自己"早就陷入了一场巨大的金融灾难"（这是品特最喜欢的纽曼主教的话）。紧接着，他开始滔滔不绝地说起博尔索弗街，说这条单行道是如何的错综复杂和难以通过，这一长篇大论如今已变得赫赫有名。哈罗德·霍布森曾不辞辛劳地驱车前往该地，想证明布里格斯所说的纯粹是胡编滥造。当然，这是题外话。就像《看门人》中的米克针对戴维斯所设计的地理绝技一样，该演说是为了吓唬观众，给其留下深刻的印象；也是为了向斯普纳证明，布里格斯尽管粗鄙，但他了解拜占庭式的生命之谜。同时，从一个纯实用的角度来看，在斯普纳狼吞虎咽地吃完早餐的同时，该演说一直占据着舞台时间。

品特能够将滑稽的模仿与严肃的目的结合在一起，这一点从下面这精彩绝伦的一幕中就可以看出：第二天早上，赫斯特突然神采奕奕地冲了进来，大声跟斯普纳打招呼——"查尔斯，你能来看我真的是太好了"，接着又开始玩一种有竞争性的记忆游戏，事关很久以前在声名狼藉的牛津庄园发生的风流韵事。这一幕可以在任何层面上运作。这是一个愚弄胆小鬼、逗人一乐的善意玩笑，在里面，专有名词都被

第十二章 革命状态

用作赢牌的手段。"请允许我进一步提醒你，"斯普纳说，逐条列举了赫斯特臆想出来的性背叛，"穆里尔·布莱克伍德和多琳·巴斯比一直都没有从你那疯狂的、具有腐蚀性的性专制主义中恢复过来吗？"这也表明，斯普纳非常机智地把握住了时机。通过参与这种涉及虚幻性过去的竞争性记忆游戏，斯普纳不仅试图确保自己在赫斯特当下的生活中站住脚，而且希望使他更有生气。但是，从更为广泛的层面上看，这又表明，我们利用自己对于过去的记忆来消除自己的恐惧和不安，哪怕这些记忆是荒唐的、空想的。不停地说话，不停地变换主题，不停地玩游戏，似乎只要这样，我们就能够推迟我们对于消亡、死神和永久性沉默的恐惧。

当戏剧接近最后那荒凉的一幕时，这一滑稽的过去幻想之旅被突然打断了。品特用不同的方式传达了这种转变。首先，赫斯特主动给斯普纳看他的相册。在赫斯特的诗性想象中，照片里那些幽魂一样的人物可以因为活着的人的同情而存在（"他们非常，非常，希望对你的触摸，对你的关注，做出回应，当你微笑时，他们的快乐是……无尽的"）；对信奉实用主义、残忍打压他人的布里格斯而言，他们仅仅是空洞的过去（"他们啥都不是，伙计，啥都不是。纯粹的死人"）。但是，品特也通过具体的动作指示了戏剧最后的转变：灯光逐渐暗淡下来，舞台定格在酒柜上，幕布果断合拢。

这意味着最终形成了一种虽生犹死的状态，一种死一般的寂静，所有的记忆也都被排除在外。最开始，斯普纳迫切地想改变这种状态，于是他请求赫斯特让自己担任秘书一职，承认自己是可以改变的，还主动在一间酒吧的楼上读诗给他听，想以此感化赫斯特，让他同意将秘书一职当作礼物馈赠给自己。然而，在斯普纳提出这一请求之后，只有沉默，紧接着是下面这段对话：

赫斯特：我们换个话题吧。
（停顿。）
最后一次。
（停顿。）
我刚说了什么？
福斯特：你刚说你要最后一次换个话题。
赫斯特：但那是什么意思呢？
福斯特：那就是说，你再也不会换话题了。

赫斯特的所作所为是在否认改变的可能，承认他和自己的伙伴已经抵达终点，而且他被困在永恒不变的无人之境，就像斯普纳所说的，那里"永远像冰一样寒冷，像死一样寂静"。

结尾是一种停滞。然而，本剧最显著的特点——就像一首几乎超越了理性分析的伟大诗歌——就在于剧中的生与死，顺从与反对，赫斯特家中干瘪的秩序、贫瘠的丰富和炫耀性消费与他记忆中那个有着乡村小舍、阳光草坪和田园快乐的世界之间存在着一种张力。在文字层面，我们所看到的是一个男人在生命的最后几个小时奋力挣扎着，试图重新调动自己的想象力和创造力，勾起自己的回忆。随着幕布徐徐合拢，灯光渐渐暗去，赫斯特开始了无牵挂地向死亡爬去，这也宣告着尝试的失败。然而，该剧是通过一系列环环相扣的对立运作的，奥斯汀·E.奎格利就曾敏锐地指出："假设行动中存在停滞，那也是一种强制性的、被捕捉瞬间的停滞，而不是没有张力的、不在场瞬间的停滞。"我不喜欢"品特式的"这样的字眼。它已经变成了一种模糊的、草率的批判性术语，暗含从虚幻的威胁到潜在的焦虑的一切事物。但对我而言，该剧确实抓住了品特作为一个人和一个艺术家所特有的感觉：愤恨生活，同时又热爱生活，而且还让人觉得，我们每天都在虚无中高歌度日，并等待不可回避的死亡。

1974年9月初，品特完成了该剧的创作。随后事情的发展速度非常特别。当月13日，星期五，在德国汉堡进行电影拍摄的彼得·霍尔在短暂休息的间隙读到了该剧，当即表示赞赏。于是，国家大剧院的春季节目中有一个时段就是专门留给该剧的。演员阵容很快被确定，不费吹灰之力。"每个人，"霍尔说，"在理想的情况下，都可以扮演一个戏剧角色。问题是人们不一定有空，或者压根儿就不想参与。考虑完这些，才能开始真正地挑选演员。就这部戏而言，我读完后，马上将它给了约翰（·吉尔古德）和拉尔夫（·理查德森），几天后，他们就答应参演了。这是我有过的最不寻常的经历之一。他们完全投入进来，然而，剧本里的长句子让他们觉得很难掌握。事实上，我们在1975年2月初彩排了两周，有了初步设想，之后停了两周，这期间他们回去记台词。这是国家大剧院最奢侈的时段：长长的彩排期。我觉得他俩后来对该剧的评价有点不恰当——在接受采访时他们开玩笑说，不知道该剧要表达什么。这完全是不真实的。"

正如霍尔在《日记》里记载的，这些彩排也是基于他的自信，他非常清楚地知道这究竟是怎么回事。2月11日，他记载道："该剧比较难的是复杂的室内音乐，但我已经弄清楚了……感觉非常让人满意。"他主要担心的还是吉尔古德扮演的斯普纳。4月7日，他写道："约翰有点犹豫和谦逊。当时，他倾向于按照观众的结论来演绎角色，而不是演出角色自己。"一天后——也就是该剧开幕前两周——霍尔对吉

第十二章　革命状态

尔古德的担忧变得更为强烈："他的尝试有些过头：他将角色表演得谦卑、自负、诡异和傲慢，就像是在寻找一个简单的答案。然而，斯普纳是多方面的，他的姿态每时每刻都在变化。因此没有什么简单的答案。"

事实上，当该剧于1975年4月23日正式开演的时候，吉尔古德所扮演的斯普纳吸尽眼球。剧本本身获得的评价褒贬不一，有赞美的，有敬重的，也有困惑不已的——你要是考虑一下那些每日一评的评论家们的行为有多荒谬，你就会明白这种褒贬不一一点儿也不奇怪，因为他们必须在落幕后一小时之内针对品特的新剧给出描述、分析和评估。该剧与艾略特和贝克特作品的相似之处引起了评论家的重视，欧文·沃德尔在《泰晤士报》上也表达了他对著作全知性的保留性意见，其结尾清楚明确："显然，《无人之境》仍然出自我们当今最好的剧作家之手，这不仅表现为它的语言操控能力，而且表现为它有能力在困惑和沮丧之间的模糊地带建立起一种连贯的结构。"所有人都认为，理查德森扮演的赫斯特、迈克尔·菲斯特扮演的福斯特、特伦斯·里格比扮演的布里格斯，以及彼得·霍尔的制作都非常好，但唯独吉尔古德扮演的斯普纳让评论者震惊不已。很长时间以来，他都被视为英国演艺界的领袖人物，也是那种——借用马克斯·比尔博姆描述贝恩哈特的话——"很少会屈尊演戏"的人。正是这些原因使得斯普纳——融合了奥登、他自己的哥哥刘易斯，以及那些在查令十字路经营芭蕾舞书店但濒临失败的波希米亚人——让人如此震惊。他那松垮垮的灰色条纹西装、乱糟糟的浅棕色头发、圆鼓鼓的啤酒肚，以及散发着臭袜子气味的拖鞋，会让你想起你在英国广播公司节目中可能看到的、类似乔治酒吧里出现的老旧遗迹。在本尼迪克特·南丁格尔看来，吉尔古德使人想起了"人们行走在汉普斯特德和海格特地区时仍旧有可能看到的那种人，满脑袋都是各种小杂志和西班牙内战"。吉尔古德同时也抓住了斯普纳行为中的矛盾之处：阴险狡猾，阿谀逢迎，独自一人时会鬼鬼祟祟地偷取香烟，对待仆人却傲慢自大。但霍尔认为，人们对吉尔古德的表演的惊叹导致理查德森被低估了，这样说也不无道理。"约翰的表演，"他在4月24日记录道，"非常出色，但其他演员也做得到。然而，我觉得没有哪个演员能像拉尔夫一样使赫斯特如此充满孤独感和创造性。"

《无人之境》取得了巨大成功，深受人们喜爱，当年7月就转移到温德姆湖区。不同寻常的是，刚好在该剧的整个筹备和彩排期，品特的个人生活发生了剧变：他与安东尼娅·弗雷泽恋情的开始导致其婚姻最终不可避免地走向了瓦解。对所有相关人员而言，这段时期非常痛苦，而大众媒体的疯狂窥视使情况变得更为糟糕。品特突然发现他的个人生活变成了公共财产，这导致他与记者的关系产生了永久的伤痕。品特的婚姻在众人的关注下走向了破裂；然而，一旦走出婚姻破裂的痛苦，很长一段时间的家庭安定便随之而来，这将对他的工作产生巨大影响。直到如今，品特自己仍旧不太愿意回顾他生命中这段痛苦的转折时期，这是可以理解的；但安东尼娅·弗雷泽却非常坦率地回忆了这段历史。

"哈罗德和我，"她说，"第一次见面很短暂，是通过1969年约翰·卡罗尔在国家美术馆组织的一次关于苏格兰玛丽女王的朗诵节目认识的。我负责朗诵，费雯和约翰·韦斯特布鲁克是读者。我当然记得第一次与哈罗德见面的场景。当时我正在为英国广播公司录制这场国家美术馆的朗诵，但是录制完全被某个人破坏掉了，他在后面冲着喧闹的服务员大吼大叫：'请你闭嘴好吗。'那个人就是哈罗德。我后来跟他说：'我听说那就是你。'他说：'是的，我总是干那种事。'虽然我已有所耳闻，但没想到他回答得这么干脆。1970年左右，我们在尼日利亚比拉夫又见到了彼此，当时是在萨姆·斯皮格尔主持的一场慈善音乐会上。再后来，我们又于1975年1月在伦敦肖剧院碰面了，当时我姐夫凯文·比灵顿导演的《生日晚会》在此重演。一切就是这样开始的。"正如品特自己所说的："我们立刻就坠入了爱河，而且这么多年来，依旧强烈地爱着对方。"

1975年年初，他们的恋情在秘密中维持了六周。费雯当时正在吉尔福德上演的《推销员之死》中扮演琳达，该剧还参加了香港电影节。在香港时，费雯生病了，必须退出这场演出，回家休养。因此品特不可能在此时告诉费雯他情绪上的波动和混乱。然而，他向佩琪·阿什克罗夫特吐露了心声，那个时候品特跟她非常亲近，当时跟品特走得比较近的还有彼得·霍尔和盖伊·维森。"如果他真的告诉费雯的话，"彼得·霍尔在3月14日的日记中写道，"我认为在摄政公园的另一边都能听得到费雯情绪的爆发。"3月底，品特终于向费雯坦白他有了婚外情。根据盖伊·维森的说法，费雯最开始还处理得挺好的："她说她喜欢安东尼娅，她们曾在国家美术馆的朗诵会上共事过，觉得她是一个不错的女性。"但维森回忆说，费雯的一个女性朋友听说此事后，赶紧跑去她家，使得费雯对安东尼娅产生了一种厌恶感。慢慢地，在汉诺威露台的日子是过不下去了。就在《无人之境》初次上演后五天，品特最终离开了家。事实上，彼得·霍尔在他4月28日的日记中准确记录了这一天："我跟哈罗德通过话。就在那一刻，他已经打包好了，正准备离开家：'现在的重点是，此时此刻我要离开这个家。我要离开这间屋子。'这对他而言是一件艰难的事情。他告诉我，不管发生过什么，他觉得现在费雯和他之间已经结束了。"拾掇完行李，品特最开始暂住在萨姆·斯皮格尔位于格罗夫纳豪斯的房子里。后来他又搬到奇斯威克，与他的老朋友唐纳德·普莱森斯及其家人一起住在他们位于河畔的房子里。很快，品特的儿子丹尼尔也来到了这里。品特表示，费雯没有办法单独抚养丹尼尔——这一点得到

第十二章 革命状态

了盖伊·维森的证实，在品特的建议下，他整个春天和夏天都待在汉诺威露台照顾费雯。然而，有一天早上，当维森下楼吃早餐，拿起一份《每日邮报》，看到"女演员和盘托出"的头条新闻时，一向温文尔雅的维森也气愤地跺脚而去。维森回忆说："当天晚些时候，我在电话里跟费雯提到了此事，她只是轻描淡写地说了一句：'哦，那篇垃圾文章啊。我不知道是谁将它们放在报纸上的。'"

事实上，媒体对品特婚姻破裂的着迷在4月份《无人之境》开演的时候就开始了。第一天晚上，品特就让彼得·霍尔紧紧地跟着自己，以防被记者搭讪。品特自己、安东尼娅及其丈夫休·弗雷泽都故意缄默不言，徒劳地希望这场闹剧最后能销声匿迹。然而，费雯整个夏天都在不断威胁要起诉品特，跟他离婚，并扬言，如果品特不回到她身边，她就公开指控安东尼娅。7月27日，通过律师，她将威胁变成了事实，虽然后来她又放弃了自己的离婚申请书。但为了最大限度地引起舆论注意，并制造尴尬，她显然是刻意选择了这一时间：刚好是在品特根据西蒙·格雷作品《另有约会》改编的剧本在女王剧院首映之前。对品特而言，当他的私生活逐渐瓦解，让他上演一部关于一名试图保持镇静、听着《帕西法尔》录音的男子的戏剧是不太理想的。尽管伦敦媒体贪婪地注视着他的一举一动，但他还是很好地完成了他的工作。西蒙·格雷回忆说，事情后来变得非常荒唐："有一天我去剧院，发现哈罗德必须溜之大吉，因为记者在到处追赶他。于是，我不得不接管这出戏的制作——幸运的是该剧状况良好——并完成最后的三次预演。我记得有一天早上过来彩排，看到凳子后面凸出一块，结果发现是小报的摄影师正扛着照相机蜷缩在那里。鬼才知道他们以为自己会拍下什么照片——很有可能以为会拍到戏里扮演戴芬娜的这个人正脱掉上衣，而哈罗德就在舞台前。但遗憾的是，哈罗德在首映之夜没能出现，而且很长时间之后这些事情才尘埃落定。"

给整个故事增添了不少趣味的是，费雯威胁要在离婚申请书中指控安东尼娅——一个保守党国会议员的妻子，同时也是一个著名的公众人物。此外，费雯还有能力使大众媒体变成她的上诉法庭。7月29日，她与《每日邮报》的威廉·希奇进行了交谈。随后，"安东尼娅被品特的妻子起诉"的头版通栏大标题就赫然出现在了报纸上。在采访中，费雯仍然非常可笑地将她与品特的婚姻描述成了一幅闪着金光的图画，并且继续将责任归咎于她的情敌。"在她位于摄政公园的家中，"希奇在专栏中这样写道，"品特夫人说：'我对所发生的事情依旧感到震惊不已。我们的婚姻在娱乐圈一直都是传奇性的。我们就是演员们以前口中常说的快乐夫妇。'蜷缩在沙发上，费雯说：'我向你保证，他是一个很好的男人……但似乎他被安东尼娅迷住了——她对他施了魔法。我都不知道有六个孩子要照顾的她是如何做到这一点的。'"

7月30日，希奇跟进事件的发展，"独家"报道"心烦意乱的"品特说他的妻子已经给予他理解，不再讨论此事。然而，直到最后也没有什么阻止得了她。希奇继续报道："那名女演员——因为在莎剧中扮演麦克白夫人而广受赞誉——用一种很难辨识的嘶哑的声音说：'这太可怕了。十九年来我们的婚姻都是幸福美满的，至少我觉得是。'"当费雯不停地找报纸爆料时，品特和安东尼娅觉得他们唯一能够摆脱媒体疯狂关注的方法就是离开他们所在的城市，躲到位于科茨沃尔德地区靠近布福德的一个小村庄里。他们待在属于戴安娜·菲普斯的一个经过改装的谷仓里。戴安娜是安东尼娅的一个朋友，她暑假外出了。在那里，他们每天都买报纸看，结果却发现摆在他们面前的总是费雯从婚姻前线发来的报复性新闻。

对所有相关人员而言，那都是一个痛苦的夏天：一个充满了分离、对抗、追踪和逃离的夏天。正是因为费雯草率的行为，以及她拒绝做一个默默承受痛苦的妻子，他们的离婚风波才一直不得消停。值得称赞的是，其他所有人都坚忍而沉默。最终，媒体的狂热消退了一点点，品特和安东尼娅于8月底回到了伦敦，在位于南肯辛顿的朗塞斯顿的一间屋子住了下来。"从逻辑上讲，"安东尼娅回忆说，"日子很艰难。哈罗德在屋子里什么都做不了。那里空间不是很大，他的书也不在那里。而对我来说日子同样艰难，因为我所有的书都在荷兰公园。我想补充的是，丹尼尔也和我们一起生活在那间屋子里，他跟我们在一起时一直都非常随和。他对我很好，虽然他本来可以很轻易地对我发怒……因为以前他一直拥有着他父亲所有的爱，但现在明显不是。"值得注意的是，丹尼尔在这个时候将他的姓从品特改成了布兰德，这是他外婆未婚前的娘家姓。然而，品特并不认为这是儿子排斥他的象征；他声称，这主要是丹尼尔为了使一直在不懈追踪他的媒体远离自己而采取的一项务实性举措。

与费雯婚姻的破裂以及与安东尼娅新生活的开始将对品特的性格和工作产生深远的影响。从短期来看，它使得品特没法写作。直到1977年8月他和安东尼娅搬到后者位于荷兰公园的房子以后，他才得以构思新的戏剧。整整两年，他的时间全部都用在了导演戏剧和演戏上：1976年，他在国家大剧院完成了制作精良的《愉快的春天》（该剧加强了他与考沃德之间奇怪的亲密关系），然后在纽约导演了《无辜的人》（与他的老朋友波琳·弗拉纳根一起）和《另有约会》，紧接着他又出现在电台播放的贝克特和哈维尔的戏剧中。从长远来看，他的新生活深刻地影响了他的写作以及他与公共世界的关系。安东尼娅·弗雷泽很快修正了大家认为她对品特的戏剧有任何直接影响的观点。她还指出，其他人对品特的政治观有塑造性的影响。她认为，尤其是佩琪·阿什克罗夫特对品特的鼓励，使他相信对美国在智利的行为进行抗议有一定的实际效果。然而，费雯对政治极其不关心，而安东尼娅是工党议员朗

第十二章　革命状态

福德勋爵的女儿、保守党国会议员的前妻、笔会组织的执行会员，是一个在政治环境的浸润中长大的女性。想必这肯定对品特有影响吧？"我会觉得很开心，"安东尼娅说，"如果说我对哈罗德产生了一些影响的话。但我认为事实是，他原本悲惨、复杂的个人生活被一种快乐、简单的生活取代，于是哈罗德的另一面就释放出来了，而这一面其实一直都在那里。我觉得，这一点你可以从他《无人之境》之后的作品中看出来，而《无人之境》是一部非常阴郁的戏。但我一直觉得，随后一些事情的爆发在一定程度上是因为哈罗德的个人生活发生了巨大的变化。"

对品特而言，婚姻的瓦解以及与安东尼娅快乐新生活的建立对他具有决定性的意义，这不可避免地给他带去了包括安全感、愧疚、自我折磨和重生等在内的混合情绪，但同时也给他的工作带去了重大改变。20世纪80年代，品特开始越来越多地就社会重大问题公开表明立场，并创作了一系列戏剧作品，以此来表达他一直以来对压迫的厌恶。如果他的个人生活没有发生如此戏剧化的转变，那么很难说这些还会不会发生，但任何一个著名艺术家的作品都不会落入那种非常令人满意的整齐划一的模式。如果说品特早期的作品涉及的是外部威胁，中期关注的是时间和记忆，后期又转而关注强硬的政治，那未免过于简单。事实上，品特所关注的东西是相互涵盖、相互交叉的。他一直都对个人关系中的政治非常感兴趣，对国际事务也很敏感，而且他非常关注时间、男性关系以及错综复杂的性欺骗。他的生活经历了一种剧变。在经历了为期两年没法进行创作的虚无境地之后，他将在一部备受抨击的戏剧中再次深入研究自己的过去。和他之前所创作的任何一部作品一样，该剧同样是对个人经历所进行的一次赤裸裸的、大胆的描述。

第十三章　私人生活

作家的生活和艺术之间有什么联系？诗人奥登曾断言："作家只是一个制造者，而不是实干家。"但甚至连他后来也承认，所有的作品在某种程度上都是由个人经历衍变而来的。有人可能会说，戏剧尤其如此。海达·高布乐可能是一名无趣的、压抑的挪威将军的女儿，但她同时也是穿着裙子的易卜生。奥斯卡·王尔德曾这样评价《不可儿戏》："它非常的荒谬，没什么太大的趣味性。"但它还是深刻地揭露了作者的双重生活。像《进入黑夜的漫长旅程》和《玻璃动物园》这样的戏剧也是对尤金·奥尼尔和田纳西·威廉斯私人生活赤裸裸的写照。

品特的情况尤其令人神往。他的舞台剧通常都源自他对某段个人经历的深刻记忆，然后按照其内在的逻辑来进行发展。你不能说他的戏剧纯粹就是一种自传，但这些作品还是不可避免地反映了他自己的恐惧、焦虑和他所关注的东西。一个具体的例子就是《看门人》，该剧基本就是以活生生的人为基础的。再比如《背叛》——这是品特在婚姻破裂后写出的第一部戏剧——剧中的外部事件和很多内部细节都直接来自他自己的生活。考虑到该剧的名字和主题，1978年首映的时候人们很自然地认为该剧与他自己婚姻的崩溃有关。当梅尔·加索提出这一问题时，品特快速回应，认为这一猜想纯属胡说："很高兴你问到了这个问题，因为我可以告诉你，它们完全互不相干。它们之间绝对没有任何关系。"事实上，《背叛》取材于——甚至可以追溯到大致的年代和具体的事件——品特和琼·贝克维尔之间从1962年至1969年长达7年的婚外情，后者是一个非常有名的电视台主持人兼记者，他们之间的恋情早在品特认识安东尼娅·弗雷泽之前就发生了。

如今品特公开地承认了这一恋情，琼·贝克维尔也非常坦率地跟我谈起此事，但这却产生了一个重要的问题。过去，不论是在《侏儒》中还是在《看门人》里，

第十三章　私人生活

品特所利用的都不仅是他个人的经历,也有不少朋友和熟人的经历。他打算在创作《背叛》时也这样做。这有没有给他带来任何道德上的两难困境呢?"我认为,"他告诉我,"每个作家差不多都是这样做的。不然,我们写什么呢?我们写的就是与我们有关的事情,以及我们周围可以观察得到的现实。我们不可能去写月球。但我认为,只要带着理解去写作,就是合乎情理的。我没有用'同情'这样的字眼,是因为这不是戏剧必须做的……我认为同情并不是与戏剧创作相关的一种美德……再说得远一些,用一种冷峻明了的理解之心去阐明事态是你应该追求的目标。如果你能忠实于这一点,那么你就不会造成任何伤害……我不想为一个戏剧家在创造角色时所做的事情而辩护,不管其创造角色是很轻率地,还是很随意地,抑或是间接地取自他人的经历……但是,比如说在《背叛》中,我觉得剧中那位妻子所面临的处境会让很多人联想到(自己的处境)……你发现自己也处在这样的困境当中,你会怎么处理它呢?你生活在其中,并找到自己的出路……这就是生活……关于《背叛》我能说什么呢?……我就是那样做的。"

总的来说,《背叛》是坦白交代的一个好机会。1978年11月,该剧在英国国家大剧院利特尔顿剧场首演,人们对它的评价非常谨慎,有的甚至带有明显的敌意和批判意味。然而,没有人像我那般无礼地批判了品特对于伦敦北部文人情感纠缠的描述。从技巧上说,该剧以倒置的时间顺序来安排场景是颇具独创性的;但品特在完成了充满家庭政治内涵的《归家》和具有诗学深度的《无人之境》之后,似乎将戏剧又带回到了那些描写时髦通奸行为的岁月。在当晚写就的一张布告上——这种情况要么有利于制造兴奋激动,要么就会招来毫无节制的厌恶——我郑重宣布:"让我忧心的是,它(该剧)所探究的人类经历贫乏得可怜,它只着迷于资产阶级富裕生活那汪死水所泛起的微小涟漪。"我甚至还断言:"哈罗德·品特已经背叛了他的非凡才智,他不去写真正的戏剧,反而提供这种一流的肥皂剧(还用威尼斯、托尔切洛和叶芝这样恰当的品牌来装饰)。"

从那以后,我多次观看和阅读过该剧,并彻底地改变了我的看法,但最开始我——以及其他人——为什么会对它如此敌视呢?可能的原因有很多。首先,我认为英国戏剧应该尽可能地反映重大的公共事件。比如说,1978年,我们所看到的大卫·黑尔创作的《谁为我伴》涉及的是战后英国的失败;霍华德·巴克创作的《监狱的绞刑》广泛抨击了舒适的英国自由主义;由多人创作、理查德·艾尔在诺丁汉剧场执导的《事迹》审视了医院、警察、议员和大型公司的道德标准。在不违背我对政治戏剧所做的承诺的情况下,我可能没法很公平地对待任何以个人经历为主要内容的戏剧。

其次,首演的客观环境并不理想。《背叛》开演时,不仅国家大剧院正遭受着工业问题的困扰,而且庞大的利特尔顿剧场需要扩张性行动和重大声明,因而不太适合《背叛》的上演。回想起来,甚至连导演彼得·霍尔也承认,如果该剧在规模小一些的科泰斯洛剧场演出,可能会更加成功。但是霍尔对于该剧为何会得到如此令人灰头土脸的评价是有自己的看法的:"我觉得哈罗德的想法跟我们稍微有些不同。他描述的是男性和女性之间的婚外情,如果你就这样看待这部戏剧,而不去挖掘其内在的东西,那么它就是一个相当陈腐的故事。一个很明显的问题是:'谁遭遇了背叛?'对于这个问题,你们很多人都没有抓住要领。你们把它看作了米尔斯·布恩出版社出版的那种故事。但哈罗德所采取的手法是,看似三角恋,实则言其他。他似乎在告诉我们,如果你是从自我背叛开始的,那么它就像一种可怕的、具有摧毁性的病毒一样,慢慢地感染所有的东西。"

霍尔是对的。在九组对称安排的场景中,我们看到了一系列相互关联的背叛:对婚姻忠贞的背叛,对爱人信任的背叛,以及对男性友谊和文学理想主义的背叛。品特用时间倒置的方式再现了杰瑞和爱玛之间长达七年的私情,并以此来探讨背叛。杰瑞是一个文学经纪人,爱玛是出版商罗伯特的妻子,而罗伯特又是杰瑞自本科以来最好的朋友。在戏剧中,品特描写了形形色色的背叛。杰瑞既背叛了罗伯特,也背叛了他自己在剧中从未露面的妻子朱迪斯,而后者可能跟一个医生有暧昧关系。爱玛不仅背叛了罗伯特,也背叛了杰瑞,因为她没有告诉杰瑞她的丈夫五年来都知道他们的私情。与此同时,罗伯特不仅因为自己一系列的通奸行为背叛了爱玛,也因为知晓奸情但不说出来而背叛了杰瑞。然而,品特所写的并不是一部支持阿瑟·休·克劳夫观点的道德手册:"不得奸淫,这样做没什么好处。"通过戏剧情节,人们可以痛苦地意识到,日常生活中的各种妥协是如何背叛年轻人的崇高理想的。杰瑞和罗伯特本科时都是诗歌杂志的编辑。杰瑞以前还写了不少关于福特·马多克斯·福特的长篇大论,罗伯特以前也研究过叶芝(一位描写失去和衰退的终极诗人)。现如今,杰瑞变成了一名经纪人,到处兜售作家凯西的作品;凯西是一个可以利用的摇钱树,但除此以外,也别无其他了。罗伯特是一个成功的出版商,但他在醉酒后坦言自己非常讨厌那套敦促、推广、销售现代散文文学的业务。他们不仅是寄生的文学掮客,而且象征了所有那些为了乏味的中年富裕生活而背叛自己早年承诺的人。

然而,霍尔认为背叛是具有毁灭性的这一观点需要修改限定一下。不断回顾该剧使我相信,爱玛以一种出色的风格在这种欺骗网中幸免于难,而其他两位男士却在精神上被其消灭了。像过去常见的那样,品特以一种海明威式的手法强调了男性之间的友谊,但同时又对女性无限的适应和生存能力表示敬畏。这一点无疑在第一幕中就可以发现：私情结束两年后，爱玛和杰瑞在酒吧重逢（两个人在谈论着过去，正是这一不可动摇的意象促成了品特的想象）。爱玛的自我控制、情绪镇定以及她在职业上取得的成功与杰瑞的踌躇不决、犹豫不定以及他将自己束缚在过往记忆中的状态形成了鲜明对比。爱玛经营着一家画廊，生意非常兴隆，她与杰瑞的客户兼她丈夫的合作作家凯西关系暧昧，而且能够正确地判断和处理过去。"我前几天想起你了。"她告诉杰瑞，并透露了她偶然去基尔伯恩的一次旅行——那里曾是他俩共筑婚外情爱巢的地方——曾勾起她对于过去时光的美好回忆。这与杰瑞后来所说的"我不需要想起你"形成了强烈对照，这意味着他整个人仍旧受到爱玛的影响。爱玛的记忆也非常敏锐。正是她引出了这部戏的一个重要主题：杰瑞在聚会上将爱玛的女儿夏洛特抛向高空再接住的意象在剧中一再出现。在整部戏剧中，这一意象已经变成了一种纯粹的、不可挽回的幸福的象征：这是品特戏剧中又一个失落的伊甸园，同时也是一段具有普鲁斯特式力量的插曲，因为它有能力开启过去。1994年，马修·沃楚斯在西约克郡剧场上演该剧，这是我所看过的、充分抓住了该意象重要性的版本，当时它就在一个垂悬的屏幕上、在不同的场景间不断地重复播放。然而，虽然杰瑞记得那一刻所产生的情绪，但还是爱玛回忆起了具体的情形：

> 杰瑞：是的，那天所有人都在场，大家都在一旁站着，你丈夫，我妻子，所有的孩子们，我记得。
> 爱玛：哪天？
> 杰瑞：就是我将她抛起来的那天，就在你们家的厨房里。
> 爱玛：那是在你们家的厨房里。

相比起杰瑞，爱玛的回忆更为清楚，她的性格也更有韧性。然而，品特并没有暗示她在情感上是无动于衷的——当她在前一天晚上得知自己的丈夫一直都不忠于她时，她依旧感到了震惊和伤痛。但重要的是，得知罗伯特有私情的消息后，杰瑞似乎比爱玛更受伤。（"我从未怀疑过……在他的生活中除了你以外……还有别的什么人。"）杰瑞天真而绝望地相信了爱玛的谎言——这是另外一个微妙的背叛——就在前一晚她告诉了罗伯特她和杰瑞有私情的事情。这一幕完美地凸显了昔日情人重逢时那种令人窒息的辛酸、激情所具有的拉提根似的不平等性，以及女性的坚韧和刚毅，最重要的是，它凸显了背叛错综复杂的本质，即便是在私情结束很久之后，背叛也继续存在。

品特用两种声音把这一场戏精彩地表现了出来。但这种形式和内容之间的对位是构成该剧感染力的重要部分。该剧的主题是背叛的破坏性和复杂性，以及我们情感生活的混乱；然而，场景结构却井然有序、和谐清晰。彼得·霍尔凭直觉抓住了重点，其方式是我们这些领薪水的职业写手所做不到的。在《日记》（1978年10月20日）中，霍尔首先将爱玛描述成"哈罗德写得最好的女性角色"，并将这归功于安东尼娅的影响。他继续说："这部戏剧对哈罗德而言是一个进步。戏剧张力以一种无以复加的速度在增长。要是有人通过该剧联想到莫扎特作品都不稀奇。在我看来，它们有着相同的精准手段，相同的美感，相同的抒情性，相同的突然陷入痛苦的感觉，而这些又因为一种自然的荒谬感而很快结束了。我知道这是一个很奇怪的比较，但它确实存在。"这部戏在形式上有着严格的音乐感，其他人也注意到了这一点——不仅仅是奥斯汀·奎格利和鲁比·科恩——他们指出该剧的场景存在一种对称性的平衡，而且戏剧行动是以罗伯特和爱玛在威尼斯度假这一场景为中心展开的。像科恩所说的那样，将剧中场景分栏罗列出来，你就知道是什么意思了：

1. 1977年：爱玛和杰瑞在酒吧。
2. 1977年（后来）：杰瑞和罗伯特在杰瑞家。
3. 1975年：爱玛和杰瑞在公寓。
4. 1974年：爱玛、杰瑞和罗伯特在罗伯特家。

6. 1973年：爱玛和杰瑞在公寓。
7. 1973年（后来）：杰瑞和罗伯特在饭馆。
8. 1971年：爱玛和杰瑞在公寓。
9. 1968年：爱玛、杰瑞和罗伯特在罗伯特家。

5. 1973年：爱玛和罗伯特在威尼斯。

所有的事情都要么指向威尼斯酒店场景，要么始于这一场景，在那里，罗伯特透露他早已知晓爱玛的婚外情。当戏剧发展到中间部分的时候，该剧的音乐结构因为爱玛与罗伯特针对一部小说的争论而加强了；罗伯特认为这部小说的主题是"背叛"，但爱玛却否认这一事实（"我还没有看完呢，"她说，"等我看完我会告诉你的"——由于我们也还没有"看完"这部戏剧，于是一种身处博尔赫斯镜厅的感觉被放大了）。但真正赋予这一场景以戏剧张力的是，品特通过一种迂回的戏谑之语传达出了爱玛的愧疚和罗伯特的伤痛。1994年，品特在东安格里亚大学朗读了这一幕的内容，当时我聆听了他的朗读。他完美地抓住了罗伯特为了掩饰内心的屈辱而刻意使用的一种漫不经心的、轻描淡写的语气，这非常经典地反映了品特对话中所具有的伪装本质。

第十三章　私人生活

这一场开始时,爱玛靠在床上看书,罗伯特站在窗前望着外面。他们有一搭没一搭地聊着明天的托尔切洛之旅,以及爱玛正在读着的斯宾克斯的新作。罗伯特像一架等待着陆的飞机,环绕四周走动着;随后,他故作轻松地说道,他去了位于威尼斯的美国运通公司,并在那里发现了一封寄给爱玛的信。罗伯特一直假装很生气,因为这封寄给爱玛的信却被给了他("被他们可笑地臆断为是你丈夫");可他越这样做,我们越能理解他在情感上受到的打击。而且,他越是说自己喜欢杰瑞,并认出了信上的笔迹来自杰瑞,我们就越能理解他觉得自己遭到了对他们过去友谊的背叛。这是一个经典的拉提根式手法,最令人叹服的使用是在《蔚蓝深海》之中,人物所说与人物所感截然相反。甚至在爱玛被迫承认"我们是情人"后,罗伯特也只是说:"啊,是的。我曾经想到过可能就是这么回事吧。"但有意思的是,在品特笔下,罗伯特的伤痛通过一种防御性的讽刺而逐渐消失了,就像酸腐蚀掉金属一样。在爱玛坦白她和杰瑞的私情已经持续了五年后,罗伯特所说的"五年?"是用斜体字印刷的,这暗示着一系列复杂的情绪:怀疑、愤怒、真正的痛苦。紧接着,罗伯特开始质疑谁才是他们一岁儿子奈德的生父,这充满了斯特林堡式的意味。爱玛很确切地说奈德是杰瑞在美国的时候怀上的,这导致了一场奇特的交谈:

> 罗伯特:他在美国有没有给你写信?
> 爱玛:当然。我也给他回信了。
> 罗伯特:你有没有告诉他你怀上了奈德?
> 爱玛:不是通过写信的方式。
> 罗伯特:但是当你告诉他的时候,他有没有因为我要当父亲而高兴?
> (停顿。)
> 我是向来很喜欢杰瑞的。说实话,我喜欢他甚至超过了喜欢你。也许我自己倒是应该和他发生点关系。
> (沉默。)
> 告诉我,你还盼望着去托尔切洛吗?

品特赋予了这段话以丰富的含义。首先,我们又见识了另外一种形式的背叛:罗伯特提醒爱玛,她趁情人不在身边的时候怀上孩子是故意欺骗情人,这对爱玛而言无异于火上浇油。而且他说自己更喜欢杰瑞事实上也有多层含义。在一定程度上,这是一个具有讽刺意味的笑话,其目的是维持他之前的故作冷漠。它也在一定程度上公开地探讨了两个睡过同一女人的男人是如何通过渴望相互模仿而联系在一起的:

这是贯穿在《侏儒》《收集证据》《地下室》《独白》之中的一大主题。同时，它也轻描淡写地提到了一种非常英式的男性亲密，这种亲密占据着友谊和性之间的灰色地带。最后，它使该作品具备了情感上的推动力。在一部充斥着多种形式的背叛的戏剧中，最深刻的当数对男性友谊是基于共同的对知识的热爱和年轻时的理想主义这一伊甸园式的观念的背叛。爱玛是一个强有力的角色。但品特曾公开简明地表示，《背叛》写的是"两个最好的男性朋友之间长达九年的关系"。

对失乐园的向往以诸多微妙的方式影响着该剧其他的部分。从严格意义上说，这部戏剧并不是以倒置的时间顺序进行的——威尼斯事件之后的两个场景立即开始探究该事件的影响。第六场的场景设在基尔伯恩的公寓中，它精确地展示了杰瑞如何被爱玛欺瞒，全然不知道她已经泄露了他们之间的恋情；同时也展示了从威尼斯带回一块桌布的爱玛如何具备了更强的伪装能力。在第七场中，当杰瑞和罗伯特共进午餐时，我们可以感受到一种强烈的戏剧讽刺：有些事情我们和罗伯特都已知晓，但唯独杰瑞被蒙在鼓里。然而，这一场也充满了对一个已经逝去了的、有着纯粹友情和文学热爱的世界的留恋。罗伯特对伦敦出版界的厌恶与他独自在托尔切洛晨读叶芝形成了对照。通过这一对照，罗伯特表达了他对那个发生性行为之前的世界的渴望，在那里，友谊没有遭到玷污，对诗歌的热爱也没有为商业概念所污染。最后一场甚至将我们带回到1968年——一个发生了偏离的时间点，当时杰瑞收获了一个天堂，但却抛弃了另外一个。当杰瑞第一次走向爱玛的时候，品特抓住了那种强烈的对爱的自我意识。他也精确地记录了那条蛇进入伊甸园的准确时间。当罗伯特撞见杰瑞和爱玛单独在卧室的时候，杰瑞用一种过分夸张的爱慕之词掩饰着自己强烈的欲望：

杰瑞：你是我的老朋友，最要好的朋友，我们今天的男主人，刚才我告诉了你的妻子她是多么的漂亮。

罗伯特：完全正确。

杰瑞：完全正确。而……面对着事实……毫不脸红地去表达，表达一种不带杂念的、不加掩饰的赞美。

罗伯特：绝对正确。

杰瑞：你能够允许别人这样做真是太好了。这是事实，她的美貌是明摆着的事实。

罗伯特：一点儿不错。

（杰瑞走向罗伯特，挽起他的胳膊。）

第十三章　私人生活

杰瑞：我是以你最老的好朋友和你的伴郎的身份对她说的。

罗伯特：是这么回事儿。

（他轻轻地拍了拍杰瑞的肩膀，转身离开了房间。

爱玛向门口走去。杰瑞抓住她的胳膊。

她停下来，站着不动。两人都站着不动，相互看着对方。）

最后的画面突出了该剧的重点：这是一个时间凝固的时刻，同时也是一个过程的开始。这终将打破男性好友之间的密切联系，也使杰瑞和罗伯特都感觉到了虚弱和相互背叛。但与此同时，它也标志着爱玛的解放和自由的获得。哈罗德·霍布森曾以一种维多利亚时期的口吻暗示说，这并不是一部道德剧，用来告诉人们通奸不是一项有利可图的投资。这部戏在一定程度上反映了背叛自己和背叛他人是如何像病菌一样在整个人类关系的体系中传播的，同时也在一定程度上反映了女性有能力超越这种具有破坏性的男性纽带。这部作品充满了错综复杂的关系：它是一部关于情感灾难、拥有着完美平衡的三重奏；也是一部很毒舌的风俗戏剧，其意义会随着它所参照的棱镜而发生变化。

该剧也表明，品特直接从他自己的生活环境中取材，其比例比他之前的任何戏剧中都要高。然而，这并不意味着该剧就应该被纯粹地解读成品特自传的一部分，或认为它缺乏普适性；但它确实在很大程度上取材于品特与琼·贝克维尔之间长达七年的恋情，后者后来嫁给了广播和电视剧导演兼制片人迈克尔·贝克维尔，他曾是品特早期的拥护者之一。这些事情全都发生在很久以前，现在三名当事人都幸福地再婚了。如果有人旧事重提，那是因为这些陈年往事可以帮助人们阐释《背叛》；而且它还表明，即便是当事者，他们对于过去的事情所持的"立场"也稍微有些不同。

琼·贝克维尔在谈及品特时颇有见地。当我问她品特在多大程度上算得上是一个自传性作家时，她的回答相当坦诚。"我觉得，"她说，"他耗尽心力地从发生在他身上的事情中挖掘材料。提到这，就很难不说一下《背叛》，这部剧反映的就是我和哈罗德的关系，内容也都属实。不论是时间顺序还是具体事件，都非常精确。很多时候，一些微小的事情也被记载于其中，比如说杰瑞提到他抱起一个小女孩——在剧中叫作夏洛特——并将她抛向空中。事实上，在丹尼尔的生日晚会上，哈罗德就的确这样和我三岁的女儿嬉戏过。他充分利用了那一瞬间以及她被接住的情形。这是一个奇妙的时刻，他直接将其写进了戏剧中。有关美国运通公司威尼斯办事处留存邮件的故事也基本是事实。当然，也有一些变动。比如说，爱玛从威尼斯带回的礼物是一块桌布,这象征着她想保留对家庭的挚爱。但我带回的东西更加有趣:一个时间沙漏。所以有的时候,生活中的细节更棒一些。但它就像是一本日记,所以当我第一次读到的时候,非常生气。哈罗德不停地说:'这就是一部戏——就是一部戏。'然而,我还是很生气,因为这部戏被取名为《背叛》。这是一个具有评判意味的词。但我们还是继续背叛着,不是吗?我现在就在告诉你这些事。讽刺的是,这一过程从来都没有结束过。"

不管琼·贝克维尔对于自己的生活被转变成戏剧曾感觉有多么苦恼,这些都一去不复返了。现在在她看来,该剧更多地源自品特对过去和记忆的难以控制的着迷。"哈罗德和我很喜欢彼此,"她说,"我们一起共进美好的午餐。记忆的本质对他而言非常重要。以前,当我们正聊着最近发生的事情时,他走到书架旁,抽出一本《往昔时光》,引用了其中一句台词:'人们总会记得一些事情,即使它们其实从未发生过。'他说:'一个人想努力地记起某事,但他又不确定事情是不是就是那样发生的,这难道不是很有趣吗?'记忆本身,记忆对日常生活、人们所做选择的影响,以及记忆是如何出现的,这些都深深地吸引着品特。当然,以他的精明和才智,是可以掌控其日常生活的:他的外貌,他的友情,以及他的生活方式。但他却不能控制记忆或自己潜意识的暗流涌动。《背叛》就体现了这一过程。只不过剧中所描述的事件过于激烈,导致人们没办法忘记它多么让人痛苦,也不能忘记那千疮百孔的道德基础。因为我们经历过这些,所以做正确的事情在道德上是必要的。这是一件很严肃的事,我想哈罗德肯定花了很长时间才决定将这一经历写出来,以此来接受它。他也知道,如果他提前跟我提这个事,我肯定会大发脾气的。现在当我看到这部戏剧,我觉得它是一部精彩而复杂的作品,虽然它并没有表现出所涉及人物的真正个性——也可能是它太接近真实事件了。但是哈罗德对剧中情景进行了一般化的处理,这样看到这部剧的人会说:'哦,我的生活就是这样的。'"

有一点很清楚,那就是品特从实际经历中提取他所需要的,然后赋予其戏剧意义。将小孩子抛向空中就是一个经典的例子,它表明一个瞬时事件是如何变成一种戏剧隐喻的。同样地,有关威尼斯信件的那一插曲既是事实,也是戏剧构造的一个重要组成部分。当品特发现迈克尔·贝克维尔知晓其私情已经长达两年之久时,他挖掘出自己的震惊感,并将其变成一种个人背叛的象征。但是品特的想象力同样改变着现实。剧中的两个男性角色都是文学经纪人,而不是剧作家和导演。与杰瑞和罗伯特不一样,品特和迈克尔·贝克维尔都不可能被指责说他们背叛了他们年轻时的理想主义;而且,他们也从没有感觉到彼此有什么强烈的亲密感。换句话说,这部戏剧既忠实于事实,同时也是一种戏剧虚构;与品特之前的戏剧相比,这部戏剧要更加接近事实，但它仍然是一部艺术作品。

此外，人们的看法会随着立场的改变而改变。对琼·贝克维尔而言，该剧就像是一本记录个人私事的私密日记，这是可以理解的。但对品特而言，它就是一部有着自身客观生命的戏剧。我曾问他，在动笔之前，他会不会先停下来思考，然后再将他自己的——和别人的——经历合并在一起。他的回答非常具有启迪性："不会……我写完之后才会停下来思考。那个时候，写作的冲动非常强烈，它凌驾于一切。《背叛》的最大特点是，我从一开始就觉得这是一个非常令人兴奋的概念……我拿到了那个酒吧的原始图片，然后我就想，我知道我在这张图片的什么地方……我早就知道我要写一些与我自己的过去相关的东西，但又不真正是我自己的过去……因为事实并非如此。那些经历都变成了其他的东西……事实上，迈克尔·贝克维尔和我从来都不是密友，而且我也不是他婚礼上的伴郎。我们仅仅只是一起工作，相处得相当不错……这部戏就那样产生了……你提到的那些问题只有在你将剧本给了相关人员之后才会开始出现。"

品特指的是琼·贝克维尔；但是那个时候，她的丈夫迈克尔已经深深地卷入了其中，虽然剧中的罗伯特并不是对迈克尔的直接描述，但该人物的处境在很多方面与迈克尔是吻合的。坐在阳光灿烂的埃塞克斯花园里，迈克尔·贝克维尔谈论着他与品特的关系，回顾过去，他的开心中带着一丝苦闷。"我第一次见到哈罗德，"他说，"是在《生日晚会》遭遇惨败之后，当时他带着两个戏剧梗概来广播大楼见我。第一个写的是一名男子醒来后发现自己一直躺在一具尸体旁边，另一个就是后来发展成《微痛》的那部作品。大多数作家在列戏剧提纲时，都是尝试性的，说不清道不明的。但我一直记得，哈罗德当时看着我时目光如炬，而且他给我的那两个戏剧梗概非常清晰明确。他给我留下了极其深刻的印象。虽然我支持《微痛》，但为了播送该剧，英国广播公司戏剧部门之间爆发了大战。芭芭拉·布雷、唐纳德·麦克维尼和我本人都强烈维护品特，反对瓦尔·吉尔古德和所有保守派的制片人，然而他们仍然占有优势。该剧在录制时只是为了碰碰运气，没想到播放的时候非常成功，于是一段为期多年的职业交往和个人联系就此开启。我在广播上也做了一些品特的作品，其中包括《库鲁斯》里的独白，我认为这些独白是具有开创性的，因为它们显示了询问者是如何因为无力掌控停顿而丢失掉权力，进而沦为受害者的。在我担任制片人的时候，我们还在电视上合作过被称为'世界上最大的剧场'的栏目。但很明显，我们的友情因为《背叛》的创作而走到了尽头。这些事情我并不是特别想提起；但我清楚地记得哈罗德在得知我早就知晓他们的私情但却什么都没有说的事实之后，非常愤怒。我想他可能切身感觉到了背叛。"品特回应说："我并没有感到愤怒。我只是觉得非常难过。"然而，尽管迈克尔·贝克维尔因为所发生的事情感到伤心，但他却在1995年将品特的《普鲁斯特剧本》改编成了一部两小时的广播剧，并取得了巨大成功。这也算得上是生活中一个较为微妙的讽刺了。

然而，对于《背叛》近似于现实这一情况及其终极意义，每个人的看法都有所不同。1983年，电影版的《背叛》上映，大卫·琼斯和杰瑞米·艾恩斯、派翠西亚·霍吉以及本·金斯利在将该剧制作成电影时，发现它有一种挑逗性的、让人难以捉摸的特性。"在制作电影的时候，我发现，"他说，"我的立场在不断地发生变化。有时你会觉得爱玛真是非同寻常，竟然能在两个男人之间周旋。但有时你又会想：'她胆子怎么那么大！她怎么能在她的丈夫发现其私情后还一切照旧？'但是这完全是一个有关男性和女性缺乏安全感的三角恋故事。总的来说，因为哈罗德是一个男人，所以他所写的是男性在面对被称为女性的这一巨大的谜、这一令人兴奋的谜、这一具有毁灭性的谜的时候所产生的不安全感。品特的作品之所以这么好，是因为他并没有写那些肤浅的小女人；他只对那些准备和你较量的女人感兴趣。"和其他论断一样，该评论十分精明；它也解释了为什么《背叛》能经久不衰。

《背叛》在剧院首映之前的两个月，品特根据艾登·希金斯的小说《没落的兰格里什》改编的电影版本也成为英国广播公司第二频道的一周佳片，并得到了大卫·琼斯的杰出执导。1971年，品特将该小说改写成了电影剧本，他希望自己能将它导演出来，因此制作了非常详细的摄影镜头。悲哀的是，他一直没有找到制作电影的资金。就像品特开玩笑地对梅尔·加索所说的："它涉及的话题似乎不太吸引人。它讲述的是20世纪30年代三个居住在爱尔兰一所大房子里的中年未婚女人。在门房，有一间小屋，里面住着一个三十多岁的、正在准备论文的哲学系德国学生。现在他们似乎并不认为这是最好的话题。"但在电视上，它变成了一个非常感人的、新的契诃夫式的电影，朱迪·丹奇、安妮特·克罗斯比、杰瑞米·艾恩斯在里面的表演让人非常难忘。

正如琼斯的精明之言，《没落的兰格里什》在某种程度上是"一首献给品特自己在爱尔兰的时光的情诗"；同时也提醒着人们，在那个清教徒式的国家里，激情的本质具有秘密性。但是它在品特的全部作品中意义重大，因为它显示了品特对时间和记忆的执着（尤其是在20世纪70年代早期），同时也反映了他对于德国人性格中的两面性的着迷。以一个破败的爱尔兰田庄在1937—1938年和1932年的情况为分界线，这部作品重现了发生在充满性热情的——如果说缺乏经验的话——伊莫金·兰格里什和成熟的巴伐利亚学生奥托·贝克之间持续了整个夏天的激情爱恋。奥托当时正在学习17世纪的爱尔兰及其风俗。这部作品涉及的是关于这段爱恋的记忆及其深刻的情感反应。在撵走奥托之后，伊莫金给具有剥削性的奥托写了很多封情书，但都没有邮寄出去，这些信件后来都被她的妹妹海伦偷走了，并被藏在了一个抽屉中。对伊莫金而言，这些信件实实在在地提醒着她，她曾短暂地逃离一种贵族化的压抑生活；但对海伦而言，它们代表着那种她从来都没有享受过的生理激情。

品特通过直观的画面来进行思考——这尤其体现在戏剧开场那令人眼花缭乱的蒙太奇镜头上；就像他在改编普鲁斯特作品时所做的那样，这些镜头在过去和现在之间快速地转换。此外，他还通过戏剧人物探索了时间的复杂性。奥托早期认识伊莫金的时候，对爱尔兰女性"本质上的纯洁"大加歌颂；但颂词有一种自食其果的讽刺，因为他让她尝尽了各种性侮辱，使她沦落成了干粗活的荡妇，而后又跟一个乡村妓女背叛了她。然而，品特显然被德国人性格中模棱两可的部分困扰着——这一题材他在《谍海群英会》和后来的电影《团圆》中都有触及和探究。从某种程度上来说，奥托代表的是小心翼翼、一丝不苟、充满学术性的德国思想：他用教学般的精确性向伊莫金解释了爱尔兰地名的词源学，而且当他带她去都柏林观看斯特林堡的戏剧《朱莉小姐》时——该剧讲的也是一名女贵族因为爱上一个社会地位较低者而沉沦堕落的故事——还口若悬河地将它与另外一个发生在杜塞尔多夫地区的类似的故事进行比较。然而，奥托虽然在学术上一丝不苟，但同时也对肉体折磨充满了欲望。因此，他最想念的两大家乡特色是慕尼黑的娼妓和海德格尔的学说也就不意外了。海德格尔是一个哲学家，他对纳粹政权表现出了最初的热情，而且他反感的是纳粹主义的粗鄙，而不是其残忍。一方面，奥托可以说解放了伊莫金压抑已久的性欲；另一方面，他又是一个道德怪物，你可以毫不费力就想象出他加入纳粹党卫军的情形。这部电影不仅是写给爱尔兰的一封情书，同时也探究了品特对德国人心理的复杂感情。

这是一部关于激情、政治和阶级的作品；尤其是谈到了英裔爱尔兰贵族阶级情感上的沉默，这也在一定程度上解释了他们衰败的历史原因。《三姐妹》也经常浮现在我的脑海中。与契诃夫戏剧中玛莎对维尔希宁的激情一样，该剧中的姐妹们没有公开说过任何关于伊莫金和奥托的关系的事情。甚至连情书的被盗也只被拐弯抹角地提到了一下。这些信件不翼而飞之后，伊莫金和海伦站在楼梯平台上对话的一幕事实上就体现了一种简明化编剧的模式，因为所有的一切都隐藏在表面之下：

海伦：这是什么？

（停顿。）

伊莫金：我只是想知道……为什么你……我的意思是……如果你……

（停顿。）

海伦：如果什么？

（停顿。）

伊莫金：嗯，我只是想知道……

海伦：你想知道什么？

（停顿。）

伊莫金：你有没有进过我的房间？

（停顿。）

海伦：目的是什么？

（停顿。）

伊莫金：好吧，也没什么重要的，真的。真的没有什么重要的。

（停顿。）

就这样吧。

（伊莫金走出镜头。海伦转身，向相反方向走去。
摄像机依旧俯视着空荡荡的楼梯。）

在这段对话中，句不成句，节奏支离破碎，而且说话者支支吾吾、欲言又止，不禁让人在脑海里浮现出这段关系的所有历史：妹妹顺从姐姐，害羞的伊莫金不愿意直面或打破海伦那悲伤而多愁善感的存在，以及一个日益腐败的阶级所生活的朦胧世界。在这个世界里，什么都没有被说过，而且人们的决定也多少有些粗俗。

这部电影绝不都是柔和的色调。在都柏林的一个狂欢场景中，品特非常巧妙地强调了乡村沉默和城市粗鄙之间的对比。当时伊莫金和奥托在都柏林碰到了一个喝得酩酊大醉的戏剧评论家香农及其情妇莫琳。莫琳是一个演员，她身上带着城里那些天主教徒特有的愤怒和暴躁。大卫·琼斯回忆说，品特自己曾扮演过香农，他既表现出了他惯常的活力，也表现出了他对噪声的极度敏感："哈罗德出来了两天，但他仍然处于一种紧迫、焦躁的伦敦节奏之中。一天后他才适应过来。他扮演的是这个醉醺醺的评论家，我们在非常封闭的环境进行着拍摄。在其中的两个场景中，有苍蝇嗡嗡嗡地飞来飞去，这让品特很烦恼。他说'如果房间里面有苍蝇，我是没法工作的'，因此苍蝇必须除掉。我想他在那间热得人浑身出汗的阁楼里度过的两天不是很舒服，但是正是这种汗流浃背和战斗状态以一种很棒的方式融入到了表演之中。"

对品特而言，表演一直都是一种形式的释放。诗歌也是如此：不仅是写诗，也

第十三章　私人生活

是积极地推广形式本身。1975 年，品特接受了安东尼·阿斯特伯里的邀请，在沃里克画廊朗诵他自己的作品。后者是沃里克一所私人学校的老师，酷爱诗歌。那晚他们收获的不仅是巨大的成功，这两个男人还发现他们对诗歌有着相似的品位；因此当阿斯特伯里和另外一个朋友杰弗里·戈德伯特决定建立一个小型的出版社并取名为"格利维尔出版社"时，品特给予了热烈的支持。事实上，该出版社是因为 1979 年 9 月发生在珀塞尔厅的一个事件而发起的，当时乔治·巴克、威廉·恩普森、大卫·加斯科因、W. S. 格雷厄姆、约翰·西斯-斯塔布斯和约翰·韦恩都是通过他们的工作来阅读的。那天晚上，品特担任主持人并主持大局。在这之后的很多年里，他往格利维尔出版社投入了大量的时间、精力和金钱。他与别人共同编辑出版了两部选集——《百人百诗》和《翻译诗篇 99 首》——并于 1987 年正式加入了董事会，而且私下还资助了差不多二十卷诗集，负担了各种各样的发布会的费用。品特不会为了自己所做的努力而寻求公众的关注，但这却很好地证明了他是如何经常偷偷做好事的。

　　诗歌向来都是他的最爱之一，但在 1978 年到 1981 年的这段时间里，他需要适应新的住所和新的生活，同时还要想办法解决各种与离婚相关的法律纠纷，于是逐渐将重心转向了导演和电影剧本创作。正是这些工作使其日常生活有了清晰明确的规划，虽然其要求很高，但是剧本创作需要作家屈服于潜意识，较之于这一点，这些工作还是要保守一些。他还可以定期和老朋友一起工作。在这段时间里，他导演了西蒙·格雷的三部新戏剧：在环球剧场上演的《后柱》（1978）、在利特尔顿剧场上演的《游戏关闭》（1979）和在女王剧院上演的《夸特梅恩的条款》（1981）。他还在汉普斯特德剧院工作过两次：1980 年他负责的《温室》首映（后来该剧在伦敦大使剧院上演）；1981 年，他导演了《塔尔斯山事件》，该剧由喜爱板球运动的罗伯特·伊斯特所写，他是品特的同事兼老友。品特是作家眼中导演的典范：就是那种其他作家可以百分之百信任的人，因为他们知道他永远都不会破坏文本。然而，格雷的戏剧却在现实生活中遭遇了重创。

　　尽管《后柱》有包括杰瑞米·艾恩斯和巴里·福斯特在内的强大阵容和精彩的话题——讲述的是 1887 年五个男人在参加营救艾敏·巴夏的斯坦利行军之后被遗留在刚果营地的命运——但却从来没有获得过成功：没有运用隐喻、外界评论冷淡、上演时间较短。《游戏关闭》是一部颇有感染力的家庭悲剧，但它似乎从一开始就问题不断。排演时正值国家大剧院舞台工作人员在进行威胁性的纠察。有一次，患有帕金森病的迈克尔·雷德格雷夫被迫从他乘坐的出租车上下来，拖着腿走了 90 多米才来到后台入口。佩琪·阿什克罗夫特因为软组织问题忍着剧痛排练了一周，但之后不得不离开剧团。1979 年 9 月，在连续排演三个月后，出现了一次激烈的争论，其焦点是应不应该在蒙巴顿勋爵及其家人遭到爱尔兰共和军谋杀的情况下还前往都柏林上演这部戏剧。最开始，品特与那些拒绝前往的剧组成员想法一致；然而，整个团队最后还是去了。甚至连《夸特梅恩的条款》——可以说是格雷最好的戏剧——都有它自己的问题。格雷记得他和品特曾经因为布鲁·斯凯尔斯在最后一场穿什么衣服这类实际的问题而发生过异常激烈的争吵，但一般第二天早上就都解决了。作为制片人，迈克尔·格德伦回顾这部剧时多少有些悲伤。"这并不是，"他说，"最快乐的一次经历。所有的事情都得按照品特的进度来进行，因为我们必须等着他先兑现其他的承诺，然后我们不得不去女王剧院上演，而那里实在是太大了。哈罗德也变得过分维护他作为导演的地位。我记得在伦敦巡演前，我有一次去珍妮·奎尔的化妆室，她问我她的表演能否被观众理解。我说：'当然可以，只不过你表现得过于软弱。'她说：'是的，我是这样。'然后我就遭受了哈罗德的一顿猛攻，他说：'能不能烦请你记住，以后所有的评论都必须由导演下达。'这相当让人震惊。毕竟，如果哈罗德只是一个刚刚和我共事的人，我就不会如此震惊了。"

虽然品特与安东尼娅刚刚获得了家庭的幸福，但他在公共场合却经常大发脾气。往轻里说，我们只能认为他因为和费雯离婚的事情刚刚经历了一段极其难熬的时期。直到最后一刻，费雯都在想方设法让大家日子不太好过。最终，所有的事情看起来似乎都通过法律得到了解决，于是结婚聚会被提上日程，定在了1980年10月，此时刚好赶上品特的五十岁生日。他们布置好了场地，也邀请了宾客。在品特和安东尼娅已经住了三年的坎普顿小丘广场，一个华盖帐篷在房前的草坪上搭建起来。然而，费雯却在最后一刻拒绝在相关的离婚文件上签字，因此品特和安东尼娅的婚礼不得不在招待会结束两周后才举行——这也算得上是怀恨在心的费雯小小的报复性胜利。

在努力克服离婚疼痛的同时，品特还一直在想办法将约翰·福尔斯的小说《法国中尉的女人》改编成电影，但这似乎是一个非常棘手的问题。但凡熟悉这本书的人都会知道这项工作的艰难：可以说这是自处理普鲁斯特作品以来品特所面对的最棘手的工作。一方面，福尔斯的这部现代经典之作是一部模仿维多利亚时期爱情小说的作品。它讲述的是富家子弟、业余古生物学家查尔斯·斯密森为萨拉·伍德拉夫的巨大魅力所倾倒的故事。神秘女子萨拉经常来到小镇莱姆的科布堤岸，追忆那个抛弃了她的法国士兵。另一方面，该小说是一部幽默的后现代主义作品，小说中人物对精神自由的追求与读者选择不同版本的能力是相互呼应的。在小说进行到四分之三处时，福尔斯向我们展示了他笔下的男主人公选择了一种体面的、维多利亚式的处世风格，放弃了他对萨拉的迷恋，以此来保全他与未婚妻的婚姻。但是，福尔斯问：如果查尔斯选择继续追求萨拉，又会怎样呢？查尔斯不停地寻找她，几年后才发现她已经成长为一个维多利亚式的新女性，在画家丹蒂·加布里埃尔·罗塞蒂那里担任抄写员。在其中一个结局中，萨拉透露她生下了与查尔斯的私生子，于是二人就在男女平等的基础上开始了新的生活；在另外一个结局中，查尔斯离家而去，不甘心过一种压抑的孤独生活。让事情更加复杂的是，福尔斯还在书中展示了他对小说本质以及作家与笔下人物之间的关系的思考。在一个猜测性的章节中，他写道："只有当我们笔下的人物和事件开始违背我们意愿的时候，他们才开始有了生命。"这是一部超凡的、独出心裁的作品，在该作品中，萨克雷见识了那个法国"新小说"的世界：一流的爱情小说与法国新小说派作家罗伯-格里耶及萨洛特的结合。

怎样将这一切都搬上银幕？如何将福尔斯独特的文学离间效果用电影的形式表达出来？又怎么处理视角的变换和不同的结尾？最后的解决办法是，将查尔斯和萨拉的虚构生活与扮演他们的演员——迈克和安娜——的情感体验进行对照。但是品特很谦虚，没有将其归功于自己。"这根本就不是我想出来的，"他说，"而是导演卡洛尔·赖兹的创意。我们坐下来讨论的时候，我一点想法也没有……我只知道我不想做什么……你能想象一个叙述者坐在房间里说'我是这本书的作者'吗……我们一时拿不定主意该怎么办，突然卡洛尔说：'要不让那两个演员来表演怎么样？'他的话让我一下子来了精神，因为我觉得这种视角确实很有意思。而且还跟小说有些类似……这是卡洛尔的想法。但事实上我马上说：'我想按照这个想法尝试一下。'"

品特非常巧妙而智慧地将两个世界——1867年和当下——并置在一起：小说和"事实"一直相互交织，这样一来，不仅强调了二者之间的对照，而且揭露了昔日和今日之间在性别、道德和伦理上的差异。迈克已经成家，安娜也有一个美国男朋友。二人在拍摄现场发展起来的暧昧关系不仅与小说中查尔斯和萨拉所面临的困境相似，而且为其做了铺垫。在第27号镜头中，迈克和安娜躺在她的旅馆房间里。迈克接听了单位打来的说安娜没有按时到达拍摄现场的电话。安娜开玩笑地对迈克在她的房间接听电话表示抗议："他们会因为觉得我不道德而解雇我的。他们会认为我就是一个妓女。"对于她这个解放了的现代女性而言，这只是一个具有讽刺意味的笑话，但这却预言了维多利亚时期非常真实的困境，萨拉后来（第103号镜头）在莱姆镇的小崖上也向查尔斯讲述了这一困境。由于与那个抛弃她的外来陌生人有着联系，她已经变成了一个被社会遗弃的人："我已经将自己置于了一个越轨的境地。我现在什么都不是。我甚至都算不上人类了。我只是那个法国中尉的妓女。"

然而，品特不仅让过去和现在之间存在这种讽刺性的呼应，还采取了一种强烈的女性主义立场，将安娜对萨拉的不断认同与迈克对纯技术性表演的关心进行了对比。在第49号镜头中，他们都在旅馆的房间里。安娜正在研究维多利亚时期的背景，而迈克正读着报纸上的体育新闻。安娜计算出，如果萨拉离开莱姆去了伦敦，那么在她所待的城市，妓女们平均每周要接待 200 万嫖客，而当时男性人口是 125 万。在安娜看来，利用这种方法可以探究人物的部分想法以及维多利亚时期女性所遭受的剥削。但在迈克看来，这仅仅证明了婚外情。他还突然拿出他的便携式计算器，根据小男孩和老年男子的数量进行调整：“一名维多利亚时期的绅士一周大概有 2.4 次性交行为。"

品特不仅对比了美国人的墨守成规和英国人的玩世不恭，还经常显示安娜如何被萨拉这个角色"带进去了"，甚至会利用暧昧关系来探索她作为一名女性的自由。迈克则弥漫着查尔斯的气息，有些半吊子作风；与此同时，他还像自己所扮演的人物一样，受着性和情感的奴役。品特并没有简单地说生活模仿艺术或演员必然会因为他所刻画的人物而显得逊色。他主要的历史学观点是我们的性别认同和我们现在的态度是由过去不断积累的经验而形成和塑造的。安娜的女性主义自由——她在摄制组举行的联欢会结束后就开着白色的跑车离开了，去追寻她自己的生活——是维多利亚时代的前辈们忍受痛苦、不断挣扎的结果。迈克无助的迷恋与查尔斯的迷恋非常相似，然而，这让我们得出结论：男人仍然被束缚在不屈的态度中。女性在过往中进步，从过去中获益；但男性依旧缺乏自信，而且具有剥削性。这似乎是一个不可避免的结论，迈克在他的情妇快速消失在远处的时候绝望地最后喊出了一声"萨拉"，这又强化了上述结论。

品特不仅找到了在电影上与福尔斯的文学离间技巧相对应的表现手段，而且进一步推进了主题思想。他对比了维多利亚时期折磨人的激情和现代女性进行道德抉择的能力。他还更为清楚地展示了萨拉如何从维多利亚小说中标准的神秘女人变成了一个有着自由、独立灵魂的人：她作为艺术家的发展成了她个人成长的一种象征。不可避免地，品特的剧本必须对整本书进行一些删减——比如说，砍掉了查尔斯丢弃自己对头衔和财富的期望值这一情节——然而，1981 年该电影发行时却在英国和美国受到了观众的热烈欢迎，还在美国获得了奥斯卡最佳影片提名。乔·洛西在观看该影片时为其叫好，而且指出了它与《仆人》《车祸》《幽情密使》之间的相似之处。就像品特的银幕作品经常遭受的那样，对该影片最为严厉的评论家当数《纽约客》极具影响力的波琳·凯尔。最开始，她抨击了电影里的女明星："我们从来没有真正地进入过这部电影，因为扮演萨拉的梅丽尔·斯特里普虽然在技术上完成了表演，而且堪称完美，但她没有一点神秘的气息。她苍白无力，而且非常冰冷。"凯尔也不喜欢影片那种精制的、校准的基调："改编该剧的哈罗德·品特就是个出名的压缩机，他将故事都掏空了，而导演卡洛尔·赖兹则非常谨慎地用'艺术'来填补这一空缺……其结果是贫瘠得有点过分。"凯尔一直都比较喜欢别致的美国公路电影，而不喜欢时髦的英国电影，但她这次的评论有点一家之言。她也没有认识到品特的成就在于找到了一种能够对应福尔斯文学技巧的电影形式。甚至小说中那种替代性的结局在电影剧本中也是有所匹配的，因为我们可以看到查尔斯和萨拉之间的和解，以及迈克和安娜之间坚定的分离。而这本身也是品特呈现的最微妙的效果之一。他暗示，在小说中我们寻求着解决方法和和谐之道。但在生活中，事情的发展却不尽相同：一个人要想获得一种新的成熟，需要以另一个人痛苦的孤独为代价。品特重新思考并架构福尔斯的小说，但并没有背叛它最精髓的女性主义思想或自我指示的趣味性。

正如爱丽丝·雷纳敏锐地指出的，事实上自《普鲁斯特剧本》以来，品特在他的很多舞台剧和影视作品中变成了一个"后戏剧家"，"一个分析干预事实和创作行为的人"。在《法国中尉的女人》的第二个镜头中，查尔斯正在一台显微镜下检查化石，雷纳敏锐地抓住了这一镜头的象征性意义：

> 他正在刮化石，慢慢地一只有眼鹦鹉螺的形状出现了。然而，没法凭肉眼确定的是他到底是在进行雕刻还是简单地发现。我想把这一意象看作品特的自我意识，尤其是当他将别的作家的作品改编成电影剧本时。对他而言，他在同时做两件事：第一次进行创作，并发现业已存在的东西。这一意象的模糊性包含着在创作艺术的过程中产生的模糊性。

你可以看到这种对"创作"过程的着迷是怎样影响着品特在20世纪70年代至80年代早期创作的作品的。《普鲁斯特剧本》的结尾是马塞尔准备开始从事（"是时候开始了"）我们刚刚目睹的那个故事的创作。《最后的大亨》涉及的不仅仅是电影制作的过程，门罗·斯塔尔还希望在电影和现实中重塑他那已经过世的妻子的形象。《法国中尉的女人》明显是关于现实和小说之间的相互作用的。同样地，《无人之境》谈及的是写作的本质；《背叛》则运用了突出的叙事技巧，当戏剧不断向前发展时，叙事在时间上是向后倒叙推进的，这就必然会提醒你作者的在场。品特并非一开始就有清楚的计划，很明显，所有这些不同作品的结构性解决方案是对具体问题的回应。但是不可否认的是，品特似乎着迷于创作的过程，以及艺术和生活之间神秘而模糊的关系。在其电影剧本中，他经常将"小说"和"现实"对等起来，就像在《无人之境》中将可怕的梦魇和《背叛》中他自己生活中的真实事件变成一种具有共鸣的小说。有了想象力的神奇魔力，自传就变成了艺术。

第十四章　往日之声

艺术可能是记忆的一种形式——是一个人生命中重要经历的提炼——但是有些事情因为太过于悲惨和痛苦而被升华成了戏剧虚构。毫无疑问，1982年，当品特得知费雯在53岁的年纪因为慢性酒精中毒而去世时，他受到的影响是深远的、长久的。在与品特分居并离婚之后，费雯的生活和事业的确问题多多。她工作的日子屈指可数，她曾在格林尼治剧院参加过考沃德戏剧《旋涡》和斯特林堡戏剧《父亲》的演出，进行过阿尔比戏剧《都结束了》的巡演，也在影视剧中担任过令人瞩目的配角。然而，这类工作越来越少，因为她落下了一个不靠谱的名声。但是根据费雯生前最后几年的法律顾问安德鲁·拉维邦德所言，是费雯自己制造了她被彻底抛弃的印象，然而事实却稍微有些不同。"她住在一个舒适的公寓里，"拉维邦德说，"这间公寓是位于布莱克希思的卡托尔庄园的一部分。那是在汉诺威露台的房子正在拍卖的时候购买的，但它的购得并不像她所希望的那样，因为它签的是官地契约。但是，她和哈罗德·品特曾建立过一个公司，作为其董事，她可以拿到固定的薪水。她还有一个非常体贴的秘书，名叫罗伯塔·哈里斯，她每天都从威尔斯登开车前来回复信件，并处理费雯的其他事情。此外，还有一群看护在照料着她，这其中有一个非常棒的小伙子，叫安特·彼得斯，他曾是格林尼治剧院的总勤杂工，经常过来陪伴着费雯。即便如此，我们谁也阻止不了她把自己给喝死。我想，她可能从来都没有完全接受自己不再是哈罗德·品特的妻子这一事实，尽管他们已经离了婚；好像她每天都在期盼着他能从那扇门外走进来。从品特这方面来讲，他在尽一切可能帮助她，并且以一种很奇怪的方式，十分怜爱地满足着她的需要。她是一个极度悲伤的人，但尽管她喜欢给人们留下这种印象，她却并不缺乏精神支持或财务支援。"

对他人的不幸进行道德说教是很容易的——尤其是在美国，流行媒体的专家和

第十四章 往日之声

强硬的女性主义者很快就将品特扔到了审判席，指责他导致了他的妻子在分居和离婚之后逐步走向崩溃。但是事实远比这复杂得多。在品特因《看门人》第一次声名大噪后不久，他们的婚姻就已经开始瓦解了，尽管表象并非如此。而且，费雯天生就缺乏安全感，当她知道自己的名声在很大程度上依赖于她丈夫的作品时，这种不安全感愈发严重。甚至在最终不欢而散并离婚之后，她似乎也没有办法接受这一现实。不管人们有多么想帮助她——很显然他们也是这么做的——她仍然深陷在安德鲁·拉维邦德所说的与前夫的"心理战"之中。

品特现在还很不情愿谈起他的第一段婚姻，很明显他还很痛苦。"问题在于，"他说，"我们现在谈及的是一段长达十八年的婚姻生活，这不是简简单单几个标题就可以概括的。我想说的是，我们曾经非常快乐，我们之间有很多欢声笑语。所以说，并不全是悲观绝望、矛盾冲突和紧张焦虑。作为一个个体，费雯有着最美好的品质。她非常幽默。我记得大概是在我们尝试改写普鲁斯特作品的时候，她曾给我写过一张很棒的便条。她说乔·洛西来过电话，说是《追忆似水年华》还差最后一个球手……这一信息将普鲁斯特和板球以一种巧妙的方式结合在了一起。她可以理解板球对我而言和普鲁斯特一样重要。她也读过很多诗。我们一起参加了很多诗歌朗诵。早些时候，她、我和丹尼尔一起度过了不少美好的假期……我一直都记得在苏格兰的一次度假，当时丹尼尔大约六岁。一切都是那么美好。但生活却会因为任何一点复杂的原因就变得非常艰难。在我们最终分道扬镳之前，我们在汉诺威露台曾有过一段异乎寻常的生活，因为除了老朋友以外，我们几乎不见什么人。从没有人来敲门。我们也从不用去开那该死的门。除了约好的人以外，没有人来过。在这期间，我有过其他几段性关系。从专业角度而言，费雯和我的关系的整个问题因为《风景》一事而恶化了。生活变得越来越阴暗，越来越暴力……但是暴力从来都不是躯体上的……它就那样爆发了，真的……悲哀的是，她作为一个演员，其名声与我的作品捆绑在了一起，但其实并不一定要这样子。最后，她去了皇家莎士比亚剧团，扮演麦克白夫人。她本来还可以做很多其他事情的……尤其是在安东尼娅和我住在一起后，她的职业生涯原本可以是非常丰富的。但问题就在于她是一个相当孤独的人。她鲜有女性朋友……她确实已经没有什么演出欲望了。她变得非常具有占有欲，依赖性也很强。这一切都太令人悲痛了。这些事情不是哪个人用几句话就可以概括总结的……"

这不是第一桩因为突然成功或两个人之间的公众认知度差距日益拉大而被摧毁的戏剧性婚姻，而且要追究到底是谁的责任也没有任何意义。事实是，品特在离婚之后尽其所能，尽量保证费雯没有经济困扰。他甚至不辞辛苦，想方设法地确保她有一个永久性的伴侣。毫无疑问，她在他心目中和记忆里都占据着根深蒂固的位置。而且她的离世给他带去了深刻的影响：我记得那天我在《卫报》上给费雯写了一段热情洋溢的悼念文字，称颂她所做的工作，突然一封来自品特的感谢信出现在了我家门口；虽然我与他之前的交情明显很一般，但他的言语里充满了感激之情。更难评判的是分居、离婚以及费雯的早逝对品特的心灵和职业生涯产生的长远影响。在以前的快乐时光中，不管是有意识的还是无意识的，费雯都是他的缪斯。毫无疑问的是，他对于女性进行描述时，用埃德娜·奥布赖恩的话说，就是因为费雯的实际存在而"受到启发的"。当他们的婚姻日益衰亡，品特对于男女关系的描述也变得越来越阴郁和苛刻，甚至在《无人之境》中，男女关系仅仅存在于具有竞争性的记忆游戏中，这些一点也不令人意外。很明显，品特与安东尼娅的新生活也释放出了曾经一直沉睡的东西：对公众世界里的不公和伪善的关注。我们只能猜测，费雯的死给品特带去了悲痛，甚至是残存的负疚感，这在一定程度上解释了品特在20世纪80年代早期出现了为期三年的创作空白。由于品特在谈及个人问题时非常敏感，我推测正是费雯的死促成了充满"沉默的痛苦"的时期的形成。品特一直被认为是一个有点难以接近、让人生畏的人。但事实上，他是一个相当感性的人，只是经常以一种专横的外表和深色的眼镜来掩饰他强烈的感情。

死神似乎在1982年偷偷地来到了品特身边。这一年8月，他失去了帕特里克·麦基，这是品特从早年起就很珍视的一位朋友，一直在爱尔兰做巡回演员。但品特个人的疼痛在一定程度上被一部统称为《其他地方》的三连剧的巨大成功掩盖了，该剧由彼得·霍尔执导，于10月在科茨洛上演。在这三部曲中，《家庭声音》是在1980年作为广播剧而写的，并且已经在国家大剧院作为舞台剧上演过。在另外两部戏剧中，《维多利亚车站》使人回想起品特早期的成功，他以一种讽刺时事的滑稽剧形式来探究严肃的主题。但事实上是第三部戏剧《一种阿拉斯加》，代表了一次新的启程。尽管该剧是品特受现有作品——奥利弗·萨克斯的《睡人》——启发而创作的舞台剧，但它同时也包含着一种赤裸裸的情感主义，这将在十一年后的《月光》中结出更丰富的果实。它们是一部引人入胜的三连剧，探索了常见的一些领域——比如说失去、孤独、沟通的失败和生死之间的无人之境——同时提供了通向未来的路标。正因为如此，品特的作品拒绝简单的分类，主题、想法、情绪像交响乐的主旋律一样不断地反复出现。

在构成该三连剧的三部作品中，《家庭声音》在某种程度上而言是最奇怪的。这是一个三声部作品：儿子、母亲和父亲。它主要包括儿子和母亲之间的书信往来，以及父亲以一种鬼魂的形式所进行的干涉。然而，它巧妙地改变了它在剧中所依赖的媒介的意义。在广播中，当青年男子想象着那些他可能已经寄出的信件和他可能已经收到的回复时，故事似乎全部都发生在男子的意念之中。在舞台上，那名母亲和儿子并肩坐在一起，父亲从坟墓里发出幽灵般的声音，随着这一幕的展开，该剧显然表达了人们深切地渴望能够超越亲朋好友之间所存在的鸿沟。

同样给人留下深刻印象的是内容和形式之间的对比。该剧所关注的问题极其严肃：离开家园、脱离父母，以及将我们所出生的家庭替换成我们所继承的家庭所带来的愧疚。然而，作品的语气却是轻松愉快、滑稽搞笑的，剧中那些居住在古怪公寓——那个儿子在写给母亲的信件中对其进行了描述——里的人物似乎也明显带有狄更斯式的特色。那些女人都被叫作威瑟斯，但她们之间的关系却无法确定。女房东威瑟斯夫人是一个七十岁高龄、顽皮淘气的前空军妇女队成员，她将主人公视为可以替代其儿子角色的人。她喜欢使用选择性的措辞，比如说"不要搞砸了，查利"，这是她从那段喧闹的服役生涯中学来的。"你确实很像她，母亲。"那个儿子暗示道，但这样说多少有点缺乏说服力。有一位威瑟斯女士，为了十五岁的、洛丽塔式的简·威瑟斯，充当起了妓院老鸨；而简·威瑟斯经常挑逗性地将穿着黑丝袜的大腿放在主人公的腿间，她有将臀部玩弄于脚趾间的天赋。甚至连公寓里的男性居住者也相当奇怪：年迈的本杰明·威瑟斯明显精神错乱，经常提供神秘的宗教警告；赖利是一名奥顿式的同性恋警察，他将死亡等同于爱情，让人胆怯不安。在那个儿子决定抛弃他的代理家庭、回归家乡的那一瞬间，他想象自己被母亲拒绝，并永远地与他那死去的父亲隔绝开来。

猜测一下品特为何会在五十岁的年纪突然选择写一部基本上是关于青春体验的戏剧，是很有趣的一件事情。对此，赫斯·蔡夫曼有一个非常有趣的理论，他认为该剧是品特的《一个青年艺术家的画像》，讲述的是这名艺术家通过其作品创造了一个和他自己的家庭一样真实和牢固的替代性家庭；品特就像乔伊斯笔下的主人公，选择了"沉默、放逐和狡黠"。可以很确定的是，这是一部有着强烈自我指涉意味的作品：不论是在主题上还是在语言上，它都与品特的毕生之作交相呼应，其范围从威瑟斯夫人那令人窒息的母性一直到用臀部作为性欲的象征。此外，这部戏剧也谈及了父亲和儿子之间无法言说的爱——由于品特上有七十多岁的父母，下有二十出头的儿子，这点想必他是非常清楚的。但对该剧而言，最合理的解释是通过结婚进入朗福德家族后不久，品特的潜意识受到了其他东西的推动：一个新生家庭的幸福投射出了人们对原有家庭所负有的责任，因此这一幸福也被蒙上了一种愧疚感。在与费雯结婚后不久，品特创作了戏剧《房间》（很巧的是，该剧写的也是一位名叫赖利的角色），论及了家庭和过去无法满足的要求。如今，品特即将拥有新的姻亲关系，所以他重拾了同样的主题。《家庭声音》似乎是因个人境遇而促成的，但同时也表达了一种普遍的恐惧：不论我们是父母还是孩子，永远都没法真实地表达我们的爱有多深。

《维多利亚车站》是这部三连剧的中间一部，从某种意义上说似乎是一种倒退，类似于早期的品特在 20 世纪 50 年代所写的时事讽刺短剧。在该剧中，我们看到一个满嘴污言秽语的人——他是一家设有无线电通信设备的出租汽车公司的主管——因为一个似乎从未听说过维多利亚车站的倒霉司机而与其茫然不解较着劲儿，与自己愤怒的孤独较着劲儿。该剧很滑稽，也很荒凉，但它与前后两部戏剧的联系非常强烈。就像《家庭声音》一样，它向我们展示了身处两个不同世界的人，他们尝试着交流，却徒劳无功。在前一部戏剧中，孤独和分离是由家庭生活造成的，但在这里，它们却来自工作过程本身。该剧还为《一种阿拉斯加》埋下了伏笔，因为这个司机虽然是一名专业的出租汽车司机，但却"失踪"了，而且只存在于一种暂停的意识状态之中：

> 主管：你从来没有听说过维多利亚车站？
> 司机：没有。从来都没有。
> 主管：那是一个非常有名的车站。
> 司机：嗯，老实说，我不知道我这几年都在干什么。
> 主管：你这几年都在干什么呢？
> 司机：嗯，老实说，我不知道。

这种处在睡眠和清醒之间的模糊状态正是《一种阿拉斯加》的主题所在——这部戏剧甚至在我初次接触时就让我觉得它是一部杰作。当然，它与品特其他的舞台剧截然不同，因为它源自奥利弗·萨克斯的《睡人》：该剧用饱含同情的笔触从医学的角度详细地描绘了二十个遭受流行性疾病侵袭的病人——这种流行性疾病是嗜睡性脑炎，也称昏睡症——它们在 1916 年至 1917 年冬天蔓延到了整个欧洲和世界其他地区。在接下来的十年里，有近五百万人感染了这一疾病，超过三分之一的人因此而死去。正如品特介绍该剧时所说的：

> 幸存者中，有一些人幸免于难，几乎毫发无损，但大多数人都进入了一种更为严重的状态。感染最严重的人陷入了一种异常的"睡眠"状态——对周围事物有所感知，但纹丝不动，不瘁不寝，而且毫无希望或意志，被局限在精神

病院或其他机构之中。五十年后，随着有着显著药效的左旋多巴的开发，这些昏睡症病人再次被唤回现实。

品特的戏剧由该书激发而来，但其创作过程却与那些直接源自生活的作品有着惊人的相似之处：在还没找到戏剧表达之前，形象和观点就已经在他的意识之中扎根了。当真到了开始写作的时候，这些形象就会根据自身内在的逻辑开始发展。1990年，在修订版的《睡人》中，萨克斯总结了各种将其作品拍成电影或搬上舞台的尝试，通过这样做，他生动地描述了品特的方法：

> 早在1982年，我就收到了一个从伦敦寄来的包裹，里面有一封哈罗德·品特的来信和新剧本《一种阿拉斯加》的手稿，据他所言，该剧作受到了《睡人》的启发。在信中品特说，1973年该书初版时他就读到了这部作品，并深深地被其感动了；但随后他就"忘记"了，一直就这样"忘记"着，直到几年后它突然又出现在他面前。（这使我想起了里尔克的《杜伊诺哀歌》的起源，该诗作沉寂了很久很久，十年后，突然爆发性地再现了。）品特说，去年夏天的一个清晨，当他醒来时，该剧的第一个意象——病人正在被唤醒——和第一句话（"有些事情正在发生"）就清晰、紧迫地出现在他的脑海中；于是这一剧作就在接下来的几天、几周中"将它自己写好了"。

令人好奇的是，对这一创作过程所进行的描述与该剧的主题非常相似：对这本书的记忆就隐藏在品特的意识之中，并处于一种冻结的状态，直到差不多十年之后才得以释放。没有人会声称艺术家应当以同样的方式承受与悲惨的昏睡症病人一样的痛苦，但品特为何会对剧中的黛博拉——"沉睡"了二十九年，在四十五岁的时候醒来——产生如此强烈的共鸣？有一种可能的原因是，作为一名作家，他很清楚生活在一个介于激烈活动之间的半球是什么样子。当然，还有一些其他的原因可以解释为何品特的想象力会因为这一患者而激发：它激发人们对处在意识世界和无意识世界之间的这一怪异的无人之境进行思考，并对人类记忆的特殊性进行思考，因为在人类的记忆中，往事依旧非常鲜活。然而，该剧之所以如此动人，是因为品特不仅把自己置于素材之下，而且任由其表达他自己最关心的事情。萨克斯第一次读到品特的手稿时就抓住了这一点，他作为一名文学评论家的敏锐性就如他作为一名神经学家的敏锐性一样高。他给纽约卡梅尔山医院的同事玛吉·科尔看了这部戏剧，后者评论说："这不像是品特的作品。而就像是事实。"但萨克斯回复说，品特就像是真理一般的存在。他写道：

> 不知何故，我认为品特的感知超过了我的文字、洞察和猜想，不可思议地触及了问题的核心，即最深处的事实。不管玛吉说了什么，这都是一部非常具有品特风格的戏剧——他的想法，他的语言，随处可见——除了品特，没有人能写出这部剧。然而，矛盾的是，它在另外一个层面上又不完全是品特式的，因为该剧完全是透明而超验的；作者就在那儿，隐而不见，就在作品的背后，凌驾于作品，但（套用一下乔伊斯的话）他不断完善自己，直至不复存在。

显然，该剧受到了萨克斯所记录的关于罗斯·R 的特例的启发。罗斯·R 是一个有钱有势有才华的纽约大家族里最小的孩子，并且天生就对舞会、社交生活和飞机充满着激情。1926 年（"R 小姐真正活着的最后一年"），她被嗜睡性脑炎击垮，此后的 43 年都处于一种永久睡眠或昏迷的状态。1969 年，萨克斯开始用左旋多巴对她进行治疗，并记录了她被唤醒的惊心时刻：她唱过的歌、她讲过的笑话、她提及的那些只存在于 20 世纪 20 年代的数据、她使用过的那些过时的举止和口吻，以及她对过去的无法控制的留恋。事实上，她似乎一直停留在"过去"。然而，虽然她清醒了几天，但她最终还是回到了之前那种神志恍惚的状态。萨克斯暗示，该药物使她不再那么僵硬，但她却退回到了一种睡美人的状态，被唤醒对她而言是不可承受的，因此"她永远都不可能再被唤醒"。

品特写的是戏剧，而不是案例史。他修改了 R 小姐这一案例中的一些具体情况。他笔下的女主人公黛博拉是一个富有的英国人，而不是美国人。在萨克斯的日记里长达一个月的唤醒过程被压缩成了一部 50 分钟的戏剧。女主人公再次陷入恍惚麻木的状态在戏剧中并没有得到再现。但品特抓住了萨克斯记录中的一个关键点，即 R 小姐觉得她的"过去"就是现在，而且对她而言从未感觉到"过去"。品特以此为戏剧的支点，使黛博拉记忆世界里的内在主观现实与多年来精心照顾她的霍恩比医生的外在客观现实形成对照，同时也与她的妹妹玻琳（也是霍恩比的妻子）的外在客观现实形成对照。品特暗示，这两个世界都有其合理性，但悲剧在于它们没有交集。他还认为，在这类案例中，出于得体的反应和沉默的同情，观察者往往要比被观察者承受更多的东西。但品特的成就就在于他将黛博拉的被唤醒变成了一种隐喻，象征着我们大多数人在某个时刻都会经历的一种感觉。在那个时刻，甚至是我们最亲近的人——家人、朋友、爱人——都变得像梦中的人物一样缥缈。

该剧打动人的正是其思想的微妙和用语的简练。在一定程度上，黛博拉的世界

第十四章 往日之声

与霍恩比及玻琳的世界之间的对比是通过语言来建立的：她使用的是有点过时的、令人透不过气的上层阶级俚语（"你有没有和我交媾过？"），这与他们冷淡朴素、不加修饰的语气完全不同。甚至连时态的变化——这在品特的作品中很常见——都能传递出一种突然出现情感冲击的印象。黛博拉愉快地谈论着未来，尤其是她另外一个妹妹的婚姻前景。有一次她问道："埃斯特尔是不是要嫁给来自汤利街的那个男孩啊？那个活力男孩？玻琳说他没啥头脑。"她得到的答复是令人震惊的：

霍恩比：她没有嫁给他。
黛博拉：没有吗？
（停顿。）
这会是个巨大的错误。这会毁了她的生活。
霍恩比：她并没有嫁给他。
（沉默。）

在这简短的对话中，从黛博拉使用的表示将来情况的虚拟条件句到霍恩比使用的过去式这一关键性转变中，你可以感受到黛博拉的困惑和迷失。就好像她还在试图说服自己去理解霍恩比为何会否认一种在她看来依旧存在的可能性。在品特笔下，对话中的每一个词都是经过精确挑选的，以促成戏剧情景的悲怆之感和间接幽默。比如说，黛博拉与妹妹玻琳之间的对抗就充满了尴尬和令人感到滑稽的困惑，这并不仅仅是因为这个"较年轻的"妹妹如今已是一位中年妇女。"哎，你变了，"黛博拉说，"变了很多。你变老了……完完全全地。发生什么事儿了？"这里用得最完美的一个词就是"完完全全地"，它意味着这个突然间头发灰白并自称是她妹妹的女人不仅在形态上发生了变化，而且在本质上也发生了变化——与黛博拉记忆中那个活力四射、嬉笑喧闹的妹妹相比，她就是一种完全不同的人。

我们为这一情景所感动，为两种不同的现实相互冲突的感觉所感动。我们为品特语言的老练和简朴所感动。但同时我们也为黛博拉青春活力的流逝和她对生活的热爱所感动，为那些照料着她的人付出的情感代价所感动。"你的妹妹玻琳，"霍恩比说，"在你被认为无药可救的时候才十二岁。当她二十岁的时候，我娶了她。她现在成了个寡妇。而我一直和你住在一起。"在这几句简单的话中，你可以感觉到他们三个人的生活都被毁了：不仅黛博拉的生活被毁了，霍恩比的生活也因为他那僧侣般的奉献而毁掉了，而玻琳的生活也因为遭遇伤害和忽视而毁掉了。但最终的悲剧在于，虽然黛博拉经历了短暂的清醒，但她还是陷入了一种困惑的状态。在这一状态之下，她接受了玻琳所篡改的有关其父母命运的说法，但却没有接受霍恩比所揭露的真相。她先看了一眼玻琳，然后转向霍恩比，说出了她最后的话：

> 她是一个寡妇。她再也没有去上芭蕾课了。妈妈和爸爸在环球旅行。他们会在曼谷短暂停留。我的生日快到了。我想对这件事我是有分寸的。
> （暂停。）
> 谢谢你们。

然而，这些话有一种颠覆性的讽刺，因为分寸是黛博拉永远都不可能拥有的东西：就事物的本质而言，她永远都不可能将她在其中生活了那么久的无人之境与霍恩比那个世界里的经验现实区分开来。

然而，该剧的矛盾之处就在于，人们更多地因为黛博拉复苏的场景而振奋，却并没有因为她将来可能被监禁的想法而沮丧。这至少是朱迪·丹奇的表演留给人们的印象，当时该剧由彼得·霍尔制作，首演在国家大剧院上演。我是这么描述丹奇的：

> 她那大而哀伤的眼睛在陌生的房间里游荡，寻求着慰藉。她挣扎着想要站起来，两条手臂像秃鹰的翅膀一样张开，就好像能够移动是人类的一大奇迹。然而，她的行动里却有一种回忆的快感。她脸上闪耀着光芒，大叫道："我当然笑过。我生性就爱笑。"作为一个地地道道的演员，丹奇女士演出了一种深刻的、埋藏的幸福之感，传达出了重生的感觉是一种罕见的成就；而这又因为保罗·罗杰斯和安娜·梅西那令人惊讶的、充满同情心的沉默而得以强化，作为亲戚的他们却没有被认出。

其他的评论家也都深刻印象。迈克尔·柯文尼在《金融时报》中称丹奇的表演是"一次杰出的展示"。罗伯特·库什曼在《观察者报》中说"她真的就是一座大剧院"。当奥利弗·萨克斯看到表演后，对她的直觉性感悟赞叹不已。"丹奇就像品特一样，"他在《睡人》中写道，"从未碰到过任何患过脑炎的病人；当然，她说，她还不确定自己是否想碰到……她觉得她可以从品特的描述中完全想象出那个病人的样子。这给我的印象是非凡的，但她的表演扣人心弦，而且我必须承认，她所说的似乎确实是这么回事。"萨克斯还说，品特的戏剧对他而言是一个转折点。它使他相信，在描绘的过程中没有必要淡化现实："恰恰相反，描绘是有力量的。"若干年后，

第十四章　往日之声

品特回馈了这一赞美之词。在为约翰·吉尔古德举办的一次生日宴会上，品特碰到了彼得·布鲁克，并建议他读读奥利弗·萨克斯的作品。这是一句无心之言，但在1991年，布鲁克的名作《那个人》在法国上演，该剧就改编自萨克斯的《错把帽子当太太的人》。该作品最终被翻译成英语，流传世界。这部作品源自好奇心、同情心，以及人类思维中那种奇怪的过程，也恰恰就是这些东西可以用来解说品特的戏剧。由于其审美技能、直觉感悟和对人性的怜悯，它传达出了李尔所说的"事物的奥秘"，让人难以忘怀。

第十五章　公众事务

《其他地方》成功之后，不可否认地出现了品特所说的戏剧创作"低迷期"。正如他对梅尔·加索所说的：

> 有大概三年的时间我没有写出一部戏剧。有些东西逐渐消失了——创作的欲望和创作的无力感。但是你必须接受这一点。我不是那种可以硬挤出东西来的作家，那是不可能的。如果文字并不在那儿，我不能强迫它蹦出来。我觉得我在国际问题上越陷越深了。

确实，伴随着品特创作无力感的，是他越来越不可控制地关注着不公、官员的虚伪和否认人权这类事情。但是，像许多评论家所做的那样猜测品特越来越关心20世纪80年代的政治和国际事务是由于他文思枯竭，是一种愚蠢而粗俗的做法。如果真是这样的话，品特的担忧也是原因而非结果：他正在艰难地寻求一种能够表达他强烈政治本能的戏剧术语。然而，到底是什么将品特这个原本神秘而暧昧的商人转变成了一个政治动物呢？

这个问题的答案很多。最明显的是品特在20世纪80年代所创作的作品并不是一种大马士革式的突然转变，而是过去所有事情的一种逻辑发展。他的人物和作品一直都对权威和流传下来的各种判断充满了深刻的怀疑：他在12岁就拒绝接受犹太东正教；他曾经加入过一个没有人会"毫不质疑地相信任何定论、任何国家事务或任何思想体系"的青少年组织；他在18岁时冒着入狱的危险坚持抗议；他曾经在切尔西一个酒吧因为一个男人的反闪族人言论而向其挥舞拳头。就是这样一个人，他的早期作品主要关注个人的良心和权威的任意性之间的冲突。"我必须重申，"他在

第十五章 公众事务

1995 年告诉我，"《送菜升降机》、《生日晚会》和《温室》所讲的只能被描述成政治性的。"

20 世纪 60 年代末和 70 年代初，个人关系和公众经历共同增强了品特的政治意识。他的密友包括：琼·贝克维尔，一个忠于职守的电视记者；佩琪·阿什克罗夫特，一个伟大的女演员兼终生政治活动家；乔·洛西，一个因与左翼牵连而被迫离开美国的导演；尤其是大卫·默瑟，一个高产的剧作家和精力充沛的约克逊人。"我和大卫·默瑟的关系比大家知道的还要亲近许多，"品特说，"我们真的是很好的朋友。"琼·贝克维尔进一步解释说自从默瑟在 1980 年英年早逝后，品特在某种程度上就变成了他的政治后裔。"我认为哈罗德清楚地意识到了一种道德责任和愤怒感，这不仅吞噬了大卫，而且使他变得既光荣又可怕。现在的哈罗德和当时的大卫一样充满了热情。哈罗德确实很爱大卫，以及他身上那种掩盖了政治愤怒的无政府主义暴力。我认为，他在不知不觉中也开始呈现出那种愤怒。大卫如果知道这一点会很高兴的。"

品特的政治思想是由他的怀疑意识、朋友圈和公共事件的直接压力共同塑造而成的。"它成了一个关键问题，"他告诉我，"随着 1973 年智利军事政变的到来。1970 年，世界上一个由民主选举而来的社会主义政府获得了权力——形势非常凶险而且是以微弱优势获胜；但是它是一个民主选举的政府，却在 1973 年被一场政变摧毁了。皮诺切特先生接管了政权，而且在我说话的这一刻（那时是 1993 年），他仍然是军队的司令官。一个人的注意力以一种非常特殊而又明确的方式被吸引到那样的事态上。虽然我知道是怎么回事，并且对此很震惊——对于所发生的事情非常担忧，也非常愤怒——在个人层面上，我震惊于一个曾经导演过我一两部戏剧的阿根廷导演的命运。大约是在 1970 年，他到伦敦来看我，说他打算去智利。这之后我再也没听到他的消息。我知道他最后出现在了圣地亚哥为'失踪者'而建的体育馆里。所以我想我的政治意识——之前一直都在——因为经历而提炼和升华了。"

20 世纪 70 年代发生的一切，尤其是品特与费雯·麦钱特婚姻的破裂以及他与安东尼娅·弗雷泽建立的新恋情，共同激活了这种意识。这两位女性在政治方面的差异非常大。对于安东尼娅来说，因为她的出身、她的第一任婚姻以及她作为历史学家的这一职业等原因，政治就像是她呼吸的一部分空气。他们在一起的整个时间里，她和品特一直在讨论，有时甚至会因为公共事务而争执——这样的事情是绝不可能发生在品特和费雯之间的。

"我之前和费雯生活在一起时，"品特说，"我们完全没有讨论过政治。她甚至不知道政治为何物。她拒绝和政治有任何关联。她在生活中说过一两次非常不得体的话。她的确有点与众不同。我记得1963年11月我们出席了在多尔切斯特举办的英国编剧工会舞会。那时我刚因为《情人》和《仆人》获得了电视电影奖项。我们走进大厅的时候，肯尼迪被枪杀的消息传来了。因此晚餐被取消了，每个人都有点茫然地来回走动着，然而费雯却说：'他活该，因为他太自以为是了。'没有人会相信她会这么说，但是她确实就是这样说的。她只是觉得政治家都是自我膨胀的人……觉得坐在敞篷车里就是在炫耀。她甚至都不知道肯尼迪是谁。这让我想起汤姆·斯托帕德的故事。他去《标准晚报》求职，在申请表上声明他对政治感兴趣。但是当他们问到他教育部部长的名字，或诸如此类的事情的时候，他回答说：'我说我对政治感兴趣——但我没说我沉迷其中。'话说回来，费雯就完全不为政治所吸引。"

安东尼娅·弗雷泽没有直接说过她对品特的政治观点产生过影响，只是暗示她丈夫刚刚获得的家庭安全感释放了一直就在那里的道德和政治愤怒。她也不认为品特的政治思想被某种特定的意识形态或党派承诺驱使着。"我会说，"她说，"它更像是对社会不公的一种愤怒，对任何不公正或不公平的愤怒。我认为正是这种不公平激怒了哈罗德。我们不会在任何事情上都达成一致。比如说，我们因为古巴就争论过。我们都认为美国的经济封锁应当被取消，但是我们对古巴社会的看法是有分歧的，虽然哈罗德确实和我一起抗议过对古巴作家的关押。哈罗德不会否认古巴对同性恋者和作家非常残酷，但我认为是美国封锁的不公正激怒了他。同样地，他对于土耳其的看法根源于这样一个事实：我们试图假装它是一个很好的度假胜地，同时也是北约的一员，因此忽视了其国内的压迫……我觉得哈罗德会争辩说当一个能让自己的作品在世界各地演出的剧作家是很棒的，但是他却也因此背负着质疑某些政体本质的责任。"

品特的政治本能一直都在那儿。它只是在20世纪70年代因为友谊、新生活和公共事件的压力而变得成熟了。20世纪80年代，这种政治本能在更强的行动主义和政治戏剧的创作上显现出来。但是这本身就引起了关键性的问题：强烈的道德信念天生就具有戏剧性吗？如果你从一个确定的立场出发，你会否认戏剧也需要逻辑辩证吗？你一定要牺牲人性的复杂去表明某种政治观点吗？我的答案是，如果你将有关强烈的政治信念的表达从戏剧中剔除，那么你就夺去了它最古老的能量来源之一。自由主义谬论的一部分就是所有的戏剧都必须在所有的时候表达多重视角。从阿里斯托芬到布莱希特，有一种悠久而光荣的教育戏剧传统，甚至是宣传性戏剧传统。就品特的情况而言，我认为他一直都非常成功地在创造戏剧形象和场景，这些都动摇着我们道德上的自满和资本主义的愚昧。抱怨他在20世纪80年代创作的那些赤裸裸的道德戏剧并没有像《归家》等作品那样具备丰富的复调是没有意义的，因为它们要达到的目的是不一样的。萧伯纳曾经说过《玩偶之家》可能不是像《仲夏夜之梦》那样能持久的作品——虽然这也是有争议的——但是它将"在世界上起更大的作用"。品特晚期的政治戏剧也需要用类似的标准来评价。它们都是公开的表演，旨在引导人们关注与核战争有关的官僚主义委婉语（比如说《确切地》）、人权的滥用（比如说《最后一杯酒》）、对少数族裔的压迫（比如说《山地语言》），以及资本主义政府残酷的复杂性（比如说《晚会时光》）。它们绝非标志着品特创造才能的降低，而是代表着他对人类的同情和戏剧范围的延伸。

品特经历过很长时间的挣扎，为的是找到合适的方式来表达他的政治感受，但是虽然他让自己忙于其他项目，这些政治感受却间接或直接地暗示了他其作品将要采取的新方向。比如说，1982年，当他没有任何新戏剧的点子时，他坐下来写了一部改编自约瑟夫·康拉德的《胜利》的电影剧本——不论从哪个明显的意义上说，这都算不上是一个政治故事，除了它探讨的是人类被社会孤立和隔绝的危险性。这是一部从来没有被搬上银幕的优秀剧本。那发生了什么呢？"它背后的电影公司是环球，"品特解释说，"他们只是说他们不想拍一部背景设定在远东的年代片。不仅耗资巨大，而且有谁会关注呢？他们很可能都没有读过那本书。后来是当时颇具影响力的理查德·莱斯特策划了整件事。但是当环球读剧本时他们想的是：'这他妈到底是什么东西？'"

实际上，这是对康拉德最后一部伟大作品的经典改编。康拉德的这部作品写于1912年到1914年，故事设定在荷属东印度群岛。这部小说将冒险和寓言有力地结合在一起。它讲述了注定孤独终老的瑞典人阿克塞尔·海斯特的故事，他试图"最大限度地与被庸俗束缚的人们隔绝开来"，然而却因为自己的无私而被毁灭了。他独自住在偏远的萨姆布朗岛上，直到他将莉娜——一个低级旅行乐队里的年轻小提琴家——从一个野蛮的苏腊巴亚旅店老板手中救了出来，并且允许她和自己一起享受平静的孤寂。但是，三名土匪出现了，他们在一个废弃的矿井里搜寻，想捞点好处，结果一无所获，于是对海斯特和莉娜进行威胁。最后，这些恶人都在灾难中死去了，但海斯特抱着死去的莉娜，放火点燃了自己的房子。如果说还有谁获得了胜利的话，那胜利者就是厄运和无法改变的宇宙。

品特的伟大成就在于他将康拉德的故事解释清楚了，而且去掉了它的浪漫主义手法，从而揭露了它的真实主题：逃避的不可能性，拒绝生活的危险，以及在一个掠夺性的世界里不够英勇的善良行为的失败。但是，就像在改编其他人作品时经常出现的那样，品特显露了他自己的痴迷。琼斯（代表邪恶的智力）、里卡多（代表本能的野蛮）和他们的随从佩德罗（代表残忍的力量）对海斯特的避难所所进行的侵略不可避免地使人想起《生日晚会》中戈德伯格和麦卡恩突然冲进斯坦利海边的隐居地；窃笑着的威胁藏匿在正式的表象之下，无法隐藏它自身内在的分裂。就像品特笔下的很多女人一样，莉娜也是性欲与神秘的集合体，是对男性角色的一种道德考验；海斯特在这项考验上惨败，因为当他意识到她爱的程度之深时已经太晚了。但是那种认为重要价值观在被考验的康拉德式的观点一直贯穿在整部剧本之中。海斯特自己似乎意识到了他的乌托邦之梦正在被仔细审查。在他拯救了快要渴死的入侵强盗，并等他们重整旗鼓后，他告诉莉娜："有些事情正在被解决。可能他们也不知道是什么事。"（对比《一种阿拉斯加》的开场中黛博拉说的"有些事情正在发生"。）一部结合了异乎寻常的好故事和对命运有着如此强烈的认识的剧本竟然就这么随意地被环球拒绝了，这的确让人很失望。品特不仅忠实于康拉德书中的虚无主义，而且在表现孤立主义者在人类的邪恶面前梦想的崩塌时，他延伸了自己的世界观，暗示了撤退到自己个人的伊甸园是不可能的。

对于品特自己而言，超脱于公共事务之外显然不再是一种选择：他变得更愿意针对不公或人权的滥用而活动、游行和抗议，甚至他参与导演的作品也经常有着浓烈的政治主题。比如说，1983年5月，他在利特尔顿剧场导演了让·季洛杜的《特洛伊之战不会爆发》。实际上，是彼得·霍尔叫他去导演这部剧的，其目的是填补国家大剧院保留剧目轮演的空白。但是季洛杜的这部剧带有强烈的讽刺意味，它讲述的是寻求和平的赫克托耳想预先阻止战争的爆发，结果没有成功，这恰巧具有一定的时事性。就在该剧上演的前一年，英国参与了福克兰群岛战争，当时英国还没有完全摆脱这一战争所引发的好战的沙文主义思想。政府对三叉戟核潜艇（用来替代陈旧的北极星潜射核导弹）的投资——刚开始是100亿英镑——也保障了所谓的"英国独立的威慑力"。从理论上说，这是排演一部基本算得上是和平主义戏剧的好时机；但事实上，品特的指导最后阴郁而沉重。这也导致了他与彼得·霍尔及国家大剧院的决裂。让品特生气的是，在艰难的排练时期，霍尔在拜罗伊特开始了他自己的《指环》的制作。品特告诉史蒂芬·费伊："当时我就在想'去他妈的'，他是艺术指导而我需要他的帮助。我们可能在同一时间变得很自私，但是我并不是只想着我自己。我想着一部国家大剧院的作品，而这是他最终要负责的。"实际上，品特立刻辞去了国家大剧院副导演的职务。最后的决裂随着彼得·霍尔的《日记》于秋天出版而到来。这部作品，在品特看来，包含了对他私人生活的不可原谅的披露，而且违背了同事之间必须有的信任誓言。直到今天，霍尔仍然声称自己是无辜的，并且说他不明白品特为什么会如此生气。"我在《日记》里所写的，"他说，"是出于爱和同情。当然，我所说的关于他和安东尼娅的一切——而且还有更坏的话——之

第十五章　公众事务

前全部都在公共出版物上出现过。"不可否认这是事实。但是对于品特来说，友谊本身有着近乎神圣的道德责任，这其中包括对私人对话的互相谨慎。一段持续了二十年且极大地丰富了英国戏剧的友谊就这样悲伤地结束了，虽然只是暂时的。

品特对季洛杜作品的制作是他导演历史上鲜有的失败作品之一，但是这部作品中的两个演员——饰演尤利西斯的巴里·福斯特和饰演赫克特的马丁·贾维斯——在短剧《确切地》里达到的效果要好很多。这部短剧是品特为1983年12月在阿波罗维多利亚剧院的一场反核武器演出《大家伙》而写的。这是一部宣传剧，但它是为了生命而宣传，并且以冷酷精练的方式完成了任务——也就是揭露"可接受"程度的核武器这个概念背后的思考。值得注意的是，也就是在那个时候，英国不仅大量投资三叉戟导弹，而且允许美国巡航导弹停留在英国的土地上；还需要注意的是，废除核武器运动已经获得了其刺激因素，但是自20世纪60年代初起，这些都不为人知。品特所做的就是让我们震惊地意识到曾经无法想象的核毁灭这个想法又回到了日程上：埃里克·霍布斯鲍姆回忆说，美国冷战战士于1983年发出的声明使苏联相信，西方先发制人地向苏联发起攻击不仅是可能的，而且很快就会发生。

在品特的短剧中，那两个叫史蒂芬和罗杰的人，可能是国防部官员或是政府智囊团成员，他们正在非工作时间聚在一起喝酒。他们根本没有提到核战争这个话题，但是暗示却很清楚：

　　史蒂芬：我说，我们已经提到它好多次了，不是吗？
　　罗杰：确实是的。
　　史蒂芬：好多次了。两千万。那就是我们谈论的。好多次了。这是有事实支撑的数据。我们做了功课的。两千万是事实。当这些人说三千万时我会告诉你他们到底在干吗——他们在扭曲事实。
　　罗杰：太可耻了。

史蒂芬愤怒的是他精心计算的关于核毁灭后果的数据遭到了质疑。而当罗杰告诉他有些人甚至将数字说到七千万那么高时，史蒂芬勃然大怒：

　　史蒂芬：你看，让这整件事加倍恶心的是这个国家的公民都支持我们。他们愿意支持我们两千万这个数。他们很乐意。但是他们要面对来自这些王八蛋的什么？故意暗中破坏和削弱他们的安全。还有他们的信念。

因为这通激烈的情感发泄，罗杰试图多劝两杯酒，来说服史蒂芬把两千万的数字提高。但最后他还是被史蒂芬冷落了，后者不愿意改变最开始的数字：

罗杰：就两千万人死亡，就这么多吧？
史蒂芬：就这么多。

三十多年前，在《边缘之外》中有那么一幕，讽刺了国防专家们在谈论计算核战争杀伤率的单位"百万人之死亡"时所流露出的那种丧尽天良的泰然自若感。但是品特的短剧在某些方面和它相呼应的同时，通过颠覆传统价值观达到了戏剧性的效果。在任何涉及反对核战争的作品中，估计你都会遭遇来自抗议运动者的愤怒。但是，品特将这种道义上的愤怒转移到了办公要员身上，当他们发现自己的数学计算遭到审查甚至攻击时，这种愤怒就爆发了。这是他在自己的政治剧中所追求的一种想法，可以追溯到《生日晚会》和《温室》：正是那些被赋予了权力和权威的人最害怕、最没有安全感。这里他展示了史蒂芬在发现其数据被质疑时他的愤怒是如何引起了想要消除这种怀疑的狂躁欲望："我建议将他们吊起来、在地上拖、扯成四块。我真想看看他们肠子的颜色。"品特还暗示说，甚至在英国政府里，在像史蒂芬这类不知变通的顽固分子和像罗杰那样值得怀疑的骑墙派之间也存在着分歧，后者时刻准备着承认没有哪一种死亡计算是准确的。品特让我们震惊地意识到竟然有人理性地接受核攻击的想法，而它会造成不可避免的报复和前所未有的毁灭。他用反讽和反转给了这部作品以戏剧冲击力。

品特在《最后一杯酒》里面也做了类似的事情。该剧使道德信念和潜在的讽刺达到了平衡，因为它表明，即使是那些有着巨大国家权力支撑的人也对尊重、敬仰甚至爱有着无法满足的欲望。这是一部短剧，但它也向品特自己证明了他的三年创作危机已经结束。这部剧最早于 1984 年 3 月在哈默史密斯的抒情剧院里演出，当时与它一起在午餐时间被推出的还有《维多利亚车站》。它也是在一个非常特殊的情况下写出来的：品特越来越意识到要系统地运用土耳其政府的酷刑及它对作家、知识分子、和平运动者和少数族裔的迫害。虽然从形象孕育出表达经历了很长一段时间，但在这种情况下，品特被迫在一种受控的愤怒状态下写出了该剧；正如他在已发行版本的序言中所解释的那样，他在很长一段时间内都在消化有关土耳其的事实。

我那时发现自己在一个派对上，在那里我碰到了两个土耳其女孩，她们是非常迷人、颇有智慧的年轻女性。我问她们如何看待最近发生的审判和裁决。

她们说:"这个嘛,很可能是应得的。""你们说这话是什么意思?为什么很可能是应得的呢?"她们说:"这个嘛,他们很可能是共产党。我们必须保护自己不受共产主义影响。"我说:"你们说很可能,那你们知道什么事实呢?"她们手头当然不可能有什么事实。事实上,她们并不了解。我接着问她们是否知道土耳其军方监狱是怎么样的,以及土耳其的酷刑。她们耸耸肩说:"这个嘛,共产党就是共产党,你知道的。""但是他们受酷刑的时候要说什么呢?"我问。她们看着我,其中一个说:"啊,你真是个想象力丰富的人。"我说:"你的意思是这对我来说比受害者更糟糕?"她们又耸了耸肩说:"是的,可能吧。"于是,为了不掐死她们,我马上回来,坐下来,这是真的,出于愤怒开始写《最后一杯酒》。这是立刻就发生的事情,真的。但是我并不仅仅是因为这件事而写了这部剧。这个主题本来就在我脑子里。

由此产生了一部四幕戏剧,讲的是一个无名国家里的高级政府官员尼古拉斯和三名囚禁者之间的关系。这三名囚禁者来自同一个家庭,他们分别是:维克多,他的妻子吉拉和儿子尼基。尼古拉斯代表的是国家所具有的权力。在采访过程中,我们知道维克多遭受着折磨和残害,吉拉被强奸和性侵,而在最后时刻尼基也被杀害了。但是你要如何将政治愤怒转化成有效的戏剧呢?品特自己意识到了这其中包含的所有审美问题。"这很难,"他告诉我,"要写一个你知道答案的东西。如果你知道一个残酷的独裁政府是一件坏事,你要怎么做呢?你会简单地说'一个残酷的独裁政府是一件坏事'吗?我认为我最后在《最后一杯酒》里面能做的就是审视一个讯问者、施刑者和组织头目,但同时又是一个有着足够信仰和激情的人的心理;换句话说,他信仰很多事情,也为那些事情而奋斗……能让他的受害者因为他看到的一个正当的原因而遭受任何程度的恐吓和羞辱。我相信这反映了,你知道的,世界各地的情况,在这种或那种名目下,现在、过去或者任何时候的情况。一个正当理由的问题。"

这是该剧如此成功的原因之一。尼古拉斯的行为并非像一部糟糕的间谍电影里的拷问者那样是因为纯粹的施虐狂倾向,而是源自对家庭、国家和宗教的一种正义的信仰。实际上,这部戏剧最可怕的讽刺就在于尼古拉斯以宗法价值的名义撕碎了一个独立的家庭。但是让该剧更具戏剧效果的是,虽然尼古拉斯掌握着所有的权力,但他似乎比他的受害者更没有安全感,并且非常渴望证明他的行为是对的。这让我想起了一部类似的作品。佩琪·阿什克罗夫特曾经告诉我说《玫瑰战争》里面最著名的一幕,是玛格丽特女王把一条沾满了约克公爵孩子的血的餐巾纸抹在被囚禁的公爵的脸上,而事实上他才是那个更厉害的角色。类似地,尽管尼古拉斯背后有国家权威的支撑,但他似乎依旧向往着从被剥夺了权力的人那里寻求认同。

可以非常肯定的是,在第一幕中,尼古拉斯试图攻击维克多男性气质的方方面面:力量、对女人和财富的拥有、性能力。尼古拉斯首先在维克多的眼前挥舞着他的大拇指,接着是他的小拇指:"你觉得在人们眼前挥舞手指很傻吗?我明白你的意思。你是一个有着最高智慧的男人。但是如果这是我的靴子——或者我的老二,你还会这样想吗?"美国评论家朱迪思·鲁夫认为从手指到靴子,再到阴茎的过渡暗示了权威和男性气质之间存在着一种意识形态的共谋。在我看来,这也暗示了别的东西:受害者对他的讯问人有着一种奇怪的性吸引力。确实,在约翰·克罗利于1994年在都柏林大门剧院导演的作品中,饰演尼古拉斯的迈克尔·帕尼顿一度将他的脸埋进了维克多溅满血的头发里面。更奇怪的是,它暗示了尼古拉斯,一个似乎在公务之外没有生命的人、一个被虚假的国家家庭支撑着的人,却被他注定要摧毁的人像磁铁般地吸引住了。

尼古拉斯在第一幕里面的语气总是在肯定和疑问之间摇摆。他声称上帝通过他在发声。同时,他渴望着安慰。"你确实尊重我,我要接受吗?"他问,"我的推断是对的吧?"然后又问:"你想更加了解我吗?"接着:"你觉得呢?我们是朋友吗?"还有:"告诉我……说真的……你开始爱上我了吗?"这不是一个强者的声音,而是来自一个软弱无力且没有安全感的人。他有点可悲地继续吹嘘着他与政府首脑的亲密关系,并且在普遍的爱国主义传统中找到了他本性中缺乏的情感活力:"我感到一种联系,你知道的,一种纽带。我分享着一个联邦的利益。我不是一个人。我不是一个人!"那是一个在国家的怀抱中找到了团结的天生的孤独者的喊叫。人们会想起品特笔下其他的讯问者——比如《生日晚会》里的戈德伯格和麦卡恩,和电影《谍海群英会》里的奥托巴赫——因为受害者的不妥协而意识到他们所拥有的权力只是暂时的。

无所不能的施暴者碰到绝望无助的受害者会让人伤感,但不会产生戏剧。但是一幕接一幕,品特逐渐建立起他笔下主角在心理上的复杂性:一个有缺陷的、犹豫的、不得不摧毁维克多的能力来挽救自己的能力的人,一个不被爱、不能理解父亲和孩子之间的自然纽带的儿子,一个依赖政府提供的强大的、家长式父亲形象的男人。在与男孩尼基会面时,他试图通过他们名字的偶然相似性来建立联系,而他打探式的问题"你不喜欢你的妈妈和爸爸吗?"让人想起他在第一幕里的自我揭露:"你觉得我疯了吗?我妈妈就是这么认为的。"我们推断,因为被他的妈妈排斥甚至讨厌,尼古拉斯发展出了对父亲们痴迷的崇拜,而"父亲"在弗洛伊德的术语里是权威的标志。显然，尼古拉斯对吉拉是最为残酷的。他虐待她正是因为她背叛了自己的父亲——一个国家的士兵。"生出这么一个女儿，"尼古拉斯吼叫着，"这就是命啊。啊，可怜的、不安的灵魂，要永远受这个人渣和唾沫的困扰了。你怎么敢跟我提你父亲？我爱过他，就像他是我自己的父亲一样。"品特显然有意呼应了《哈姆雷特》（"安息吧，安息吧，不安的灵魂"）。这暗示了尼古拉斯试图将死去的爱国者浪漫化、合理化，而他的价值观是吉拉坚决拒绝的。

　　品特在记录过程的同时也在描绘一个爱国者。在最后一幕中，维克多在尼古拉斯之前出场，他穿戴整齐，但是舌头遭受重伤或被割掉了（对比《生日晚会》最后的斯坦利），他们都肯定并延伸了我们对主人公的了解。我们又一次看到了尼古拉斯对被接受的渴望（"我们还会见面的，"尼古拉斯告诉维克多，"我相信我们会一直是朋友"）和他对自己"为了上帝，保持世界纯净"的任务的信仰。但是我们也看到，他的力量掩盖了绝望的软弱，尤其是对维克多所拥有或者可能拥有过的东西的毁灭性的嫉妒。割掉维克多的舌头可以明显被看作阉割的象征。杀死尼基，这是通过品特令人印象深刻的时态变化表现出来的，是报复性嫉妒的证据。最后的台词和形象仍然有力，尼古拉斯的假温和随之被粗暴地揭露出来：

　　　　（维克多咕哝着。）
　　　尼古拉斯：什么？
　　　　（维克多咕哝着。）
　　　尼古拉斯：什么？
　　　维克多：我的儿子。
　　　尼古拉斯：你儿子？哦，别担心他啦。他以前就是个小蠢货。
　　　　（维克多僵直了身体，盯着尼古拉斯。
　　　沉默。
　　　灯暗。）

　　在这最后时刻，权力到底在哪？是在尼古拉斯那里，还是在维克多那里？前者仍然有着国家机器在他背后。但是如果，就像尼古拉斯之前暗示维克多时所说的那样，"你的灵魂在你的眼睛中发着光"，那么最后的盯视暗示着一种绝不妥协的、坚韧的仇恨。

　　这部戏原本可能只是一部关于揭露极权国家残忍的简单戏剧，但却变成了一部关于折磨者被折磨的复杂心理剧。它也建立起了有关品特艺术的重要东西：虽然他那些被认为是私人的、个人的戏剧具有政治张力，但他的政治戏剧始于个人却表现在外在。他不像黑尔、埃德加或布兰登那样在一张巨大的画布上操作。《最后一杯酒》的张力来自尼古拉斯对那种他从未拥有过的家庭生活所产生的强烈嫉妒，以及他对政府机器这个情感替代品的信仰。我起初对于这部戏剧的怀疑在于它太不具体了，我们从来就不知道它到底发生在什么地方。但是现在在我看来，那种精心安排的模糊性似乎也是其目的。品特描述的不仅是一个普遍的过程——就像他那时所指出的，如今至少有90个国家通常会实行酷刑——也是语言与正在侵蚀着我们文化的现实之间的分离。

事实上，品特对政治的直接参与广受好评，而且他在抒情剧院上演的午间戏剧虽令人不安——由艾伦·贝茨、珍妮·奎尔和罗杰·洛伊德·派克主演——但也获得了热烈的反响。迈克尔·柯文尼在《时代商业杂志》中对这部戏剧的描述是"暴力、令人不安却吸引人"。吉尔斯·戈登在《观察家》中援引了《李尔王》，认为品特的戏剧是"和库斯勒的《中午的黑暗》一样必要而且不可避免的艺术作品"。但是戏剧作家西蒙·格雷——品特于1984年6月在抒情剧院导演过他的作品《共同的追求》——打开了关于《最后一杯酒》的全然不同的视角。"我喜欢这部作品，"他告诉我，"因为在某个方面，哈罗德是站在施虐者那一边的。他的创造力来源于施虐者，而不是受虐者。我认为这种引导是一种很好的创造，他显然陶醉其中。哈罗德在强调道德这一点与创造力无关。施虐者是一个狄更斯式的人物——这是我一向对哈罗德的一个想法。人们谈论卡夫卡和贝克特，但是哈罗德真正的力量源自他关于荒诞的意识。《归家》里的家庭人物或者《看门人》里的团体都过着一种疯狂的生活，而这种生活你可以在狄更斯作品的那些次要章节中直接找到。"实际上，狄更斯和卡夫卡之间的界限非常模糊，但是我能明白格雷的意思。《最后一杯酒》能成功的众多原因之一是，品特虽然痛恨尼古拉斯所代表的一切，却能够进入他的意识并且理解他的狂热和恐惧——总之，将一篇可能颇具说教性的短文变成了戏剧。

作为一名艺术家，品特寻求理解；但作为一个公民，他更多地准备着要参与到彻底的谴责中。1985年3月，在《最后一杯酒》在伦敦首映一年后，分别作为英国和美国笔会副主席的品特和阿瑟·米勒在土耳其待了五天，其最初的目的是表达对持异议的作家的支持。这是一次即将给土耳其国内外带去无尽影响的访问。当他们在土耳其期间，品特和米勒与100多位知识分子、曾经的囚犯、政治家和外交家进行了交谈。他们带着有2 330名作家、科学家和神职人员签名的请愿书出现在伊斯坦布尔记者联合会上，要求国际尊重人权。他们在伊斯坦布尔举办了一个联合新闻发布会来抗议土耳其对人权的践踏。这次的任务既是为了发现事实，也是为了在道德上进行支持。但是在他们逗留的最后一刻，他们参加了美国大使馆举办的晚宴，在那里，品特再也不能控制他的愤怒。亚瑟·米勒在英国广播公司第三频道采访时生动地回忆说：

> 在尝试决定如何处理囚犯时，土耳其一直都存在一个问题：他们并没有做出任何决定，只是简单地殴打囚犯。我们去那里，是希望引起更多人对它的关注，而哈罗德带来的是一场革命：一场在土耳其单枪匹马的革命。总结起来就是：因为美国基本上是这个国家的幕后主使——土耳其是美国援助的两三个最大接收者之一，这些国家都与苏联共享着很长的边界线——所以我们和美国大使一起吃了一顿饭，就在土耳其成了历史性事件。当时我坐在大使夫人旁边，一切都很正式、很礼貌，这时我听到哈罗德在桌子的另一头咆哮。他隔着桌子吼土耳其最大一家报纸的女编辑，原来她说我们到那里只是为了获得关注。哈罗德大发脾气，说：“我要把那句话扔回你脸上。”我很高兴他只是比喻性地说说。但是不管怎样，我接下来不得不向大使发表一场简短的演讲来解释土耳其在我们眼里是怎样一个灾难，哈罗德和我……确切地说我们不是被扔出去的……我们在晚宴的最后溜了出来。旅途结束，当我们登机时，我才了解到我们已经被驱逐了……我不可能会做出哈罗德所做的事情，因为我太过礼貌而他太了不起了。就像事情发展的那样，我们是一对好搭档，因为他是外放型而我是内敛型。我们就是坏家伙和好家伙。联邦调查局和警察通常会派出这样的二人组：其中一个威胁你，而另外一个成为你的朋友。我是那个友好的人。但是我觉得哈罗德像他平常那样表现得非常了不起。我只是不想成为他愤怒的对象，就是这样。

品特和米勒的访问被英国和美国的报纸广泛报道。国际特赦组织后来把他们的发现写进了一个报道，该报道包含了令人震惊的话："1980年军事政变以来，土耳其有超过25万人因为政治原因而被逮捕，而且几乎所有人都遭受过拷打和折磨。"品特也成为英国"土耳其之友"的主席，继续参加着揭露土耳其国内政治真相的运动。在1987年1月写给《卫报》的信中，他抗议了对贸易联合者的拷问——他们因参与"基本的贸易联合活动"而被监禁五年。由于他越来越清楚地意识到土耳其1 500万库尔德人的困境，他也被驱使着写出了《山地语言》。

品特的政治愤怒实现了什么？那些愤世嫉俗的人会说它对阻止土耳其有组织地拷问政治犯或压迫基本自由没有起到任何作用。品特到访十年之后，土耳其最著名的作家之一亚瑟尔·凯末尔，因为替一本德国杂志写了一篇批判本国对库尔德人政策的文章而受到审批，理由是"威胁土耳其的国家团结和统一"。但是品特在美国大使馆的激烈行为以及他之后对他在土耳其之所见的报道，在打击西方自满方面起到了一些作用。像《最后一杯酒》和《山地语言》这样的戏剧，不仅是关于土耳其的，同时也提供了在世界各地都可能看到的、不可除去的拷问和残暴的画面。他的描述最起码对松散的自由意识起到了冲击作用。当然，艺术家没有任何要在他们的作品或生活中选择政治立场的明确义务；但是嘲笑那些这样做的人在我看来是愚蠢而缺乏远见的。自20世纪80年代起，品特就认为需要探索有关良知的话题，这在我看来比奥登1939年在《丰富者和饕餮者》中所说的人们需要在传统上接受艺术的无用性更可取："在像现在这样的危机时期，如果政治家只是意识到只要诗歌没有被写出来、图画没有被画出来或者说音乐没有被谱出来，世界的政治历史就还是原来的样子，那么艺术家和政治家会相处得更好。"奥登所说的没有哪一行诗曾阻止过犹太人进入毒气室的理论经常被引用来证实艺术家脱离社会是合理的。品特越来越相信作家有着双重职责，因为作家既是作为个体的公民，同时也是公众人物；正是因为他的这一信念，我变得更加积极且更有成效。但就品特自己而言，参与政治的需求更像是内心的冲动，而不是自主的选择。

品特的政治信念也在很大程度上影响了他在20世纪八九十年代创作的所有作品——不仅是戏剧，还有电影剧本、诗歌和他导演的作品。他仍然关注时间、记忆、失去、分离和孤独，但是人们逐渐意识到他作品里的政治潜台词。将1985年开始制作的《海龟日记》这样的电影剧本包含在这一类型里似乎过于斤斤计较，但是品特对罗素·霍本1975年所写小说的改编避免了伦敦伊灵喜剧所特有的异想天开或爱情剧的多愁善感这样的双重缺陷。这是一个关于两个孤单、内向的人联合起来将三只被囚禁的大海龟从伦敦动物园解救出来并带回大海的故事。但它也是一部关于人们共同行动以实现个人解放的故事。它的"政治性"并不在于这是一个喧闹的捶胸顿足式的保护生态的故事，而在于它在一定程度上暗示了参与其中的个人通过解救海龟解放了他们自己。

即使从电影业结构来看，这部电影也有着广泛的政治目的。1983年，理查德·约翰逊组成了一个名为UBA（英国联合艺术家）的联盟，目的是制作由参与者自己来决定的电影和戏剧。品特加入了一个委员会，其中包含一些家喻户晓的名人，如阿尔伯特·芬尼、玛吉·史密斯、格兰达·杰克逊、约翰·赫特和黛安娜·里格。其模式明显源自美国联合艺术家影片公司，该公司是1919年由玛丽·皮克福德、道格拉斯·费尔班克斯、查理·卓别林和D. W. 格里菲斯成立的。一名高级执行官曾说过这样一句俏皮话:"疯子们接管了疯人院。"英国这一联盟的目的更为低调:仅仅只是让作家们的专业知识进入到电影和戏剧业,从而让一些有价值的项目取得进展。《海龟日记》就是其中最早并且最成功的商业冒险之一。

品特的剧本有着显著的特点,他微妙地暗示了主角威廉(由本·金斯利饰)和涅埃拉(由格兰达·杰克逊饰)都有一种被囚禁的感觉,并因此害羞地相互吸引到了一起:这种被囚禁的感觉不仅来自他们自身,也来自他们的海龟。这一点完美地体现在他们两次短暂的酒吧邂逅上。第一次相遇时,已经和动物园园长讨论过自己想法的威廉,小心地把他的想法告诉了涅埃拉。他谨慎地问她喜不喜欢海龟。当她说"它们在监狱里"时,他回答说"不止它们是这样",这非常接近电影所要概括的一般性描述。

在之后对应的酒吧场景中,品特用和他们的真实想法相矛盾的语言展现人物在紧张地慢慢展开行动:

（威廉和涅埃拉站在桌旁。

沉默。）

威廉:所以你……你想这样做。

涅埃拉:是的。

（停顿。）

威廉:你怎么知道我做得到?

涅埃拉:我不知道。

威廉:那你呢?

涅埃拉:我不知道。

（停顿。）

威廉:我觉得这很疯狂。我们可能会坐牢。或者会更糟。

涅埃拉:那,就别做了。

威廉:不。好吧。我们做吧!

（他们坐下了。）

这段虽然很简短,但却是剧本中完美的一段。威廉试图将做决策的道德负担抛给涅埃拉,于是他首先是诘问,然后进行自我贬损,最后又罗列后果。每一次涅埃拉都承认他的观点而不是去反驳,但是威廉所有不行动的理由都掩饰了其不顾一切想做点什么的欲望。从头到尾台词都是"让我们忘了整个计划",但是潜台词却在说反话:"我们试试吧!"稍微差一点的作家可能就会将这变成一个"信息"场景,或者是一段有力的逻辑论证。但是品特展现了两个紧张的独居者想要达成某种形式的承诺。威廉本来有三次打退堂鼓的机会，实际上最后却说："好吧，你说服我了。"这是精彩的讽刺，精彩的心理活动，精彩的描写。但是自始至终，品特都用人物的行动来定义人物，并且通过他们决定二十年后再见一次去解救海龟的下一代，来暗示他们持续成长的潜力。它可能看起来不像是品特写的一部电影。事实上，他把人道主义信息放到了政治层面。

品特这段时期选择指导的戏剧同样具有强烈的政治元素，只是有时明显，有时模糊。位于秣市广场的皇家剧院可能不像是一个攻击当代价值观的最佳地点，而且我怀疑大多数去那里看戏的人是冲着品特于 1985 年 7 月新编的田纳西·威廉斯名剧《青春浪子》。单是想想能够看到劳伦·巴考尔这样一个堕落的电影女王在佛罗里达海湾和当地一个提供一次性服务的舞男寻欢作乐就令人垂涎。但是品特对威廉斯戏剧的制作在一定程度上是被一种社会政治因素的意识支配的。这种因素经常为英国评论家所忽视，但却出现在了美国剧作家的作品里。品特的制作在一定程度上也是为一种强烈的惺惺相惜之感所支配。早在 1961 年，威廉斯就将品特描述为未来的作家，还说"他让我嫉妒得发疯"。1981 年，这两位剧作家也因为"在人类努力的不同领域所取得的优秀而杰出的成就"而共同获得了第三届年度联邦奖。品特在纽约舒伯特剧院发表的获奖演讲中称威廉斯是"最伟大的美国剧作家"。而在后台的威廉斯，当时已病得很严重，他告诉品特："哈罗德，照顾好你的身体——如果我之前照顾好了我的身体，我本可以做更多事的。"这一忠告正确且高明，因为身体健康和创作精力之间有着明显的联系——这是当时仍然定期打板球和网球的品特非常理解的一点。

品特也抓住了《青春浪子》这部作品的核心，该剧最后一次上演是 1968 年在英国沃特福德的皇宫剧院里，在一部碰巧由费雯·麦钱特主演的电影中。劳伦·巴考尔饰演的平肩电影女王——讽刺、声音干涩低沉——突出了威廉斯哥特式戏剧的风格。但是品特也意识到主角舞男最终被一群横行霸道的南方乡下男孩阉割并不仅仅是一个头脑发热想出的情节：它象征着威廉斯对美国人生活中的法西斯本能的厌恶。实际上，在一次巨幅电视屏幕上转播的演讲中，威廉斯明确地展现了家长式的博斯·芬利（他掌控着作为事件发生地的小镇）所实施的性报复伴随着种族主义的偏执。在英国，我们很可能会忽视或轻视威廉斯作品的这一方面，但是伟大的美国导演兼评论家哈罗德·科尔曼很久之前就意识到，《欲望号街车》里面的斯坦利·科沃斯基不仅是动物本能的化身，也是"我们这个时代的无意识的反基督思想"，"他的思想为法西斯主义提供了土壤"。可以这么说，威廉斯的全部职业生涯都是在与一个

第十五章 公众事务

将原始能源和强烈的物质主义置于微妙情绪之上的社会进行斗争。品特对《青春浪子》的优秀执导带出了威廉斯作品中强硬的政治意识。在该剧中，品特在英国皇家戏剧艺术学院的老同事詹姆斯·格鲁特饰演了恶毒的博斯·芬利。

执导过威廉斯的作品后，品特以一个演员的身份回到了委员会，在《往昔时光》在美国圣路易斯和洛杉矶的巡演中饰演迪利。大卫·琼斯在《青春浪子》之前，就于1985年4月在秣市广场重新排演了品特的戏剧，在里面，迈克尔·刚本饰演迪利，一个不合群的人。因为刚本没时间参加巡演，所以品特抓住机会，加入了尼科尔·佩吉特和丽芙·乌尔曼组成的最初阵容。品特鼓励大卫·琼斯只把他当演员看，而且他不是第一次证明了自己非常能够接受指导，虽然排练时候的讨论有点奇怪。"大概是第一天早上过了一半的时候，"琼斯回忆说，"因为哈罗德节奏太快了，总是跳过一些事情，我跟他说：'我知道停顿并不神圣，但是我觉得作者在这儿是有目的的——我想他的意思是你必须在这里停顿，因为这和这发生了。'哈罗德说：'哦，你不认为他会喜欢我现在的做法吗？'我说：'说不喜欢可能有点重，但是我认为你没有演出他想说的东西。'他说：'你认为我没有做他想做的？'我说：'是的。'他说：'那我们就改一下吧。'从那以后这就成了一种公式。丽芙·乌尔曼不太能相信这种对话，而且脸上带着疲倦的惊讶，但是最后事情进展得很好。我当时觉得哈罗德在表现角色的黑暗面上不会有任何问题，但是他不会有迈克尔的喜剧意识。奇怪的是，哈罗德比迈克尔更欢快、更有诺埃尔·考沃德的风格，但是迈克尔最后展现的绝望比哈罗德要多。"

在这次短暂的表演之旅后，哈罗德重新开始导演，而且他对戏剧的选择有着明确的政治性：1986年6月，他将唐纳德·弗里德的两角戏《赛丝和布拉沃》先后搬上了汉普斯特德和温德姆剧院的舞台，并安排费·唐娜薇主演。谢里丹·莫利在杂志《庞奇画报》上暗示说，品特在《青春浪子》中指导巴考尔之后，很快变成了20世纪80年代的乔治·库克，"在一些通常都站不住脚的脚本中，从优秀的女明星身上获取强大的表演"。但是品特之所以被弗里德的戏剧吸引，是因为一些更有说服力的东西：它对美国的外交政策以及认为美国会在一场旷日持久的核战争中取得战略性胜利的信念表示道德谴责。弗里德戏剧中现代版的赛丝是一位美国第一夫人，她因为不能像她的丈夫一样对核毁灭的想法充满热情而遭到诽谤，被丑化成了一名酒鬼和花痴，并在戴维营接受着严格的监视。弗里德对核战争会取得成功的观点、美国在越南使用酷刑并试图非法破坏尼加拉瓜革命的行径进行了抨击，这些刚好与品特自己充满激情的看法不谋而合。弗里德曾经写过一部关于尼克松的戏剧，名为《秘密荣誉》；此外他还写过一本书，是关于社会主义智利国防部部长奥兰多·勒特里尔的，此人于1976年在华盛顿被杀。但让弗里德兴奋的不仅仅是品特对他的文本表现出的忠诚。"有某种，"

他说,"很古老的东西存在于哈罗德的作品中,这是作品令人陶醉的美。比如说,在《赛丝和布拉沃》的结尾,当所有落在人类身上的炸弹都被单独命名时,有一连串恐怖的气氛。哈罗德在恐怖和美之间建立了完美的辩证逻辑。"事实上,弗里德非常钦佩品特作品中从始至终表现出来的他所谓的"风格的持续性",并将品特视为与莎士比亚和莫里哀一样伟大的人:集剧作家、演员和导演于一身的人才是完美的戏剧人。

然而,只有清楚品特的意识发生了决定性转变,才能理解他对《赛丝和布拉沃》的选择以及20世纪80年代其事业的整个推动力。《赛丝和布拉沃》有着原始的愤怒,这使得其缺乏思辨显得不那么重要了——倒不是说他"突然"发现了政治,或者说他一夜之间用神秘和含糊来换取直接的表达。权力关系一直都是他主要的关注点,反独裁也一直都是他信念中的一部分。我相信事情是这样的:品特越来越怀疑"生活的最高真理存在于艺术之中"这种普鲁斯特式的想法。他越是投身于公众世界,他的道德感越是为专横的残忍和西方民主的虚伪所激怒,他就越是开始觉得艺术不是某种自给自足的东西,而是表达其正当愤怒的一种方式。1988年,品特在纽约接受梅尔·加索的一次采访时,有一段吐露真情的交谈,当时品特转移了针对其戏剧主旨所提的问题:"我理解你对于我作为一个剧作家的兴趣,但我更感兴趣的是自己的公民身份。我们仍然认为我们生活在自由的国度,但我们最好能够畅所欲言。而准确地说出我们的想法是我们的职责。"换句话说,对品特而言,行动主义现在就和艺术一样重要;他在舞台和编剧方面的能力是他讲述让人不舒服的真相和表明对社会状态不满的方式。他当下和1962年采取的立场已经大不一样了。那时他告诉一个布里斯托尔的学生观众:"我所写的东西只对它自己负责,对文本之外的任何东西都不负有责任。"到了20世纪80年代,他承认他确实有另外的责任,就是揭露我们赖以生存的谎言和政治家花言巧语之下的真实。他曾经具体地说过,西方政府满不在乎地允许着拷打和镇压,在这一事实背后,是"混乱、痛苦、羞辱、唾弃、污秽和鲜血"。

品特在这个时期对作品的选择始终强烈地反映着他的政治观点。比如,1987年,在卡洛尔·赖兹的鼓动下,他开始将玛格丽特·阿特伍德的小说《女仆的故事》改编成剧本。这是一部设定在20世纪末的有力的反乌托邦作品,它假定在一个极权的美国,道德水准由电视布道者设定,行为也由高度可见的准军事组织管控。在接下来的三年里,这个项目本身变成了活生生的噩梦。"它变成了,"品特说,"一个大杂烩。整个项目鸡飞狗跳。我和卡洛尔·赖兹在上面花了大概一年。在故事中,有一些场景宏大的公共场景,卡洛尔想用成千上万的人来完成这些场景。但电影公司不予支持,于是卡洛尔退出了。也就是在这个时候,沃尔克·施隆多夫作为导演加入了。他想和我一起讨论剧本,但是我说我非常累了。我大概说的是:'做你喜欢的事。剧本在这儿。如果你想鼓捣，为什么不去找原作者呢？'他确实去找了她。接着演员也来了。我的名字被留在了电影上，因为有足够的东西来保证这一点——大概吧。但是它不是我的，而且直到今天我也没有发表。"

当品特在与一部以噩梦版美国为基础的剧本较劲儿时，他在现实世界中积极参与了对美国外交政策的抨击。这两个活动不可分割，而且完全互补：都表达了一种不可控制的道德担忧。在20世纪80年代中期之后，品特越来越多地参与到对尼加拉瓜人权的维护中。1979年，索摩查家族——美国用以控制当地众多小共和国的头目——最终被大众革命推翻了。尼加拉瓜的自由选举在1984年举行，来自世界各地的79位目击者见证了这一历史事件。桑地诺民族解放阵线掌权了。但是，美国在没有获得国会正式批准的情况下，向致力于推翻民选政府的反革命集团恐怖组织提供了军事和经济支持。品特用他可以支配的所有方式抗议这种对权力的公然滥用。他公开反对邀请反革命集团成员在巴比肯艺术中心和皇家国际事务协会进行演讲。1987年2月，他和安东尼娅·弗雷泽、肯·福莱特和国会议员乔治·盖勒韦一起参加了在伦敦美国大使馆外的大型抗议活动。在那里，象征着尼加拉瓜反革命战争中死难者的1 800个黑色气球被放飞。当年晚些时候，他在皇家宫廷剧团建立了尼加拉瓜艺术基金会。1987年12月，他还为《卫报》写了一篇逻辑严密且慷慨激昂的文章，以此来吸引人们关注1986年6月在海牙国际法庭进行的审判。人们发现，用品特的话来说，"美国通过训练、提供武器装备、提供资金和补给给反革命武力，或鼓励、支持和协助尼加拉瓜国内抵抗政府的军事活动，违背了国际法中不干预他国事务的义务"。品特继续抨击美国，因为它于1954年和1973年在推翻危地马拉和智利的合法民选政府中提供了帮助。最后他表达了他对美国所支持的反革命武装力量（它们被里根比作开国元勋）所在的国家的恐惧，因为他们"谋杀和残害了……成千上万的尼加拉瓜男性、女性和孩童……他们被强奸、剥皮、砍头和阉割"。

品特对西方政府的虚伪的愤怒——标榜道德崇高，同时又准许最极端的残酷行为存在——与他作为艺术家的忧虑是分不开的：公民的良知和作家的担忧密不可分。事实上，品特在20世纪80年代取得的成就挑战了"艺术家只是一个无能而超然的世界事务观察者"的观点——这一观点得到了奥登的支持，他认为"诗歌什么事也干不了"。人们并没有因为品特在英国媒体中所遭受的痛苦而感谢他，但是他愿意参与到公众领域中并在具体事件上表明自己的立场，这就证明他既不是政治天真，也不是创作力枯竭。这同时也证明，他意识到艺术家可以通过呼吁公众关注来披露所谓的文明社会中出现的不公。这也催生了一系列简洁但有力的政治戏剧。这些戏剧不仅不是品特艺术能力下降的标志，反而证实了他在生活和艺术上的统一。

第十六章 制定议程

在整个20世纪80年代晚期，品特因为土耳其国内的镇压、美国对尼加拉瓜的干涉，以及其他诸多对外政策问题而忙碌奔波着，这是可以理解的。但是，自1979年首届撒切尔政府上台后，他也开始深切地担心英国国内所发生的巨变。讽刺的是，品特对国家大剧院发起的自发式罢工有些厌恶，受其鼓舞，他和彼得·霍尔一样在选举中将选票投给了保守党。如今品特表示："回顾那次投票，我有些不敢相信。事实上，几周之后我就意识到那是一个愚蠢的、极不负责的，且令人羞愧的行为。"大家可以很容易就明白这是为什么。在竞选上位时，撒切尔夫人放弃了"单一民族托利主义"，脱离了战后就从福利制度到教育等一系列问题所达成的共识，推行反工会法，着手国家公共事业的私有化，并将对自由市场的信仰变成了一种世俗的宗教。追捧她的人认为她使英国日益现代化，但诋毁她的人则认为她让英国变得越来越糟糕。

品特尤为在意的是撒切尔夫人破坏了他所认为的基本自由。有此看法的远不止品特一人。1988年9月，《禁查目录》有史以来第一次面向西方民主，审查了英国的自由制度。在引言部分，来自美国的法律哲学家、牛津大学法学系教授罗纳德·德沃金警告道："英国的自由是病态的……可悲的事实是自由一词的概念正在遭受撒切尔政府的挑战和侵蚀。"他认为，言论自由、信仰自由和信息自由是基本的人权，而保护这些权益是"自由文化"的根本所在。"自由文化"一直都是英国民族遗产的一部分，自米尔顿一直流传到约翰·穆勒。

彼得·詹金斯是一位对社会民主充满激情的政治评论家，他采纳了德沃金在1988年12月的《纽约书评》里提出的观点，详细列举了他所认为的导致英国言论自由被削弱的一系列措施。这其中包括：加强1911年版的官方机密法案；限制媒体报

第十六章 制定议程

道彼得·赖特在《间谍捕手》中对英国"军情五处"违规行为进行的控诉；试图镇压和谴责英国广播公司广播谈及国家安全的问题；禁止对爱尔兰共和军、新芬运动以及极端忠诚分子集团进行电视访谈；限制公民在被拘捕或被警察审问时保持沉默的权利；政府提案第28条规定严禁当地政府"提倡同性恋"，或者允许学校向人们传授"接受同性恋作为虚假家庭关系的一种"。詹金斯总结道：自由，虽然还没有在英国消失殆尽，但无疑遭到了一系列攻击。

对宽容度日益降低、知识分子因循守旧、政治辩论水平低下的关注绝不仅仅为左翼势力所独有；20世纪80年代晚期，人们普遍感受到了这些变化。正是在这一背景下，品特和安东尼娅·弗雷泽主动提出组织一个私人讨论小组，该小组基本上是由反对撒切尔主义的作家组成的。这一想法产生于一次晚宴，当时品特正与约翰·莫蒂默及其夫人佩妮交谈着。莫蒂默是一个天生的自由主义剧作家，同时也曾是英国王室法律顾问。他抱怨没有优秀的左翼记者，甚至连《新政治家》和《旁观者》这类久负盛名的周刊刊登的政治论点也质量低下。"我们曾经信仰的一切，"莫蒂默说，"都被视为危险的、荒唐的，或兼而有之，因此被抛诸脑后。我就这样继续说了一会儿之后，哈罗德大叫起来，吓了我一跳，他说：'你有意识到你在说什么吗？那我们该怎么办呢？'"于是他们决定将一群朋友聚在一起来探讨现状。安东尼娅·弗雷泽曾是一名国会议员的妻子，在主持小组讨论方面很有经验，她建议请人来读报。于是，就在1988年6月20日那一天，政治记者安东尼·霍华德来到了位于荷兰公园小区的品特家中。他谈到了英国左翼势力的衰落，以及工党不可思议地取得了另一场选举的胜利——几乎没有什么革命起义。随后一场激烈的辩论展开了，参与辩论的有沙尔曼·拉什迪、杰曼·格里尔、梅尔文·布莱格、玛格利特·杰、玛格利特·德拉布尔、迈克尔·霍尔罗伊德、彼得和塞尔玛·尼克尔斯，以及大卫·黑尔。黑尔自己还继续处理了他的剧本《和平年代》（1993）里出现的类似主题。这场辩论的目的从来就不是形成一个抗议团体，而主要是讨论整个社会的状况。正如大卫·黑尔所说的："这些会议就是我们的夜校课程。"

沙尔曼·拉什迪证实，后来为人所熟知的"6月20日社团"根本就不是什么革命组织。"在我看来，它只不过是一个和聪明人进行趣味交谈的地方；考虑到都是何种人来此房间，我觉得去那里会更加有趣。它从来都不是什么活跃分子集团，而只是一个我们可以就国内所发生的事情发表看法的地方。如果有些事情以公开声明的方式从那里发表出来，那固然很好。但如果没有，那么也无所谓。它从来就不是为工党服务的压力集团或智力支持系统。"

会议当然从来都不沉闷。伊恩·麦克尤恩回忆起关于教育、环境和左派状况的文章，随后就是晚餐和激烈的辩论，在辩论中大家从不嘴下留情。然而，在伦敦的文学生活中，能够被严加保守的秘密寥寥可数，有关"6月20日社团"的消息迅速不胫而走。于是，每次会议的晚上，品特家都会被记者和摄影师监视起来。不仅诸如弗兰克·约翰逊和佩里格林·沃索思之类的右翼专栏作家，悲哀的是，甚至连更为开明的人士，如小说家保罗·柏雷和彼得·詹金斯（他在克拉珀姆的餐桌上拥有政治争辩的中心地位）等，也对左翼讨论小组的想法极力讽刺、大肆嘲弄。参与者被草率地定义为"香槟社会主义者"而被遣散，就好像气节高尚就应当自动与低水平生活相伴，而舒适的生活方式会妨碍政治热情一样。在其他任何欧洲国家，这样的私人谈话场所本应被视作一种健康的国民精神生活的组成部分。然而，讨论小组的遭遇却反映出20世纪80年代的英国已经变得多么偏狭和古板，正因为如此，它也被认为是自负而专横的。现如今回忆起这些会议，安东尼娅·弗雷泽只有无力的悲叹。"他们唯一告诉我们的是媒体。"她说，"会议的筹备还是相当愉快的，但就在会议筹备和第一次正式会议的间隙，新闻界就掌握了它的消息，并在实际上对它进行破坏。组建一个充满智慧、不懈探索的讨论小组的想法就这样被公众的关注毁灭了——新闻界就安扎在哈罗德屋子的外面——而且因此变得有些不自然了。事实上，我们在这间屋子只开过两次会，然后就转到了哈默史密斯的河畔咖啡馆，但是因为太招摇，我们最终还是去了索和区的格鲁乔俱乐部。讨论小组的想法并没有因为哈罗德和我自己的存在而得到帮助，相反却遭到了破坏。随后，我们写信辞掉了在小组里的管理工作，并将所有组织上的事务交给了佩妮·莫蒂默。但是，我们继续以普通成员的身份在小组内活动。我仍旧参与每一次会议；最后一次会议时，哈罗德也在场，当时正值1992年普选前不久，我们与约翰·史密斯进行了探讨。在那之后，小组就解散了。在1988年以及随后的几年里，一直给人这么一种感觉：你不可能将左翼知识分子集中起来，但是像罗杰·斯克鲁顿这样的右翼分子却能够随意发表他们的看法。"

品特自己也因为讨论小组所遭遇的嘲笑而受到了深深的伤害，因此，对外反应有些过激。曾有一次，他们正聚集在河畔咖啡馆讨论对沙尔曼·拉什迪进行的判决，一个英国广播公司的记者和他的女朋友来此吃饭，品特叫人将他们赶出了餐厅。后来，面对媒体的攻击，他很愤怒，他说："我们有精确的日程，我们还将继续一次又一次地碰面，直到他们打破窗户，将我们都拖出去。"这段经多方引用的话明显只是一个富有戏剧性的隐喻，而不是对现实的描述。它也让人想起埃德加·爱伦·坡的观察："对一个真正的诗人而言，他所遭受的不公正待遇会让他兴奋，这在普通人看来似乎与这种不公正不相匹配。"回想起来，令人悲哀的事实是，摧毁"6月20日社团"的并不是任何精心筹划的阴谋，而是 20 世纪 80 年代媒体事无巨细的报道和知识分子对英国社会的偏狭之见——讽刺的是，最开始正是这些导致了该社团的形成。

品特对这种偏狭的愤怒之情在戏剧《山地语言》中得到了永久的体现。1988 年 10 月，该剧作为一部在傍晚时分上演的舞台表演剧目，在利特尔顿剧场首次公演。品特于 1985 年开始创作这部剧本，其灵感来源于他对土耳其的访问以及他发现库尔德语遭遇镇压的经历。他将早就写好的四五页放在了一边，直到 1988 年英国的发展变化让他感到恐慌，他才完成了这部剧本。正如他对梅尔·加索所说的：

在我看来，该剧是关于对语言的镇压以及自由表达的丧失的。因此我觉得它在英国的意义与在土耳其一样重大。不少库尔德人说该剧触碰到了他们以及他们的生活。但我相信它同样也反映了当今英国所发生的事情——对各种想法、演讲和思想进行镇压。

尽管品特抗议连连，我却并不认为他是真的将英格兰——或者说英国——等同于土耳其。通过《山地语言》，他试图对我们进行冲击，让我们意识到，"他们"和"我们"之间不再有什么天然的分割线；而且道德败坏的暴政和所谓的优越的西方民主之间，也没有什么绝对的区分。该剧提供了一幅暗淡的图景，让我们看到，任何观点，只要违背正统思想，就会遭到镇压。该剧同时也暗示，我们所有人都有一种内在的本能，会排斥、反对和否定那些我们无法理解的事物。品特曾在 1995 年和我的一次对话中强烈地表达了这一观点。"我最近读了一篇非常棒的文章，"他说，"是玛格丽特·阿特伍德所写的关于沙尔曼·拉什迪的，她在其中指出了一些我所笃信的东西：事情关乎的不是他们，而是我们。我们的行事方式是完全一样的，没有好坏之分——这很可笑。我们所继承的自满是毫无根据的，其唯一的基础源自权力。我见过这里的警察，老天爷作证，他们的行为举止和其他任何警察一样。我觉得我们应该看一下我们自己的社会正在发生些什么，也应该考虑一下更广义的民主。它被越来越多地用作一个虚假的、捏造的词，不具备任何意义。"品特并不是否认不同的社会有着不同程度的压迫。通过令人震撼的意象，他试图揭露的是那些孤立主义者的骄矜之态，这让他们认为西方民主显然是无辜的。有趣的是，那天晚上我们因为四频道播放的一部纪录片而中断了讨论。该纪录片讲述的是英国公司制造并向沙特阿拉伯等国出口用于生殖器电刑的电击武器。

《山地语言》不是一部纪实性戏剧。它通过想象投射出品特内心对于英国社会的恐惧。该剧几乎就是一个"如果……就会怎么样"的剧本。该剧问道：如果我们沿着这条道路走向压迫（20世纪80年代晚期许多因素已经预示了这一点：限制犯罪嫌疑人保持沉默的权利；扩展官方机密法；通过反同性恋的第28条条款；取缔政府通信总部的工会；突然搜查记者住所以及位于格拉斯哥的英国广播公司办公室，其目的是抹去所有与电视剧《秘密盟会》相关的东西）将会怎么样？该剧还问道：我们还要走多远就会变成我们极易谴责的那种反民主社会？该剧的起点是库尔德人，但剧中的一些特指却指向英国。1989年，凯里·佩罗夫首次将该剧搬上纽约的舞台，并尝试将这些特指美国化，然而她很快就发现她必须回归到最初的版本上。但该剧不仅通过意象，而且通过表述来产生效果：它试图在品特的潜意识和我们的潜意识之间直接打开一条沟通渠道。

《山地语言》全剧一共有四幕，全部发生在一个恐怖的营地及其周围。在第一幕中，有一排妇女等候在一座监狱的围墙外面，她们能否进去取决于姓名、界定及（狱警）口头分配的权力。一名年轻妇女向狱警控诉有条狗咬伤了一名年长妇女的手。可以认定那就是一条杜伯尔曼警犬。但负责的军官一再询问："它叫什么名字？"这种对分类的荒谬坚持为这名军官关键性的意向声明拉开了序幕：

> 现在听着。你们都是山地人。你们听见我的话了吗？你们的语言已经消亡了，被禁止了。在这个地方不允许说你们的山地语言。你们不能对你们的人说你们的语言。这是不允许的，明白吗？你们不能说。那是违法的。你们只能使用首都的语言。在这个地方只准说这种语言。这是军规。这是法律。你的语言是被禁止的，它已经消亡了，任何人都不准说你的语言，你的语言已经不复存在了。还有任何疑问吗？

正如珍妮·科莱兰所指出的，这段说辞里古怪的逻辑使人想起剧本《归家》中莱尼是如何解释他断定在码头上遇到的那个女人是患有疾病的："我肯定她得病了。"这番言论充满了矛盾：山地语言存在着，它消亡了；它为军事法令所禁止，也为法律所禁止；你不可以说这一语言，你不能说这一语言。通过这类矛盾，品特强调了分类的任意性。萨拉·约翰逊——一名站错了批次、仅仅只是想看望自己丈夫的妇女立刻就被挑了出来，并被中士归为"他妈的知识分子"。"但是，"军官表示异议，"你说过她的屁股会扭。""知识分子的屁股，"中士反驳道，"扭得最好。"

许多女性对这一台词持有异议。阿曼达·赛巴斯廷几乎是伦敦批评家中唯一理解该剧与英国的关联性的人，她在《论坛报》中写道："品特真的必须改进他对女性的做法。"但埃德娜·奥布赖恩的观点更为犀利："我记得当我阅读这部戏剧的时候，

第十六章 制定议程

看到过那句关于知识分子屁股的台词,当时就在想:'等等——这是什么东西?'像这样的台词来自作者的潜意识。每一个词都是那个词,而且,不管你认为他们是如何在那个国家进行讨论或施虐者是如何说话的,最终决定他们谈话方式的是作家。作家所使用的每一个词都体现着他自己。"奥莱布恩并没有刻意去审查台词。她认为,该台词既揭露了中士想法的粗鄙,也揭示了品特自己对于女性模棱两可的态度。品特非常直接地回应了这些批评。"这些女士,"他说,"在我看来似乎忽视了一件事,那就是这名中士的谈吐。作为一名剧作家,我创作角色。就算是让一名女作家来塑造这名中士,她也同样可能写下这些台词。"

第二幕发生在会见室,那名被狗咬伤了的年长妇女为她的儿子带去了食物。看守指责她不该说那理应消亡了的山地语言。她的儿子也被看守举报,说他傲慢无礼(他只是说了"我有一个老婆和三个孩子")。然而,当灯光调至半暗,该剧迎来了它最重要的一刻,我们听到这名妇女和她儿子在静坐中的录音。品特认为,尽管语言是压迫者的工具,但它同时也能拯救受害者。用凯里·佩罗夫那感人的话说,该剧的旁白是"一朵努力钻出淤泥的花蕾"。看守们什么都没有听见,他们以为自己掌握着绝对的控制权;但通过心灵的语言,人们依旧可以相互交流情感。

第三幕发生在一条走廊中,被命名为"黑暗中的声音"。它在一定程度上指的是那名中士在黑暗中发出的声音,他抱怨正是官僚的混乱导致萨拉·约翰逊进入了她的丈夫被关押的密室。它同时也暗指了那名戴风帽的丈夫和萨拉之间虚构性的交流:"我们去一个湖上玩。""那是在春天。我抱着你,温暖着你。"简单,直接,令人感伤——这可能是对戏剧《克拉普的最后一盘录音带》的一种无意识效仿,在该剧中,主人公对年轻时代浪漫的记忆与他饱受折磨的当下相对照。但是这一场景同样也显示了权力的结构是如何践踏我们的人格的。这名中士承认犯了一个错——萨拉走错了门——但当他告诉她如果她想要这个地方的任何信息的话,每周二都会有一个人过来时,她问道:"我能和他搞一下吗?要是我和他搞一下,所有的事情都能摆平吗?"在这之前,萨拉就已经被归为了妓女,所以她便使用了妓女的语言。总而言之,我们承担着社会赋予我们的角色。

最后一幕最为悲惨。我们回到了会见室,囚犯脸上带血,他的母亲坐在对面。看守告诉他们规则已经发生改变:"她可以说话了。她可以用自己的语言说话。除非另有通知。"武断的决定可以任意改变。但是,正如珍妮·科莱兰指出的:"生活在这种任意性边缘的人却没办法这么灵活。"年长的妇女没法再说话,即使她的儿子乞求她开口,她还是一言不发。随后囚犯从椅子上跌落,跪在地上,开始喘息,并剧烈地抽搐。中士进来,仔细观察抽动的囚犯:"看看这个。你违反规定去帮他们一

287

把，他们就把事情搞得一团糟。"品特将故事带回其根基：中士的言论正是全世界那些小气的权力商人和按部就班的人会使用的。正因为此，《山地语言》才如此有影响力。这并不是那些廉价惊悚片里穷凶极恶的独裁政治，而是我们所生活的这个世界的延伸：第三幕里戴风帽的男人使我们想起北爱尔兰的警卫队刚刚做过这些事。品特并不是在安慰我们，说我们所看到的这些令人绝望的东西是遥远而陌生的。他是在告诉我们，这一切都可能发生在我们身边，有的甚至已经发生了。但更重要的是，他暗示我们，不能将这些行径的道德责任强加在别人身上。恐惧存在于我们内部，而非外部。

在国家大剧院的舞台上，这部二十分钟的短剧给人留下深刻印象的是，品特用绘画一样的精确提炼出了一个充满压迫的社会的暴虐。发生在托尼·海加斯所扮演的那名经受拷打的儿子和艾琳·阿特金斯所扮演的那名充满了悲哀、绝望和爱意的母亲之间的戏份非常精彩。品特同时也在这样一部简练激昂同时又令人恐惧的戏剧里暗示了一个超越了行为局限的世界。然而，评论界的反应却各不相同，从真心的赞美到高傲的嘲笑，应有尽有。保罗·泰勒在《独立报》中援引了米兰·昆德拉的观点，认为极权主义统治最终的暴行是剥夺了受害者悲剧性的尊严。与之形成鲜明对比的是，弥尔顿·舒尔曼在《标准晚报》中嘲讽地说道："以每分钟大约20英镑的价格［来看］，国家大剧院已经将品特打造成了英国最贵的编剧。"回顾往事，我怀疑品特的创作可能发出了一些误导的信号。比如说，迈克尔·刚本所饰演的、戴着有色深度厚镜片眼镜的中士就非常像是从标准的恶乌托邦梦魇中走出来的人物。我们越是觉得军队就是普通人干常规事，这部戏剧就越令人震惊。这恰恰是品特于1991年在阿尔梅达重新导演该剧时所发生的事情：它变成了一部极具英国特色的戏剧，谈及的是对地方差异的压制和对中央集权文化的支持，以及将任何一种不合主流的现象都视为威胁的社会形象。在后期的创作中，彼得·休伊特饰演的长官操着一口清脆快速的桑德赫斯特口音，而巴里·福斯特饰演的中士则是一种粗鄙的、容易辨识的军人类型——所有的这一切很明显都关于我们，而不是他人。

然而，生活有时候以一种最奇怪的方式反映着艺术。1996年6月，一群来自伦敦耶尼·亚萨姆（新生）公司（其总部设在伦敦）的库尔德演员决定重演《山地语言》。他们在伦敦北部的哈林盖区租了一个社区活动中心来排练。他们还从国家大剧院筹到了军装和塑胶手枪。然而，因为并不知道他们是演员，一名当地居民在发现一群"武装人员"进入库尔德社区中心时，联络了警察。警察怀疑是土耳其人和库尔德人之间发生了枪战，于是派遣出一架直升机，将带有自动来复枪的神射手安置在隔壁的屋顶上，并围困了大楼。从大厅里出来的演员被五十多个警察戴上了手铐，严加审问,并惨遭虐待。最重要的是,他们还被禁止用他们自己的库尔德语与彼此进行交流。最后,警察在了解了情况后,允许排演继续,而事实上警察早就接到过有关这次排演的通知。从某种程度上来说,这一切只是一个滑稽的、错误的喜剧;但从另一个角度来看,这件事生动地反驳了那些坚持认为品特笔下令人瞠目的戏剧与英国实际毫不相干的人。

20世纪80年代,品特对政治的着迷延伸到了他的影视作品中。他并不总是自己选择素材;但即使素材选择了他,也似乎与他主要的关注点有关。比如说,1988年有人委托他将伊丽莎白·鲍恩的《炎炎日正午》改编为电视剧。这是一部战时小说,讲述了性和政治的背叛、人们在私生活中的伪装,以及法西斯主义的威胁。这些都是品特最擅长的领域;这也是为什么曾经将鲍恩的早期小说《心之死》改编成电视剧的琼·文德海姆-戴维斯会找到品特来写剧本,并让克里斯托弗·莫拉汉执导。"我与品特主要讨论的是,"莫拉汉说,"怎样使作品成为一场视觉盛宴,同时又赋予其悲观色彩。故事大多发生在战争中期的夜晚,我发现自己必须成为舞台灯光熄灭方面的专家:人们如何行走,他们吃什么,怎样实现红绿灯的局部断电,等等诸如此类。这是一次友好的伙伴关系,但唯一遗憾的是,该剧是在1989年12月底播出的,当时正值节日欢庆时期,因此,几乎没有人收看。"

你很容易就能明白,为什么品特对这一素材的回应如此热烈。用鲍恩自己的话说,她写的是"地下土壤的沉降",这改变着人物的生命,"但在表面却看不到明显的裂痕"。恰如品特的《背叛》(在该剧中,在《炎炎日正午》里出现过的派翠西亚·霍吉和迈克尔·刚本也参与了演出)所反映的,故事体系中有一种欺骗和不忠感像毒药一样蔓延开来。故事的背景主要设定在1942年,已经离婚了的史黛拉·罗德尼通过一个名为哈里森的间谍得知她的情人罗伯特在陆军部工作,负责将秘密情报泄露给敌人。史黛拉长久以来都很清楚罗伯特对她的背叛,于是她背弃了他们之间的亲密关系。哈里森则通过情报试图胁迫史黛拉和他上床,这背叛了他的职业信用。同时,罗伯特也背叛了自己的国家。看起来就好像是品特在鲍恩的故事里找到了与他自己密切关注的事物有着惊人相似之处的东西。他所做出的改变主要体现在音调和重点的变化上,这使得故事的叙述更加贴近他自己的想法。比如说,在小说中,哈里森对史黛拉的欲望被简单化了,这种欲望被他称为"好感",至多也就是赤裸裸的性欲;但在剧本中,它更多是一种浪漫的依恋。与安东尼奥尼的《放大》相比,我们还可以看到品特对逮捕时间的着迷:当我们听到录像机发出咔嚓声时,史黛拉的动作就会静止下来。正如罗纳德·诺尔斯所指出的:"影片中出现的照片是实实在在的、具有象征性的,它们既是哈里森监视工作的一部分,也是体现他执念的图标。"

然而，对于故事中的政治学，以及是何物驱使着一名英国军官卖命于德国人，品特也非常着迷。他暗示，由于强大的父亲形象的缺位，同时在跋扈的母亲和溺爱的姐姐面前又十分胆怯，罗伯特不仅渴望秩序和纪律，而且向往法西斯主义的父权价值。就像《最后一杯酒》里的尼古拉斯一样，他在政治体系中找到了一种能够弥补其自身缺陷的东西，并且相信这是一种正义的事业。"你可能不喜欢它，"他对史黛拉说起他视之为纳粹主义的最终胜利的东西，"但它开辟了一个新的世界。"品特还强调了背叛所引起的离奇串通。在最后一幕，罗伯特已逝世两年，哈里森再次拜访史黛拉的住所，品特对此进行了微小的改动，但却意义非凡。在小说中，空袭发生后，哈里森轻轻地询问："你愿意我待到警报解除吗？"但在品特的剧本中，它变成了一句叙述的话，随后便是舞台指示："他们静静地坐着。过了片刻，解除警报的声音响起。他们一动不动。"我们可以因此推断，哈里森和史黛拉将不可挽回地因为背叛的过程而被绑在一起；而且，在这种扭曲的战争环境中，与其说人们是因为崇高的理想主义而团结在一起，不如说是因为他们自己复杂的骗术。

品特着迷于伪装、背叛和法西斯主义对人类关系的腐蚀性作用，他在《团圆》中继续追求着他的这一迷恋。《团圆》是另外一部他在阅读了德国画家弗雷德·乌尔曼创作的短篇小说后不久写就的剧本，并被杰瑞·沙茨伯格拍成了电影。正如品特自己所言，这部电影于1990年上映，但似乎并未留下任何痕迹。这有些奇怪，因为它是品特最好的剧本之一，而且其涉及的主题是能引起人们巨大共鸣的：它不仅谈及了20世纪30年代德国纳粹主义的兴起，而且讨论了德国人灵魂中的精神分裂，而正是这种精神分裂使得地球上极具文化历史内涵的国度陷入了野蛮行径。品特用细腻的手法探究了这一现象是如何产生的，又是因何出现的。然而，他不仅仅是在处理一个宏大的主题。他的剧本正如其应该呈现的那样，效果良好，因为它弥漫着他对年轻时期一段关系的记忆。

大体说来，这部电影是用一种追寻的方式展开的：富有的曼哈顿律师亨利·施特劳斯寻找着20世纪30年代他在斯图加特的过去。当时他名为汉斯·施特劳斯，是一名犹太医生的儿子；他最要好的朋友康拉丁·冯·洛亨伯格是德国贵族的后代。在电影中，主人公一遍遍地搜寻着自己的记忆，回忆这段热烈的知识分子友情是如何被反犹太主义思想毁灭的。但品特使双重性成了故事的关键，这种双重性既存在于个体之中，也存在于德国人的灵魂之中。16岁那年，汉斯在课堂上从人格分裂的角度对哈姆雷特这个人物进行解释，做出了经典的分析。汉斯的父亲宣称他为自己同时身为犹太人和德国人而骄傲（他认为，在20世纪30年代早期，这个有着歌德、席勒和贝多芬的国家是不会容忍希特勒的）。然而，故事中最大的双重性就在于康拉丁分裂的灵魂。他拒绝自己的贵族同学与年轻的汉斯成为朋友，然而，后来当汉斯离开斯图加特前往美国时，他又告诉汉斯元首希特勒将区分"好的犹太元素……和不太合乎需求的犹太元素"。直到回程的时候，我们的主人公才发现他这位旧友因为参与反对希特勒的冯·施陶芬贝格爆炸阴谋而被处决了。

品特以其惯用的手法将年轻与年老、经历与记忆、友谊与分离这些分散的元素紧密地结合在一起，同时还通过下面这两点为最后揭示康拉丁的命运做了铺垫：在开机镜头中展示了一间满是屠夫钩子的行刑室；亨利突然在德语电视节目上瞥见了咆哮的福莱斯勒法官，这名法官曾在1944年将参与希特勒刺杀计划的德国官员判处死刑。但是，这部电影弥漫着神秘的德国特性，而且让人感觉这个国家既消除了它的过去，又仍旧为过去所困扰。

然而，如果说品特的剧本深深地打动了谁的话，那是因为他在故事中投入了个人感受。通过汉斯和康拉丁的关系，品特再现了学生时代的友谊这一失落的伊甸园：他们相互之间的感情、他们的学术兴趣，以及他们对性接触带来深刻共鸣的认真劲儿。这更为令人感动，因为我们知道这一青春期的至乐境地很快就会遭到历史现实的入侵。然而品特——也许是无意识地——还利用了记忆中他自己的一段破裂的友谊。在哈克尼的年少岁月里，品特最要好的朋友兼智力上的对手是罗恩·珀西瓦尔，即《侏儒》中的皮特。最后，他们的友谊因为求偶竞争——而非历史压力——而遭到了破坏。然而，所有认识罗恩·珀西瓦尔的人都这样评判他的雅利安人血统所赋予他的姣好相貌：在那一年代的集体照片中，他总是那个光芒耀眼的人。后来，他给哈克尼帮的成员寄去奇怪的信件，吹嘘他与法国政府的关系，并且质疑有六百万犹太人死于战争的事实。为了自己的利益，他还特意写信给品特，警告他不要过多地掺和到沙尔曼·拉什迪事件中。《团圆》是一部极富政治意味的电影，它涉及了德国人灵魂中谜一般的双重性，以及导致这个国家通过民主选举让希特勒上台的重重压力。它同时还弥漫着当亲密的青春期友谊遭遇背叛后的痛苦之情。虽然这部作品并没有直接的自传性质，但却明显渗透着品特自己深信不疑的一点，即失去朋友永远都是灵魂上的一道伤口。

对很多的剧作家而言，写电影剧本主要是对他们才能的一种商业利用。如果电影能够制作出来，自然很好；即便不能，他们至少也可以入账一笔。然而，品特不仅因为自己的剧本能够以异乎寻常的高比例被搬上银幕而深感自豪，还通过电影这一媒介探索了自己心中各种主导性的想法。如果说《炎炎日正午》写的是无尽的背叛，《团圆》讲的是双重性和友谊的失去，那么同样于1990年上映的《陌生人的安慰》探究的就是性的独裁主义与政治独裁主义之间的紧密联系。这部电影改编自伊恩·麦克尤恩的一部小说，讲述了一对年轻的度假者在威尼斯被一对年长的已婚夫妇毁灭，并不幸地卷入其轨道的故事。品特的辛劳得到了极其丰厚的回报——他的剧本获得了 25 万英镑的酬劳——但是你应该感觉得到，真正使他情绪高昂的是，他有机会将麦克尤恩这部松散过时的寓言性小说改成对 20 世纪 80 年代英国自由遭遇限制的一次具体抨击。

任何将背景设置在威尼斯的影片都不可避免地受到诸多类似的电影、文学和戏剧作品的困扰。早期，在大卫·里恩执导的电影《艳阳天》里，正是在威尼斯这座城市，凯瑟琳·赫本所扮演的美国中西部教师被一名浪漫的商人迷得神魂颠倒。在维斯康蒂执导、改编自托马斯·曼小说的《魂断威尼斯》中，在威尼斯这一背景下，阿森巴赫不可救药地爱上了一个身着海军服装的年轻美男子。在尼古拉斯·罗格执导、达夫妮·杜穆里埃写就的《威尼斯疑魂》中，威尼斯为这部哥特式惊悚片创造了凄冷的背景，它讲述了一对年轻的英国夫妇试图和他们死去的女儿进行联系的故事。当然，品特自己在《背叛》的一个关键场景里也用到了威尼斯，当时罗伯特首次得知爱玛的不忠。这些作品的共同之处在于它们都体现了这样一种想法：威尼斯迫使外来者直视他们的现实生活，而且这座博尔赫斯之谜一般的城市可以催生变化和改革。

所以在《陌生人的安慰》中，一对观光的英国夫妇科林和玛丽（分别由鲁伯特·艾弗雷特和娜塔莎·理查德森扮演），陷入了威尼斯人罗伯特（由克里斯托弗·沃肯扮演）和他的加拿大妻子卡罗琳（由海伦·米伦扮演）的邪恶魔爪之中。然而从一开始我们就很清楚，品特着迷于父亲对儿子的影响，以及父权制与政治专制主义之间的联系。品特在一开始的镜头中通常就会确立电影的重要主题。一个长长的推拉镜头徐徐扫过罗伯特在威尼斯的公寓，里面摆放着深红色的家具、鸟类标本和玻璃拱顶、一个带变焦镜头的尼康照相机，以及一只装满了男人衣刷和锋利剃须刀的托盘，这些都是罗伯特从他父亲那里继承而来的。当镜头滑过这间公寓时，罗伯特的旁白告诉我们：

> 我的父亲是一个非常高大的人。他一生都留着黑色的小胡子。一旦胡子变灰，他就会用一把小刷子把它染回黑色，就像女士们对待她们的眼睛那样。用的是睫毛膏。
>
> （暂停。）
>
> 每个人都很怕他。包括我的母亲和我的四个姐妹。在饭桌上，我们不能开口说话，除非父亲先同我们讲话。

（暂停。）

但是他很爱我。我是他最爱的小孩。

这些话在电影中的两个关键点出现过。第一次的时候，罗伯特发现科林和玛丽在迷宫般的威尼斯小巷迷了路，于是带他们来到他自己在后街经营的一家同性恋酒吧。第二次是在电影快结束的时候，当时罗伯特正在接受一名侦探的审问。在这之前，他和他的妻子先是引诱科林，然后又将其杀害。随着故事的展开，这些旁白的意义变得非常明显。它们不仅确立了那位父亲的支配性地位，而且证实了罗伯特的孝道崇拜与他自己独裁主义的、拥护撒切尔主义的新的政治观念之间所具有的那种弗洛伊德式联系。（撒切尔夫人是出了名的崇拜她自己的父亲奥尔德曼·罗伯茨，但很少在采访或自己的回忆录中提到她的母亲。）罗伯特的台词也揭示了他那恃强凌弱的父亲非常虚荣，正是这种虚荣驱使他将女性的化妆品用在自己的胡子上。认为父权制下的男子气概掩盖了性别模糊这一观点——持有这种想法的人继而又怀着内疚感去惩罚他人——反复出现在这部恢诡谲怪但又引人入胜的电影之中。

在将麦克尤恩的小说搬上银幕的过程中，品特始终忠于小说的故事情节和核心场景，同时还突出了它的社会和政治关联性。同小说一样，电影仍然是一个关于一对年轻夫妇自甘毁灭，卷入一个颓废世界的故事；然而，麦克尤恩关注的是故事中性别的疏离，但品特却围绕这一点建立起各种对照，尤其是玛丽具有女性主义性质的独立与卡罗琳在智力和性上的消极形成的对比。比如说，他将玛丽塑造成了一个比在小说中特征更为鲜明的人物。品特还特别强调了玛丽的两个孩子，尤其是她那个加入了学校足球队的女儿。他允许玛丽嘲弄科林在情感上的踌躇和在性别上的虚荣，这一点尤其体现在一场餐厅场景中，科林觉得坐在邻桌的男人们似乎像她一样一直注视着他。品特还更为关注玛丽参与一个女子戏剧小组的情况，该小组曾上演了一部全女子版的《哈姆雷特》。品特并非在暗示玛丽是一个强硬的空想家，但是他却有意将她的独立与卡罗琳在性上的屈服以及在家里的监禁状态进行了对比。

品特最具戏剧性的创新在于他改变了一个晚宴场景的整个基调和性质，在这一场景中，罗伯特和卡罗琳粗暴地接待了那对观光的英国夫妇。在麦克尤恩的小说中，人物对话围绕的是罗伯特酒吧里新来的经理，而且话里话外都充斥着性暗示。但在电影中，它却变成了对于英国政治和基本自由的衰落所进行的激烈争论：

罗伯特：如今英国状况如何？还是过去那个亲切可爱的英格兰吗？汉普郡、威尔特郡、坎伯兰郡、约克郡和哈罗兹。如此美丽的国家。如此优美的传统。

玛丽：现在并不是那么美好了。是吧，科林？

（科林没有回答。）

科林？你还好吗？

科林：（低声说）还好。

罗伯特：在什么方面？在什么方面不太美好？

玛丽：噢，怎么说呢——自由……你知道的……

罗伯特：自由？何种自由？做什么的自由？

玛丽：能够自由自在、随心所欲的自由。

罗伯特：你想要自由？（他笑了。）要自由干什么？

玛丽：你不相信自由吗？

罗伯特：当然，我相信自由。但有时候有些规则——你知道——它们也并不是什么坏事。首要的是，必须保护我们的社会免受行为反常者的破坏。这点人人都懂。我的哲学立场很简单——就是让这些人都靠墙站着，然后朝他们开枪。社会需要做的是净化自身。英国政府正朝着正确的方向行事。在意大利，我们可以从英国政府那里学到许多经验。

科林：嗯，作为一个英国人，我强烈反对你刚刚所说的这些。你简直是在胡说八道。

罗伯特：我敬重你是一个英国人，但是如果你是一个同性恋者的话，我可不会尊重你。你不是一个同性恋者，对吧？用这个词确切吗？或者应该用"水果"？说到水果，我们应该喝杯咖啡了。

品特并不是简单地将一次关于第28条规定和撒切尔主义影响的争论硬塞进一场威尼斯晚宴之中。这一场景扩展了我们对于人物的认识，而且包含着它自身固有的讽刺。罗伯特对英格兰所持的这种享有特权的、浪漫的、本质上带有田园特色的观点是基于他作为一名外交使团成员的儿子的经历，与当下的现实形成了鲜明对比。罗伯特对同性恋者的痛恨掩盖了他自己内心深处的性别模糊状态，这一点从他专注于对科林的偷窥中可以看出。而且这种痛恨还暗示着对性的不容忍总能成为对自身身份不确定的挡箭牌。玛丽为自由进行辩护时磕磕巴巴、口齿不清，这表明即使是最聪明、最开明的人也意识到了有什么地方不对劲，但就是说不清楚到底是什么。品特探究的是他自己所关心的问题，但却并没有破坏人物的完整性。

对于品特在电影中插入的这种政治性话题，麦克尤恩感到极其满意。"这些并没有出现在小说中，"他说，"但是却非常贴合罗伯特和科林之间紧张关系的本质。而且我可以想象得到，哈罗德在伦敦生活时，这样的对话是很可能突然就冒出来的。也许就在一个气氛非常愉快的餐桌旁，人们要突然面对最骇人听闻的政治观点。对此，我们大多数人可能会艰难地吞下蛋奶酥，然后转移话题，但哈罗德不会这么做。他非常勇敢。一旦他认为这样的交谈将取得丰硕成果，他就会强烈地希望表达不同的观点。我觉得在电影的这段对话中就有点这个意思。"

品特对剧本所做的批注保存在大英图书馆的档案馆中，它们清楚地昭示了这一场景在品特对这一电影的看法中是多么重要。档案同时还揭示了初稿和终稿在故事结尾方面所具有的重大变化。在这两个版本中，当面对癫狂的罗伯特以及他作为帮凶的妻子的攻击时，科林和玛丽发现他们自己已无能为力。事实上，玛丽在被麻醉得晕晕乎乎之时，被迫眼睁睁地看着科林被卡罗琳诱奸，然后又被罗伯特割断喉咙。但是品特在终稿中弱化了具体的性暴力场面，将更多的笔墨放在了谋杀的结尾部分。

事实上，品特增加了至关重要的最后一幕，背景设在警察局。在这一幕中，困惑不解的侦探询问罗伯特，他为何提前计划好一切，同时却留下罪证，而不是设法逃避逮捕。面对询问，罗伯特回到了电影的开场白（"我的父亲是一个非常高大的人"），就好像他觉得过去的重负和父权价值的妄自尊大可以保护他——甚至为他开脱一样。电影里最后出现的一个词"睫毛膏"，提醒着人们性别专制主义之下的含糊不清。在最初设计的结尾中，品特为剧中的暴力提供了一种讽刺性的对位：被麻醉后的玛丽坐在那里，神情模糊，而威尼斯船夫正在远处演奏着六角手风琴。在最终版本里，品特又回归到政治和性别权力的复杂关系上。对于品特这部最为引人入胜但又为大众所低估的剧本而言，这是一个完美的结局。它让人想起与之类似的《仆人》，二者都描写了变态的色情场景，并且研究了一种人对另一种人的侵犯。然而，《仆人》主要讲的是一个懦弱无能的上层人士与一个精明的掠夺者之间相互瓦解的故事；而《陌生人的安慰》则暗示了整个自由的概念正遭受着复兴的秘密法西斯主义的威胁。《陌生人的安慰》不仅是品特最好的电影之一，而且是他最具政治色彩的一部。尽管这部电影充分利用了威尼斯那令人悲伤而又凶险的氛围，但它却对英国本身病态的自由充满了难以抑制的担忧。

第十七章　聚会礼仪

　　1990年10月10日是品特六十岁的生日。媒体借机大做文章。英国各大报刊连篇累牍的报道并不十分关心他的成就，而是更多地去关注了一些老生常谈的事情：晚餐聚会上他惯常的暴躁脾气、20世纪80年代他在戏剧作品方面的相对低产，以及他性格上的各种怪癖。克里斯多夫·西尔维斯特在现已停刊的《星期天通讯报》上发表了一篇题为"愤怒老人"的文章，详尽地列举了品特的一些逸事，描绘了他在社交礼仪方面不加掩饰的直率性情。例如，在韦登菲尔德勋爵的七十岁生日宴会上，一名记者走到品特面前，表明自己来自《伦敦标准晚报》的"伦敦人日记"专栏，询问品特有无口信需要他代为传达。品特的回忆跟西尔维斯特的描述并不一致。他并没有像传说中那般朝着提问者怒吼。据品特说，他轻声对他耳语道："是的，我确实有口信要捎给'伦敦人日记'。告诉它，让它去他妈的；然后，你也去他妈的。"这一反应不算令人意外，因为"伦敦人日记"专栏曾经喋喋不休地对品特的私生活评头论足，并且对"6月20日社团"咬住不放。西尔维斯特在那篇文章中断言，品特的问题，就在于他想让全世界都符合他的节奏。当然，这个缺点并非罕见。

　　即便是品特最亲密的朋友，在褒奖他为人慷慨、幽默风趣的同时，也不会否认他骨子里确实存在一种强烈的愤怒，而这导致他经常对社交生活中的细节缺乏耐心。然而，这场对品特性情追根溯源（我们周围世界的虚伪和不公）的讨论，渐渐被媒体引向了对其个人的讽刺和戏谑。其实，这也是英国特有的一种把戏。他变成了"名人"世界的一部分，在很大程度上就是英国媒体一手促成的结果。在这个世界里，每个人都被指派扮演一个单向度的角色，一个王政复辟时期短喜剧里的那种固定人物角色：品特变成了愤怒的剧作家，写得一手诋毁记者的好文章。因为那些记者认为，一个富裕的作家却拥有狂热的信仰，这在本质上就有着某种滑稽的成分。

第十七章 聚会礼仪

所幸其他艺术家的视角还算稍微宽广一些。墨西哥小说家卡洛斯·富恩特斯曾为《1990年品特回顾》写过一篇文章。该文章建立在一个有趣的矛盾之上，即品特在相对富裕的社会中创造出了一种荒芜贫瘠的文化，而与此同时，拉丁美洲的作家们却在一个荒芜贫瘠的世界里创造了一番巴洛克式的繁华景象："在欧洲世界，哈罗德·品特在富饶的中心创造了虚无，在昌盛的中心窥见了贫瘠，摒弃了后工业化社会中花哨艳俗的巴洛克风格，揭露了如同天堂与地狱之间那般巨大的鸿沟。"但是富恩特斯继续指出，虽然品特跟拉丁美洲作家们描述的景象在表面上有所差异，但其实有着诸多共同之处。

> 从对人类的同情这一方面来说，我们贫困中的繁荣以及他们富裕中的贫瘠，难道在本质上不是关系密切、相辅相成的吗？答案难道不是一致的吗？备受批判的英语揭露出极大的匮乏，而我们的西班牙语正在寻求着我们认为英语所具备的东西，而他却告诉我们，他的丰富性跟我们的贫瘠性是同样荒芜的；但是语言、想象和欲望依旧存在，给了我们生存的一线生机，让我们依稀看到了希望的曙光。

在一段感人肺腑的生日祝词中，结束语是这样一句话："不论是在墨西哥、尼加拉瓜，还是在阿根廷，品特都是真正属于我们的。"

品特在国际上其他国家所受到的追捧，与其在本国所遭到的贬抑形成了天壤之别。他的剧作经久不衰地在全球出版，人们不仅欣赏其作品语言的精确性，还崇拜他在政治上激起的共鸣感。在英国，我们好像过度沉迷于品特在聚会上的礼仪举止，以及假想出来的名誉与带有道德热情的安慰之间不可调和的关系。但是，这其中没有一样东西可以遏制品特本人的天性，虽然不可否认的是，这着实给他造成了一些苦恼。实际上，对他来说，1990年是典型意义上的活跃之年。2月，他代表莎尔曼·拉什迪在ICA做了一场纪念赫伯特·里德的演讲；5月，他在第四频道做了一期谈话节目，讨论了语言的滥用，还在《星期天独立报》上发表了一篇名为"美国佬滚回家"的文章，犀利地抨击了美国在尼加拉瓜的政策，其言语之尖锐引发了美国驻英大使充满愤慨的回击；同月，他执导了简·斯坦顿·希区柯克的《香草》一剧。该剧在沙夫茨伯里大街上的抒情剧院上演，针锋相对地讽刺了美国的超级富人阶层及其对外国独裁阶级（本剧特指伊梅尔达·马科斯和菲律宾事件）的卑躬屈膝和阿谀逢迎。人们只能这样假设：品特在剧中对独裁主义残暴性的批判过于投入，导致其失去理智，从而欠缺了圆滑和老练的处理手法。但是，他在第四频道的谈话内容，深刻地揭示了此举的原因。他又回到了自己最喜欢的话题：语言作为"一种永恒的伪饰"，遮蔽了真切的现实。品特愤怒的一个源头，就是我们在社会和政治层面频繁使用语言来掩饰真相。他在无线电广播中直截了当地表述道：

  语言结构和现实结构（我指的是真正发生的事情）是在两条平行线上进行活动的吗？现实在实质上真的存在于语言之外，真的独立于描述之外，保持着自身的顽固性和差异性，不能与其相互影响吗？事实上的情况与我们认知中的情况，它们之间真的不可能存在精确而重要的一致性吗？或者，难道我们必须使用语言来模糊和扭曲现实吗——来扭曲"是什么"，扭曲"发生的事情"——就因为我们害怕面对真实的它？我们不能面对死人，但是我们必须面对死人，因为他们都是以我们的名义而死。我们必须注意那些以我们的名义而做出的事情。我认为，正是我们使用语言的方式，才使得我们陷入了这个糟糕的陷阱。

  这番极度痛苦的讨论，加上喋喋不休的问句，其本质跟品特在晚年提出的信条一脉相承；尤其是政治话语的华丽辞藻、遮遮掩掩同残酷的现实之间愈发强烈的对比，令他失望透顶。虽然《确切地》、《最后一杯酒》和《山地语言》背后隐藏的主旨十分简洁，但正因如此，才使得它们不仅为他毕生的戏剧作品写下了脚注，更成了其重要延伸。品特一直沉迷于研究人类是如何使用语言来掩饰原始冲动的。他后期的作品，不仅转移到了政治舞台之上，还将语言的障眼法与令人惶恐不安的折磨、惩罚、死亡景象进行了对比，这是与前期作品有所不同的。

  品特长达六十年的经历，如果说别无其他，那么至少证明了他的顽强与坚韧。从模棱两可的抨击到直击要害的讽刺，媒体报刊上攻击他的文章随处可见。但是，小说《侏儒》最终在10月出版，并且收获了一些好评，虽然几乎没有批评家从中看出他为日后作品埋下的种子。之前，英国广播公司曾经在《生日晚会》失败之后极力拯救过年轻的品特，这回，为了平衡和冲淡报纸杂志新闻里的怒气，又是煞费苦心；10月3日，广播第三频道推出了一部全新录制的《背叛》，由内德·查雷特执导，品特本人出演罗伯特，将繁文缛节背后隐藏的尖锐痛苦演绎得淋漓尽致；10月10日，恰逢品特生日，公司决定推出一个长达四小时的周日晚间节目，其他节目统统让路。我有幸担任了这个节目的主持人。节目囊括了品特访谈、作品广播（几部作品的梗概及整部《家庭声音》）、作品朗读（品特还在其中宣布了贝克特作品《无以名状的人》完成的消息）、品特最爱音乐展播（包括巴赫的《A小调小提琴协奏曲》），以及对于品特在政治、电影和板球领域涉足的回顾。我希望，通过这档节目，人们能够感受到品特所取得成果的浩瀚与宽广。我和制片人菲奥娜·麦克林强忍着严重的流感，磕磕绊绊地完成了四个小时的录制，这成了我难以磨灭的记忆。这档节目证明了英国广播公司当时即便在保守党右翼的攻击之下、在即将私有化的传言之中，实力也不减当年，仍旧能够将适当的注意力投放到一个尚且在世的作家身上。

如果说品特在进入六十岁之时还有什么特别失望的事情，那就非这件事莫属了：他为石黑一雄的大师之作、布克文学奖获奖小说《长日留痕》所写的剧本，与电影产业错综复杂的政治发生了冲突。品特是能够将石黑作品搬到银幕之上的理想作家，因为这部作品所讨论的主题，正是伪饰的情感和隐藏的信仰。故事讲述了一个完美无瑕的英国男管家勇敢面对自己对前一任女管家压抑的情感，以及他在面对贵族老爷法西斯式的同情时，敢于宣称自己并无必须屈从于他的道德义务。这是经典的品特式题材。实际上，他获得了这本书的买卖权，但是因为迈克·尼克尔斯很想执导这个剧本，于是品特将它卖给了尼克尔斯。然而，最终获得版权的哥伦比亚公司将这个项目移交给了伊斯梅尔·麦钱特和詹姆斯·艾沃里的制作团队，而后者又引荐了他们经常合作的作家露丝·鲍尔·贾华拉，对这一作品进行了全新的改编。"最终的电影里，只剩下七八个场景是我写的，"品特说，"实际上，扮演达林顿勋爵的詹姆斯·福克斯对我大发雷霆，责备我不负责到底，因为他一直认为我写的那些场景效果才是最好的。但是对此你不能太过生气。因为直到现在（说这话时是1995年），我已经写了22部电影的剧本，只有17部是完全按照剧本拍摄的：根据现在电影产业的性质来说，这个数字已经不算太糟糕了。"

1990年，即便品特忙了一整年的剧本惨遭修改，但其六十岁的生日却开启了接下来一年中他一系列重要戏剧作品的复兴。这是一个积极的开端，在接下来的十年里，人们对其作品进行了鉴定性的重新评价，这也再次激发了品特自身的创造力。恰当地说，彼得·霍尔于1991年1月将《归家》重新搬上了伦敦喜剧剧场的舞台，给这个十年开了一个好头。1983年，品特与霍尔关系破裂，闹得沸沸扬扬；然而意外的是，也是品特主动提出要跟霍尔修复这段破裂的关系。在关系僵化了长达六年之后，他给霍尔写了封信，恭喜其完成了一部作品的制作。随后，两个男人在埃德娜·奥布赖恩的晚宴聚会上打了照面。最终，品特又给霍尔写了一封信，说："人生苦短，我们和好吧。"虽然吵架爆发时犹如电闪雷鸣，但品特也是一个十分信奉和解之道的人。

霍尔的第一直觉反应，就是要把《归家》彻头彻尾改写一遍。但是，随着他跟设计师约翰·博利交谈得越发深入，同时也把自己1965年出品的电影研究得越发透彻，他反而觉得没有必要为了与之前不同而刻意做出改变。于是，他跟博利一起重新回归作品本身，回到了那个跟洞穴一样有着灰色墙壁、营房似的房间形象中（"即便连灯罩，"本尼迪克特·南丁格尔在《泰晤士报》里写道，"可能都是从日本广岛的废墟里捡回来的"）。在那个房间里，唯一的色彩来自几只酸绿色的苹果。然而，时间的重铸也不可避免地带来了它本身的变化，其中最翻天覆地的改变就是泰迪这一角色。据欧文·沃德尔描述，他从一个"阴谋的明显受害者，变成了倨傲的阴谋煽动者"。格雷格·希克斯将他演成了一个精明、孤立、冷淡的人物。他以牺牲自己的人性为代价，获得了智力上的平衡状态，并且把露丝当成了他在美国学术生活中一个呼之即来、挥之即去的附属品。诸如"等我们回去了，你可以帮我弄弄讲课的东西"这样的台词，猛地看上去仿佛比易卜生笔下的托伐对他的玩偶妻子说出的话更令人寒心、更颐指气使。是接受泰迪施舍的独立——即便这独立的感觉也是枯燥无味的——还是面对他家里纷纷扰扰的变故？这个选择使得露丝的回家之举，变得比在1965年的版本里更易于理解了。另外，切里·郎西扮演的露丝一直对着她周围那些虚张声势、逞强蛮干的人露出一张嘴角上扬、唇红齿白的笑脸，好像是已经发现了自我身份一样：在这个世界里，她可以像个大姐大一样掌控一切。

这就是彼得·霍尔要追求的效果，这一点他可以确定。"1965年的时候，"他说，"有一种隐隐的感觉，好像露丝是一个受害者。而在这个版本中，毫无疑问是男人们惨遭毁灭。我也认为我们之前对泰迪的处理手法不对。他是最棘手、最复杂的一个人物。60年代时，我们有三个版本的泰迪，分别是由迈克尔·布莱恩特、迈克尔·克雷格和迈克尔·简思顿扮演的。他们都很不错。但是我们没有弄清的一点是，泰迪分明是全剧中最大的混蛋——他绝对是油盐不进的，他根本不打算让人类的情感进入他的世界或者对他进行任何改变。这一次，我们让他演出了更加强烈的冷漠无情之感，从而让这种感觉更加明确一些。"最引发争议的表演，来自沃伦·米契尔饰演的马克斯。我认为他的表演精彩绝伦：通篇都是伦敦东区的犹太人腔调和节奏，一会儿是父亲般的怒斥责骂，一会儿又是母亲般的多愁善感，最后还出现了莫名令人感动的一幕——他怯怯懦懦地向露丝祈求一个亲吻。品特本人也认为他表演得非常到位，但是他一直担心《归家》被人们定位为一部犹太人戏剧，因此质疑了剧中的口音，他说："如果马克斯家里其他人都不是犹太人，他就没有理由是犹太人。"

《归家》得到了观众的广泛好评，获得了巨大的成功。迈克尔·柯文尼在《观察家报》中写道，它是一部"不朽、有趣却也令人烦恼的经典之作"，即使不比之前的优秀，也是人们脑海中所能记住的最佳版本。两个星期之后，当大卫·莱维奥将《背叛》搬上阿尔梅达的舞台重演时，伊斯灵顿区的空气中充满了评论家们各种收回

第十七章　聚会礼仪

成见、自我鞭笞的声音。不光是我本人，他们对这部戏剧也逐渐有所改观；而在十三年前，该作在利特尔顿上演时，他们都是持抨击态度的。整个戏剧的物理环境都发生了翻天覆地的变化：两幕之间的简易升降幕、连最微小的表情和动作都可以在其中明确感知的亲密空间、马克·汤普森放置的白盒子，以及《哥德堡变奏曲》的伴奏音。看似过时的内容与超前的形式之间曾经也水火不容，现在却完美地共生共荣。有趣的是，约翰·彼得在《星期日泰晤士报》上指出，时间倒流的方法，暗示着经验可以使感觉贬值、使语言枯竭的方式："最后的影响如同噩梦般可怕：就好像你突然浑身战栗着意识到，你刚刚经历的一切都只是刚刚开始而已。这让我想起弗洛伊德写过的一段话：当一个梦境用倒叙的形式讲述一系列事件，这意味着它想要否定某些事情。"更令我震惊的，是品特在道德上所存在的矛盾心理。谢丽尔·坎贝尔以一种冷漠而决绝的方式演绎了首幕场景，意指了爱玛的生存本能。与此同时，你感觉自己正在目击一个令人眼花缭乱的堕落旋涡。正如大卫·莱维奥说的那样："同往常一样，哈罗德的头衔要比表面上看起来多得多。奇妙的是，他没有把这部喜剧叫作'不忠'，而是叫作'背叛'。这个概念的穿透力极为深远：对自我的背叛、对他人的背叛，以及对艺术的背叛。它研究了当真相本身遭到'毒害'时将会发生的事情，以及一旦'毒性'侵入系统，精神会如何产生严重的后果。诸如'背叛'这样的词汇，是出自《圣经》的，虽然哈罗德可能还没有意识到这一点。这部戏剧的社会环境十分狭隘，但是我觉得，它从一个更深的维度揭示着一场人道主义的灾难，而这种灾难在其他戏剧中也随处可见。"

在伦敦的非官方品特回顾展中，第三次主要的复兴是品特本人制作的《看门人》在 6 月 20 日于伦敦喜剧剧场开演。现年七十一岁的唐纳德·普莱森斯也在睽违三十一年之后回归，继续饰演戴维斯这一角色。角色传统、经典的怪癖依旧阴魂不散：对着空气指指点点、乱挥拳头的右手，警惕性极强的直觉，以及在愤怒和奉承之间摇摆不定、含含糊糊的嗓音。岁月显然没有使普莱森斯凋零，反而让他稍微成熟了一些——现在，这个最终离你而去的流浪汉身上多了一种朦朦胧胧的悲怆感，尤其是当他像裹着一条安全毯那样将自己的包紧紧抱在胸前、哀叹着自己陷入困境之时。但是，大获成功的却是彼得·休伊特饰演的米克和科林·弗斯饰演的阿斯顿：一个是打扮得俗丽花哨、穿着皮夹克的彪形大汉，正如本尼迪克特·南丁格尔形容的，正要"离开酒馆，去海布里看比赛"，你们应该可以想象得出来；另一个是温柔和气、动作缓慢、反应迟钝的巨人。最初有传言道，在电影《竖起你的耳朵》里饰演乔·奥顿的盖里·奥德曼，以及饰演肯尼思·哈利维尔的阿尔弗雷德·莫利纳，可能将出演这两个人物。但是，很难想象他们会超越休伊特和弗斯。后者是两个身高六英尺的庞然大物，长着相似的大下巴，像极了兄弟。这部戏剧变得不仅仅是一部关于"占有"的政治戏剧，更成了一项对家庭纽带抗拉强度的研究，因为它令人想起作者品特在伦敦西区郊外奇斯威克生活的一些渊源。

显然，品特对这场围绕他作品展开的特殊庆典十分满意，但他还是一如既往地一心扑在政治上。这年1月，影响重大的海湾战争爆发了，因此他也很难把心思放到别处。那一场战争，我们都在电视上收看了转播，所有细节都以图像的形式清晰展现。战争爆发的原因，好像并非美国政府渴望保护独立的科威特，使其免遭萨达姆·侯赛因的侵略，而更像是埃里克·霍布斯鲍姆说的那样："1973年和1979年，势单力薄的第三世界国家合起伙来威胁那个地球上最有权势的大国，要压制对其的石油供给，大国气急败坏，不知所措。于是，大国现在的举动，就是对那时自己灰头土脸经历的一种迟到的补偿。"虽然不论多少抗议示威都无法影响美国的政策，但英国政府以构成安全威胁为由，决定围捕和驱逐一些居住在英国的伊拉克人和巴勒斯坦人。他们立即被划为了战俘，并被禁止听取自己遭到检控的证据。对于这种行为，人们必须做出一些行动，来反对这种强烈的不公。1月17日，阿巴斯·车布拉克就这样遭到了逮捕。他是一个居住在英国长达16年之久的巴勒斯坦人，一名致力于阿拉伯人权利的终生活动家。他曾经公开宣布反对萨达姆·侯赛因，也曾支持和平解决阿拉伯-以色列争端。品特和马丁·亚密斯、大卫·埃德加、伊恩·麦克尤恩一道，于1月29日写信给《独立报》，抗议对车布拉克的逮捕行为，以及整个计划中随意驱逐出境的政策。还没等英国出版界反应过来，品特和一众作家已经率先意识到了正在发生的事情有多重大。他们迅速而及时的行动，不仅保证了车布拉克的释放，而且促使了整个事件得以揭露，确保了被逮捕者（其中很多是伊拉克的持不同政见者）免遭审判或驱逐。至此，再没有人认为抗议是徒劳无功的，也再没有人敢说作家对干涉国家政事毫无作用了。

在此之后，品特继续忙于对抗各个方面的不公和虚伪。1991年6月，他和其他一些尼加拉瓜团结运动成员一道，敦促美国承认海牙国际法庭做出的裁定，即对尼加拉瓜展开的战争为非法战争，并且要求美国对该国提出的赔款要求做出反应。7月，他在下议院发布会上谈到了"500年抵抗运动"——一个由二十多个拉丁美洲团体组织的反抗议行动，致力于反抗美国对克里斯托弗·哥伦布商业冒险主义的颂扬。9月，品特就非法绑架莫迪凯·瓦努努及其以泄露以色列核武器制造能力为由被判五年单独拘禁一事，向以色列政府提出抗议。同月，他在广播第三频道朗读了一系列诗歌选段，作者是被囚已久的土耳其诗人纳齐姆·希克梅特，包括广播中的那首标题诗《一个悲伤的自由国度》。

第十七章 聚会礼仪

品特尤其厌恶西方民主的道貌岸然。而在那一年，他在一部引发争议的短剧里，找到了表达这种厌恶的方式。这部短剧就是7月在宫廷剧院上演的《新世界秩序》，也是阿里尔·多尔夫曼的伦理惊悚剧《死神与少女》的开幕戏，一开始在剧院楼上剧场上演，后来转战到了主剧场。作品时长只有八分钟，其短促性不可避免地遭到了人们的讽刺。但是在这短短的时间内，品特想要表达的寓意极多。他安排了两名衣冠楚楚的审讯员——准尉军官德斯和具有绅士风度的莱昂内尔，他们准备对一个沉默无言的蒙眼人进行盘问。他们不怀好意地给他讲述了他们"可能""将"会对他做的事情，还威胁性地提到了将对他妻子动用的痛苦折磨。他们使用双关语来问他是"女阴"还是"男根"；实际上，德斯告诉莱昂内尔，通过使用这种相互矛盾的话术，受审人会在任何语言的讨论小组中都抬不起头来。他们对这种强制的沉默和受害者所受的羞辱感到十分高兴。"他在来这里之前，"德斯说，"还是个聒噪不安的人，一直夸夸其谈，一直在质疑那些公认的观点。"（品特也是这样形容他自己和他在哈克尼的朋友们的。）莱昂内尔对这项被指派给自己的任务越发起劲，他感觉自己如此纯粹，开始高兴地呼喊起来。"纯粹"，一个通往神秘结局的词语。

> 德斯：好吧，你是对的。你感觉纯粹是对的。知道为什么吗？
> 莱昂内尔：为什么？
> 德斯：因为你为了给民主腾地方，就把整个世界都清理干净了。
> （他们凝望对方的眼睛。）
> 德斯：我要跟你握握手。
> （德斯握了莱昂内尔的手。随后，他用大拇指对椅子上的男人做了个手势。）
> 而他也会照做……（他看了一下手表）……在大约35分钟之后。

由于精确的计算，最后一行台词拥有了一种强烈的戏剧效果。但是这整部具有冷酷讽刺腔调的短剧，目的就是令人震惊，发人深省，从而提醒我们在这个理应美好的新世界秩序里，几乎没有给反对的声音留有空间；折磨也并不总是由一些神秘的"他人"来执行，刽子手就是一些衣着时髦、有血有肉的人物；另外，权力的滥用正在持续不断地被崇高的原则合法化。有人会想起《最后一杯酒》里面的尼古拉斯。他告诉他的受害者"自己是在为上帝清理整个世界"。实际上，品特晚期政治戏剧的全部动力，都是为了动摇我们对西方民主自以为是的优越和自满心理。《新世界秩序》是品特观点的一个总和，而非一种演进。然而，罗伯特·库什曼在《星期天独立报》中声称："它比我所知的任何一部戏剧都更为接近折磨的本质。"它也尝试去直刺西方冷漠而不可触碰的良心。只要是打着"自由"或"民主"的旗号，西方国家就可以随随便便接受海湾战争中死亡 15 万伊拉克人的数字，也可以轻而易举地对中美洲或土耳其施加折磨。

重要的是，在 1991 年 4 月格雷厄姆·格林去世的那天，品特赞扬他能够透过政治的粉饰，去洞察"饱受折磨而赤身裸体"的现实。品特本人对语言和现实之间的鸿沟十分痴迷，这促使他在同年 8 月写下一首诗歌，叫作《美国足球——海湾战争写照》。《独立报》、《观察家报》、《卫报》（以其是一份"家庭报纸"为由）、《纽约书评》和《伦敦书评》纷纷拒绝出版这首诗。尤其是最后一份报刊，更加引起了品特的愤怒，因为除了拒绝发表，它还附上了对诗歌的评价，声称这首诗一定会有"巨大的杀伤力"，并会将作者对美国的观点散播出去。既然这首诗歌鲜有人阅读和传颂，这里有必要将其完整地摘抄如下：

哈利路亚！
真管用
我们把他们揍出屎来。

我们把他们被揍出来的屎恰好溅在他们自己的屁股上
连他们狗娘养的耳朵里都迸出屎来。

真管用。
　我们把他们揍出屎来，
让他们在自己的屎里窒息！

哈利路亚。
赞美上帝赐予我们的一切美好。

我们把他们踹进他娘的屎堆。
他们正在吃屎。

赞美上帝赐予我们的一切美好。

我们把他们的睾丸撕成碎片，撕成尘埃，

第十七章 聚会礼仪

融入他娘的尘埃里。

我们成功了。

现在我希望你过来这边，亲吻我的双唇。

显而易见，品特在《美国足球》里的意图，就是通过蓄意使用暴力、污秽、色情、庆贺的语言，讽刺海湾战争之后备受鼓吹的军事胜利主义，同时抵制电视上展现出来的、精心安排的含蓄手法。施瓦茨科普夫将军谈到了"外科手术式打击"和"附带伤害"。一位退休将军、美国有线电视新闻网分析员佩里·史密斯指出，海湾战争将会"定下新标准"，来避免平民伤亡。当伊拉克一处空袭庇护所遭到袭击时，美国官方立即跳到电视荧屏上，声称那其实是一处"指挥控制中心"。死亡都为技术语言和官僚主义所掩盖。但是，根据1991年3月25日《纽约客》的报道，沙漠风暴行动不仅导致了大规模的平民伤亡，也涵盖了"相当规模、可与该国最恐怖的军事冲突相提并论的战斗残杀"。品特的诗歌以其极端爱国主义的、丧失理智的、虚张声势的夸张语调，让我们想起了电视上描述战争时所用的模棱两可的话，也提醒了我们，现实中大多数美国人当时支持的纯粹冲突，只不过存在于他们的想象中罢了。在诗歌的背后，隐藏着一种压抑的愤怒——人们拒绝这种愤怒，即便是那些感情细腻、充满同情心的人；也证明了可悲的存在，让我们知道虚伪并不仅仅是政府和政客使用的东西。

品特一直关注语言和现实之间的分离问题。这一次，面对以社会秩序和"良好"政府为名犯下的罪行，人们却抱有不可饶恕的冷漠态度，这再次引起了他的注意，成了他最新剧作《晚会时光》的主题。这部时长四十分钟的戏剧，于1991年10月在阿尔梅达首映。当年3月，我第一次欣赏到这部戏剧时，就被震撼了：它就像是西班牙电影导演布努埃尔似的寓言，描述了一个隔绝了外界的严酷、真空密封的高级资产阶级世界。4月，在俄亥俄的一次集会上，二百五十名学者和艺术家汇聚一堂，庆祝品特的六十岁生日，其间还针对这部剧作进行了公开品读，结果大获好评。那天被读过的诸多文章，后来都发表在了《六十岁的品特》里。随着《山地语言》的复兴，《晚会时光》在阿尔梅达开演了。但是，伦敦评论家们的反应并没有像俄亥俄评论家们那般热情。马克·劳森在《独立报》上将大作家们在写作生涯末期举行的仪式比作"对剪指甲的崇拜"。马尔科姆·卢瑟福在《金融时报》上提到，没人会去过多嘲笑品特的风格了，"因为观众已经看穿了一切"。查尔斯·斯宾塞在《每日电讯报》上说道："你肯定会忍不住想要尖叫，这不用想都知道，真是令人忧郁。"令人沮丧的是，几乎没有评论家停下来问一下，品特的中心观点里面是否可能含有某种真理。品特认为，资本家优先权越来越多地与国家权力共存，我们的生活也越来越受控于一种自恋型的物质主义，在这种形势下，关注不公和腐败就是一件不够时髦的事情。也许，这部剧作没有《归家》或者《往昔时光》那么多元、那么丰富，但它确实给了我们道德上的短浅目光以致命的一击。

品特所描述的晚会地点语焉不详，但是从所有的内在证据来看，晚会好像发生在伦敦。晚会主持人加文（由身穿一件时髦锦缎背心的巴里·福斯特扮演）是一个地位很高的政府官员。显然，外面大街上正在进行的"围捕"就是由他亲自负责的。这堵住了很多前来赴宴的超级富豪宾客进入的通道。他们中的大多数人都来自一个优雅的新式私人健康俱乐部，纷纷对俱乐部里"绝妙的"热毛巾、"极棒的"意大利肉卷和"奇妙的"照明设备赞叹不绝。他们大聊性事八卦和某个"花痴荡妇"的淫逸之事。他们吹嘘自家的夏日海岛度假胜地，以及在船上做爱的快感。旧制度体系的幸存者梅丽莎夫人谈到了她年轻时代的网球和游泳俱乐部，但由于这些事物的存在没有任何道德基础，现在都已经消亡了。"但是我们的俱乐部，"她说，"我们俱乐部建立的动力和灵感，是基于道德感知、道德意识和一系列道德价值的。我不得不说，这都是一些无法动摇、严肃认真、基础性强、经久不衰的东西。"如果说有什么事情扰乱了这种自鸣得意、自我满足的和谐氛围的话，那应该就是特里及其妻子达斯蒂之间旷日持久的"战争"了。特里是一个埃塞克斯的职业拳击手，受雇去给社会地位高于自己的人做些下流勾当；而达斯蒂一直絮絮叨叨地追问她失踪弟弟的命运。最终，一束强光从缝隙中照进房间，一切真相大白，弟弟吉米的影子显露出来。他衣着单薄，一副受到国家压迫却被晚会参加者视而不见的受害者形象。

这部剧作真实发生的地点是哪儿呢？从一种意义上来说，它可能是在伦敦、柏林、华盛顿、伊斯坦布尔、布宜诺斯艾利斯或者圣地亚哥；但是细观在阿尔梅达上演的这部剧作，好像更多是在描述当今的英国。欧文·沃德尔是为数不多的完全理解这部戏剧的批评家之一。他在《星期天独立报》上给出了一语中的的评价："品特对伦敦了如指掌，所以这部戏剧以伦敦为视角，反映了非洲和拉丁美洲受到的不公平待遇。"品特并没有从字面上暗示那些路障是设在荷兰公园的，也没有说围捕是发生在伦敦的上流住宅区贝尔格莱维亚的。他确实暗示了的，是伦敦越来越多地显现出法西斯主义的苗头：一群目光短浅、只顾自己的富裕精英，对打着自己旗号做出的决定视而不见。这十分危险。品特做的还远不止这些。他还暗示了在客厅里彬彬有礼的私人关系与对公众的残忍行径所形成的对比，以及语言本身正在腐化的事实。

例如，在这个背景下，"日程"这个词就获得了邪恶的隐含意思。当达斯蒂不断地追问她弟弟的下落时，粗鲁的特里却告诉她，吉米这个话题根本"不在任何人的日程里"。当达斯蒂两度挑衅似的说这件事在她的日程里时，特里残暴地回答道："不，不，你理解错了，老家伙。你搞错了，完全搞错了，老家伙，你压根儿没有任何日程。明白了吧？你没有日程。"曾经，"日程"这个词是个中性词，指会议中需要考虑的事项；而现在，它已经变成了政治行动的一个隐晦说法。

同样，品特还在高潮处借用两位宾客之间剑拔弩张的对话，赋予了"体制"这个词以双刃剑似的力量。这两位宾客，一位是美丽的寡妇夏洛特，一位是她忧郁的旧情人弗雷迪。这应该算是近年来品特写得最好的部分，因为其中那些正式的、断断续续的、几近怯懦的对话里，包含着许多隐藏至深的情绪：

弗雷迪：你说过你丈夫死了。
夏洛特：我的什么？
弗雷迪：你丈夫。
夏洛特：哦，我丈夫啊。噢，是的。对。他死了。
弗雷迪：是病了很久吗？
夏洛特：很短。
弗雷迪：啊。
（停顿。）
弗雷迪：那就是快喽。
夏洛特：对，很快。很短，很快。
（停顿。）
弗雷迪：那样还更好些。
夏洛特：真的吗？
弗雷迪：我会这么想。
夏洛特：啊。我明白了。是的。
（停顿。）
对谁来说更好？
弗雷迪：什么？
夏洛特：你说那样还更好些。对谁更好？
弗雷迪：对你。
（夏洛特大笑。）

夏洛特：是的！我很高兴你没有说是他！

弗雷迪：好吧，我可以说他的。死得快点儿肯定要比死得慢要好。这很合乎情理。

夏洛特：不，不合情理。

（停顿。）

不管怎样，我打赌死亡可以同时又快又慢。我打赌可以的。我打赌死亡可以同时快和慢。噢，顺便说一句，他没有生病。

台词里什么都没有直接点明，但是我们可以从这段负载着大量信息的对话中推断出，死得又快又慢的夏洛特的丈夫，是遭到了国家严刑拷打的受害者；而当弗雷迪继续警告她"把这条街留给我们"时，她意识到自己的旧情人也参与了这个过程。她紧紧地盯住他，打量着他的外貌，询问着："你是怎么做到的？你都吃些什么？你信奉什么体制？顺便问一下，你信奉的体制是什么样的？"通过细致的戏剧化铺设，"体制"这个单词跟"日程"一样，突然就获得了一种令人恐惧的联想。

演员罗杰·洛伊德·派克曾经在《最后一杯酒》中扮演备受折磨的维克多，现又在《晚会时光》中扮演凶狠恶劣的弗雷迪。他表示，品特执导的后一部片子在描绘社会方面更加精确。"《最后一杯酒》上演时，没人对戏剧发生的地点进行公开提问。但是有了《晚会时光》之后，我们都会去假设那是发生在英国的事情，而那个俱乐部指的就是一个特别新潮的地方，伦敦西区带有健身房和游泳池的一个地方。在人物细节和戏剧完成方式方面，哈罗德也表现得更为直接和明确。他给每个人都提供了一个背景，说'你可能是城市里的某个人'或者'你是行政部门里的某个高官'。他知道自己想要的一切是什么样的，甚至包括台词朗读这样的细节。"演员高恩·格兰杰对此表示赞同。他在剧中扮演圆滑老到的沙文主义者道格拉斯。他还补充说，品特一直在将《晚会时光》《山地语言》和外界世界联系在一起。"大多数日子里，"格兰杰说，"他都会拿着报纸走进来，说：'你们有没有看到《泰晤士报》或《卫报》上的这个啊？'"重要的是，当品特给1992年电视剧版另写对话的时候，将故事发生的地点更加明确为英国某地，因为他提到了牛津和郡县马术陪练。

《晚会时光》为我们提供了一幅强有力且不断发展的景象，描述了一个与世隔绝的冷漠社会：它全然沉浸在自己挥金如土的消费观和法西斯主义式的极端健康观之中，面对公民自由因此产生的侵蚀，它却视而不见、漠然置之。然而，这部喜剧最有趣的评论不是来自记者们，而是来自品特的剧作家同行们。在该剧首映的当天晚上，英国广播公司有线电视台的《深夜秀》节目直播讨论环节里，爱德华·邦德抱怨这部戏剧没有将责任明确，约翰·麦格拉斯评论这部戏剧"不具体化"，表演"脱离上下文"。1992年11月17日，该剧被搬上了第四频道的荧幕，我为这个版本写了解释后记。上映之后，我从约翰·阿尔丁那里听到了与之前剧作家们相似的批判。阿尔丁的观点是，他想知道是谁在街上进行革命。例如，如果说那是一个社会主义者，推翻了一个腐败的法西斯主义体制，那么就将改变他对这部戏剧的判断。我反驳道，这分明是一场镇压右翼分子的行动，充足的内部证据可以证明："俱乐部"里精英人士的取乐、对于打破规则者残酷的蔑视（"而如果他们确实打破的话，"特里说，"我们就猛踢他们的睾丸，不费吹灰之力就把他们踹下楼梯"），以及对道德价值的假装虔诚。而即使通过某种反常的转变，你把这部戏剧看作关于一群阔佬对一群左翼分子进行成功突袭后的沾沾自喜，品特的观点可能仍旧一样：以维护秩序稳定为名义，目光短浅地允许折磨和压迫的存在，在道德上是不可原谅的。

从更大的框架来看，品特不断地通过媒体来表达其政治观点，这种方式令人惊慌。为公众问题发声的演员们也经常会受到这样的对待——总是被人轻蔑地指称为"沉迷者"。然而，根据我的经验，剧作家和演员经常比记者和其他媒体人士有着更加敏锐的社会良心，而后者逐渐沉浸在自己只有金鱼缸那么大的小天地里，尤其是在20世纪90年代的时候。品特在政治上的观点是前后一致、热情洋溢、表达明确的，尤其是在"自由"和"民主"这些词被歪曲的时候。例如，在《晚会时光》首映后不久，他坐下来为《世界》（一份由英国广播公司集团发行的优秀杂志）写了一篇文章。这部作品在1992年3月出版，目的是配合影家苏珊·梅塞拉斯以尼加拉瓜为主题拍摄的纪录片。梅塞拉斯这部关于推翻索摩查独裁政权期间尼加拉瓜风貌的作品，1979年时已经在全世界范围内发行；10年之后，她再次投身于记录该国为存亡而进行的斗争。品特的附加文章中，有很多细节值得引用，因为它将热情、讽刺和第一手资料融合在了一起：

> 凶残恶毒的索摩查独裁政权，是由美国一手操纵和全力扶植的，掌控尼加拉瓜长达40余年。经过一次惊心动魄、深得民心的革命，1979年桑地诺民族解放阵线推翻这个政权时，发现这个国家只剩下一个空壳：缺乏医疗服务，婴儿夭折率极高并普遍营养不良，文盲遍地，一贫如洗。于是，桑地诺民族解放阵线开始改变这种现状，改善人民生活。死刑得以废除；两千所学校拔地而起；超过十万户农民家庭分到了土地；文盲率降低到了七分之一以下；疟疾、麻疹、破伤风发病率大幅度降低；婴儿夭折率降低到了三分之一；小儿麻痹症得以根除。

美国公开谴责，说取得的这些成就属于马克思-列宁主义反动行为。

当然，桑地诺民族解放阵线确实给该地区树立了一种不良的榜样。他们竟然胆敢质疑美国影响下的国家独立，无礼地推行了一种叫作"社会正义"的概念。美国当局、大型银行和跨国公司感到惊慌失措。这非常在情理之中。尼加拉瓜的邻国，还有数百万手中无权的危地马拉、萨尔瓦多和洪都拉斯民众，他们可能会从这些努力中获得鼓舞，产生一些超越自身地位的想法。必须不遗余力地铲除桑地诺民族解放阵线，这样才能保护这片区域内里根总统一直不厌其烦地鼓吹的"自由"和"民主"。

多么美妙的词语，自由和民主。

1990年，在桑地诺民族解放阵线大选失败之后，品特直率地承认了他们在执政阶段的一些不完美之处，但也重点肯定了他们为保全人类尊严所做的努力，以及他们针对美国发起并导致了三万人死亡和六千人终身残疾的"哄骗、威胁、禁止、操纵、阻挠、贿赂、绑架、破坏、恐怖事件"所进行的卓有成效的战斗。品特写下这些文字的时候，愤怒的情绪跃然纸上。但是，他真正的怒气是针对美国对自己进行的伪善包装。相对于里根或布什虔诚的陈词滥调，乔治·凯南实用主义的诚实态度对品特来说还更容易接受一些。（乔治在1948年担任了美国国务院一把手，说过"我们应该停止讨论人权、改善民生和民主化这样模糊不清的事情了"，而集中注意力在一些更加直接的国家目标上。）品特最最憎恶的，就是虚伪；他所崇尚的，只有真相。这让我想起1995年时，有一次品特跟我描述约翰·皮尔格和亚兰·克拉克在电视上偶然相遇的事情。皮尔格当时正在谈论东帝汶发生的大屠杀。他对克拉克说，他十分关心动物们的死活。卡拉克说："是啊，我确实关心。"皮尔格反驳道："你好像并不十分关心人类的死活。"克拉克冷冷地回答："说来也怪，我不关心。"品特虽然谴责卡拉克的态度，但是仍旧愿意承认他的直率。

品特对政治的关注是一如既往的。这一点可以从他在荷兰公园的工作间里得到印证。那里堆满了来自国际特赦组织、"人权观察"组织和全世界范围内的一些特殊抗议组织的各种档案——不光是档案，还有一首出自约翰·伯杰之手的诗歌。那首诗是为了纪念社会主义智利的国防部部长奥兰多·勒特里尔而写的。经历了折磨和驱逐之后的奥兰多，于1976年在一场发生在华盛顿特区的汽车爆炸中丧生。品特本人与智利这个国家的关系是在1992年4月公开的，当时他因"支持智利人民恢复民主的斗争"而获得了最高指挥官授予的智利勋章。在部分英国媒体那里存在这样一种观点，认为品特只是政治上的门外汉，他总是武断地表达自己一知半解的局势判

第十七章　聚会礼仪

断。这种观点是绝对不可取的。实际上，那年夏天，他揭穿了一个由几家报纸编出的谎言。对此，他乐在其中。当时这几家报纸杜撰说，保守党国会议员特里斯坦·加乐尔-琼斯向品特发起挑战，让品特说出两名尼加拉瓜诗人的名字，而品特无法做到。事实上，当时的他正致力于安排在英国范围内开展对欧内斯特·卡德纳尔和乔康达·贝利作品的欣赏。作为格利维尔出版社的一员，他还私下资助出版了一份叫作《尼加拉瓜水火》的小册子，其中就包含后者的两首长诗。

然而，品特既是一个天生的剧作家，同时也是一个充满激情的公民。于是，当阿尔梅达的联合导演伊恩·迈克蒂安米德和乔纳森·肯特决定在《背叛》和双剧目《晚会时光》《山地语言》大获成功后，通过重演《无人之境》来乘胜追击之时，用莱尼那种独一无二的表述来说，品特简直"高兴得语无伦次了"。这部剧作自1975年开始就没在伦敦上演过了。而且，他们想要品特出演赫斯特。从1985年《往昔时光》重演（而那也是为了美国巡演）之后，品特再也没有登台表演过，而且他发现自己在回忆拉尔夫·理查德森版本的表演时有点吃力了，于是他答应了这个邀请。品特为加强自己的自然理解力，于1992年10月开始了排练。但就在那时，他的母亲弗朗西斯因癌症在布莱顿的一家医院去世。她去世前的几个小时直到她去世那一刻，品特和安东尼娅都陪伴在她身旁。品特不得不面对自己的丧亲之痛，还要安排母亲葬礼的一些事宜，所以，假如他决心放弃制作这部被死亡阴影笼罩的戏剧，也是可以理解的。但是，工作是悲伤的一剂解药，品特不但坚持了下来，而且一丝不苟地投入到了排练的过程中。直到后来，他才能够渐渐地从自己压抑的情绪中释放出来，重归了创造性的本色。

导演大卫·莱维奥，年纪只有品特的一半，也从未看过原版的《无人之境》。这样一个导演，执导一个剧作者本人出演的戏剧，却几乎没有碰到什么困难。在早先的排练中，品特就告诉他："在这种情况下，你必须做你自己。你来做导演，我就是个演员。"品特的老练与机智也感染了他身边的演员：他允许他们通过跟导演的交流，找出他们自己演绎这部剧作的方式。现今已故的保罗·爱丁顿，当时虽然承认自己第一眼见到剧本时感到困惑不堪，但也渐渐摸索出了自己对斯普纳的理解。"我百思不得其解，"他曾对我说，"我不知道他是谁。我心里纳闷：'他的功能是什么？'然后，就有一道光，照到了第一幕的一段演讲之中，我突然对赫斯特伸出了友谊之手。'可能的话，让我做你的船夫，因为只有当我们谈及河流的时候，我们才会谈论一种幽深湿暗的架构。'浮现在我脑海里的画面，就是多雷为但丁笔下的地狱画的插图：冰窟和冥河。我想，也许我就是冥府渡神，我的目的就是将他从这个世界渡到下一个世界里。当我最后做了那篇长篇大论，并且好像在要求成为赫斯特的伴侣和秘书时，我想，这并非仅仅是祈求一份工作。也许这对赫斯特来说，是最后一次接受斯普纳将其引向死亡的机会了。有趣的是，我发现沙尔曼·拉什迪跟我想的如出一辙，虽然我跟哈罗德讨论了这些之后，他不置可否。"

然而，爱丁顿找到了一个既适合于自身又忠于文本的解决方案。最终的结果是，这场演出挑战了人们对吉尔古德所饰演的该角色的记忆，甚至往往超越了后者。爱丁顿曾经精致的面容、鲜明的轮廓被一场消耗体力的癌症夺走了，他既是猎物，也是猎人：保罗·泰勒在《独立报》里将其称作"一只弓着腰的鹳鸟"，我在《卫报》的评论里说他是"一只脱了毛的老鹰"，本尼迪克特·南丁格尔在《泰晤士报》里用的比喻是"一只韶华已逝，但如果硬有肥蜗牛要送到嘴边，还能敲开外壳来吸吮肉汁的沼泽鸟"。在顺从和反抗之间受尽折磨的爱丁顿，在滑稽模仿布赖兹赫德的游戏中状态很好。他趾高气扬、洋洋自得地启用了"多琳·巴斯比"的名字，就好像为了证实赫斯特无法形容的变态和淫乱。身材矮壮、下巴突出、声音圆润的品特本人，也向大家展示了他的技巧并没有随年月而蹉跎。他扮演的赫斯特，有一个令我永远难以忘怀的瞬间：经过一夜豪饮之后的他酩酊大醉、昏昏沉沉，在暴露出自己可怕的权威之后，他在那个早上匆匆走进了房间。但是，莱维奥作品最大的优点，在于它提醒了人们这部戏剧不是一曲弦乐二重奏，而是一部四重奏，其中表演的核心是布里格斯和赫斯特。出色演绎了这两个角色的高恩·格兰杰和道格拉斯·霍奇，甚至发现自己正在以真正的斯坦尼斯拉夫斯基的风格创造着这些鲜活的人物。

"道奇和我，"格兰杰说："曾经私下讨论过很多次。我记得大卫曾经写过一条注释，意思大概是，一旦你迈进了那道门，一切就都完成了。所有事情都会在那个空间里发生。我不同意这个观点，但是并不打算拆穿。我对布里格斯的理解，就是他诅咒一切。他在我眼中，跟《无辜的人》里面的彼得·奎因特有点儿像。他身上一点儿欢乐的影子都没有。但是当赫斯特最后说'我来了，我受到了召唤'时，我想这才是真正发生的事情：赫斯特是一个水手，布里格斯在博尔索弗大街的角落里发现了他，把他带了进去。而另一方面，道奇认为赫斯特是一个初出茅庐的诗人，每当他要尝试写作的时候，布里格斯都会嗤之以鼻。这也就是第一幕末尾发生的事情：赫斯特作了一篇内容丰富的演讲，讲述了暹罗女孩和他失去的快乐，布里格斯用一句'我们没有面包了'将其打断。我们为自己创造了这个另外的世界，就像在某种程度上保罗的做法一样，他把斯普纳看作带领赫斯特渡过冥河的渡神，把道奇和我自己看作复仇之神。"

格兰杰也还记得，品特对这段化妆间里的友情和随之而来的奇语妙谈十分重视，以至于在拍摄结束之后，四位演员还经常聚在一起吃饭。"我记得，"格兰杰说，"有一天我对哈罗德说，诗歌就像一只猫：等到它自己愿意了，它自会找上门来。哈罗德说：'说得对！完全正确！'我觉得有时候他的戏剧也是如此……它们就是自然而然地涌上笔端。我可以十分清楚地记得他开始动笔写《月光》的那一天。那个晚上，我们坐在公共的化妆间里，哈罗德说：'我今天已经写了三分半钟了。'道奇说：'还不够久。'哈罗德喜欢那种状态：简简单单地做回一个小男孩，跟一帮取笑自己的家伙待在一起。有一天晚上我对他说：'作为20世纪最伟大的作家之一，你现在坐在伊斯灵顿这个乱七八糟的化妆间里。'他用犀利而讽刺的眼神看着我，说：'你什么意思，之一？'我觉得，正是这些嘲讽和玩笑，使得他又重新回到了作家的身份上。"

《无人之境》在阿尔梅达的上演，毫无疑问对品特产生了刺激作用。母亲亡故的悲伤时刻笼罩在他心头，虽然这种情绪在整个排练期间一直阻碍着他的爆发，却也不可避免地引发了他对"不朽"的思考。他每天晚上按时出现在剧院（这意味着要严格限制日间饮酒），面对眼前的一群观众，跟他们分享同剧演员在肮脏化妆间里开过的玩笑，这好像也释放了品特的创作冲动。《月光》是一部来源复杂的戏剧，但是实际上，是品特在阿尔梅达演出期间开始动工的。从《无人之境》12月中旬闭幕到1993年2月转到伦敦喜剧剧场上演之间，品特和安东尼娅飞去毛里求斯度假。身穿一件黑色便服，膝上放着一本巨大的黄色律师书写纸，品特就这样在飞机上、在酒店套房里，完成了整部戏剧的写作。它时长80分钟，配上了音，虽说有些随意，但却是品特十四年来第一部没有被删减的剧作。更重要的是，它向我们表明，品特暂时放弃了政治，转而探索内心深处私密的悲伤，任凭自己沉浸在戏剧里那些最赤裸露骨、无羞无耻的情绪之中。

313

第十八章　月光之夜

　　1993年9月在阿尔梅达首演的《月光》一剧，同时呈现出品特回归自我和再次出发这两个方面。从品特回归自我这个意义上来说，这部戏剧涉及了许多萦绕品特心头多年的主题：记忆的主观性、终身伴侣的不可知性、对探究过去的渴望，以及把家庭生活视作残酷的战场。但是，剧中也展现出品特的一些新特点：情绪的完全开放。剧中的男主人公安迪之前是个公务员，奄奄一息、满嘴脏话、脾气暴躁。他绝非作者本人的自画像或代言人。但是剧中却透露出一种触手可及的死亡气息，一种将生者和死者联结起来的渴望，一丝对父母与孩子内心深处疏离的悲哀。约翰·拉尔在《纽约客》里，给这部戏剧做了一个绝妙的总结——"关于失落的絮叨"，而这也恰恰表达了品特本人内心深处的某种东西。

　　经安东尼娅·弗雷泽确认，这部戏剧跟品特自身的经历有着不少渊源。彩排《无人之境》时，品特接到母亲弗朗西斯病危的消息，立即携安东尼娅奔往布莱顿，给予母亲力所能及的安慰；而在母亲去世之后，他又全程参与了葬礼的安排事宜。对于品特来说，那真是一段忙碌而悲怆的日子，但是手头的排练却使他分身乏术，他只能在母亲仙逝之后重新投入到工作之中。正如安东尼娅·弗雷泽说的："因为这些事情的压力，哈罗德一直没有时间去全身心悼念母亲，因此《月光》从某种程度上来说，就是对这种现实的表达。但是，这其中也不乏其他一些因素，比如，丹尼尔多年来一直没有与他的祖父母联系过。这部戏剧也反映了哈罗德自身终将一死的命运。所有这些东西，促成了这部戏剧的产生。有人猜想，因为哈罗德曾跟一些青少年住在一栋房子里，所以这也是他本人家族的某种反映。但是这种说法完全错误。还有人认为，安迪的一个儿子，弗雷德，是死于艾滋病的。然而，这种说法也因为缺乏证据而不了了之。"

第十八章　月光之夜

从某种意义上来说，《月光》既是一部戏剧，也是一首诗曲———首各种主题交织错杂的单一乐曲。死亡显然是其中一个主题。另一个主题就是分离：婚姻内的分离、父亲和儿子们之间的分离、生者与其仍旧渴望与之发生关联的死者之间的分离。第一段台词出自安迪的女儿布里奇特之口，那个我们"在昏暗的光线里"看到的、存在于自己的世界中的女孩儿。有一天，品特跟导演大卫·莱维奥说："我有种感觉，布里奇特死了。"那时品特已经把脚本给了他。而首演时，人们看到布里奇特躺在一个高于舞台平面的格子里，上面覆盖着纱布，更加证实了这种想法。她的第一段台词中，虽然用了现在时态谈论自己的父母，但是却夹杂着一种幽灵般的焦虑："他们把自己人生中大部分的精力都付出给了我和兄弟们，实际上是耗费了他们的整个人生，他们所有的精力和所有的爱。他们需要安安稳稳地睡个好觉，精精神神地迎接新的一天了。我必须以这个目标为己任。"旋即，品特就引入了一个重要的主题：死者展现出对生者的关心。

这段柔弱缥缈的开场白之后，出现了缠绵病榻的安迪，以及他坐在床边绣花的妻子贝尔：一幅亲密的居家情景。只是，安迪对贝尔开口的第一句话就是怒气冲冲的质问："儿子们呢?！你找到他们没有？"与失去的儿子重获联系，是品特为安迪设定的主要驱动力和关心点。而由于贝尔没有找到他们，便成了他责骂和讥讽的对象："你当年是个多么优秀的女人啊！"他故意用过去时态来说。但在安迪劈头盖脸的愤怒和惊恐之后，隐藏着某些更重要的东西。那便是他意识到了，传统上一直支撑着人类存在、信念和理性的双重支柱已经腐蚀坍塌。他告诉贝尔：

> 理性在多年前已经随着下水管道一泻而下，再不复回。你那闻名远近的理性，在废物处理池里到处漂荡；在化粪池里打着饱嗝，放着臭屁，一直一直，永不停歇。那就是命运决定的，亲爱的。那就是你众人皆知的理性和智慧的命运，就在酸臭的奶油和泔水里面呛死。

这段话污秽不堪，令人联想起《归家》里的马克斯，但也许也折射出品特本人认为我们正居住在一个黑暗时代的想法。

品特随后将场景转换到了安迪的两个儿子那里：卧床不起的弗雷德和年龄稍大的杰克。虽然他们跟父亲之间的陌生显而易见，但他们还是万分迷恋自己的父亲。他们终日靠玩幻想与父亲在一起的游戏，或模仿他之前在伦敦白厅世界里的生活度日。如果说他们的对话能唤起观众某种记忆的话，那应该就是《侏儒》里的语言风格——让人觉得居高临下、倨傲自负。品特的旧友们，比如迈克尔·戈德斯坦和莫里斯·威尔尼克，都被这部戏剧逗得眉开眼笑。这绝非偶然，而是因为他们总是会从中找到 20 世纪 40 年代的他们在克莱普顿大街狡黠地互嘲的影子。

一些对话透露出早期品特身上那种伦敦东区特有的活力。但是，这些语言游戏也将焦点集中在了一个梦想中的父亲身上——他想将财产留给刚刚出生的儿子杰克，却随后在一次赌博狂欢中将财产输个精光。杰克继续说，父亲这么多年一直在对财产托管人说着一些"江湖骗子、幼稚鬼、奸诈之徒、愚蠢笨蛋、恶棍痞子的鬼话"。"或者，"弗雷德插嘴道，"是一个圣人的箴言。"男孩们谈论的并不是真正的安迪；他们谈论的，只是父亲们作为复杂可变的人物的能力，以及我们所有人都具备的多重人格能力。这种观点在玛利亚出现之后得到了巩固。她是他们家的老友，而且看上去好像是安迪和贝尔两个人的老情人。舞台指导语说的是"他们的玛利亚"，暗指她是男孩们想象中的人物。但是，玛利亚对安迪年轻时期的记忆，跟我们之前看到的那个脾气暴躁的恶霸完全不同，这击中了纯洁的品特令人心痛的怀旧情绪："他跳舞跳得多好啊。"她沉思着说，"跳得真好。是最棒的华尔兹舞者之一。消失已久的优雅和魅力。带着那种我几乎不曾遇过的坚定感和权威感。"她说着满面通红起来，兴奋地想起了年轻、充满活力的安迪——而实际上是想起了令她想入非非的贝尔。这与他们现在挥之不去的孤独形成了辛辣的对比。

我们曾经是怎样的，我们未来变成了怎样：这是一个直击品特核心的对比，而且比以往任何对比都要尖锐。但这与朦胧的怀旧之情无关。在安迪沦落至病入膏肓、卧床不起时，它是用来增强其可怜感和荒谬感的。他逃避死亡的想法，猜想着自己是否还能看见来年的春天和"与花儿有关的一切"。贝尔抓住这个词组，与安迪惯用的粗俗强调做了对比：

> 是的，你这一辈子，不论是谈论个人还是社会上的事情时，使用的语言主要都是粗俗、残暴、空洞、幼稚、淫秽和野蛮到一定程度的。大多数人和你待不了十分钟就会恶心到想吐。但在这种邪恶的（有的人会说是发狂的）外表之下，并非就不存在一种细腻，甚至可以说是诗意的敏感，那种敏感就如同一匹黄金年龄的马儿，如同我们祖先辉煌的过去。
>
> （沉默。）

贝尔的一席话风趣幽默、触动人心、发人深省。它暗示着在安迪的内心——也许在我们每一个人的内心——有着某种更加优良的本质，只是被世俗的经验打磨得粗糙了而已。它也可以意味着，贝尔为了免受安迪在病榻上对自己的臭骂，便创造出了一个完全空想出来的人物形象。与此同时，它还暗示着，在任何婚姻中，"现在"都持续处于"过去"的阴影之中。"我们早期在《月光》中发现的陷阱之一就是，"大卫·莱维奥说，"由于这是一部关于死亡的戏剧，所以它从开头至结尾可能会有某种渐降的趋势。这种感觉可能一直都是一种错觉，因为它不是一部那样的记忆戏剧：哈罗德对过去的引入，通常都会对他的角色产生迅速而灾难性的影响。贝尔关于安迪身上潜在的细腻和敏感的那番言论，就是一个很好的例子。那段话之后是一段沉默。在那一刻，过去的记忆那种无限的感觉突然涌起，改变了我们理解这种关系的方式。维特根斯坦说：'那些语言无法表述出来的内容，一定要用沉默带过。'而那时就是这样的一个时刻。你千万不能多想，它只是暗示着过去在当下的印记罢了。"

这是一部很难理解的戏剧：它充斥着循环往复的主题，但也会出现突然而令人震惊的情绪变化。品特不断地将注意力回归到布里奇特身上。她不是一个静态的幽灵，而是一个焦躁不安、不停踱步的人物，曾在半途中大喊："我正在慢慢走进一片茂密的丛林！"正如莱维奥所言，该剧的很多寓意都藏在标题里："它是个一语双关的标题。月光代表你在陷入全然的黑暗之前所见到的最后一丝光亮。它在太阳之后。它是一道非常短暂、黑暗、强烈却也渐渐淡去的光芒。这告诉了我们这部戏剧所营造的场景范围，即我们之间隔着一个又一个的舞台，跟《无人之境》十分类似，有一种通道的感觉。这对这部作品而言十分重要。我跟布里奇特的扮演者克莱尔·斯金纳说，她在念走向丛林这段核心台词的时候，应该不断走动。哈罗德赞同这种做法，表示问题就在于她总是在旅途中。"

实际上，品特通过不断变换结构来推动戏剧的发展。他一会儿将场景切回弗雷德和杰克身上，展现他们正在玩"攀龙附凤"游戏的场景；一会儿为玛利亚的丈夫拉尔夫——一个不得志的足球裁判员——设计了一段极其有趣的发言，罗列了他从航海到艺术的种种成就；一会儿呈现了青少年时期的杰克、弗雷德和布里奇特（她死前两年的时候）的样子，当时他们之间还有着真正家人应有的嬉笑怒骂和亲密融洽——有趣的是，这一幕场景之所以存在，应该归功于安东尼娅·弗雷泽。"《月光》的非同一般之处，"她说，"就是他在写作的时候，我们坐在同一个房间里。哈罗德一边写，一边断断续续地念出声来。我确实提了一句，说想知道更多关于布里奇特和兄弟们的事情，于是他就把那一幕写了进去。我真的没有发挥任何创造性的作用。我顶多就是一块共鸣板。一旦哈罗德完成了一部戏剧，你最好还是相信它自身的力量。而我只是在蛋黄成形时恰好在旁边而已……例如，你可以发现布里奇特这个角色一直都在成长。第一稿中，她还不存在，然后她的声音出现了，而最终她变成了一个完整的人物。我在自己的日记里写道，关于《月光》，我是一名助产士，因为我不断地对哈罗德说：'使劲，用力，因为这会是一部长达八十分钟的作品。'但是为何我说自己是助产士，是因为不管我存在与否，该出生的孩子最终还是会出生。"

品特不仅仅改变了剧本的结构。随着剧本的继续写作，他不断加大了情绪上的筹码。伴随着安迪对光明消失的狂怒，关键点来临了。如果（正如他用一种十分明显的韦伯斯特式措辞所说的）"过去是一团迷雾"，那么未来也会是一条无尽的黑色地平线。安迪发现，这幅景象简直细思恐极。"但是对个人来讲，"他说，"我不相信会一直那么漆黑一片，因为如果永远漆黑一片的话，为什么一开始还要经历所有这一切令人萎靡不振的猜字谜游戏，意义何在？肯定会有一个漏洞。而唯一的麻烦，在于我找不到这个漏洞。"伊恩·霍姆在阿尔梅达用极其愤慨的语气念出了这些台词；这种愤慨来自这样一种感觉，即在一个缺乏理性或宗教的世界里，生命如同死亡一样毫无意义，我们的全部存在都没有重点或目的。把角色说的话当成是作者的心声，是人们常犯的一个错误。品特本人十分享受生命。他曾经这样告诉我，家庭、朋友、板球、诗歌，都能给他快乐。但为了挖掘他创造安迪的潜意识，他也表达了他自己内心最阴暗的恐惧。

从此开始，这部喜剧经历了一系列的情绪起伏。在一幕令人吃惊的场景里，安迪跟跟跄跄地找着威士忌，不小心闯进了布里奇特的领地。在一个洒满月光的背景里，他察觉到了她的存在。他大喊一声"啊，亲爱的，啊，我亲爱的"，深深地俘获了死者活下去的渴望。接下来杰克和弗雷德之间的场景，也呼应了想要除掉那些将我们隔开的障碍的欲望。为了反驳弗雷德对自己父亲的嘲弄和责骂，杰克声称："他爱我。而总有一天我也会爱他。我会爱他，也会很乐意付出爱的代价。""这种代价，"弗雷德说，"就是死亡。"有人因此做出推断：只有通过死亡，并超越死亡，我们才能对我们最亲近的人表达出我们隐藏起来的情感。正如约翰·拉尔颇有深意地说道："这部戏剧立足于一种可怕的矛盾之上，即在父亲与儿子之间争取独立的战争中，死亡既是礼物，也是目的。"

品特一直保持着这种情绪强度，直到剧终。首先，他用玛利亚和拉尔夫的一次（极有可能是想象出来的）造访，强调了安迪的与世隔绝。他们为三个孩子的飞黄腾达所表现出的心花怒放，与安迪幻想子孙满堂的可悲梦想，形成了一个鲜明的对比。接下来的一幕，更加强化了他的终极孤独。这是品特所有剧目中最令人心碎的一幕。在这一幕中，贝尔给杰克和弗雷德打了一个电话，而两个儿子却假装自己是一家洗衣店的人。安娜·梅西、道格拉斯·霍奇和迈克尔·希恩在最初版本中的表演，是内心泣血的呈现。一部分原因是贝尔发自肺腑的绝望，另一部分原因是两个儿子因抗拒自己父亲而付出的情感成本。当然，还有一个原因是品特将这幕戏的节奏把握

第十八章　月光之夜

得十分完美。电话铃声一响，杰克立即接起电话，说："这里是洗衣店。"这好像是一个上紧发条的防御机制，时刻准备着否认一个他明明渴望接到的电话。而他迅速将电话听筒递给了弗雷德，表现出他对此毫无招架之力。此番小心翼翼的障碍战术，在贝尔顺势问的一句"你们做不做干洗？"时有了少许松动。弗雷德将回答问题的重担，连同电话听筒，又塞回杰克手中，自己则沉浸在震惊和不安之中。而在最终贝尔放下电话之时，杰克的懊悔之情立即通过愤怒表达出来："我们当然做干洗。我当然做干洗。如果连干洗都不做，还算他妈的哪门子洗衣店啊！"虽然言简意赅，却是一幕实打实的关于否定的戏：两个儿子抗拒自己的父亲，抗拒自己的过去，也抗拒自己尽孝的情感义务。但是在最后，你会感觉到，这两个年轻人已经付出了十分惨重的精神代价。

那一幕戏是整部剧作的情感巅峰，但是品特围绕此处做了三次关于死亡主题的变化。我们看到，安迪在一步步走向垂危的同时，仍然相信布里奇特和他的子孙们就在门外。杰克和弗雷德为那个取名洋腔洋调的"橘园"幻想了一场追悼会，以弗雷德的一句"我像爱一位父亲一样爱着他"结束。最终，幽灵般的布里奇特神秘兮兮地自言自语起来，描述了一次家庭聚会的邀请，以及她孤身一人走向沐浴在月光里的幽暗荒宅时的情形。"那段叙述，"大卫·莱维奥说，"一部分是关于布里奇特与父母之间的全盘分裂，关于她的一种放逐感；同时我也认为，这是她对于自己死亡时刻的一种描述。我第一次读到这段话的时候，觉得'我也曾经做过这样的梦'。那是一段关于十六岁孩子独自奔赴聚会的描述，穿着某种老旧的衣服，走下一条小径，朝着一栋里面漆黑一片、空空荡荡的宅子走去，场面十分惊人。我认为这是一场关于独自死去的演讲，我对克莱尔也是这么建议的。我觉得哈罗德是在试图将某种几乎难以言说的东西搬上舞台，而这，就是死亡的经历。"实际上，培根曾经在他的一篇散文中说过："人们恐惧死亡，就像孩子恐惧走进黑暗一样。"

《月光》是一部关于死亡、分离、失去和渴望交流的戏剧，精致细腻而感人肺腑。但同时，它也是一部关于父亲与儿子的作品，而且不管是有意识还是无意识地，它似乎来源于品特本人的灵魂深处。安东尼娅·弗雷泽点明，品特是去布莱顿跟父亲吃了一顿午饭之后，回来开始动笔写作的；而且，在剧中不难看出某种对抗与亲切交织的特点，一种被弗洛伊德视为父子关系所特有的矛盾情绪。人人都说，品特的父亲杰克一直都是一个独裁主义者，说一不二、做事决绝。唐纳德·弗里德回忆了品特对他讲过的一个童年故事，其意义好像不容小觑。当品特还是个十四岁孩子的时候，给在伦敦东区裁缝店里做工的父亲送午餐。一个爱管闲事的经理打断了他们，朝他父亲吼道："好啦，品特，我们回去干活吧。"年少的品特受了一惊，对着经理做了一个粗鲁的手势,并告诉父亲经理不应该那样对他说话。而这时候,杰克·品特甩了年少的品特一个巴掌,说道:"我还得在这儿工作呢。"

这个故事透露出年轻的品特与生俱来的反抗精神、社会良心和孝道情结。这样说的证据,就是在其整个成年阶段,品特一直与父亲相处得十分融洽,虽然他们之间的感情不时会被围绕以色列政治展开的激烈争论打断。杰克·品特一直是一名坚定的犹太复国主义者,而他的儿子却始终公开批判以色列对待巴勒斯坦难民和瓦努努事件的态度。刊登在《犹太人记事报》上的品特在以色列大使馆门口抗议示威的照片,父亲并不总是能够接受。实际上,在一次家庭聚会上,父子之间再次展开了激烈的争论,安东尼娅·弗雷泽对品特的母亲弗朗西斯说:"他俩真是一个模子里刻出来的,是吧?"显而易见,品特遗传了父亲身上强势和坚毅的特点,而且渗透到了《月光》中安迪的形象之中,后者不论在何种恐惧之下,都是一个绝对强势的家庭独裁者。

《月光》一方面处理的是儿子对父亲的矛盾心理问题,另一方面也讲述了一个父亲面对儿子对自己产生疏离时的恐惧之情。这在多大程度上是受了哈罗德·品特与丹尼尔之间关系的启发?品特本人不希望将这部戏看成他的自传,这很好理解。然而,你会忍不住觉得,这部作品不断地在向我们传达一种隐秘的痛苦之感。品特告诉我说,丹尼尔本人有着"一种早熟的智慧",十一岁时就在《大西洋评论》上发表了自己的诗歌作品。作为圣保罗学校的一名学生,他也在加文·尤尔特编辑的校园诗歌选集中刊登了自己的作品。"他的诗歌,"品特说,"非常受人瞩目。有一种悠闲自在跃然纸上。"丹尼尔是个天资聪颖、天赋异禀而模样俊俏的孩子。他获得了牛津大学莫德林学院的奖学金,好像是摩拳擦掌地准备大干一番事业了。但是,他却因一直没有找到真正展示他才华的舞台,在牛津遭遇了一次精神崩溃,现在选择到沼泽地区当一个隐士,多年来一直在为一个野心勃勃的音乐团体效劳。然而,他和父亲在1993年共同决定,双方还是不再见面为好。

品特谈起与丹尼尔的关系时,会带有明显的痛苦,但也会有一种真实的爱意。"他是一个绝对正直的男人,"他说,"也十分聪明。他有着一颗聪明的心灵、一颗丰富的心灵。他的批判力也是好到无法形容。他通过探索他人来审视自己。过去的六七年中,他一直在一个现代戏剧团工作,负责写写歌词、做做音乐。这是一份需要认真审视生活的工作,也展现出了他令人惊叹的创造性想象力。我知道这是一句老生常谈的话,但是我不得不说:如果作家的孩子也是作家的话,他们就会面临一系列的心理障碍。丹尼尔想摆脱我对他的影响,这种决心一直都是他与我疏离的源头。但是在这种种原因之中,最核心的还是某种我无法回避的东西。他还是个少年的时候,我们曾经十分亲密。即使两年没见面了,我们还是非常亲密,我敢说他应该理

第十八章 月光之夜

解这一点。但是谈及日常的联络，我觉得你只能承认自己的无能为力。我不知道自己应该如何去做。如何才能使我们避免再度陷入困境，我也是心有余而力不足了。他是一个真实的人，他一直都知道生活很难经营。"

对于品特这样一个喜欢孩子和热爱自己大家庭的人来说，与丹尼尔之间不断扩大的裂隙明显成了他痛苦的一个根源。这好像在《月光》中也有所体现——不仅体现在安迪"儿子们呢?!"的嘶吼中，也体现在他对想象中的孙子们嘘寒问暖的悲哀中。但是，当我向品特问起，他在写作时脑海中是否会一直闪现丹尼尔时，他回答的语气却出乎意料的强硬。"没有。我可以肯定地说，我并没有在心里刻意想着他。回首从前，我发现会有某些平行的地方。但是在我创作剧本的时候，我们之间并不存在一种完整的疏离感，更多的是一种间歇性的疏离状态。这两个男孩就是这两个男孩，我毫不怀疑。我对疏离的理解就是受到了我个人经历和自身观察的影响，这也毫无疑问。但是，我绝非唯一一个与自己孩子疏离的人。还有很多戏剧讲述的是面对死亡的主题，但是我希望我现在还没有行将就木。"

我理解品特的意思。他并非刻意坐下来，去写一部抒发自身苦闷的戏剧，剧中的人物也并非能够与现实中的人们一一对应起来。品特本人并不是安迪，丹尼尔也不是杰克或者弗雷德。但是，即便这部作品不是完完全全、确确实实的自传，我仍然认为，它打动我们的力量，来源于其根植于一种令人无法喘息的个人愧疚感和失落感。它具备一种来自经验的真实性。品特的成就，就是将他个人的怀疑和所受的折磨进行了物化，使得它们变得易于被人理解。这就是为何这部戏剧无论对观众还是对批评家来说，都属于一部阐述得清清楚楚、一目了然的作品。品特的戏剧经常在刚一问世的时候，受到很多因困惑所致的不理解，而这部却没有。杰克·廷克在《每日邮报》中写道："在他（品特）的新戏中，有一种光芒、丰富和激情。能够再次见到这些东西，是我未曾想过的。它以一种在他的中期作品中没有出现过的形式，攫住你的喉头、你的头脑——还有对他来说很难得一见的——你的心灵。"本尼迪克特·南丁格尔在《泰晤士报》中，肯定了这部作品受到了《归家》的影响，声称"品特几乎没有写过比这更优秀的戏剧了"。约翰·彼得在《星期日泰晤士报》中写道："这部黑暗而悲哀的戏剧，偶尔夹杂着残忍而傲慢的玩笑逗乐，是品特最令人震撼的短片作品之一。"阿尔梅达的首演也引起了巨大的轰动。这成了一件极为时髦的事，演出前后，伦敦的文艺界都在闹哄哄地讨论着，其中很多评论成了隔天早报上的文字。但是，《月光》并非只是一个转瞬即逝的新闻事件而已。它展示出品特在面对自己的悲伤时，表现出了毫不退缩的直率，在一个缺失价值体系和信仰的年代里，我们可以用一种致命的恐惧去面对"死亡那永无止境的黑夜"。

第十九章　节庆时光

理性本身已死，是贯穿《月光》始终的一个观点。在这个缺乏明显意义、不合逻辑、不合理性的世界里，我们无法找到答案。品特曾将卡夫卡的《审判》改编成电影版本，其核心内容也同样存在这个观点。该作品于1993年6月在院线上映，仅仅比《月光》的首演早四个月。假设一部作品直接影响了另一部作品是没有意义的。自从品特十七岁第一次读到卡夫卡的小说后，卡夫卡的作品就开始一直在品特的脑海中酝酿发酵。这确实能够证明一点，就是品特想象世界中至关重要的独一性。他认为，人类在这个令人丧气而充满敌意的宇宙中，本质上是孤独的。这种观点渗透到了他的生命里，并在一部部作品中不断传承下来。

从某种意义上说，品特从青少年末期开始就一直在为改编《审判》做着种种准备。最终，将梦想变为现实的机会似乎在1989年夏天来临了。那时，他受托去为匈牙利导演伊斯特瓦·绍博创作一部剧本。然而，他们二人在对卡夫卡电影进行改编的观点上，产生了不可调和的对立。品特希望电影能够尽量忠实于原著，于是将故事的场景设立在其确切的历史背景之下；而绍博希望约瑟夫·K能被视为犹太受害者的原型，想要在电影表现主义上超越奥森·威尔斯。于是，尽管绍博的电影一直没能完成，品特却反而感觉如释重负。这个项目在1992年移交到了英国广播公司电影公司手中，由品特的老同事路易斯·马克斯担任制片人，大卫·琼斯担任导演。这三个人，至少在语言上是处于同一频道的，而且对卡夫卡也持有相同的见解。

人们可以用任何一种猜想去阐释《审判》。它可以被视为对官僚主义的讽刺、对共产主义作品的预言、一则宗教寓言，或是对犹太人内疚情结的研究；它还是一块磁石，源源不断地吸引着改编者进行尝试。改编者先后有20世纪40年代的珍-路易斯·巴洛和安德烈·纪德、20世纪60年代的简·格罗斯曼，以及每十年就会进行尝试的史蒂芬·伯考夫，他们都为将其改编成一部更高水准的剧场作品做出了努力。1962年，奥森·威尔斯还据此建造了一处位于巴黎奥赛火车站的著名恐怖电影拍摄地。在那里，由安东尼·珀金斯饰演的约瑟夫·K，大汗淋漓、焦虑不安，在巨大的布景（包括一间摆了几百张桌子的办公室）对比之下显得十分渺小。所有这些版本都使用了表现主义手法，不顾卡夫卡小说允许故事的讽喻意义源于累积的自然主义的事实。由于作者已逝，他们还给这个故事添加了一种讽刺意味：既然我们已经历经了政治官僚主义和社会机械化的发展，感受到了生活在其中的个人所承受的无助和无能，那么我们就可以假设，卡夫卡只是在预言20世纪的恐怖和惨状。

品特的目标既更激进，也更现实：他撕掉了各种阐释的层层包裹，回归了最开始的基础。他在宣传英国广播公司电影的材料中，直言不讳地揭示了自己采用的方法：

> 卡夫卡写下的不是预言书。他写下的这本书，是基于第一次世界大战之前的奥匈帝国。所以，你们看到的是一个从表面上任何角度来看都坚不可摧的结构——建筑、家具、金钱、态度等等——在这其中，有一只虫子正在渐渐吞噬内脏。而它肯定也将约瑟夫·K吞噬殆尽了。在卡夫卡的笔下，这场噩梦发生在青天白日之下。肯定的是，它并不抽象，也非奇幻；就是以一种非常平实、十分符合逻辑的方式进行着。虽然如果你尝试细究的话，它会不再符合逻辑，但是事情的自然顺序是何时悄然滑向了某种完全解释不清的境地，这你无从知晓……我觉得这是一种简单的叙述手法。K被逮捕了，接下来的每一件事都一目了然。他反抗所有施加在他身上的东西，反抗逐渐加码的压迫。他非常强壮，且是故事中至今为止最聪明的人。但是，当他进行着反抗，并在某种意义上掌控着各种条件时，却在渐渐地被流沙淹没。他不是一名受害者。甚至他自己也没有把自己视为一名受害者。他拒绝接受那种角色。卡夫卡很显然是采用了官僚主义系统运转的全部概念，但同时也采取了一种全然不同的观点来看待某些事情。那就是——我必须得用这个术语了——宗教身份。我会在《审判》里简单地写上这样一行字幕："上帝在玩什么游戏？"这是约瑟夫·K真正问过的问题。而他得到的唯一答案却是非常残忍的。

品特的剧本是严谨和才智的范本，容易让人想起他和卡夫卡之间非常真实的亲密关系。他们都是不信奉犹太教的犹太人，都以一种滑稽和讽刺的口吻去平衡一种存在的恐怖意识，都以一个难以和解的敌对宇宙去面对自我的种种渴望。这也许可以解释为何品特版本的《审判》会如此忠于原著。他并非将其视作一个幻想中的噩梦，而是当成一个带着1914年之前布拉格特性的故事。品特笔下的约瑟夫·K，同卡夫卡笔下的约瑟夫·K一样，并非一个一眼就能看出命运尽头的人，而是一个相信逻辑、相信进步的青年，相信自身的问题可以解决。而且，在这部作品中，他拥有一种智力上傲慢和感觉上弱势相混合的性质。品特没有将自己的私人情感运用在故事里，而是允许读者或观众从中提炼出自己的理解。对我而言，转折点出现在约瑟夫·K与牧师在天主教大教堂相遇的时刻。故事的高潮在此来临。约瑟夫·K说，每个人都对他抱有偏见，而牧师是这样回答他的："你好像并不理解事实的本质。裁决不会一次就结束。诉讼会一点一点逐渐汇总成判决的。"这基本上是对卡夫卡的一个白描，暗示着审判永无止境、绵延不绝、迂回曲折；这也是对生活本身的一个隐喻。正如牧师所讲寓言中的那个寻求进入法律之门却终身等在门外的农夫，约瑟夫·K也将希望寄托在某种形式的外部救援上。最终，他知道了事情没有答案。弗朗西斯·吉伦对品特的剧本有过一番大师级的分析，他说："K用来解决自己被捕局面的工具，是逻辑、理性和西方传统的遗产。"而他最终明白了，在这样一个缺乏理性的世界里，人类各自为战，这些武器都毫无用处。这个观点也蔓延到了《月光》之中。

　　这使得这部电影听起来有些抽象，然而品特剧本的长处，在于其所设置的场景就是实实在在的：一个满是令人产生幽闭恐惧症的卧室的世界，一个满是红木和柚木制成的斜床的世界，一个带有肮脏、昏暗、通往哄闹和拥挤的法庭的木梯的世界。大卫·琼斯在剧本完成之后许久才接手这个项目，但仍然同意品特的设想。"一开始，"他说，"我也不相信纯粹符合当年情景的方法。而等我真正到了布拉格——绍博恰好想在布达佩斯拍摄电影——我便心服口服了，因为这座城市自身的现实就是如此极端。而且当我回归小说时，我才意识到它的风格是如此平凡普通、不动声色，眼光却非常尖锐和精准。并且，我在拍摄期间有了'指明灯'——布努埃尔，他能够让最奇异的事情变为现实，还能假装若无其事。对我来说，这也许就是一个可以采纳的办法，而威尔斯和伯考夫却采取了另一种方法。我们也选用了凯尔·麦克拉克伦来扮演K这一角色，他很开放、活跃，而且有一点儿过于英俊，但我们主要想要呈现的一点，就是K身上某种自恋的东西。"

　　最后完成的电影，坦诚、智慧、忠于原著。如果说它没有取得完全的成功，那并非因为品特和琼斯采用的现实主义历史手法，而是正如哈罗德·布鲁姆说的，对于卡夫卡的长篇叙述，用完整的作品来表达，不如用片段式的方法好。电影票房也没有获得大卖。琼斯说，在美国，大众普遍的态度好像都是："这个人为什么不去找

第十九章　节庆时光

一个好律师？"在英国，批评家们还是渴望见到他们熟悉的表现主义手法。十分意外的是，这些评论家中居然没有《星期日泰晤士报》的伊恩·约翰斯通。电影在伦敦影院最初上线的那一周，英国广播公司（也参与制作了这部电影）决定在电视上播放奥森·威尔斯的版本，于是这部电影的商业前景也受到了影响。《泰晤士报》虚构了一篇关于愤怒的品特的故事，并且配上了一张从档案资料里截取的照片。照片中的品特看起来郁郁寡欢、怒气冲冲。品特给报纸的编辑写信道："《泰晤士报》说，我对于英国广播公司放映威尔斯版本的《审判》而感到'愤怒'。真相却是我绝对没有向任何人提起过这件事情。《泰晤士报》能否接受我将标题描述为'鲁莽地不负责任'？"同往常一样，品特仍旧无法取胜。他已经被人贴了"愤怒"的标签，即使他对这种歪曲进行抗议，也只是使得这种传言更加难以消弭而已。

《审判》于1993年6月发行。十分奇怪的是，同一个月里，品特在宫廷剧院里执导的关于卡夫卡的戏剧可不止这一部，还有一部大卫·马梅特的《欧丽安娜》。剧中的美国女大学生和男教授都笃信法律程序，然而法律程序却根本无法解决人类之间的矛盾。女学生卡罗尔曾向她的女性"团体"求助，最终又找到了学校的管理部门，声称自己遭到了教授动手动脚的骚扰甚至"强奸"；同样，自以为是、高高在上的教授约翰在自己的购房计划受到威胁时，在电话里也谈论着即将寻求法律援助。马梅特的戏剧触及了许多问题，但问题的核心是对社会的绝望。在这个社会里，仿佛知识自由、思想自由受到否定，而需要诉诸意识形态术语和法律的力量。

如果有人需要证明品特具备一个导演的能力和技巧，那么《欧丽安娜》绝对可以作为一项佐证。我当时在纽约观看的是由玛丽·麦肯和特里特·威廉姆斯主演的。马梅特本人制作了一部充满了智慧的作品，讲述了一个性情懒散的无用之徒残暴地报复一个完美而和蔼的教授的故事。你会觉得，怪不得它会激发起观众报复性的暴力冲动，怪不得他们会大喊着要"打死这个婊子"。然而，品特的制作刻意将两者的比分拉平，将双方的力量和弱势同时展现出来。大卫·苏切特饰演的教授，通过在幻想中将高等教育鄙视为"一种时髦的必需品"，在家长式的关心里掺杂了智力上的屈尊纡贵。利亚·威廉姆斯饰演的卡罗尔，并非某种女权主义者讽刺漫画里的那种人物，而是一个稀里糊涂、胆小懦弱却微妙地觉察到自己肉体吸引力的学生。品特在这部戏剧中加入了性张力，以及一种真正的领地动态变化过程。卡罗尔跨坐在教授书桌上的那一刻，就是她新建权威的一种完美展现。

极为讽刺的是，正是品特对作者原著虔诚的尊重，使他陷入了与马梅特的正面冲突之中。在纽约制作的版本中，马梅特对结尾做出了一些改变，即教授在学生"不要叫你的妻子宝贝"的台词刺激之下难以自抑，举起一把椅子，好像要袭击她一样。在马梅特的版本里，充满威胁的暴力之后，教授放下了椅子，两个人用一种耗尽力气的共谋状态互相盯着对方，以此结束了这个夜晚。品特却复用了马梅特本来的结尾，即教授对学生拳打脚踢，而学生却对受到的体罚全然不觉，强迫他念了一份坦白"我对这位年轻人有所失职"的声明。马梅特一开始的这个结尾，使得这部作品改变了之前《伽利略》和《激情年代》里台词的论调；而他在纽约上演的版本，会令你觉得自己亲眼看见了一场人类悲剧。你可以支持两者中的任何一个，总而言之，我支持后一种版本。但是，品特坚持要演出原始版本，引发了数封言辞激烈的传真从太平洋彼岸飞来。直到最后，他们达成了一个折中协议，即在节目中插入一小段说明，声称"原始结尾的表演已得到作者同意"。马梅特对品特的尊敬人尽皆知，由此来看，这着实是一场可悲的争论。直到几年后，两人发现自己被同一个挑战性极强的电影项目踢出，他们之间的关系才得以完全修复。毕竟没有什么比一次共同蒙羞更能使人惺惺相惜的了。

然而，1993年对品特来说是极为重要的一年。确实，《审判》没有受到多少人的喜爱，但是他制作的《欧丽安娜》却被捧上了天，还在9月被搬上了约克公爵剧院的舞台进行表演。继此之后，《月光》也在11月份登上了伦敦喜剧剧场舞台，使得伦敦喜剧剧场迅速成为品特在伦敦西区的根据地。9月，品特拒绝了美国的邀请，将六十盒手稿捐献给了大英图书馆（现在仍然在藏），虽然前者的档案馆可以轻松地将这些手稿卖出一百万美元。品特的这种做法，是一种对真实情感和实际需要的综合考虑：他需要为自己拥挤不堪的书房腾出一些空间。但是图书馆负责现代文学手稿的馆长萨利·布朗认为，品特前来讨论捐献手稿的可能性的时候，有一个细节十分关键。当时，布朗与大多数第一次跟品特打交道的人一样，觉得跟他对话有一点儿尴尬，所以为了填补对话中的空白，她向他展示了韦尔福瑞德·欧文那本写有战争诗的笔记本，里面包括那首《青春挽歌》。她留下品特独自欣赏研究。他归还笔记本的时候，用饱含感情的声音说："这是我见过的最感人肺腑的东西之一。"她觉得，就是那个时刻，让品特下定决心要将自己的手稿委托给大英图书馆。在大英图书馆庆祝捐赠的私人午宴中，安东尼·肯尼先生代表大英图书馆发表讲话。他评论道，品特是他记忆中第一个做出如此慷慨馈赠的在世作家（拉提根的作品是在其过世后进驻图书馆的）。品特回应说，前一天，他猛烈抨击了《观察家报》上的一篇文章，因为他们又喋喋不休地唠叨他的暴躁性格和文思枯竭。他数了数自己已经写过的大约二十六部戏剧和二十部电影剧本，说："这就是作家文思枯竭的一些案例。"但是你会觉得，这种场合的仪式感令他受到了感动，使他觉得自己的作品现在可以安全地得到一个伟大的国家机构的保护了。正如他所言："在衰败的大不列颠，大英图书

第十九章　节庆时光

馆代表着尊严和价值。"

捐赠过了两周之后，品特和我在都柏林的舒尔本酒店进行了一次少有的公开讨论。这是该市举办的"国际作家节"的一个环节。我们双方好像都有点儿焦虑和紧张。在此期间，品特带着一丝兴奋和热情，讨论了他的作品及政治观点。对我来说，这是一堂实践教学课堂，让我领教了本意为讽刺的言论是如何不断被误报和误传的。在品特信马由缰的谈论中，我们知道了他早期的作品涉及权力更替和权责不明，而其20世纪80年代的戏剧又毫不含糊地涉及了权力与无权。为了报复所谓针对前总统布什的刺杀阴谋，克林顿决定轰炸巴格达。对此，品特也进行了攻击。他还继续谈到了他朋友的朋友，一个曾经是伊拉克著名艺术家的女人，也是一座艺术博物馆的主任，在轰炸中同丈夫一起丧生。品特提到，突袭之后，克林顿在去往教堂的路上，被人问起是否认为这起导弹行动获得了成功。他说："好吧，我认为成功了，对此我感觉很愉快。而且我认为美国民众也会觉得很满意。"品特挖苦地评论道："很高兴他能把这说出来。但是对此不快的人，是那个现在已经命丧黄泉的人，我朋友最好的朋友。没人在乎她，真的。连艺术博物馆都不在乎。所有人都对此不管不问。至于美国民众是否真正对此满意，我也完全不知道，但是我认为，他们受到了某种男性主义的诱导，而这是灾难性的。"

如同往常一样，品特不仅关注修辞背后的事实，也关注语言被不断滥用的方式。那天早上的报纸，充斥着各种关于叶利钦总统的报道，讲述他如何在掌声中暂停俄罗斯议会，以及如何在外交圈中被视为一名真正的民主主义者。品特说："我认为这是在颠倒语言。无论叶利钦说什么，都不会是一次确切的民主主义行动，不是吗？有本事就解散你的议会。我猜，所有人都在议论的，是这种做法对这桩生意有多少好处。"然而，品特对虚伪和双重思想的憎恶也延伸到了政治，其程度跟延伸到艺术领域的相差无几。他在回答与会者提出的一个问题时，表达了对国家审查制度的反对，但是也提出，每个人都必须谨防那些假装真实展现暴力或强奸，实则对此举兴高采烈的作品。他透露道，自己曾被山姆·佩金法邀请去为他1971年的电影《稻草狗》撰写剧本。在阅读了一段草稿之后，他答复说，自己绝对不会去碰这样一个东西。佩金法说他将亲手撰写剧本，还会把成稿寄给他，来证明这是一部多么荣耀和尊贵的作品。在电影拍摄的第一天，品特用一封电报回复他，说："这辈子，我还是头一次读到这么大的一部放纵又放荡的废品，祝它好运。"佩金法把这封电报钉在通知栏里，以便让整个团队的人都看到。然而，后世却证明了品特的观点是正确的。

我开始明白品特为何会对种种报道自己的方式感到愤怒了。我们的都柏林会谈结束几天之后，《标准晚报》就刊登了一篇题为"谁怕哈罗德·品特？"的文章。结论好像是，几乎所有人都怕他。该文章不仅详述了他在其他艺术家群体里引起的恐惧，甚至还细致地讲述了品特第一次和塞缪尔·贝克特见面的逸事。这个故事，品特恰好在我们访谈期间讲过。众所周知，贝克特是个离群索居的人，却在凌晨五点匆匆赶到巴黎，四处为品特找小苏打，以缓解他过量饮酒带来的不适。最后，品特总结了自己的不堪重任以及贝克特的友好善良，通过一句"我希望你们会觉得这是一个十分动人的故事"，结束了这则逸事。观众发出阵阵喝彩。我当时说，这个故事明显展现了贝克特对他人的同情。"或者，"品特插了一嘴道，"是对消化不良者的同情。"这一句引来了观众更多的笑声。显然，如此清楚明了的讽刺，在《标准晚报》那里却消失了。它的报道称，观众之所以会大笑，是因为他们认为贝克特想竭尽全力来摆脱品特的喋喋不休。

都柏林大门剧院的主管迈克尔·科尔根，是一个富有开拓精神的人。他准备在1994年5月开展一个野心勃勃的项目：举办第一届品特戏剧节。其中，品特的六部戏剧将会在超过三周的时间内上演。趁品特在都柏林逗留期间，他们最终敲定了所有细节。1991年时，"贝克特回顾系列"曾经在大门剧院上演过，当时获得了不少国际赞誉，而这次的品特戏剧节便是它的一个续集。在大多数情况下，只有过世作家才会自自己的作品展出季开始逐渐闻名，但是科尔根有一个大胆的主意，即要对在世的作家给予应有的认可，要给都柏林的观众介绍一些更加生僻的戏剧，要将长篇和短篇的作品并列放在显眼的位置。随着印有"品特戏剧节"的巨大白色条幅横跨了整条格拉夫顿街，整个事件开始引起都柏林民众的兴趣，真正地开阔了人们在艺术领域的眼界。

每周上演的两部戏剧是按照如下顺序成对排列的：《送菜升降机》和《背叛》安排在一起，《最后一杯酒》和《往昔时光》排在一起；《风景》（由品特本人执导）和《月光》（由卡洛尔·赖兹重新演绎）排在一起。鉴于品特对爱尔兰不言而喻的感情，以及他在自己的作品中提及爱尔兰的频率，当地的批评家自然而然地将这次戏剧节视为一种回归的行为。他们似乎也并没有像英国同行那样过多地抓住品特的政治观点不放。而且，英国演员和爱尔兰演员联袂，创造了令人啧啧称赞的效果。在《最后一杯酒》中，迈克尔·帕尼顿饰演的尼古拉斯，以及一群爱尔兰演员饰演的被囚禁的一家人，都没有摒弃一个更重要的观点，即世界被遮蔽在上帝和国家之下。这个观点统治着精英们的头脑，并在当地观众中产生了令人恐惧的共鸣。另外，在《往昔时光》中，由帕尼顿扮演的迪利身上的英国人气质，跟凯瑟琳·伯恩扮演的凯特和奥尔文·福埃尔扮演的安娜身上那种明显的爱尔兰人气质所产生的对抗，强化了人物愈演愈烈的边缘化效果。

然而，真正击中要害的，是品特敏感性的统一性。例如，我们都知道，《送菜升降机》是一部政治惊悚之作。这次，令人震惊的地方在于，班和格斯像是一对已婚夫妇，吵吵闹闹、唠唠叨叨地细数着过去的旧时光，最终陷入了背叛者和被背叛者的角色当中。而虽然《背叛》看似可以立马被归为一部私人戏剧，但也涉及了通奸行为的强权政治，以及无论两人怎样出现在同一个房间里，总会有一个看不见的第三者存在的感觉。角色的挑选同样增加了讽刺的重叠效果。某一天，你会看到伊恩·迈克尔希尼在《送菜升降机》中扮演易怒的班，看他狠下心来做出最终的背叛；然后，在《背叛》中看到被戴绿帽的罗伯特，在威尼斯用下流的讽刺作为伪装，徒劳地寻求着掩饰内心痛苦的方法。随着戏剧节的进行，一些内部联系变得越来越明显。在《风景》接近最终版本的制作中，有一对由伊恩·霍姆和佩内洛普·威尔顿扮演的中年用人夫妇，我们很容易就可以看出他们注定永远没有交流的结局。另外，在重新上演的《月光》中，同一对演员（现实生活中的夫妻）扮演了安迪和贝尔，更加说明了它在很大程度上也是一部关于绑死的婚姻关系的戏剧。霍姆扮演的奄奄一息的主人公，面对一个变得热衷于讽刺和粉饰的妻子，仿佛内心也受到了驱使，试着要去刺激她，比在阿尔梅达表演得更为精彩。

批评家们很快就抓住了品特想象力的本质核心。芬坦·奥图尔在《观察家报》上写道："从某种意义上来说，60年代以来，关于品特到底是一名政治剧作家还是一名私人生活作家的全部争论都忽视了一点，本次戏剧节却试图让人们强烈地感受到了：他的戏剧之所以与众不同，是因为他独特的分类方法。在这个范畴里，惊悚小说作家和左翼成员能够从压抑的政治国家看到性、婚姻和家庭生活。"约翰·彼得在《星期日泰晤士报》上也响应了这种观点："对我来说，品特的戏剧一直以来都是政治戏剧，就像在这种意义上，易卜生的作品也是政治戏剧一样：他们探索权力的私有根基，研究控制和误导的必要性，考察被排斥和被封闭的恐惧，研究对过往行为进行妥协的影响以及对过去进行重新想象的冲动。"阿拉斯泰尔·麦考利在《金融时报》上，精神抖擞地对品特的人道主义精神进行了评论：对于那些一直处于孤独恐惧、寻求安全感和与人联系，却意识到自己遭到遗弃和失落的角色，他的态度是尊重甚至充满爱意的。整个戏剧节既是一次大揭露，也是一剂强心剂。种种讽刺、回响和复杂性，将品特的作品连在一起，并在戏剧节期间得以强化，从而鼓励了科尔根在1997年春天再次举办品特戏剧节的信心。

1994年，品特在都柏林受到了热烈的追捧。同年，他的许多主要戏剧也在其他地方迎来了复兴。1月，在纽约环形剧院，大卫·琼斯执导了当红的复兴之作《无人之境》，由杰森·罗巴兹饰演总是醉醺醺的酒鬼赫斯特，克里斯多夫·普卢默饰演装腔作势的波希米亚人斯普纳。欧文·沃德尔写道："这是我见过的最滑稽的英语表演。"3月，英国戏剧的希望之星——山姆·曼德斯，重新执导了《生日晚会》，在利特尔顿剧院震撼上演。汤姆·派珀的海边公寓在利特尔顿剧院舞台的幽深处若隐若现，最终隐退到一个沿坡而建的街道里。讽刺的是，它的背景音乐是一首欢快的主题曲，取自英国广播公司一档叫作《主妇的选择》的节目。疾驰而过的云彩，覆盖在整个世界上空，完全抓住了这部戏剧将现实和符号进行融合的特点。角色的选取也重新定义了人物的性格。安东·莱赛饰演的斯坦利是一个性格易怒、喜欢吼叫、不修边幅的局外人，喜欢吓唬梅格，乐于从她毛骨悚然的反应中得到邪恶的快感。鲍勃·佩克饰演的戈德伯格，与其说是一个典型的犹太大叔，不如说是个呆头呆脑、衣冠楚楚的组织内部人。但是，最重要的一个重新解读是针对特雷弗·皮蒂进行的：他最终好像是对戈德伯格和麦卡恩展现出了一种真正的威胁。这一点令品特尤为兴奋："当皮蒂说他要照顾他的豌豆而不再回沙滩的时候，你能感觉到戈德伯格和麦卡恩展现出来的歇斯底里。一时间，皮蒂成了舞台上最强壮的男人。最后，他抵挡不住入侵者，虽然他们都只是脆弱、焦虑、担心的男人。"

　　与此同时，随着《归家》一剧在历史悠久的雅典娜剧院上演，它迎来了在巴黎的巨大成功。我前去欣赏该作的时候，曾看到一位沉浸其中的年轻观众。只见他时而抬头为剧中肮脏低俗的幽默大声喝彩，时而又为剧中传统价值观的逆转而唏嘘不已。马克斯的饰演者让-皮埃尔·马里埃尔，不久之后获得了法国戏剧界最高奖"莫里哀戏剧奖"，他的表演也是卓尔不群的：既是一个残忍暴虐、挥舞棍棒的横行霸道者，也是一个私下里的感伤主义者。尽管品特的朋友兼长期合作者艾瑞克·卡汉纳已经给出了一份优秀的翻译版本，但是这部制作还是难掩剧作者骨子里的英国人气质，并在捕捉该剧在其他文化中的细微差别时有些步履维艰。一开始，导演伯纳德·穆拉仿佛把这部戏剧发生的地点设定在伦敦码头。船只上响起的雾角，尖叫着刺破夜幕的海鸥，似乎都在暗示着这部戏剧应该取名为"伦敦桥景观"。另外，英国人独有的那种爱捉弄人的特性，在某些法国演员身上好像也被丢掉了。帕特里克·纱奈所扮演的莱尼，疯狂暴躁，令人抓狂，在攻击泰迪拿走他的奶酪卷和模仿他兄弟的美国人做派时，全然失掉了应有的讽刺意味。而且，莱尼和露丝之间的关系仿佛建立在相互的吸引之上，而不是建立在公鸡和狐狸之间那种戒备森严的相互怀疑之上。

　　显而易见，这是一种错误的阐释。但是，将品特的作品翻译成另一种语言，本来就是一件众所周知的难事。马丁·艾斯林于1968年3月在《邂逅》上发表过一篇著名的文章，详细列举了一些现存德语翻译版本（尤其是《生日晚会》）中滑稽可笑

第十九章　节庆时光

的错误。那个与板球有关的隐喻可把德国人给难住了，因此"谁在墨尔本把三柱门浇湿了？"的原文变成了"谁朝墨尔本的城门撒尿啦？"，这种转变未免太字面翻译，甚至有些超现实主义了吧？同样地，麦卡恩那句"德罗赫达怎么样？"本来充斥着克伦威尔对爱尔兰的压迫的历史回响，在德语中变成了字面意思是"加强药品或药剂怎么样？"的句子，而这种翻译是基于"德罗赫达"和德语中"药剂"一词属于同义词的假设。

卡汉纳几乎已经将品特所有的戏剧都译成了法语，而且他本人也是一名经验丰富的作家，因此他足够"老奸巨猾"，不致掉进这样的陷阱中；但是他也意识到了其他类型陷阱的存在。"哈罗德的作品非常短，"他说，"但是在法语中，除非你特别小心，否则一篇译文也许会比他的原著长10%到25%。例如，在《背叛》中，有一段关于子宫和男婴的长对话。现在法语中没有'子宫'这个词。唯一对应的词是'母性内脏'，所以你就不得不用这四个字来代替两个字。我有一次跟哈罗德提起这个译法的时候，他觉得既震惊又逗乐。地名也十分难译。例如，'博尔索弗街'（Bolsover Street）听起来跟在法语里十分不同，因为它的重音在第二音节上，带有一种'overs'的回音，这在法语中是'ovaries'（卵巢）的发音。所以你会从中意会到一种与英语中的'Balls-over'（蛋碎了）全然不同的笑话。"

"但是我尽力通过精确的白描来翻译哈罗德的戏剧，以便使它们听起来像是用法语写的。当马克斯说他将会因'见到儿子而开心得蛋疼'，变成了法语中的'见到儿子蛋都热了'。相似的例子还有，'潮湿的睾丸'在法语中变成了'坏死的睾丸'。每个单词和表达都会恰好有一个对应的说法，而你需要做的只是去找到这个对应。《温室》中出现了'戏弄'一词，在法语中成了'付钱'，这在某种程度上算是一种黑话，虽然没有那么强烈。诙谐或措辞并不是问题。主要的困难在于法国导演看待哈罗德的方式。大多数法国导演都对哈罗德的作品感到震惊，以至于每次出现暂停的时候，他们都会暂停很长时间。但我从开始翻译《情人》和《收集证据》至今，已经和品特认识了四分之一个世纪，我是真的十分爱慕和崇拜他。我热爱翻译他的戏剧，虽然他差点儿巧妙地要了我的小命。因为当你翻译哈罗德的戏剧时，你就很难再去创作你自己的戏剧了。在写小说方面，我也受到了这种影响。我曾经花了两年的时间翻译了《洛丽塔》一书，但是纳博科夫实在是一位优秀的作家，导致我再也没有可能去写一部我自己的书了。"

在这一点上，品特也许会十分同情卡汉纳，因为随着在伦敦、纽约和巴黎同时兴起的各种《洛丽塔》版本，品特在1994年花了将近一年的时间来尝试将《洛丽塔》搬到银幕上。这是一次可悲的冒险，这样的做法揭露了电影产业中很多阴险狡诈的政治手段。早在 1962 年，纳博科夫的小说就被斯坦利·库布里克改变成了电影。他选用了模样成熟的苏·莱恩扮演早熟少女洛丽塔，如履薄冰、小心谨慎地打着擦边球，不轻易触碰该作以痴迷于色情为主题的核心。但是，1994 年伊始，一位年轻的英国导演阿德里安·莱恩（曾经执导的作品《致命诱惑》和《爱你九周半》都是好莱坞票房大片）找到品特，提出制作一个新版本的想法。莱恩曾经做过品特的第一助理。那是 1967 年的时候，为制作一部关于英国艺术和文化的纪录片，品特拍摄了《归家》中的一个场景。两人当时相处得十分融洽，而且品特也对重新制作《洛丽塔》的想法特别着迷。正如他在 1994 年 4 月告诉我的："我有很多年没看过库布里克的版本了，但是我仍然记得他选的那个女孩儿至少比应有的年龄大了四岁，这就违背了故事的初衷。她应该是 12 岁左右。这样的话，其年龄本身就构成了一个问题。这个故事我只是不得不写，不能放任不管，但是我也十分清楚地意识到了故事内在的性问题。因为这部作品的语调和口吻，使得我对摆在面前的任务感到非常入迷。我想，这应该是自制作普鲁斯特的作品以来，我所面临的最困难的一件事情。在某种程度上，这是一个你能在多大范围内使用第一人称叙述的问题。原则上，我是反对这种叙述方法的，但是对纳博科夫来说，这却是他做得非常精彩的地方。"

一开始，纳博科夫的小说是一则俄语短篇故事，地点设定在法国，共三十页。20 世纪 50 年代中期，他用英语重写了这个故事，却遭到四个美国出版商的拒绝出版。最后，它由法国的奥林匹亚出版社首次出版，但在英国却是直到 1959 年才看到了黎明的曙光。故事的开头，有一个虚构的小约翰·雷博士的前言，声称那是一篇由亨伯特·亨伯特死前不久写下的文件，那时他正在接受依法监禁。随后，亨伯特突然开始以第一人称进行坦白。他声称一个受过教育的欧洲学者，对性的爱好停留在了他十三岁的时候。那一年，他的女朋友安娜贝尔因斑疹伤寒症去世。去了美国后，他便疯狂地迷恋上了洛丽塔，一个十二岁的早熟女孩，也就是他所租住的寡妇夏洛特·海兹家的女儿。为了接近洛丽塔，他与夏洛特结婚，但就在他计划谋杀她的时候，她被一辆车撞了。亨伯特把洛丽塔从夏令营接走，两个人坐上了同一辆车，开始了横穿美国的旅程。在小说的第二部分，我们目睹了他一步步堕落的过程。洛丽塔渐渐长大，成了一个大学生，开始对她要求众多的"爸爸"感到厌倦。在另一次汽车旅行中，她跟一直跟踪着她和亨伯特的神秘作家克莱尔·奎尔蒂一起远走高飞。最终，亨伯特找到了洛丽塔，发现她结了婚，怀了孕，却因为拒绝参演一部色情电影而被奎尔蒂抛弃。他跟踪并射杀了奎尔蒂，自己死在了监狱里，而洛丽塔也在圣诞节那天因难产而命丧黄泉。

纳博科夫本人否定该作的一切道德目的。他声称受到了一种"审美喜悦"状态的激发。而实际上，这其中的核心关系，可以被解读为他与英语这一语言之间的爱恨纠葛的范例。这本书确实色情，但同时也是学术的、嬉闹的，并且语言十分丰富。除此之外，正如美国评论家莱斯利·费德勒那句鞭辟入里的评论所说，它是现代小说运动（另一些例子有威廉·马奇的《坏种》和威廉·戈尔丁的《蝇王》）的一部分，提供了一个与幼稚、单纯的虚构故事恰好相反的典型。费德勒说，这部作品的主题，是一个中年男人受到十二岁儿童的引诱：

> 这个主题包括了多重意味的讽刺，因为一个幼稚天真的美国孩子，还是个女性，却能够腐蚀一位精明世故的欧洲成人，还是个男人。仅仅在这一部作品里，理查德森、狄更斯和亨利·詹姆斯等大家就遭到了——驳斥，"无辜"与"老练"冲突时的所有惯用符号全部遭到了颠覆。对滥情神话的滑稽模仿，从来没有比这更有趣、更有说服力的了，而肯定是因为这个原因，这本书才会在一段时间内遭到封禁。

自从费德勒在1958年写下那段评论之后，又出现了诸如马丁·斯科塞斯的《出租车司机》（1975）和路易斯·马勒的《漂亮宝贝》（1978）之类的电影，均是通过公开呈现青少年卖淫的故事，进一步减少了儿童期童稚天真的谬传。与此同时，不论是在英国还是在美国，社会自身也变得对恋童癖和儿童色情作品的问题越来越警惕。品特坐下来写这部作品的剧本时，就处于这样一种敏感的社会氛围里。在这样的环境中，自由表达所取得的进步，为道德上不断加码的批评所抵消。尽管如此，他还是极其成功地将纳博科夫的小说转化成了电影剧本，对所有的性问题无一逃避，并且解决了一些技术难题。

品特设计的故事开端，是1952年亨伯特为寻找已婚的洛丽塔而抵达伊利诺伊州的科尔蒙特。他还详述了一些从小约翰·雷的前言中选取的批判性言论，并设计其由主人公自己的口中说出，从而完美地呈现了一种讽刺性的效果。"我叫亨伯特，"他一边驱车行驶在科尔蒙特的街道上，一边在旁白里如此说道，"你不会喜欢我。我道德腐败。不是个好人。我是个变态。如果你信仰道德准则的话，就不要靠近我一步。我是个罪犯。我有病。我是个怪物。我无法被救赎。"这番话不仅吸引了我们的注意，还让我们以亨伯特的自我憎恶为棱镜，去看待接下去的故事，同时也展现了他易于沉迷的强迫症本性，奠定了其可悲的受害者基调。但是，品特也通过在第六个镜头里用倒叙的手法，揭示了亨伯特沉迷于少女的原因。那是1924年，在科达尔叙尔，十四岁的男孩爱上了十三岁的安娜贝尔，最终却失去了她。这也是库布里克版本中忽略的一个至关重要的解释性事件。

　　品特的剧本除了追随纳博科夫原著的基本走向之外，更加强调了亨伯特的脆弱无助和自我毁灭，以及洛丽塔的无耻捣蛋和世故圆滑。虽然作品沿着叙述者的悲剧历程展开，但也是充满情欲、诙谐有趣的。在一场戏中，亨伯特躺在沙发上，洛丽塔故意挑逗性地把双腿伸到亨伯特的大腿上，听他一边气喘吁吁一边荒谬可笑地谈论着艺术是一条大河："在其中，你会发现米开朗琪罗、皮耶罗·德拉·弗朗西斯卡、鲍勃·霍普、巴勃罗·毕加索、杰克·本尼、施诺佐·杜兰特和列奥纳多·达·芬奇纷纷涌现。"洛丽塔咬了一口苹果，舔了舔她光亮的嘴唇，慢慢蠕动到倒霉的亨伯特的大腿上：男性的性欲被这个儿童一眼看穿。

　　任何改编者都面临着两个重要问题：这本书的第一人称叙述，以及纳博科夫情绪高涨、色彩浓郁的散文式描述。品特解决这些困难的办法，一是使故事具体化，所以洛丽塔很清楚自己对亨伯特的诱惑力，揭示了亨伯特无可救药的爱慕；二是将纳博科夫绚丽多彩的语言尽可能地融入到对话当中。然而，品特所强调的，是亨伯特痴迷于色情，从而甘受色情奴役的状态。曾经，在他们奔波于汽车旅馆之间时，亨伯特告诉洛丽塔，他是多么想要成为一个梦想中的爸爸，来保护一个梦想中的女儿。在书中，原话是这样的："我亲爱的德洛莉丝，我想要保护你，亲爱的，让你免于所有小女孩在煤棚和小巷里所感到的那种恐惧，还有，唉，如果你懂得足够多的话，我的乖孩子，还有在夏天最蓝的天空下、在蓝莓丛中的那种恐惧。"在电影中，品特将这个场景转移到一座汽车旅馆的庭院中。亨伯特给了洛丽塔一个巧克力圣代，却意外地换来了一次针锋相对的拒绝：

　　洛丽塔：你知道我们开车到这儿时咖啡店门口的指示牌是什么意思吧？冷饮。我想要一杯冷饮。
　　亨伯特：你已经有了巧克力圣代。
　　洛丽塔：是的，但是我吃完圣代后想喝一杯冷饮。给我钱，我去买一杯。
　　亨伯特：你哪儿都不能去。
　　洛丽塔：但是我想要一杯冷饮。
　　亨伯特：亲爱的，现在我只是想保护你不像其他小女孩那样，感受到煤棚和小巷里的那种恐惧。
　　洛丽塔：是吗？
　　亨伯特：以及蓝莓丛中的那种。
　　洛丽塔：我只是想要一杯冷饮而已。

第十九章　节庆时光

你可能没有体味到纳博科夫语言中散文般的节奏和韵律，也没有领会到亨伯特使用法语词组时那副要人领情的态度。然而，品特想要表现的，是与洛丽塔勒索式的狡猾阴险相比，亨伯特自我欺骗性的父亲风度。洛丽塔的一句"是吗？"残酷地揭示了她已经将他的心理摸透，并且可以将他玩弄于自己的股掌之间。品特的剧本在避开了淫乱和色情的同时，对一个受到惹是生非的早熟少女操控、因放肆难抑的性瘾而注定灭亡的男人，展开了一场精妙的研究。抛掉初始的玩闹和喧嚣，这部作品在整体上给人的印象，是对人类因欲望而误入歧途的悲怆和忧伤。

你们可能会想，什么样的导演会忍心错过这样一部剧本呢？然而，当我1995年与品特对话的时候，他刚刚得知他的剧本遭到了别人的拒用。他不是很高兴。"这件事情很差劲，"他说，"这就是好莱坞。我上次和阿德里安·莱恩在洛杉矶会面之后，回去就写了你刚刚读过的这个版本。然后，我就听说支持这个剧本的公司——卡洛克电影公司，马上要破产了。这肯定或多或少让我有些生气，因为如果他们马上要破产的话，我就拿不到酬劳了。最后我拿到了酬劳，但是也再没听到一点儿消息。一丁点儿都没有。后来，我的经纪人朱蒂·黛西给我打电话，说阿德里安已经重新找了一个作家去写剧本。不管你信不信，我也是最近才知道，他找的作家居然是大卫·马梅特。如果马梅特不是要沿用我的剧本继续写的话，我会感到震惊。部分原因是这部剧本里有太多阿德里安·莱恩的东西，他不会就那样让这六个月的辛苦作废的。"

这件事情的后续是，1995年秋天的时候，品特从马梅特那里得知，马梅特的《洛丽塔》版本跟品特的版本没有任何关系，马梅特本人也突然毫无理由地被从这个项目中除掉了。来自好莱坞的最新消息是，一名叫史蒂芬·希夫的杂志作家正在重写这部剧本。那人曾经在《名利场》杂志上写过一篇关于品特的报道，内容相当令人厌恶，但他却还丢给品特一张名片，以示爱慕和欣赏。到现在，品特已经与这整件事情都没有瓜葛了，但他一直以来都在担心，怕他们会把电影尽量制作成一部色情片。对于好莱坞如此疯狂的行径，人们的感觉只有惊讶。他们买下战后最出色的一本小说的版权，先后雇用了英国和美国最好的剧作家分别来制作电影剧本，而最终却把两个版本都像垃圾一样丢掉，转而把小说移交给一个记者兼人物传记作家来完成。这一切都应验了威廉·戈德曼在《银幕交易探索记》中的一句名言：整个电影行业，唯一重要的事实就是"无人知晓任何事"。

第二十章　发展提高

每个作家都会经历挫折,但是在所有于20世纪50年代末期涌现出来、重新定义英国剧院图景的剧作家中,品特无疑是最坚韧的。1994年年底悲哀离世的约翰·奥斯本,给后世留下了一部真正虚构的作品(《愤怒的回顾》)、几部优秀的早期戏剧,以及两卷已严重破损的自传。他是一位堪与品特比肩的伟大作家。但是他们之间的关键区别在于,奥斯本在其职业生涯末期,好像变成了一个陷入困境的浪漫主义者,对于自己不太认同的剧院,会一直放肆地咒骂。阿诺德·威斯克有着跟品特一样的伦敦东区犹太人背景,一直勇敢地推出各种戏剧、散文,最近还出了一卷自传;但是他在剧院的声誉主要停留在他的几部早期优秀作品上,而且他在国内享有的尊荣也不及在国外受到的追捧。约翰·阿尔丁在其职业生涯开始时写过几本严肃生硬、道德模糊、语言丰富的戏剧(其中最出色的是《济贫院蠢驴》),其实好像与现代的英国剧院也没什么瓜葛。他定居高威,而且渐渐地将注意力转移到了历史小说上。

然而,品特却一路坚持,深入钻研,在有生之年能够看到自己的主要戏剧经常性地重现舞台;而且在超过三十年的时间里,他一直都是一个戏剧方面的全能型人物,能够胜任演员、导演和剧作家几种角色。他是一个更加激进、更爱智力冒险的"诺埃尔·考沃德式的"人物。考沃德像一根楔形唱针一样一直停留在他的年轻时代,而品特却一直与时俱进,这是他们的不同之处。即便在他不写剧本的时候,也还会忍不住手痒。1995年1月的一个晚上,在我们第一次对话的那个房间里,他坐在那里,突然给我朗诵起一首他刚刚写成的诗:

千万别看。
世界即将崩塌。

第二十章 发展提高

千万别看。
世界即将迸发出所有的光,
然后将我们囚禁在黑暗的、令人窒息的大坑中,
那个幽黑、油腻、窒息的空间。
我们或杀,或死,或舞,或泣,
或尖叫,或哭诉,或像老鼠一样吱吱叫唤,
为比赛赔率而争执不休。

品特并不渴望得到什么评论或赞赏,但听着他读诗的我,被它感人肺腑的内容震撼了。这首诗充满了来自受压迫肉体的愤怒和狂躁。这些压迫来自席卷整个世界的黑暗,来自我们面对灾难的无能为力,来自我们为了维持系统运转而做出的微不足道的妥协。"令人窒息的大坑"有一种超凡的力量,暗示着地下埋藏的窒息气体,而且开头几行不容分辩、简洁明了,引导我们得出结论,大意即我们没有承认邪恶,而是尝试向它让步,或者采取一种"逃命吧"的态度。

随后的几个月里,又有另外一首诗和两个短篇故事被投放到了我的信箱里。其中的一则故事《女孩们》,有点儿邪恶,却也还算有点儿意思。它反驳了众人认为品特有点儿同性恋倾向的观点。故事的开头很有诱惑力:

我是在一本杂志上读到的这则短篇故事。有个女学生,走进教授的办公室,坐在他的书桌旁,递给他一张纸条。他打开来,看到上面写着"女孩们喜欢屁股上挨一掌"。但是,后来怎么样我给忘记了。我已经把杂志丢了。找不到了。而且我也记不起来后来发生了什么。我甚至都不知道这个故事是虚构的还是真有其事。

叙述者采用了一种模拟法庭式的风格,继续梳理着女孩的纸条背后隐藏的各种可能性。这个故事是以谁的角度讲述的?女孩的这句话,是为自己说的,还是提出了一个适用于所有人的命题?另外,教授会怎样呢?他会怎么理解这一切呢?"不论如何,他是个什么样的教授呢?"叙述者问:"他的信条是什么?"这是一篇轻松有趣的故事,它不停地寻找着中心命题背后的种种暗示。但是在其背后,存在着一个十分严肃的观点,即语言的模糊性,以及当语言以主观或客观角度说出时,意思会怎样发生变化。即便是同一个故事,也会因为由不同人讲述,而发生色彩和目的的改

变。品特的寓言本身就是一个极好的语言学笑话——引自《欧丽安娜》里的维特根斯坦。

品特六十五岁左右时，虽然到了一个十分容易因为产量下降而被人遗忘的年纪，但仍然乐此不疲地活跃在英国的剧院里：这个评价透露出他旺盛的精力，以及乐于开展表演工作的热情。1995年夏天，他在奇切斯特节日剧院安营扎寨。这座剧院原本死气沉沉、停滞不前，后经邓肯·威尔登和德里克·雅克比的拯救才重新发展起来。在那里，品特先是执导了罗纳德·哈伍德的《指挥家的抉择》，随后又主导了《温室》的重演。两部制作都先后在伦敦西区上演。

品特为何如此热情地想要导演哈伍德的戏剧？这并非难以理解。两个男人于1953年第一次相遇，当时都是唐纳德·沃尔菲特的公司的成员，曾代表被囚禁的作家多次携手参加国际笔会的抗议活动，而且在社交圈里一直都是好友。多少年来，他们时常一起吃饭，一起打壁球和网球，虽然他们每次对战都是真枪实弹的竞技比赛。哈伍德谈起他们的网球搭档关系时说："网球是一种严肃的游戏。当我们站在网的两边时，哈罗德是不讲情面的。"但是，就算没有这段友谊作为基础，人们也同样能够明白为什么哈伍德的戏剧会如此吸引品特。对品特来说，这是一件关乎核心问题的事情，即在一个集权主义的社会，艺术家处于一种什么地位，艺术能否永远超越政治。这个主题在整个20世纪一直被纠缠不休。围绕这个主题展开探索的作品，有克劳斯·曼恩的《梅菲斯特》、君特·格拉斯的《庶民演练起义》、特吕福的电影《最后一班地铁》，以及亨德米特的歌剧《画家马蒂亚斯》。在众多作品中，最令人印象深刻的是《画家马蒂亚斯》，其中的16世纪画家马蒂亚斯·格鲁内瓦尔德，象征着生活在纳粹德国的窘迫的作曲家们。与这些作品一样，品特的戏剧也基于这样一个特殊的基础。希特勒统治期间一直待在德国的指挥家威廉·福特万格勒，1946年在柏林的美国占领区接受了特别法庭的调查，看是否应该被送去"去纳粹化"。哈伍德问了所有该问的问题：艺术能否与政治隔离开来？艺术能否帮助消弭邪恶的意识形态所带来的恶性影响？艺术家是否具有优先权，可以从正常的社会准则中得到豁免？一些评论家认为，哈伍德这是借福特万格勒之名占了一个便宜，将进行调查的美国多数党塑造成了庸俗粗鲁、文化修养极低的形象。保罗·泰勒在《独立报》上写道："一个不能对音乐的庄严性做出反应的人，相对于只对音乐庄严性有所反应、对其他所有声音都可恶地充耳不闻的人来说，只是一个脆弱的对立面，却不是最好的敌手。"但品特的反驳是，美国多数党的庸俗之人形象是一种被精心设计的姿态，是用来迫使福特万格勒以及那些相信艺术庄严性的人证明自己的手段。

哈伍德之前在沃尔菲特的《李尔王》里跟品特一起出现过，但这次才算是他第一次跟品特共事。对他来说,这段经历是一次纯粹而愉快的享受。他说:"哈罗德是我合作过的最优秀的导演。千真万确。他是最会创造愉快和谐气氛的,因此工作开展得都很顺利,这是一个好导演最关键的要素之一。他的细心周到、精确细致以及对演员的爱护,都是可圈可点的。他的工作方式也十分有趣。他不会跟你讨论戏剧。他会说:'我们来看看这个讲的是什么。'他也确保了所有步骤总是合理地进行。他的工作有一种略微静态、几乎程式化的特点。他会对演员说:'你觉得一定需要那个动作吗?'或者:'你不觉得你应该动一下吗,因为你已经在那里待太久了。'他对原著也是绝对尊重的。他只要求我做过四处改动。其中两处微乎其微,一处被我否决了,但有一处非常重要。在第二幕里有一个动作,其中一个人物是个前纳粹党,他一开始对美国多数党说:'问他关于卡拉扬的事情。那会很有用。问他赫伯特·冯·卡拉扬的事情。'哈罗德说想要把这句话放在前面,而这一幕以此结尾:'问他关于他私生活的事情。'他完全正确。这个方式更好地结束了这一幕,而且展示了品特所拥有的一种非常传统的戏剧直觉。"

品特有着敏锐的直觉,知道用何种方法会产生效果,而这种直觉在他自己的戏剧《温室》中也得到了彰显。这是一部极其有趣的制作,由大卫·琼斯于 1995 年 8 月在密涅瓦执导。留着神秘而邪恶的小胡子、身穿一套曾经属于彼得·威尔斯的花呢套装,品特本人扮演了前陆军上校路特,掌管着一间国有的"疗养院"。他的亲自上阵令这部作品更加博人眼球。评论家们做了一些十分精彩的对比。《星期天独立报》的罗伯特·汉克斯说道,这部戏剧"延续'员工休息室喜剧'的传统,像是《新乌龙女校》或者《Whack-O》① 一样,里面的老师绝望而拼尽全力地去管控一帮不受管控的学生"。《泰晤士报》的本尼迪克特·南丁格尔说,剧里这种每个病人都以数字为代号的设定,无疑是灾难性的——他们被永久地锁在里面,可能会被强奸,可能会被谋杀,而外面的人却毫无察觉,"这就像是《最后一杯酒》里面的秘密警察总部,也像是《山地语言》里面的军事监狱"。两种对比都是正确的,因为这部戏剧同时发挥了嘲讽制度和预言政治的作用。然而,这次复演所能证明的,是它能够以闪电般的速度转换情绪和语调的能力。这一分钟,路特先是淫秽地描述了 6459 号病人的各种细节,然后又否认说根本不认识她,这是一种高度的荒谬;但是下一分钟,路特在被问及如何处置一个新生婴儿时,他直愣愣地回答说"除掉它",你又会感觉到一股凉气穿过脊柱的寒意。

这部唤起人们记忆的制作还能证明的一点是,剧中有很多细节是由品特的自身

---

① 英国情景喜剧电视剧。——译者注

经历演变甚至复制过来的。其中很关键的一幕是拷问兰姆的时候。他手腕上绑着电极，头上戴着耳机，听筒里向他传送着恐怖刺耳的声音。有一天，我突然收到一封来自苏塞克斯的戏迷琼·考克斯的信。她已经看过了《温室》。她说她曾在莫兹利医院的心理学部当过秘书，该部门在 20 世纪 50 年代时是由汉斯·艾森克教授主持经营的：

> 我的工作是招收志愿者来参加生理测试。跟艾森克的原始调查问卷方法不同，这些测试是采用物理手段来尝试和确认人的某些内在或外在个性。那段时间失业率很低，要在大白天找到闲人十分困难。我成功地找到几名家庭主妇、几个邮局职员和几个演员。其中一个演员是巴里·福斯特。他看起来非常优雅，极富魅力，而且当时他正处于休息时间，对我们支付给他一天三十先令的工资显得十分高兴。有一天他打电话来，说不能再来参加测试了，因为他刚刚接到一些工作，但是他可以推荐一位叫作哈罗德·品特的演员朋友来代替他。品特来了，但是在做了几次测试之后，有一位主持视觉测试的生理学家走出来，说："琼，别再给我找些演员来了，他们真是太天马行空了。"我不禁怀疑，品特作为演员的想象力是否基于他在莫兹利医院的这些经验。

关于这个问题，答案是肯定的。但是更有意思的一点是，这部戏剧在多大程度上融合了艾森克的技术。他的技术抛弃了弗洛伊德的一些理论，认为实验应该受到某些控制，以摒除一些病人不被期望出现的行为。区别在于，在《温室》中，艾森克的行为主义疗法是受到了国家拨款支持的。

巴里·福斯特不仅把品特推荐给了莫兹利医院，还记得自己在《温室》刚写完时就进行了阅读，并且深受震撼。他回忆道，在那个阶段，这部作品实际上将被叫作《坟墓是个私密的好地方》，而品特正在考虑将它交给他的老雇主唐纳德·沃尔菲特。十分奇怪的是，沃尔菲特手下的传记作家、品特的同事罗纳德·哈伍德，在 20 世纪 50 年代时也去莫兹利医院当过小白鼠。他也得出结论，断定《温室》是一部自传式的戏剧。"这令我十分震惊，"他说，"我是 1980 年第一次在汉普斯特德看到这部作品的，后来又在奇切斯特看了一遍，发现里面几乎所有的角色都代表着哈罗德个性中的某一方面。掌管那里的独裁主义主管，象征着他更加魔性的一面；但是哈罗德也出现在兰姆那绝对无辜的性格当中，因为哈罗德现在仍旧保留着纯真无辜的特点，一些十分常见的事情也会让他充满惊奇；甚至他的好色淫荡也体现在女性角色身上。这些都是哈罗德的方方面面，正如易卜生笔下的各个角色也都是易卜生的碎片一样。"哈伍德的这一观点，得到了品特行为的证实：巡演期间实际发生在他和著

第二十章　发展提高

名演员经理人阿奴·麦克马斯特身上的一件事，被他融入到了表演中。剧中有一处情节是这样的：路特正在和傲慢无礼的下属勒什喝酒。勒什嬉皮笑脸地暗示说他的老板终于要开始跟病人清算结果了。"号码是多少？"他问。"6459号，我想。"这时，路特将他的威士忌泼到了勒什的脸上。勒什冷冷地擦擦脸，重新倒满酒杯，递给路特。勒什又说了一句讽刺的话，而路特又直接把酒泼到了他的脸上。正要泼第三次的时候，勒什突然从路特手中夺走了杯子，举过头顶高呼"干杯"。演员托尼·海加斯颠覆性地若无其事的表演，加上品特的精彩演绎，使得这一幕变成了喜剧界的经典之作。

然而，虽然这几乎是品特对过去一次事件的完整复制，但当时的情况却并不那么喜剧化。"1950年的时候，我在爱尔兰，"他回忆道，"跟迈克一起巡演。我们到了一个叫作罗斯克雷的地方。一天晚上，我正在酒吧里和帕特·麦基，还有乔·诺兰一起喝酒。乔既是业务经理，也是公司的一名演员。我们都喝得醉醺醺的，乔把他的酒杯举到我的面前，说：'干杯，你这肮脏的犹太佬。'我直接把我的威士忌泼到了他的脸上。他丢下杯子，擦了擦眼。随后说：'再来一杯威士忌，敬绅士。'他把杯子递给我，重复了一遍：'干杯，你这肮脏的犹太佬。'我也再一次把酒泼到了他的脸上。这样的动作又发生了第三次，然后他擦擦眼睛说：'我买不起再多的威士忌了。'乔·诺兰是一个极蠢的人，所以不能把他的反犹太人言论太当回事，但是我永远也忘不了这件事情，于是就把它写进了戏剧里。"

品特在《温室》里的表演受到了实至名归的高度赞扬。尤其令人震撼的是，他揭露了人物掩饰在整齐军装之下嗜血的残忍本性和粗野的精神世界。而且，随着他的一部早期戏剧在奇切斯特和伦敦再次走入人们的视野，他的最新作品《月光》也被收入了世界戏剧名录。1995年5月，彼得·查德克在柏林剧团（与汉堡塔利亚剧院携手）上演了全新版本的《月光》，给了人们耳目一新的观感。在柏林，安迪仿佛不再像是一个乡土版的李尔王，而更像是从莫里哀作品中走出来的喜剧人物，总是徒劳无益、违背本性地大发雷霆。但是真正的焦点在贝尔身上，安吉拉·温克乐华丽地扮演了一个充满肉欲和超感官意识的妇人：她一边安慰和爱抚即将死去的丈夫，一边好像十分警惕布里奇特幽灵般的存在，一边又对疏远的弗雷德所受的折磨表现出痛苦，每当前裁判员出现的时候，还会偷偷地对他微笑。这个版本有其怪异的地方，例如，伊娃·马特斯饰演的玛利亚戴着圆顶礼帽和单片眼镜，一副品行不端的样子。但是温克乐完美地演绎了品特想要表达的意思，即死去的人和看不见的人都永远扎根在我们的记忆中。卡洛尔·赖兹也在10月份重新执导了这部戏剧，在百老汇的环形剧院公司劳拉素剧院上演。与查德克相同，赖兹也着重强调了杰克和弗雷德之间杂耍演员般滑稽可笑的场景，但他另辟蹊径的是，更加突出了那种无孔不入的失落感和孤独感。在布里奇特最后的独白中，贝尔正站在已死的丈夫面前，布里奇特朝她走去，随后又回到舞台中央，转过身，向一片虚空张开手掌。"转身的动作，"约翰·拉尔在《纽约客》中写道，"是赖兹的点睛之笔；但是貌似又很适合该剧因隔离而产生的那种令人毛骨悚然、脱离现实的感觉。"同所有一流的戏剧一样，《月光》适合于各种各样的改编。

就连一直不肯接受品特的故乡英国，好像也在20世纪90年代中期出现了对他的态度的决定性扭转。他开始达到了一种考沃德式的全能戏剧人才的境界。1995年时，曾出现过这样短暂的一瞬：他正在伦敦喜剧剧院主演《温室》中的角色，同时他制作的《指挥家的抉择》在伦敦标准剧院上演，另外，由美丽而神秘的朱莉·克里斯蒂主演的《往昔时光》也在温德姆斯剧院重新上演。同年3月，他还获得了英国戴维科恩文学奖，奖金三万英镑。这是英国奖金最高的文学奖项，每隔一年颁发一次，用来奖励终身成就这一殊荣（V. S. 奈保尔是1993年的获奖者）。他在获奖感言中谈到了自己的非文学出身，回顾了乔·布尔利对他思想的影响，提到了对贝克特的探索，以及《生日晚会》在早年受到的羞辱。他还抨击了批评他的那些人：

> 我十分清楚，我一直以来都被描述为"神秘、缄默、生硬、挑剔、易怒和冷峻"的人。是的，我确实会像其他人一样，有我自己的情绪，这一点我并不否认。但是我的写作生涯已经持续了将近45个年头，而且还将继续下去，它也被赋予了一系列完全不同的特点，而无论如何，这些与那些描述也没有任何关系。很简单，我的写作生涯一直都是一番风味、一种挑战、一份激情。也许，这些话基本上都是老生常谈。但是实际上，这都是真话。不论是写诗、写戏还是写剧本，一旦语言中的风味、挑战、激情，以及通过语言传递到人物身上的这些东西没有了的话，那么就什么都没有了，什么都无法存在了。

戴维科恩奖必然是给品特鼓了一把劲儿的。另外，被称为"英国中部之声"的《每日邮报》好像也开始慢慢接受了他。该报不仅出版了一个由大卫·塞克斯顿主持的品特访谈，言语中透露出一种惺惺相惜的情感，还发表了一个由约翰·凯西主持的高度赞美品特的专栏。凯西是品特在剑桥大学冈维尔与凯斯学院时的伙伴。他说，品特写了"三至四部毋庸置疑的大师级作品"，而且是"有史以来英国最优秀的剧作家之一"。凯西表示："与品特地位相当的法国剧作家，现在应该是法兰西学院的某位不朽人物，这样的人理应被授予'尊师'的头衔。"多么令人陶醉啊。但是，品特从凯西引用的弗兰克·约翰逊的一篇文章中得到了更多的考验。那篇文章曾经攻击过品特，说《山地语言》"说得太露骨了"。约翰逊的观点是，资产阶级资本主义社会在过去三个世纪中，已经引导世界废除了酷刑。这令品特火冒三丈。"'酷刑'这个词，"他对我说，"《山地语言》中没有酷刑这样的东西。有的只是残忍。是的，一个戴兜帽的人是看不太清面孔的。但是我们给爱尔兰共和军罩上了兜帽。英国监狱中有很多残忍的东西，并且与爱尔兰相关。他们说我们已经引导世界废除了酷刑。但是，一来《山地语言》中没有酷刑，二来他们压根儿无法正确地读懂这些他妈的戏剧。"

一开始，品特担心自己对政治的愤怒会被当权派的温暖拥抱熄灭，而实际上，这些愁云很快就被他的公开活动和我们1995年的一次对话驱散了。品特一直不屈不挠地反对战后美国的对外政策，尤其是围绕政策产生的双重意识的烟幕弹。1994年6月，他在一封写给《纽约书评》的信中，用一如既往的严厉讽刺，强有力地表明了这种态度。他写这封信，是由杰森·爱泼斯坦写的一篇关于电影《辛德勒的名单》的文章而引发。爱泼斯坦的主要观点是，在这个世纪里，希特勒等人煽动了多起大规模屠杀，而这部电影却把焦点放在主角拯救了几百名犹太人身上，这是一种错位的放置。品特在信中声明，爱泼斯坦在阐述这些国家在道德上和政治上的种种劣迹时，很明显还遗漏了美利坚合众国。他指出了美国对国际法的蔑视，在老挝、柬埔寨和伊拉克进行的轰炸，对多米尼加共和国、格林纳达和巴拿马的干涉，以及在印度尼西亚、危地马拉、尼加拉瓜、智利、萨尔瓦多、安哥拉、菲律宾、土耳其、海地和东帝汶造成的几十万民众的死亡：

> 当然，这些肮脏的事情通常都是出自当地政权之手，但是，他们所用的金钱、资源、设备（各式各样的），所获得的建议、信息以及道德上的支持，可以说都来自历任的美国当权政府。当然，有一个区别。希特勒等人，不管是用什么方式，他们的目的就是造成数以百万计人的死亡。而我所说的美国，它认为如果它的"国家利益"要得到保护——换言之，如果它的权力要得以维持……那么，数以百万计人的死亡就是不可避免的。美国残忍的对外政策与其他同等残忍的政策之间，最大的不同在于美国的政治宣传是极其精明的，西方媒体也是极其顺从的。数不清的暴行都打着"民主"的旗号进行，这其中的责任也许也是爱泼斯坦先生应该考虑的。

亨利·伍尔夫告诉品特，在他任教的萨斯喀彻温省的校园里，人们在得知了法西斯独裁者所犯下的罪行与以美国的名义犯下的罪行不相上下后，"愤怒得快要窒息了"。但是，品特仍然相信，《纽约书评》不刊发任何回信是一种绝妙的编辑手段。"我到死也会一直坚信，"他说，"一定会有一些回应，只不过他们拒绝发表出来而已。"

品特没有闪烁其词。实际上，他在具体用词时，有着奥威尔式的全神贯注。但他也并不关心外交辞令式的语言细节。1995年4月，他获得了索菲亚大学的名誉博士学位，那时候他的六部戏剧刚好在保加利亚的首都进行制作。他原本可以用一系列充满虔诚的陈词滥调，轻而易举地做一个奉承讨好的演说。但是，品特却做了一番言语犀利、毫不妥协的演讲，强调了西方民主国家的不可靠性。不出所料，他抓住美国不放，列举了一系列事实：四五千万民众生活在贫困线以下；丹·奎尔退出共和党总统提名，因为他支付不起选举必需的两千万美元；在大多数州，即便是低于18岁或者精神迟钝的人，也可以被执行死刑。"这些事情让美国沦为与巴基斯坦、也门和沙特阿拉伯为伍的国家。"保加利亚一直相信，他们的经济问题可以由一个美国领导的世界解决。于是，在这样一个国家，品特的演讲引起了情绪复杂的反响。

但是，从很多方面来看，这次演讲最重要的地方就是引入部分了。在引入时，品特在他的艺术关怀和政治关怀之间构架了一条明确的桥梁。他一开始说道：

> 语言已经控制了我的生活。对你们来说，这句话应该并不陌生。在我本人的作品中，一直都存在这样一种意识，即我笔下的人物都不倾向于用语言来表达他们的所感所想，而是用语言来伪装他们的所感所想，来掩盖他们的真实意图。这样一来，语言所扮演的角色，就是一个伪饰、一层面纱、一张遮网，或者是用来破坏或恐吓的武器。但是，这些处理模式几乎很难限制在戏剧中的人物身上。在我们生活的世界里，语言经常被用来歪曲、欺骗，或者它们传达的实际和直接意义被操控。于是，我们语言的巨大体量在本质上就遭到了腐蚀。它已经变成了一种谎言。这些谎言本身可以变得非常深远广泛、非常无所不包、非常自我消耗，以致即便是说谎者本人，都认为自己说的是真话。很多事实已经证明，当人们秉承对语言的尊重，大胆而严肃地使用了语言的真实意义时，使用者往往会得到迫害、施刑和处死等"奖赏"。

有些人认为，品特那些带有明显政治色彩的戏剧，代表着他作为一个总是渲染国内各种威胁因素者对自己惯用手法的可悲偏离；还有人认为，他的公共激进主义（尤其是在20世纪80年代期间）是用来伪装自身局限的精心设计。对我来说，以上这段演讲仿佛就是他对这些质疑做出的终极回答。在戴维科恩奖的领奖仪式上，品特做出了再清楚不过的解释：他的核心关注点，也是他难以压制的关注点，在于语言；而且语言的创造性潜力和政治性滥用之间，有着不可割裂的联系。诗人也许是，也许不是世界的立法者，虽然未经认可，但是当语言违背本义时，他们应该毫无疑问地比其他人更加警惕。

值得称赞的是，随着年纪的增长，品特的政治愤怒并没有任何减少，反而更多、更强烈。大多数人在六十五岁左右已经从公共生活中退出，回到了自己的私人生活，而他好像仍然像以往一样，能够感受到世界的痛苦。另外，如果说他对报道自己态度的方式有些担心的话，那在一定程度上，是因为他觉得记者们所写的偏离了真实情况。正如他曾经对我说过的："人们从来不问我愤怒针对的是什么。"在1995年1月的一次关于政治的大范围讨论中，我问他是否对这个世界的状态有一种"无法抑制"的关怀。那时，他明显对这件事变得愈加敏感了。他给我起了一个叫作"学坏了"的绰号，随后告诉了我下面的这个故事。

"几个月前，我和安东尼娅一起去牛津，跟纳丁·戈蒂梅尔用餐。我那桌上有纳丁、约翰·贝利和大学校长。我坐在校长旁边。随着夜色渐浓，餐桌上出现了以色列的话题。校长对我说：'我听不得一句反对以色列的话。'她是犹太人。我说：'我也是犹太人，但是我有很多关于以色列的话要说。关于以色列，要说的话太多了。'她说：'我不想听，一个字也不想。'我只好说：'我认为这很不合理。'我的声音很清楚。我没有提高音调。我十分冷静。我提到了瓦努努和约旦河西岸，我说，这些是你不得不承认的事实，尤其是你还是个犹太人。她说：'不——还有一个更大的真相。'我说：'很明显，我们观点有分歧。'然后这件事就到此为止了。我们继续讨论了一些别的事情。但是结果呢，约翰·贝利那时候在《伦敦标准晚报》上写了一篇专栏，说我和校长大吵了一架，而且我'愤怒得满脸通红地'在以色列的话题上攻击了她。我跟安东尼娅说：'我该怎么办呢？'她说：'算了吧。如果你给约翰·贝利写信反驳，他会轻而易举地再写一篇专栏，说你对他愤怒得满脸通红。'我在另一个场合碰见了约翰·贝利，我跟他说：'你不应该那样写的。你正在进入一个垃圾报纸的世界，那里的人们说"哈罗德·品特愤怒得满脸通红"不是因为他真的愤怒得满脸通红，而只是因为那样读起来更加带劲。'"

品特也许对刻板陈规有些敏感，但是当我问他，一个作家是否应该在他反对的国家里禁止上演自己的戏剧时，他的回答既开放又自我嘲讽。"关于这个问题的回答，"他说，"我会从几个方面来说。很多国家的政策我都强烈反对，比如说土耳其。但是我很高兴《山地语言》能够在那个国家演出，尤其是在违反法律的情况下。韩国也是一个肮脏的垃圾场，但是那边却有我的很多作品在上演。波兰、匈牙利或捷克斯洛伐克也上演了我的作品，我也非常高兴。我要是说'我反对你的政府，因为做戏剧的人也反对你那嗜血的政府'，那我就太愚蠢了。这件事唯一的例外，就是种族隔离下的南非，大多数英国作家都撤出了自己的作品。但是我猜，我们现在真正讨论的是美国的问题。实际上，我已经在慎重考虑，要将我的戏剧从美国撤出。但是首先，那里还有些人想要做我的戏剧。其次，对我来说那样会是搬起石头砸自己的脚。人们会说：'谁他妈的在乎啊？'我自己都可以想象出他们的反应：'终于解脱了！他妈的！我们终于再也不用耐着性子坐等品特的戏剧演完了！'我认为，即便是撤出我的戏剧，也不会改变美国的对外政策。"

抗议能够取得多大的成效，永远都是一个处于争论之中的事情。积极的方面也有，比方说品特引用的一个国际笔会代表团的例子。他们前往马拉维大使馆，针对诗人杰克·马帕涅遭到囚禁一事进行抗议。该诗人最终得以释放，将此事归功于国际示威游行的有效性。品特还告诉我，1995年1月，他和国际笔会的一个小组成员要去尼日利亚大使馆，抗议奥戈尼作家肯·萨罗-维瓦所受到的不公对待。然而11月时，萨罗-维瓦和另外八名激进分子遭到了残忍绞杀。但这也绝不是说谨慎的抗议就是无效的。实际上，许多来自共和国领导人的提前行动，也许会使情况发生改变。品特关于尼日利亚绞刑案的评价，被再次刊登在《卫报》11月11日的头版。他的原话仍是简洁明了、无可争辩的："谋杀是审查制度最残忍的形式。"

品特并不是在为了利益而出卖自己的良心。他尝试将抗议的注意力集中在一些他认为英国和西方国家负有直接责任的地区。"可以肯定一点，"他说，"在东帝汶、中美洲、拉丁美洲和土耳其，我们给了他们金钱、武装和各式各样的武器。"令他抑郁的是，关于世界上存在的各种虐待，英国出版界和政客们却表现出一副愚昧无知、无动于衷的样子。他引用了土耳其和库尔德报纸界的一次轰炸和镇压事件——几名记者因此而殒命。"媒体、个人、组织、政治社团难道对此要保持沉默吗？难道不应该做出一些反应吗？……我就是不能抑制自己去想这些事情。我永远都不会忘记的一幕，就是阿根廷那些漂亮的年轻男女莫名地'消失'，以及所有发生在他们身上的事。十分恶心的是，他们遭到了遗忘，而且在所有的事件里，我们的政府都是沆瀣一气的。在这个国家，左派被视作过时老套的东西，这也令我十分震惊。还令我作呕的是，这种用词不顾依然真实存在的事实，却能在宣传上取得成功。在中美洲，至少有四分之三的人属于贫困人口，这仍然是真相。他们并没有被当作'人'来看待。这不是一种静态的情况。只有当大多数人被视作死人，也就是不能说话、不能动弹、不能回答，且被灌输了一种自己生活在一个慈悲的社会的意识时，资本主义才会最终成功。接受你得到的东西，并且认为自己真是他妈的幸运。我年纪越大，就越会感觉到对这种事情的反感。"

那种与世界、与政治的暴露伤紧密连接的感觉非常强烈。实际上，它经常会在最意想不到的时刻结出果实。1995年对品特而言是忙碌的一年。那一年里，他导演了《指挥家的抉择》，同时，8月到11月一直在参加《温室》的表演。1996年，他计划过得相对平静些，唯一一个长期合同是导演在伦敦西区复排的雷金纳德·罗斯的《十二怒汉》。虽然在此之前，当他听说克里斯托弗·莫拉汉要为英国广播公司电视系列制作一部电影《侏儒》（凯里·克拉布编剧）时，也曾展现出了父亲般的关心和兴趣（实际上，他已经跟导演一起去哈克尼考察过地理位置了），然而，在舞台剧排练开始之前，品特和安东尼娅去巴巴多斯度了一趟冬假。他们是在1月22日返回的。两天之后的一个傍晚，在荷兰公园的住宅后面的一个小家庭工作室里，当品特跟《十二怒汉》的戏服设计者进行会面时，他突然感觉将文字落于纸面的需要没有那么强烈了。"那是一次完美而亲密的会面，"品特说，"但是在那一刻，我突然迫不及待地想要终止。那个小伙子走了之后，我就开始了写作。而且在接下来的几天内，我一直保持着一种狂热的创作态度。"十天过后，在经历了四稿之后，戏剧《归于尘土》作为成果终于完成，并且被印制出来，开始面向世界发行。品特一旦想到一个主意，总是会以白热化的状态将它创作出来。

写作的过程是严肃而紧张的，但是戏剧里的一个核心形象，来源于品特在巴巴多斯度假时的一次阅读，即基塔·瑟伦利为阿尔伯特·斯皮尔写的人物传记。阿尔伯特·斯皮尔曾经是希特勒最喜欢的建筑师，自1942年以来一直担任军备军火部长，实际上是元首的副指挥官。"这是一本令人惊愕的书，"品特说，"得知是斯皮尔组织并负责了纳粹德国的奴役工厂之后，我十分震惊。但在某些方面，他又是一个受过文明教化的人，他参观工厂时也为自己眼前的一切感到惊恐。那种形象便萦绕在我的心头。另外，这些工厂里面没有正式的盥洗室，地面上有很多原始的旱厕，真的是屎尿成堆。阅读此书还引发了我的许多其他联想。纳粹分子用刺刀挑起婴儿扔到窗外的情景，在我的头脑中一直挥之不去。度假的时候，我并没有正襟危坐地想着必须写一部相关的戏剧，但是当我回到家后，这件事就立即发生了。同往常一样，我在一个黄色的便笺本上开始了写作，设定了两个人物，一个叫A（一个男人），一个叫B（一个女人）。最初的第一行就是他问她：'什么样的事情？'就是这么简单直接地开始了。至于这两个人物到底是谁，我也得继续挖掘下去才能知道。"

《归于尘土》是一部具有非凡力量的作品：难以捉摸、不可抗拒、令人不安。不可否认的是，它里面有一些品特之前剧作的影子：男主人公渴望细细查究并掌握一个女人的过去，还有唱起的那段流行歌曲，都让人回忆起《往昔时光》；审讯者和受害者之间模棱两可的关系,让人联想起《最后一杯酒》;原始和残忍的背景,暗示着《山地语言》和《晚会时光》中的某些情节。但是,这部戏剧也有自己完全与众不同、令人难以忘怀的情调,即真实与梦境、具体的与幽灵般的,全都不费吹灰之力地糅杂在了一起。这部戏剧还总结性地证明了一件事情,即对品特来说,"个人的"与"政治的"不是两个独立而彼此隔绝的范畴:它们之间相互作用,像是一个扭曲而堕落的爱情故事,也像是对国家权力专制性和残忍性的一种唤醒。

作品的背景,是在一栋乡村住宅的一个房间里,前面有一座花园。时间是傍晚。但是,随着外界光线逐渐黯淡,屋里的灯光逐渐增强,令人十分不安。房间里有两个人,德夫林和瑞贝卡,都四十多岁,关系显然很亲密。是情人关系吗?还是夫妇俩?抑或是审讯者和受害者?一开始我们无法确定。德夫林站着,瑞贝卡坐着——一个权力归于男性的信号。一开始,瑞贝卡在回答德夫林的问题,解释着一个她曾经亲密接触过的男人的习惯性动作:

瑞贝卡:好吧……比如说……他会站在我面前,攥起拳头,然后用手抓住我的脖子,把我的头扭到他身边。他的拳头……在我的嘴上摩擦。他会说:"亲吻我的拳头。"

德夫林:那你亲了吗?

瑞贝卡:噢,是的。我亲吻了他的拳头。亲吻了每个指关节。然后他就张开手,把手掌给我……让我亲吻……我亲了。

(暂停。)

然后我就可以说话了。

德夫林:你说什么了?你说了什么?你说什么了?

(暂停。)

瑞贝卡:我说:"把你的手放在我的喉咙上。"我一边亲吻他的手,一边贴在上面小声嘟囔。但是他听到了我的声音,他是通过他的手听到的,他感受到了我在他手中的声音,他感受到了在他手中的我的声音,他听到了。

(沉默。)

德夫林:那他照做了吗?他把手放到你喉咙上了吗?

瑞贝卡:噢,是的。他放了。放了。而且他放在那里非常轻,非常温柔,特别温柔。他喜欢我,你看见了。

德夫林:他喜欢你?

(暂停。)

你什么意思，他喜欢你？你是什么意思？

（暂停。）

你是说他手放在你的喉咙上没使劲？你是这个意思吗？

瑞贝卡：不。

德夫林：那是什么意思？你在说什么？

瑞贝卡：他用了一点儿……劲……在我的喉咙上，是的。于是我的脑袋开始向后仰起，很轻微，但是真的在向后仰。

德夫林：那你的身体呢？你的身体到什么位置了？

瑞贝卡：我的身体开始向后，很慢，但是真的在向后。

德夫林：那你的双腿是张开的？

瑞贝卡：是的。

（暂停。）

德夫林：你的双腿张开了？

瑞贝卡：是的。

（沉默。）

这一幕是令人震撼的开场，对后面的发展起着回响作用，同时也定义了这部戏剧大部分的范畴：一个充满残忍、权力、操控却也充满焦虑、不安全感和疯狂好奇心的世界。在这部戏剧中，没有一样东西会永远是它们表面的样子。即便是这个生动的开场顺序，也暗示了一种性强迫和意志服从的混合，并且自始至终，德夫林和瑞贝卡都在不同角色之间令人不安地转换着。虽然这部戏剧中只有少量的肢体动作，但是他们之间的权力平衡在最后却出现了决定性的重大变化。

在戏剧的第一个动作中，德夫林没完没了地纠缠瑞贝卡，向她问着关于她曾经有过亲密关系的一个男人的问题——他的身高、他的胖瘦、他的深度——然后突然开始称呼她为"亲爱的"。"还没有人，"她说，"叫过我亲爱的。除了我的情人。"我们似乎置身于一间英国乡村住宅的房间中，目睹了一个充满嫉妒的中年男人急切询问着同居伴侣的情欲史。那段过往中包含了一段更加险恶的历史：瑞贝卡描述了她的旧情人带她去参观"一种工厂"的事情。德夫林强迫她再多讲一些细节。"他们都戴着帽子……工作的那些人……软帽……他带着我进去，在一排排工人间穿行的时候，他们就把帽子摘下来。"这种关于卑躬屈膝的劳动者和独裁控制者的情景，是品特从斯皮尔的书中获得的灵感。"他们对他完全信任，"瑞贝卡解释说，"他们尊重他的……纯洁，他的……信仰。他说，如果他要求的话，他们愿意跟着他一起上刀山下火海。只要他起个头，他们就会跟着他一起合唱。他说他们还是很有乐感的。"这个场所并不是特殊化的，我们在任何有压迫性的状态里都可以有同样的感觉。但是瑞贝卡说："我想去洗手间。但是我就是找不到。我到处都找遍了。我确定他们肯定有洗手间。但是我却永远都找不到它在哪里。"这个情节，是品特很清楚地从斯皮尔的书中回忆起来的。品特不是在单独描写纳粹，而是在描写带有性色彩的法西斯主义与它在政治上的对应物之间不可割裂的关系，这在开场一幕中也已经生动地被描述过。同时，他也是在描绘一个充满残暴男性权力与赤裸裸的服从地位的世界。瑞贝卡在告诉了德夫林她的旧情人在一家旅行社工作之后，突然透露说："他是一个导游。他曾经去当地的火车站，沿着月台走，从尖叫的母亲怀中抢走她们的婴儿，然后将他们撕烂。"这时候，品特想要表达的观点就变得尤为清楚，并且令人震惊，十分戏剧化。这间优雅的乡村客厅，打开了欧洲历史的大门。

实际上，这部戏剧大部分的催眠性特色，来源于品特将对私人世界的疯狂窥探与对系统化的残忍行为的阴险揭露交织在一起。这两者并不是独立存在的，而是相互作用、取长补短。例如，瑞贝卡试图用谈论警铃的回音，来避开德夫林絮絮叨叨的询问：随着警铃的声音在她耳中消失，这声音在另一个人的耳中逐渐增强，她失去了被她幼稚地称呼为"美丽的声音"的东西。德夫林回答说："别担心，总会有另一次警铃的。现在就有一次正在朝你奔来。相信我。你很快就可以听到了。马上。"这令人们回想起了《新世界秩序》最后一行里隐含的那种威胁。当时，德斯对他的审讯者说，他们的受害者将能够"在大约 35 分钟之后"与他握手。而当瑞贝卡描述她在写一张洗衣清单的时候，一支"非常纯洁无辜的"钢笔从咖啡桌上滚下来，德夫林警告她，无论她是否住在这个房子里，她都不能那样说话。"哪样？"瑞贝卡问。"说那支笔是纯洁无辜的。"德夫林回答说。"你认为它有罪吗？"瑞贝卡又问。德夫林不是简单地在挑她句法上的毛病。他让人强烈地联想起《归家》中的莱尼。莱尼也是通过语言来重新构建现实的，他说一个妓女有病，仅仅是因为"我肯定她得病了"。但莱尼仅仅是为了获得家庭权力而寻求对语言的控制，德夫林对语言的操控却还体现了官场上那种令人不寒而栗的回响。

然而，瑞贝卡岔开话题的战术，令德夫林意识到，自己正在失去这场"猫和老鼠"的心理游戏中的主动权。他感觉自己站在一堆流沙之上，正在越陷越深。"像上帝一样。"瑞贝卡尖锐地回答。为了挽回失败的局面，德夫林努力抓住了这一点，攻击瑞贝卡的"这个实在恶心的观点"，并且还借用了一个没有上帝的世界的空虚和恐惧来类比："那样就像是英国和巴西在温布利球场进行比赛，球场里却空无一人。你能想象吗？在一个完全没人的场馆里踢着全场。"这番言论既有趣又惊悚。德夫林把一个无上帝的宇宙比喻成一个空荡荡的足球场，这其中有着某种非常不恰当的地方。与此同时，"球场"这个单词引发人们回忆起了南美为"消失者"设立的拘留所；我们的思绪还会回到《最后一杯酒》中尼古拉斯自以为是地宣称"上帝通过我来说话"的情节。另外，当德夫林提起一幅虚无、困境、停滞的画面和一个"无胜利者的世界"时，人们会想起一个两极分化的社会，就像资本主义世界那样，耀武扬威的胜利者和失落无助的失败者位于两极。在这部经典的品特权力戏剧中，德夫林不仅寻求占有瑞贝卡的身体和灵魂，还企图占有她的感觉和她过去的经历。她谈到过婴儿、母亲和月台。他问："你觉得你是有什么权威，可以来讨论这样一种暴行？"她的反应却是明显自我否定式的："我没有这样的权威。我什么事都没有发生过。我的朋友也什么事都没有发生过。我从来没有受过苦。我的朋友也没有。"

所有的权力似乎都掌握在德夫林手中。但是，就像品特戏剧中屡次出现的那样，权威产生不安全感，霸道的断言也只是一种虚弱而非力量的标志。德夫林有一次讲话，非常有趣也充满矛盾，具有深刻的揭露性：他喋喋不休地询问着瑞贝卡的假想情人，希望她能把他们的事情向他（德夫林）倾吐，同时还设想了一种超脱尘世的优越地位（"当你过着一种充满学识和智慧的生活时，你就不会被幽默的现实打扰，你知道的，像是乳头啦，这种事情"），满怀渴望地谈论着一个妻子应该有的样子，最终以一种超凡的强烈呼吁结束了对话。

> 当你有一个妻子，你会让思想、观点和想法顺其自然地产生。这意味着你永远不会让最棒的男人获胜。去他妈的，最佳男人。这一直是我的格言。这是一种无论最后遇到什么风向、什么天气都会迅速低下头快速走开的人。一个勇敢和勤奋的人。
> （停顿。）
> 这是一个什么都不在乎的人。
> 这是一个具备严肃的责任感的人。
> （停顿。）
> 上面这两句话没有任何矛盾。
> 相信我。
> （停顿。）
> 你大致明白我说的意思了吗？

这段中途插入的言论，标志着表演中的一个决定性转折点，几乎也可以说是一个亚里士多德式的情节突变。从此之后,情感的主动权,从喜欢窥探、打听别人的德夫林身上,转移到了明显处于服从地位的瑞贝卡身上。她忽略了他哑谜一样自相矛盾的说法——他对胜利者的崇拜与对战略性生存的信念糅合在一起——兀自描述了一幅从多赛特一座房子的窗户向外望去所看到的景象。她说她看到导游正在带领一群人朝大海走去:"潮汐慢慢地淹没他们。他们的包裹在海浪里随波摇晃。"显然,这是对她情人的工厂中受压迫工人的一种蓄意的响应。他曾对她说过:"他们愿意跟着他一起上刀山下火海。"在潜意识中,这让我们联想到了英国所具有的向专制政权屈服的潜在倾向。瑞贝卡继续描述了一种精神上的象皮肿症状:如果你溅出一盎司[①]肉汁,让它变成了一片肉汁的汪洋大海,那你就是这次事故的肇事者,而非受害者。她内疚而隐秘地说:"是你把包袱交出来的。"这是一句仅仅起到回顾作用的话。通过运用将梦境与现实进行交叉的怪异做法,她还描述了一幅天寒地冻的城市图景。在这幅画面中,她到达一座火车站。"我最好的朋友,"她继续说,"那个我曾经把真心都给了他的男人,那个我第一次见面就知道会属于我的男人,我亲爱的,我最珍贵的伴侣,我看着他沿着月台走下去,从尖叫的母亲手中夺下她们的婴儿,然后将他们撕烂。"

整部戏剧就是围绕着回声、梦境和记忆筑造而成的,一切都渐渐变得清晰明了起来。恰如在《往昔时光》中,刻画一个人记忆的表演,会将人们引至一个真实的现实中。但是,令这部作品如此真切地产生错位感的,是从白日的现实到预言的梦境的迅速转变。德夫林试图将他们的讨论拉回到现实的坚实世界中,那样他就可以施加某种控制了。于是他谈到了瑞贝卡到她姐姐金姆家玩耍的事情,他们家的两个小孩现在正在牙牙学语。但即便瑞贝卡回忆起了与姐姐合唱或者随后去看电影的事情,她的世界还是梦境里的样子。她所描述的那场电影,听起来好像是一部超越现实的喜剧,镜头一会儿在纽约的一家餐馆,一会儿又转换到了沙漠的一次远征,而电影院里坐在她前面的那个男人一次都没笑过,只是"像具僵尸一样坐在那里"。很显然,德夫林正在挣扎着想要把她拽回到具体的现实中。"现在,听着,"他喊道,"让我们重新开始。我们住在这里。你没有生活在多赛特,也没有在其他什么地方。你和我一起住在这里。这是我们的房子。你有一个很善良的姐姐。她跟你住得很近。她有两个可爱的孩子。你是他们的姨妈。你很喜欢他们。"但是,德夫林越试图捆住瑞贝卡,她就变得越难以掌控。"我们不能重新开始,"她坚持道,"我们可以重新结束。"德夫林顽固地解释说这是一种对语言的误用:你只能让事情结束一次。"不,"她回答说,"你可以结束一次,然后你可以重新结束。"瑞贝卡所坚持的,不仅是在

---

① 1盎司约为28克。——译者注

任何关系中都没有一个固定的终点,而且是通过语言主张自己对局势的控制权。权力角色已经悄悄地逆转了。

现在,戏剧进入了最后阶段。德夫林仍然喋喋不休地打听着瑞贝卡旧情人的事情,而她已经转移至一个不同层面上的回忆中了。她描绘自己正在一座高大建筑物最顶端的一个房间里。她看到楼下的街道上,一个老人和一个小男孩正拖着行李箱走在路上。"不管怎样,我正要拉上窗帘,但是突然间看到一个女人跟在他们后面,怀中抱着一个婴儿。"那个女人一直跟着那个老人和男孩,直到他们在一个街角转了弯,消失了。她亲吻了怀中那个小女婴。她听了听她的心跳。但是瑞贝卡的客观描述转变成了主观的身份认同,在她的想象中,她变成了那个抱着婴儿的女人。"我将她抱紧,"瑞贝卡描述着那个婴儿,"她正在呼吸。她的心脏正在跳动。"

瑞贝卡通过想象中的转变,使自己成了那个让人们联想起全世界千千万万难民的妇女。而正如瑞贝卡一样,德夫林也正在这时变成了那个在整部戏剧中都如梦魇般纠缠着他的残酷成性的她的旧情人。随着梦境的循环往复,他准确地做出了瑞贝卡之前跟他描述过的动作,用左手抓住她的脖子,攥紧拳头,强迫她亲吻。她没有说话,也没有动弹,抗拒着他攥起的拳头和摊开的手掌。她曾经请求她的旧情人把手放在她的脖子上,而现在她的无声抵抗,迫使德夫林准备采取武力。自始至终都在盘问、诱骗、祈求甚至威吓女伴的德夫林,终于转变成了那个法西斯主义的情人,而这个身份是他内心暗自渴望得到的。反过来,瑞贝卡这个一开始在性别上屈从、政治上服从的角色,已经了解到了反抗以及对丧失者和被迫害者施加同情的需要。从最后那些不可思议的动作中来看,这一点已经十分清楚了:伴随着言语上的回音,她描述了自己被带到一个火车站的情景。她把婴儿裹在一个围巾里抱紧,以便逃过检查,但是突然婴儿大声哭了起来,她被喊了回去。她的婴儿被夺走,自己被扔到了一列火车上。当她到达"这个地方"时,她碰见了一个她认识的女人:

  瑞贝卡:她说了发生在你的婴儿身上的事情
  回音:你的婴儿
  瑞贝卡:你的婴儿去哪儿了
  回音:你的婴儿
  瑞贝卡:我问,什么婴儿
  回音:什么婴儿
  瑞贝卡:我没有婴儿
  回音:婴儿

瑞贝卡：我不认识任何婴儿
回音：任何婴儿
（停顿。）
瑞贝卡：我不认识任何婴儿
（长时间沉默。
灯光熄灭。）

同品特大多数作品一样，《归于尘土》要求但也同时引诱性地抵制完全的解释。它对人的吸引力并非完全是理智上的，而是在本能上和情绪上的。例如，这部戏剧大部分的力量，都根植于对剧院气氛的要求：两个人物；宽敞的房间；后面的花园；外面光线变暗的同时，内部光线增强。即便只是阅读这部作品，你也会感觉清楚地看到了整幅画面。它的独特性令人难以忘怀，但同时也激发起了人们对品特之前作品的一些记忆。

那么，这部戏剧到底是关于什么的呢？虽然它是在多个层面上进行和发展的，但是我认为，我们也可以着重抓住某几个特殊的主题。权力显然是其中一个。在任何情况下，"强"和"弱"都是一对相关术语，平衡可以从一个人手中迅速转移到另一个人手中。同时，这部作品也处理了语言的问题，并且展现了两个角色试图通过语言来重构现实的努力。起初，德夫林在一定程度上通过定义语义来寻求对瑞贝卡的控制，结果却发现局面反转过来。并且，如品特大部分作品一样，它展现了女人所具备的一种灵活性、自由性以及想象出来的同情心，后者经常会遭到顽固而强权的男人的否定。正如那个情人因"纯洁性"和"责任感"而受到工人们的爱慕，德夫林也渴望拥有"严肃的职责感"。但是，这部戏剧中最令人称赞的地方，就是它可以不费吹灰之力地将家庭和政治统一，将英国和世界统一。这就好比是《风景》和《往昔时光》中的世界，与《最后一杯酒》和《山地语言》中的世界融为了一体。在家庭层面，它不仅是关于一段支离破碎关系的最终阶段的，而且是婴儿、孩子、失去孩子的形象挥之不去的纠缠。德夫林唱了一首题为《我现在不是任何人的宝贝儿》的歌曲，被瑞贝卡一丝不苟地指正为"你现在不是任何人的宝贝儿"。德夫林对金姆的孩子以及他们模仿大人说话的样子十分着迷。金姆的丈夫曾经为了另一个女人抛弃了金姆，现在却疯狂地想要回归家庭，因为"他想念孩子们"。瑞贝卡看到街上有个女人一直跟着一个老人和男孩，直到他们在街角拐了弯，消失了，而一直循环的景象是婴儿被从母亲怀中抢走，最终是瑞贝卡怀中的褪褓要接受检查。通过使用回音——一种与韦伯斯特的《马尔菲公爵夫人》里的技巧具有类似效果的技巧——"婴儿"这个词如同诗歌叠句一样，在最后一部分中不断鸣响。这就好像在说，婴儿和孩子既是纯真和希望的象征，也是专制国家残忍性的符号。

然而，对于品特来说，个人事件和政治事件一直都是紧密的同盟；在这部剧中，两者更是前所未有地深深联系在了一起。看不见的情人所玩的性权力游戏，向人们呈现了一种他身上所具有的法西斯主义和资本主义本能的微观形象。令他更具危险性的是，一开始他得到了瑞贝卡的"爱慕"以及工人们的"尊敬"。嫉妒心重的德夫林通过对这个情人的身份的确定，以及对瑞贝卡无休无止的盘问，渐渐变成了社会残忍性的同谋。进一步地，他那昭然若揭的嫉妒，以及与恶魔无异的本性令他变得越发惹人嫌恶。而瑞贝卡通过在想象中变成一个遭到剥夺的母亲，她自身冷漠无情的无辜扩展成了一个充满普遍苦难的世界。这部戏剧之所以如此深入人心，正是因为它所面对的并不是外星或者一个遥远的世界，而是承认了存在于我们每个人心中的压迫和反抗的潜力。

即便是从客观环境上来看，这部戏剧仿佛也同时存在于几个不同的维度里。人物的名字"德夫林"和"瑞贝卡"都是很常见的名字，但提到的地点却是英国化的，具体到了温布利和多赛特；即便只说到带花园的乡村住宅，也是在暗示我们可能是在英国。但是在此之上，存在着一个四处冰封、裹满污泥的城市世界，一个有着废弃车站月台的世界，一个设有跨国边防检查站的世界，一个孩子被随意从母亲怀中抢走的世界。我们仿佛置身于英国的郡县，但也好像是在奥斯威辛、波斯尼亚，或其他任何几个曾经遭到或实际上仍在遭遇暴行的土地之上。好像就是这些原因，迫使品特必须制作这样一部充满诗意、令人感受强烈而挥之不去的戏剧。就像他经常提到的，"他们"和"我们"之间没有区别，法西斯主义的本能普遍存在，并与重视文明的外部形式共存。这部戏剧强迫男人检视自己的性别强制力，同时女人也要检视自己对罪恶的屈从性。但是在此之外，它也暗示着我们每个人的内心都具有的抵抗能力，以及在想象中对他人苦难的辨认能力。品特想说的是，这就是改变的唯一希望。这部作品既是他最深刻的个人戏剧之一，也是他最深刻的政治戏剧之一。

戏剧在表演中的表现力比印在纸上的更为丰富。许多新层次的意义会开始浮现出来。在一个狭小而隐秘的空间里演出时，作品也会获得一种非凡的情感强度。1996年秋天，宫廷剧院在完成了两年的切尔西基底改造之后，取代了两座位于伦敦西区的剧院：约克公爵剧院和大使剧院。后者自身还独创性地分成了两个独立的空间。其中一个是一座配有140座的剧场，一排排座位十分陡峭，由来自大使剧院圈子里的威廉·达德利设计，几乎等同于一座微型的埃皮达鲁斯[①]。宫廷剧院的主管史蒂芬·达尔德里请求品特用他自己的制作《归于尘土》来为这座新的剧场"施以洗礼"。戏剧于1996

[①] 古希腊阿尔戈利斯的古镇。——译者注

年 9 月 19 日开演，林赛·邓肯扮演瑞贝卡，史蒂芬·雷扮演德夫林。虽然同往常一样，它的上演收到了各种褒贬不一的评论，有充满敌意的，有困惑不解的，也有狂喜不已的，但不管怎样，它还是在剧场里面满满当当地上演了六个星期。

在阅读了剧本又看了表演之后，几件事情变得明了起来。首先就是，它是如何精湛地在一个纯粹的、氛围浓厚的剧场中进行演绎的。埃琳·迪斯对场景的布置小心翼翼，毫无特色：两张巨大的米黄色扶手椅占据了整个起居室；窗外是一座想象中的花园，随着渐渐浓重的夜色而慢慢被笼罩起来。品特还对演员进行了指导，以便每个动作和手势都能够承载意义。起初，演员们的谈话就像是一次正在进行中的家庭对话；末尾时，如同《风景》里面的人物一样，他们各自深深陷入了扶手椅，仿佛被锁在了自己独立的世界里。雷所扮演的德夫林，比人们在纸上阅读时想象出来的人物更加绅士，更加拥有一个男人顽固、坚持的特性，对他来说，真理存在于语义的定义中；邓肯穿着一条简单的印花裙子，散发着英国玫瑰般的天真气息，但同时也有着一种奇怪的唯我主义孤独感，展现了对普遍苦难遭遇的一种认可。语调冰冷、沉静、压抑，使得偶尔发生的语域变化可以产生地震般的巨大威力：当瑞贝卡突然说起她之前的情人"曾经去当地的火车站，沿着月台走，从尖叫的母亲怀中抢走她们的婴儿，然后将他们撕烂"时，就好像是一声霹雳在空中突然炸响。

在舞台上，这部戏剧既创造了文字上的意义，也获得了无尽的隐喻上的可能。品特之前曾经对我提起过，他是受了基塔·瑟伦利为阿尔伯特·斯皮尔写的人物传记的影响。直到亲自阅读了这本书之后，我才意识到，斯皮尔在他七十多岁的时候，跟一个年龄只有他的一半的女人相爱了。她之前嫁给过一个英国人，有过两个孩子。实际上，是她在阅读了斯皮尔的《秘密日记》后，给他写了一封爱慕信，于是他们二人就相爱了。当时他正致力于他最后的关于纳粹党卫军的作品，虽然最终未完成。这并非说品特的这部戏剧就是直接描述这段关系的，但是这段关系所提出来的问题，为他的作品提供了素材。他似乎在问：男人有着令人胆寒的残忍行为，是否富有某种特殊的性吸引力？这也正是西尔维娅·普拉斯在一首诗中所探究的一个矛盾。她把这首诗写给想象中的父亲，写道："每个女人都爱慕着一个法西斯主义者，踢到脸上的靴子，残忍地，像你一样的，残暴者残忍的心。"但是同样，品特的戏剧也在提问：具有法西斯主义倾向的男人，是如何同时扮演着可爱恋人的角色的？这也回应了南非诗人布里顿·布里顿巴克于 1972 年在《屠夫的海外来信》一诗中提出的问题。这首诗是献给"巴尔萨泽"的，也就是首相约翰·沃斯特。本诗寻求将国家的施暴者与幸福的已婚男人联系到一起："当你用爱抚妻子隐秘之处的那同一双手触碰即将断裂的四肢，"这首诗中质问道，"你的心是否也会哽在你的喉头？"

第二十章　发展提高

　　《归于尘土》在舞台上创造了现实主义意义，但也展现出了很多人类本质中无法解决的矛盾问题、男性态度与女性态度之间的鸿沟，以及我们对所生活的社会无法控制的责任。阿拉斯泰尔·麦考利在《金融时报》里写道，在我们探索意义的同时，"也许更重要的一点是，不理解品特是一种极大的快乐。实际上，能够感受到他意义中的难以捉摸，就是离他的本质十分接近了。他一直说，人是无法解释的。他艺术的诗情画意之美，就在于他说这些话以及将它展现出来的方式"。麦考利的这些评价是完全正确的，而且重要的是，当麦考利在一封写给品特的私人信件中提到这部戏剧暗示了"没有人是一座孤岛"时，品特热情洋溢地肯定了这个说法。

　　看不见的苦难枷锁与我们每个人之间都存在联系。正是这一点，好像挑战了，抑或是惹恼了许多缺乏想象力的批评家们，尤其是在一部包含了欧洲悲剧的作品中，出现了具体英国地名的使用问题。通过将大屠杀作为一个参考点，查尔斯·斯宾塞在《每日电讯报》中问道："他（品特）是否真的相信这样的恐怖事件有可能会发生在英国？或者他认为这些事情已经发生了？"保罗·泰勒在《独立报》中也提出了同样的观点："这部作品中有一些暗示，好像所有这些事情都可以轻易发生在英国，例如瑞贝卡讲述了她曾经在多赛特向窗外望去时看到的景象，导游引导着一群群的人们朝大海走去，走向死亡。我发现自己在担心，这些毫无实际意义的对比是如何震惊了某个实际上生活在一个极权主义政权下的人，或者实际上他本人就是一个大屠杀的幸存者。"

　　有人应该会提出，在那时的戏剧背景下，瑞贝卡的描述立即遭到了德夫林的否认："什么时候的事？你什么时候在多赛特住过？我从来没在多赛特住过。"当然，品特没有把现代英国和纳粹德国视为同类，或者说我们就是生活在一个极权主义的社会。如果我解释正确的话，他想说的是，那些生活在所谓自由民主社会中的人，应该警惕任何企图抑制或否定那种自由的尝试。约翰·菲尔伯特·科伦在1790年的演讲（这段话大部分时候是被人错误引用的）中说过："上帝赋予人类自由的条件，是要永远保持警觉。"品特的戏剧只是要求我们永远保持警觉而已。

　　他本人在一次公开访谈中展开了这个观点。那是在1996年12月的巴塞罗那，在他的制作《归于尘土》作为品特戏剧节的一部分上演之后不久。米瑞亚·阿雷格问他，这部戏剧是否是关于纳粹主义的。他回答说："不，我完全不这么认为。它确实是关于纳粹德国的一些景象，我认为没人会将此从脑海中抹去。大屠杀很有可能是历史上发生过的最糟糕的事情，因为它经过了精心的策划，蓄意而精确，而且实施大屠杀的人还将此事完整地记录了下来。他们对此的这种态度和观点十分重要。他们数着自己每天谋杀了多少人，而且在我看来，他们把杀戮看作像汽车运输服务一样平常的事情。你一天能运几辆车，你一天能杀多少人？而且还有一个问题，有多少人知道发生了什么？在最近出版的《希特勒的自愿行刑者》中，丹尼尔·哥德哈根声明，大多数德国民众十分清楚正在发生什么……但是我在写作《归于尘土》时，并非只简单地讨论纳粹，因为如果我只集中注意力在纳粹上，而且到此为止的话，那就是我的失职了。"

品特继续强调，那些号称自己是民主政权的国家，包括美国、英国、法国、德国和西班牙，通过向残暴政权出售军火，肯定了"压迫性的、愤世嫉俗的、冷漠无情的谋杀行为"；在美国，50个州里有38个仍然保留着死刑；在英国，在对待未婚母亲和单亲父母的问题上，当前的政治哲学是要"惩罚并把罪恶和内疚推到无辜的受害者身上"。他最后说："我尤其不会把那称作民主。'民主'这个词语已经开始令人生厌了。正如你所见，这些事情就是我一心挂念的。所以在《归于尘土》中，我并非简单地讨论纳粹。我讨论的是我们自己，以及我们对过去和历史的概念，还有它现在对我们所产生的影响。"

这一点再明确不过了。品特并非在现代西方民主国家和纳粹德国之间做直接的对比。他只是想说，国家力量在不断蚕食着个人自由，而当你帮助外国政府谋杀它们自己的公民时，"民主"这个词语也失去了它所有的意义。但是，《归于尘土》最终是要求我们承认，我们是无法从这个世界的残酷中使自己脱身的。品特本人就在始终践行着自己的箴言，永远保持着警觉。1997年1月8日，他给《泰晤士报》写了一封关于《警察法案》的信。当时，这个法案在"并没有遭到女王陛下的反对党明确反对"之下，已经通过了议会的批准。它将使得警察对私人住所进行"窃听"合法化。他设想了一个场景：一个公民发现自己在家里被窃听了之后，反而有可能会遭到逮捕，因为他会阻碍警察执行公务。他在信中问内政大臣，对于这个场景，他是肯定还是否定。

迈克尔·霍华德第二天就立即在《泰晤士报》上给出了回应，在证明了"侵入监视"的必要性属于合理范围的同时，还就"为普通公民提供有效安全防护"说了一通华而不实的废话。但是，自由民主党的同辈罗杰斯勋爵、伦敦刑事法庭律师协会的成员们纷纷写来信件，支持品特的意见。他们指出，真实的情况比品特提出的还要糟糕，"基本权利"仅仅因为工党的一点抱怨，正在被牺牲掉。1994年的《刑事司法和公共秩序法案》一经颁布，沉默的权利就丧失了；1996年的《刑事诉讼和调查法案》颁布之后，提供证据的负担就转移到了被告身上；而《警察法案》将允许当权者对律师的办公室或被告辩护律师的房间进行窃听。不可否认，品特为人们打开了讨论《警察法案》的局面。不出所料，两周之后，上议院开始反对窃听电话，

第二十章　发展提高

并采用了自由民主党和最近才觉醒的工党提出的修正案，使《警察法案》陷入混乱。品特涉入的领域，是很多工党国会议员们甚至一些恩格斯的追随者们都不敢踏足的。

值得赞扬的是，品特永远保持着被公众厌烦的形象。他对人们已经接受的真理进行质问，不论这些真理是关于生活的还是关于艺术的。实际上，这两者之间一直在不断地相互作用。1996年12月，他在《卫报》上刊登了一篇言辞尖锐、挑起论战的文章，不仅攻击了美国的对外政策及其灾难性后果，而且讽刺了美国假装虔诚的伪善面目。为了用这个面具掩盖自己，美国不断热切地搬出美国人民和造物主来充当挡箭牌。正如品特简明扼要地写道的："上帝属于每一个美国人。历届美国总统都明确了这一点。"1997年3月，一部私密的滑稽剧《其次……》在哈默史密斯抒情剧院上演后不久，他写了一篇独白。他以滑稽讽刺的语调讨论了同样的主题。这篇独白题为《上帝的区域》，也证实了索尔·贝娄悲哀的发现："我们把美国之外的人看作不完整的人，相信必须通过我们的催促和帮助才能令他们完成进化。"品特向我们展示了一个充满热情的美国女性救世主义者的形象，她正在执行一个去伦敦招募追随者的任务。她大胆地宣布："我在帕特尼拯救灵魂。"空气中四处充斥着大声念诵《圣经》的声音。演讲者大声疾呼："在帕特尼，我还没见过一个灵魂不需要被拯救，也没有见过一个灵魂不在大呼着需要被拯救。这一点适用于谢泼德丛林，也适用于旺兹沃思大桥左面朝南那一片巨大的毁灭的虚无腹地。"美国不仅对宗教，而且对全世界都展现出一种主人般的态度，品特在此将对伦敦地形的熟悉，与对美国的圆滑攻击结合了起来。很明显，演讲者已经将自己遗传下来的殖民态度推及了全球：在巴西，她对土著印第安人的"野蛮礼仪"、不停吹奏的管乐和传统的裸体感到惊骇。在宣布了巴西很糟糕，但是伦敦将会很自在（在帕特尼和哈默史密斯听不到管乐吹奏）之后，这位跑遍全球的埃尔默·甘特利[①]到达了歇斯底里的高潮："但是我想明确一件事情。我所说的话中，不应该有令你觉得上帝是美国人的地方。他不是美国人。他是有点儿希腊人或者什么人的成分。但是耶稣绝对是出生在北卡罗来纳州的。"在演讲的最后，演出者向我们索要对她的爱意，并直截了当地邀请听众们"把你们的爱给我"。品特肯定地把自己的"爱"给了她，具体来说，是通过两次明显的出击：一次是反对美国的宗教拯救主义，一次是反对回光返照的帝国主义。在品特最好的早期作品中，大部分都是时事讽刺剧速写。现在，他依然没有丢掉他灵敏的触感，他积极的政治良心也并没有妨碍他狡黠和轻蔑的幽默感。清楚了这一点，相信很多人都会感到开心。

[①]《孽海痴魂》中的人物。——译者注

第二十一章　记忆中的男人

　　当初我开始写这本书的时候，心里是希望能够借此解开围绕品特生活和工作的各种谜团；但是从某种意义上来说，你了解得越多，这些谜团就越错综复杂。品特是一个极其复杂而又极端矛盾的人，但是首先要声明一点：不论他的私人生活中有多少悲伤的成分（例如，他第一次婚姻的失败，以及最近与儿子产生的隔阂），也不论他对政治有多少不满的意见，从 1975 年以来，他精神生活的支柱就是他为了报答安东尼娅·弗雷泽而产生的爱情。也许，他的作品还沉浸在对过去伊甸园般幸福生活的回忆之中，但是现在的品特显然已经从第二段婚姻中找到了满足、安全和热情。对此持有怀疑态度的人，只消看一下他在 1990 年写过的一首题为《它就在这里》的诗歌，副标题为《献给安》。这是一首赞颂和回报婚姻和爱情的诗歌，在英语诗歌中十分罕见。原文如下：

　　　　那是什么声音？
　　　　我转过身，走进摇摇晃晃的房间。
　　　　黑暗中发出的是什么声音？
　　　　我们置身其中的错综复杂的光线是什么？
　　　　我们要采取什么站姿？
　　　　是要转过身，然后背过去？
　　　　我们听到了什么？
　　　　那是我们第一次邂逅时的呼吸。
　　　　听。它就在这里。

第二十一章 记忆中的男人

品特享受着婚姻生活和重组家庭带来的温暖，同时也从很多其他事物中得到愉悦：诗歌、板球，以及朋友的陪伴。二十年来，他一直勤勤恳恳地参与格利维尔出版社的事务，同安东尼·阿斯特伯里和杰弗里·戈德伯特一起，帮忙挑选出版作品，编辑了两部选集，并且在偶然的机遇下，投入了一些自己的积蓄用于以上作品的印刷。他还是"狂欢板球俱乐部"的主席和比赛经理人，负责监管他们每年夏季体育节二十二场比赛的开展，讽刺的是，还包括一次跟锡德卡普的比赛。对品特来说，这项工作不是无所事事的敷衍。狂欢俱乐部一旦参加比赛，就誓要夺冠。实际上，他们的对手本以为会是一场轻松随意的板球比赛，结果发现他们的严肃态度几乎可以称得上"专业"了，于是取消了跟他们参加体育节的计划。他们的队友通常都是一些戏剧人，比如导演山姆·曼德斯、演员哈利·波顿和乔纳森·凯克，以及一位非凡的牛津大学击球手、艾略特研究者——伊安·史密斯。我曾经在汉普斯特板球俱乐部看到品特一会儿认真地巡查界线，一会儿催促和鼓励球员，激励他们更好地表现，相比之下，他让雷蒙德·伊林沃思看起来就像是一个差劲的激励者。有时候我会觉得，品特在狂欢俱乐部获得的骄傲，可能比从他的戏剧一炮而红获得的骄傲还要多。

显然，不论是职业上的同事，还是哈克尼时代的那些朋友，人们跟品特的友谊得以天长地久的纽带，就是他的忠诚和幽默。彼得·霍尔曾经说过："在国家大剧院的那些艰苦岁月里，他就是支撑的高塔。我只是想说，他是一个特别好的伙伴。你可以从他说故事和讲奇闻逸事时那种强烈的荒诞感中感受到这些。"还有其他数不清的人，也证实了品特对友谊几乎神圣的信仰；即便他有时候会跟密友发生争吵，但乌云总是很快就可以消散。有一次，西蒙·格雷在电视电影《非自然追求》中有些做作地将品特描绘为赫克特·达夫——"世界上最著名的剧作家"。品特对此有点儿生气，也可以理解。格雷自己对此事的解释是，他没有任何想要怠慢品特的地方。他的初衷是让品特来扮演他自己，但是品特在读了脚本之后，拒绝了这个邀请。后来那个名字换了，而格雷现在自己承认，那是演员表里面的一个错误，那个人物展现的是一个易怒的苏格兰人形象。最终，该剧作家因其政治责任感而遭到讽刺，这让品特感到十分烦恼。但是，两位剧作家之间短暂冷却的关系很快就被一顿热情亲切的午餐融化了。

除了这种擅长维护友谊的天赋，品特的内心明显还有相对阴暗的一面。对此，近些年来各大媒体已经大肆报道过了。不可否认的是，他的本性里有一些好斗的成分，而这种成分一旦被激发出来，就会为针锋相对的争吵火上浇油。曾经在都柏林，在作家节采访过后的一次宴会上，当地的一位文学人物表示，他认为约翰逊博士是比斯威夫特更重要的人物。这时，我观察到品特的眼睛开始冒出火光。发现自己的偶像遭到别人的挑战，品特便起身加入了战斗。一时间枪林弹雨，硝烟一片。品特全身还流淌着一股永不满足的血脉，而这也是与他的创造火花无法分开的。完全平和的人，很少能够成为优秀的作家，但是在品特身上，他对语言在戏剧中的担忧，直接反映在他对伪善的言论、草率的思想和无原则的断言的极端厌恶之情上。如果有人以为品特希望每个人都跟他观点一样，那就是对他的一种卑劣的诋毁了。实际上，他在剧场里很多最好的朋友，比如说西蒙·格雷和罗纳德·哈伍德，都显然跟他完全不在一个政治频率上。但是我猜他真正不喜欢的，是那些不坚持自己的原则，或随意而不加思考地用词的人。其他人把品特身上归为粗鲁或者易怒的部分，其实是他满腔热情的正直品格之所在，虽然这种性格不总是那么令人舒服。萨默塞特·毛姆说，对社会的真诚就像是一栋纸牌屋的钢梁。而一直坚持着不计任何社会代价也要讲真话的品特，具备莫里哀戏剧《恨世者》中阿尔塞斯特身上的某些特质。阿尔塞斯特通过履行自己信奉的原则和不遮不掩地讲出自己的想法，来蔑视和嘲弄惯有的习俗。品特虽然没有像阿尔塞斯特一样以自我暴露式的放逐结束自己，但确实与他有着某种相似之处：强烈坚持的自我原则，毫不妥协的政治态度。泰南曾经准确地评价过："从阿尔塞斯特的态度到非暴力反抗的教义之间，虽然道阻且长，但并非难以到达。"

我曾经说过，品特好像是从父亲那边继承了艺术直觉，从母亲那边继承了宗教怀疑主义。可能有些扮演业余精神病学家的人会争辩说，品特对父母双方都有着不偏不倚的强烈感情，他融合了父亲掌控一切的强硬性格和母亲天生具备的温暖慷慨。如此一来，品特的本性里就有了一种复杂的双重性。他身边最亲密的朋友们都很乐于承认这一点。安东尼娅·弗雷泽坦言，他在社交生活中性格易怒，但他如果伤害了别人的感情，总是会在隔天就写信致以歉意。"不管你相不相信，"她说，"在我们日常的家庭生活中，哈罗德完全不是一个易怒的人。他从来不会因为'我的衬衣去哪儿了？'这种问题而发怒或生气。而如果有人在宴会上说：'我们刚刚在土耳其度过了最最美妙的假期。'我会站起来去找开瓶器。"

品特的刚正不阿（"在我认识品特的这么多年里，"安东尼娅说，"我从来没有听见他说过一次谎话。"）也许在社交上令人神经紧张，但也广泛渗透到了他的作品之中。如果他无话可说的话，那么他从来都不会动笔去写。他从来不会纯粹为了金钱而接受某项任务。也许你会说，当你足够富裕的时候，这还不容易嘛。但是，品特年轻不富裕的时候，也几乎是绝对坚持了这个原则。他动手写作的时候，都是尽可能地削减费用，尽可能地经济实惠。这也是人们经常把他叫作"诗人"的原因之一。

第二十一章 记忆中的男人

在剧院里,"诗歌"是一个负载词,人们会因此倾向于联想到华丽的辞藻、壮观的修饰和崇高的形象。但是契诃夫向我们证明,通过尽可能多的暗示,散文也可以达到诗歌的效果。而艾略特在《肌肉萎缩》那个撩人的片段中,展现了诗歌与日常用语的断句结合的可能。品特吸收了两者的观点,并且将这个过程无限地延长。他的做法是运用俚语和讽刺性的断句,以及对伦敦东区本地人讲话进行偶尔巴洛克式的正式改造。后者大概就是诺埃尔·考沃德把他叫作"伦敦方言版的艾维·康普顿-伯内特"的原因吧。即便是在他明显展现中产阶级生活的戏剧,如《往昔时光》、《无人之境》和《背叛》中,他也还是持续不断地炮轰高雅的表面,揭露残忍和野蛮的底层暗流。在品特的戏剧中,语言在许多层面上发挥着功用——像面具、像武器、像逃避的出口——但它总是用绝对的精准来揭示人物的性格。品特对日常用语中的重复、犹豫和缺失进行了忠实的复制,再加上丰富的街头俚语,便成了他对英国戏剧最重要的贡献。在品特之后,我们学会了用不同的方式去聆听戏剧,并且对语言的过度使用失去耐心。正如彼得·霍尔所说:"他让我们意识到,普罗大众的真实语言可以造就出诗歌般的戏剧。剧院是一处诗歌和暧昧的所在,但是它并不像是附着于一个存在面上的装饰品,它是有机的。我认为品特是一位大师级的诗人。这也是为何不论其他人有什么优点,最终都是他屹立于其他人之上的原因。'品特式的'就是他的风格标签。他已经从伦敦方言中创造出了整个世界。"

坚信记忆具有无所不在的力量,是品特的另一个特质。我相信,品特戏剧的决定性主题,并非仅仅是对领域的控制权和对个人至高无上地位的追求。品特笔下的人物,既有活在现在的,更有活在过去的,他们都被一种回忆纠缠着。不论这种回忆是多么虚幻缥缈、多么受人操控、多么充满想象,都是关于某个失落和消失的世界的。在这个世界里,所有事物都是安全、确切和固定的。正如我曾经所说的,这种主题根植于品特的自身生活,具体来说,就是他在哈克尼所经历的充满知识热情和完美友情的青少年时期。与此密不可分的,还有品特自身的文学敏感性,以及他不是按照日期或事实,而是根据形象、短语、气味和感觉印象来衡量自己生活的特点。"记忆,"波德莱尔说,"是艺术的伟大标准。"他这句话的重点,是强调视觉艺术家回忆柏拉图式美好理想的尝试。然而,他继续引用了 E. T. A. 霍夫曼的《小狗柏刚扎的最后冒险》中的一段话,看起来好像每一字每一词都适用于品特:

> 从哲学的角度来考虑,我认为真正的记忆仅仅存在于活跃的想象之中。它易于激发,因此也能够唤起对过去场景的每种感觉,像施了魔法一样,赋予它们适合各自的生命和个性,至少我曾经听我之前的一位老师写过相关的论文。

这位老师具有强大的记忆力，但是却不记得一个具体的日期或一个人的具体名字。

品特倒是对日期和名字没有那么差的记忆力，但他也同样具有那种"活跃的想象"。它可以在脑海中唤起过去的场景和情绪，不论这场景是关于同乔·布里尔利一边走过哈克尼丘陵一边引用韦伯斯特里，还是关于发生在罗斯克雷遥远的酒吧里的对话，抑或是关于在基尔伯恩公寓里痛苦的感情分别。记忆就是赋予他的作品以强烈情感暗流的东西。在这样一个历史记忆缺失的时代，它也促使了他许多政治思考的萌生。

关于创造性的奥秘，人们永远不会找到一个最终的答案。但是通过与品特及其同时代人的交谈，以及与各种戏剧的不断接触，我发现他在很大程度上属于一个高度私人化甚至自传式的作家。这令我十分震惊。对许多人来说，他的作品看上去是客观、超然、讽刺甚至有些冷酷的；而他同时代人中的竞争对手约翰·奥斯本，却是一位浪漫而充满激情的作家，常常将自己的情感伤疤暴露给每个人看。确实，品特的戏剧中没有作者的代言人，没有必需的信息"难点"，关于他作品中的各个人物，他任凭他的观众自由地形成自己的道德结论。但是在品特所有的主要戏剧中，作品的来源都是生活和他自己的潜意识，以及他从自己和朋友的经历中探索出来的各种原型模式。显而易见，他的作品里并没有一个统治着所有戏剧的黄金准则，也没有一个控制着个人回忆的固定限额，但是《生日晚会》的触发点是在令人不快的海滨公寓里发生的一次真实的相遇，《看门人》是在奇斯威克的一栋房子里发生的一系列特殊的关系，《归家》源自莫里斯·威尔尼克向他的犹太父母隐瞒自己婚事的举动，《往昔时光》讲的是在伦敦波希米亚式的生活记忆和在切尔西一栋公寓里三人的紧张关系，《背叛》源自品特遭受背信弃义的一段经历，《月光》则来自他对分离和失落的第一手知识的掌握。没有一部戏剧最终是关于品特具体的个人生活的，因而如果它们真的只是被简单地看作揭露自我的文本，那将会有致命的局限性。同所有优秀的戏剧一样，它们从创造它们的当下环境中超越，能够继续被一代又一代的人不断进行重新阐释。但是，如果说它们是掷地有声的戏剧，那是因为它们根植于私人经验的世界，因为品特有能力感知到——用琼·贝克维尔经久不衰的表达来说——"他自身生活的重要性"。

这些戏剧继续在全世界范围内广为流传。六十多岁的品特依旧不知疲倦、积极活跃，但同时还是对承担的任务十分谨慎和挑剔。例如，他受到格林德伯恩歌剧院的邀请，去执导一部布里顿的和平主义作品《欧文·温格雷夫》（最初计划在电视上

第二十一章 记忆中的男人

播出）的复演。品特婉拒了这个邀请，原因很简单，因为他认为在歌剧院剧场里，导演会受制于音乐难以协调的一些要求。其实，人们还是很喜欢看到品特在一个通常以过于忙碌为特点的媒介里，运用他经典的超级极简主义。但是他自己的制作《归于尘土》于1996年9月在伦敦首演后，按计划搬到了巴塞罗那上演，作为那座城市"品特节"的一部分内容。都柏林大门剧院也在策划1997年的另一场品特作品展，《归于尘土》《无人之境》《一种阿拉斯加》《收集证据》都会参展，而且品特本人会出席。另外，基于一部讲述第一次世界大战的最新小说而改编的新电影尚在讨论之中。他并没有放缓脚步，或者陷入温暾的自我满足之中，而是仍然充满创意和能量，并且具有政治责任感。

然而，你可能无法把哈罗德·品特固定在一个单一的框架之内进行总结，因为他太过于复杂、太难以捉摸、太自我矛盾。跟朋友随和，却对陌生人警惕；极度风趣，却又敏感于别人的怠慢；非常慷慨，却又极其好争；忠诚可靠，却又非常保护自己的隐私。正如已经认识了他超过四十年的罗纳德·哈伍德所说："他可以非常具有攻击性；但与此同时，如果我真的处于麻烦之中，不管是经济上还是情绪上，我都会去找哈罗德帮忙，因为我知道他会是我坚如磐石的支持者。"人们也许可以引用伏尔泰的一句话来形容他："没人找到过，也永远不会有人找到。"可以确定的是，在他的想象世界中，有着一种统一和一致的东西。我认为，正是这种东西使他成了不仅是我们这个时代，而且是20世纪最伟大的戏剧家之一；也许也是所有时期中最伟大的。品特的人生已经经历过几次非同寻常的迅速转变：他从哈克尼搬到了荷兰公园，他将一个肮脏破败的剧场公寓的场景改造成了一处风格突出的所在，还换来了一个低调的地方，足以避开各种分散精力的事情，不用为名誉带来的各种麻烦所累。在这趟搬迁过程中，不可避免地会出现一些风格和重心的转变。他的戏剧环境已经改变，从破败肮脏变成了荒凉的舒适，偶尔会有些离题。他已经将作品精简到了骨子里，渐渐消除了现实主义的所有累赘。他的阅读范围也更加广阔，去过中美洲旅行后，他变得对政治的暴露伤越发敏感。而且，对于不管是何种形式的激进主义都要进行简单粗暴的诋毁的行为，他也开始变得越来越失去耐心。但是，品特身上富有魅力的矛盾之处在于，虽然他与时俱进，但是作为一位艺术家，他也始终忠于自己的理想、直觉和自己内心一成不变的世界。他在权力的私人面和公共面之间，构造了一个直接的联系。他已经向我们展现出，我们在家庭生活中说过的谎言和采取的逃避态度，会在公共生活中映射出更加严重的语言腐败。他一直忠于内心最初的不确定感和不安全感，而同时一直不断地从他的经历中进行抽取，挖掘自己的潜意识，以期发现普遍的行为模式。同所有的一流艺术家——天平一端的普鲁斯特、卡夫卡、贝克特和天平另一端的沃、格林和沃德豪斯——一样，他也为自己的国家谋划了一幅独一无二的图景；我们一直能够模糊地意识到这幅图景的存在，但是它永远不会自己显出精确的形状，直到他为我们绘制出来。而最精确地定义了品特戏剧世界特质的东西，是尝试通过对过去和现在无法获得的快乐保持记忆，来减轻现在的恐惧和不安。正是这样，才使得他的作品最终获得了普遍的回响，确保了它的永不腐朽。

后记:"让我们保持战斗"

"我不太确定过去的十年里自己都干了些什么。"2006年夏日的某一天,品特在一次午餐时对我这样说。实际上,在这本书首次出版之后的十年里,他经历了布莱克奈尔小姐所形容的"一段充满意外的人生"。他写了一部新戏剧、三个电影剧本、几首诗歌、几篇概要,还和作曲家詹姆斯·克拉克一起创作了一部开创性的录音作品《声音》。他的表演活跃在舞台上、银幕上和录音机里,有时自己导演戏剧,有时也同西蒙·格雷一起导演。他出现在数不清的政治平台上,发表演讲,接受采访,并通过广播媒体攻击美国的对外政策;他的作品被放在都柏林大门剧院和纽约林肯中心的戏剧节上密集上演,他的戏剧成就和为不公而发出抗议的能力在2005年受到了"诺贝尔文学奖"的肯定;他在诺贝尔奖颁奖仪式上的演讲《艺术、真相与政治》虽然被英国广播公司和大部分英国出版社故意忽略,但在世界范围内却以印刷品和录像带的形式广为流传。2006年春天,品特还赴都灵接受了"欧洲戏剧奖"的荣誉——此事激发的公众热情,甚至连他自己都吓了一跳。仿佛是这些经历还不够多,品特在过去五年里还两次接近死神:先是经历了食道癌,然后又经历了一种叫作"天疱疮"的罕见皮肤疾病。两次战胜死亡后,他现在又遭受着败血症的持续性痛苦,使得他双脚疼痛,行动迟缓而费力。但是,他以一种禁欲者的耐性,面对住院治疗和疾病折磨的痛苦,精神仍然像以往一样充满战斗力。他在2005年写给亚伯拉罕·奥兹(以色列独裁主义内部反对者领袖之一)的信中说:"让我们保持战斗。"

鉴于以上这些,我好像只有在现有的传记里增加一个新的篇章,才算是正确的做法。但是,回顾这对品特来说混乱甚至痛苦的十年,他在意识到死亡的同时,还保持着对生命的愤怒,这令我十分触动。菲利普·罗斯在他严肃而令人印象深刻的小说《每个人》中,谈到他年逾七旬的主人公时说:"逃避死亡似乎已经成为他人生中的头等大事，肉体上的腐败贯穿了他的整个故事。"但是，品特虽然两次近距离接触死亡，却从没有允许自己像罗斯笔下的主人公那样为疾病和痛苦所控制。在午餐期间，他精力旺盛地谈到了未来的几个项目，包括在宫廷剧院扮演贝克特笔下的克拉普，以及在第三频道扮演自己作品《归家》中的马克斯。这让我想到，正是品特对生活强烈的回应，才使得他的艺术和政治紧密联系在一起。我怀疑，品特的政治愤怒来源于对某种超越权力的华丽辞藻的道德厌恶。在愤怒背后，存在着对每个人生命价值的信仰，以及对将死亡看作数字这种抽象概念的厌恶：民众的死亡往往被视作一种"附带性破坏"，或者"反恐战争"和强加"自由""民主"的战斗的必要附属品。但重要的是，在过去十年间，公众认识品特的方式发生了变化。他从一个经常被人嘲讽的荒原中的声音，变成了全世界跟他同样愤怒于低质量政治文化之人的代言人。这种观念上的转变有几个原因：关于伊拉克"大规模杀伤性武器"的显而易见的谎言，战争本身的灾难性后果，以及世界核俱乐部对伊朗丰富的铀资源霍霍的磨刀声。品特在获得诺贝尔奖及发表获奖演说之后，邮件如雪片般飞来。阅罢这些信件，你会意识到，之前的局外人已经变成了一个象征性的人物——一个不仅作为改革性剧作家，还作为真理的战胜者而被人们认可的人物。

因为一些个人和政治上的显著原因，一种永生的意识萦绕在品特过去十年里的大部分作品中。1997年，他的父亲杰克，一个哈克尼的工人阶级裁缝，在95岁时于霍夫的一家养老院去世。是他从一开始支持了儿子的文学激情。品特和父亲一直很亲近，即便在以色列政府政策上他们有着尖锐的不同意见。但是每个经历过父母死亡的人都知道，那种悲恸通常会被伴随它的官僚主义礼仪扰乱。在父亲去世之后，品特写了一首诗，名字很简单，就叫《死亡》，副标题是"1953年出生和登记法案"。因为它占据了品特思想的中心位置，具有明显的政治共鸣，而且实际上也是他诺贝尔奖获奖感言中的高潮部分，所以很值得在此完整引用出来：

死尸是在哪里发现的？
是谁发现的死尸？
死尸发现的时候已经死了吗？
死尸是怎么被发现的？

这具死尸是谁？
他的父亲、女儿或兄弟，
他的叔伯、姐妹、母亲或儿子是谁？

后记:"让我们保持战斗"

这具被抛弃的死尸。

这具尸体被遗弃的时候已经死了吗?
这是具被遗弃的尸体吗?
这是被谁遗弃的?

这具死尸是裸体的,还是打扮好了要去旅行?

是什么让你宣布死尸已死?
你是否宣布过死尸已死?
你有多了解这具死尸?
你怎么知道死尸已死?

你是否为死尸清洗
你是否合上了它的双眼
你是否埋葬了它
你是否将它遗弃
你是否亲吻了死尸

  这首诗之所以能够立即触动人心,是因为它真实的语调以及对盘问和重复的使用:它的十四个直接问题和在二十一行诗中十八次重复使用"死"这个词,暗示着官僚主义会毫不留情地消耗掉语言的意义。"只有在最后一小节中,"品特的剧作家朋友唐纳德·弗里德指出,"爱和失去的感觉,突破枯燥无味的大众术语,产生了巨大的力量,因为它在最后一刻才爆发出来。"尽管这首诗引起了一些人的共鸣,因为他们在亲戚和朋友去世时也不得不遵循礼数,但更重要的是,它还具有明确的政治意义。反复不断的问题让人们联系起《山地语言》。"遗弃"这个词的重复,也暗示着这是一具在斗争或战争中意外死亡的无名或身份不明的尸体。这首诗想要暗示的是,这具无名尸体不是一个数字码,而是存在于人类关系的网络之中,需要尊严和爱。品特一直对死亡存在一种具体的意识,这一点可以追溯到他对韦伯斯特充满热情的青少年时期。但是,他在这首诗中表达的意义更为深刻。他向我们暗示,我们现在的所作所为,要不就是用官僚主义使语言失效来掩盖死亡,要不就是将其从感觉和思想的世界里抽象出来,从而达到蔑视死亡的目的。这首诗在1998年第一次发表时，同其他作品一起编在一本叫作《各种声音》的散文、诗歌和政治作品选集当中。阿拉斯泰尔·麦考利在《金融时报》的评论里表达了一种观点，之前他在给作者写过的私人信件中也表达过："虽然品特观察人与人之间的距离，但是同样地，他也以一种令人不安的力量，观察着人与人之间的联系。'没有人是一座孤岛。'这句话也许就是他的座右铭之一。"但是，我们很有必要来回忆一下多恩在《紧急时刻的祷告》里的引用："任何人的死亡都会导致我本人的缺损，因为我是人类中的一员。"这个观点就是品特诗歌及其政治信条的核心意思。在这样一个世界里，政治行动结果被毫无意义的数据和官腔伪饰，品特以一种非同寻常的态度，关注着每个个体死亡的重要意义。

品特对永生热切的意识和对生命补偿性的渴望，在他1997年写的一部令人赞叹的剧本中也可以清楚地看到。这个剧本题为《做梦的孩子》，改编自丹麦作家凯伦·布里克森的一个短篇故事，当时这个故事发表在她1942年的选集《冬季童话》里。通过女演员茱莉亚·奥蒙德，这个项目找到了品特。她之前已经买到了布里克森寓言故事的版权，决心将其制成电影。"我对茱莉亚和她的理想抱有崇高的敬意。"品特说，"但是正因为她一心专注于对这部电影的导演和制作，才导致最终整个项目的失败。生意人就是不肯给她这个机会。"这十分可悲可叹，因为品特给这部作品写的剧本，跟他给约瑟夫·罗西写的作品属于同一水平。而且，对于一些声称品特的政治参与削弱了其美学敏感性的怀疑者，这部剧本还是一种完美的还击。在不改变布里克森故事原本构造的前提下，品特将其从一篇本质上关于想象力的故事，转变成了一部对分裂的维多利亚时期英国的引人入胜的研究：那时的英国，正如迪斯雷利在《女巫》中所写的，是"享有特权者和普通大众形成的两个国家"。

布里克森的故事，讲述的是一个具有超凡感知力和丰富想象力的贫民窟孩子詹斯的故事。他被家境富裕却膝下无子的雅各布、艾米丽夫妇收养。詹斯表现出了一系列的想象力：他既可以出自本能地待在富丽堂皇的家里，也可以保留贫民窟出身的生动记忆。但是只有通过詹斯的死亡，婚前曾经拒绝过一位热恋情人的艾米丽才得到了重生——这就好像是那个做梦的孩子（詹斯）之魂走进了她的躯体，使得她也变成了一个跟他一样的诗意预言家。这是一个引人入胜的故事，你可以从中明白为什么奥蒙德和品特都为它着迷。但是，虽然布里克森在跟她的男爵表兄结婚之后，住到了肯尼亚的一座咖啡种植园里，但是她对命运却一直坚持着保守的信仰。然而，品特保留了原始文本叙述结构的同时，为其增添了一种新的意义。弗朗西斯·吉伦在一篇发表在《品特回顾：1997—1998》一书里的大师级剧本分析中，也提到过这一点。"品特所成就的，"吉伦说，"不仅是一次对原文的忠实再现，也是一种对政治意识的放大。"确实如此。品特通过强调作品的社会背景，使故事得到了丰富；而这样做的结果，则是推翻了关于他的政治热情在某种程度上削弱了其艺术特色的谣言。

通过将布里克森的故事搬到维多利亚时代的英国，品特将富裕和贫穷置于了一个永恒的对立关系中。跟其所有剧本一样，他在开头运用了蒙太奇手法，建立了主要的叙事线索和主题。艾米丽于1861年拒绝了情人查理，与此同时，在布里斯托尔的贫民窟里，一个私生子出生了；艾米丽在1868年嫁给运输生意的继承人汤姆·卡特尔，之后开始了乡村豪宅生活。开场就是迅速地在这些场景之间来回切换，使得这两个时间段形成了对比。同样形成对比的，还有两个不同的世界：一个世界里，有着洒满月光的花园、大型的舞会和夏日的吊床；另一个世界里，在一间狄更斯式的贫民窟，一个女人死于难产。直到后来，这些最初形象的意义才渐渐明晰起来：艾米丽根深蒂固的生理压抑、毫无激情的婚姻生活、做梦的孩子杰克的出生。但是，品特也不断地在对比两个国家。即便是当它们相互交叉时，也只有令人生惑的懵懂。艾米丽的丈夫汤姆，被发现从布里斯托尔的一家妓院慌慌张张地跑出来。艾米丽当时正在做慈善公益，拜访穷人。当她从一个放在窗台上的啤酒瓶影子里窥探到这一切后，撤回了自己的善款。在紧接下来的一幕里，艾米丽坐在她的化妆间里，擦拭着刚刚吃饭用过的炊具，说："煮老的鸽子不能吃。上周四真是最不幸的一天。"

但两个世界最终的交叉，发生在杰克从贫民窟搬到了大宅子里时。在那儿，他既在家里，也不在家里：他对周围的环境都异常熟悉，但是跟养父母在一起时，却还不如跟仆人在一起时来得自在。这是一个具有奇特回响的故事：杰克超自然的意识中有着特吕弗作品《野孩子》的形象，两极阶级系统肖像中有《幽情密使》的影子。但是品特电影中最厉害的优点是，它避免了布里克森原著中固有的神秘感伤。原著中，詹斯的死亡直接而简单地导致了艾米丽的灵魂重生，而在品特的版本中，不仅杰克的死亡具有其自身的悲剧重量，而且正如吉伦所指出的："艾米丽自己的旅程才刚刚真正开始。"关于艾米丽和汤姆之间，有一幕精彩的最终场景：在一片洒满阳光的树林里，她浑身散发着理解的光芒。她声称，杰克是她和查理的儿子——这是一个显而易见的错误，但却标志着她在潜意识中从自己的局限中挣脱出来。艾米丽还对维多利亚时期家长制的压迫提出质疑——她重提对查理热情追逐的拒绝，并问汤姆："你为什么要让我们——鼓励我们——那样去想？"作为对布里克森的回应，艾米丽之后声称，自己已经发现了"世间的恩惠"，汤姆对此表示理解。但是，在最后一幕中，艾米丽和汤姆坐在一根树桩上，镜头逐渐后退，越拉越远，使得几个问题悬而未决：汤姆准备做出什么样的牺牲？在维多利亚时期的社会，一段真正平等的婚姻有可能实现吗？另外，在一个仍旧被阶级、财产、财富和社会环境控制的世界里，艾米丽的觉醒能否引发真正的变化？品特没有解决这些问题。但是，他的成就在于讲述了一个关于艺术的魔力的故事，并且将其转变成了维多利亚时代的价值标准。品特在没有破坏布里克森诗意灵魂的前提下，将其进行了政治化改编。

这种将貌似对立面的事物进行和解的能力，在整部《做梦的孩子》里都显而易见。在故事中，死亡和生命处于不确定的平衡中，品特的和解能力是他在过去十年中保持活力的关键。尤其重要的是，他将政治和艺术看成不可分割、不可对立的两个事物。写作、表演和导演仿佛是他政治能量的原料。与此同时，他对公共事件的积极参与，滋养并延续了他的创造性工作。例如，在1997年5月工党选举获胜后不久，品特变得异常繁忙起来。他导演了西蒙·格雷的一部新戏剧《生命补给》，在伦敦西区上演。他还在由杰斯·巴特沃斯的舞台热剧《巫术》改编成的电影中，扮演了一个漂白的同性恋恶棍。他甚至在自己的戏剧《收集证据》中，扮演过另外一个穿着长袍、温文尔雅的同性恋者哈利。这部戏剧作为迈克尔·科尔根负责的"第二届品特戏剧节"（1997年4月）的一部分，在都柏林的大门剧院首次上演，随后在伦敦多玛剧院上演（1998年5月）。品特在霸道的哈利身上赋予了一种他自己拿手而老练的威胁形式。苏珊娜·克拉普在《观察家》中写道："在未假设弑猫可能性的前提下，你不可能听到品特耳语'猫咪'这个词。"品特也是通过诸如给他同伴熟练地按摩脖子这样随意的动作，小心翼翼地暗示了哈利的性取向。只有尼古拉斯·德·容在《伦敦标准晚报》中表示了反对，说品特扮演的哈利是"像骑士桥兵营①的夜晚一样的同性恋或娘娘腔"——鉴于人们已经听说过某些对女王陛下整装待发的骑兵的指控，这并不算是最恰当的贬低。

但是，品特作为演员和导演的忙碌生活，并没有成为他参加政治活动的阻碍。恰恰相反，在同一段时期内，他不断地明确表达了对新工党政策的反对。具体来说，萨达姆不服从美国的武器检查，令美国感受到了威胁，于是美国便向萨达姆·侯赛因实施了空袭。新工党对此坚定不移地支持美国。从背景上来看，品特的抗议是很重要的：1997年5月工党在选举中胜利之后，托尼·布莱尔跟英国媒体享受了一段超长时间的蜜月期。同样在那个阶段，几乎没有人反对克林顿总统对伊拉克的政策。这样的情况一直持续到1998年2月，在英国的支持下，华盛顿拟定了对伊拉克进行一系列空袭的计划。但是，品特是英国屈指可数的对即将发生的危险保持警惕的人。1998年2月11日，他出席了众议院伊拉克紧急委员会的一次会议，在会上他攻击了对伊拉克现有的制裁，表达了他对英国政府"对克林顿拍马屁式的支持"感到"恶心"和"耻辱"。在当晚第四频道的新闻节目中，他继续表达了同样的观点。几天之

---

① 海德公园军营的旧称。——译者注

后,他寄出了一封《给首相的公开信》,被发表在《卫报》上。这封信成了他在诺贝尔奖获奖演说中观点的重要发源地,所以值得引起十分的重视。

随着美国对伊拉克事件的伪装逐渐增强,品特先发制人地开始了对美国对外政策的攻击。他在公开信中承认,萨达姆在人权领域的罪行"确实可怕、残忍、病态",但是也继续提醒布莱尔,美国"从1945年以来一直在支持、资助而且在许多案例中直接催生了世界上每一个右翼军事独裁政权"。品特还列举了美国武器对越南、老挝和柬埔寨肆意造成的持续性危害。他指出,美国"描述库尔德抵抗力量在土耳其是'恐怖主义者',却将自己在尼加拉瓜支持的邪恶反政府武装叫作'自由战士'"是一种诡辩。品特还揭露道,美国用维护国家安全的理由,拒绝了他人对美国核制造和提供化学军火库的能力进行检查的权利,却要求无限制地控制萨达姆的武器,这是极端的虚伪。乔治·凯南在1948年担任美国国务院官员期间,宣称美国必须不留情面地追逐其"直接国家目标"。品特赞扬了他少见的坦率。最后,品特用一句讽刺的俏皮话对布莱尔本人说:"噢,顺便说一句,我得提醒你一下,忘记告诉你了,工党选举获胜的时候,我们都对那些胡话感到很高兴。"

我不知道品特的这封信到底有没有被托尼·布莱尔读到,也不知道阿拉斯泰尔·坎贝尔是否已经果断地将其从每天的新闻碎片中剔除了。不管是哪种情况,它都没有对政府政策产生影响,而且据人们可见的条件判断,它在公众舆论中也几乎没有激起水花。诚然,媒体问到了关于这段"特殊关系"的问题,但是相对于他对克林顿对外政策的认可,人们询问更多的,是关于布莱尔对美国这位因"莫妮卡·莱温斯基丑闻"而声名狼藉的总统的支持。1998年12月,在对伊拉克发动的四天夜袭中,美国士兵和英国皇家空军战斗机"龙卷风"针对250个目标发动了650次出击。美国和英国不顾世界其他领导者的反对,发动了未经授权的军事行动,这是对即将在2003年到来的更大规模斗争的一次演习。而这却基本上没有引起公众的严重抗议。安东尼·塞尔顿在其给布莱尔写的自传中回忆道:"没有什么游行示威,也很少有愤怒的暴动。"仅有的抗议就来自品特这样的个人,以及为数不多的几个对美国的冒险主义和漠视国际法的危险保持警惕的左翼国会议员。

在接下来的一年中,品特还决不妥协地反对了北约对塞尔维亚的空袭。这次空袭的目的是尝试终止总统米洛舍维奇对科索沃的阿尔巴尼亚人进行种族清洗的政策。不管北约的军事干预具有怎样的道德正当性,其结果是不言而喻的:电视台、学校、医院遭到轰炸,中国驻贝尔格莱德大使馆遭到袭击,60名平民在购物城市尼斯因联合炸弹而丧生。而如果塞尔维亚最终在6月同意将军队从科索沃撤出,那在很大程度上也是因为迫于俄罗斯的压力,而非因为遭到了长达3个月的空袭。许多人质疑北约的策略，而只有品特等几个为数不多的人，以个人身份公开攻击了北约的真正意图。1999年5月，他在英国广播公司第二频道的一档叫作《驳斥》的30分钟节目中，对这个真正的意图进行了揭露。他还在6月伦敦分析心理学家联盟会的一次演讲中，用雄辩的细节重申了他的观点。他一开始就说道："今晚，我想要在此表明，北约在塞尔维亚的行动，跟科索沃的阿尔巴尼亚人的命运没有任何关系，它只是对美国权力再一次的公然、残酷的主张。"他还继续指出了几个关键的要点：塞尔维亚人和科索沃人在1999年2月于郎布依埃进行的协商程序从未充分完成过；对平民进行的炸弹袭击绝非事故，而是对大众进行恐吓的一部分尝试；除了丧失人命，无价的拜占庭宝藏也遭到毁灭；北约就是美国的武器，而美国侵吞大部分东欧国家的扩张行动，是美国经济帝国主义对它们进行的控制。

并非所有人都同意品特的观点，反对者中甚至包括自由主义左翼成员。4月29日，他的朋友瓦茨拉夫·哈维尔在加拿大参议院和众议院的演讲中说："有一件事情，理智的人都不会否认：这很有可能是历史上第一次不是以'国家利益'为名义、而是以原则和价值之名发动的战争。如果有人能说出任何道德的或以道德原因发起的战争，那么这次战争也可以算得上道德了。"曾因对伊拉克事件的态度得到品特赞赏的罗宾·库克，也坚决相信外交大臣的观点，认为军事力量是阻止种族清洗造成恐怖的必要手段。而斯坦利·霍夫曼，一位哈佛大学的历史教授，于5月20日在《纽约书评》中对比了行动和不作为的结果：在承认了前者的危险之后，他开始从前提上指出并不是北约"侵犯"了南斯拉夫的政权，而是米洛舍维奇因废除科索沃的自主权而对其造成了侵犯。然而，甚至连与品特在智力上旗鼓相当的那些人，也被迫承认了他这个观点的道德一致性：捍卫"文明不被野蛮侵犯"的举动——西方政客最喜欢用的字眼——正在被塞尔维亚市场里四处开花的炸弹袭击和被撕成碎片的无辜儿童渐渐消解。我跟很多人一样，认为面对米洛舍维奇惨无人道的种族清洗政策，使用地面部队也许还算合理；但是，品特走的是一条更为明确果断、道德立场绝对坚定的道路——对他来说，所有的死亡都是对人类的削减，尤其是当死亡的理由披着华丽修辞这一外衣的时候。

但即便品特越来越多地参与到公共抗议中，他仍然继续着他的导演和表演工作。1999年春天，他在沃特福德皇宫剧院导演了他的第八部西蒙·格雷戏剧《晚期的中产阶级》：一部精耕细作的半自传体作品，讲述了20世纪50年代英国家庭生活的压抑。品特的导演并非只是精确地描写了社会情况，还抓住了那个时期无处不在的内疚感。在以哈丽特·沃尔特和尼古拉斯·伍德森为首的演员阵容的支持下，这部制作仿佛命中注定就是要在伦敦西区上演的。但令品特和格雷气愤的是（这段故事详细地被记录在之后的书《进来一只狐狸》中），这部制作最终也没能登上它目标中的吉尔古德剧院——在尤为肮脏的剧院政治环境下，它的位置被一部垃圾而短命的音乐剧《男孩乐队》篡夺了。同年，帕特丽夏·罗斯玛的电视版本《曼斯菲尔德公园》发行，品特在其中扮演了阴暗愤怒的托马斯·伯特伦，这个人物甚至还在使用奴隶；罗斯玛明显是将海外的奴隶制度同家庭里对妇女的限制联系在了一起，而品特"灼人的力量"（用克罗地亚·约翰逊在《泰晤士报文学副刊》中的话来说）为这种联系增加了真实的分量。品特很乐于参与这样一部政治化的奥斯丁作品，因为它尽可能地远离了通常所见的、沉闷呆板的文字主义和劳拉·阿什利的华丽辞藻。但是，即便有了品特的这种可怕的活力，我仍然怀疑他是否曾经感受到了艺术生活和政治生活之间的矛盾。"我不这样看，"他说，"你可以同时追求这两件事物。我并不认为我的政治活动削弱了我的艺术生活，或者前者以任何方式毁掉了后者。我已经写了很多本质上关于政治的诗歌，也做了很多将我生命中这两方面结合在一起的演讲。我根本不会把我的创造性生活和我的政治工作看作分离或者对立的事情。"

但是，尽管品特广泛地参与了各种活动，世人还是极度渴望看到他的新作品出现。当阿尔梅达剧院发出将在 2000 年 3 月上演品特的双场演出（包括他的第一部戏剧《房间》和一部全新作品《庆典》）的消息时，人们心中涌起了期待之情。品特的最新戏剧和首部戏剧的双场演出，实际上是他妻子安东尼娅·弗雷泽的主意，这也暗示了她未经发掘的作为剧院制作人的潜质。不仅如此，也正是在安东尼娅的鼓励之下，品特才坚持将几个未成形的场景汇集成了一部戏剧。"仅此一次。"品特说。

> 开始的时候，并没有一句具体的话或一个具体的形象。《庆典》只是简单地从累积的记忆和经历中抽取出来……我确实经常去饭店。所以有一天，我就开始了《庆典》的写作。我确实记得……我们当时在多赛特度假……我开始写，但是并不完全确定……我写了一两个场景，但是并不确定自己在做什么。安东尼娅的一个儿子班吉和他妻子跟我们待在一起。一天晚上，还没看过草稿的安东尼娅在饭后说："你为何不给我们读一读你刚刚写的东西？"我说："我也不知道。"她说："噢，读一下嘛。"于是，我有些不情不愿地读了。我还没意识到自己读到了哪里，他们就已经全部笑翻了。这启发了我。我回到一直待着的书房，用几天的时间把整个该死的玩意儿写完了。正是那时，那个侍者开始作为一个角色出现了。

家庭的欢笑给了品特动力，这真是十分有趣。人们对《庆典》的第一反应就是：这是品特最有意思的戏剧之一。这是品特这个伦敦东区幽默主义大师，对暴发户们粗糙、粗鲁和世俗的物质主义的一次开心的记录、讽刺甚至是享受。我们正在伦敦一家装饰浮夸的饭店里，画面聚焦在两桌吃饭的人身上。第一张桌上有两对夫妇：兰伯特和朱莉、马特和普鲁。两个男人是兄弟俩，娶了这对姐妹。四个人正在庆祝兰伯特和朱莉的结婚纪念日，场面肆意而喧闹。第二张桌上是罗素和苏琪，一个年轻的银行家和他性感的妻子。他跟一个秘书发生婚外情，对妻子不忠，而且还经常用侮辱性的奚落来对待妻子。起初，用餐者展现出一种高高在上和缺乏礼貌的举止，让我们很容易对这部喜剧中的人们感到可笑。在这些场景中，记忆缩小成了一种性抽搐的形式。"有时候，"苏琪回忆自己过去还是一个丰腴年轻的秘书时说，"我几乎很难从一个隔间走到另一个隔间，因为我太兴奋了。"兰伯特同时也粗俗地回忆起，他在结婚当天正准备在祭坛前做爱，结果被他的兄弟兼伴郎马特制止——虽然他到底是对他妻子还是对他未来的小姨子起了兴趣，下文没有再说。两桌用餐者还吵吵闹闹地相会了，这时兰伯特意识到自己认识苏琪，还骄傲地宣布自己在她十八岁的时候就已经把她干了。

有人认为品特这是在夸大豪富阶级的世俗性，对于这样的人，我只想简单地举两则逸事。佩内洛普·威尔顿——这个人物出现在之后的《庆典》（都柏林和伦敦的版本）中——告诉我，他曾经在伦敦最时髦的一家剧院餐厅用餐，碰见当时的劳工艺术部部长克里斯·史密斯被一群酒气熏天的醉鬼嘲弄地喊作"假鸳鸯"（同性恋）。我也回忆起了乘坐"伦敦之星"号火车返回伦敦时的情景。那是一个星期天的晚上，我坐的是一等座。在一张桌前，一个看上去很有钱的女人，正在跟她的同伴们津津有味地描述自己和丈夫因为性高潮大喊大叫而被宾馆经理要求降低音量的故事。不仅整个车厢的人都听到了她的故事，而且她尚在青春期的女儿也在她身边，当时已经羞愧难当、如坐针毡。

当我观赏《庆典》时，这些记忆就进入了我的脑海。因为品特暗示我们，不管这些用餐者的笑声多么刺耳，回忆起多少情欲之事，他们都是一群奇怪的没有根基的人，缺少家庭感。虽然这是一个婚礼庆典，但是他们很少谈及孩子；而当他们谈到的时候，孩子要不就是成了一场婚姻权力游戏中的棋子，要不就是成了完全的陌生人，已经与他们失去了联系：

> 普鲁：他们总是爱我比爱他多一些。
> 朱莉：我也是。他们爱我爱到几乎发狂。我是他们的母亲。
> 普鲁：是的，我也是。我是我孩子的母亲。
> 马特：他们不记得。

兰伯特：谁？

马特：孩子们。他们不记得。什么都不记得。他们不记得自己的父亲是谁，不记得自己的母亲是谁。对他们来说，这就像是墙上的一个空洞。他们不记得自己的生活。

这些对话之后，隐藏着一种悲哀和苦涩，让人们联想起《月光》中疏离的儿子们弗雷德和杰克。但是这其中也存在着尖酸的讽刺：孩子们被指责为没有记忆，但这些成年的用餐者们也只是残留着一些单向的记忆，而且几乎全部都是关于他们性行为上的丰功伟绩的。与之对比的是，品特暗示餐厅的员工被赋予了长期记忆的能力。温和的餐厅店主理查德有些滑稽地提起，他开这家时髦餐厅的点子，来源于他之前知道的一家乡村酒馆，那家酒馆的横梁是橡木做的："老人们抽着烟管，当然没有音乐，有的是奶酪卷、醋泡小黄瓜和快乐。我猜想，正是从我童年中那家酒馆来的灵感，才有了你们惠顾的这家餐厅。我真的希望你们能够注意到，每次客人入座，我们就会端上赠送的醋泡小黄瓜。"同时，酒店的女主人索尼娅，也总是喜欢迫不及待地分享自己作为一个不幸女主人时的生活记忆。在被人们问到她过去的一个摩洛哥情人时，她直言不讳："他死了。死在另外一个女人怀中。他当时正在工作。你们能明白我过去的生活有多么悲惨了吧？"实际上，跟这些被他们毕恭毕敬服务着的食客相比，这些员工好像拥有更加生动、更能引起共鸣的人生。

品特通过设定一个年轻侍者的闯入，将这个玩笑开到了极致。侍者用几个关于他祖父的故事，博得了用餐者们的满堂喝彩。这个主意，是由品特将诗意的神秘世界与乏味的餐厅文化进行对比的高潮转化而来的。当然，戴胸花的侍者的设定已经不算新鲜；肖曾经在《你永远不知道》里将其用出了很好的效果。在品特的时代里，他本人一直都是一个有点敢于冒险的人。在这本书的前面一些部分里，他回忆过他年轻时在国家自由俱乐部里当侍者的经历：他打断了两个客人的对话，纠正他们卡夫卡的《审判》第一部英文版本的出版日期。他因此被老板炒了鱿鱼。

然而，品特笔下的侍者不仅仅是一个戏剧效果的道具。他即便是对他神话般的祖父神秘地重复模仿，事实上也并非像第一眼看上去那么疯疯癫癫。这是他能够生活在一个充满记忆的世界中的标志，而食客们的这种能力都已经丧失许久。把餐厅叫作"我的子宫"的侍者，与一长串寻求庇护的品特笔下的人物——包括《房间》中的罗丝、《侏儒》中的莱恩和《生日晚会》中的斯坦利——就这样联系到了一起。用心理学术语来说，你们可以将这看作一种反射，弗洛伊德将其称为"子宫内存在的幻想"。你还可以用更多的政治术语对它进行解释。有趣的是，品特的老伙伴亨利·伍尔夫在2001年的一次纽约会议上，将"这种关注于内在"同品特的犹太人身份联系起来，还暗示品特将焦点放在房间上的做法，是对战后犹太人渴望活在人们脑海中的一种投射。不管是哪种解释，侍者的滑稽唱腔都比一开始看上去的有着更多的指向。他的第一段记忆是对罗素和苏琪说的，实际上是从艾略特到乔伊斯的现代主义偶像的一连串祷文。但真正的要点在于，祖父假想的朋友名单恰好跟品特自己年轻时的文学英雄一致。侍者的第二段记忆是有关电影明星和黑手党的，直接指向谈吐夸张粗俗的兰伯特和马特；实际上，他们是"战略顾问"，他们的工作就是"实现和平"，而且好像跟品特在《确切地》和《新世界秩序》等描绘政治的小品中那些阴暗的国家权力代言机构有着近亲关系。侍者的第三次讲话，将他的祖父描述为一个利他主义的圣人，这是说给两桌食客一起听的。你可以从中推断，对这些食客来说，基督教的仁爱并没有被放在首要和优先的位置上。

所有食客离开之后，品特还让侍者做了一段独白，而这从根本上改变了前面的基调。一开始，祖父突然变成了一个现实中的人："当我是一个小男孩的时候，祖父带我去了悬崖的边缘，从那里我们向大海望去。他给我买了一架望远镜。我觉得他们很难再有望远镜这种东西了。我曾经从这架望远镜中望去，有的时候会看到一艘小船。通过望远镜的镜头，那艘船会变得越来越大。有时候，我会看到船上的人。有时候是一个男人，有时候是一个女人，或者有时候是两个男人。大海闪闪发光。"人们会联想起品特在《微痛》《风景》《往昔时光》《月光》《归于尘土》中将大海和悬崖的记忆作为情感试金石的用法——我怀疑，这是某种源于他自身回忆的东西。品特作为战争避难者在康沃尔海岸线的时候，曾经时常独自长时间散步。望远镜也激发人们想起一个消失的世界：在录像游戏和家庭电脑出现之前很久，孩子们都会为一些简单却启发想象力的礼物而欢欣雀跃；而望远镜可以将发着微光的远距离事物带到我们的焦点处，这似乎也与我们在食客中遭遇到的缩短版的野蛮回忆形成了鲜明的对比。

但是侍者继续往下说："我祖父向我介绍了生命的奥秘，而我现在还被困在其中。我找不到走出去的大门。祖父已经走了出去。他径直走了出去。他把这个世界丢在身后，没有回头看……他的做法完全正确……而我还要再感叹一次。"这暗示了什么？祖父对"生命的奥秘"的引入，让人们想起了年迈的李尔向考迪莉娅主动提出要"就神秘事物发表自己的见解"的举动。因为品特在写《庆典》一剧时，正在致力于《李尔王》剧本的写作，所以这种联想也并非毫无依据。当然，李尔的死亡妨碍了自己实现与女儿一起探索宇宙奥秘的梦想。而当侍者说到他的祖父"径直走了出去"时，他可能指的是祖父死了，或者选择从日常生活和社会规则的束缚中逃离,而侍者本人还深为这些事物所困。但是在表面的文字之后,潜藏着一个有着家庭联系和遥远回忆的世界,这一点与食客们的情感崩溃大相径庭。在那种意义上,他的演讲起到了决定性的变调作用,跟《晚会时光》里被困住的吉米最后的独白一样。这一点在其于阿尔梅达上演时得到了强化:丹尼·戴尔在缓缓变暗的聚光灯下独自念着台词。2006年,我在雷克雅未克看过这部剧的一个非自然主义版本,在一句台词中,侍者突然冲进了一片有着白色棱纹环形背景的模糊黑暗中,这个场景既暗示着子宫,也意指牢笼。但是,这部短小的戏剧将我们带上的旅程,才是真正令人震撼的。一开始是侍者简单的问句:"谁点了鸭子?"最后是他独自站在台上说:"而我还要再感叹一次。"但是他这是在对谁讲话?对我们吗?对想象中的食客吗?还是对他自己?然而,重要的是他抑制不住的想要交流的冲动。还有一个呼应萧伯纳戏剧的地方,就是人们会想起《人与超人》里最后仍在喋喋不休的死皮赖脸的约翰·坦纳。而如果这些后来被证明是品特最初为公共舞台对话所写的最后的台词,那么它们好像非常合适。在品特朝着生命终点迈进的过程中,他仍未丧失再感慨一次的强烈欲望,而且这种欲望丝毫不亚于生命初始的那种悸动。

倒不是说2000年的评论家们都用这样一些诗意的、挽歌式的术语来看待《庆典》。抓住每个人眼球的,是这部作品在基斯·艾伦、安迪·德拉图、林赛·邓肯和利亚·威廉姆斯的演绎下所迸发出的火花四射的戏剧活力。奥利弗·雷诺斯在《泰晤士报文学副刊》上的评论甚至将其看作"一部整体评论品特作品主题和步骤的萨蒂尔式戏剧"。评论家们还着重分析了连场演出中的两部戏剧间明显存在的差异性和隐藏的关联性。阿拉斯泰尔·麦考利对前者进行了强调,说:"《房间》和《庆典》一起形成了伦敦的一个折中焦点视角,正如狄更斯在《我们共同的朋友》中所展现的:渣滓与泡沫、深思与匆忙、悲怆与冷漠、过去与现在、神秘与讽刺。"但是罗伯特·巴特勒在《星期天独立报》中选择了强调主题间的联系:"这些戏剧讲述的都是同样的事情。把这叫作'主题'也太吹毛求疵了。两部戏剧都沉湎于领域与所有权、男人与女人的权力斗争,以及突然发生的咬文嚼字和经验的不确定性(这是最明显的)。几乎每一句话都有一句可以破坏它的相反的话。"我也被品特想象力的连续性震撼了。从1957年到2000年,他的戏剧社会背景已经发生了根本性的变化,反映在他自己生活中的外在变化,就是从一个挣扎的演员变成了一个富裕的天才。但是,这两部戏剧前后联系起来看,证明了品特的艺术身份跟他的个人性格一样,始终不变。这令人印象十分深刻。他仍然痴迷于记忆和时间的无所不在的力量。

如果说《庆典》和《房间》充满了个人回忆的话,那么品特在2000年3月完成的剧本《李尔王》也唤起了人们很多生动的记忆。20世纪50年代早期,品特曾在不同时期在阿纽·麦克马斯特的巡演剧团扮演过埃德加和埃德蒙，之后还作为唐纳德·沃尔菲特的随从骑士，近距离观察过他精彩绝伦的表演。这些事实都有助于解释为何品特决定删掉大部分无法演绎的埃德加的部分（这一点已经广为人知），而同时强化了李尔的随从这个角色。"我几乎没有删掉任何一行李尔的台词，"品特说，"但是我对次要情节是很残酷无情的。你知道埃德加决定变成可怜的汤姆时那段长长的演讲吗？我把那部分删了，只让他盯着一个污浊的死水塘，把自己弄脏，然后说：'埃德加，我什么都不是。'我还写了一些无对话的场景，例如李尔骑马冲进暴风雨中，将他冻成一团的骑士们抛弃在城堡外面。但是从另一个方面来说，这很符合莎士比亚笔下的李尔。"我会说，这也太符合了。开场的二十幕剪辑画面展现了一组骑士飞奔过一片冰冻平原的场景，同时在一座诺曼城堡里，主要演员穿着礼服。在这特色鲜明的开场之后，整个剧本忠实地遵循了莎士比亚的结构和语言。但是，品特的忠实虽然在理论上令人称赞，但是意味着他对李尔这次意义重大的征程并没有用电影术语重新进行想象。被制作成电影的莎士比亚作品表现出一个永恒的问题：如何才能避免口头语言和画面形象的重复。但是，最好的银幕版莎士比亚作品——威尔斯的《午夜钟声》、奥利弗的《亨利五世》、柯静采夫的《哈姆雷特》——展示的都是一种想象力上的自由，使得摄像机能够对原著做出尽可能多的创意。品特的剧本虽然强调了李尔所处场景的冬日酷寒，但从未真正承认过另一个问题：彼得·布鲁克在1969年制作过一部《李尔王》的电影，是基于他自己著名的斯特拉福作品创作而成的，用迈克尔·库斯塔沃的话来说，这是"一部沉重而缄默的电影，黑白画面，没有音乐，简短、精悍"。它是在草木不生、大雪覆盖的日德兰平原上进行拍摄的，精准地创造了与残酷自然斗争的感觉，这也是品特一直在自己的版本中所寻找的。虽然电影以保罗·斯科菲尔德为主演，但是布鲁克的电影却无影无踪地沉没了；品特忠于莎士比亚的剧本，受蒂姆·罗斯委托而写，却一直没有通过电影第四频道的商人们的批准，这很令人伤感，却并不令人意外。

虽说《李尔王》没有成功地被搬上银幕，但品特最珍视的一部电影作品、他对普鲁斯特作品《追忆似水年华》的改编，成功地于2000年11月被搬上了舞台。这个项目能够成功，很大一部分功劳要归于热情洋溢、敢闯敢干的导演狄·特维斯。早在1996年，在没有提前告知品特的情况下，特维斯就在一次私人演出中大胆地改编了他当时已经完成的《普鲁斯特剧本》，用了二十七名二年级的戏剧系学生，在伦敦音乐戏剧艺术学院上演。简单的舞台布置，十二把椅子，一架钢琴，但是效果却很好。在特维斯紧张兮兮地告诉了品特她的所作所为之后，她受邀于1999年赴国家大剧院工作室对该剧重新进行创作，被邀请来的一小部分观众中就包括了品特本人，以及约瑟夫·罗西的遗孀和国家大剧院的新晋导演特雷弗·纳恩。品特受到了极大的震撼，之后在剧本锤炼、调序、删减和压缩等方面又跟特维斯进行了进一步的沟通。值得赞扬的是，纳恩认同了这个新的合作版本应该被搬上2000年科特索的舞台，好为品特的七十岁生日添上精彩的一笔。

对于这部成果，很多人有着针锋相对的观点。纯粹主义者认为，人们看到的是一部二次提炼的作品：第一次是品特自己对普鲁斯特浩瀚的小说进行提炼的电影版本，第二次是品特和特维斯对电影剧本的提炼。而显而易见的是，舞台绝对无法匹配品特那震撼人心的开场顺序。在剧本中，三十五幕拍摄中植入了各种形成马塞尔记忆矩阵的景象和声音。但是，如果说舞台表演中一定会有一些无法避免的牺牲的话，那也有实实在在的收获。其中一个收获就是，普鲁斯特的叙述者马塞尔，既有他自己生活的参与者的感觉，也有观察者的感觉；在特维斯的制作中，塞巴斯蒂安·哈康比饰演的马塞尔不断地出现，以便每件事情都被引向最终的时刻。在那里，丢失的时间被重新找回，永远地凝固在艺术当中。在特维斯生动而鲜明的版本中，她还将普鲁斯特在巴尔扎克式社会喜剧方面的天赋展现了出来。二十年前，特维斯就曾经在普鲁斯特作品的一个格拉斯哥市民剧院版本里，亲自饰演过奥黛特。那部作品叫《浪费时间》，当时她就已经明显吸收了导演菲利普·普洛斯痴迷于展现辉煌社会逐渐堕落的某种因子。例如，1921年盖尔芒特府邸的开幕派对，同时展现了时间的残忍无情和富裕中产阶级报复性的成功：贵族们坐在镀金边框的椅子里，无精打采地八卦着死亡和衰败，一位因吸食可卡因而发狂得憔悴的子爵夫人跌跌撞撞地走过，女主人同时雇来了一批先锋舞者，献上了一出时髦的歌舞表演。其中也有精彩的巴尔扎克式个人表演：大卫·润图尔饰演的夏吕斯，用保罗·泰勒的话来说，像"一个崇高、辉煌的老王后，她的眼睛发出刺眼的光，表现出她按捺不住想要和不及她的人傲慢地决一死战的急切，却惹火烧身，被他们狠揍和虐待了一顿"。正如《普鲁斯特剧本》之前在广播第三频道播放过的一个版本，特维斯的制作证明了品特的改编是非常适合表演的。这也展示了某种我们一直以来都在怀疑的事情：品特和普鲁斯特之间深刻的类同关系。正如约翰·彼得在《星期日泰晤士报》中对特维斯制作的评论："在追忆和回忆的无人之境中，你从过去中逃离，但却亟待重新建构。时间作为一个序列不断停止，悬停在过去和现在之间互换，正如品特在《归家》《往昔时光》《无人之境》中所展现的那样。"我也感觉到，品特早在1972年对普鲁斯特的全情投入不仅丰富了他自己的作品，而且确认了他作为一位"天谴和救赎的双头怪物——时间"（贝克特语）所纠缠的艺术家的共济会成员身份。

2000年10月，品特步入了他人生的第七个十年，很难再对时间的流逝无动于衷。但是，他一辈子的老口味还是没有改变。在一次由哈罗德·品特社团组织的为期四天的会议（6月份在伦敦的罗素宾馆举行）上，我回忆了他独自朗诵《庆典》的故事。那时，他用狄更斯式的热情同时演绎了全部九名演讲者的角色，尤其是性感的苏琪。在由他的出版商们举行的七十岁生日聚会上，他也展现出了良好的面貌，还出版了一部文集，汇集了他朋友和同事写的散文，而且免不了被起名为《庆典》。这部文集的令人震惊之处在于，个人哀悼变成了一种自我揭露的方式。对大卫·黑尔来说，品特是一个"清理了英国语言阴沟"的诗人。同时，约翰·皮尔格将品特视作英美知识界不与政府同流合污的一个耀眼的例外："上回我想要坐下来列举其他一些跟他至少有点儿相似的作家，那些'能发出自己的声音'并且明白自己作为作家所承担的其他更广泛责任的人。我列不出来，只有品特一个人。"罗伯特·怀恩德评论道，甚至连品特对板球的热情也远离了一种滑稽的、乡村别墅式的追求："品特代表了一种不同的传统，对板球的观点更城市化，要求更高，跟大胆的侵略剧一样。"

这是被各种活动填满的一年——各种聚会、庆典，《月光》和《微痛》在电台的演出，帕特里克·马博执导下《看门人》的重演（迈克尔·刚本饰演了极其令人反感、满嘴方言土话的戴维斯）——但同时也奏出了它自己的迷人的结束曲：一部叫作《苔丝》的新散文作品问世。它首次于11月在《闲谈者》上亮相，封面上还俗丽地打着"哈罗德·品特论上层社会性事"的广告。实际上，对这样一部短小、尖锐又极其诙谐的作品进行这样的描述也并非不准确。在这部作品中，同名女主角向我们叙述了她的家族粗野不羁的性史——品特将自己的散文解开束缚，信马由缰。它以风流成性的上层社会为代价，津津乐道地享受这种释放，但同时也提供了一条在《庆典》中到处可见的超现实主义的线索。另外，还有引起人们不安的弦外之音。作品的开端，是苔丝在一次聚会上强行拉住一个男人说话的场景。她声称："你好。我觉得你曾经跟我母亲认识。我还是个孩子的时候，你认识她的。实际上我还没出生你们就认识了。"鉴于她母亲糜烂腐臭的过去，人们会怀疑苔丝是在和自己的生父讲话。在苔丝描述自己爱慕的哥哥时，无疑透出一丝乱伦的气息："他对爱情或类似那样的东西从来不感兴趣。噢，我是说除了对我之外。他叫我妹妹，会带我去跳舞。"随着苔丝喋喋不休的絮叨，她母亲是个上流社会欢场女子的事实也渐渐明晰了："她为此还曾经得过一枚勋章。她会在特殊的场合佩戴——噢，在皇家艺术学院的宴会上——胸前会跨着一条饰带。"由于丈夫家道中落而被迫沦为上层社会的娼妓，苔丝的母亲以贪婪的热情扮演起了自己的角色；而其中暗示着苔丝本人也已经遗传了母亲的爱好，甚至更有可能的是，她自己亲自选择了这份职业。这部作品令人陶醉、妙语连篇，我曾经在都柏林和都灵的各种节庆场合上，看见佩内洛普·威尔顿用一种性感的、泰然自若的态度对此进行表演。但是正如在《庆典》中一样，品特使用了清单——在这个案例中，清单上列举了所有苔丝旅行过的地名，从火奴鲁鲁到虫木林——不仅创造了一种多样感，而且创造了对我们的存在的一种高深莫测的陌生感。即便是在引起笑声的过程中，品特也创造了一种神秘的感觉。

《苔丝》给这令人瞩目的一年戴上了一顶喜剧的帽子：在这样的年纪里，品特的同人们要不就是抛弃了剧院去写小说或自传，要不就是发现自己成了被人随意忽视的受害者，只有他的作品仍然不断地在重新上演，而且他也在马不停蹄地忙碌着。他甚至还抽时间去另外两部电影中抛头露面：在《巴拿马裁缝》里饰演了身穿白色套装的本尼叔叔，以及在大卫·马梅特的贝克特作品《灾难》中饰演了虚张声势的导演，后者缓缓地撕去了约翰·吉尔古德饰演的沉默主角的自尊和身份。2001年7月，纽约林肯中心在长达两周的时间里，上演了一系列综合性的作品，以敬献品特。此时，品特的偶像地位得以确立。如果说这场盛宴是林肯中心奈杰尔·瑞登的主意，那提供了大部分材料的人，就是都柏林大门剧院的迈克尔·科尔根了：阿尔梅达的《房间》和《庆典》连场演出，与由罗宾·勒菲弗制作的新都柏林版本的《最后一杯酒》（品特本人主演）和《归家》（伊恩·霍姆扮演李尔式的马克斯）以及卡洛尔·赖兹版本的《风景》《一种阿拉斯加》进行了互补。亨利·伍尔夫还出现在了鲜有人知的《独白》一剧中；另外，还有很多讨论、专家会、辩论和一系列广泛的电影展演在进行中。在一个酷热的下午，我乘飞机去做一个关于品特的介绍。令人惊讶的是，举行演讲的卡普兰公寓第十层里，居然人满为患。阿瑟·米勒、爱德华·阿尔比和约翰·瓜厄参加了一个剧作家专家组。而梅尔·加索对品特做了一次公开访问，由于预约观摩的人太多了，以至于在最后一分钟不得已从原先既定的285人座的场地挪到了茱莉亚音乐学院的礼堂里。令人震惊的是，品特对美国对外政策的批评，绝没有破坏他在纽约的受欢迎程度——实际上，这些批评似乎在欣赏他的观众心里激起共鸣，正如以下从加索的采访中选取的一段话所示："我意识到，"品特说，"我现在是在纽约，而我有时候被人控诉为反美派。我所有想说的是，首先我并不反林肯中心（一些观众开始大笑和鼓掌），而且我也不反你们监狱中囚禁着的两百万民众，也不反生活在贫困线之下的四千万民众（更多观众鼓掌）。我真正反的——或者说我真正批判和审查的地方——是历届美国政府的举动。这一点我认为是真正有待讨论的，也是无法再继续掩饰的，因为他们已经以道德的姿态做了许多年了，因为道德的姿态已经不再管用了（观众鼓掌）。所以就这样了（观众大笑）。"

实际上，道德立场与残酷现实之间的鸿沟，即《最后一杯酒》的主题，不仅在纽约引起了强烈的轰动，而且早在伦敦新大使剧院为期一周的展演中就已经获得了不小的反响。勒菲弗的制作和品特的表演共同带来的，是宣判酷刑的国家代理人尼古拉斯伪装之下的残酷，以及他内心深处的不安全感。这部制作以一段冗长而沉默的前言开始，品特笔下的尼古拉斯在面对自己的受害者之前将几杯威士忌一饮而尽，用保罗·泰勒的话来说，这暗示着"一个孤独、烦忧的人物，通过完全将自己纳入国家这个冒牌家庭，来让自己找到了一个家庭"。但是真正令人震惊的，是尼古拉斯对其受害者所进行的有趣的讽刺与他残存的兽性之间形成的对比。品特所扮演的尼古拉斯对劳埃德·哈金森所扮演的维克多露出一个大笑的表情，用舌头玩弄着"漫不经心"这个词语，好像是在玩味一口醇香的美酒，暗示性地抚弄着英迪拉·瓦玛饰演的衣衫褴褛、被多次强暴的吉拉，带着一种令人毛骨悚然的感觉，仿佛在模仿父亲似的，在膝盖上逗弄着他们的儿子。然而，当尼古拉斯谈起"共同遗产"时，被排除在外的维克多本能地握紧了他的左拳；而当他把吉拉已经过世的父亲描述为"铁和金子"时，却是带着肃然起敬的爱慕。这是一个笑里藏刀的人，而对我来说，他让我想起了奥利弗导演的《理查德三世》中那种充满恶意的讽刺。

品特自己重新编排的《无人之境》于2000年12月在国家大剧院以一种揭示一切的姿态上演。这是更令人惊讶的地方，因为这部戏剧是满载着回忆而来的：关于彼得·霍尔原始制作中的理查德森和吉尔古德，关于大卫·莱维奥在阿尔梅达剧院重新演绎时的品特本人和保罗·爱丁顿。我们感觉自己之前已经对这种对年龄、死亡、记忆、时间和艺术的神秘冥想非常熟悉。但是，品特的这次重新编排，一部分原因是科林·雷德格雷夫和约翰·伍德分别扮演赫斯特和斯普纳产生的化学反应，提醒了我们这部戏剧提供了两种形式对立的绝望互相碰撞：一个人为过去无法慰藉的记忆所困扰，另一个人只存在于忙乱的自我创造的现在。在雷德格雷夫家教良好的上层社会交际家外表之下，似乎有着一个几近恶魔、被罪恶感缠身的人物正在试图安放他凶猛回忆的魅影：当他敦促斯普纳"对死者温柔些，就好像你自己也将被温柔对待那样"时，这其中带着一种紧急的感觉，好像这个人已经明确地知道了一块帕斯尚德勒般的无人之境。伍德所活灵活现地饰演的斯普纳，从另一方面来说，是一个令人头昏眼花的自我创造。他声称认识自己的香槟，滑稽地将一杯一饮而尽，好像那是一品脱苦啤酒一样。他在知道了赫斯特是一位著名诗人之后张大嘴巴的吃惊表情，第一次让我意识到，斯普纳可能会被看成一个十足的骗子：已经掌握了所有艾略特式节奏的三流诗人，却根本不了解诗歌本身。但是，令这部制作非常感人的地方，在于伍德试图将赫斯特从他注定毁灭的停滞中解救出来的堂吉诃德式的勇武。雷德格雷夫和伍德都是具有超凡智慧的演员：前者从他父亲身上继承了暗示权力机构人物内心恐慌和不安的天赋，后者具有一种瞬息万变而极其狂热的创造性，并且具有生活在当下的能力。阿拉斯泰尔·麦考利并非这部制作的推崇者，他在《金融时报》中声称"有很多表演的痕迹在里面"。但是我认为，品特的制作点亮了他自己戏剧中的绝望，而且雷德格雷夫和伍德虽然在风格上全然不同，但却无法分离地彼此联系着，这使我们关于吉尔古德和理查德森的记忆黯然失色。

品特享受着对《无人之境》进行重新编排所带来的乐趣。但是令人伤感的是，2002年年末排练的那个阶段，是品特最后一次具有我们很多人都习以为常的一种纯粹而简单的健康状态。在这部戏剧完成并在利特尔顿上演后不久，重击就降落到了他的头上。用品特自己的话来说：

在《无人之境》于12月开演之后，我就患上了一种好像十分严重的消化不良症。于是我去看了一位专家。他跟大多数专家一样，显出一副非常快活的样子。他安排我去做了一个内窥镜检查，用一根长长的管子插进我的食道里。他当时笑着说："我确定只是消化不良，我们很快就可以搞明白原因了。"于是我为做内窥镜检查而打了麻药，在我的小隔间里睡着了。一个小时之后，当我醒来的时候，医生面色凝重地走进来，说："你看来是得了癌症。"而我的第一个真正想法是："至少这个消息可以把你脸上的微笑抹去了。"我承认，之后我还有一两个其他的想法，但那真的是我的第一个想法。不管怎样，最后证明我是得了食道癌，它感染了从口到胃之间的通道。我去皇家马斯登医院做了手术——成功的概率只有5%，所以我对外科医生杰里米·汤普森的感谢已经找不到词语来表达，是他救了我的命。

显而易见，化疗使我十分虚弱，但是我一切照旧。然后在2005年，我发现自己得了一种罕见的皮肤病，叫作天疱疮：跟癌症没有什么关系，但是它给我留下了很糟糕的脓包和口腔溃疡。我不断地出入医院，在那里接受了一位名叫克里斯·邦克的优秀皮肤病专家的治疗。就在这一切发生期间，2005年10月的时候，我获得诺贝尔奖的消息传来。而我刚刚还在都柏林参加七十五岁生日庆典时狠狠摔了一跤，头上缝了几针。我病得十分厉害，但我却不得不坐起来，写我的诺贝尔演讲稿。我必须在12月的时候进行演讲。正当我要写完演讲稿的时候，医生打来电话，说："你的血液检查结果非常糟糕，我要你立即到医院来。"我说："什么意思，立即来？"他说："我是说现在，就这一分钟。"我对我的秘书安妮说："我要把这个该死的演讲稿完成，因为也许我再也没有第二次机会了。"我于是就完成了。然后我去了医院，一直呼吸困难，感觉自己要死了，都不知道自己身在何处。但是，我知道我必须把那个该死的演讲做完，于是我又在一个星期天从医院出来了，花了一个白天的时间把演讲录了下来。毫无疑问，负责我皮肤病治疗的克里斯·邦克医生保住了我的小命。但是，一部分治疗内容中包含了大剂量的类固醇，使得我的双腿变得令人难以置信的肿胀。现在我的腿已经没事了，但是脚上留下了溃疡——一种败血症的形式——这种疾病需要持续不断的关注，意味着我每隔一天就要出入医院一次。我猜我肯定在癌症和皮肤病之间有过一个阶段合理的健康时期，但是所有事情都变成了模糊的一片。这让我想起了贝克特的《等待》中的一句台词："当一个人不再年轻却也尚未老去的时候，要这样去想：我尚未老去却也不再年轻。这也许是件重要的事。"于是我假设自己在两场大病之间，有过一段贝克特式的聊以慰藉的时刻。但是我发现这很难记起。我不得不说，在支持我前进的所有人中，除了我的两位医术高超的外科医生之外，最重要的就是我的妻子，安东尼娅。

即便是一个门外汉，也会很清楚地发现，品特在生理和精神上的坚强已经支持他度过了这场疾病旷日持久的发作和两次与死神的擦肩而过。"如果我没有什么事做的话，"他说："我就会很容易陷入一种自哀自怜和无精打采的混乱之中。"品特没有这种危险，因为似乎他对美国全球霸权地位永不屈服的反对，一直以来都是一个使他意志坚定的因素。令人震惊的是，即便在他接受癌症化疗期间，他还是出现在了《新闻发布会》中。这是一部四十五分钟的时事讽刺短剧合集的附属作品，于2002年2月在利特尔顿剧院进行了傍晚时段的演出。虽然品特的头发已经剃光，身躯略显瘦弱，但他还是用不变的热情在《新闻发布会》中进行了表演；而且跟在《最后一杯酒》中一样，他将一种致命的讽刺赋予到一个残忍的官员身上，高超的表演水平深深地震撼了我。在作品中，品特扮演了一个无名国家里的秘密警察前首领，现在成了文化部部长，但他并没有觉得这两种角色之间有什么本质的矛盾："我们信仰的，是对我们文化遗产和文化责任的一种健康、强健、温柔的理解。这些责任自然包括对自由市场的忠诚。"对那些麻木中立的雇佣文人，品特脸上闪过一丝同谋间的、令人血液凝固的微笑，接着宣称："批判性的不同意见，我们是接受的——如果是只在家里说说而已。我的建议是——让这些意见就留在家里好了。把它们藏在床下，跟尿盆放在一起。"另外，在表达了保护法官杰克和吉尔免受腐败和颠覆的道德义务之后，品特扮演的部长又加上了一句重要的结束语："在我们的思想体系下……失踪的人被找到了。"一句从《路加福音》中化用的话，提醒我们即便是恶魔也可以引用《圣经》里的话来达到自己的目的。从某种意义上来说，这部作品是对品特一些众所周知的观点的重申。原创的地方在于它采用的形式，提醒我们想起了约翰·皮尔格经常表达的一个关于媒体与国家的碰撞、自由和重要自由权腐蚀的观点。

品特在化疗期间参演《新闻发布会》，不仅是在蔑视他自身疾病的严重性，而且也是在国家范围内向癌症发出抗议。而且，虽然品特严肃地拒绝将他自己的疾病当作某种普遍性的隐喻，但是在接下来的几年中，他创作了一系列十分令人瞩目的关乎个人和政治的诗歌。写于 2002 年 3 月的《癌细胞》，就是受到了皇家马斯登医院一位护士的一句评论的激发："癌细胞就是一些忘记了怎么去死的细胞。"这种景象在一首令人震撼的十八行诗中得到了体现。这首诗将癌症看作病人与要谋杀他的肿瘤之间的殊死搏斗，而在这场战斗中，大部分的胜算被攥在后者的手中。"黑色的细胞将会枯萎、死亡；或者唱着欢歌、得逞；它们快速繁殖，日夜不休；你永远不知，它们永远不说。"有无数的英语诗歌选择面对死亡，但很少有诗歌描述死亡的过程，或是揭示隐伏着的癌细胞逐渐变为一种活跃甚至喜气洋洋的力量的本质。三年之后，当受到天疱疮发作的折磨时，品特写了一首叫作《死亡也许在老去》的诗歌。这首诗强调了死亡卸下你的武装、向你发起袭击的能力，它出其不意地将你制服，即便在"你穿得花枝招展的时候"。但是，同往常一样，品特对死亡的具象恐惧，还伴随着一种对生命的同等愤怒——这在他 2004 年中偶然写的一首叫作《给我的妻子》的诗中得到了完美的抒发。这首诗表达了品特对安东尼娅不离不弃地陪伴自己的感激之情："你曾是我的生命，当我死去的时候，你仍是我的生命，所以我活了下来。"如果想再找这样清楚直白地歌颂不朽之爱的表达，你只能回去翻翻赫里克或者萨克林的诗了。

诗歌也变成了品特回应 2003 年 3 月入侵伊拉克事件的一种方式：品特在此事之前和其间写了好几首诗，发表在一本叫作《战争》的薄薄的集子里。对于品特的反战诗歌，有一种讽刺的观点，认为这是臭气熏天的政治宣传。唐·帕特森在 2004 年的"年度 T. S. 艾略特演讲"中，直言不讳地表达了这种观点："用一首诗来冒险，并不是说就是去写一大通咒骂伊拉克战争多么糟糕的话，即便你是世界上最伟大的在世剧作家。因为任何人都可以那样做。"但是，这种说法低估了品特在其战争诗中所使用的语调和技巧的多样性。写于 2002 年 8 月的《会面》是一首忧郁哀婉的欧文式诗歌，讲述了一代代死者相逢的场面。《午餐后》，我本人最喜欢的一首诗，可以追溯到 2002 年 9 月。它几乎是詹姆斯一世时期的风格，向人们展现了一种讽刺的视角，画面中穿戴精美的生者在堆积如山的死者中间野餐，甚至还拿死者的遗骨当作烹饪的工具，哥谭市的操场好像与坟墓融为一体，在近乎韦伯斯特式的景象中，生者懒洋洋地"把干红葡萄酒倒进头骨里"。甚至连《上帝保佑美国》（2003 年 1

月)——这好像是帕特森脑中的某种诗歌——将美国的传教士热情与其行动的道德后果做对比的时候,里面也融合了一种辛辣的悲哀感("所有的死亡气息活了过来;带着美国上帝的气息")。另外,在写于入侵开始的那个月的《天气预报》中,品特运用闲适而简单的气象学预报语言,描绘了一幅核战之后暗淡而冷漠的虚无画面。有些观点认为,品特只是简单地在诗歌中用唇枪舌剑和满嘴污秽语言来做反对美国的长篇大论。这其实是对事实的一种歪曲。如果你愿意的话,你可以把这些诗歌归类为政治宣传,但是,既然它们是代表生者的,并且是反对自我标榜正义的军事主义的,那就足以令它们处于一种荣耀的地位之上。

诗歌逐渐成为品特的一种政治工具,一种对公共事件观点进行抗议的手段。正因如此,它的功效不亚于甚至更强于做演讲或者参加联盟,虽然后者品特也分担了许多。2002年11月,品特在图灵接受荣誉学位的时候,把自己的遭遇拿出来做了类比。他说:

早在今年初,我做了一场重要的癌症手术。这场手术及其后遗症像是某种噩梦一样的东西:我感觉自己像是一个不会游泳的人,在深邃、黑暗、无尽的海洋中摇摆。但是我没有淹死,而且很高兴我活了下来。然而我发现,从一个个人的噩梦中走出来,就是走进了另一个更加永恒而普遍的公共噩梦中,一个由美国的癌症、无知、傲慢、愚蠢和好战组成的噩梦。

2003年1月,品特在议会里对一百五十名和平活动家们讲话,将英国描述为"一个被鞭子打着的狗,因为我们政府对美国的服从态度十分可鄙"。2月15日,他在海德公园做了著名的反战示威演讲,吸引了一百多万民众到场参加。一周之后,在市政厅由肯·利文斯通主持的一场以"不是以我们为名"为主题的集会上,品特朗诵了自己的诗歌。6月11日,在国家奥莉薇亚剧院里,他给挤得水泄不通的民众朗读了《战争》中的一些诗歌,再次攻击了美国大肆宣扬的"全方位主导地位"的目的。在主持了整场活动之后,我可以证明,观众们的反应均是发自肺腑的;我感受到,品特虽然偶尔脆弱,但是也渐渐受到他反抗性愤怒的滋养,同时感觉到了自己现在是在为大多数人说话,而不再是被围攻的那一小部分人。

品特还抽时间做了其他几个项目。2003年春天,他对凯里·克拉布根据他20世纪50年代的小说《侏儒》改编的新舞台版本产生了强烈的兴趣。该剧在伦敦的三轮车剧院上演。克拉布的版本一开始是被当作电影来处理的,饱受其支离破碎的结构和二十九个不同场景的折磨。经过品特的亲自改编之后,该剧中的维吉尼亚这个人物获得了重生，后来他变成了焦虑的演员马克和不安的市政工人皮特之间巨大裂痕的催化剂——这两个人物是以品特本人和罗恩·珀西瓦尔为原型创作出来的。克里斯托弗·莫拉汉的制作也巧妙地抓住了20世纪50年代早期奇异的性张力：这是一个令人刺激、焦虑的吊带袜的世界，在安静地发出嘶嘶声响的煤气炉前，情人们完成他们遮遮掩掩的仪式。一年之后，品特还执导了他的第九部西蒙·格雷戏剧《古老的大师》，并在他标志性的老阵地伦敦喜剧剧院上演。有些苦涩和讽刺的是，一部更好的戏剧《已故的中产阶级》半路夭折。虽然格雷的新作品还在从容地进行，但它其中有很重要的一幕，是关于讲究学问的伯纳德·伯伦逊和钻营投机的约瑟夫·杜威恩围绕《东方三博士的崇拜》（这是乔尔乔内还是提香的作品？）一作展开的真假认证。另外，在充满贵族气息的伯伦逊（爱德华·福克斯饰）和魔鬼似的杜威恩（彼得·鲍勒饰）的交锋之中，品特的表现证明，他对演员的掌控技巧并没有丧失。我曾经问过一位领衔女演员，是什么让品特成了一位如此优秀的导演。她非常简单地说："当哈罗德在排练期间给你一张便签做注释时，他允许你花时间去消化，而不是期待你能够立即表演出来。但那是因为他理解演员们是如何工作的，这跟很多牛津剑桥训练出来的导演不一样。"

《古老的大师》刚刚画上结束的句点，品特就立即投入到了一个令人难以置信却回报十分丰厚的项目中：安东尼·沙福尔的《侦探》的新银幕版本。这部作品打算启用迈克尔·凯恩和裘德·洛作为搭档主演，由肯尼思·布拉纳导演。1970年，沙福尔在伦敦西区上演的戏剧完全重写了剧院惊悚片的规则：这并非一部寻找"谁是真凶"的侦探戏剧，而是一个独创性的关于"谁犯了什么罪"的戏剧，它的乐趣与其说在于猜想罪犯的身份，不如说在于猜测犯罪的实质。但是，《侦探》是如此精明的一部作品，它至少真切地消灭了剧院中那种乡村别墅类型的惊悚剧，后者中那些虚构的人物经常彼此展开解释性的对话。沙福尔的戏剧在上演那天便引起了极大的轰动，并在1973年被改编成了一部稍显笨拙的约瑟夫·L. 曼凯维奇的电影。奥利弗在里面饰演安德鲁·怀克，一个著名的侦探小说家，他跟自己妻子的情人麦洛·汀多（迈克尔·凯恩饰）玩一些侮辱性的游戏，作为谋杀的一种复杂的遮掩手段——虽然谁是受害者、谁是挑衅者直到剧终也悬而未决。

由于品特年轻时花了很多时间在每周一次的定期轮演剧团里出演阿加莎·克里斯蒂的惊悚剧，所以他通过承担《侦探》新版本的制作来向她的对手致以敬意，也变得很容易解释了。但是，品特的剧本与其说是一种致敬，不如说是一种激进的改头换面。沙福尔的剧本在很大程度上依赖于一种戴假发式的伪装——赋予奥利弗以可以多样化的特权，而品特的版本发掘了两个男人之间持续不断的权力争夺。在保持必要的情节要点的同时，品特还把对话完全改编成了自己的版本，经常十分滑稽可笑。当安德鲁为自己犯罪作家的名誉而骄傲，甚至名声都传到了荷兰时，麦洛问："你本人说荷兰语，是吗？"安德鲁回答说："是的，你是怎么知道的？我有一个荷兰叔叔。"品特惯有的招牌动作也出现了。安德鲁试图说服麦洛相信法律系统的公正性，告诉他"这就像是用屁在安妮·劳丽身上打出一个锁眼来"——这是品特在《月光》中用过的最喜欢的老把戏，里面的哈克尼地区黑话是从乔伊斯·卡里喧闹的战时小说《马嘴》里面抽取出来的。而且，虽然受到了人物要求的驱使，品特设计的对话还是表达了他自己内心的一种怀疑态度。曾经有一个好奇心很重的警察检察员拜访了安德鲁，跟他谈起了宗教的话题：

　　安德鲁：我能告诉你上帝的麻烦是什么吗？
　　检察员布莱克：是什么？
　　安德鲁：他没有父亲。没有家庭根基。没有归宿。没地方可以收留他。可怜的家伙。我同情他。

　　品特的《侦探》一剧，是对剧本写作艺术的优点——创造性叛逆——的一次经典展示。在没有蓄意破坏沙福尔原著的基础上，品特创造出了自己的特色；引起人们注意的，是他运用故事来追求他所熟悉的心头之事。阶级和地位是品特着重关注的中心，从一开始的那一刻起，就一直贯穿着整部电影。那时，当麦洛开着一辆小汽车出现在安德鲁的宅子前时，宅主令人不快地将麦洛的小车同他自己的大车做对比。《侦探》还探索了一个在《侏儒》《仆人》《收集证据》《背叛》中都呈现过的主题："三角欲望"的特殊本质。这种关系中的两个男人反复被占有同一个女人的欲望纠缠。在最初的阶段时，这种欲望会以变味的性嫉妒爆发出来：

　　安德鲁：我知道你睡了我老婆。
　　麦洛：完全正确。
　　安德鲁：正确。是的。正确。所以我们已经把这事说清楚了。
　　麦洛：说清楚了。
　　安德鲁：我还以为你也许会否认。
　　麦洛：我为什么要否认？
　　安德鲁：因为她是我老婆。
　　麦洛：是的，但是她也睡了我。

后记："让我们保持战斗"

　　安德鲁：噢，她也睡了你？好吧，老天爷啊，对不起你啰！

　　麦洛作为一个在性爱上处于被动的人物，激发了安德鲁的嫉妒性崇拜。在电影结尾，当故事的同性恋暗示变得愈发明了时，这种设定获得了额外的回响。但是，在不泄露剧本全部秘密的基础上，很公平地说，品特既从他的任务中得到了快乐，也极其努力地完成了这项工作，在2005年5月产出了第七稿，也是最后一稿。当你阅读这部剧本的时候，你就会明白为什么品特会如此享受对《侦探》这部作品进行改编的工作了。他在继承了一个已经证明有效的结构的基础上，又发明了一种新的对话方式：探索男性不安全感、复仇性的比赛战术、叙事的不可靠性，以及家庭权力的政治，都是经典的品特式主题。

　　如果说《侦探》是一部运用了传统技巧的精良作品，那么《声音》——为庆祝品特的七十五岁生日出现在10月10日广播第三频道的一个节目——就展示了品特经久不衰的冒险主义精神。这是一场超凡脱俗、刺激神经的无线电实验，其中，品特写过的关于我们广泛存在的残酷行为的作品合集，与詹姆斯·克拉克创作的大胆乐曲，巧妙地融合在了一起。最初这个主意是出自克拉克本人的。他将品特研究到了出神入化的水平，而且被《归于尘土》打下了深刻的烙印，于是便给品特写了一封建议合作的信。"我们有过很多次会面，"克拉克说，"其中，哈罗德谈论过暴力可能会被轻描淡写的几句话激发出来的方式。"品特最终完成了一个汇集《最后一杯酒》、《山地语言》、《晚会时光》、《归于尘土》和《新世界秩序》的文本，这些作品在揭露人类残酷性的同时，也含蓄地表达了一种对宽容的向往。克拉克随后谱了一首曲子。这首曲子并非对品特之意进行的具象延伸。举一个强有力的例子：在《山地语言》中有这么一句话："告诉她要说资本的语言。"随后回荡起了一个阿塞拜疆歌手的声音，与被疯狂压制的文化形成了呼应。在《言语和音乐》中，贝克特展现了无线电是如何将两种不同的艺术形式结合起来而作为创新行为的一种隐喻的。《声音》展现的东西更多：跟韦伯恩和斯托克豪森的作品一样，这是一部压缩版的歌剧，其中的沉默本身变成了音乐质地的一部分。演员都是品特作品的常客，包括高恩·格兰杰、罗杰·洛伊德·派克、阿纳斯塔西亚·希勒和英迪拉·瓦玛，再加上内德·查雷特策划的一个技术上令人眼花缭乱的广播制作，《声音》成了踏入全新领域的一次大胆冒险。品特在一次特殊预告中，将自己和克拉克之间的创作过程描述为一次"一起走进地狱的经历。不仅是走进我的或是他的地狱，而且是走入了我俩此时共同拥有的这个地狱"。

　　除了在广播第三频道播出的节目《声音》之外，品特的七十五岁生日显然没有在他的故乡引起人们过多的关注。这一次，又是都柏林的大门剧院，为这位哈克尼的英雄举办了一次热热闹闹的周末晚会，而这将是品特一生中最具纪念意义的七天，虽然当时还未有人察觉。已经在之前举行过三次品特戏剧节的迈克尔·科尔根，十分擅长以自己所热情崇拜的作家之名，会聚各方英才。"我上演品特的作品，"科尔根说，"是因为我相信他已经完全重新定义了戏剧的本质，而且因为他和贝克特一样，符合我的口味。"而科尔根肯定已经全力以赴了。在周末展演的过程中，上演的作品包括新版的《往昔时光》《背叛》，还有阅读版的《家庭声音》和《庆典》，以及一部全新的选集，其中大部分是由科尔根、艾伦·斯坦福和品特本人挑选出来的戏剧、诗歌和散文作品。整个周末庆典就是一场群星荟萃的盛事，标志性人物有迈克尔·刚本和杰瑞米·艾恩斯，他们都是专门从国外的电影拍摄地乘飞机过来的，还有德里克·雅克比、辛德妮·丘萨克、詹尼·狄和史蒂芬·雷。在周日晚上的选集表演中，当品特颤颤巍巍地拄着拐杖走上台去朗诵了一首献给安东尼娅的感人肺腑的诗歌时，整个大厅里的全体听众都从座位上起立，向他致以敬意。之后的一次庆祝晚宴上，在演员们和一群包括汤姆·斯托帕德、弗兰克·麦吉尼斯和康纳·麦弗逊在内的剧作家面前，身着一袭紧身黑色礼服的詹尼·狄用沙哑诱人的梦露式音调唱起："祝你生日快乐，品特先生。"掀起了全场的高潮。

接下来的一天，也就是品特真正生日的那天，科尔根在众位宾客离开伦敦之前，又为他主持了一场私密的午宴，参加者只有科尔根本人、佩内洛普·威尔顿、品特和安东尼娅。大约五点钟时，品特一行人驱车前往机场，准备乘坐私人飞机离开。随后，在都柏林那个阴暗下雨的夜晚，灾难来袭了。品特回忆说："我到了机场，正准备下车。当我下车的时候，我的拐杖滑了一下，我就跟着拐杖摔倒在地，头部撞到了人行道上一块非常坚硬的地方。我被立即送回都柏林的大医院，在那里度过了接下来的四个小时，头上缝了九针。上一刻，我还在享受着我生命中非常美好的一个周末，还沉浸在感动中无法自拔；下一刻，我就平躺在医院里，心里想着自己新病加旧疾，马上就要死了。"虽然医生周一晚上就允许他回家了，但是情绪强烈波动过的品特，现在已经弱不禁风了。

接下来的两天是令人不安的恢复期。随后，10月13日周四的上午，品特正安静地坐在他位于奥布里路的书房里。大约11点40分时，电话响了。那是一个提前确认他是否在家的电话，并且告知他不久之后会接到来自诺贝尔委员会主席的来电。几分钟之后，电话再次响起，品特被告知自己获得了诺贝尔文学奖。那天晚一些的时候，品特跟我说："我说不出话来，而且一直持续了几分钟。虽然我还没有真正接受这个消息，但我还是非常感动。"品特并不是唯一一个无法完全接受这个消息的人。

12点官方消息公布刚过一分钟,《天空新闻》的一名主持人就不假思索地爆出哈罗德·品特已经去世的消息。过了一会儿,在他的话题引起了相应关注之后,他又纠正自己说:"实际上是哈罗德·品特获得了诺贝尔文学奖。"但是,那天就是如此,所有事情都以令人眼花缭乱的速度发生着。品特的电话很快就被打爆。电子邮件也大批涌来。品特位于荷兰公园的家里挤满了录像师、记者和摄影师,水泄不通。最后,品特出现在门口,说了几句话。他的左眼上仍然能够看到伤口和擦痕,神气的帽子下露出一部分绑着绷带的前额;品特像个刚刚在一场艰苦的环球快艇比赛中险胜的老船员一样,放荡不羁,引人注目。

我是为数不多的几个得以靠近他的记者之一。下午5点30分时,我来到他的书房对他进行采访。带着一种受到震惊的不可思议之情,他回味着这周内发生的一系列超乎寻常的事情。但是,我回想起了苏珊娜·贝克特知道了丈夫获得诺贝尔奖的消息被公之于众时的反应,她说,那是一种"灾难",因为那意味着公众将会对他们的隐私进行持续不断的侵犯。品特不赞同苏珊娜·贝克特的悲观想法,他知道是什么引起了这种现状。"侵犯已经开始了。"他告诉我,"我的所有朋友都已经讨论一整天了。另一方面,一些记者表现得十分令人毛骨悚然。他们一直按门铃,一直堵在门口。如果你不做出一点儿黑猩猩一样的反应,他们是不会高兴的。但我不是一只黑猩猩,而且我也从来不想要当一只该死的黑猩猩。并不是说我反对黑猩猩什么的。而是当我回想之前的诺贝尔奖获得者们时,我觉得他们是那么厉害的一帮人,我从来没想过这个奖会落到我的头上——事实上,今天早上我拿起《卫报》的时候,还漫不经心地想过,会不会是土耳其作家奥尔罕·帕慕克获得了诺贝尔奖。他是一位出色的作家,我浏览各页,看他是不是得了奖,根本没意识到他们还没有公布获奖名单。我不知道评奖的标准是什么,我很好奇,等我去斯德哥尔摩一定要弄明白。"采访完后,品特友好地将一楼书房里他的书桌借给我,以便我能立即将采访的内容转录下来。与此同时,他本人走下楼去,接受了《晚间新闻》记者科斯蒂·沃克的采访。两边都结束后,我们交换了地点,这样我就可以用他楼下的电话将内容传到我的报纸上。最终在晚上7点左右时,品特下楼,乘车前往常春藤,准备参加早就由他的出版商费伯出版社准备好的七十五岁生日宴会。下楼梯的时候,他一只手颤抖着抓住楼梯扶手,另一只手里抓着一只红酒杯。出自本能地,我想要帮他接住酒杯。品特说:"如果你拿我的酒杯,我就拿住你。"与《归家》中的露丝呼应。就这样,带着溢于言表的洋洋喜气,他乘车去往了常春藤,为这混乱的一天画上了句号。

但是从某种意义上来说,戏剧性的故事才刚刚开始。接下来的几周里,品特一直致力于撰写自己的诺贝尔奖获奖演讲稿,并且将演讲最终定题为《艺术、真相与政治》。直到现在，我仍不能确定人们有没有完全抓住那篇演讲的精髓。品特想说的是，艺术和政治是相互联系的，但是产生于不同的前提条件：艺术的驱动力是在保持神秘的前提下寻求真理，而政治，就目前实践的情况而言，它的驱动力是即便有基本性的真理摆在那里，仍要创造出一个显而易见的虚构故事。品特此言并非要将艺术家摆到一个什么样的高台上，也不是要宣传神秘道德上的优越感。但是作为一个戏剧家，他提出了"追求真理"的脚步永远不能停歇，而且他最终宣布，政客们所使用的修辞、回避和彻底的谎言都要遵循同样的严肃态度。正是这种坚信真理不可分割的信仰，才使得品特显得与众不同。另外，虽然品特继续声称，这些年来，公众一直都被施以"催眠术"，接受政客们的虚构故事，但是，还是有充分的证据显示他们已经从梦中觉醒过来。在伊拉克、阿布格莱布和关塔那摩，对于政治上的语言伪饰的公共怀疑主义已经广泛兴起，而品特的演讲对于这种怀疑主义氛围的培养起到了一部分作用。

这篇演讲的结构也设计得十分精巧。开篇就是对品特自身创造性过程的一次开诚布公的回顾。"我的大部分戏剧，"他告诉我们说，"是由一句话、一个词或一个意象产生的。"有趣的是，"产生"这个词之后在一种更加阴险的背景中再次出现了。品特回忆了《归家》和《往昔时光》是如何由一句话或一个意象引发的。他还解释说，明显的政治戏剧呈现出不同的问题，需要不同的艺术解决方法。《山地语言》是"残酷的、简短的、丑陋的"，而《归于尘土》展现的是"这个女人，一个在溺水的景象中失落的形象，一个他人的附属物，却无法逃脱她的命运"。但是，即便艺术的终极真理尚未可知，但是对其的探索仍需语言学上的精确把握；而品特发现政治中缺失的、关于维持权力的东西，正是这种精确。"要维持这种权力，"品特说，"有一点很重要：人们必须保持不知情的状态，他们生活在对真实的无知中，哪怕是与自己性命攸关的真实。环绕我们的就是一块由谎言编成的巨大织锦，我们就是靠它为生。"品特随后还继续举了几个例子，例如关于尼加拉瓜的谎言：在桑地诺革命之后，尼加拉瓜被里根总统描述为一个"极权的地牢"。以点带面，并且为了呼应写给托尼·布莱尔的公开信，品特声称"美国支持并且在多种局势中直接创造了二战后世界上的每一个右翼军事独裁政权"。但是，与这种谴责不相上下的，是品特的讽刺。他承认，美国在冷漠无情地控制着权力的同时，还戴着至善力量的伪饰面具，这真是聪明绝顶。他甚至还通过模仿布什在讲坛政治中摩尼教派式的简单作风，"立志"要成为布什总统的演讲词撰写人。演讲最后以品特自己的一首诗《死亡》作为结尾，好像是要提醒我们隐藏在政治修辞背后的现实。

这篇演讲稿在品特悉心的撰写之下，产生了大师级的戏剧效果。在11月底匆匆忙忙赶回医院之后，品特在12月4日星期天又到了第四频道的附属频道，对演讲进行录制。品特坐在轮椅上，双膝盖着一条小毯子，在他年轻时自我形象的框架之下，这种景象怪异得像是贝克特独有的样子——关于《终局》里哈姆的记忆跃入人们的脑海中。品特因天疱疮而变得嘶哑刺耳的嗓音，似乎也在他渐渐走向主题时获得了共鸣：好像他的身体因道德责任而焕发了精神，以便表达他内心最深处的感想。12月7日在电视上看到他现场的演讲时，品特利用自己演员直觉的方式令我也仿佛受到了震撼。他知道如何去加强某句台词的力量，或者如何突出悬念。三天之后，我到达斯德哥尔摩参加诺贝尔奖授予仪式时——他的医生是严格禁止他参加的——我了解到，瑞典的年轻演员都被他演讲的技巧以及演讲的内容深深打动了。虽然费伯出版社的总裁史蒂芬·佩奇庄严地替他出席了领奖仪式，但品特本人不能现身还是令人十分伤感。我很想看到的一幕是，品特在激发起自己专为颁奖而训练的阔别已久的荣誉感之后，跟其他每一个打扮正式、穿着燕尾服、打着领带的获奖者一样，按照要求，向瑞典国王、阿尔弗雷德·诺贝尔的半身塑像以及所有在场观众鞠躬。在完成了音乐会大厅里这场极其正式的仪式的各个步骤之后，所有人赶赴带有意大利风格的市政厅，参加盛大的宴会。这是一桩令人震撼的盛事。每条大理石过道之间，都有来自乌普萨拉的歌手，手持鲜花，清唱着小夜曲；佩戴着饰品的学生们，怀抱各自联盟的标准文书，从一座巨大的楼梯走下来。在经历了颁奖仪式的盛大和庄严之后，我们仿佛突然降临到了布斯比·伯克利的世界里。

但是，人们对品特获得诺贝尔奖以及他的演讲的反应十分吸人眼球。由于人们的支持态度是持压倒性的，所以挑出几个负面的意见会比较有价值。有一个最令人震惊的事实是，品特在12月7日的诺贝尔奖获奖演说，完完全全被英国广播公司忽略了。你也许想不到，一位在世英国戏剧家关于艺术和全球政治的观点，居然无法引起一个为公众服务的广播电台的兴趣。然而，那天晚上，英国广播公司电视台的新闻公告上没有任何一条提及这次演讲的消息，或者说具体点儿，就是连它的时事节目《新闻之夜》上都没有任何报道。正如品特指出的那样，《新闻之夜》那天晚上播放的是布什总统多么爱狗，以及狗（大概是走狗的意思）是多么爱他。而且，虽然我收到了致电《新闻之夜》的紧急消息，但后来我才知道，那次电话并非要讨论品特诺贝尔奖获奖演说的事情，而是关于戴维·卡梅伦要在首相问答时间里首次亮相的事情。在媒体界，也有少数对颁奖和演说进行攻击的声音。在《独立报》，平常看起来头脑理智的乔安·哈里，提前就将品特的演讲视为"一种抨击"而进行了驳斥，并且错误地声称品特应该已经拒绝了对希特勒的抵制；实际上，品特一直在重复地说，如果他在那个年纪的话，很可能已经参加了二战了。更加可以预见的是，克里斯多夫·希钦斯被派出去攻击品特是"一个在舞台上趾高气扬、耀武扬威了太久的多嘴多舌的人"。而在《每日电讯报》中，历史学家尼尔·弗格森也对演讲进行了抨击，认为"没有人假装认为美国是双手干干净净地度过冷战的。但是，假装它的罪行跟其对手的罪行相当——而且他们还对此肆意掩盖——就是要严重模糊真理和谬误之间的界线。"但品特否认说，他从来没有在他的演讲中对苏联犯下的暴行与美国犯下的暴行进行过对比。"我唯一说过的是，"他驳斥道，"苏联的暴行是被广泛记录在案的，而美国的行为却没有。我不是要对比谁杀的人多，就好像这是一场竞赛一样。弗格森把整件鲜血淋漓的事情都扭曲了。"

然而，通过搜索品特的档案，你们会发现，在两只装满了上千封信件的箱子里，全是来自他朋友、同事、公众名人和完全陌生的人的来信，他们都对他的获奖和政治立场鼓掌称赞。有时候，他们的语气是非常云淡风轻的。迈克·尼克尔斯简明扼要地问："他们怎么花了这么久的时间？"阿诺德·威斯克说："恭喜。很高兴他们选中了一个哈克尼的犹太男孩。"杰弗里·阿奇尔的观点听起来像是很多人的心声："我本以为没有什么事情能比赢得英澳板球对抗赛更重要了。我错了。"但是令人印象深刻的是来自文学和政治大鳄的支持：奥尔罕·帕慕克回忆道，二十年前品特和阿瑟·米勒访问土耳其的时候，还是他做了他们游览伊斯坦布尔的向导。虽然他本人也是诺贝尔奖的一位正儿八经的竞争者，但是在恭喜品特获奖的同时，帕慕克还是回顾了这么多年以来品特对自己的支持，并且希望他能够出席即将到来的在伊斯坦布尔举行的作家选拔，语调十分令人动容。卡洛斯·富恩特斯称品特的获奖是"有史以来最名副其实的"，而且在演讲之后，还感谢品特"用辛辣而明确的态度支持了艺术谎言的真相，谴责了一直以来在政治中充当真相的谎言"。而联合国秘书长科菲·安南给他写信道："在你的整个生涯中，你一直都有勇气去开诚布公地讨论一些关于个人、家庭以及全世界范围内人性最重要和最困难的问题。"这是几封品特予以回复的信之一——"面对人性，"他回应说，"有一些困难的问题；但你所保持的明确和自尊的态度，对很多人，包括我本人来说，意义重大。"

但是，最令人惊讶的来信，当数 2006 年 1 月 27 日来自那个品特不断说过应该被海牙国际法庭提审的人——托尼·布莱尔。他的来信很值得完整引用：

亲爱的哈罗德：

　　我写信给你，是要恭喜你最近获得诺贝尔文学奖的事情。我为自己迟到的恭喜表示抱歉。

　　获得诺贝尔奖，对你个人来说是极大的荣耀，推及更大的范围来说，这也是对我们国家的极大恩赐，我们居然可以在写作领域又摘得一顶诺贝尔桂冠，虽然我们一直以来都在这个领域表现卓越。

英国的剧院从你和其他人的这种精神鼓舞中受益颇多，而你的戏剧也已经经受住了时间这位最严苛的法官的评判。

当然，我们在伊拉克战争、我们所面临的恐怖主义本质，以及我国与美国的关系等方面持有根本性的不同意见。

你在你的获奖演说中重申了你的反对意见。但是，这并不意味着我不想对你所取得的丰硕成果表达崇敬之情，你的成就值得一生的荣耀。

你永远的，

托尼

品特在2月6日回信说：

亲爱的首相：

非常感谢你能就诺贝尔文学奖一事给我写信。

我很高兴你能承认我们在许多政治问题上持有深刻的不同意见，但是这并不影响我对你给予我的友好和慷慨赞美表示感谢。

你真诚的，

哈罗德·品特

布莱尔在信中用非正式的语气直呼其名，而品特在回复时却透露出隐秘的正式之感，这两者所形成的对比，立即就引起了轩然大波。布莱尔的慷慨陈词丝毫没有软化品特对他的态度。"我认为他对美国的屈从态度，"品特说，"非常恶心、可悲、可恶，并且他同美国对伊拉克的入侵是完全不合法、不道德的。另外，众所周知，我认为他是一名战犯。说到这里，虽然他知道我认为他是一名战犯，但我却并没有被抓到监狱去，而如果我是在许多其他国家说这种话，比如在土耳其，我会进班房。如果是在美国，我也会惹上大麻烦。在这里，事情并非如此，所以这里还是有一点点自由言论权的。当然，硬币的另一面，就是那个跑去特拉法尔加广场大声念出战争牺牲者姓名的女人，后来就背上了犯罪记录。"

但是，在所有对品特的诺贝尔奖获奖演说的反响中，最感人肺腑、最有洞察力的，也许来自他现居加拿大的哈克尼老友莫伊舍·威尔尼克的。威尔尼克写道："在你撰写演讲稿的时候，我感觉还有很多除了美国对外政策之外的事情正在发生。

尤其是当你在演讲结尾时将你的诗歌《死亡》包括进去的时候，我的这种感觉越发强烈了。这很难清楚地表达，我感觉这是一种'终止'。我感觉随着演讲中政治内容的构建，有很多情感贯穿其中，包括一些涵盖了你整个人生范围的情感。也许这完全是些胡言乱语。你第一次把《死亡》这首诗寄给我的时候，我就十分感动——它敲响了警钟。我感觉这首诗实际上并不属于这次演讲，而是属于你。对，是你的能力构成的。我多希望我可以在那天亲眼看到你的这一切举动。爱你的，莫伊舍。"莫伊舍·威尔尼克所点到的，是几乎其他所有人都做不到的，那就是演讲中到处弥漫的永恒之感。这篇写于品特本人好像正在接近死亡之时的讲稿，让人感觉好像是来自一个誓死也不肯安静地走向黑暗的作家的一篇挑衅式的临终遗言。

虽然诺贝尔奖显然是品特一生中的里程碑，但是还有一系列其他的奖项也在他七十多岁的年纪时被他收入囊中。2002年，他在白金汉宫被授予了"荣誉勋爵"的封号。2004年，他因反对伊拉克冲突的诗歌而获得了"威尔弗雷德·欧文奖"。2005年，他获得了布拉格每年一次的"弗朗茨·卡夫卡奖"。2006年3月，他赴图灵接受了"欧洲剧院奖"。这个奖项创于20世纪90年代早期，最初的主办城市设在陶尔米纳。它是一项令人垂涎的大奖，一直以来都被一些汪汪乱吠的欧洲导演霸占：阿里安·姆努什金、彼得·布鲁克、希奥尔西奥·斯特雷勒、勒夫·多丁和卢卡·荣克妮都是之前的一些获得者，海纳·穆勒是唯一一个获奖的作家。作为评审团里唯一的英国成员，我一直以来都在为其认可剧作家的地位而争辩，五年之前我曾经支持过哈罗德·品特。尽管一位法国评审员认为爱德华·邦德才是英国最顶尖的剧作家，但他的保守意见并没有影响品特的提名，品特还是受到了人们兴高采烈的支持，而他最后也确实按时收到了获奖的通知。然而，由于黑暗的当地政治和陶尔米纳的金融问题，这个奖项遭到搁置，直到找到下一个合适的主办城市才会举行颁奖仪式。随后，由于一个奇迹般的巧合，就在品特获得诺贝尔奖被公布的那天，因成为冬季奥运会举办地而获得大量资金的图灵，被批准在2006年3月颁发这个奖项；而公平地说，这件事的促成，真是图灵的极大慷慨。

对我而言，图灵的这场周末盛事极度活跃又混混沌沌。我主持了一场持续了两天的会议，主题是"品特：激情、诗歌和政治"，参会人员有来自英国、法国、德国、希腊、意大利和北美、南美的评论家和学者，他们都投递了精彩的论文。周六上午，在图灵富丽堂皇的巴洛克式主剧院里，我还做了一场品特的专访。但是，真正引起轰动的，是品特亲自出现在现场时产生的电光火石般的效应。每个人都想与他交谈。一天晚上回宾馆的时候，我们发现门外聚集着一大群人，我头脑一冲动，还以为那些人是在等待这位著名的作家，而后来经证实，他们是在等待拜访国际米兰足球队。虽然品特身边一直被围得水泄不通，但他还是在公共访问中表现出了他最容易沟通的一面。他公开地谈论着他最近与死亡的邂逅、他的政治观点，以及天马行空的直觉与有意识、有组织的自我之间在写作时产生的冲突：

> 在写作早期，我并没有预想到自己的意识是以那种方式发挥作用的。当它达到了某一个点之后，我就会非常有意识地去针对文本做非常努力的工作。换言之，我只是不在所有该死的时间里都活在我的无意识里。我睁眼观察着它。但是对作家来说，最令人激动的一件事情，就是从那些你根本不认识的不同人物里面，找到生活。从某种程度来说，你要让他们生活在他们自己的生活里。但是，在作者和人物之间，还是有一种冲突在持续不断地进行着。谁是主导？这个问题没有简单的答案。我猜，最终的主导者会是作者。因为，不论人物的意愿如何，我所有要做的事情，就是拿出我的笔，划下去（一个快速划过的手势），然后那个人物就少了一行台词。也许那是他最喜欢的一句对白（大笑）。但是笔在我手里。

这就是坦诚地谈论着写作过程的品特。而我在他讲述的时候，产生了一种感觉：他不仅是在回应图灵观众们的热情，也意识到了这很可能是他最后几次重要的公共访谈之一。但是，在周日晚上的颁奖仪式上，品特和观众之间在政治上和艺术上的纽带变得越发清晰了。品特在接受颁奖的时候，做了简短的即兴演讲，谈到了他十分感动能够获得这个奖项。"我和图灵，"他说，"有着一段悠久而快乐的关系，实际上，我跟整个欧洲的关系都是这样。但是，我很想要看到欧洲能够团结起来共同反对美国势力的那一天。这是欧洲及其所有公民的一项严肃责任。"他的这番话深受观众的欢迎。而极其重要的是，在接下来的都柏林选集展示（杰瑞米·艾恩斯、查尔斯·唐斯和佩内洛普·威尔顿全部入选其中）中，迈克尔·刚本对"美式足球"的爆发性演绎几乎要掀翻整个剧院的屋顶。

就在图灵盛事之前，品特告诉我，他打算未来安安静静地做些事情：读读书，享受与家人在一起的时光（他有六个继子女和十六个孙辈），打打桥牌，监管"狂欢板球俱乐部"。因为他已经两次直面死亡，我也开始怀疑，他作为一个终生的世俗主义者，是否会羡慕那些有信仰安慰的人。"这个话题太大了，"他说，"但是关于宗教，我所有真正能说的就是，我并不懂宗教。我感觉，宗教信仰一直是一个极端深刻又完全幼稚的东西。虽然我会这样说，但是我确实很享受英国乡村教堂里的那种宁静和祥和。菲利普·拉金在说'去教堂'的时候，是什么意思？'就是严肃的大地上的一间严肃的房子。'我真的可以领会那种意思。"

然而，以一幅哀伤的图景去终结品特的一生可能会误导大众：一个拄着拐杖的老人，安静地读着书，周六晚上玩着桥牌，或者去英国的乡村教堂闲逛。现实可能与此迥异。因为无论品特目前受到了什么生理上的限制，他都有着一种对生命不息的渴望。2006年5月，他写了一篇非常有趣的短篇作品《除此之外》，并且在朗福德·特拉斯特的帮助之下，他和安东尼娅一起在一个晚上进行了表演：两个人在移动电话的两端，你一言我一语地聊着寻常的话，但是在陈词滥调般的聊天背后，隐藏着某种难以言喻的预兆式线索。6月初，品特还参加了一场在电影院举办的作品庆祝会。那是由美国影艺学院英国分部组织的。"跳回到品特的电影世界，"组织过一系列精彩电影短片集的大卫·黑尔说，"就是提醒你自己，正如伯格曼的电影关注的是人脸，在一个充满文化气息的主流电影院里，张力是通过影像和对话精雕细琢的混合来维持的。"不久之后，还是在那个月里，品特还在一个晚上在皇家宫廷剧院进行了表演。10月，他又回到宫廷剧院，在楼上剧场做了十场贝克特《克拉普的最后一盘录音带》的表演。售票厅一开门，所有的表演门票就在十六分钟之内销售一空。我不确定人们期待的是什么：很有可能是想要看到一个绝望而羸弱的品特英勇地与他的生理障碍做斗争的样子。而他们所得到的却是完全令人惊讶的、意料之外的东西：这是你能想象到的对贝克特终极戏剧最严苛、最冷静、最强势的一次解读。的确，品特演绎的克拉普被拘束在一辆电动轮椅里，躬身趴在一台录音机前，听着他三十年前的回忆。但是，品特的朗读中却几乎没有什么悲怆或者抒情。希尔德加德·贝希特勒用一个看起来好像永远不会被点亮的壁炉作为背景，房间中的这个男人正在带着一种愤怒和挖苦来探索他过去的生活。在两个精确的时刻里，品特还转头焦虑地望向左后方朦胧的黑暗，好像感觉到自己正在被死神跟踪。最后一幕的景象是最令人难以忘怀的。当克拉普宣布，他不想让他以前的时光倒流——"现在已经无法燃起我心中之火"——时，品特坐在那里，眼睛盯着缓缓褪去的光线，周围是令人惊骇和苦闷的寂静，仿佛死亡的钟声正在远远地敲响。人们的评论是欣喜若狂的，也许，还是品特在整个一生中获得的最好评价。但是，还有些评论认为，贝克特的角色和品特本人之间有着一种象征意义上的联系。这种说法所忽略的是，我们实际上是在观赏一部大师级的表演作品，一部品特与该剧卓越的导演伊安·雷克森一起精心准备了几个月的作品。也许，品特的表演受到了自己最近与死亡的斗争的影响。但是，几个月之前，品特在一次接受英国广播公司《新闻之夜》记者科斯蒂·沃克采访时，用一段话阐释了角色和演员之间的鸿沟。"我能告诉你我真实的想法吗？"品特说，"我认为，生活很美好，而世界是地狱。"在这句看似矛盾的话中，隐藏着很多关乎品特本质的东西。当你追溯他早些年间在哈克尼的经历与后来的整个职业轨迹时，你会发现一个非克拉普式的品特：存在的丰富性，以及爱情、友谊和性爱中所有可以放进诗歌、剧院和板球的事物，都令他感到愉快。然而，品特也被赋予了一种原始敏感性，能够察觉到遍及我们星球的残酷和不公，这就是为什么他花费了如此多的精力在表达抗议上。积极的人道主义热情和对社会堕落的绝望，这两件事情同时存在于品特身上；这也揭示了他为什么私下是如此讨人喜欢的伙伴，而在公众面前又是这样一个具有强烈道德感的人物。而我的猜测是，只要有需要纠正的不公和需要核实的谎言，他就永远不会畏缩到无害的被动里。在他丰富一生的最后几年里，我相信他会继续拍摄电影，遵从他自己对亚伯拉罕·奥兹的命令："让我们保持战斗。"

附录：艺术、真相与政治
——诺贝尔奖获奖演说

1958年，我曾写下过如下文字：

在现实与虚幻之间，在真实与虚假之间，没有鲜明的界线。事物并不是非真即假，它可以既真又假。

我相信，这个说法现在仍然有其意义，仍然适用于通过艺术来探求现实的过程。作为一个作家，我坚持这个观点，但是，作为一个公民我却不能这样。作为一个公民，我必须发问：什么是真实？什么是虚假？

戏剧中的真实始终难以捕捉。你永远难以发现它的全部，然而对它的追求却是不可阻止的。很明显，这一追求就是驱动我们努力的东西。这一追求就是你的使命所在。在黑暗中，我们往往难辨真假，与真实擦肩而过，或者仅仅瞥见一个似乎与真实相应的意象或形象，而没有意识到我们实际上已经遇到了它。但现实的真实在于，戏剧艺术中从来就找不到单一的真实，而是有许多不同层面的真实。这些真实互相挑战，互相退避，互相反映，互相忽略，互相嘲弄，互相视而不见。有时我们感到手中把握了瞬间的真实，然后它又从手指间滑落了，消失得无影无踪。

经常有人问我，我的戏剧是怎样创作出来的。我无法回答。我也无法概括我的戏剧，只能说，这是发生过的事情。这是他们说的话。这是他们干的事。

我的大部分戏剧，是由一句话、一个词或一个意象产生的。特定的词往往很快带出一个意象。我可以举两个例子。那是两句台词，它们恰好跟随一个意象、跟随我自己突然闯进我心里。

我要说的是剧作《归家》和《往昔时光》。《归家》的第一句话是："你用剪刀干什么去了？"《往昔时光》的第一个独词句是"黑色的"。

对这两个场景，我都没有其他信息。

在第一个场景中，一个人显然在找一把剪刀。他怀疑另一个人偷走了它，问后者剪刀去了哪里。但我莫名感觉到，被问的那个人对剪刀根本不感兴趣，对发问的人也毫不在意。

"黑色的"，我用来描绘一个人的头发，一个女人的头发，而且是对一个提问的回答。在每个场景中，我发现自己不得不继续那件事情。那是在眼前真实地发生的，慢慢淡出，通过阴影化入光明中。

开始创作一部戏剧时，我经常把人物称为 A、B、C。

在《归家》一剧中，我看到一个男人走进一间荒废的房间，向坐在一个难看的沙发上的年轻人发问。年轻人正在读一份关于赛马的报纸。我怀疑 A 是父亲，B 是他的儿子，可我没有证据。好在这不久就被证实了，这个 B（后来成为莱尼）对 A（后来成为马克斯）说："爸，你是否介意我换个话题？我想问点事情。我们刚才吃的晚餐，叫什么来着？你管它叫什么？你为什么不买只狗呢？因为你就是个狗厨师啊。真的，你以为自己是在给很多狗做饭。"既然 B 管 A 叫"爸"，那对我来说他们是父子关系的假设就是合理的了。很明显，A 是个厨师，而且他的厨艺好像不怎么样。这是否意味着没有母亲这个角色呢？我不知道。但是，当时我告诉自己，我们在开始时绝不可能知道我们的结尾将会如何。

"黑色的。"一扇大窗。夜空。一个男人 A（后来成为迪利）和一个女人 B（后来成为凯特）坐在那里喝酒。"是胖还是瘦？"这个男人问道。他们在谈论谁呢？我当时看到的是一个站在窗边的女人 C（后来成为安娜），在另一束光的投射中，她背向他们，她的头发是黑色的。

那是一个陌生的瞬间，一个之前不曾存在过的戏剧人物被创造出来的一瞬间。接踵而至的是断断续续的、无法确定的场景，甚至只是一种幻觉，虽然有时它可能酿成一场无法阻止的雪崩。作者的立场十分怪异。在某种意义上，他是不受人物欢迎的。他们抵抗他，不轻易和他搅到一起，他也不可能对他们进行定义。对于他们，你当然不能施加强权。在某种程度上，你和他们玩的是一场没完没了的猫捉老鼠游戏、蒙起眼睛捉迷藏的游戏。但是，你最后会发现，在你手里出现了有血有肉的人物，有意志的、有个性的人物，你无法改变，无法操纵，也无法扭曲他们的各个组成部分。

因此，艺术中的语言依然是一种模糊的传递媒介，像一摊流沙、一张蹦蹦床、一个冻结的水池，也许随时都可能使徜徉在语言中的作者（也就是你）陷落下去。

但正如我说过的那样，对真实的追求永远不会停息。它不能耽搁，不能延缓。它要求我们直面，就在此时，就在此地。

政治戏剧呈现了完全不同的一系列问题。冗长的布道说教必须不惜一切代价加以避免。客观性是至关重要的。必须让人物发出他们自己的声音。作者不能限制和压抑他们以满足自己的品位、性格和偏见。他必须从多角度、从开阔而不受限制的观察视角对他们进行处理。也许偶尔可以让他们越出常轨，但仍然给他们各行其道的自由。这很难始终奏效。当然，政治讽刺非但不守这些规则，事实上还往往反其道而行之，这就是它本来的作用。

在我的戏剧《生日晚会》中，我有意让不同的事件以各种可能性先后发生，直到最后集中于一种压抑的行为。

《山地语言》无意沿袭这样的情节模式。它仍然是残酷的、简短的、丑陋的。可是，剧中的士兵也有他们的开心事。人们有时会忽略，动用酷刑的看守也是容易感到腻烦的，他们也需要笑声来振作精神。巴格达的阿布格莱布监狱的事件就证实了这一点。《山地语言》只有二十分钟长，但它可以一小时一小时地继续下去，同样的模式可以不断重复。

而《归于尘土》的情节仿佛发生在水下。一个溺水的妇女从波浪中伸出手来，又沉下去，她呼唤援手，但水上水下都没有人，只有漂浮的阴影，只有一个倒影；这个女人，一个在溺水的景象中失落的形象，一个他人的附属物，却无法逃脱她的命运。

但是，随着他们的死亡，她也必须死去。

政治语言，即政客采用的语言，不敢冒险进入这样的领域，因为多数政治家显然对真实不感兴趣，而只对权力和维持权力感兴趣。要维持这种权力，有一点很重要：人们必须保持不知情的状态，他们生活在对真实的无知中，哪怕是与自己性命攸关的真实。环绕我们的就是一块由谎言编成的巨大织锦，我们就是靠它为生。

正如在座各位所知，为入侵伊拉克进行辩护的理由是萨达姆·侯赛因拥有非常危险的大规模杀伤性武器，其中某些武器可以在45分钟内发射，足以造成令人震惊的破坏。他们告诉我们这是真实的，可这不是事实。我们获悉，伊拉克与"基地"组织有关系，对2001年的"9·11"袭击事件负有连带责任。他们告诉我们这是真实的，可这不是事实。我们获悉，伊拉克威胁了世界安全。他们向我们保证这是真实的，可这不是事实。

真实是某种完全不同的事情。真相是美国怎样理解它在世界上的角色，以及如何选择并表演这个角色。

附录：艺术、真相与政治——诺贝尔奖获奖演说

但是，在回到当下之前，让我先回顾不久之前的事件，即二战结束后美国的外交政策。我相信，对这一时期进行特定的详尽考察，无论在当时还是在今天，都是我们不可推卸的责任。

大家都了解战后苏联和东欧曾经发生的事情：无所不在的暴行，以及对独立思想的残酷镇压。所有这些都有充分的记录可以证明和核实。

但我的论点是，同一时期美国的罪行却仅仅被轻描淡写地记录下来，谈不上有文档记载在案，也谈不上得到承认，甚至这些罪行都没被认为是犯罪行为。我认为，这是必须详细述评的，只有高度的真实才能阐明当今世界的处境。当时，尽管在某种程度上有苏联的牵制，美国仍然自以为受到整个世界的委托，到处为所欲为。

事实上，直接侵入一个主权国家，从来都不是美国最喜欢采取的方式。大体上，它比较喜欢的是所谓"低强度冲突"。低强度冲突意味着数千人慢性死亡，不像扔了炸弹后他们突然倒地而亡那样迅速。它意味着，你浸染了这个国家的心脏，让病毒成长，并且亲眼看着那些坏死不断加剧。当平民被弹压或被打死时——这实际上是同一回事——你自己的朋友，军事组织和大公司，舒适地坐在权力的交椅上，你走到摄影机前面说，民主已经获胜。这在我所指的那些年月里，乃是美国外交政策的套话。

尼加拉瓜的悲剧是极为重要的例证。我现在选择用它来举例，以便有力地说明美国在世界上一直扮演着的角色。

20世纪80年代后期，我曾出席过一次在伦敦举办的美国大使馆会议。

美国国会当时正在决定是否给尼加拉瓜反政府武装增加拨款。我当时是一个为尼加拉瓜发声的代表团成员，但代表团最重要的成员是约翰·马可夫神父。美国代表团的领导人是雷蒙德·塞兹（当时是位居大使之下的二号人物，后来当了大使）。马可夫神父说："先生，我负责尼加拉瓜北部的一个教区。我那个教区的居民建了一所学校、一个保健中心、一个文化中心。我们一直过着和平的日子。几个月前，一支反政府武装部队攻击了这个教区。他们摧毁了一切：学校、保健中心和文化中心。他们以最残酷的方式强奸护士和教师，杀害医生。他们的行径像野蛮人一样。恳请美国政府撤回对这种骇人听闻的恐怖活动的支持。"

塞兹是一个理性、负责的人，为人老练，声誉颇佳，在外交圈曾备受尊重。他聆听着，停了一会儿，然后严肃地说："神父，让我告诉你一件事。在战争中，遭难的始终是无辜的平民。"一阵冷场的沉默。我们盯着他。他没有退却。

的确，遭难的始终是无辜的平民。

最后有人这样说："可是在这一局势中，'无辜的平民'是由你们的政府支持的一次可怕暴行的牺牲品，这还只是一连串暴行中的一次。如果国会答应给反政府组

织更多的钱，诸如此类的暴行就会进一步发生。难道不是这样吗？如此支持杀戮行径，对一个主权国家公民如此的毁灭，难道你们的政府没有罪责吗？"

塞兹是冷静的。"我认为这里提供的事实无法支持你们的断言。"他说。

当我们离开大使馆时，一个美国副官告诉我，他欣赏我的戏剧。我没有答话。

我要提醒你们的是，当时的里根总统做了下述声明："反政府力量在道德上的意义，与我们的开国者相当。"

美国支持尼加拉瓜索摩查独裁政府的残酷专制长达四十多年。桑地诺民族解放阵线领导的尼加拉瓜人民于1979年推翻了这个政权，进行了一场惊心动魄、呼声极高的革命。

桑地诺民族解放阵线并不是完美的。他们有着同样的自大傲慢的毛病，而且其政治哲学中包含若干矛盾因素。但他们富有才智，理性而文明。他们着手建立了一个稳定、体面的多元社会。死刑得以废除。数以万计的贫困农民得以生存下去。十多万家庭获得了拥有土地的资格。两千所学校建立起来。一场不平常的扫盲运动把全国的文盲比例降低到七分之一以下。义务教育制度得以确立，并且免费医疗服务开始实行。婴幼儿的死亡率降低了三分之一。脊髓灰质炎得到根治。

美国公然把这些成就斥责为马克思列宁主义的颠覆。依照美国政府的观点，这就是在树立起一个危险的范例：假如容许尼加拉瓜建立社会正义和经济公平的基本规范，假如容许它提升卫生保健和教育标准，达成社会团结，获得民族自尊，相邻的国家就会提出同样的问题，干同样的事情。当时的萨尔瓦多，对于外来干预就有顽强的抵抗。

我之前谈到过围绕着我们的"谎言的挂毯"。里根总统通常会把尼加拉瓜描绘成一个"极权的地牢"。这种说法常被媒体采纳，而且被英国政府视为准确而公正的评论。可是，实际上在桑地诺政府的管理之下，没有行刑队的记录，没有酷刑的记录，没有体制性的或官方的军事野蛮行径的记录。从来没有牧师在尼加拉瓜被谋杀。当时，政府部门有三个牧师、两个耶稣会士和一个马利诺外方传教会传教士。极权的地牢，实际上是相邻的萨尔瓦多和危地马拉。1954年，美国推翻了民主选举的尼加拉瓜政府，据估计，二十多万人成了接连不断的军事专制的牺牲品。

1989年，六名享誉全球的耶稣会士在位于圣萨尔瓦多的中美洲大学被阿尔卡特军团恶意杀害。这支部队曾经在美国佐治亚州本尼堡受过训练。勇敢无畏的罗梅罗主教在民众中发表演说时不幸遇刺。据估计有七万五千人死亡。他们为什么被杀害呢？他们之所以被杀害，是因为他们相信过上一种更好的生活是可能的，而且是应当争取的。他们死了，因为他们敢于质疑现状，即他们生下来就继承了的无穷无尽的贫困、疾病、落后和忧患。

美国终于推翻了桑地诺民族解放阵线政府。它花了几年时间，也曾遇到顽强抵抗，但无情的经济迫害导致了三万人死亡，最后摧毁了尼加拉瓜人民的精神。他们精疲力竭，再次遭受贫困的袭击。赌场重新回到这个国家。免费医疗和教育终止了。大商行带着复仇之心光复旧地。"民主"获胜了。

但这项"政策"并不仅仅局限在中美洲。它被推向整个世界，从来没有完结，可却好像从来没有发生一样。

美国支持并且在多种局势中直接创造了二战后世界上的每一个右翼军事独裁政权。我指的是印尼、希腊、乌拉圭、海地、土耳其、菲律宾、危地马拉、萨尔瓦多，当然也包括智利。1973年美国对智利造成的恐怖是永远无法抹去，也永远无法被遗忘的。

上述所有这些国家中，成千上万人死去。它们曾经发生过吗？这一切都可以归咎于美国的对外政策吗？答案是肯定的，的确发生过，可以归咎于美国的对外政策。可你们却不会知道这些。

这可从来没有发生过，完全没有那回事。甚至当它正在发生时，它也好像没有发生一样。这不算一回事，无关紧要。美国的罪行已经体系化了，没完没了的缺德和冷酷，但居然很少有人谈论它们。你们不得不对美国甘拜下风。美国颇为慎重地在世界范围内进行权力操纵，并将这种操纵乔装为一种惠及全球的力量。这些做法非常出色，甚至机巧百出，极为成功地对其他国家进行了洗脑。

我想告诉大家，美国毫无疑问是最伟大的表演家。也许它残酷、冷漠、傲慢、无情，但它也是十分聪明的。作为一个推销员，它到处兜售，自爱是它最畅销的日用品。它是一个赢家。听听历届美国总统的电视演讲吧！"美国人民，"例如在这句话中，"我对美国人民说，到了祈祷和捍卫美国人民的权利的时候了，我请求美国人民相信他们的总统即将采取的行动是从美国人民的利益出发的。"

美国无疑有它蛊惑人心的策略。语言实际上是被用来防范思考的工具。"美国人民"这一词组提供了一个漂亮扎实的、令人放心的垫子。你们无须思考，只要倚靠在垫子上就行。这个垫子可能会窒息你的心智和鉴别能力，但它非常舒适。当然，这并不适用于美国境内四千万生活在贫困线之下的人们，并不适用于关押在绵延整个美国的庞大古拉格集中营里的二百万男男女女。

美国不再苦苦经营低强度冲突了。有所节制的迂回战术再也没有什么意义了。它肆无忌惮地想摊牌就摊牌了。它直接无视联合国和国际法，无视讨厌的批评和异见，把所有这些都视为软弱无力的东西。它有自己的低声下气的、唯马首是瞻的小羔羊，即可悲的顺从的英国。

我们的道德感受到了什么影响吗？我们在什么时候有过什么反应吗？这些词语意味着什么呢？他们指的是最近都很少被采用的"良心"一词吗？一种不但与我们的行为相关，而且与我们对他人行为中的连带责任相关的良心吗？所有这些都死绝了吗？看看古巴关塔那摩湾吧。数百人在没有被起诉、没有司法陈述也没有应有程序的情况下，却被拘留了三年多，而实际上是要被关押一辈子。维持这一完全违法的模式，是对《日内瓦公约》的公然蔑视。这不仅被所谓的"国际社会"予以容忍，而且很少有人去认真思考过。这一犯罪暴行是由一个自称"自由世界的领袖"的国家干的。我们想过关塔那摩湾的居民吗？媒体就他们说过什么吗？他们会偶尔突然出现在报纸上——当然只是第六页的一条小消息。他们被托运到一个无人区，而他们的确再也没有从那里回来。目前许多人在绝食，包括一些英国公民在内的人在被强行喂食。强行喂食的过程非常残忍。没有止痛剂或麻醉剂。只要把一根管子插进你的鼻孔和咽喉里就行。你大量喷血。这是酷刑。英国外交部部长就此说过什么？没有。英国首相就此说过什么？没有。为什么不呢？因为美国已经说了：批评我们在关塔那摩湾的行为是不友好的。你要么跟我们站在一边，要么反对我们。因此托尼·布莱尔就闭嘴了。

入侵伊拉克是一种强盗行径，一种叫嚣国家恐怖主义的行径，宣告了对国际法概念的绝对蔑视。这次入侵是一次武断的军事行动，它是由一系列谎言和媒体的总体操纵激发的，因此也是通过对公众的操纵激发的；这是一种意在强化美国对中东的军事控制和经济操纵的行动——这是最后一招，因为用来伪装一切的其他辩护都不能自圆其说，所以要把它伪装为解放者的行为。这种可怕的武力主张，理应对千千万万无辜人民的死亡和伤残承担责任。

我们给伊拉克人民带来了酷刑、集束弹、贫铀弹、无数的任意杀戮，带来了苦难、堕落和死亡，却称之为"给中东带来自由和民主"。

要杀戮多少人才能被称为一个屠杀民众的杀人犯或战犯？十万？我想足够了吧。因此，布什和布莱尔刚好够格被送到海牙国际法庭接受审讯。可布什很聪明。他没有批准这个国际法庭。因此，假如一个美国军人或此类政客被带到被告席上，布什就会警告说，他要把海军陆战队派遣到那里。可布莱尔已经批准了这个法庭，因此应当起诉他。如果法庭需要，我可以举报他的住址：伦敦唐尼街10号。

在这种局势中，死亡是不相关的。对于死亡人员，布什和布莱尔都置诸脑后。在伊拉克叛乱状态开始之前，至少有十万伊拉克人被美国炸弹和导弹炸死。这些人命是无所谓的。他们的死亡不存在。他们是一片空白。他们甚至不算死者。"我们没有统计尸体。"美国将军汤米·弗兰克斯说。

入侵初期，英国报纸的头版刊登了一张照片。照片中，布莱尔正在亲吻一个伊拉克小男孩的脸颊，标题是《一个感恩的孩子》。几天之后，在报纸内页中，出现了另一个故事，也登了一张照片。那是一个没有手臂的四岁小男孩。他的家人被一颗导弹炸飞了，他是唯一的幸存者。"我什么时候才能拣回我的手臂呢？"他问道。没有下文。布莱尔没有把他搂在怀里，也没有搂抱过别的遇难孩子的尸体，更没有碰过其他任何血染的尸体。血是肮脏的。当你诚恳地在电视上发表演说的时候，血会弄脏你的衬衫和领带。

美国死了两千人，这是令人尴尬的。他们在黑暗中被运往墓地。不显眼的葬礼是得体的。伤残者躺在床上，或是日渐腐烂，或是苟延残喘。因此，死者和伤者都烂透了，只不过是在不同的坟墓里。

下面是巴勃罗·聂鲁达的一首诗的选段，题为《我在解释一些事情》：

> 一个早晨，一切都在燃烧，
> 一个早晨，篝火
> 从地上跳窜出来
> 吞噬了人们，
> 从此之后着火了，
> 从此之后硝烟弥漫，
> 一片血污。
> 乘着飞机的强盗和摩尔人，
> 戴着戒指的强盗和公爵夫人，
> 喷吐祷告的黑衣修士的强盗
> 从天降落，杀戮儿童
> 孩子们的血流过街道
> 不用大惊小怪，那是孩子们的血。
>
> 那些连豺狼都唾弃的豺狼
> 那些连干蓟都想咽下再吐出的石头
> 那些连毒蛇都憎恶的毒蛇。
>
> 在你面前我已看到
> 西班牙的血如潮水涌来

把你淹没于自豪和刀刃的
波浪。

背信弃义的
将军们：
看看我的停尸房，
从每一个燃烧的房间——空中飘荡的不是鲜花，而是金属片
从西班牙的每一个洞孔里
看看破碎的西班牙。
西班牙浮现了
每一个死去的孩子那里都有一杆长了眼睛的枪
每一次杀戮中喷射的罪恶的子弹
都可能在某一天
击中你们心胸的靶心。

你们将问道：为什么他的诗
不讲述梦幻和花瓣
和他故乡的大火山。

看看街头的血吧。
看看
街头的血。
看看街头的
血！

  我想明确一点：我引用聂鲁达的诗，并非有意要把西班牙与萨达姆统治下的伊拉克相提并论，而是因为在当代诗歌中，我还不曾读到过比这首诗中对轰炸平民的描绘更震撼的诗句。
  我之前说过，美国现在已经完全老老实实地摊牌了。情形就是那样。它官方公告的政策现在被界定为"全面控制"。这不是我的措辞，这是他们的原话。"全面控制"意味着对陆、海、空和一切相关资源的全面控制。
  今天，美国在全世界的132个国家拥有702处军事设施。当然，瑞典属于例外，

这很值得尊敬。我们不完全知道他们是如何得手的，只知道他们到处吃得很开。

美国拥有 8 000 个活性运作的核弹头。其中 2 000 个连接在微力扳机警报上，在 15 分钟的警告之后随时就可以发射。它正在发展的核武力新系统被称为"地堡炸弹"。始终配合的英国正在意图用它来取代自己的"三叉戟"核导弹。我很想知道，谁将是他们瞄准的目标呢？本·拉登？你？我？乔·多克斯？中国？巴黎？谁知道呢？我们知道的是，这种幼稚的精神错乱——核武器的拥有和核恐吓——处于当今美国政治哲学的中心。我们必须提醒自己，美国处在一个持久的军事立足点上，并且没有要松懈一下的迹象。

在美国国内，不说几百万人吧，至少有几千人对他们政府的行为感到厌恶、羞耻和愤慨，但是，由于局势持久不变，他们还不是一股始终如一的政治势力。可我们可以看到，这种焦虑不安和恐惧，正在美国与日俱增，很难得到缓解。

我知道，布什总统有许多很会说话的作家，但我仍然立志于为他代劳。我提供下面的简短演讲词，他可以用来在电视上向国民发话。我看到他声音低沉，头发经过了精心梳理，神情严肃，动人而诚恳，但这往往是骗人的。他有时显出一脸苦笑，有引人好奇的魅力，真是人上之人。

"上帝是好的。上帝是伟大的。上帝是好的。我的上帝是好的。本·拉登的上帝是坏的。他的上帝是个坏上帝。萨达姆的上帝是坏的，除非他不曾有个上帝。他是个野蛮人。我们不是野蛮人。我们没有砍下人头。我们相信自由。上帝也是这样。我不是一个野蛮人。我是一个热爱自由的民主政体民主选举出来的领袖。我们是一个富于同情心的社会。我们给予同情性的电刑和处死注射剂。我们是一个伟大的民族。我不是一个独裁者。他是的。我不是一个野蛮人。他是的，他是的，他们都是。我有道德威望。你们看到了这个拳头吗？这就是我的道德威望。你们可别忘记了它。"

一个作家是很容易受到攻击的，近乎赤裸裸地得不到人身保护。我们不必为此伤心。作家有自己的选择，并忠于自己的选择。要说作家向四面八方，甚至向一阵冰冷的风敞开了自己，那倒是句真话。你孤零零地暴露了自己，你找不到庇护所，没有保护伞，除非你撒谎。只要撒谎，就能找到保护伞，还可以被劝诱成一个政客。

今晚我已多次提到死亡。我现在要引用我自己的一首题为《死亡》的诗。

  死尸是在哪里发现的？
  是谁发现的死尸？
  死尸发现的时候已经死了吗？
  死尸是怎么被发现的？

这具死尸是谁?
他的父亲、女儿或兄弟,
他的叔伯、姐妹、母亲或儿子是谁?
这具被抛弃的死尸。

这具尸体被遗弃的时候已经死了吗?
这是具被遗弃的尸体吗?
这是被谁遗弃的?

这具死尸是裸体的,还是打扮好了要去旅行?

是什么让你宣布死尸已死?
你是否宣布过死尸已死?
你有多了解这具死尸?
你怎么知道死尸已死?

你是否为死尸清洗
你是否合上了它的双眼
你是否埋葬了它
你是否将它遗弃
你是否亲吻了死尸

  我们照镜子时,以为我们面对的形象是确切的。可是稍微动一下,形象就变了。我们实际上是在看一个瞬息万变的映像。但有时一个作家必须打碎这面镜子——因为在镜子的另一面,真实在凝视我们。
  我相信,尽管千差万别,但作为公民,我们有坚定、热情求知的决心。阐明我们的生活和社会中的现实的真实,是我们所有人被赋予的一项重要责任。实际上,这是强制性的责任。
  假如这样一种决心不能体现在我们的政治眼光中,我们就没有希望恢复近乎失落的人的尊严。

译后记

《哈罗德·品特》(*Harold Pinter*)是英国著名戏剧评论家迈克尔·比灵顿撰写的品特研究作品,于2007年由世界知名出版社——英国伦敦费伯出版社出版。此作是比灵顿1996年出版的专著 *The Life and Work of Harold Pinter*(《哈罗德·品特:生平与著作》)的增补修订本。

哈罗德·品特(Harold Pinter,1930—2008)于2005年荣获诺贝尔文学奖,是自萧伯纳以来英国最重要的剧作家。作为一名富有创新性、争议性和挑战性的剧作家,品特一直是国内外戏剧界和学界关注的焦点。目前西方关于品特研究的英文专著众多,但比灵顿撰写的《哈罗德·品特》是唯一一部获得品特本人高度认可的作品,已成为品特研究者的必读之作。

在《哈罗德·品特》这部长达400多页的著作中,比灵顿收集了大量翔实的第一手资料,客观、清晰地勾勒出了品特的人生轨迹,以独特的观察力和高度的概括力论述了品特几乎所有的戏剧作品和电影剧本,深入探讨了品特的人生经历对其戏剧思想及创作产生的巨大影响,从而从一个新的角度探讨了品特戏剧创作的整个过程。因此,从某种意义上而言,《哈罗德·品特》既是一部品特传记,又不止于此。

出于对品特戏剧的热爱,我承接了《哈罗德·品特》的中文翻译任务,并邀请同事余艳老师和玄涛老师共同参与。本书前言、第一章至第九章由我负责翻译,第十章至第十六章由余艳老师翻译,第十七章至第二十一章、后记和附录部分由玄涛老师翻译。在翻译过程中,我们三人经常会为了如何准确翻译某个字词而展开热烈讨论,在翻译品特戏剧台词时尤其如此。品特获得诺贝尔文学奖的理由是"他的戏剧发现了在日常废话掩盖下的惊心动魄之处,并强行打开了受压抑者关闭的房间"。如何翻译其戏剧中那些看似啰嗦唠叨、平淡无奇的对话,并能让读者感受到人物内心深处的波涛汹涌和彼此之间潜在的矛盾冲突，对我们而言实在是一种挑战。对于品特而言，语言不仅是普通民众经常用来掩饰真实情感的工具，也是一些政客常常用来掩盖真相的"烟雾弹"。语言、记忆、权力、真相、暴力、空间等问题交织在一起，彼此之间的复杂关系成为品特戏剧经常揭示的主题，而他对这些问题的深入思考也使我们三位译者开始以更加冷静、理性的态度反观我们所生活的世界。

在翻译本书的过程中，我们慢慢走近品特，深刻感受到战争如何给其留下一生都无法消除的阴影，而其又如何通过作品控诉战争。作为一个文人的品特对于底层民众的悲悯，对于人类无处不在的种种威胁的担忧，对于强权政治的有力批判，深深地打动着我们，也给了我们很多启迪。我们希望译著的出版能够将品特对社会人生的思考准确地传递给更多的读者。

在翻译的过程中，我们努力还原一个时而嬉笑怒骂、时而沉默不语的品特形象。品特既是一位著名的戏剧家，同时也是杰出的导演、演员、散文家、诗人和政治活动家，这些多重的身份互相影响，互相形塑，最终形成了一个个性鲜明，却又谜一般难以琢磨的人物。品特自己曾多次强调"想要弄清楚一个人是不可能的"，我们三位译者在走近品特的同时，却又觉得他似乎总站在远处，难以靠近，而这也许正是品特的魅力。品特的作品既让你觉得非常亲切、熟悉，但又有许多未知的东西强烈地吸引着你去发现、探索。

国内学界和戏剧圈对品特的关注虽然并不晚，但对品特研究专著的翻译却非常有限，希望这部译著能成为国内品特研究者和品特戏剧表演者案头的常用资料，希望我们的努力能够为推进国内的品特研究和中英戏剧交流助一臂之力。

由于译者水平有限，译著不免有疏漏不当之处，恳请方家赐教。

王娜于小南湖寓所
2020 年 9 月 16 日

HAROLD PINTER by MICHAEL BILLINGTON

Copyright © 1996, 2007 BY MICHAEL BILLINGTON, 2005 ART, TRUTH AND POLITICS BY THE NOBEL FOUNDATION

This edition arranged with CURTIS BROWN-UK through BIG APPLE AGENCY, INC., LABUAN, MALAYSIA.

Simplified Chinese edition copyright:

© 2020 China Renmin University Press Co., Ltd

All Rights Reserved.

图书在版编目（CIP）数据

哈罗德·品特/（英）迈克尔·比灵顿（Michael Billington）著；王娜，余艳，玄涛译. --北京：中国人民大学出版社，2021.1
（明德书系. 大师传记馆）
书名原文：Harold Pinter
ISBN 978-7-300-28682-2

Ⅰ. ①哈… Ⅱ. ①迈… ②王… ③余… ④玄… Ⅲ. ①哈罗德·品特—传记 Ⅳ. ①K835.615.6

中国版本图书馆 CIP 数据核字（2020）第 191485 号

明德书系·大师传记馆
哈罗德·品特
[英] 迈克尔·比灵顿（Michael Billington）　著
王娜　余艳　玄涛　译
Haluode Pinte

出版发行	中国人民大学出版社		
社　　址	北京中关村大街 31 号	邮政编码	100080
电　　话	010-62511242（总编室）		010-62511770（质管部）
	010-82501766（邮购部）		010-62514148（门市部）
	010-62515195（发行公司）		010-62515275（盗版举报）
网　　址	http://www.crup.com.cn		
经　　销	新华书店		
印　　刷	涿州市星河印刷有限公司		
规　　格	170 mm×240 mm　16 开本	版　次	2021 年 1 月第 1 版
印　　张	26.25 插页 1	印　次	2021 年 1 月第 1 次印刷
字　　数	479 000	定　价	88.00 元

版权所有　侵权必究　　印装差错　负责调换